学术研究成果推广丛书

以案为据

——欧美发明专利审查制度解析

国家知识产权局专利局专利审查协作四川中心 ◎ 组织编写

赵　亮 ◎ 主编

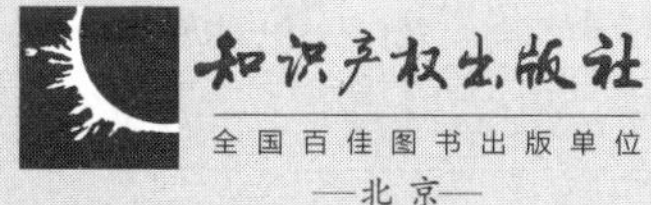

—北京—

图书在版编目（CIP）数据

以案为据：欧美发明专利审查制度解析 / 国家知识产权局专利局专利审查协作四川中心组织编写；赵亮主编 . — 北京：知识产权出版社，2025. 1. —（学术研究成果推广丛书）.
ISBN 978 - 7 - 5130 - 9518 - 1

Ⅰ. D913. 04

中国国家版本馆 CIP 数据核字第 20241KT237 号

内容提要

本书着眼于欧洲和美国发明专利审查制度，从专利申请的适格性、申请文件的撰写、新颖性、创造性、实用性、对申请文件的修改、申请流程等多个角度，通过和我国专利审查制度相互对照来对相关法条、指南规定进行释义，重点通过对来自欧洲专利局上诉委员会、美国联邦巡回上诉法院等的典型判例的深入解读，结合案件背景、争议焦点、判决的考虑因素来解读欧美相关法律条款的内在逻辑，具象化对于相关规定的理解。

本书适合对我国发明专利审查制度有所了解的知识产权从业者，包括专利审查员、代理师以及企业 IPR 等阅读。

责任编辑：程足芬　张利萍　　　　**责任校对**：王　岩
封面设计：纺印图文　　　　**责任印制**：刘译文

以案为据
——欧美发明专利审查制度解析
国家知识产权局专利局专利审查协作四川中心　组织编写
赵　亮　主编

出版发行：知识产权出版社有限责任公司　　网　　址：http：//www. ipph. cn
社　　址：北京市海淀区气象路 50 号院　　邮　　编：100081
责编电话：010 - 82000860 转 8390　　责编邮箱：chengzufen@ qq. com
发行电话：010 - 82000860 转 8101/8102　　发行传真：010 - 82000893/82005070/82000270
印　　刷：天津嘉恒印务有限公司　　经　　销：新华书店、各大网上书店及相关专业书店
开　　本：720mm × 1000mm　1/16　　印　　张：34. 75
版　　次：2025 年 1 月第 1 版　　印　　次：2025 年 1 月第 1 次印刷
字　　数：662 千字　　定　　价：196. 00 元
ISBN 978 - 7 - 5130 - 9518 - 1

丛书编委会

本书编写组

主　编： 赵　亮

副主编： 刘　超　叶红学

撰写人： 杨　崴　蔡　雷　刘豫川
彭　韵　张　敏　蒋佳春
涂亮梅　刘艳华　胡小伟

前　言

党的二十届三中全会审议通过《中共中央关于进一步全面深化改革、推进中国式现代化的决定》，围绕中国式现代化进一步全面深化改革进行总体部署，关系重大、意义非凡。当前和今后一个时期是以中国式现代化全面推进强国建设、民族复兴伟业的关键时期，而发挥好知识产权制度激励创新的基本保障作用，将为高质量发展提供源源不断的动力。习近平总书记指出："创新是引领发展的第一动力，保护知识产权就是保护创新。"知识产权作为保护和激励创新的基本制度，既为创新赋权，又为创新赋能，是培育新质生产力的催化剂、加快高质量发展的助推器。

随着"走出去"战略提出以来的二十多年，我国企业的国际化步伐明显加快，在全球市场的角色也正在经历着重要转变，不仅体现在企业数量的增加和全球市场份额的扩大上，在企业角色和功能上也实现了从简单的制造、出口到品牌建设、研发创新的根本转型。在世界知识产权组织（WIPO）发布的《2023 年全球创新指数报告》中，我国全球百强科技集群数量已达 24 个，首次跃居全球第一。另有统计数据显示，2023 年中国申请人通过《专利合作条约》（PCT）途径提交的国际专利申请达 69610 件，连续四年位居世界第一；欧洲专利局（EPO）公布的《2023 年专利指数》报告指出，中国企业和发明者共提交 20735 份申请，较 2022 年增长 8.8%，较 2018 年增长了一倍多。可以看出，我国企业的海外专利申请布局呈现百花齐放、快速发展的积极态势。

与此同时，当前国际形势纷繁复杂，全球贸易格局巨变，国际竞争和地区保护也愈加激烈。过去两年，我国企业在美专利诉讼案件数量、涉诉企业数量、"337 调查"涉及我国企业数量都有不同程度的增长。根据中国知识产权研究会发布的《2024 年中国企业海外知识产权纠纷调查》报告显示，2023 年，中国企业在美知识产权诉讼新立案 1173 起，相较于 2022 年增长 19.0%，其中专利诉讼新立案 447 起，增长 56.1%；同时，我国企业 2023 年在其他主要国家和地区的专利新立案数量相较于 2022 年也增加了 47.9%。近年来，欧美法院向我国企业颁布禁诉令、禁售令或进行高额罚款的法律制裁发生的频率也越来越高。另外，一些新兴技术领域的发展，例如物联网、电子医疗、大数据与人工智能等技术的迅速崛起也将给我国企业的海外知识产权布局带来更多不确定因素。因此，认识和熟悉目标市场（尤其是欧美市场）国家的知识产权法律法规，是我国企业在激烈的竞争环境中应对风险的最优路径。

2024 年 7 月 29 日，国家知识产权局局长申长雨在国务院新闻办“推动高质量发展”系列主题新闻发布会上表示，要立足更好统筹协调涉外知识产权事宜，深度参与知识产权全球治理，要积极指导外向型企业做好海外知识产权布局，助力企业走出去，开拓国际市场。本书的写作正是为了帮助我国创新主体在拓展欧美市场的过程中更好地理解欧美专利审查法规体系，避免权利受到不必要的损害。

本书立足于读者已经对中国发明专利审查制度比较了解的基础上，以通俗易懂的语言阐释欧美相关审查规定，并通过对典型案例的深入解读，让读者不仅能了解相关制度的字面规定，更能够理解其内在法律逻辑，通过对法律法规的“掌握好、运用好”助力我国创新主体的高质量专利在欧美地区得到更好的保护，为国际贸易顺利开展保驾护航。

本书对欧洲部分的介绍，主要涉及的法律法规包括《欧洲专利公约》、《欧洲专利公约实施细则》以及《欧洲专利局审查指南》；对于美国部分的介绍，主要涉及的法律法规包括《美国法典》第 35 编的美国《专利法》（35 U. S. C.）、《美国联邦法规》第 37 卷的美国《专利法实施细则》（37 CFR）以及美国《专利审查操作手册》。

需要强调的是，各个国家/地区文化、经济、社会等情况各有不同，其立法初衷和考量因素也有所差异，建章立制自然各有侧重。就我国而言，专利制度建立较晚，在博采众长的同时更要考虑这一制度对我国科学技术进步和经济社会发展的促进。因此本书在论述中无意评议各家制度孰优孰劣，而只是侧重于相互比照进行理解，以期助力读者把握欧美相关规定的本质含义。

本书的第一章由刘豫川撰写，第二章、第九章由蔡雷撰写，第三章、第四章第一节第一至四小节由杨崴撰写，第四章第一节第五至六小节、第三节及附录部分由蒋佳春撰写，第四章第二节由彭韵撰写，第五章第一节、第二节及第七章第一节、第二节由涂亮梅撰写，第六章由张敏撰写，第五章第三节、第七章第三节及第八章由刘艳华撰写，前言部分由胡小伟撰写。此外，李洁、陈林、舒心、付友昱、陈丹华、王玮、龚艳霞、李佩、刘步青、胡瑞、刘子萱、林宇豪、胡议文等同志在前期预研究和资料收集中也做了大量工作，在此一并感谢。

由于作者学识有限，书中缺点和错误在所难免，敬请读者指出。

目录

CONTENTS

第一章　专利的保护客体

在传统三大知识产权专利、著作权和商标中，专利制度是用于保护发明的。那么，什么是发明？

与日常生活中很多名词只需要有模糊概念不同，专利制度作为一种法律制度，其必须具有明确性，才能给社会公众提供理性的预期。因此就需要对“什么是属于专利制度保护的发明”进行界定。

专利的保护客体，也称客体适格性（subject matter eligibility）或可专利性（patentability），指的就是专利制度保护的对象，即哪些是属于专利制度保护的发明，哪些是不属于专利制度保护的发明。

专利权具有地域性，但随着交通运输技术的进步，国际贸易不断发展，各国的创新主体都不得不开始在不同国家中寻求对自己的同一个创新成果予以保护。不同国家间的法律差异，给创新主体的这种努力带来了相当大的困难。由此各国开始尝试寻求在国际层面上协调各国的专利制度。1883 年 3 月 20 日由法国、意大利、西班牙、瑞士等 11 国发起并在巴黎签订的《保护工业产权巴黎公约》就开创了先河。此后，很多知识产权相关议题开始逐渐在国际层面达成共识。

《与贸易有关的知识产权协定》（TRIPS）是目前全球贸易体系下最重要的知识产权协定之一。其中，该协定第 27 条就对可授予专利的客体进行了规定：

1. 在遵守第 2 款和第 3 款规定的前提下，专利可授予所有技术领域的任何发明，无论是产品还是方法，只要它们具有新颖性、包含发明性步骤，并可供工业应用。

2. 各成员可拒绝对某些发明授予专利权，如在其领土内阻止对这些发明的商业利用是维护公共秩序或道德，包括保护人类、动物或植物的生命或健康或避免对环境造成严重损害所必需的，只要此种拒绝授予并非仅因为此种利用为其法律所禁止。

3. 各成员可拒绝对下列内容授予专利权：

（a）人类或动物的诊断、治疗和外科手术方法；

(b) 除微生物外的植物和动物，以及除非生物和微生物外的生产植物和动物的主要生物方法。但是，各成员应规定通过专利或一种有效的特殊制度或通过这两者的组合来保护植物品种。①

由 TRIPS 协定的上述规定可以看出：

可授予专利权的客体首先要具有“技术性”，即是“技术领域的发明”；可授予专利权的客体需要满足新颖性、创造性和工业实用性；成员国可基于维护公共秩序或道德的考虑，拒绝对某些发明授予专利权；成员国可拒绝对“人类或动物的诊断、治疗和外科手术方法”及“除微生物外的植物和动物，及生产的主要生物方法”授予专利权。

由于 TRIPS 协定的国际广泛性，大体上可以认为上述有关专利客体的规定是全球大多数国家的一种共识。由此可以看出，国际上认可的专利制度可保护的发明应当具有技术性、新颖性、创造性和工业实用性。

本章主要是基于“技术性”讨论专利的授权客体问题，新颖性、创造性和工业实用性在后续章节进行专题叙述。即使这样，也并非所有满足“技术性”的发明都一定属于专利的客体，各国还可以基于维护公共秩序或道德的考虑拒绝对某些发明予以保护，并且还有两个上述主题也可以由各国选择排除在自己的专利保护体系之外。

TRIPS 协定是一个国际协定，落实到各国自己的专利立法上，虽然各有不同，但在专利的客体上基本都符合上述模式，即，技术性 + 排除性例外。

一般而言，这些排除性例外主要基于以下考虑因素：

(1) 科学发现

这是因为一般认为，发现不同于发明。被发现的事物在自然界中已经存在，发现者只是将其从“隐藏”的状态揭示给世人，并非由人所创造。既然没有人的创造性劳动，也就不应该作为专利授予某个人或团体。

还有一种考虑则是认为科学发现多是自然规律或定律，它们是所有科学技术研究的基石，将其作为专利授予某个人或团体，这种垄断很可能阻碍后续的科学技术研究和发展，给全社会带来更大的负面效应。这在美国的专利司法实践中尤为明显，后续对此将具体阐述。

(2) 社会道德

由于专利权具有垄断性，在一些技术领域，例如医疗领域，这种垄断性就不可避免地会与社会道德发生潜在的冲突。这也是为什么很多国家都对医疗方

---

① 《与贸易有关的知识产权协定》(2017 年 1 月 23 日修正)。

法以及与医疗相关的诊断方法的可专利性持反对态度，主要就是认为治疗方法如果被专利，会造成医疗人员在救治过程中因为可能存在侵权风险而畏手畏脚，给病患带来不必要的风险。

实际上，即便在对医疗方法予以保护的美国，国会也通过在美国《专利法》中加入豁免条款，对医疗人员在医疗活动中使用专利医疗方法予以责任豁免。这在事实上极大地削弱了医疗方法专利的价值。

还有一种被广泛议论的是药物。以印度为例，1970 年印度独立后的第一部《专利法》就规定对药品只授予工艺专利，不授予产品专利，推翻了之前实行的 1911 年《专利与设计法》中有关给予药物产品专利保护的规定。对此，时任印度总理英迪拉·甘地在 1982 年世界卫生组织（WHO）大会上说："一个秩序更好的世界中，医药发现将不受专利所限，无人从生死之中谋取暴利。"①

（3）产业需求

专利制度经过数百年的发展，已经逐渐成为各国激励本国科技创新及产业发展的重要激励工具。而根据 TRIPS 协定的国民待遇原则，如果本国国民在某个技术领域的创新可予以专利保护，那么非本国的缔约国国民向本国提交的该技术领域的创新也应当予以专利保护。如此一来，如果本国的某个技术领域与国外相比实力差距较大，就可能会造成他国在本国获得大量专利保护，进而对本国相关技术领域及产业的发展造成阻碍。在这种情况下，本着"两害相较取其轻"的原则，对该技术领域的发明不予以专利保护可能是对本国相关科研及产业发展更为有利的选择。

不过，上述这些排除理由并非都是一成不变的。随着技术的发展、产业的壮大、社会认知的变迁，各国都可以调整本国的专利保护客体。例如印度 1970 年的《专利法》将药品本身排除在专利保护客体之外，但随着 1995 年签署 TRIPS 协定加入 WTO 后，一方面为了符合 TRIPS 协定的要求，另一方面受到美国的贸易压力，加上国内制药企业已经有了一定实力，印度对《专利法》进行了修订，又重新将药品纳入专利保护范围之中。

总体而言，专利的客体问题，相较于专利的其他问题，如新颖性或创造性，是一个更为纯粹的法律问题。一个国家的专利制度保护哪些，不保护哪些，都需要有具备说服力的逻辑，才能尽可能地达成社会共识。

本章聚焦欧美两地以"技术性"为核心的保护客体审查标准，包括对法条的阐释、对典型案例的梳理，帮助读者理解相关规定以及内在逻辑。欧洲和美

① The Introduction of Pharmaceutical Product Patents in India："Heartless Exploitation of the Poor and Suffering"，Jean O. Lanjouw，Yale University，1997 - 8 - 26，page 1.

国作为世界主要发达地区和国家，同时也是全球五大知识产权局中的两员，它们对于专利保护客体的认知和调整，都不可避免地会对其他国家或地区产生外溢效应。通过理解它们的相关法规以及判例，感受专利制度中的基础性问题——专利客体的演化历史和考量因素，也有助于我们更深入地理解专利制度。

第一节 欧　洲

1973 年，欧洲 14 个国家在德国慕尼黑签订了《欧洲专利公约》（European Patent Convention，EPC），并于 1977 年正式生效。根据该公约成立了欧洲专利局（European Patent Office，下文简称为 EPO 或欧局）。我们日常所说的欧洲专利指的就是向 EPO 提交申请，由 EPO 依据《欧洲专利公约》审查并授权的，可以在欧洲专利组织成员国生效的专利。由于我国和德国、法国均为大陆法系国家，因此在理解欧洲的专利客体问题时，会感到更为熟悉。

一、保护客体概述

（一）法律条文释义

现行 2020 年版《欧洲专利公约》和《欧洲专利公约实施细则》中，与专利客体相关的规定主要有：

1.《欧洲专利公约》第 52 条

《欧洲专利公约》第 52 条规定了可授予专利的发明（Patentable inventions）：

（1）所有技术领域中具有新颖性、创造性和易于工业应用的任何发明，应当授予欧洲专利。

（2）特别地，下述各项不应视为第 1 款中的发明：

（a）发现，科学理论和数学方法；

（b）美学创作；

（c）进行智力活动、玩游戏、经营商业的方案、规则和方法，以及计算机程序；

（d）信息呈现。

（3）只有在欧洲专利申请或欧洲专利涉及第 2 款规定的客体或行为本身时，第 2 款才排除该款所指客体或行为的可专利性。

由此可见，《欧洲专利公约》第 52 条第 1 款正向定义了什么是发明并强调了“技术性”；第2款规定了哪些是被排除的，也就是不授权的主题；而第3款则强调只有涉及第2款中规定客体或行为本身时，才予以排除，从而避免了对不属于第2款规定的发明进行扩张性解释可能造成的“误伤”。这主要是因为应用科学理论或数学方法，或用于美学创作、玩游戏、信息呈现等内容，在技术创新中都太常见了。

2.《欧洲专利公约》第53条

《欧洲专利公约》第53条则规定了专利客体的例外（exceptions to patentability）：

欧洲专利不得授予下列发明：

（a）其商业应用将违反“公共秩序”或道德的发明；这种利用不应仅因部分或所有缔约国的法律或法规禁止而被视为违反公共秩序或道德；

（b）植物或动物品种或生产植物或动物的生物工艺；本条款不适用于微生物工艺或其产品；

（c）通过手术或治疗对人体或动物体进行治疗的方法，以及对人体或动物体进行诊断的方法；本条款不适用于上述任何方法的产品，特别是物质或组合物。

其中，第53（a）条与我国《专利法》第5条类似，而第53（b）条和第53（c）条则与我国《专利法》第25条大体一致。

不过与我国《专利法》第25条不同的是，《欧洲专利公约》将“科学发现”和“智力活动规则和方法”放在第52条，是因为它们从理论上就不满足发明的定义。而“疾病的诊断和治疗方法”以及“动物和植物品种”无疑都符合“发明”的定义，只是被第53条规定不授予专利权，这就为今后可能的调整留下了余地。

3.《欧洲专利公约实施细则》第Ⅴ章

《欧洲专利公约实施细则》第Ⅴ章主要是有关生物发明的一些规定。

其中，第26条主要对一般规定和定义（general and definitions）进行了规定，其中包括：

（4）“植物品种”指的是在已知的最低等级的单一植物分类群中的任何植物组群，不论是否完全符合授予植物品种权（plant variety right）的条件，该组群可以：

（a）由某一基因型或基因型组合的特征表现所界定，

（b）通过至少一种上述特征的表现形式与任何其他植物组合相区别，以及

（c）就其是否适合原样繁殖而言，被视为一个单元。

如果生产植物或动物的过程完全由杂交或选择等自然现象组成，则该过程本质上属于生物过程。

“微生物工艺”指的是涉及或实施于或产生于微生物材料的工艺。

第 27 条对可申请专利的生物技术发明（Patentable biotechnological inventions）进行了规定：

下列生物技术发明也可申请专利：

（a）从自然环境中分离出来的生物材料或通过技术工艺生产出来的生物材料，即使这种材料以前曾在自然界中出现过；

（b）在不违反第 28 条第 2 款规定的情况下，涉及植物或动物，但发明的技术可行性不限于某一特定植物或动物品种；

（c）微生物或其他技术过程，或通过该过程获得的产品，但植物或动物品种除外。

第 28 条对专利客体的例外（Exceptions to patentability）进行了规定：

（1）根据公约第 53（a）条，欧洲专利不得授予，尤其是涉及以下方面的生物技术发明：

（a）克隆人的方法；

（b）改变人类种系遗传特性的方法；

（c）将人类胚胎用于工业或商业目的；

（d）改变动物基因特性的方法，这种方法可能给动物带来痛苦，但对人或动物没有任何实质性的医学好处，以及由这种方法产生的动物。

（2）根据公约第 53（b）条的规定，对于完全通过本质上属于生物的方法获得的植物或动物，不得授予欧洲专利。

第 29 条对人体及其元素（The human body and its elements）进行了规定：

（1）人体在其形成和发育的各个阶段，以及简单地发现其某一元素，包括基因的序列或部分序列，均不能构成可授权的发明。

（2）从人体中分离出来的元素，或以其他方式通过技术过程产生的元素，包括基因的序列或部分序列，可构成可授权的发明，即使该元素的结构与自然元素的结构相同。

（3）基因序列或基因的部分序列的工业应用必须在专利申请中公开。

（二）审查实践

EPO 的《欧洲专利局审查指南》（Guidelines for Examination in the European Patent Office，下文简称为《EPO 审查指南》）与我国的《专利审查指南》相同，都是对成文法法条的具体化，是欧洲专利局内部进行专利审查及作出决定的依据和标准，也是专利领域当事人应当遵守的规章。

纵观《EPO 审查指南》，其关于保护客体有正反两个方面的内容：

1. 专利客体的正向判断

“技术性”这个概念对于正向界定《欧洲专利公约》意义下的保护客体具有至关重要的意义。但是，无论在成文法还是判例法中，对于何为“技术性”都找不到确切的定义。

早在 T 0931/95 案（判决日：2000 年 9 月 8 日）中，上诉人争辩时就提出了这一困惑。对此，判决结果中承认“术语‘技术’或‘技术性’的含义的确不太清楚”。但与此同时，“在没有更好的术语的前提下，也可以将其作为一个标准”。之所以这样，是因为欧洲专利局认为由于技术不断发展、新技术不断涌现，在法律条文中保留这种灵活性是很重要的，可以将更多的解释权留给 EPO 或法院。时任 EPO 局长 Ingo Kober 就认为：“迄今为止，所有试图为‘发明’一词建立能获得欧洲各国乃至国际层面认可的合适定义的尝试均失败了。但是，自专利制度建立以来，专利就应该保护属于技术领域中的发明，这已成为欧洲法律传统的一部分。”

而关于“技术性”在实践中的认定，特别是在计算机领域，随着技术本身的发展变化，欧洲的做法也一直在动态演变之中，从最早的 20 世纪 90 年代的“技术贡献判断法”[①]，一直到 2022 年 3 月 1 日刚刚纳入《EPO 审查指南》的“两障碍法”（two - hurdle approach），也称为“双关卡法”，都是来解决技术性的定义或者《欧洲专利公约》中“发明”的定义这个问题。

EPO 在“两障碍法”中，采取双重评估来判断是否符合“发明”这一定义：其是否具有技术性和创造性。这是因为专利保护是为涉及“技术教导”的发明保留的，即向技术人员提供如何使用特定技术手段解决特定技术问题的教导，因此技术性这个问题既体现在单纯的适格性上，也体现在创造性的高度上，联合起来考虑更具系统性。

具体而言，“两障碍法”包括以下两个步骤：

第一步，被称为可专利性检验，即专利申请要求保护的主题作为一个整体，

---

① 张吉豫．智能时代算法专利适格性的理论证成［J］．当代法学，2021（03）：89－100.

不能是EPC第52（2）条规定的“非发明”。而这一点，则又受到EPC第52（3）条的约束。因此只要有一个“技术特征”，就足以使要求保护的主题满足第52（1）条规定的“发明”的要求。这一步的评估并不需要参考现有技术。

第二步，则是如何评估创造性。由于权利要求除了技术特征，还可以包括非技术特征，即根据EPC第52（2）条被视为“非发明”的特征。这时，就对这种既包含技术特征，又包含非技术特征的混合型权利要求的创造性步骤进行评估，评估时则需要考虑所有服务于技术目的、对产生技术效果有贡献的特征，包括哪些非技术的特征①。

关于该方法的适用具体内容参见本章第一节第五小节。但需要强调的是，本章后文关于“两障碍法”的介绍侧重于第一步，但是由于该方法本身的完整性和系统性，不可避免地会涉及部分创造性的论述，也请读者理解。同时，在本书第四章第一节第五小节关于创造性的部分，也不可避免地会涉及一部分客体问题，读者也可参考相关内容。

2. 不授权主题的排除

对于《欧洲专利公约》第52条和第53条中有关专利客体的其他审查，特别是那些被排除的不授权主题，《EPO审查指南》分门别类地都进行了非常详细的解释和说明，包括：

3. 例外清单（List of exdusions）

3.1 发现（Discoveries）

3.2 科学理论（Scientific theories）

3.3 数学方法（Mathematical methods）

3.3.1 人工智能与机器学习（Artificial intelligence and machine learning）

3.3.2 模拟、设计或建模（Simulation，design or modelling）

3.4 美学创作（Aesthetic creations）

3.5 进行智力活动、玩游戏、经营商业的方案、规则和方法（Schemes，rules and methods for performing mental acts，playing games or doing business）

3.5.1 执行智力活动的方案、规则和方法（Schemes，rules and methods for performing mental acts）

3.5.2 玩游戏的方案、规则和方法（Schemes，rules and methods for playing

---

① 此处使用的方法称为COMVIK法，是“问题－解决方案”判断法的一种特殊应用，用以确定包括技术特征和非技术特征的权利要求中，哪些特征对权利要求的技术特性做出了贡献，如通过提供技术效果促进技术问题的技术解决。只要该特征对发明的技术特性做出了贡献——即使该特征孤立来看可能是非技术的，就需要在创造性步骤中考虑该特征。具体内容见第四章第一节第五（二）小节。

games)

3.5.3 经营商业的方案、规则和方法 (Schemes, rules and methods for doing business)

3.6 计算机程序 (Programs for computers)

3.6.1 进一步技术效果示例 (Examples of further technical effects)

3.6.2 信息建模、方案编制活动和程序设计语言 (Information modelling, activity of programming and programming languages)

3.6.3 数据检索、格式和结构 (Data retrieval, formats and structures)

3.6.4 数据库管理系统和信息检索 (Database management systems and information retrieval)

3.7 信息呈现 (Presentations of information)

3.7.1 用户界面 (User interfaces)

4. 可专利性的例外 (Exceptions to patentability)

4.1 违反‘公共秩序’或道德的事项 (Matter contrary to ‘ordre public’ or morality)

4.1.1 禁用物质 (Prohibited matter)

4.1.2 进攻性和非进攻性使用 (Offensive and non – offensive use)

4.1.3 经济影响 (Economic effects)

4.2 手术、治疗和诊断方法 (Surgery, therapy and diagnostic methods)

4.2.1 公约第53 (c) 条规定的例外限制 (Limitations of exception under Art. 53 (c))

4.2.1.1 外科 (Surgery)

4.2.1.2 治疗 (Therapy)

4.2.1.3 诊断方法 (Diagnostic methods)

4.2.2 筛选潜在药物的方法和临床试验 (Methods for screening potential medicaments and clinical trials)

5. 生物技术发明的排除和例外 (Exclusions and exceptions for biotechnological inventions)

5.1 总则和定义 (General remarks and definitions)

5.2 可获专利的生物技术发明 (Patentable biotechnological inventions)

5.3 例外情况一览表 (细则第28条) (List of exceptions (Rule 28))

5.4 植物和动物品种或生产植物或动物的基本生物过程 (Plant and animal varieties or essentially biological processes for the production of plants or animals)

5.4.1 植物品种（Plant varieties）

5.4.2 生产植物或动物的基本生物过程（Essentially biological processes for the production of plants or animals）

5.5 微生物过程（Microbiological processes）

5.6 抗体（Antibodies）

这些被排除的不授权主题大部分和我国规定比较类似，且大部分也比较明确，后文将主要聚焦几个目前国际上比较热门的主题进行进一步探讨。

（三）判例法

和我国相同，欧洲大陆国家的法律体系基本都是大陆法系，只有成文法才能作为法律的渊源，这也就是为什么《欧洲专利公约》和《欧洲专利公约实施细则》自20世纪70年代历经多次修订。现行的《欧洲专利公约》为第17版，2007年12月13日生效，而现行《欧洲专利公约实施细则》则是2020年7月1日生效的。

成文法的好处在于一目了然，对专利制度保护什么样的发明，排除什么样的发明都有明确的规定。但法规条文长度有限，对于条文中的每句话，甚至每个词，不同利益方难免会有不同的理解。

在EPO内部设有数个上诉委员会。在专利申请阶段，当事人对EPO审查部门的决定不服的，可以就问题类型分别向主管技术问题的技术上诉委员会（Technical Boards of Appeal）和主管法律问题的法律上诉委员会（Legal Board of Appeal）提出上诉。

如果对上诉委员会决定不服的，还可以向扩大上诉委员会（Enlarged Board of Appeal）提出上诉。但扩大上诉委员会设立的目的并非处理一般性法律问题，而是为了统一法律适用，或者解决重大法律问题，颇有些类似最高法院的角色。此外，EPO局长也可以提请扩大上诉委员会对某一特定法律问题进行释疑。对相关流程的具体细节可参见本书第九章第一节第七小节。

上述上诉委员会的重要判决，每三年会汇总编纂成《欧洲专利局上诉委员会判例法》（*Case Law of the EPO Boards of Appeal*）予以出版。其中扩大上诉委员会的判例以“G”编号，技术上诉委员会的判例以“T”编号，法律上诉委员会的判例以“J”编号。不过对于重要的判例，上诉委员会也会在正式出版前以网络发布的形式进行中期修订和更新。

EPO作为欧洲专利主管机构，通过一个个的判例，对法条进行解释和说明界定，从专业的角度“释法”。虽然无法起到英美法系中判例那么明确的造法功能，但每个案例所体现出来的法律思考逻辑，无疑能对专利领域的从业人员正确理解法规条文有着不小的帮助，重大判例也会对审查实践产生后续的影响。前文提及的“两障碍法”，就是扩大上诉委员会在 G 1/19 判决中首次给出的，后才被写入《EPO 审查指南》。

本书中后续关于欧洲审查制度部分的典型案例，即来自对上诉委员会判例法的筛选。

二、动植物品种

（一）概述

动植物品种是 TRIPS 协定中明文允许各国自行选择排除的专利客体，主要原因是：首先，动物和植物一般被认为是大自然的产物，不是人的创造物。在欧洲传统宗教文化中，动物、植物和人更是一样，都是造物主的杰作。其次，动物和植物都是有生命的生物，有生命的生物不同于冷冰冰的机械设备，很多人情感上难以接受。最后，动物和植物很多都与农业相关，而农业是人类社会存续的基础。而转基因技术的发展，又带来了更多新的争议，例如基因的污染等。这些都是动植物相关专利一直饱受争议的诸多原因。

《欧洲专利公约》和《欧洲专利公约实施细则》中有不少与动植物品种相关的条文。

《欧洲专利公约》第 53 条规定：

欧洲专利不得授予下列发明：

……

（b）植物或动物品种或生产植物或动物的生物工艺；本条款不适用于微生物工艺或其产品；

而《欧洲专利公约实施细则》第 28 条对《欧洲专利公约》第 53 条进行了进一步解释和规定：

可授予专利的例外情况

（1）根据公约第 53（a）条，欧洲专利不得授予，尤其是涉及以下方面的生物技术发明：

d）改变动物基因特性的方法，这种方法可能给动物带来痛苦，但对人或动物没有任何实质性的医学好处，以及由这种方法产生的动物。

（2）根据公约第 53（b）条，对于完全通过本质上属于生物的工艺获得的植物或动物，不得授予欧洲专利。

《欧洲专利公约》第64条还规定：

> 欧洲专利赋予的权利：
>
> 如果欧洲专利的主题是一种工艺，则该专利所赋予的保护应延伸至通过该工艺直接获得的产品。

虽然《欧洲专利公约》明确对植物或动物品种以及生产植物或动物的生物工艺都予以了排除，但并不等于涉及动物和植物的发明都不可被授予专利。例如，在美国获得授权的“哈佛鼠”专利，在EPO虽然历经驳回、上诉、异议，保护范围一再限缩，也最终获得了授权[①]。这是因为“哈佛鼠”是一种人工基因改造后的老鼠，在现实世界中并不存在，也不会自然产生，无疑是人的创造。

EPO在实践中也保持了相当大的灵活性，《EPO审查指南》第G部分第Ⅱ章就对动植物品种的可专利性问题做了详尽的说明，重点包括：

《欧洲专利公约》第53条和《欧洲专利公约实施细则》第28条中规定的植物和动物的排除，适用于完全通过基本生物过程获得植物和动物的方法，例如杂交、交配或选择性繁殖马匹的方法。即便提供了技术手段来促成或协助执行本质上属于生物学的步骤，也同样予以排除，如转基因植物的自交。但是如果发明涉及的植物或动物并不完全是通过本质上的生物过程获得的，并且发明的技术可行性并不局限于某一特定的植物或动物品种，则该发明可以申请专利。与此同时，生物要想获得专利权，还必须能够以具有完全相同技术特征的方式进行复制。

特别地，应用于植物的基因工程技术与传统的育种技术有很大不同，因为它们主要是通过有目的地插入和/或改变植物中的一个或多个基因来发挥作用的，因此可以申请专利。即使还另外采用了非技术方法（杂交和选育），也不在专利排除之列。因此，涉及基因技术的审查重点就是看所要求的生物体的遗传特征是否发生了变化，这种变化是否是技术过程，如定向突变（如使用CRISPR/Cas进行突变）和随机诱变（如紫外线诱导突变）的结果，而不仅仅是杂交和选择的结果。

此外，如果所要求的主题是针对一个或多个特定的植物品种，则不授予专利权。即便是含有通过基因重组技术引入祖先植物的基因的植物品种也不能被授予专利权。

《EPO审查指南》还列举了一系列示例来帮助人们对上述相关规定进行理解，见表1－1－1。

---

① 具体见后文第（五）小节。

表 1-1-1 《EPO 审查指南》中的示例

类型	示例
主题实质上与生物过程有关，被排除在专利范围之外	生产具有性状 X 的植物的方法，包括将植物 A 和 B 杂交并选择具有标记 X 的后代
	利用（转基因）植物通过杂交和选择产生更多的植物
	利用（转基因）动物进行育种
	将（转基因）基因 X 植入植物，即通过杂交和选择将其引入基因组
	通过包括胚胎挽救步骤的全基因组杂交和植物筛选进行植物育种的方法
主题涉及完全通过本质上属于生物方法获得的产品，被排除在专利范围之外	通过基因 A 的导入（即通过杂交和选择将基因 A 导入基因组）生产的植物
	完全通过杂交和选择产生的植物，其中分子标记用于辅助选择过程
	完全通过生物学过程获得的植物部分，即繁殖材料，如种子或植物胚胎
不排除在专利范围之外	表达突变 AHAS 酶的栽培辣椒植株。生产具有 X 性状的（转基因）植物的方法，包括通过转化导入包含 SEQ ID NO：1 序列的载体
	通过筛选具有 SEQ ID NO：1 所示序列的标记的存在来选择具有表型 Y 的动物的方法
	利用 SEQ ID NO：1 的核酸选择具有 X 性状的植物
	通过技术手段，如紫外诱变或 CRISPR/Cas，在核苷酸序列中进行可遗传交换的植物突变体，但该植物并非完全通过本质上的生物过程（EBP）获得
	携带转基因 X 的转基因植物
	突变体（突变体并非完全由 EBP 产生）或携带突变/转基因的转基因植物的后代
	野生型植物的种子上覆盖有抑制真菌生长的化学物质
	由 X 植物生产的面粉或油（即使从描述中可以明显看出该植物完全是通过生物方法获得的）

下面我们通过一系列案例，既介绍一下 EPO 的审查要求，也向读者梳理一下整个动植物技术相关申请审查理念的演变过程。

（二）“植物品种”不等于“植物”

很多人会简单地将“植物品种”和“植物”等同，而 EPO 则在 1983 年的案例T 0049/83 中予以了澄清。该案中的涉案专利为EP0010588，涉案权利要求为：

13. 用权利要求 1 中式 I 的肟衍生物处理的栽培植物繁殖材料。

14. 根据权利要求 13 提出的繁殖材料，其特征在于它由种子组成。

审查部门认为，上述权利要求涉及植物品种，不具有可专利性，以不符合《欧洲专利公约》第 53（b）条驳回。

申请人提起上诉，认为《欧洲专利公约》第 53（b）条只是排除了“植物品种”的可专利性，并没有排除“植物”的可专利性。立法者在起草第 53 条时有意选择了“植物品种”（plant variety）和“植物”（plant）这两个不同的术语，目的是通过将植物品种排除在专利范围之外，从而将育种产品排除在外。在涉及动植物的发明方面，立法者的意图是区分“本质上是生物的”和“本质上是技术的”发明。本发明属于后一类发明，因为本发明是涉及一种本质上的技术过程及其直接产品。与生物育种有关的“品种”一词与本案完全无关，而要定义植物品种，就必须定义一个上级分类单位，如属、种或亚种。

上诉委员会认为，首先，无法从《欧洲专利公约》中推断出立法者对有生命的自然界中的发明的普遍排除。

其次，上诉委员会认为，“植物品种”是指特性基本相同的多种植物，它们在每次繁殖或每个繁殖周期后在一定的容许范围内保持不变。这一定义反映在 1961 年 12 月 2 日的《国际植物新品种保护公约》①（International Union For The Protection Of New Varieties Of Plants，UPOV）中，该公约旨在赋予植物新品种培育者保护权，既包括生殖或无性繁殖材料，也包括整株植物。其中的植物品种是指所有栽培品种、克隆、品系和杂交种，这些品种在生长过程中可以明显区别于其他品种，具有足够的同质性，其基本特征稳定。立法者不希望根据《欧洲专利公约》为此类植物品种提供专利保护，无论是繁殖材料还是植物本身。

具体到本案，上诉委员会认为，权利要求 13 和 14 的主题不是可与任何其他品种区分开来的单个植物品种，而是与以繁殖材料的形式经过某种化学处理的任何栽培植物有关的权利要求。这里所要求的创新并不属于植物育种的范畴，因为植物育种涉及的是植物的基因改造。相反，它通过化学制剂作用于繁殖材

① 《国际植物新品种保护公约》是保护育种者权益的重要国际协定，旨在通过协调各成员国之间在植物新品种保护方面的政策、法律和技术，确保各成员国以一整套清晰、明确的原则为基础，对符合新颖性、特异性、一致性和稳定性要求的植物新品种的育种者授予知识产权，保护其合法权益。

料，使其对农用化学品产生抗性。就品种保护而言，繁殖材料的新参数，即用肟衍生物处理，并不是植物品种的特征标准。因此，对于以这种方式处理的繁殖材料，品种保护和专利保护作为不同的保护形式并不冲突。实际上，专利保护是唯一的可能。

在这个案件的上诉决定中，委员会回顾了立法史，指出《欧洲专利公约》不对植物品种予以专利保护，是不希望与已经存在的《国际植物新品种保护公约》产生重叠。“植物品种”不等于“植物”，不对“植物品种”进行专利保护，不等于不对与“植物”相关的所有创新都不进行专利保护。

（三）转基因植物的专利保护

如果说过去的植物在人们的意识中，因为是自然界的产物而不应当被纳入专利保护的范围的话，那么随着基因技术的出现，被基因改造后的植物是否还是自然界的产物呢？是否可以予以专利保护呢？

下面以判例 G 1/98 进行说明。1991 年 EPO 收到了一份专利申请，其中的权利要求涉及通过 DNA 重组技术转化的转基因植物，以引入抗病原体能力，同时还涉及制备这种植物的方法。涉案权利要求 1 如下：

1. 一种转基因植物及其种子，包含重组 DNA 序列，编码

a）一种或多种不是溶菌酶的溶菌肽，并结合

b）一种或多种几丁质酶；和/或

c）一种或多种协同有效量的 b-1，3 葡聚糖酶。

审查部门认为，该专利申请保护的产物及其繁衍物属于植物品种，不具有可专利性，以不符合《欧洲专利公约》第 53（b）条对该专利申请的部分权利要求予以驳回。

申请人向技术上诉委员会上诉，技术上诉委员会最初也认为权利要求包含植物品种，并作出了维持驳回的决定。但随后申请人向扩大上诉委员会提出申请，希望扩大上诉委员会对以下问题进行释疑：

1）《欧洲专利公约》第 53（b）条规定的，专利权不得授予植物品种或生产植物的本质上是生物的过程，应如何理解？

2）一项权利要求涉及植物，包含了植物品种，但没有对具体的植物品种单独提出权利要求，是不是第 53（b）条规定的排除？

3）如果一个植物品种的每一株植物都含有至少一个通过基因重组技术引入祖先植物的特定基因，那么该植物品种是否不属于《欧洲专利公约》第 53（b）条规定的植物品种？

1999 年 12 月 20 日，扩大上诉委员会推翻了技术上诉委员会的裁决，认为

涉案权利要求是属于可专利的客体。

扩大上诉委员会认为，根据《国际植物新品种保护公约》（UPOV 公约），“植物品种”指的是：

> 已知植物最低分类单元中单一的植物群，该植物群可以：
> —以某一特定基因型或基因型组合表达的特征来确定；
> —至少表现出上述的一种特性，以区别于任何其他植物群；并且，
> —作为一个分类单元，其适用性经过繁殖不发生变化。

而涉案权利要求 1 中的植物是根据其能够抑制植物病原体生长的某些特性来定义的，并没有具体说明权利要求中的植物属于哪一类，更不用说评估某一品种的同质性和稳定性所需的进一步特征了，因而没有明示或暗示地定义一个品种。

扩大上诉委员会回顾了 UPOV 立法史后指出，《欧洲专利公约》第 53（b）条规定的对“植物品种”的排除，是为了符合 1961 年 UPOV 中有关禁止双重保护的规定，因为“植物品种”已经受到 UPOV 的保护了。因此，未单独对具体植物品种提出保护的权利要求，即使可能包含植物品种，也不排除其专利性。

扩大上诉委员会还认为，《欧洲专利公约》第 53（b）条前半句规定的可授予专利的例外情况适用于植物变种，不论其生产方式如何。因此，含有通过基因重组技术引入祖先植物的基因的植物品种不在专利保护范围之内。

G 1/98 案是欧洲有关植物品种的一个非常重要的案例，尤其对活跃在植物基因工程领域的公司而言。自此，在 EPO，只要不具体涉及具体品种，就有可能获得针对转基因植物的广泛权利要求。

但实际上，G 1/98 案的判决并非完全是 EPO 自己的意愿。1998 年 7 月 6 日欧洲议会与欧盟理事会通过了《关于生物技术发明的法律保护指令》①，即著名的 98/44/EC 号指令，其针对的就是生物技术和基因工程在各行各业中发挥着越来越重要的作用，特别是在基因工程领域，研究和开发需要大量的高风险投资，因此只有充分的法律保护才能使其获利。该指令指出：

> （30）鉴于“植物品种”的概念已由保护植物品种的立法进行了定义，即类别由其染色体决定，并因此而具有个性特征并明显区别于其他品种；
>
> 鉴于以一个特别的基因（而不是整个染色体）为特征的某一植物群不受植物新品种保护，并且因此即使它构成植物新品种也不能排除其可专利性；

① Directive 98/44/EC of the European Parliament and of the Council of 6 July 1998, on the Legal Protection of Biological Inventions.

但是，如果一项发明仅为对某种特殊植物品种进行基因修饰，并且该植物品种是繁殖的，即使该基因修饰并非主要是由于生物学的方法而是生物技术方法的结果，它将同样被排除可专利性。

98/44/EC 号指令第 4 条明确指出：

1. 下列各项不得授予专利权

动植物品种；

生产植物或动物的基本生物工艺。

2. 与植物或动物有关的发明，如果其技术可行性并不局限于某一特定的植物或动物品种，则可授予专利。”

因此，G 1/98 判例实际上是 EPO 对欧盟指令的实践。应注意的是，上述 98/44/EC 号指令的相关规定在公约及细则的修订中已经被引入，目前是《欧洲专利公约》及《欧洲专利公约实施细则》的法定内容。

（四）转基因动物——“哈佛鼠”案

既然转基因植物可以成为专利保护的客体，那么动物呢，这就不得不提在转基因动物领域著名的“哈佛鼠”了。

小白鼠与人同属于哺乳动物，且繁殖力强，饲养成本低，体型小，易于抓捕，方便饲养管理，逐渐成为医学、生物学及药理学中最常用的实验动物，特别适用于需要大量动物进行的实验，如药物筛选、半数致死量、药物的效价比较等。通过人工接种或化学诱导的方式，可以导致其生长出各种相应的肿瘤，从而用于抗肿瘤药物研究。但人工接种或化学诱导的方式，存在着时间周期长、肿瘤生长确定性不高的缺陷。优势肿瘤还没有长出来，实验小白鼠的寿命就自然终结了。

随着基因技术的发展，科学家们尝试利用基因修饰技术去对小白鼠的基因进行修饰，从而使得它们更容易成长为实验所需的样子。20 世纪 80 年代，哈佛大学的 Philip Leder 教授和 Genentech 公司的 Timothy Stewart 就通过转基因技术培育出一种小白鼠，在它的性细胞和体细胞中都携带有致癌基因 Cmye，从而使得其后代在遗传学上都更容易得乳腺癌。这种老鼠就是充满争议的“哈佛鼠”①。

这样的发明能不能保护？如果可以，该怎样进行保护？这就是判例 T 19/90 案的核心内容。

① 该案美国同族的审查过程见本章第二节第二（三）小节。

涉案专利是哈佛大学就“哈佛鼠”向EPO提交的申请EP0169672A1，权利要求1、17和18如下：

1. 一种生产转基因非人类哺乳动物的方法，从而增加动物患肿瘤的几率，该方法包括在不晚于8个细胞阶段将激活的癌基因序列导入所述非人类哺乳动物。

17. 一种转基因非人类哺乳动物，其生殖细胞和体细胞含有在不晚于8细胞阶段导入所述动物或其祖先的活化癌基因序列，所述癌基因可选地根据权利要求3至10中的任一项予以定义。

18. 如权利要求17所述的一种动物，其是一种啮齿类动物。

在审查阶段，审查部门首先回顾了《欧洲专利公约》立法史后指出，第53（b）条取自1963年制定的《斯特拉斯堡公约》，而那时候根本不可能考虑到转基因动物的专利问题。《斯特拉斯堡公约》允许缔约国将动物品种排除在专利保护范围之外的意图，就是将一般动物排除在专利之外。

其次，审查部门认为，本申请中通过微量注射等技术手段将肿瘤基因引入动物体内的方法显然是非生物的方法，因此权利要求1的方法属于专利保护的客体。但对于产品权利要求17和18，其显然包含前半段的非生物步骤，但同时也包含后半段的纯粹的育种步骤。经过前半段基因改造的动物本身是非生物过程的产物，但其后代则是有性繁殖的产物，因此完全是生物繁殖的产物。因此，根据《欧洲专利公约》第53（b）条的规定，权利要求17和18不属于可专利的客体。

此外，审查部门还依据《欧洲专利公约》第53（a）条提出了疑问，即如果发明的公布或利用违反了“公共秩序”或“道德”，则该发明被排除在可专利范围外。这是因为在美国，高等生物的专利申请由于伦理原因已经遭到严厉批评，包括：

——是否有可能在非动物模型上进行此类癌症试验而非动物；

——本发明的目的不是改进特定功能，而是在试验动物身上产生肿瘤，这不道德。

——转基因动物的后代可能会逃逸到环境中，通过交配传播恶性外来基因。

申请人在被驳回提出上诉的同时对权利要求进行了修改。

在上诉意见中，申请人就专利的客体问题提出：上诉委员会的判例法一贯秉承，对于符合《欧洲专利公约》一般要求的任何发明都应授予专利权。而在法律不明确并允许解释的情况下，上诉委员会采取的立场是应从狭义上解释专利性的例外情况。审查部门对《欧洲专利公约》第53（b）条规定的例外情形作了更宽泛的解释。这违背了在先前案例中已经指出的，不能从《欧洲专利公约》中推断出对有生命的自然领域的发明的普遍排除。

申请人还认为，既然审查部门认可方法权利要求的整个过程基本上是非生物的，这一技术操作对发明本身及其对第一批基因操作动物后代的影响是如此重要，以至于产品权利要求中隐藏的整个过程不应被视为《欧洲专利公约》第53（b）条意义上的“本质上的生物方法”。

申请人还要求将以下问题提交扩大上诉委员会：“就《欧洲专利公约》第53（b）条第一部分关于‘动物’的排除规定而言，第53（b）条在多大程度上可以对动物提供保护（如果可以的话）?”

技术上诉委员会在决定中首先指出，审查部门将《欧洲专利公约》第53（b）条解释为不仅将某些动物群体排除在专利范围之外，而且事实上将动物本身也排除在专利范围之外，这是不正确的。审查部门没有充分考虑到《欧洲专利公约》第53（b）条是第52（1）条一般规则的例外情况，即欧洲专利“应”授予所有可在工业上应用的、新的和有创造性的发明。而正如上诉委员会一再指出的那样，任何此类例外情况都必须作狭义解释。第53（b）条本身的措辞清楚地表明，“动物品种”并不等同于动物。不同于植物品种，动物目前并不涉及其他已有工业产权，欧洲专利局有必要找到解决第53（b）条关于“动物品种”概念的合理解释，从而在该领域的发明人为其努力获得合理保护，与社会将某些类别的动物排除在专利保护范围之外二者之间取得适当平衡。

对于权利要求的可专利性，上诉委员会认为，本申请的方法权利要求中，癌症基因通过技术手段插入载体（如质粒），然后在胚胎早期阶段进行显微注射，该方法显然不是生物过程，无疑属于可专利的主题。而对于产品权利要求，实审部门认为申请人通过人为地将非生物过程和育种过程结合起来，以规避《欧洲专利公约》第53（b）条规定的“生物方法”的例外，技术上诉委员会认为这是不正确的。因为第53（b）条仅排除了动物的生产方法，而非产品的专利申请。而且，生殖过程并不必然是有性的，也就是非生物的，例如通过对第一个过程已获得癌基因序列的动物进行克隆。所以本申请具有可专利性。

在T 19/90案中，技术上诉委员会对第53（b）条中的“动物品种”（animal variety）进行了限缩性解释，这一解释逻辑与G 1/98案中对“植物品种”的解释逻辑是一致的。这也是“哈佛鼠”在欧洲能获得授权的核心原因。

不过对于《欧洲专利公约》第53（a）条的疑问——违反了“公共秩序”或道德的意见，技术上诉委员会认为，对哺乳动物进行基因操作在各方面都存在问题，特别是在插入活化的癌症基因，使动物对致癌物质和刺激异常敏感，从而容易患上肿瘤的情况下，这必然会造成痛苦。此外，受基因改造的动物一旦被释放到环境中，可能会带来不可预见和不可逆转的不利影响，这个问题确实值得考虑。

也就是说，技术上诉委员会在上诉判决中，对审查部门提出的有关《欧洲专利公约》第53（a）条并没有予以否定，也就给该专利后续被反复挑战留下了空间，而这也是欧洲专利客体问题中涉及动物时需要考虑的重要的一点。

（五）动物专利中的动物伦理

“哈佛鼠”专利经过技术上诉委员会审理后，最终于1992年5月获得了授权，其授权权利要求1、19、23和25如下：

1. 一种生产转基因非人类哺乳动物的方法，从而增加动物患肿瘤的几率，所述方法包括在染色体上将活化的癌症基因序列整合到非人类哺乳动物的基因组中。

19. 一种转基因非人类哺乳动物，其生殖细胞和体细胞含有活化的癌症基因序列，这是将染色体整合到动物基因组或动物祖先基因组的结果，所述癌症基因可选地根据权利要求3至10中的任一项予以定义。

23. 如权利要求19所述的动物染色体，其包含如权利要求3至10中任一项所定义的癌症基因。

25. 从权利要求19至22中任一项所定义的转基因非人类哺乳动物体细胞中获得的细胞。

但由于技术上诉委员会在上诉决定中对实审部门依据《欧洲专利公约》第53（a）条提出的意见持暧昧态度，给“哈佛鼠”专利的后续带来了无尽的风雨，这都被记录在2004年的案例T 0315/03中。

授权后不久，“哈佛鼠”专利就遭到多个政府组织、社会团体及个人的异议。上诉委员会的异议部（Opposition Division）于1995年11月和2001年11月分别进行了口头审理，最终对不可专利性、公开不充分等异议理由予以了驳回，但认可了《欧洲专利公约》第53（a）条提出的反对意见。异议部认为根据该条的规定，针对“非人类哺乳动物”的权利要求是不被允许的。专利权人对权利要求进行修改后，被维持的权利要求如下：

1. 一种生产转基因啮齿动物的方法，从而增加啮齿动物患肿瘤的几率，所述方法包括在啮齿动物的基因组中染色体整合激活的癌症基因序列。

19. 一种转基因啮齿动物，其生殖细胞和体细胞含有活化的癌症基因序列，该序列是将染色体结合到动物基因组或所述动物祖先的基因组中的结果，所述癌症基因可选择地根据权利要求3至10中的任一项予以定义。

22. 如权利要求 19 所述的动物染色体，其包含权利要求 3 至 10 中任一项所定义的癌症基因。

24. 从权利要求 19 至 21 中任一项所定义的转基因动物中获得的体细胞衍生的细胞。

虽然权利要求的保护范围已经从“哺乳动物”限缩到了“啮齿动物”，但这并不意味着结束，多个社会团体及个人继续以违反“公共秩序”和道德为由对上述由异议部门维持的专利权提起了上诉。

上诉委员会指出，本案的核心问题正如异议人所提出的，与动物的可专利性无关，而是《欧洲专利公约》是否允许有关特定动物的发明获得专利，如果允许，该发明的专利申请范围有多广。

上诉委员会指出，《欧洲专利公约实施细则》第 28（d）条规定了一个用以评估改变动物基因的程序或通过这种程序生产的动物是否属于《欧洲专利公约》第 53（a）条的检验标准：“（d）改变动物基因特性的过程，这种过程可能会给动物带来痛苦，但不会给人或动物带来任何实质性的医学好处。”显然，该标准是一项“平衡测试”，必须权衡动物遭受的痛苦与人类或动物获得的医学利益。但这一检验标准只适用于动物可能遭受痛苦的情况。

上诉委员会认为，根据上述标准，必须判断在使用同一动物时是否同时存在痛苦和医疗利益。就本案而言，小鼠在促进癌症研究方面的用处满足了大量医学利益的可能性，并超过了对动物所受痛苦的道德担忧。不过由于当前权利要求涵盖了啮齿目分类中的所有动物，而痛苦将存在于每一种此类动物中，不仅仅是老鼠，还包括松鼠、河狸、豪猪和所有其他啮齿动物。

随后，专利权人再次对权利要求进行修改，修改后的权利要求 1 和 17 如下：

1. 一种生产肿瘤发病几率增加的转基因小鼠的方法，所述方法包括在染色体上将活化的癌症基因序列整合到小鼠的基因组中。

17. 一种转基因小鼠，其生殖细胞和体细胞含有活化的癌症基因序列，这是将染色体并入动物基因组或并入所述动物祖先基因组的结果，所述癌基因可选地根据权利要求 3 至 10 中的任一项予以定义。

EPO 最终维持了上述权利要求的有效性，“哈佛鼠”专利就此尘埃落定。

由“哈佛鼠”专利案可以看出，虽然 EPO 确认了基因工程动物的可专利性，但涉及动物的专利申请是否能够获得授权时，《欧洲专利公约》第 53（a）条所带来的动物伦理会是非常重要的一个考虑要点。

（六）动物伦理的反面案例

2000 年的 T 1553/15 案，是一个能较好说明如何考量涉及动物的专利申请中动物伦理的案例。

涉案专利是名为“含生物活性物质的兔皮和其用途”的申请 EP 1557171 A1。实审部门以不符合《欧洲专利公约》第 53（a）条予以驳回。申请人提出上诉并对权利要求进行了修改，修改后的权利要求 1 如下：

1. 一种药物制剂，包括从兔皮中提取的核酸和氨基酸以及药学上可接受的佐剂，其中提取物可通过包括以下步骤的方法获得：

a）提供具有凯利克林生产抑制活性的兔皮；

b）用有机溶剂提取兔皮

c）用酸和碱处理；以及

d）对提取物进行吸收、洗脱和浓缩；

其中，兔皮是通过以下工艺获得的：用疫苗病毒接种兔皮肤组织，在每个部位皮下注射 0.1～0.4 毫升含 106～109 病毒/毫升的溶液，每只体重 1.5～3 千克，喂食接种后的家兔，当家兔皮肤组织发炎到足够程度时将其杀死，剥去兔皮，将兔皮在 -18℃下冷冻保存，其中所述的疫苗病毒为池田株、大连株或 EM-63 株。

申请人认为，根据《欧洲专利公约》第 53（a）条排除专利性的规定极少适用，而且只适用于那些发明或其商业实施是如此令人憎恶以至于授予专利权是不可想象的情况。而该申请的情况并非如此，因为它是用于生产药物制剂和医疗用途的。

申请人强调，正如第 T 19/90 号决定（前述“哈佛鼠”案）所规定的，动物的痛苦必须与对人类的益处相权衡，而本申请中生产的药物组合物的医疗功效显而易见。鉴于医学研究中使用兔子是一种公认的标准方法，因此考虑到对人类的益处，动物所受的痛苦显然是平衡的。

申请人还指出，没有其他方法可以生产所声称的药物组合物，因此该生产方法是必要的，不能被其他方法所取代。

上诉委员会则认为，根据权利要求 1 的生产方法，感染了病毒的兔子被喂养数天后在皮肤“足够发炎”时将其处死。说明书中的实施例 11 介绍了如何从兔皮中提取生物活性物质。从这个例子中可以看出，每 200 克兔皮可以得到 5 毫升的提取液，而每张兔皮的重量为 176～349 克。实施例 12～14 则分别提供了制备镇痛注射剂、镇痛片剂和保健食品的配方。根据这些示例，用 5 毫升提取液（相当于 200 克兔皮）可配制约 305 毫升用于治疗的镇痛注射液，每个给药剂量需要3毫升的注射液，也就是说每200克兔皮大体对应100个给药剂量。这一产量显然是相当低的，许多兔子将不得不经历这一痛苦的过程，并为本发明的商业利用而牺牲。

上诉委员会认为，不管这些提取物对病人有什么镇痛作用——对此申请中还没有显示，对动物造成的痛苦与本发明可能给人类带来的任何好处都是不相称的。本申请所要生产的药物制剂与现有技术中其他广泛使用的化合物制剂没有不同的作用机制或靶向途径，也就是说，市场上有大量替代药物可以达到相同或类似的治疗效果，却不会给动物造成相同的痛苦。

上诉委员会认为，T 19/90号决定中的转基因小鼠在肿瘤学领域开辟了新的研究途径，但代价只是有限数量的动物遭受痛苦，因为其只是用于科学研究。而本发明给人类带来的利益，不足以抵消本发明中动物为生产所要求的药物组合物所承受的痛苦。新的药物组合物并没有为治疗所声称的疾病开辟新的途径，而且动物的痛苦并不限于试验所需的一定数量的动物，而是始终存在的，因为每次生产组合物都涉及相当数量的动物。

由本案的上诉委员会意见可以看出，涉案动物痛苦的持续性、程度都是重要的考量因素。除非这种痛苦是“必须”的，而且对应的好处是无与伦比的，否则为了生产而持续性、批量的痛苦，都很可能是不符合《欧洲专利公约》第53（a）条规定的。

（七）小结

1998年欧洲议会与欧盟理事会通过的《关于生物技术发明的法律保护指令》本质上就是欧洲意识到生物技术和基因工程的价值而发出的，正如其一开头就阐明的：

> （1）鉴于，生物技术和基因工程在广泛的产业领域正发挥着日益增长的重要作用，而且生物技术发明的保护对共同体的产业发展将理所当然地具有根本性的重要意义；
>
> （2）鉴于，尤其是在基因工程领域；
>
> （3）鉴于，在全体成员国内有效和一致的保护对维持和鼓励生物技术领域的投资非常重要；

因此，欧洲对动植物的相关专利基本是持开放态度的。只是为了平衡，将已经受到UPOV公约保护的植物品种排除在专利客体之外。而对于更容易引发社会上反对之声的动物相关专利，则将违反“社会秩序”和道德纳入考虑，以动态地平衡反对的力量。

三、基因

《欧洲专利公约实施细则》第29条规定：

(1) 人体在其形成和发育的各个阶段，以及简单地发现其某一元素，包括基因的序列或部分序列，均不能构成可授权的发明。

(2) 从人体中分离出来的元素，或以其他方式通过技术过程产生的元素，包括基因的序列或部分序列，可构成可授权的发明，即使该元素的结构与自然元素的结构相同。

(3) 基因序列或基因的部分序列的工业应用必须在专利申请中公开。

由此可见，分离得到的基因序列在欧洲是可以得到专利保护的，但条件是在其专利申请中公开相关基因序列的工业实用性。

相应地，《EPO审查指南》第G部分第Ⅱ章第5.2节指出：

从人体中分离出来的元素，或通过技术工艺生产出来的、可用于工业应用的元素，包括基因的序列或部分序列，均可构成可授予专利的发明，即使该元素的结构与自然元素的结构相同。这种元素并不是先验地排除在专利范围之外，因为例如，它是用于识别、纯化和分类以及在人体外生产这种元素的技术过程的结果，这些技术只有人类才有能力付诸实践，而自然界本身是无法实现的(欧盟第98/44/EC号指令)。

对于《欧洲专利公约实施细则》第29条中"公开"的要求，《EPO审查指南》第G部分第Ⅲ章第4节指出：

一般来说，欧洲专利申请的说明必须指出发明在工业中的应用方式，除非这一点是不言而喻的。所要求的发明必须有坚实而具体的技术基础，使技术人员能够认识到该发明对该技术的贡献可导致在工业中的实际利用。关于基因序列和部分序列，这一一般要求被赋予了具体形式，即必须在专利申请中公开基因序列或部分序列的工业应用。仅有核酸序列而未说明其功能的发明不能申请专利（欧盟第98/44/EC号指令，建议23）。如果基因的序列或部分序列被用来产生一种蛋白质或部分蛋白质，则必须说明产生的是哪种蛋白质或部分蛋白质，以及这种蛋白质或部分蛋白质的功能。或者，当核苷酸序列不用于产生蛋白质或部分蛋白质时，需要说明的功能可以是该序列具有某种转录启动子活性等。①

---

① Guidelines for Examination in the European Patent Office, March 2024 edition, Part G, Chapter III, page 1-2.

上述规定详细地限定了基因相关申请在欧洲提交时候的注意事项以及审查要点。特别要强调的是，与直觉不同，EPO 在考虑是否对基因进行保护时，认为基因的自然属性并不构成保护的阻碍，工业应用的公开才是关键。对此，我们通过一个例子来解释一下。

乳腺癌和卵巢癌是威胁女性健康的两大红颜杀手，其中乳腺癌发病率位居女性肿瘤首位，卵巢癌病死率位居女性肿瘤首位。BRCA 基因，全称“乳腺癌易感基因”（Breast Cancer Gene），包括两个基因：BRCA1 和 BRCA2，分别位于人类染色体 17q21 上和 13q12 上，是与卵巢癌和乳腺癌的发生密切相关的抑癌基因。因此，BRCA1 和 BRCA2 若发生变异，会导致乳腺癌和卵巢癌发病率升高。因此 BRCA1/2 基因是评估乳腺癌和卵巢癌的重要生物标志物，可以提供患者关于遗传性乳腺癌和卵巢癌的致病风险信息，并因此协助决定是否采取预防措施。

美国的 Myriad Genetics 公司发现了 BRCA1 和 BRCA2 基因的精确位置和序列后，围绕两个基因申请了大量专利，包括在欧洲的申请①。

由于基因并不被排除在欧洲专利保护之外，欧洲专利局在 2001 年决定授予 Myriad 公司与 BRCA 基因相关的一系列专利权。但这些专利权随即就遭到了欧洲范围内多个党派、社团、研究机构、政府部门的异议。

不过，这些异议并不完全针对基因的可专利性问题，而是认为所要求的发明缺乏新颖性、创造性和工业应用性，而且该专利没有满足充分公开的要求，使得该领域的技术人员无法实施该发明②。异议程序导致涉及诊断方法的欧洲专利 EP0699754B1 于 2004 年被撤销，理由是根据专利性标准，该发明在最初提交的申请中没有得到充分公开。而另外两项关于 BRCA 1 基因的专利，在经修改排除了诊断方法后得以维持。

不仅如此，欧洲议会在 2001 年为此专门签发了一份针对以上专利权争议的决议③。决议呼吁 EPO“确保欧洲的所有……专利申请不违反人类、其基因或细胞在其自然环境中不具有专利性的原则……”。决议指出，《欧洲专利公约》第 53（a）条规定，公布或利用有违“公共秩序”或道德的发明不得授予专利。

同时，还有质疑意见认为基因实验室得到 Myriad 公司的许可也只能对数量非常有限的 BRCA1 和 BRCA2 基因突变进行检测，而目前欧盟已经有更便宜、更有效的乳腺癌基因 BRCA1 和 BRCA2 检测方法。EPO 授予 Myriad 的专利可

---

① 该案在美国的审查过程见本章第二节第三小节。

② Bioethics and Patent Law：The Case of Myriad，WIPO Magazine，2006－04.

③ European Parliament Resolution on the patenting of BRCA1and BRCA2，04. 10. 2001.

能严重阻碍甚至完全阻止进一步使用现有的更便宜、更有效的乳腺癌基因BRCA1和BRCA2检测方法，从而对有关女性造成不可接受的不利影响，并严重消耗公共卫生服务的资金。此外，这可能会严重阻碍新诊断方法的开发和研究。

虽然遭到各种质疑和反对，2008年11月，EPO技术上诉委员会在修正了以上相关专利的权利要求后，最终仍核准了BRCA基因突变型专利以及BRCA基因专利，核心理由就是该基因具有明确的工业实用性。自此BRCA基因专利的相关争议在欧盟政府层面尘埃落定。

从BRCA基因在欧洲的可专利性争议可以看出，虽然该专利存在很多争议，尽管基因有着自然属性，EPO认为按照更有利于产业发展的思路，对于从人体中分离出来的或其他通过易于工业应用的技术方法生产的基因应该予以保护，只是在专利申请中更为强调工业实用性的公开。

四、疾病的诊断和治疗方法

（一）法律及审查规定

《欧洲专利公约》第53条明确规定：

> 欧洲专利不得授予下列发明：
>
> ……
>
> （c）通过手术或治疗对人体或动物体进行治疗的方法，以及对人体或动物体进行诊断的方法；本条款不适用于上述任何方法的产品，特别是物质或组合物。

对于什么是“手术”、“治疗”和“诊断方法”，《EPO审查指南》第G部分第Ⅱ章第4.3节对此进行了进一步的解释。

《EPO审查指南》指出，《欧洲专利公约》第53（c）条规定的不能授权的主题仅限于通过手术或治疗（therapy）对人体或动物体进行处理（treatment）的方法，以及实施于人体或动物体的诊断方法。因此，其他处理人体或动物体的方法，如处理绵羊以促进其生长、改善其健康状况或增加羊毛产量，或其他测量或记录人体或动物体特征的方法都可以申请专利。又如，一项专利申请中的权利要求涉及通过使用化学产品对人进行美容治疗是可以获得专利的，但是涉及手术或治疗的美容治疗则不能获得专利，例如整容手术。

此外，在死亡的人体或动物身上实施的治疗或诊断方法，不排除其可专利性。而关于在活的人体或动物体上或与之有关的方法，则“必须牢记第53（c）条的意图只是使非商业和非工业的医疗和兽医活动不受任何限制，对该条款的解释必须避免例外情况超出其应有的范围”。但如果方法权利要求包括至少一个定义身体活动或动作的特征，而该特征又构成了通过手术或治疗对人体或动物体进行处置的方法步骤，那么该方法也是不可专利的。

关于制造与身体相关的产品，若该产品位于体外，如假肢及其制造方法都是可专利的。但若该产品位于体内，如在体外制造内假体，但需要利用外科手术进行测量的方法就是不可专利的。

对于人体组织或体液从人体或动物体中取出后的处理方法，或应用于其的诊断方法，只要这些组织或体液不被送回同一体内，就不排除其可专利性。因此，对血液进行处理以便存放在血库中或诊断检测血样的方法不排除其可专利性，但血液透析处理因为要将血液回输同一人体，就不具备可专利性。

对医疗器械、计算机程序和存储介质的权利要求，即便包含的主题与通过手术或治疗对人体或动物体进行治疗的方法的主题或与对人体或动物体进行诊断的方法的主题相对应，也是可专利的对象，只有方法权利要求才属于例外情况。

1）对于“手术”一词，《EPO 审查指南》指出：

“手术治疗”不应被解释为仅限于追求治疗目的的手术方法。“手术”一词定义的是治疗的性质，而不是其目的，其涵盖了通过保守（封闭、非侵入性）程序（如重新定位）或通过使用器械的手术（侵入性）程序对生物体结构进行的干预。例如，以美容或胚胎移植为目的的手术治疗方法以及以治疗为目的的手术治疗方法都不在专利范围之内。

EPO 认为将“手术治疗”排除在专利之外的原因就是应当允许医疗和兽医从业者利用他们的技能和对现有最佳治疗方法的了解，为病患带来最大的利益，而不必担心某些治疗方法可能被专利权所涵盖。因此，“手术治疗”一词的任何定义都必须涵盖构成医学专业活动核心的干预措施，即其成员接受专门培训并承担特定责任的干预措施。

例如，向心脏注射造影剂、导管插入术和内窥镜检查这种深入人体关键部位的方法都不是可专利的客体。但对非关键性身体部位进行的常规侵入性技术，如可在非医疗、商业环境中进行的，不排除其专利性。例如：文身、穿孔、光辐射脱毛和皮肤微磨削等。

如果仅涉及轻微干预且无重大健康风险的非关键方法，但在以必要的谨慎和技术进行时，也不排除其可专利性。例如：一种糊剂和牙帽来制备牙冠印模的牙齿沟回缩方法，这种方法可能造成损害，但仅限于表层上皮，唯一的风险是表层出血和炎症，但很快就会愈合，而且实施这种方法所需的专门培训也很少。

总而言之，确定是否构成“手术治疗”方法，可以考虑该方法所需的医学专业知识和所涉及的健康风险、侵入性程度或手术的复杂程度等。

外科手术方法的权利要求也适用于针对计算机辅助外科手术方法的权利要求。换言之，根据《专利法》第53（c）条的规定，不能授予欧洲专利权的外科手术方法并不能仅仅通过计算机辅助实施而能够避免被排除在外。

2）对于“治疗”（therapy）一词，《EPO审查指南》指出：

治疗意味着治愈疾病或身体机能失调，包括预防性治疗，如对某种疾病进行免疫接种或去除斑块。它涉及使身体从病理状态恢复到正常健康状态或预防病理状态。

如果一种方法针对的是处于正常、健康状态的人体或动物体，而且即便有一些不适，人或动物也不会因这种不适而发展成病理状态，那么这种缓解不适的方法不一定是一种治疗方法。例如为受炎热天气影响的动物降温，并不能治愈或减轻该动物身体任何失调或机能失常的症状，也不能降低该动物患上任何失调或机能失常的可能性，因为即便不为该动物降温，该动物通常也不会患上这种失调或机能失常。

由于临床试验对接受试验的人体有治疗作用，如果权利要求包括与通过治疗治疗人体的方法有关的步骤，则依然可排除其可专利性。

此外，针对计算机实施的治疗方法的权利要求与对前述的计算机实施的外科手术方法的意见相同，此处不再赘述。

3）对于“诊断方法”一词，《EPO审查指南》指出：

诊断方法并不包括所有与诊断有关的方法。要确定一项权利要求是否属于第53（c）条所指的诊断方法，首先必须确定权利要求是否包含了所有必要的阶段，即权利要求必须包括与下列所有阶段有关的方法步骤：

（i）审查阶段，包括收集数据；

（ii）将这些数据与标准值进行比较；

（iii）在比较过程中发现任何重大偏差，即症状；

（iv）将偏差归因于特定的临床表现，即演绎医学或兽医决策阶段（严格意义上的治疗诊断）。

EPO认为一种方法的所有诊断前的技术性的步骤，如阶段（i）~（iii），都符合“在人体或动物体上实施”的标准，才属于第53（c）条所指的诊断方法，被排除在专利保护范围之外。不过现实情况是，第（ii）和（iii）阶段的步骤是将检查阶段收集的数据与标准值进行比较，并从比较中发现显著偏差，这些活动主要是非技术性的，通常不在人体或动物体上进行。因此，在大多数情况下，只有第（i）阶段，即与检验阶段有关的阶段，涉及数据的收集，才与“在人体或动物体上实施”的标准有关。

进一步地，为了确定一个技术性的方法步骤是否符合“在人体或动物体上实施”的标准，必须确定是否与人体或动物体发生了相互作用。交互作用的类型或强度并不是决定性的：如果有关方法步骤的实施必须有人体存在，则符合该标准，并不要求与人体有直接的身体接触。

EPO 在审查中确定方法的诊断性质时，只会考虑严格描述阶段（i）~（iv）的步骤。一些附加步骤、准备步骤或中间步骤是否具有技术性质，是否在人体或动物体上实施，与评估一种权利要求的方法是否属于第 53（c）条例外条款所指的诊断方法无关。

由此，仅从活人或动物身上获取信息（数据、物理量）的方法（如 X 射线检查、核磁共振成像研究和血压测量），由于只涉及阶段（i），所以并不排除专利性。

（二）诊断方法

现行《EPO 审查指南》中对“诊断方法”的明确定义及相关要求，基本都源自 2005 年的 G 1/04 案。

2003 年 12 月 29 日，EPO 局长向扩大上诉委员会提交了 4 个法律问题：

1）《欧洲专利公约》第 52（4）条所指的“诊断方法”是否需要包括进行医学诊断时所要执行的所有程序步骤，还是只要包含一个可用于诊断或与诊断相关的步骤即可？

2）如果只要包含一个可用于诊断或与诊断相关的步骤即属于“诊断方法”，所要求的方法是否必须只能用于诊断目的或只能与诊断有关？根据什么标准进行评估？

3）如果一个要求保护的方法属于“诊断方法”，是否

i）至少包含一个被认为是“诊断方法”必不可少的程序步骤，并要求医生在场，或

ii）不要求医生在场，但预先假定医生负有责任，或

iii）所有程序步骤也可以或只能由医疗或技术支持人员、患者本人或自动系统执行？

而如果医生的参与（在场或承担责任）是决定性的，那么医生是否必须参与实施于人体的步骤，还是只需参与被视为诊断方法所必需的步骤？

4）“在人体或动物体上实施”的要求是否意味着步骤与人体直接接触且只有直接在人体上实施这些步骤才能提供具有诊断方法性质的方法，还是只要有

一个程序步骤直接在人体上实施就足够了?

EPO 局长之所示提出上述法律问题是由于之前的判例，尤其是第 T 385/86 号决定（1987 - 9 - 25）和第 T 964/99 号决定（2001 - 6 - 29）中关于诊断方法判断出现了诸多矛盾之处，已经影响到了法律的适用。

由于“诊断方法”属于医疗领域，涉及很多创新主体的核心利益，从事医疗研究、诊治、研发的众多第三方也就本案提交了自己的意见。

赞成对“诊断方法”进行狭义解释的一方指出：

1）根据第 T 964/99 号决定，任何涉及采集身体样本的方法都属于公约所排除的“诊断方法”，无论样本是否由医生或病人本人采集。那么病人在没有医疗干预的情况下提供尿液或唾液样本，然后由商业实验室对该样本进行分析，也被解释为一种诊断方法。这显然缺乏合理性。

2）公约对“诊断方法”的排除，其基本目的不是确保医生能够不受专利限制地进行诊断。它明确允许新的和有效的诊断试剂和设备受专利保护，而这类产品的专利不可避免地要保护其使用方法。因为在有些情况下，发明的要点与典型的方法特征有关，如特定的步骤顺序或特定的时间。此外，一些新的、从医学角度来看非常有趣的医学分析发展包括身体和仪器的相互作用，这通常是通过方法权利要求来表达的。

3）医学实验室参数的测定对私人诊所和医院医生的诊断有重要贡献，诸如体液（如血液或尿液）中分子或细胞的浓度，通常在体外测定。只有当与人体的直接相互作用对是否实现发明目的产生实际影响时，诊断方法才应被视为属于公约的排除范围。

4）分析样本或图像信息本身并不能区分病人身体的特定病理或非病理状态，只有从众多的疑似病症中筛选出相对详细的临床症状，并确定是哪种病症时，才算是真正做出诊断。

赞成对“诊断方法”进行广义解释的一方指出：

1）诊断领域的大多数发明都可以通过产品权利要求进行保护。

2）公约防止为某些与人类和动物治疗相关的方法申请专利，是因为从伦理角度考虑，活的人和动物的身体不适合作为工业过程的基础。医生或其他医疗从业者的工作不是一种产业，而是一种职业，因此不能用于工业。因此，凡是对医患关系造成严重干扰的方法都不能申请专利。

3）任何有助于最终诊断结果的明示或暗示的视听或触觉接触，都是应用于人体或动物体的诊断测试的一个步骤。

众多的公众意见也反映了欧洲地区社会公众成熟的知识产权意识。最终，扩大上诉委员会在 2005 年作出决议。

扩大上诉委员会首先定性，为了正确理解公约中特别规定的“诊断方法”和“在人体或动物体上实施”这两个术语，所涉及的法律条款的目的和宗旨、与诊断方法相关的各种利益以及法律确定性构成了需要考虑的重要方面。而根据公约相关规定，欧洲专利局的主要任务是授予欧洲专利。虽然公约中规定了专利性的例外，但对这种例外一般应做狭义解释。

对于诊断方法的实施者问题，扩大上诉委员会认为，《欧洲专利公约》将诊断方法排除在专利之外，似乎主要是基于社会伦理和公共卫生方面的考虑，即医疗和兽医从业者应可自由采取他们认为适合的行动，通过调查方法诊断疾病。但如果排除此类方法的目的是防止医疗或兽医从业者因专利而无法采取他们认为适当的行动来诊断疾病，那么就有必要对被视为此类从业者的人员进行界定。然而这是困难的，甚至是完全不可能的。出于法律确定性的考虑，欧洲专利授权程序不得依赖此类从业人员的参与。

而且，以治疗为目的的诊断领域的最新发展，使这些方法越来越复杂，技术也越来越精密，医生或兽医越来越难以按照传统方式实施这些方法。因而，与这些方法有关的专利的存在几乎不会妨碍他们的工作。因此，很难理解为什么要剥夺诊断领域的申请人和发明人获得全面专利保护的权利。

扩大上诉委员会认为，一项活动是否具有诊断性质可能并不取决于谁参与。公约条文也非常明确，排除只涉及方法，而不涉及实施方法的人。此外，在公约的准备文件中也找不到任何迹象表明，诊断方法的专利排除会局限于某一类人，如医生或兽医。因此，一个方法是否属于公约明确排除的“诊断方法”，既不应取决于执业医师或兽医是否在场或是否承担责任，也不应取决于所有方法步骤是否也可以或只能由医疗或非医疗辅助人员、患者本人或自动化系统来完成。

扩大上诉委员会进一步指出，《欧洲专利公约》明确规定，诊断方法必须在人体或动物体上实施才能被排除在专利保护之外。根据公约进一步提及外科手术和治疗方法这一事实，可以推断出这些诊断方法是为治疗目的服务的，因此应在活的人体或动物体上使用。

最终，扩大上诉委员会得出结论：

1）只有权利要求包括与以下方面有关的特征时，该权利要求才属于《欧洲专利公约》明确规定予以排除的“诊断方法”：

（i）严格意义上的以治疗为目的的诊断，代表纯粹智力活动的演绎医学或兽医学决策阶段；

（ii）作出该诊断的前几个步骤，以及

（iii）在上述步骤中进行技术性操作时与人或动物身体的具体相互作用。

2）一种方法是否属于《欧洲专利公约》所指的“诊断方法”，既不取决于执业医师或兽医是否在场或是否承担责任，也不取决于所有方法步骤是否也可以或只能由医务人员或技术支持人员、病人本人或自动化系统执行。此外，在这种情况下，不应区分具有诊断性质的必要方法步骤和缺乏诊断性质的非必要方法步骤。

3）在《欧洲专利公约》所指的“诊断方法”中，属于前述步骤的技术性方法步骤必须符合“在人体或动物体上实施”的标准。

4）《欧洲专利公约》所指的“诊断方法”并不要求与人体或动物体相互作用的具体类型和强度。

（三）治疗方法

2017 年的 T 0699/12 案例所涉及的专利（EP1501604A1）是一个关于在病人的放射治疗中能够量化剂量辐照的方法。申请在被授权后遭到了异议，随后以不属于《欧洲专利公约》第 53（c）条而被撤销。涉案的授权权利要求 1 如下：

1. 一种能够量化放射治疗中剂量输送的方法，其特征在于，该方法包括以下步骤：

—按照病人的治疗计划照射人体模型，

—测量所述人体模型中的照射，

—通过布置在人体模型与辐射源之间的信息装置收集关于照射的信息，其中所述测量值按时间间隔划分，

和

—分析测量值以得到每个时段关于人体模型中测量值和人体模型与辐射源之间的信息装置中的测量值之间的关系的信息，

—在验证患者的治疗期间使用所述关系信息。

专利权人随后提起上诉，要求维持专利权有效。

技术上诉委员会在决议中指出，争议的核心是权利要求 1 最后一个特征的解释，即“在验证患者治疗期间使用所述关系信息”，其应被解释为“患者治疗的验证”与所述的“患者放射治疗中的剂量输送量化”有关。但对患者的实际照射或基于定量剂量输送对可能的进一步照射的任何调整都不是权利要求 1 所述方法的一部分。

而在异议部的撤销决定中，对权利要求的解释参考了说明书及其他出版物中的内容，认为所述剂量输送定量实际上与体内剂量验证有关，其中隐含地要求对患者进行照射以验证治疗期间的剂量。因此，权利要求 1 不仅涉及使用人

体模型校准的预处理步骤和使用所述关系信息的后处理步骤，还涉及出于治疗目的照射患者的中间治疗步骤。因此，权利要求 1 的方法实际上是一种被《欧洲专利公约》第 53（c）条排除的治疗人体的方法。

对异议部的上述观点，技术上诉委员会则认为，在先前的案例 T 0836/08 中，一个在对身体进行手术干预之后甚至期间进行的方法，并不意味着所声称的位置跟踪方法本身就是一种手术治疗方法。因此，在仔细考虑权利要求的措辞时，没有理由确定一个事实上权利要求中没有的步骤，如“为治疗目的照射患者的中间治疗”，权利要求 1 不应被解释为包括照射患者的步骤。

技术上诉委员会进一步指出，《欧洲专利公约》第 53（c）条排除的是人体或动物体内的治疗或外科治疗方法，但并不排除在人体或动物体的治疗或手术治疗过程中使用的方法。授予的专利的权利要求 1 的措辞不包括任何可被视为具有手术或治疗性质的步骤，因为没有要求实际的照射步骤，治疗的“验证”本身没有治疗或手术效果。权利要求 1 所述的方法仅确定（验证）治疗期间的辐射剂量，确定治疗（辐射）源是否按预期工作，所以不属于治疗方法。

五、计算机软件及商业方法

《欧洲专利公约》第 52（2）条明确规定了一些不授权主题：

特别地，下述各项不应视为第 1 款中的发明：

（a）发现、科学理论和数学方法；

（b）美学创作；

（c）进行智力活动、玩游戏、经营商业的方案、规则和方法，以及计算机程序；

（d）信息呈现。

该条款和我国《专利法》第 25 条的定位相同，内容也有相似之处，其中大部分比较明确，也不是目前的热点。其中 c 项，涉及计算机程序以及商业方法，既是当前的热点，也是实践中难以把握的地方，接下来，结合《EPO 审查指南》的进一步规定，重点讨论一下这部分发明的可专利性问题。

（一）计算机程序

1. 计算机程序本身

根据《欧洲专利公约》第 52（2）（c）条和第 52（3）条，计算机程序本身——计算机可执行的指令序列——被排除在“发明”之外。

《EPO 审查指南》中进一步记载了①“但如果计算机程序具有技术特征，则不适用这种排除”，并且举例说明，如果计算机程序在计算机上运行时产生“进一步的技术效果”（further technical effect），即程序（软件）与运行程序的计算机（硬件）之间的“正常”物理相互作用之外的技术效果，则认为计算机程序具有技术效果。这似乎是对于计算机程序的一个积极信号，但是到目前为止，尚未见到实际中有计算机程序本身被授权。

因此对国内创新主体而言，一段时间内还是将注意力放在依靠计算机实施的发明上会更加现实一些。当然，与我国目前尺度类似，对于计算机存储介质这个主题是可以保护的。

2. 依靠计算机实施的发明

计算机程序和相应的依靠计算机实施的发明（computer – implemented inventions）是不同的。前者是指某个特定方法对应的计算机可执行指令序列，而后者是指在计算机上实际执行的方法。

按照“两障碍法”，这类申请是否满足“发明”的定义，首先判断是否具有技术特征。由于其涉及使用技术手段，如计算机或计算机可读存储媒体，这些本身就是技术特征，所以依靠计算机实施的发明一般都属于授权客体。

这个判断方法，看上去比我国的判断方法要简单、明确得多，当然，似乎也“粗暴”得多，但其实是把更多的工作放在了“两障碍法”的第二步——创造性的判断之中去了而已。

3. 计算机程序相关发明

EPO 并没有给出这个类别，笔者将其他众多和计算机程序相关，但是又没有在权利要求中明确写出计算机这个硬件的发明归于此，包括算法、与人工智能相关的发明。

对于此类发明专利申请的可专利性，首先也应当判断其是否克服“两障碍法”中的第一个障碍，即权利要求中需包含技术手段或技术特征（technical feature），也可称为“任意技术手段”或“任意硬件”。

具体从手段而言，“任意技术手段”是指权利要求所请求保护的发明或者涉及一个技术领域，或者与一个技术问题有关。而“任意硬件”是指权利要求所请求保护的发明包含硬件，例如常见的计算机、计算机可读存储介质，甚至包括数据载波信号（EPO 认为这也是物理实体）等。事实上，由于各种硬件无疑是一种“技术特征”，因此任意硬件可以认为是任意技术手段的下位概念。

---

① Guidelines for Examination in the European Patent Office, Part G, Chapter II, 3.6 Programs for Computer.

上述情形满足其一即被认为克服第一个障碍，成为符合《欧洲专利公约》第52条要求的可专利客体。

来看《EPO审查指南》中的一个假想案例，其权利要求如下：

1. 一种在移动设备上便捷购物的方法：

用户选择要购买的两个或多个商品；

移动设备将所选择的商品数据以及设备位置传送给服务器；

该服务器访问卖家数据库以便识别能够提供至少一个所选商品的卖家；

基于设备位置以及所识别的卖家，服务器通过访问高速缓存器确定购买所选商品的最优购物路径，其中高速缓存器中存储有基于先前请求所确定的最优购物路径；

服务器将该最优购物路径传送到移动设备上显示。

对于上述权利要求，EPO的关于“两障碍法”第一步——适格性的标准判断方法是，初步确定对发明的技术性作出贡献的特征是分布式系统，包括连接到服务器计算机上的移动设备，该服务器计算机具有高速缓存器并且连接到数据库。这样的特征显然是技术特征，则适格性问题可以通过，进入创造性判断即可。

整体而言，欧洲关于计算机软件相关专利申请的适格性问题本身（限于“两障碍法”中的第一步）相对而言是很容易满足的，更多的要求是在“两障碍法”的第二步——创造性中进行判断①，呈现“客体宽进，创造性严出”的态势，和我国将客体问题和创造性问题截然分开的做法存在巨大的差别。

（二）商业方法

由于计算机技术的发展，商业方法和计算机程序相关发明有着千丝万缕的联系，也是近年来备受关注的一类申请。《EPO审查指南》针对商业方法进行了详细解释说明②。

1. 一般判断方式

财务、商业、行政或组织性质的主题或活动属于经营方案、规则和方法的范围，根据《欧洲专利公约》第52（2）（c）条和第52（3）条，属于被排除的主题。但是，如果要求保护的主题明确了技术手段，如计算机、计算机网络或其他可编程的装置，用于执行上述商业方法的某些步骤，则不属于被排除的

① 这一部分内容参见第四章第一节第五小节。

② Guidelines for Examination in the European Patent Office, Part G, Chapter II, 3.5.3 Schemes, rules and methods for doing business.

主题。这就是“两障碍法”中的第一步判断。

而一旦确定其不属于被排除的主题，EPO 则对其进行新颖性和创造性审查。在大多数情况下，对权利要求的技术特性做出贡献的特征，仅限于特定技术实施，因为其是技术实施的结果而非商业方法的一部分。这一步骤就是“两障碍法”中的第二步判断，此处仅简单涉及，更详细的内容参见第四章。

例如，权利要求定义了一种计算机网络系统，允许客户通过公司每个销售网点的计算机从与计算机相连的中央服务器上获取所需的视听电子文件。将电子文件从中央服务器分发到销售网点在技术上有两种实现方式：

（a）根据客户的要求将单个文件直接从中央数据库下载到计算机；

（b）将多个选定的电子文件传输到每个销售网点并存储在销售网点的本地数据库中，当客户在销售网点要求提供视听内容时，从本地数据库中检索相应的文件。

那么，这种实现方式的二选一属于技术人员的能力范围，属于技术特征。而规定每个销售点所提供的视听内容集是不同的，这属于销售人员的能力范围，是商业方法，不属于技术特征。

只要有了至少一个技术特征，则“两障碍法”中的第一步适格性判断就可以通过，进入后续创造性的判断环节。对于此案，技术性特征——对应于这两种技术实施中的任一种的特征——都对本发明的技术特性做出了贡献，而对应商业方法的特征则不会对本发明的技术特性做出贡献。

下面通过一个典型判例进一步解释一下。判例 T 258/03 是日立株式会社的“拍卖方式”案，业界通常称为“HITACH”案。该案在实审阶段被驳回后，申请人不服提起上诉。涉及的权利要求如下：

1. 一种在服务器计算机上运行的自动出价方法，包括以下步骤：

（a）通过网络将与拟拍卖产品有关的信息传送到多台客户端计算机，每台客户端计算机属于一个竞买人；

（b）通过网络从多台客户计算机接收购买上述产品的若干拍卖信息，每次都包含所需价格和在发生竞争情况时的最高价格；

（c）将投标人的个人投标信息存储在服务器计算机上；

（d）确定落槌价；

（e）根据存储在服务器计算机上的竞价信息确定竞买人提供等于或高于落槌价的期望价格；

（f）如果在阶段内没有确定投标人，降低落槌价，重复步骤（e）；

（g）如果步骤（e）中有多个投标人，则根据存储在服务器计算机上的投标信息，确定其中几个投标人的落槌价是否低于或等于期望的价格，从而产生竞争局面；

(h) 如果存在竞争情况，则将落槌价提高预定值；

(i) 排除出价低于记录落槌价的竞买人，并根据拍卖信息确定其他竞买人；

(j) 确定步骤 (i) 中确定的投标人可能的竞争情况；

(k) 重复步骤 (h)、(i) 和 (j)，并确定其余投标人为在步骤 (j) 中没有竞争的情况下中标；和

(l) 如果 (g) 步骤中没有竞争情况，则确定其余投标人已获得合同。

涉案申请的说明书中描述了一种拍卖方式，该方法的初始数据交换是从客户端计算机和服务器计算机之间开始的，用于收集参与者的出价。每个出价包含两个价格："期望价格"和"竞争情况下的最高价格"。这种拍卖机制通常用于电子商务平台，其中竞拍者可以设定一个他们愿意支付的最高价格，同时还有一个他们期望的最低价格。拍卖过程的自动进行意味着竞拍者不需要在线关注，直到拍卖结束。拍卖价格通常会设定并逐渐降低（典型的荷兰拍卖方法），这个过程会持续进行，直到达到竞拍者设定的"期望价格"定义的最高出价或出价水平。如果出现多个竞拍者出价相同的情况，价格会相应提高，以确保只有一个出价者能够以"最高价格"获得投标。

本案原始判决涉及多个问题，此处仅讨论争议焦点之一适格性判断标准，也就是怎么看待该方法的适格性问题①。

大部分人的直观感觉是该案是一个纯粹的商业活动的方法，就是限定了一个人为规定的拍卖流程，属于《欧洲专利公约》第 52（2）条的排除对象。

对此，上诉委员会强调，如果一个发明符合《欧洲专利公约》第 52（1）条的所有要求，那么即使它包含了非技术特征，也应该被认为是一个可专利的发明。由于权利要求 1 中包含了明显的技术特征，如"服务器"、"客户端计算机"和"网络"。因此，根据权利要求 1 描述的方法完全满足适格性要求。更进一步地，上诉委员会虽然没有结合本案进行论证，但同时还指出，根据《欧洲专利公约》第 52（1）条所指的"发明"概念，重要的是实体的物理特征，或活动的性质所隐含的技术性，或者使用技术手段赋予非技术性特征的技术性，如果单独看是"非技术性"的特征，由于技术手段赋予了其技术性，则该特征不能被视为《欧洲专利公约》第 52（2）条和第 52（3）条所指的非发明。笔者认为，可以解读本案中"出价方法"这个主题虽然单独看是非技术的，但上

① 其他重要争议可参见本书第四章第一节第五（二）小节。

述“服务器”、“客户端计算机”和“网络”这些明显的技术特征赋予了“出价方法”以技术性。这其实是在论述“两障碍法”中第一步适格性判断——只要有技术特征就认为满足适格性——的合理性。

此外，上诉委员会还进一步认为，本案上诉人辩称通过把整个方法在线进行可以达到的技术效果是降低时间延迟从而尽快完成拍卖。然而，把线下拍卖变成在线拍卖仅仅是对拍卖这个商业规则的改变，仅仅通过对商业规则的改变来解决技术问题，而不是通过技术手段来解决技术问题，并不能构成“技术特征”。

综上，该判例进一步明确了满足“适格性”的条件，即如果一个发明符合《欧洲专利公约》第52（1）条的所有要求，那么即使它包含了非技术特征，也应该被认为是一个可专利的发明；也一定程度上细化了“技术性”的概念，即判断技术性的重要因素是实体的物理特征或活动的性质所隐含的技术性；一方面提出了使用技术手段可能赋予非技术性活动的技术性，也探讨了非技术手段对技术效果的技术性的消解。

T 258/03 判决后影响巨大，媒体非常形象地用“避免将婴儿和洗澡水一起倒掉”来报道此标准，虽然该案例是在“两障碍法”之前10余年的一个判例，但是基本上就是“两障碍法”的思路，特别是关于第一步适格性判断，完全就是“两障碍法”的逻辑。关于该案的后续第二步的创造性判断，可参见第四章第一节第五部分第（二）条第1点。

类似地，我国的《专利审查指南2023》指出：“对一项包含算法特征或商业规则和方法特征的权利要求是否属于技术方案进行审查时，需要整体考虑权利要求中记载的全部特征。如果该项权利要求记载了对要解决的技术问题采用了利用自然规律的技术手段，并且由此获得符合自然规律的技术效果，则该权利要求限定的解决方案属于专利法第二条第二款所述的技术方案。”①暗含的意思也是不能只关注非技术特征，还要关注技术特征；当然，我国的落脚点重心是“自然规律”，而不是像EPO那样一刀切——只要有技术特征就行。

2. 注意事项

1）如果相关方法仅仅具有一种服务于技术目的的可能性，或者仅仅是包括了使用技术手段的可能性，而不是确定性，则相关可能性不足以构成技术特征。

例如，对诸如“工业过程中的资源分配方法”的权利要求，由于这里“工业”（industry）一词的含义广泛，既可能包括技术类的，也可能包括金融、行

---

① 《专利审查指南2023》，第二部分第九章第6.1.2节。

政或管理中的纯业务过程和服务。因此，该方法实际上不限于任何特定的技术过程，有技术过程的可能性，也有非技术过程的可能性，对此无法确定。所以仅靠“工业”这个词不能认定其属于技术领域中的发明，不能构成技术特征，无法通过“两障碍法”中的第一步。

又如，权利要求中出现了“系统”或“手段”等术语，对此EPO也会仔细研究。如果即使说明书中公开了一个实施例记载的“系统”或“手段”是技术实体，但是仅从权利要求的上下文中却不能推断出这些术语仅指技术实体，比如“系统”可能指金融组织，“手段”可能指组织单位，那么此时“系统”或“手段”等术语都会被EPO认为不能构成技术特征，也无法通过“两障碍法”中的第一步。

2）针对商业方法中技术实施提出的权利要求中，为解决技术问题而对商业方法进行修改，而不是以技术方式予以解决，不被认为是构成了技术特征。

例如，在现有技术的降价式电子拍卖系统中，首先发送确认信息的参与者中标。但确认信息可能由于传输延迟而导致无序接收，因此每个信息都包含时间戳信息。通过改变拍卖规则以消除对时间戳信息的需求，相当于规避了传输延迟的技术问题，而不是用技术手段来解决它。

这一点和我国在根据“技术三要素”来判断是否满足《专利法》第2条第2款“发明”定义的做法异曲同工。

3）仅凭商业方法的输入数据是真实世界数据这一事实，即使该数据涉及物理参数（例如销售网点之间的地理距离），此时该真实世界的数据或物理参数的输入也不足以构成该商业方法的技术特征。

4）商业方法的结果可能是有用的、实用的或可销售的，但这也不能构成技术效果。

第二节　美　　国

美国是世界上最早实行专利制度的国家之一。

1787年《美国联邦宪法》第1条第8款第8项规定：“为促进科学和实用技艺的进步，（国会有权）通过保障作者和发明人在有限的时间内对其作品和发现享有专有权。”根据这一条款，美国国会于1790年4月通过了《促进实用技艺进步法》，正式建立了专利制度。随后于1793年又制定了新法，1836年和1952年分别进行了较大修订。现行专利法就是1952年7月19日颁布的，收录于《美国法典》（United States Code）第35编。

美国的专利制度深受功利主义（utilitarian approach）哲学的影响。功利主义哲学认为：所有权政策应当有助于科技进步，只有当这种政策促进科技进步时，某物才能被视为财产，而如果某些事物的私有权会显著地阻碍科学进展，那么主张这些实物应当被视为公共财产，就是合情合理的①。而这一点在上述《美国联邦宪法》第 1 条第 8 款第 8 项的规定中也予以了体现。

理解这一点，将有助于理解美国在专利客体问题上的观点和变化逻辑。

一、保护客体概述

（一）法律条文释义

在美国，专利客体问题也被称为专利客体适格性（patent eligible subject matter）问题。与这一概念相对应的是美国《专利法》第 101 条：

> 任何人发明或者发现任何新的且有用的方法、机器、制造物或组合物，或其任何新的且有用的改进，均可在符合该法所定的条件和要求的情况下获得专利。

不同于 TRIPS 协定中对“发明”的定义，美国《专利法》第 101 条规定的是在美国可申请专利的四个分类：过程（process）、机器（machine）、制造物（manufacture）及组合物（composition of matter）。值得注意的是，在美国《专利法》第 101 条中用了“发现（discover）”一词。

在美国《专利法》中，并没有与我国《专利法》第 5 条类似的对违反法律、社会公德或者妨害公共利益的发明创造予以排除的条文，也没有与第 25 条等同的专利客体法定排除条款，仅有 2011 年 9 月实施的《美国发明法案》（American Invents Act，AIA）对专利法进行修订时，在第 33 条中增加了如下规定：

> 与《美国法典》第 35 编第 101 条有关——对颁发专利的限制。
>
> （a）限制——尽管有任何其他法律规定，任何针对或包含人类有机体的权利要求均不得颁发专利。②

可以看出，美国《专利法》对专利客体问题持一种高度开放的态度，而这种开放的态度在美国专利制度中有着悠久的历史。实际上自 1793 年第二部专利

---

① 戴维 B 雷斯尼克．科学伦理学导论［M］．殷登祥，译．北京：首都师范大学出版社，2019.

② AIA § 33（Related to 35 U. S. C. 101）—Limitation on issuance of patents.（a）LIMITATION.—Notwithstanding any other provision of law，no patent may issue on a claim directed to or encompassing a human organism.

法立法时，第 101 条的规定就基本如此。

1793 年美国《专利法》由当时的国务卿托马斯·杰斐逊（Thomas Jefferson）主持制定。杰斐逊和那个时期的其他美国人一样对于垄断有着本能的反感，毕竟正是由于英国对茶叶的垄断引发了美国革命。但对专利权的垄断，杰斐逊摒弃了欧洲的自然权利理论，认为其不是为了确保发明者对其发现的自然权利，而是一种对产生新知识的奖励和激励，而只有增进了人类知识、新颖且有用的发明和发现，才有资格获得有限的私人垄断权。在 1813 年 8 月给 Isaac McPherson 的信中，杰斐逊写道：

"稳定的所有权是社会法律的恩赐，在社会进步的后期才被赋予。那么如果一种思想，一种个人大脑的逸散发酵物，能够根据自然法则被要求享有排他性的稳定所有权，那就太奇怪了。……发明在本质上不可能成为财产。社会可以对发明所产生的利润给予排他性的权利，以鼓励人们去追求那些可能会使我们的生活更美好的想法。"①

后来美国对专利法的历次修订，对第 101 条有关专利保护客体的定义基本都没有做改变，仅在 1952 年用"过程"（process）一词替换了 1793 年版本中的"技艺"（art）一词，但仍旧保持了一种高度开放的态度，所谓"包括普天之下人类制造的任何东西"。②

（二）判例

1. 判例法系

美国《专利法》条文中对专利客体的高度开放不做排除限制的态度，还与他们的司法体系密不可分。

不同于我国的大陆法系，美国的司法体系属于英美法系（Common Law），即所谓的判例法系。在判例法系中，司法系统做出的判例与立法系统制定的成文法都是法律的渊源。所谓判例，指的是判决书中做出处置意见的判决理由，而不是处置意见本身③。法律条文中没有限制的，可以由司法系统在一系列判决中做出限制。

判例法的优点是明显的。由于成文法制定的依据是过去已经发生的事实，同时成文法又必须保持足够稳定，以便让人们形成合理的预期，这使得它难以紧跟社会的变化。尤其是在专利领域，一个与日新月异的技术发展直接相关的

① Graham v. John Deere Co., 383 U.S. 1 (1966).

② Diamond v. Chakrabarty, 447 U.S. 303 (1980), "…which may include anything under the sun that is made by man".

③ 张清，等．英美法系裁判文书说理：以判例分析为重点［M］．北京：人民法院出版社，2022.

特殊法律领域。而判例法则是一个开放性的体系，某一件案件可能就正对应着社会中文化、经济等方面的变化。法官可以在成文法没有规定时，根据法律的基本原则，对这种变化做出法律上的及时反应。因此，每个判例都是一个动态的"造法"过程。

在判例法中，法官在每一个判决中都需要引证自己做出判决的法律渊源，这可能是法律条文、立法史、在先判例等，同时阐述自己的判决逻辑，并向所有社会公众公开。加上在多名法官合议审理的案件中，如果某位法官对案件的法庭意见（majority opinion）有其他要补充甚至反对的观点，均可提交自己的协同意见（concurring opinion）甚至异议意见（dissenting opinion），随法庭意见一并发布。因此每个重要的判决都不可避免地会引发社会各个有关方面的充分讨论，从而为后续的判例，甚至立法提供依据。

不过就如"硬币有两面"一样，判例的优点也可能构成它的缺点。例如，每一个案件的事实其实都不相同，但基于"类似事实应给予相同对待"的原则，上级法院的在先判例对下级法院具有约束力，而只有上级法院才能推翻下级法院的在先判例，这就可能造成扭曲性的阐释案件，导致判决结果的不当。此外，判例法的"造法"功能，高度依赖法官的个人认知甚至立场。一个持"进步"立场的法官和一个持"保守"立场的法官在同一个案件中很可能会有完全相反的结论，而不同结论的判例都会对全社会产生约束力。

2. 诉讼体系

这里也简单介绍一下美国的诉讼体系，便于读者理解相关判例的出处。

美国是联邦制国家，专利事务涉及州级贸易，因而属于联邦法事务，归属联邦司法体系管辖。涉及专利客体问题的诉讼有两条不同的路线：

（1）行政诉讼

如果是对美国专利商标局（United States Patent and Trademark Office，USPTO）的审查决定不服，申请人可请求美国专利审判与上诉委员会（PTAB）予以复审。这种案件都是申请人依据单方再审程序提出的，因此案例名以"Ex Parte"① 开头，例如 Ex Parte Bilki。

如果对上诉委员会的复审决定不服，可以向对应的具有管辖权的法院提起上诉。在 1982 年美国国会颁布《联邦法院改革法》（*Federal Courts Improvement Act*）前是海关和专利上诉法院（Court of Customs and Patent Appeals，CCPA），之后则是联邦巡回上诉法院（Court of Appeals for the Federal

① 拉丁法律术语，意为没有另一方的情况。USPTO 有单方再审程序（Ex Parte Reexamination）和多方复审（Inter Partes Reexamination），其中只有单方再审可以讨论专利适格性问题。

Circuit，CAFC）。这种案件只涉及一个当事人，没有另一方，所以案例名以“In re”[①] 开头，例如 In re Bilski。

（2）民事诉讼

在美国关于专利，如侵权或专利权归属等民事诉讼中，法院可以就其中一方提出的专利有效性直接作出判定，而无须将其再发回 USPTO 进行审查。

由于专利事务归属联邦司法体系管辖，因而专利相关民事诉讼的一审均由联邦地区法院（District Court）进行审理。

任何一方对一审判决不服的，可以向上诉法院提起上诉。在 1982 年前是一审地方法院对应的巡回上诉法院（Circuit Court of Appeals），1982 年后涉及专利事务的案件则统一由 CAFC 进行审理。这些案件由于是双方诉讼，案件以“A v. B”命名。一般而言，CAFC 共有 12 名法官，但一个案件只由 3 名法官组成合议庭，投票进行表决。如果诉讼一方觉得案情非常重要或对已作出的判决不服请求重审，可请求 CAFC 全院庭审（en banc），即所有 12 名法官组成合议庭进行审理。对此请求，全院法官投票表决允许或拒绝，但通常只在案件争议性很大或合议庭法官对主要法律问题意见不一时，才会允许。

而无论是行政诉讼还是民事诉讼，如果对上诉法院的判决不服或存有疑问，最终还可以向联邦最高法院（Supreme Court）提请调卷令（Certiorari），请求最高法院调卷再审。但据有关统计，每年最高法院可接收到近万件调卷令申请，但只会下发不到百件予以再审[②]。这是因为最高法院基本只关注纯粹的法律问题，其主要职责不是纠正下级法院的错误判决，而是在法律层面确保法律的统一适用。拒绝调卷并不意味着同意原审判决。

如果调卷令涉及的一方是 USPTO，则案件以时任 USPTO 局长为诉讼一方的形式命名，即“A v. 局长名”，如 Bilski v. Kappos。

3. 三大司法例外

如前所述，在美国《专利法》中并没有条文对客体予以排除，这一排除是在司法体系中以判例确立的。在长期的司法实践中，司法系统通过一系列判例逐渐确定了美国专利适格性的三大司法例外（judicial exception）[③]，即自然法则（law of nature）、自然现象（physical phenomena）和抽象概念（abstract idea）。

对此，1948 年美国最高法院在 Funk Brothers 案[④]中有所阐释：

---

① 拉丁法律术语，意为“in the matter of”，用于表示没有反对方的情况。

② “9.5 Info Brief：How Does a Case Get to the Supreme Court”，The National Constitution Center.

③ Diamond v. Chakrabarty，447 U. S. 303（1980）.

④ Funk Brothers Seed Co. v. Kalo Inoculant Co.，333 U. S. 127，333 U. S. 130（1948）.

"专利不能用于发现自然现象。……这些细菌的特性，就像太阳的热量、电或金属的特性一样，是人类知识宝库的一部分。它们是自然法则的表现形式，对所有人都是自由的，没有人可以独享。谁发现了迄今未知的自然现象，也不能要求获得法律承认的垄断权。如果要从这种发现中获得发明，就必须将自然法则应用于新的有用目的。"①

但对上述三大司法例外，美国最高法院并没有给出明确的定义或范围，这也是后续的很多判例在对上述例外进行阐述时，都有所侧重，并最终导致结论不同的主要原因。

4. 客体判断测试法

除上述三大司法例外，对于哪些申请的主题具备专利适格性，美国司法体系不断尝试确立一个通行的测试标准来对申请进行判断。随着法院通过一系列判例逐渐开启了医疗方法、诊断方法、微生物、植物、计算机软件、商业方法等诸多客体的专利保护大门后，又通过被戏称为"天启四骑士"的 Bilski（2010）案②、Mayo（2012）案③、Myriad（2013）案④和 Alice（2014）案⑤，对专利适格性进行了回调。

总体而言，自 20 世纪 70 年代起，美国专利保护客体判断测试法经历了三次重要的变化：

（1）"机器或转化"测试（Machine or Transformation，MoT）

MoT 标准是最高法院在 1972 年 Benson 案⑥的判决中提出的。在该判决中，提出了对未与特定机器绑定的方法权利要是否具备专利适格性，要看其是否"将一个物体转换或转变到一种'不同的状态或成为一种不同的物体'"。

（2）"实用、具体和有形的结果"测试（useful，concrete and tangible result）

CAFC 在 1998 年 State Street Bank 案⑦的判决中提出了"实用、具体和有形的结果"标准。简单而言，就是一个方法只要能够产生实用、具体和有形的结

---

① For patents cannot issue for the discovery of the phenomena of nature. …The qualities of these bacteria, like the heat of the sun, electricity, or the qualities of metals, are part of the storehouse of knowledge of all men. They are manifestations of laws of nature, free to all men and reserved exclusively to none. He who discovers a hitherto unknown phenomenon of nature has no claim to a monopoly of it which the law recognizes. If there is to be invention from such a discovery, it must come from the application of the law of nature to a new and useful end.

② Bilski v. Kappos, 561 U. S. 593 (2010).

③ Mayo Collaborative Servs. v. Prometheus Labs., Inc., 566 U. S. 66 (2012).

④ Association for Molecular Pathology v. Myriad Genetics, 133 S. Ct. 2107 (2013).

⑤ Alice Corporation PTY. LTD. v. CLS Bank International et al., 573 U. S. 208, 134 S. Ct. 2347 (2014).

⑥ Gottschalk v. Benson, 409 U. S. 63 (1972).

⑦ State Street Bank & Trust Co. v. Signature Financial Group, Inc., 149 F. 3d 1368 (Fed. Cir. 1998).

果，那么该方法就是具备专利适格性的。

（3）两步测试法

第三次重要的规则调整则来自美国最高法院在 2013 年 Myriad 案和 2014 年 Alice 案中逐渐确立的“Alice/Mayo 两步测试法”（图 1－2－1），而这也是目前 USPTO 在专利审查中所采用的用于判断专利申请是否具备专利客体适格性的测试方法。

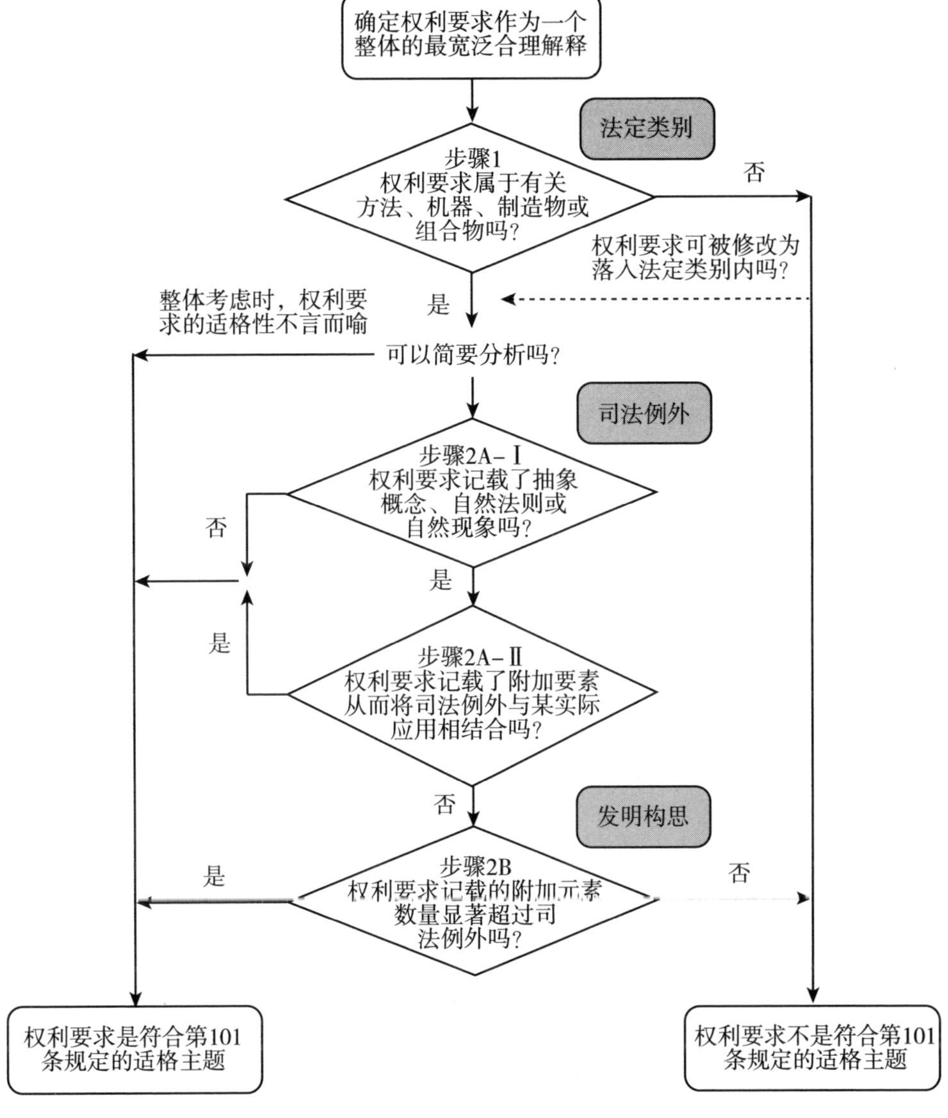

图 1－2－1　Alice/Mayo 两步测试法逻辑图

但目前来看，社会各界对“两步测试法”的反馈并不理想，这也是当下美国专利制度中客体适格性存在不确定性的主要原因。

总的来说，美国是英美法系，其判例和成文法一样都可以作为法律的渊源。由于美国并不像欧洲一样，在专利法律条文中对客体问题予以明确规定，这就使得要想理解美国专利体系对专利客体问题的认知、态度以及变化原因，只能从判例中寻找答案，属于“立法宽松、司法能动”。特别是关于专利保护客体的问题，由技术及相关产业的利益方在法院以诉讼的形式进行博弈，通过判例开启某些领域的专利保护，在一定程度上会更有利于跟随社会技术发展，及时促进相关产业的发展态势。这也是美国在生物医药、计算机、商业领域的发展态势要明显优于欧洲的原因。但是，由于法院的判决是在博弈状态下得出的，法院的每一个判决只能针对每一个案例的实际情况，但判决本身却会从法律层面给社会带来影响。这就导致后续发展基本上会超过该判决对应的特定案情，从而形成“一放就乱”的局面。这也就是在开放了对计算机软件、商业方法和诊断方法进行专利保护多年后，最高法院又试图收紧的原因。这种激进与回调的反复振荡，也会给社会各主体带来不确定感，从而降低专利保护的有益效果。

（三）审查实践

最高法院和上诉法院的终审判决，如果对专利适格性有新的论断或判断标准，作为行政单元的美国专利商标局由于受到判例的约束，在专利审查中必须予以响应。

而关于授权客体的例外，除了非常明确的前述三大司法例外，成文法中并没有如同我国《专利法》第25条一样的明确排除规定，因此在USPTO的《专利审查操作手册》（Manual of Patent Examination Procedure，MPEP）中也没有如同我国《专利审查指南》一样的分章节规定，仅在2105节和2106节对专利适格性做了规定：

“2105 可专利的主题—有生命的主题（Patent Eligible Subject Matter—Living Subject Matter）

2106 专利适格性（Patent Subject Matter Eligibility）”

这是因为有生命的主题，主要是动植物和微生物，已经被确认是可专利的客体①，不存在争议。而其他主题，则需要经过客体判断测试来确认是否属于可专利的主题。

在客体问题上，随着近年美国联邦最高法院和美国联邦巡回上诉法院数次

① 具体参见下一小节。

推翻、修正与美国《专利法》第101条相关的先例，USPTO也频繁修订、补充MPEP中的《专利客体适格性审查指南》（Patent Subject Matter Eligibility Guidance，PEG）一部分，该部分内容即为对2106节的进一步细化。

2009年Bilski案在CAFC经过全院庭审（en banc）后，USPTO就颁发了《专利客体适格性审查暂行说明》，强调方法权利要求必须通过“机器或转化”测试法。但在2010年最高法院判决后随即进行了调整，将“机械或转化”测试调整为有用工具。2012年根据最高法院对Mayo案的判决，进一步弱化“机械或转化”测试的地位。2014年，根据最高法院的Alice案判决，推出现行的“Alice/Mayo两步测试法”。从2014年到2019年还根据CAFC的判例以及社会反馈，进行了一系列的微调。①

2019年1月4日，USPTO公布了《专利客体适格性审查指南（2019年修订版）》（2019 Revised Patent Subject Matter Eligibility Guidance，2019 PEG），并在随后的10月份公布了《专利客体适格性指南（2019年10月更新）》（October 2019 Patent Eligibility Guidance Update（October 2019 Update））。在此之后，USPTO并未公布新的有关可专利主题问题的相关指南，上述文件取代了USPTO之前发布的各种备忘录或指南并被纳入MPEP用于指导专利审查工作。

根据现行MPEP，判断权利要求主题是否具备客体适格性的“Alice/Mayo两步测试法”包括2个步骤：

步骤1：判断权利要求是否属于过程、机器、制造物或组合物；

步骤2A：判断权利要求是否属于司法例外，即抽象概念、自然法则或自然现象。

其中，该步骤又包括分支Ⅰ和分支Ⅱ。分支Ⅰ判断权利要求是否涉及抽象概念、自然法则或自然现象，若涉及，则需要进行分支Ⅱ的判断，即还需要判断权利要求是否记载了附加要素从而将前述司法例外和某一实际应用相结合。

步骤2B：若上述答案皆为否，则判断权利要求是否记载的附加元素数量显著超过（significantly more）司法例外。

由此可以看出，现行的《专利审查操作手册》对于专利适格性采取了相当严格的判断，从而避免将过多的申请归为非专利客体。

后文将参照我国《专利审查指南》的体例，对照美国专利部分领域客体的规定，选取重要案例，对该领域的历史沿革进行解读，便于读者理解美国关于客体问题认识的变迁历史及内在逻辑。

---

① 张韬略．美国《专利客体适格性审查指南》的最新修订及评述［J］．知识产权，2020（4）：84－96.

二、动植物品种及微生物

目前，美国对于动植物品种和微生物都可予以专利保护。不过这种保护并不是与生俱来的，同样经历了漫长的变革。

（一）植物

1930 年前在美国，植物和其他生物体一样都被认为是自然界的产物，而不是人的发明，因此不具有可专利性。1889 年的 Ex Parte Latimer 案①充分体现了当时专利局的观点。在该案中，当时的专利专员在拒绝一位申请人有关长叶松（pinus australis）松针中的一种纤维的专利申请时指出，生产这种纤维的方法可以是一项发明，但是就纤维而言，如果仅因为有人发现了地球上已经存在的东西就允许其获得专利权是不合理的。因为大自然生产的纤维是让所有人平等地使用这种纤维，如果将其作为专利权授予某人，将使其他人无法使用这种天然产品（product of nature），其结果是"森林中的树木和地球上的植物都可能获得专利权，而这当然是不合理的，也是不可能的"②。

Ex Parte Latimer 案的判决意义在于创建"自然产物"的排除原则，即便这些自然产物对社会而言有用且有价值，也不能获得专利权。

而植物难以获得专利权的另一个原因，则是专利申请需要通过文字对请求保护的对象进行描述，而新植物与旧植物的区别可能仅仅在于颜色或香味，难以满足专利申请所要求的书面描述③。

不过这种"自然产物"排除专利保护的观念，在 1930 年开始松动。

1889 年 Ex Parte Latimer 案的判决排除了"自然产物"的可专利性，使得专利基本上只保护工业领域的创新。而随着美国城市的兴起以及铁路运输的扩张，农业的商业化程度日益提升，但农业领域的创新，尤其是育种者们培育的有价值的植物新品种，尤其是水果和花卉品种，缺乏知识产权的保护。由于很多果木和花卉都可以以扦插一类的无性繁殖手段繁殖，只需要一根枝条即可生长出新的个体，因此育种者们只能竭尽全力采取各种防盗手段保护自己培育的新品种。农业集团对于这种知识产权的不公平对待日益不满，呼吁"将农业置

---

① Biotechnology and Patents：A Comparative Analysis of the Legal and Ethical Issues Embodied in The European and the United States Approaches，Lenandros Lefakis，1998，page 142 – 144.

② Diamond v. Chakrabarty，447 U. S. 303 （1980），"The Commissioner reasoned that a contrary result would permit 'patents [to] be obtained upon the trees of the forest and the plants of the earth，which of course would be unreasonable and impossible.'"

③ Diamond v. Chakrabarty，447 U. S. 303 （1980），"…the fact that plants were thought not amenable to the 'written description' requirement of the patent law."

于与工业平等的经济地位”①。另外，第一次世界大战期间出现的粮食短缺局面，例如当时美国农业正遭受的假桃病（phony peach disease）的影响，对鼓励果农培育者培育抗病新品种也有着迫切的需求②。正是在这些呼声和压力下，美国国会于1930年颁布了《植物专利法》（*Plant Patent Act*，PPA）。

对于将植物这一“自然产物”纳入专利保护这一重大改变，众议院和参议院委员会的报告中解释道：

“发现植物新品种与发现某些无生命的东西，例如发现一种新的且有用的天然矿物，这两者之间有着明确而合乎逻辑的区别。矿物完全是由大自然创造的，没有人类的帮助。……通过人工栽培而发现的植物是独一无二的，独立的，是自然界无法重复的，也是其无法在没有人类帮助的情况下复制的。”③

对于专利申请所要求的书面描述，国会则做了扩张性的解释，“仅需尽可能的完整描述”即可④。

不过，1930年《植物专利法》仅保护无性繁殖（asexually propagated）的植物品种，主要是高价值的花卉，如玫瑰和秋海棠，以及果树，如苹果、桃和柑橘等。有性繁殖（sexually propagated）的植物被排除在专利保护范围之外，这是由于当时的立法者认为，只有通过无性繁殖的植株才封闭且完整地保留了育种者对植物特性的改变或者选择。而在有性繁殖的情况下，自然因素多变，性状可能无法稳定和遗传，也可能产生新的性状。人工作用在自然的力量下变得不稳定、不可控，这不符合专利法只给予可稳定重现的、属于人类创造物的发明以专利权的理念⑤。

此外，1930年《植物专利法》还将同样属于无性繁殖的块茎植物的马铃薯明确排除在保护范围之外，则是因为马铃薯是当时多数美国人的主粮，将粮食作物以专利权的形式授予个体或团体，可能导致个体或团体对美国的食物供应产生负面影响⑥。

---

① Did Plant Patents Create the American Rose?, Petra Moser, 2011.04, p3.

② New Developments in Biotechnology: Patenting Life, April 1989, p71.

③ Diamond v. Chakrabarty, 447 U.S. 303 (1980), “There is a clear and logical distinction between the discovery of a new variety of plant and of certain inanimate things, such, for example, as a new and useful natural mineral. The mineral is created wholly by nature unassisted by man. … On the other hand, a plant discovery resulting from cultivation is unique, isolated, and is not repeated by nature, nor can it be reproduced by nature unaided by man.”

④ Diamond v. Chakrabarty, 447 U.S. 303 (1980), “And it relaxed the written description requirement in favor of ‘a description... as complete as is reasonably possible.’”

⑤ 孙炜琳：植物新品种保护制度研究［M］. 北京：中国农业科学出版社，2014：114-115.

⑥ Did Plant Patents Create the American Rose?, Petra Moser, 2011.04, p3.

1930年《植物专利法》的颁布，一方面是美国专利中功利主义和实用主义的体现，另一方面则是国会通过立法权推翻司法判例的成果。作为民选立法机构，国会对来自农业产业团体及个人的呼声和压力不能无动于衷。既然植物育种者因没有知识产权保护，缺乏足够的经济动力来继续从事相关工作，而专利制度又是通过经济利益“刺激”相关从业者创新的制度，那么做一些调整，让植物育种者也能享受到专利的“刺激”就显得顺理成章。至于Ex Parte Latimer案中对“自然产物”不可专利这一点，通过将纯粹的自然植物和由人工培育的植物予以区分，也符合专利法保护人的发明或发现的立法逻辑。

不过国会的立法也是克制的。既然压力主要来自无性繁殖的植物培育者，那么立法就只涉及这一方面，不去做不必要的扩张。但无论如何，1930年《植物专利法》的颁布都开启了美国有生命物可以被专利的大门。1952年，《植物专利法》并入美国《专利法》，即第161～164条。

在美国颁布《植物专利法》后，世界各国相继建立植物品种保护制度。1961年，比利时、荷兰、法国、联邦德国和意大利共同签署了《国际植物新品种保护公约》，建立了国际植物新品种保护联盟（International Union For The Protection Of New Varieties Of Plants，UPOV）。UPOV公约于1968年正式生效。美国也于1970年颁布《植物品种保护法》，从而对植物专利不能保护的有性繁殖植物及块茎类植物也提供了保护，不过植物品种保护由农业部管辖，而非专利局。

1984年，美国专利商标局对一份名为“高色氨酸含量谷类突变株”的专利申请有关种子、植物及植物组织培养物的权利要求，都以不属于《专利法》第101条规定的客体为由予以了拒绝。审查员认为，国会通过1952年《专利法》和1970年《植物品种保护法》，清晰地指出了它们分别保护的植物对象。显然，1970年《植物品种保护法》的颁布，表明国会已经将有性繁殖或块茎繁殖植物排除在专利法保护范围之外，玉米是一种有性繁殖植物，它属于1970年《植物品种保护法》的保护客体，而不是专利法保护的客体。

但在最后申请人向专利上诉与干预委员会（BPAI）提起的上诉中，专利上诉与干预委员会于1985年裁定，1970年《植物品种保护法》的立法史中没有从《专利法》中剥离任何保护客体从而纳入自身保护范围的记录，甚至参议院司法委员会在1970年推荐通过《植物品种保护法》的报告中还指出“这没有改变在专利中现在可以获得的保护”。

专利上诉与干预委员会进一步根据最高法院1980年在Chakrabarty案判决中的推理及结论认为，植物可以受到发明专利的保护。

自此，美国形成了对植物采取实用专利（Utility Patent）[1]、植物专利（Plant Patent）和植物新品种并行的保护模式。其中，植物新品种由美国农业部植物品种保护办公室负责审查，植物的实用专利和植物专利都由美国专利商标局审查管理。

这种给予植物实用专利保护的体系在2001年的Pioneer Hi - Bred案[2]中遭到了挑战。不过最高法院在判决中确认，不能因为《植物专利法》和《植物品种保护法》对植物新品种予以了保护，就认为植物不应当被授予实用专利。

（二）微生物

虽然植物在1930年被国会明确予以了专利保护，但这种立法的界限也很明确。为所有有生命体发明提供专利保护的里程碑判例要等到1980年的Chakrabarty案[3]，虽然它只涉及小小的细菌。

20世纪70年代，石油化工领域的科学家已经发现某些特定种类的细菌，能够把碳氢化合物分解和降解成简单无害的物质。通用电气（General Electric）的印度裔遗传工程学家Ananda M. Chakrabarty也对此进行了研究。他发现假单胞杆菌属中许多菌株的细胞里，具有调控多种性状的质粒，这些质粒基因控制着分解烃类化合物酶系的合成。因此，使用细菌来清除石油污染似乎是可行的。但在实际应用时存在相当大的难度。原油是多种烃类的混合物，不同的菌株所能产生的烃类化合物分解酶不同，而混合使用的菌株存在不同适应性甚至冲突的问题。

对此，Chakrabarty将降解性质粒XYL、NAH、CAM和OCT结合后转移到一株假单胞菌种，创造出了一种具有多质粒多功能的“超级细菌”。该单一细菌就具备降解芳烃、多环芳烃、萜烃的能力。这种利用遗传工程所制成的名为Pseudomonas putida的细菌比一般的自然界的细菌能以更快的速度降解碳氢化合物。在应用于消除石油污染时，不仅能降解60%的原油脂肪烃，而且只在几个小时内就可以达到自然菌种要用一年多时间的净化效果。[4]

1972年Chakrabarty向美国专利商标局提交了名为“具有多种相容性降解能产生质粒的微生物及其制备方法”涉案专利申请（US 4259444 A），其中包括三组权利要求：a）生产该细菌的方法权利要求；b）由漂浮在水上的诸如稻

---

① 相当于我国的发明专利。

② J. E. M. AG Supply，Inc.，dba Farm Advantage，Inc.，et al. v. Pioneer Hi - Bred International，Inc.，534 U. S. 124（2001）.

③ Diamond v. Chakrabarty，447 U. S. 303（1980）.

④ 王震．基因专利研究［M］．北京：知识产权出版社，2008：24.

草和该细菌等带菌材料组成的接种物；c）通过基因工程所获得的该类细菌本身。其中的细菌产品权利要求如下：

一种假单胞菌属的细菌，其中含有至少两种稳定的产能质粒，所述质粒中的每一种提供单独的碳氢化合物降解途径。

美国专利商标局的审查员经过审查，对前两组权利要求予以了认可，但驳回了第三组细菌产品权利要求，理由是：a）微生物是“自然产物”；b）活体生物不是美国《专利法》第101条规定的可专利客体。

随后，Chakrabarty 向专利复审委员会（Patent Office Board of Appeals，POBA）进行了上诉。复审委员会依据国会1930年颁布《植物专利法》的立法历史认为，国会只将专利保护扩大到了特定的无性繁殖植物，因此美国《专利法》第101条并没有将活体生物，如本申请涉及的实验室创造的微生物，纳入专利保护范围。因此复审委员会维持了审查员对细菌产品权利要求的驳回决定。

Chakrabarty 不服复审委员会决定，上诉至海关和专利上诉法院。海关和专利上诉法院则基于其之前的一个判例中的观点，认为“微生物有生命这一事实缺乏法律依据”①，专利法立法并没有排除微生物，从而判决 Chakrabarty 胜诉。

美国专利商标局不服海关和专利上诉法院的判决，以时任专利商标局局长 Sidney A. Diamond 的名义请求最高法院下发调卷令重审。最高法院同意下发调卷令。

最高法院于1980年6月16日作出终审判决。法院指出，宪法授权国会制定法律，“通过保障作者和发明人在有限的时间内对其作品和发现享有专有权，从而促进科学和实用技艺的进步”。国会制定法律是希望“通过在经济中引入新产品和制造工艺，以及通过增加就业和改善公民生活的方式，对社会产生积极影响”②。

法院认为，美国《专利法》第101条规定：“任何人发明或者发现任何新的且有用的方法、机器、制造物或组合物，或其任何新的且有用的改进，均可在符合该法所定的条件和要求的情况下获得专利。”③ 国会在制定专利法时使用“制造物”和“组合物”这种意义宽泛的术语，并在其前采用“任何”加以修

① …the fact that micro－organisms are alive is without legal significance.

② …through the introduction of new products and processes of manufacture into the economy, and the emanations by way of increased employment and better lives for our citizens.

③ Whoever invents or discovers any new and useful process, machine, manufacture, or composition of matter, or any new and useful improvement thereof, may obtain a patent therefor, subject to the conditions and requirements of this title.

饰，就表明国会认为专利法的适用范围应该很广。

法院也指出，这种宽泛的适用范围并不是没有限制的，自然法则、物理现象和抽象概念不可被授予专利。在地球上发现的新矿物或在野外发现的新植物都不属于可申请专利的主题。同样，爱因斯坦也不能为他著名的 $E = mc^2$ 定律申请专利；牛顿也不能为万有引力定律申请专利。

就本案而言，法院认为，被告所请求保护的微生物并不是迄今未知的自然现象，而是非自然产生的制造物或组合物，是人类智慧的产物。将本案中的细菌与 Funk 案中的细菌混合物相比，Funk 案中的细菌混合物并没有产生新的细菌或功能，而本案中的细菌与自然界中的任何细菌都有明显不同，并具有重大的作用。

Chakrabarty 案虽然涉及的是细菌，但最高法院的意见却并不局限于小小的细菌。实际上最高法院的判决也清楚地表明：有生命的物质只要不是自然的产物，都是可专利的对象。也就是在该案的判决中，出现了后续被反复引用的名言“普天之下一切人造之物皆可授予专利权（Everything under the sun made by man is patentable）。”

此外，由于 Chakrabarty 案中的细菌是通过基因工程改造而来的，该案实际上还扫清了基因相关专利申请的障碍，打开了基因专利的大门。

（三）动物

实际上在转基因技术介入动物领域之前，美国就颁发了动物相关专利。

1987 年，美国专利商标局专利上诉与干预委员会在对一件有关人工诱导牡蛎多倍体的专利申请的驳回上诉中指出，最高法院在 Chakrabarty 案裁决中表明，可否专利的重点“不在于有生命和无生命，而在于自然产物（无论是否有生命）与人类发明之间的区别”。本案审查员在无法断定这种牡蛎是完全的自然产物的情况下，以生命体不可专利为由予以驳回，属于未能把握纯天然产物与人类创造物之间的真实区别。而 USPTO 局长于该案裁定后进一步发布声明确认：包括动物在内的非人类多细胞有机体，如果是非自然地产生的，则具备专利适格性，属于美国《专利法》第 101 条规定的可专利主题。

该案后不久，1988 年 4 月 12 日，美国专利商标局就当时颇具争议的“哈佛鼠”授予了专利权：US 4736866 B2。其权利要求 1 如下：

1. 一种转基因非人哺乳动物，其生殖细胞和体细胞都含有在胚胎期引入所述哺乳动物或所述哺乳动物祖先的重组活化癌基因序列。

如果说太平洋牡蛎是自由产物，虽然采用人为方式诱导，但并没有创造性的新的动物品种，对其进行保护还存有争议，那么“哈佛鼠”的专利则真正开启了动物品种专利权的先河。基因技术的发展，使得人们已经可以“创造”出新的自然界中不存在的动植物品种，过去的旧的不保护理由已经越来越站不住脚了。

（四）人体胚胎

虽然植物、微生物、动物都已经受到专利的保护，但反对的声音自始至终都未停息，尤其是这种对生物的专利保护范围边界到底有多广泛，毕竟人也是生物。1997 年 12 月 18 日，纽约医学院的细胞生物学家和教授 Stuart Newman 向美国专利商标局提交了一份名为“人猿”（Humanzee）的专利申请（08/993，564）。根据其摘要描述，本申请是一种哺乳动物胚胎，由胚胎细胞、胚胎细胞和胚胎干细胞的混合物或完全由胚胎干细胞发育而成，其中至少有一种细胞来源于人类胚胎、人类胚胎干细胞系或任何其他类型的人类细胞，以及来源于这种胚胎的任何细胞系、发育的胚胎或动物。申请包含 4 组共 36 项权利要求，请求保护这种包含了人类细胞的嵌合胚胎、胚胎衍生的干细胞系、胚胎培育的动物以及胚胎培育的动物后代。Newman 声称，这种包含了人类细胞的嵌合胚胎可在发育后应用于研究、医疗、药物开发和疾病预防，甚至器官和/或组织捐献来源。

实际上，Newman 是在一位反生物技术活动家 Jeremy Rifkin 的支持下提交这项专利申请的，目的是引发全社会有关动物专利，尤其是转基因动物专利的关注，从而促进一场关于道德界限的社会辩论。实际上该申请并不包含任何图表，Newman 也没有证明他使用申请中声称的方法实际制造了任何人类－非人类嵌合体。

在美国专利商标局对该申请采取行动之前，Newman 提交了一份请愿书，要求专利商标局澄清克隆或转基因人类胚胎是否可以申请专利。他希望根据法律，申请专利的人类胚胎在用于制造嵌合体的设想阶段不被视为人类，并要求确认这一立场。

美国专利商标局对此拒绝发表评论，只是在后续的 5 年间，共发出了 9 份驳回决定，理由从权利不具备专利适格性到公开不充分，缺乏新颖性、实用性，无所不用其极。

2004 年 8 月 11 日的最终驳回理由中，美国专利商标局指出人类不是可申请专利的主题，驳回了胚胎、动物和后代的权利要求，但没有驳回干细胞权利要求。而 Newman 则表示，他想要申请的专利中，胚胎是一个嵌合体，含有人类细胞，但并不是一个人。

“人猿”的专利申请显然是反对授予生物专利的人士的一次漂亮的反击。

专利局的驳回理由实际上缺乏坚实的法律依据，因为无论是专利法还是法院的判例都没有排除这一点。只有美国国会通过的《2004 年综合拨款法案》中第 634 条指出：

"根据本法拨付或以其他方式提供的资金不得用于颁发针对或包含人类有机体的权利要求的专利。"

《2005 年综合拨款法案》中也包含了相同的措辞，不过拨款法案只是对行政机构的约束要求，难以作为专利客体适格性的法理依据。

只能说，USPTO 在面对基因改造的包含人体细胞的早期胚胎时，感受到了与面对基因改造的老鼠时完全不同的沉重感，并不愿意贸然突破去授予专利权。

不过这一点在 2011 年《莱希 - 史密斯美国发明法案》（Leahy - Smith America Invents Act，AIA）被签署颁布后似乎暂时画上了句号。修订后的美国《专利法》第 33（a）条规定：

（a）限制——尽管法律有任何其他规定，对于针对或包含人类有机体（human organism）的权利要求，不得授予专利。

不过对于其中的"人类有机体"的确定却一直争论不休，立法史材料指出：

美国专利商标局已经对基因、干细胞、带有人类基因的动物以及人类使用的大量非生物产品颁发了专利，但尚未对针对人类有机体（包括人类胚胎和胎儿）的权利要求颁发专利。我的修正案不会影响前者，而只是确认后者。①

由此可见，修订后的美国《专利法》基本排除了人类胚胎和胎儿的可专利性。

总的来说，美国自 1930 年《植物专利法》明确为植物提供专利保护起，通过一系列判例开启了植物、动物及微生物的专利保护之门。基因技术的发展，更使得人们能创造出自然界中不存在的新品种的植物、动物及微生物，无疑更坚实了它们的可专利性。虽然对基因技术的疑虑，对动物福利的呼声一直存在，但在美国功利主义和实用主义的思潮下，并不能真正动摇它们的可专利根基。

三、基因

既然活体的生物都可以得到专利保护，那么非活体的，仅仅是生物的一个组件的基因更没有什么理由不可以得到保护了。实际上，美国专利商标局自基

① USPTO Manual of Patent Examining Procedure，Chapter 2100，Section 2105.

因技术开始，就一直对基因专利敞开大门。

但是，不同于人工培育的植物、动物或微生物，也不同于基因工程改造过的植物、动物或微生物，基因是更为纯粹的自然产物。基因本身是否能够成为专利保护的客体，在美国也一直是一个颇有争议的话题。这种争论终于在2009年被引爆了，这就是被誉为“天启四骑士”之一的Myriad案①②。

前述的Myriad Genetics公司发现了与乳腺癌和卵巢癌相关的BRCA1和BRCA2基因的精确位置和序列后，围绕两个基因申请了大量专利。据统计，Myriad Genetics公司每年仅凭借基因检测产品一项即可获益超过4亿美元。不仅如此，Myriad Genetics公司还动用手中的专利权禁止其他竞争对手提供BRCA临床检测服务，例如从1996年开始，宾夕法尼亚大学遗传诊断实验室（University of Pennsylvania's Genetic Diagnostic Laboratory，GDL）就开始向社会提供BRCA1/2诊断服务，但1999年，Myriad公司就指控GDL的BRCA检测服务侵犯了其专利权，迫使GDL不得不停止为妇女提供BRCA1/2诊断服务。由于BRCA1/2与女性健康具有直接关系，Myriad这种利用专利权阻止市场上其他主体提供服务的行为，使专利权中一直隐藏的魔鬼——“垄断”显露了出来。2009年，美国分子病理学会（Association for Molecular Pathology，AMP）美国医学遗传学会、美国临床病理学会、美国病理学家学会等20个原告联名在纽约南区联邦地方法院起诉Myriad Genetics公司，请求法院以不具备美国《专利法》第101条专利适格性为由，判决Myriad Genetics公司9个专利共计15项权利要求无效。

其中7件专利分别是：

1）US5747282：17号染色体上关于乳腺癌和卵巢癌的易感基因

2）US5693473：与乳腺癌和卵巢癌有关的易感基因

3）US5709999：与乳腺癌和卵巢癌有关的易感基因

4）US5710001：17号染色体上关于乳腺癌和卵巢癌的易感基因

5）US5753441：170号染色体上关于乳腺癌和卵巢癌的易感基因

6）US5837492：13号染色体上有关乳腺癌的易感基因

7）US6033857：13号染色体上有关乳腺癌的易感基因

US5747282专利的权利要求1－2、5和20分别如下：

1. 一种分离的编码BRCA1多肽的DNA，所述多肽具有SEQ ID NO：2所示的氨基酸序列。

---

① Assoc. for Molecular Pathology v. Myriad Genetics，Inc.，569 U. S. 576（2013）.

② 关于本申请同族专利在欧洲的审查过程参见本章第一节第三小节。

2. 根据权利要求1所述的分离的DNA，其中所述DNA具有SEQ ID NO：1所示的核苷酸序列。

5. 一种分离的DNA，其具有权利要求1的DNA的至少15个核苷酸。

20. 一种筛选潜在癌症治疗剂的方法，其包括：在怀疑是癌症治疗剂的化合物的存在下，使含有引起癌症的改变的BRCA1基因的转化的真核宿主细胞生长，在不存在所述化合物的情况下，使所述转化的真核宿主细胞生长，测定在存在所述化合物的情况下所述宿主细胞的生长速率和在不存在所述化合物的情况下所述宿主细胞的生长速率，并比较所述宿主细胞的生长速率，其中在所述化合物存在下所述宿主细胞的生长速率较慢指示癌症治疗剂。

US5710001专利的权利要求1如下：

1. 用于筛选来自人受试者的肿瘤样品中所述肿瘤中BRCA1基因的体细胞改变的方法，其包括将选自来自所述肿瘤样品的BRCA1基因、来自所述肿瘤样品的BRCA1 RNA和由来自所述肿瘤样品的mRNA制备的BRCA1 cDNA的第一序列与选自来自所述受试者的非肿瘤样品的BRCA1基因、来自所述非肿瘤样品的BRCA1 RNA和由来自所述非肿瘤样品的mRNA制备的BRCA1 cDNA的第二序列进行比较的基因，其中来自所述肿瘤样品的BRCA1基因、BRCA1 RNA或BRCA1 cDNA的序列与来自所述非肿瘤样品的BRCA1基因、BRCA1 RNA或BRCA1 cDNA的序列的差异表明所述肿瘤样品中BRCA1基因的体细胞改变。

US5709999专利的权利要求1如下：

1. 一种用于检测人中BRCA1基因中的种系改变的方法，所述改变选自由表12A、14、18或19中列出的改变组成的组，所述方法包括分析来自人样品的BRCA1基因或BRCA1 RNA的序列或分析由来自所述人样品的mRNA制备的BRCA1 cDNA的序列，条件是所述种系改变不是对应于SEQ ID NO：1的碱基编号4184－4187的4个核苷酸的缺失。

US5693473专利的权利要求1如下：

1. 包含改变的BRCA1 DNA的分离的DNA，所述改变的BRCA1 DNA具有表12A、14、18或19中列出的至少一种改变，条件是所述改变不是对应于SEQ ID NO：1中碱基号4184－4187的4个核苷酸的缺失。

US5837492专利的权利要求1如下：

1. 一种编码BRCA2多肽的分离的DNA分子，所述DNA分子包含编码

SEQ ID NO：2 所示氨基酸序列的核酸序列。

2010 年 3 月 29 日，纽约南区联邦地方法院依据美国《专利法》第 101 条，认为 Myriad Genetics 公司的 9 个专利共计 15 项权利要求因不具备专利适格性而无效。Sweet 法官在判决中指出，对于组合物，从自然界中分离出的产品与原物质相比必须具有显著不同才具有可专利性，而本案中的 BRCA 基因是一段 DNA 序列，从人体中分离提纯后得到的基因片段与在人体中自然存在的原物质相比并没有显著不同。而对于方法权利要求，根据“机器或转化标准”，这些权利要求也不具备专利适格性。因为这些方法权利要求中的“分析”或“比较”并不与任何设备相绑定，可完全由人脑实施。即便是方法权利要求包含的分离和测序人类，也不过是准备性的数据收集步骤，并不属于转化。Myriad Genetics 公司对此判决不服，随即向 CAFC 提起上诉。

2011 年 7 月 29 日，CAFC 以 2∶1 多数作出判决，该判决部分推翻了一审判决，认定 Myriad 公司的 BRCA 基因产品权利要求具备专利适格性，但支持了地方法院关于方法权利要求中与分析基因序列相关的 5 项权利要求不具备专利适格性的判决意见。

虽然最终结果是 2∶1，但三位法官却都有着各自的判决逻辑，并分别撰写了自己的判决意见。

Lorie 法官持赞同意见，他认为，无论是美国《专利法》第 101 条还是最高法院之前判例确立的司法例外，都没有排除基因的专利适格性。回顾 Chakrabarty 案，最高法院认为 Chakrabarty 的细菌与自然界中发现的任何细菌都有着显著的不同，其不是一种自然现象，而是一种非自然产生的制造物或物质组合，一种人类智慧的产物。就本案而言，与天然存在的人类基因相比化学结构不同，人体 BRCA 基因存在于人体细胞中，是一个结构复杂染色体的一部分，其 3 号端点和 5 号端点分别通过连接其他核苷酸扩展成了一个巨大 DNA 分子长链，而 Myriad 公司分离后得到的 BRCA 基因其两个端点均终止于一个羟基或磷酸基团，并最终变为一小段独立 DNA 序列。因此，本案中所呈现的基因分子也并不是在自然界中“发现”的，而是在实验室中获得的，同样属于人造物，是人类智慧的产物。虽然它们是由天然材料制备而来，但就如现在常见的药物或塑料产品由天然的植物材料或石油制备而来一样，它们终究与天然材料不同。

孤立的 DNA 分子也是如此。对于原告提出的分离 DNA 保留了与天然 DNA 相同的核苷酸序列，因此不具有任何“显著不同”的特征。Lorie 法官认为，决定 DNA 分子专利资格的是作为分离物质组合物的结构，而不是其生理用途或益处。化学物质的用途可能与这些物质的非显而易见性或体现这些用途的方法权利要求有关，但分离的 DNA 的专利资格不会因为它与另一种更复杂的天然材料具有类似的信息属性而被否定。实际上很多物质都具有相同的化学性质。

同样持赞同意见的 Moore 法官则从完全不同的角度进行了推理。他回顾了先前的纯化的肾上腺素和提纯的维生素 B－12 的判例后指出，纯化后的天然产品可以认为具有“明显不同的特性”，这导致了“重大实用价值的潜力”，因而具备专利适格性。

Moore 法官指出，cDNA 去掉了所有的内含子，只包含编码核苷酸。分离的 cDNA 分子的序列并不存在于自然界中，毫无疑问是一种发明。而较短的、分离的 DNA 序列具有新颖独特的各种应用和用途，例如可用于检测基因突变，或基因探针，而天然 DNA 却无法做到这一点。更长的 DNA 序列并不具备上述用途，可能也不具备这样功能上的独特性。

Moore 法官认为，如果考虑到几个世纪以来，国会一直授权扩大可申请专利的范围，美国专利商标局也一直允许对分离、纯化后得到的 DNA 序列授予专利。虽然美国专利商标局没有制定实质性规则的权力，但它却具有这方面的专门知识。这几十年来建立来了大量专利权及与之相关的商业利益。美国最高法院曾警告说，“法院在通过破坏发明界既定期望的修改之前必须谨慎行事”①。因此，法院判决应当慎重扩大专利适格性的司法例外。

Moore 法官还指出，国会也意识到了基因的专利权问题，但明确拒绝通过修法来进行改变，反而明确表示“人类有机体”有关的措辞无意改变专利商标局对基因、干细胞或其他类似发明的专利权要求的政策②。据此，Moore 法官认为在判决发明的可专利性问题上应该谨慎，以避免对专利系统和产业界产生过大的影响。

不过 Bryson 法官则持反对意见，认为将 BRCA 基因从人类染色体中分离出来的过程，只是把基因从其天然状态分离出来的必经途径，其本质与从自然界中分离得到矿物和野生植物没有区别，即使分离出来的 BRCA 基因产生了一些物理或者化学性质上的变化，其本质仍为自然物，不具备可专利性。

---

① courts must be cautious before adopting changes that disrupt the settled expectations of the inventing community.

② To the contrary, it made clear that the language related to “human organisms” was not intended to change the Patent Office’s policy with respect to claims to genes, stem cells, or other similar inventions.

值得注意的是，作为本案的法庭之友（amici）①，司法部并没有为专利商标局这一政府机构的长期立场辩护。司法部认为，由人类设计的 DNA 分子，如 cDNA 是具有专利适格性的，而孤立的、未经修饰的基因组 DNA 不符合专利条件。

对 CAFC 的判决，美国公民自由联盟及公共专利基金会于 2012 年向最高法院提请调卷令。

2012 年 3 月 26 日，美国最高法院撤销了 CAFC 的判决，要求上诉法院基于 Mayo v. Prometheus 案的判决精神进行重审。

2012 年 8 月 16 日，CAFC 依旧以 2∶1 的表决结果，判决维持原判。

2012 年 11 月 30 日，美国最高法院决定再审，并最终于 2013 年 6 月 13 日，以 9∶0 的一致意见做出终审判决，判定 Myriad 公司败诉。

最高法院首先指出，自然法则、自然现象和抽象概念不能申请专利，因为它们是科学和技术工作的基本工具，超出了专利保护的范畴。专利保护在创造“激励创造、发明和发现”与“阻碍可能允许，甚至刺激发明的信息流动”之间达成了微妙的平衡。因此必须运用这一公认的标准来确定 Myriad 公司的专利是否声称了任何“新的和有用的”发明。

最高法院接着指出，突破性、创新性甚至杰出的发现并不是满足专利适格性的要件。Funk Brothers 案中的天然固氮菌株混合物避免了细菌之间的抑制作用，相较于单一菌株，有效地提高了固氮效果。但专利持有人没有以任何方式改变细菌，这种混合物依然属于自然法则。

最高法院认为，Myriad 公司的专利也是如此。虽然 Myriad 公司发现了某一特定人类基因在人类染色体中的精确位置和核苷酸序列，但这种分离并提纯本质是将一个特定的人类基因序列从人类染色体上“切割”下来，这并不能算创造了一种新物质，仅仅将某一特定的人类基因序列从人类染色体中分离出来的行为很难称之为发明行为。

不过对于 cDNA，最高法院同意 CAFC 的观点，认可了 cDNA 序列的可专利性，理由是 cDNA 和天然存在 DNA 虽然具有相同核苷酸序列和遗传信息，但 cDNA 中并不含有内含子，与天然产物存在一定区别，因此是通过基因工程制造出来的自然界中所没有的人造新物质。

---

① “法庭之友”（Amicus Curiae，复数 amici curiae），源自拉丁文，意指法庭的朋友。最初源自罗马法，后被英美习惯法所继承。美国诉讼中的“法庭之友”不是案件事实上的当事人，但由于在相关法律问题上具有浓厚兴趣或重大利益，或应法庭要求，以第三方身份向法庭呈送法律意见书，表达案件所涉法律问题的观点。“法庭之友”的意见可以支持当事的任一方，也可以不支持任何一方。“法庭之友”有助于法庭注意一些案件当事人并未向法庭说明或尚未引起法庭重视但与案件有关的一些重要问题。

Myriad 一案之所以被誉为“天启四骑士”之一，就是因为最高法院在该案中一举颠覆性地终结了美国专利商标局授予基因专利权的历史。

基因毫无疑问是自然界的产物。但基因链条非常长，将其进行分离、纯化后得到的片段却毫无疑问是人有意识、有目的的产物。很多生物技术如果缺少了这种人为产物，甚至难以进行后续的步骤，例如检测基因突变或基因探针。笔者有理由认为，对于它的争论恐怕并不会因为 Myriad 案就尘埃落定。

四、疾病的诊断和治疗方法

（一）治疗方法

虽然美国《专利法》中并没有排除疾病的诊断和治疗方法的可专利性，但实际上，美国在早先的判例中对疾病的治疗方法也是持否定态度的。不过这种否定态度并不是单纯的因为人道主义或社会伦理原因。

在 1862 年的 Morton v. New York Eye Infirmary 案中，专利权人拥有的专利保护的是让人或动物进行外科手术时吸入硫醚蒸气，从而极大地缓解人或动物手术时的痛苦，也能减少病人的挣扎，从而使外科医生更顺利地进行手术，提升手术成功率的方法。但在随后的侵权诉讼中，纽约南区联邦地方法院认定该专利无效，理由是本案所涉及的专利中，专利权人并没有发明一种能降低手术时痛感的新的药物，因为硫醚是已知的。硫醚蒸气能被人或动物吸入肺部也是已知的。吸入硫醚蒸气会产生类似于中毒或昏迷的效果，这同样是已知的。专利权人声称“发现”的效果是由旧的药剂通过旧的方法作用于旧的实验对象产生的。但实际上只有效果是新的时候，才能适用“发现”一词。

在判决书中，法院并没有明确指出治疗方法不具备专利适格性，但判决书结尾的“无论是动物的自然功能，还是它可能被应用于的任何有用目的，都不能构成该组合的任何重要部分，无论它们如何说明和确定其有用性”① 的表述，却又无疑给治疗方法的可专利性带来了负面影响，因为所有的治疗方法实际上都依赖于人或动物的某种自然功能。随后 1883 年，美国专利商标局在 Ex Parte Brinkerhoff 案中采纳了这一立场。

专利专员在驳回申请人 Brinkerhoff 请求保护一种使用某种已知器械治疗痔疮的方法专利申请时指出：“治疗某种疾病的方法或模式不可获得专利。”专利专员在论述中引用了 Morton 案，此外还给出了排除医疗方法可专利性的另一个

① Neither the natural functions of an animal upon which or through which it may be designed to operate, nor any of the useful purposes to which it may be applied, can form any essential parts of the combination, however they may illustrate and establish its usefulness.

理由：医疗方法能否达到预期效果的不确定性。①

但这并不意味着医疗方法专利就此绝迹。实际上，在20世纪30年代，法院和专利上诉委员会都不乏授予医疗方法专利权的案例②，但医疗方法专利总体上存在诸多不确定性。

1954年的Ex Parte Scherer案③涉及一种皮下注射器及其使用方法。在之前与该专利相关的申请权司法判决中，联邦地区法院认为“Lockhart的专利符合专利适格性的标准”④。随后，美国专利商标局摒弃了之前曾指出的“医疗方法效果不确定性”理由，认为Scherer案涉及的用压力注射器注射药物的方法所带来的效果是将液体注射到准确的深度。这一结果是通过使用注射器的人员的一系列行为实现的，这些行为不依赖于人体的心理和生理反应，而只涉及人体肉体的纯物理特征，因此效果是确定的。这样一来，与医疗器械绑定的治疗方法的可专利性更为明确了。

但给予医疗方法以专利权可能带来的伦理问题，还是在1993年的Pallin案⑤被引爆了。

1993年的Pallin v. Singer案是美国第一起医疗方法侵权案。Samuel Pallin医生拥有一项名为“自封巩膜切口的制作方法”⑥ 的专利US 5080111 A，他指控另一位医生Jack Singer采用了他的专利技术，侵犯了自己的专利权。但Pallin医生并不要求禁令，只是要求从每个采用他的专利技术从而节省17美元成本的眼科手术中收取3～4美元手术使用费的经济补偿。Singer医生针对侵权指控提出了专利无效抗辩。

同时，Pallin医生利用手中外科手术方法专利提起侵权诉讼的做法也导致了广泛的批评。美国医疗协会（American Medical Association，AMA）在1994年年会上就一致谴责对医疗和外科方法授予专利权。该协会宣布：医疗方法专利会损害医疗职业的诚信性，减少医生的敬业精神，鼓励医生把经济利益看得重于病人的健康。该协会特别指出：允许医疗方法发明上的专利权人通过禁令、损害赔偿金设置医疗方法的进入障碍，这会对医学界通行的道德准则造成毁灭

---

① Patent Policy and Medical Procedure Patents：The Case for Statutory Exclusion From Patentability，Wendy W. Yang，Boston University Journal of Science & Technology Law，1995.05.

② Brief of Pharmaceutical Research and Manufacturers of America as Amicus Curiae in Support of Neither Party，No.08－964.

③ Ex Parte Scherer，103 USPQ（BNA）107（Pat Off Bd App 1954）.

④ Becton－Dickinson & Co. v. Robert P. Scherer Corp，106 F. Supp. 665，676（1952），“We rule that the Lockhart patent met the test of patentability and …”.

⑤ Pallin v Singer，No. 593CV202（D Vt filed July 6，1993）.

⑥ 巩膜，即眼球外围的白色部分，是眼睛最外层的纤维膜，俗称白眼仁。

性的打击。①

但是，医疗产业作为一个巨大的产业，既有着巨大的产出，也需要巨额的投入，相关的利益方自然希望得到某种形式的保护。美国生物技术工业协会，以及美国律师协会、美国知识产权法律协会等民间组织都要求保护医疗方法专利。理由也很简单：美国没有任何法律禁止对医疗方法发明授予专利权。

最终，地区法院在 1996 年 3 月判决 4 个被声称侵权的权利要求无效，但禁止 Pallin 医生基于其他权利要求行使专利权，同时宣布 Singer 医生没有侵犯剩下的有效权利要求。

Pallin 案的司法判决无疑是“和稀泥”式的，但美国国会的行动才是影响深远的。②

针对 Pallin 案，1995 年 3 月，众议员 Greg Ganske 和 Ron Wyden 提出了第一部有关治疗方法专利的立法，即《医疗程序创新与可负担性法案》（*Medical Procedures Innovation and Affordability Act*）。根据该法案，将禁止 USPTO 为新的治疗方法颁发专利，除非该方法是可申请专利的医疗设备或机器的必要组成部分。众议员 Ganske 声称，治疗方法专利阻碍了创新外科技术的普及，因为这些专利“只会限制医生的选择，使病人无法获得尽可能好的医疗服务”。但该法案遭到了包括美国专利商标局的反对。

针对众议院提案可能拒绝为生物技术公司提供专利保护的担忧，参议员 Frist 在 1995 年 10 月提出了自己的法案。根据这项立法，发明者有权对通过销售描述其医疗方法专利技术的软件而获利的公司实施其专利，但不允许起诉使用该方法的医生个人。该法案实际上为使用专利医疗技术的病人、医生、其他有执照的医疗专业人员和医疗保健实体设立了侵权责任豁免。

1996 年 7 月，众议员 Ganske 在 1997 年财政年度拨款立法中纳入了他最初提案的修正版，该修正版提案将削减专利商标局为新医疗方法颁发专利的资金。他重申，“医生不需要专利法提供的激励措施来刺激创新”，并进一步坚持认为“专利局没有能力评估医疗程序的新颖性”。该法案在众议院以压倒性多数获得通过，但在参议院夭折。

1996 年 9 月，参议员 Frist 也再次提出了一项法案，在拟议的 Ganske 修正案与生物技术和制药行业代表之间达成了平衡。该法案也未在参议院通过。

---

① 魏衍亮．美国判例法对医疗方法的专利保护及其对我国的借鉴意义［J］．法律适用，2003（1）：133－137.

② The New Patent Infringement Liability Exception for Medical Procedures，Bradley J. Meier，The Journal of Legislation，Vol. 23，Iss. 2，1997.

不过1996年9月30日，时任美国总统克林顿签署了一项几乎完全相同的法案，从而使之成为法律。该法案作为第616节出现在《1997年综合拨款法案》中，对专利法关于损害赔偿限制的规定进行了限制，剥夺了专利权人对医生在医疗活动中的侵权行为的可行使的救济权。

虽然这种"强行闯关"的做法遭到了广泛的批评，但最终美国《专利法》还是增加了第287（c）条的规定，赋予专业医疗人员在从事医疗活动时使用上述专利医疗方法的免责权，但不包括对动物体的外科手术方法或治疗方法。

医疗方法专利是美国少有的由国会出手解决的专利客体争议。不过美国《专利法》第287（c）条的增加，实际上是确认了医疗方法的可专利性。只是通过设立豁免条款，对专利的价值进行了打击，从而影响对纯医疗方法的申请兴趣。

（二）诊断方法

虽然医疗方法的可专利性以一种"名存实亡"的方式被确认，但与医疗相关的"诊断方法"是否可以被专利，依然争议不断。在2012年的Mayo案①中，最高法院又作出了一个重要判决。

涉案专利是专利权人Hopital Sainte Justine的两件专利，分别是名为"由宿主血细胞中的药物代谢物水平决定后续用量的治疗IBD/克罗恩病及相关疾病的方法"② 的US 6355623 B2（下称'623专利），以及名为"优化免疫介导的胃肠道疾病治疗药物疗效的方法"③ 的US 6680302 B2（下称'302专利）。从发明名称即可看出，两件专利都涉及自身免疫疾病的治疗方法，都是关于6－硫鸟嘌呤在治疗自身免疫疾病中的应用问题。

克罗恩病是一种自免疫疾病，研究人员发现如果给病患施用6－巯嘌呤，能有效地缓解克罗恩病。但不同的人对于硫嘌呤类药物的代谢能力不同，医生在施药时存在相当大的难度。如果剂量太高，就可能会给病人带来严重的副作用，而如果剂量太低或不足，就达不到应有的药效。因此，如何根据病人的个体实际，确定恰当的用药量就是上述两件专利所要解决的技术问题。

为此，Hopital Sainte Justine的技术人员在专利中描述了通过测定病人被施药后体内的6－硫鸟嘌呤来判断后续增减用药量的方法，其中'623专利的权利

---

① Mayo Collaborative Services v. Prometheus Laboratories, Inc., 566 U. S. 66 (2012).

② Method of treating IBD/Crohn's disease and related conditions wherein drug metabolite levels in host blood cells determine subsequent dosage.

③ Methods of optimizing drug therapeutic efficacy for treatment of immune – mediated gastrointestinal disorders.

要求 7 如下：

7. 一种降低与免疫介导的胃肠道疾病治疗相关的毒性的方法，包括

(a) 向患有免疫介导的胃肠道疾病的受试者施用可提供 6 – 硫鸟嘌呤（6 – TG）的药物；

(b) 确定患有免疫介导的胃肠道疾病的受试者体内的 6 – 硫鸟嘌呤水平；以及

(c) 确定所述免疫介导的胃肠道疾病患者体内的 6 – 甲基巯基嘌呤（6 – MMP）水平，

其中，若 6 – 硫鸟嘌呤（6 – TG）的水平高于约 400 pmol/8 × 10^8 红细胞的水平，或 6 – 甲基巯基嘌呤（6 – MMP）的水平高于约 7000 pmol/8 × 10^8 红细胞的水平，表明需要减少随后给所述受试者施用的所述药物剂量。

而'302 专利的权利要求 1 如下：

1. 一种优化治疗免疫介导的胃肠道疾病疗效的方法，包括

向患有所述免疫介导的胃肠道疾病的受试者施用可提供 6 – 硫鸟嘌呤的药物；以及

确定患有免疫介导的胃肠道疾病的所述受试者体内 6 – 硫鸟嘌呤或 6 – 甲基巯基嘌呤的水平，

若 6 – 硫鸟嘌呤水平低于约 230 pmol/8 × 10^8 红细胞的水平，表明需要增加随后给所述受试者的所述药物量，

若 6 – 硫鸟嘌呤水平高于约 400 pmol/8 × 10^8 红细胞的水平或 6 – 甲基巯基嘌呤水平高于约 7000 pmol/8 × 10^8 红细胞的水平，表明需要减少随后给所述受试者施用的所述药物量。

Prometheus 公司获得了这一系列专利的独占许可权，并销售基于这些专利的诊断试剂盒。Mayo 公司购买并使用 Prometheus 公司销售的试剂盒。但 2004 年，Mayo 公司宣布开始销售他们自己的同类型诊断试剂盒。Prometheus 公司随后向加州南区法院提起诉讼，起诉 Mayo 侵犯了'623 专利的第 1、7、22、25 和 46 条权利要求，以及'302 专利的权利要求 1。

Prometheus 公司认为，'623 专利的权利要求 7 中记载“若 6 – 硫鸟嘌呤（6 – TG）的水平高于 400 pmol/8 × 10^8 红细胞的水平，或 6 – 甲基巯基嘌呤（6 – MMP）的水平高于 7000 pmol/8 × 10^8 红细胞的水平，表明需要减少随后给所述受试者施用的所述药物剂量”，而 Mayo 销售的试剂盒的毒性检测标准为 6 – TG 为 450 pmol/8 × 10^8 红细胞，6 – MMP 为 5700 pmol/8 × 10^8 红细胞。

加州南区法院在一审中对'623专利作出了无效的裁定。理由是'623专利的权利要求7主要涉及三个步骤：

1）向受试者施用药物；

2）检测代谢物的水平；

3）根据检测水平调整后续的给药剂量。

给病患施用药物后，药物在病患体内的代谢水平是由病患自身状况所决定的，发明人实际上只是监测了硫嘌呤类药物的代谢产物的水平与药物毒性和功效之间的关系，这是一种自然法则或自然现象，不具备专利适格性。

对此，Prometheus公司向CAFC提起上诉。

CAFC则推翻了加州南区法院的判决。CAFC认为，除了这些自然关联之外，权利要求所涉及的方法还包括以下步骤：（i）向患者“施用（硫嘌呤）药物”；（ii）“确定（产生的代谢物）水平”。这些步骤涉及人体或人体血液的转化。因此，上述专利满足CAFC的“机器或转化标准”。CAFC认为这足以“将专利的垄断权限制在相当明确的范围内”，从而使权利要求符合美国《专利法》第101条的规定。①

Mayo公司随后向美国最高法院提请调卷令，美国最高法院最终签发调卷令并进行了审理。

2012年3月20日最高法院以9∶0的投票作出一致裁决。美国最高法院基本上重申了加州南区法院的判决意见，认定发明人发现的仅是自然代谢物的水平与药物疗效和毒性之间的关联，这种关系原则上是独立于任何人类行为之外的，属于自然法则。

对于CAFC的“机器或转化标准”逻辑，美国最高法院认为这类检测方法在诊断领域广为人知，因此这一步骤只是本领域的常规活动，不足以将一项不能获得专利权的自然法则转变为具有可专利性的发明。

值得注意的是，最高法院在判决中还提及了法庭之友对本案的院外意见，其中支持Prometheus公司的一方认为：“拒绝专利覆盖的法律原则将极大地干扰医学研究人员进行有价值发现的能力，尤其是在诊断研究领域。这种研究包括发现自然法则的研究，耗资巨大；它‘使美国成为该领域的世界领头羊’；

---

① It pointed out that in addition to these natural correlations, the claimed processes specify the steps of (1) "administering a [thiopurine] drug" to a patient and (2) "determining the [resulting metabolite] level". These steps, it explained, involve the transformation of the human body or of blood taken from the body. Thus, the patents satisfied the Circuit's "machine or transformation test", which the court thought sufficient to "confine the patent monopoly within rather definite bounds", thereby bringing the claims into compliance with §101.

它需要得到保护。”①

而反对的一方包括众多医学组织，如美国医学会、美国医学遗传学会、美国医院协会、美国人类遗传学会、美国医学院协会、分子病理学协会等。他们指出，如果“对人体对疾病和医疗的自然反应的专有权主张被允许成立，那么结果将是对关键科学数据的使用产生大量的专有权，而如果医生要提供合理的医疗服务，就必须保持这些数据的广泛使用”。②

美国最高法院对此认为：“专利保护毕竟是一把双刃剑。一方面，独占权的承诺提供了金钱激励，从而促进创造、发明和发现。另一方面，这种独占性也会阻碍原本会允许甚至刺激发明的信息流动，……专利法的一般规则必须适用于人类许多不同领域的发明活动，因此，反映了平衡这些需要考虑的因素的总体努力的规则，其实际效果可能因领域而异。”③

最后，最高法院指出：“在偏离既定的一般法律规则之前，我们必须犹豫不决，以免看似适合某一领域需要的新保护规则在另一领域产生不可预见的结果。我们必须认识到国会在必要时制定更精细的规则的作用。参见美国《专利法》第161～164条（植物专利的特殊规则）。我们无须在此确定，从政策角度看，加强对自然诊断法的发现的保护是否有必要。从政策角度看，加强对自然诊断法的保护是否可取。”④

实际上，最后这段话可以看作最高法院的大法官们对自己判决结果的一个解释，即，由于最高法院解决的是法律问题而非事实问题，因此每个涉及专利适格性的判例，解决的都是整个专利法的法律问题，而非某一个技术领域的问

① Prometheus, supported by several amici, argues that a principle of law denying patent coverage here will interfere significantly with the ability of medical researchers to make valuable discoveries, particularly in the area of diagnostic research. That research, which includes research leading to the discovery of laws of nature, is expensive; it "ha [s] made the United States the world leader in this field"; and it requires protection.

② …if "claims to exclusive rights over the body's natural responses to illness and medical treatment are permitted to stand, the result will be a vast thicket of exclusive rights over the use of critical scientific data that must remain widely available if physicians are to provide sound medical care".

③ Patent protection is, after all, a two - edged sword. On the one hand, the promise of exclusive rights provides monetary incentives that lead to creation, invention, and discovery. On the other hand, that very exclusivity can impede the flow of information that might permit, indeed spur, invention, …patent law's general rules must govern inventive activity in many different fields of human endeavor, with the result that the practical effects of rules that reflect a general effort to balance these considerations may differ from one field to another.

④ In consequence, we must hesitate before departing from established general legal rules lest a new protective rule that seems to suit the needs of one field produce unforeseen results in another. And we must recognize the role of Congress in crafting more finely tailored rules where necessary. Cf. 35 U. S. C. § §161 - 164 (special rules for plant patents). We need not determine here whether, from a policy perspective, increased protection for discoveries of diagnostic laws of nature is desirable.

题。在作出判决的时候，大法官们必须反复斟酌，以免在某一个领域作出的判决结果，对另一个领域产生负面影响。就本案而言，由于药物的代谢并非一个病人自主或他人从外部可控的过程，如果都认为其不是一种自然法则，是否会导致更多的“非自然法则”情况，这是大法官们要避免的。

总的来说，在目前的美国《专利法》中，治疗方法虽然可以受到保护，但由于实施治疗方法的医护人员可以予以责任豁免，而普通人又基本没有实施的能力，专利价值被极大地削弱，堪称鸡肋。而诊断方法在 Mayo 案后，其前景也极为暗淡。

五、计算机软件及商业方法

（一）计算机软件

在计算机技术及产业上，美国是引领者。但在计算机软件是否能够获得专利保护的问题上，美国却也经历了一个先否定再肯定的过程。

在 1972 年的 Gottschalk v. Benson 案①中，美国最高法院指出，Gary Benson 试图请求保护的将普通的十进制数字转换为二进制数字的转换方法可以在现有的计算机上进行，也可以在没有计算机的情况下进行，而想法本身是不可专利的。申请中的方法权利要求非常抽象和广泛，涵盖了新算法各种已知和未知的用途，但并没有实质性的实际应用。如果就此使得 Benson 的专利申请中所描述的新算法获得专利，那么专利就将抢占该数学公式。无论是算法还是公式，作为科学研究的基础，它们都不可能也不应当被专利权所垄断。因此，最高法院最终判定 Benson 的转换方法和数据处理方法的权利要求不具备专利适格性。

在该案中，最高法院在判决书中还引用了总统专利制度委员会（The President’s Commission on the Patent System）对计算机可专利性的拒绝理由，主要包括：

1）目前法规对授予计算机程序专利权存在不确定性，实际中都以非专利客体予以驳回。而为了获得专利权，撰写成一个方法或以特定方式编程的机器或其组成部分，而不是程序本身，进一步混淆了问题，不应当被允许。

2）专利局由于缺乏分类技术和必要的检索文件，现在无法审查程序申请。即便有，可靠的检索也是不可行或不经济的，因为会产生大量的现有技术。而如果没有这种检索，计算机程序的专利申请就等同于单纯的注册，有效性的推定也就几乎不存在了。

① Gottschalk v. Benson，409 U. S. 63（1972）.

3）即便没有专利保护，计算机程序行业已经取得了令人满意的长足发展，而且目前已经有了程序版权保护。

最高法院在判决书的末尾指出，计算机程序是否可专利是一个国会才能解决的大问题，因为需要进行广泛的调查，包括听证会，以征求在这一领域工作的人们的意见。因为其中包含诸多技术问题，国会应当深思熟虑地采取行动。

现在回过头去看，在 1972 年，计算机软件对非专业从业人员都是一种全新的事物，对最高法院德高望重的大法官们就更是如此。正如最高法院在裁决中指出的，Benson 的申请中记载的新“十进制 - 二进制转换”方法，很像是一种用自然语言描述的算法或公式。而专利权具有垄断性，如果 Benson 的申请被授权，就将获得计算机领域的某种排他权，这会对刚起步的计算机产业的发展带来多少负面影响，实在难以想象。加上作为行政机构的总统专利制度委员会列举出的三个现实的理由：国会无法规、专利局无能力以及已经有版权保护，大法官们在没有确凿证据表明应该可以进一步的情况下，选择一种偏保守的态度实属人之常情。

Benson 案的另一个重要意义在于，在本案中最高法院提出了一个对后续司法实践极为重要的影响，即“机器或转化标准”（machine or transformation test）。最高法院在判决书中对先前诸多判例进行回顾总结后中指出：“将物品‘转化和还原为不同的状态或事物’是不包括特定设备的方法权利要求是否可以获得专利的线索。”①

由此，“机器或转化标准”在判断一个方法权利要求是否具备适格性时，要么该方法应用于某一特定设备，要么该方法能将一客体转化为另一状态或物品。②

如果说在 Gottschalk v. Benson 案中的权利要求过于像是一个数学算法，那么 1978 年的 Parker v. Flook 案③中最高法院 6∶3 的表决结果就表明了一种松动。

最高法院认为申请人 Dale Flook 提交的有关一种“更新报警阈值的方法”专利申请不属于可专利的客体，因为一旦假定权利要求涉及的算法属于现有技术，那么从整体上看，该申请就不包含可获得专利的内容。本案所涉及的专利申请中，碳氢化合物催化转化所涉及的化学过程是众所周知的，监测化

---

① Transformation and reduction of an article “to a different state or thing” is the clue to the patentability of a process claim that does not include particular machines.

② That a process may be patentable, irrespective of the particular form of the instrumentalities used, cannot be disputed. ……A process is a mode of treatment of certain materials to produce a given result. It is an act, or a series of acts, performed upon the subject matter to be transformed and reduced to a different state or thing.

③ Parker v. Flook, 437 U. S. 584 (1978).

学过程变量、使用报警阈值触发报警、必须重新计算和调整报警阈值，甚至使用计算机进行“自动监测报警”的做法也是众所周知的。答辩人的申请实质上只是提供了一种新的可能是更好的报警阈值计算方法。即使自然现象或数学公式可能是众所周知的，但基于它们的创造性应用仍可申请专利。反之，除非在其应用中存在其他创造性概念，否则这种自然现象或数学公式不足以支撑专利。

不过反对的异议意见中指出，本案并不涉及 Benson 案中的“抢占数学公式”的问题，大量已获得授权的工艺和组合，其中都包含了一个或多个不可专利的主题的步骤或要素。在对美国《专利法》第 101 条进行的审查引入了新颖性和创造性标准，这是对专利法基本原则的伤害，因为第 101 条只涉及专利性主题。也许根据本申请难以满足第 102 条和第 103 条的新颖性和创造性等标准，最终也不应获得专利，但等于其所要求的过程不符合第 101 条的可专利主题标准。

真正的转机出现在 1981 年的 Diamond v. Diehr 案①。在该案中，申请人请求保护一种名为“橡胶模压机的直接数字控制”，其涉及一种将自然性态的、未经熟化的合成橡胶加工成型为熟化的精确产品的控制方法。该方法应用了已知的阿伦尼乌斯方程②，从而使计算机系统能够根据橡胶模压机内传感器不断测量的温度，计算合成橡胶形压机在热压成型制造时打开的合适时间。但申请遭到了审查员的拒绝，理由是该申请的权利要求中由计算机在存储程序控制下执行的步骤不是可专利的主题，而其余步骤都是“工艺的常规和必要步骤，不能作为专利性的依据”。因此，申请的权利要求实质上定义了操作橡胶模压机的计算机程序，不具备专利适格性。

最高法院最终于 1981 年 3 月以 5∶4 投票推翻了专利商标局的驳回决定。最高法院指出，本案中专利申请的权利要求描述了将未固化的生橡胶装入模具开始，到最终在固化结束时打开压力机为止的全过程，显然属于美国《专利法》第 101 条规定的专利法客体。这一点不能因为在工艺的几个步骤中使用了数学公式和计算机而改变。而且本案的专利申请人的工艺采用了一个众所周知的数学公式，他们并不寻求对该公式的使用进行专利保护，只寻求禁止他人将该方程式与他们所主张的工艺中的所有其他步骤结合起来使用。

此外，法院还指出，在根据第 101 条确定权利要求要求保护的工艺是否具

---

① Diamond v. Diehr, 450 U. S. 175 (1981).

② 由瑞典化学家斯万特·奥古斯特·阿伦尼乌斯（Svante August Arrhenius）于 1889 年提出的化学反应速率常数随温度变化关系的经验公式。

备专利适格性时，必须将其作为一个整体来考虑。专利局那种将权利要求分解为新旧要素，然后在分析中忽略旧要素的方式是不恰当的。新颖性、创造性和可专利性是三个截然不同的条款，不能将新颖性和可专利性搅和在一起。

从1972年Benson案的9∶0一致否定，到1978年Flook案的6∶3多数否定，再到1981年Diehr案的5∶4略多赞成，应该说最高法院在计算机软件相关专利上的态度并非一蹴而就的。一方面伴随着计算机产业的发展，来自产业界的压力必然是不断增长的。另一方面，同为司法体系的上诉法院的法官们在该问题上一直秉承着更为“激进”的态度，这些法官的态度也表明了整个司法体系中不同的声音。

（二）商业方法

美国是一个自建国伊始商业气氛就非常浓厚的国家，著名商业大亨层出不穷，正如有人所说，美国的历史就是一部商业演化史。不过这并不代表美国专利制度从伊始就给予商业方法以照顾。

在1908年的Hotel Security Checking Co. v. Lorraine Co. 案[①]中，专利权人拥有的专利保护一种“用于现金登记和账户检查的方法和手段”。其通过对酒店或餐馆服务员和收银员的每次操作，由涉及相关操作的部门在纸质订单上准确记录后最终核对，能有效防止欺诈和贪污行为。

美国联邦第二巡回上诉法院在上诉中认为一个商业交易方法如果不与实施它的系统相结合，那么即便基于最广义的解释，也不应当被视为专利法意义上的“技术”，也就是所谓的“商业方法例外”原则[②]。

不过Hotel Security案所处的时代基本上还是机械时代，商业方法是难以与机械装置结合的。但随着20世纪60年代计算机技术的兴起，通过计算机软件来执行商业方法逐渐成为一种可能。正如美国众议院议员Howard L. Berman在2000年提交的《2000年商业方法专利促进法》提案（*Business Method Patent Improvement Act of* 2000）中对商业方法的定义：

> 商业方法是指：（1）一种经营、管理或以其他方式运行企业或组织，包括用于执行或指导商业的技术方法，或处理金融数据的方法；
>
> （2）用于竞技、训练或者个人技巧的技术；
>
> （3）由计算机辅助实施的上述（1）中所描述的方法或上述（2）中所描述

---

① Hotel Security Checking Co. v Lorraine Co.，160 F 467（2d Cir 1908）.

② Back and Forth：An Analysis of the Business Method Exception to Patentability，Jordan Thompson，Georgetown Law Technology Review，2017.04，p388－395.

的技术。①

因此，如果计算机软件可以得到专利保护，那么商业方法就可以作为一个应用领域的方法得到保护，随着进入信息时代，二者在很大程度上被绑定在了一起。而随着在上一节所介绍的1981年Dieher案开启了计算机软件保护之门，这种影响终于扩展到了商业方法领域。

在1998年的State Street Bank and Trust Co. v. Signature Financial Group案②中，Signature公司拥有名为“用于中心辐射式金融服务配置的数据处理系统”的专利，其提供了一个数据处理系统，可以以及时和精准的方式处理数据，监控和记录财务信息流，并进行维护合伙基金财务服务配置所需的所有计算，从而将多路资金汇集起来形成投资组合进行管理，形成规模优势和享有税收优惠。

在关于该专利是否具备专利适格性的问题上，CAFC认为，无法获得专利的数学算法可以通过应用于“有用”的方式而获得专利。例如机器通过一系列数学计算将病人心跳转换为心电图信号构成了数学算法、公式或计算的实际应用，因为它与有用的、具体的或有形的东西——病人心脏的状况——相对应。就本案而言，涉案专利中涉及的金融计算复杂且对及时性要求很高，计算机是完成这项任务所必需的。而计算机通过一系列数学计算将代表美元的数据转化为最终股价，同样构成了数学算法、公式或计算的实际应用，因为它产生了“有用、具体和有形的结果”——为记录和报告目的而暂时固定的最终股价，甚至被监管机构和随后的交易接受和依赖。

法庭还指出，“商业方法”例外是对第101条法定主题定义的一个不必要的累赘。是否具备可专利性并不取决于所主张的方法是否从事“商业”而非其他，而是取决于从整体上看该方法是否符合专利法要求③。

State Street Bank案可以被视为对“商业方法例外”的彻底否定，明确地为商业方法专利保护打开了大门。此外，本案确立了专利适格性的新标准，即“实用、具体和有形的结果”（useful，concrete and tangible result）标准。

---

① （f）The term“business method”means－－

（1）a method of－－（A）administering，managing，or otherwise operating an enterprise or organization，including a technique used in doing or conducting business；or（B）processing financial data；

（2）any technique used in athletics，instruction，or personal skills；and

（3）any computer－assisted implementation of a method described in paragraph（1）or a technique described in paragraph（2）.

② State Street Bank and Trust Co. v. Signature Financial Group，149 F. 3d 1368（CAFC 1998）.

③ Since the 1952 Patent Act，business methods have been，and should have been，subject to the same legal requirements for patentability as applied to any other process or method.

但正如俗话说的“一枚硬币有两面”，商业方法专利的井喷固然带来了一些非常棒的创新，如 Amazon 公司的“一次点击”专利，但由于商业方法检索和审查的困难，大量质量不高的专利申请也被提出甚至获得了授权，如“用于销售专家建议的方法”（US 5862223）、“引诱顾客在快餐店点更多食物的方法”（US 6119099）”等，甚至“用于起草专利申请的方法”（US 6049811 A）也被授予专利。[①] 这种略显荒诞的局面，导致商业方法专利的扩张给市场参与者带来了更多的诉讼纠纷，商业经营出现了更多不确定性，终于在社会上激起了诸多质疑声。到了 2008 年的 Bilski 案，最高法院终于决定出手对乱局予以规制。

Bilski 案[②]中的申请人提交了一份专利申请，涉及一种通过固定价格交易大宗商品，以降低市场波动带来的潜在经营风险的方法。审查员在审查过程中认为该方法并没有在具体装置上运行，是一种纯粹的抽象概念，不针对任何技术领域，也不局限于在计算机上运行，因而不属于美国《专利法》第 101 条规定的客体，予以驳回。在随后的向专利上诉与干预委员会（BPAI）上诉过程中，BPAI 认为申请的权利要求不涉及任何可专利的转化，也不产生任何“实用、具体和有形的结果”，并最终以权利要求属于抽象概念不是法定保护客体为由，维持了驳回结论。

也许是考虑到社会上对商业方法专利日益增强的批评之声，CAFC 对该案采取了非常谨慎的态度，自行批准了对该案进行全院审判（en banc）。最终，CAFC 在 2008 年 10 月以 9∶3 投票判定涉案申请不属于专利法保护的客体。

法庭对最高法院在 Benson 案中确立的“机器或转化标准”、State Stree Bank 案中采用的“实用、具体和有形的结果标准”，以及一些法庭之友提出的“科技技术检验标准”（technological arts test）分别进行了点评后认为，“机器或转化标准”是最为合适的检验标准。而根据该标准，申请人的权利要求并没有将任何物品转变为不同的状态或事物。商业风险或其他此类抽象概念不是物理对象或物质，也不能代表物理对象或物质，对它们进行所谓的转换或操纵不能满足检验标准。

CAFC 的判决仅仅更改了专利适格性的判断标准，并没有否定商业方法的可专利性，实际上 CAFC 再次重申了 State Street Bank 案中的观点，即“商业方法例外”是不合法的。相较于之前的判断标准，“机器或转化标准”无疑更为严格，应该能够阻止低质量商业方法获得授权，从而平息社会舆论对 State

---

① In re Bilski，545 F. 3d 943（Fed. Cir. 2008）.

② In re Bilski，545 F. 3d 943（Fed. Cir. 2008）.

Street Bank 案带来的负面评价。

不过该案最终还是交由最高法院重审。2010 年 6 月 28 日，最高法院以 9∶0 作出一致性判决认为 Bilski 的专利申请不属可专利主题。

最高法院首先指出，“机器或转化标准”可能是一个有用和重要的线索或调查工具，但它并不是可专利资格的排他性唯一测试。随后最高法院指出，美国《专利法》第 101 条并没有排除商业方法的可专利性，不能因为过去商业方法专利很少颁发就认为予以排除。信息时代使得人们能以快速和复杂的方式执行统计分析和数学计算，从而能够设计更高效地执行大量业务任务的协议。

最高法院最终指出，Bislki 案的申请仅是抽象概念，不是可专利主题。因为套期保值这一个抽象的想法可用于商品和能源等诸多市场，授权会导致抢占所有领域的使用。而既然抽象思想不可被专利，法庭也不需要进一步定义什么是可专利的“过程”。

客观而言，最高法院的判决意见很多都是对 CAFC 判决中的针对性回复，包括：“机器或转化标准”的唯一性、商业方法的可专利性，加上最高法院最后对 CAFC 继续创新判断标准的支持，都使得原本对该案里程碑性的期待落了空。商业方法的可专利性问题又回到一种动态摇摆的状态。

不过，2014 年，被誉为“天启四骑士”之一的 Alice Corp. v. CLS Bank International 案①则无疑为商业方法的可专利性再抹上了暗淡的一笔。

Alice 的专利涉及金融风险的管理，能够管理与特定但未知的未来事件相关的风险。说明书进一步解释说，“本发明涉及方法和装置，包括应用于金融事务和风险管理的电子计算机和数据处理系统”。涉案的权利要求涉及一个减轻结算风险的计算机实施流程，结算风险是指商定的金融交易中只有一方履行其义务的风险。具体而言，旨在通过使用计算机系统作为第三方中介，使用该第三方中介创建影子信贷和借记记录，反映当事人在交换机构的真实账户中的余额。中介在交易被输入时实时更新影子记录，只允许那些双方更新的影子记录表明有足够资源来履行其相互义务的交易。最终，中间人指示相关金融机构根据更新的影子记录进行允许的交易，从而降低了只有一方履行商定交易的风险。

地区法院认为，Alice 的权利要求都不符合专利资格，因为它们都指向一个抽象的概念，即利用一个中立的中介来促进交易，以最小化风险。

在 CAFC 的上诉中，CAFC 的 3 位法官先是作出判决，推翻了地区法院关于 Alice 公司所拥有的专利都不具备专利适格性而无效的判决。但在随后全院庭审中，CAFC 又以 7∶3 判决方法和可读媒介不具备专利适格性，以 5∶5 判决系

① Alice Corp. v. CLS Bank International, 573 U. S. 208 (2014).

统不具备专利适格性，维持了地区法院的判决。但多位法官分别提交了各自的意见书，尤其是其中关于可读媒介和系统的专利适格性问题，显示出了明显的分歧。

例如首席法官 Rader 就认为运行程序的计算机系统是客体，法官 Moore 也反对将媒体和系统权利要求与方法权利要求一定都认为属于抽象概念而不是美国《专利法》第 101 条的客体。法官 Newman 和法官 Linn 及 O'Malley 则都认为，方法、媒体和系统权利要求应当共进退，要么都具备专利适格性，要么都不具备。

该案最终上诉至美国最高法院，最高法院于 2014 年 6 月 19 日以 9∶0 作出判决，认可 CAFC 的判决意见，即 Alice 专利中的方法、程序存储介质和运行程序的计算机设备都不是第 101 条保护的客体。

最高法院在判决中重申了在 Mayo 案①中的两步判定法。

第一步：分析权利要求是否指向自然规律、自然现象或者抽象概念，如果指向，则进行第二步分析。

第二步：探寻权利要求具备可专利性的“发明性的构思”，即判断其中的技术特征或者技术特征的组合是否“足以确保”其“远远超出”其所涉及的自然规律、自然现象或者抽象概念本身。

法庭指出，就本案而言，方法包含以下步骤：

（a）为交易的每个对手方“创建”影子记录；

（b）根据各方在交易机构的真实账户“获取”当日起始余额；

（c）在交易输入时“调整”影子记录，只允许各方拥有足够资源的交易；以及

（d）向交易机构发出不可撤销的日终指示，以执行允许的交易。

这里的每一步都是传统的，计算机只是创建和维护一个电子记录。而该系统所述的硬件中没有一个提供了一个有意义的限制，除了通常将方法的使用与特定的技术环境联系起来，即通过计算机实现。系统主张与方法主张在实质上没有什么不同。

Alice 案可以说是近几年来美国与计算机程序有关的涉及“抽象概念”案件中“杀伤力”最大的判例。随着电子信息技术的发展，电子设备全面普及，渗透到生活、生产的方方面面，其功能的实现离不开内置的计算机程序。而且由于电子设备硬件的更新难度远大于软件，而更新速度则远逊于软件，因此很多创新都体现在“软”的那一面，一个算法甚至一个流程步骤的变化都可能带来

---

① Mayo v. Prometheus.

效果的提升，而这些都是将人的思考中的某个抽象的想法通过计算机可执行的程序化语言进行描述，进而由计算机执行从而得到/输出一个结果。在此过程中，想法是抽象的，数据是抽象的，用数据描述的“实体”，如果有的话，也是抽象的，甚至结果也很可能是抽象的。CAFC 和最高法院的法官们“不清晰”的判决逻辑，尤其是不对“抽象概念”进行清晰界定，显然对计算机软件的专利保护之路是“不友好”的，必然会导致申请人在申请专利、专利权人在专利维权时面临不确定性。

第三节　小　　结

从前文对欧洲和美国有关专利客体的法律、审查规定及案例可以看出，这部分内容不仅双方之间有着巨大的差距，而且也均和我国有较大的差距。在世界各国的专利审查制度越来越趋于一致的大背景下，客体问题是目前中美欧三国/地区审查中实质要件上的最大区别。当然，对于哪些技术内容应当排除在专利保护之外，美国和欧洲虽然都有着自己的规定和认知，但在通过专利制度鼓励创新、促进产业发展这一点上是一致的。而且欧洲和美国在专利的客体问题上，总体上都是动态且具有实用主义的。不过由于欧洲和美国政治、法律发展的差异，使得二者在各自后续发展中依然会存在不同的变数。

相较于美国的判断标准的摆动造成的混乱局面，欧洲专利的专利客体问题无疑要稳定得多。《欧洲专利公约》及其细则的明确规定，也限制了欧洲专利局发挥的空间。但欧洲专利局依然通过一个一个案例，为欧洲专利申请人、专利权人和专利从业人员确定了更为清晰的准则。特别是关于计算机程序相关的发明，EPO 将客体问题和创造性问题合并在一起系统考虑形成“两障碍法”，并且采取“客体问题宽进，创造性严出”的审查策略，是其一大特色。

不过，随着欧洲统一专利（Unified Patent，UP）的不断颁出，统一专利法院（Unified Patent Court，UPC）在无效诉讼中是否会在专利的客体问题上发出不同的声音，是值得关注的。

而在美国专利体系下，美国《专利法》仅给出了一个可以说是世界各国最大客体范围的定义，然后再由司法系统通过判例将某些技术内容从该客体范围中“剔除”，这种模式不可避免带来了震荡。实际上在 2014 年 Alice 案后，大量的计算机软件相关专利因为 Alice 案的判例而被认定为不具备可专利性而无效。

事实上，Alice 案不仅给计算机软件相关专利带来了混乱，下级法院机械地使用两步判定法给其他非计算机软件或商业方法领域也带来了混乱。2020 年的 American Axle 案①就是一个非常好的例证。

2015 年美国车桥公司（American Axle & Manufacturing，Inc）起诉 Neapco 公司侵犯其 US 7774911B2 号专利的专利权。

在地区法院中，法院在判决书中以权利要求 1 和 22 不符合美国《专利法》第 101 条为由，宣布其无效。其中所涉及的权利要求 1 和 22 分别如下：

1. 一种用于制造传动系统轴组件的方法，该传动系统还包括第一传动系统部件和第二传动系统部件，该轴组件适于在第一传动系统部件和第二传动系统部件之间传递扭矩，该方法包括

提供空心轴部件

调整至少一个衬垫，以减弱通过轴部件传输的至少两种类型的振动；以及

将至少一个衬垫定位在轴构件内，使至少一个衬垫被配置为抑制轴构件中的壳模振动，抑制量大于或等于约 2%，并且至少一个衬垫还被配置为抑制轴构件中的弯曲模振动，至少一个衬垫被调谐到安装在传动系统中的轴组件的弯曲模固有频率的约 ±20% 范围内。

22. 一种用于制造传动系统轴组件的方法，该传动系统还包括第一传动系统部件和第二传动系统部件，该轴组件适于在第一传动系统部件和第二传动系统部件之间传递扭矩，该方法包括

提供空心轴部件

调整至少一个衬垫的质量和刚度；以及

将至少一个衬垫插入轴部件；

其中至少一个衬垫是用于衰减壳模振动的调谐阻性吸收器，其中至少一个衬垫是用于衰减弯曲模振动的调谐反应吸收器。

美国联邦地区法院的判决逻辑是：根据两步判定法，质量、刚性和频率之间的关系是已知的胡克定理②所确定的，权利要求 1 和 22 的限定仅仅是建议工程师在设计传动轴衬套以降低传动系统的振动时应当考虑上述自然规律。

美国车桥公司提出上诉，CAFC 以 2∶1 的判决支持了美国联邦地区法院的判决，而法官 Moore 的异议意见则颇为一针见血。她指出，多数意见中实质上新构建了一个“Nothing More”标准，即，虽然权利要求中不提及任何自然规

---

① American Axle & Mfg. v. Neapco Holdings LLC，966 F. 3d 1347，1357 – 58（Fed. Cir. 2020）.

② 胡克定律是力学弹性理论中的一条基本定律，表述为：固体材料受力之后，材料中的应力与应变（单位变形量）之间成线性关系。

律，但只要其指向某一自然规律，则该权利要求就涉及自然规律。实际上，每一项发明都或多或少应用或包含了一个或多个自然规律，按照多数意见的“Nothing More”标准，它们都涉及自然规律，都会面临专利适格性问题。在解决专利侵权问题中，不能动辄以美国《专利法》第101条作为灵丹妙药。

美国车桥公司不服判决，再次提出上诉，要求重审，并要求全院庭审（en banc）。在小组重审中，小组以2∶1的判决维持了地区法院对权利要求22不属于专利保护客体的判决，但对权利要求1的态度有所调整，决定将其发回地区法院重审。对于全院庭审，美国联邦巡回上诉法院以6∶6拒绝了该请求，其中4位法官分别发布了自己的异议意见。

美国车桥公司向最高法院提请调卷令，但最高法院最终没有下发，该案就此尘埃落定。

纵观American Axle案，其并不涉及计算机软件，也无关商业方法，仅仅是最为传统的机械领域的一种机械结构的制造方法，却被搅和进了这股美国专利适格性大浪潮，并成为“牺牲品”。

Alice案带来的专利适格性判断混乱局面，导致了社会的广泛批评。但美国最高法院也许是出于难以推出更好的标准，多一事不如少一事的心态，抑或是想要迫使立法机构出手干预的想法对于American Axle这种明显过头的案件也不愿再涉足。

这种混乱无疑给当下人工智能的大发展带来了极高的风险，相关领域的创新大多集中于计算机软件，尤其是大模型和后续应用。专利适格性的问题，必然会极大地打击相关创新者及投资者的信心。在这种情况下，立法机构站了出来。参议院提出了一系列法案：2021创新法案（Innovation Act of 2021）、2022专利适格性修复法案（Patent Eligibility Restoration Act of 2022）、2023专利适格性修复法案（Patent Eligibility Restoration Act of 2023），目的都是对美国《专利法》第101条进行更为清晰的修订，从而明确地排除个别例外，避免更多创新被专利适格性问题困扰。

不过立法的过程相较于司法判决，牵扯的利益相关方更多，要想获得足够的赞成票，将提案成为法案，遣词用语也需要反复斟酌。在本书撰写的2024年1月，参议院还在召开2024专利适格性修复法案（Patent Eligibility Restoration Act of 2024）的听证会①。也许不久的未来，美国《专利法》第101条专利适格性问题能得到澄清，判断标准更为明晰。

① The Patent Eligibility Restoration Act – Restoring Clarity, Certainty, and Predictability to the U. S. Patent System, Tuesday, January 23, 2024.

第二章　说明书的撰写要求

根据“专利契约论”，专利制度运行的基础逻辑是“公开换取保护”，即申请人如果想要在国家公权力的许可之下，在一定时间内对其发明创造享有排他权，那么作为对价，申请人必须向社会公开其发明的内容，并且公开的程度要使其他读者能够再现该发明，从而达到专利权人与公众之间的利益平衡。各国专利制度的建立基本都遵循上述理论，公开制度是整个专利体系的基石。从而对说明书公开程度的审查，成为各国专利审查中的重要内容。

在本章中，笔者将分别介绍欧洲和美国关于说明书充分公开的法律法规和相关判例，探讨欧洲和美国与我国相关法律法规的主要差异点，并侧重于以我国规定对照说明欧美规定，以典型判例诠释法律法规，让读者加深理解。

第一节　欧　　洲

一、概况

《欧洲专利公约》中关于“充分公开”的法律条款为《欧洲专利公约》第83条和《欧洲专利公约实施细则》第42（1）（e）条。

《欧洲专利公约》第83条规定：“欧洲专利申请应当以充分清楚和完整的方式公开发明以使本领域技术人员能够实施发明。”①

《欧洲专利公约实施细则》第42（1）条对说明书的撰写内容进行了规定，其中（e）指出：“说明书应详细描述请求保护发明的一种实施方式，必要时给

① The European patent application shall disclose the invention in a manner sufficiently clear and complete for it to be carried out by a person skilled in the art.（《欧洲专利公约》第17版，2020年英文版）

出实施例，如有附图，参照附图。”①

根据《EPO审查指南》对《欧洲专利公约》第83条的解释，满足《欧洲专利公约》第83条和《欧洲专利公约实施细则》第42（1）（e）条规定的欧洲专利申请，说明书中必须要详细描述至少一种实施发明的方式；申请文件描述的详细程度与所属技术领域的技术人员的技术知识水平相关。对于所属技术领域的技术人员而言，虽然没有必要将用于实施发明的公知的辅助技术特征都记载在说明书中，但是那些对实施发明而言必要的技术特征都应被详细描述；说明书应当包含足够的信息以使所属技术领域的技术人员在权利要求请求保护的整个范围内能够实施该发明，而不需付出过度劳动和创造性技能；欧洲专利申请是否充分公开的判断应基于整个申请文件，包括说明书和权利要求，如有附图，还包括附图②。

具体而言，欧洲专利局对“充分公开”的审查有以下几个要点：

1）审查对象：《欧洲专利公约》第83条规定，“欧洲专利申请应当以充分清楚和完整的方式公开发明以使本领域的技术人员能够实施发明”。该条款所规范的对象是“欧洲专利申请”而并非仅仅是“说明书”。此外，《EPO审查指南》明确规定，“对充分公开的判断应当在整个申请文件基础上进行，包括说明书、权利要求和附图”③。可以看出，欧局审查充分公开的基础不是仅仅针对说明书，而是要求在整个申请文件的基础上判断发明是否充分公开。

2）关于“能够实现”：《EPO审查指南》规定，“说明书中应当有足够的信息使所属技术领域技术人员不需要过度劳动和创造性技能即可在整个权利要求的范围内实施发明”④。因此，欧局判断“充分公开”实际上就是判断本领域技术人员实施发明是否需要付出“过度劳动和创造性技能”。实际上，在EPO上诉委员会判例中，判断充分公开时一般只是判断是否需要“过度劳动”，很少提及“创造性技能”。因此实践中，最核心的判断要件就是“过度劳动”。美国对相关内容的审查也提出了类似的概念⑤，而在我国专利审查中没有相关概念。

3）关于“说明书中必须详细描述的内容”：《EPO审查指南》指出，由于

---

① The description shall：（e） describe in detail at least one way of carry - ing out the invention claimed, using examples where appropriate and referring to the draw - ings, if any.（《欧洲专利公约》第17版，2020年英文版）

② Guidelines for Examination in the European Patent Office, March 2024 edition, Part F, Chapter III, 1.

③ Guidelines for Examination in the European Patent Office, March 2024 edition, Part F, Chapter III, 1.

④ Guidelines for Examination in the European Patent Office, March 2024 edition, Part F, Chapter III, 1.

⑤ 参见本章第二节第二（一）小节。

申请是针对本领域普通技术人员而言的，因此没有必要也不希望在申请中详述公知的附加的技术特征，但说明书应当以足够详细的方式公开任何对实施发明而言必需的技术特征，以使本领域技术人员明了如何去实施发明[①]。对于说明书中应当详细描述的内容，欧局的规定与美局基本一致，即，要求对完成发明的必要特征进行详细描述，而对公知的次要特征则不希望进行过分的解释。

4）关于“普通技术知识”：根据《EPO 审查指南》，欧局判断文献记载的内容是否构成“普通技术知识”有以下三点原则。①基础手册、专著和教科书中公开的技术信息构成普通技术知识；②专利文献和经过全面检索获得的技术情报通常不构成普通技术知识；③对于新的技术领域，由于教科书还不能提供相关技术知识，专利文献和科技出版物也可能构成普通技术知识[②]。当然，上述三点原则并非是机械的、片面的。对于上述第②点和第③点原则，欧局并不仅以文献载体形式作为判断技术情报是否构成“普通技术知识”的绝对标准，而是通过具体分析，判断相关技术内容是否为本领域技术人员广泛知晓，来确定是否属于“普通技术知识”。即使是在新的技术领域，如果无法表明专利文献和科技出版物中记载的内容已经为本领域技术人员所广泛知晓，则仍然不能构成普通技术知识。

5）关于“引证文件”：《EPO 审查指南》规定，如果引证文件的内容对于发明满足“充分公开”是必需的，则引证文件的具体内容应当被记载在说明书中。如果引证文件在发明申请日前没有公开，则只有在申请日或申请日前将一该引证文件的副本提供给欧局，而且该引证文件在不迟于申请公开日前公开，该引证文件才被考虑。

6）“充分公开”的举证责任：《EPO 审查指南》规定，如果审查员能够说明一个合理情形，证明申请没有充分公开，则举证责任在申请人一方。一般地，只有当技术人员根据原始申请给出的信息，借助使用常规试验手段或分析方法，将说明书的具体教导扩展到权利要求所请求保护的范围时，如果容易找到相信其不可行的理由，才认为权利要求不能得到说明书支持。如有可能，这些理由应该优先得到公开文件的支持[③]。根据 EPO 上诉委员会判例，对于申请人为证明“充分公开”而提交的证据，首先应判断该证据是否构成普通技术知识，只有当证据中记载的内容构成普通技术知识时，才可以考虑作为证据使用，否则，即使该证据构成了现有技术，也不予采纳。上述规定实际上与欧局对“本领域

① Guidelines for Examination in the European Patent Office, March 2024 edition, Part F, Chapter III, 1.

② Guidelines for Examination in the European Patent Office, March 2024 edition, Part G, Chapter VII, 2.

③ Guidelines for Examination in the European Patent Office, March 2024 edition, Part F, Chapter III, 3.

技术人员”的定义相对应。由于“充分公开”中的本领域技术人员仅仅知晓普通技术知识，并未获知所有现有技术，而审查充分公开的审查员和撰写申请文件的申请人都扮演的是“本领域技术人员”的角色，因此，审查员在审查充分公开时，应当基于本领域普通技术知识，申请人在予以澄清时，同样也只能基于普通技术知识。这样规定的目的，同样也是防止审查员或者申请人利用现有技术来弥补申请文件在申请日时遗漏的在本领域中并不熟知的关键技术信息。

二、对“能够实现”的审查

如前所述，《EPO 审查指南》对充分公开的基本要求同样是说明书应当以足够详细的方式公开所有实施发明必要的技术特征使所属技术领域的技术人员能够实现该发明。《EPO 审查指南》同时规定了过度劳动和创造性技能在判断说明书是否充分公开以使所属技术领域的技术人员能够实现的要求。对于如何判断发明的实施是否需要过度劳动，根据 EPO 上诉委员会的判例，过度劳动的判断应当考虑所属技术领域的特点，是否属于过度劳动需要综合考虑所属技术领域当时的平均劳动量、所属技术领域的技术人员的普通技术知识水平和申请文件提供的信息。在讨论是否能够实现的问题时，不能回避的一个问题就是如何定义判断主体。需要特别指出的是，尽管《EPO 审查指南》指出本领域技术人员在评估创造性和充分公开方面都具有相同的技能水平①，但从其判例法来看，充分公开的标准是基于原始公开文件就可以重现本发明而无需创造性劳动和过度劳动②。具体而言，在评价创造性时，该技术人员可以去获知现有技术的所有相关文献，而评价充分公开时，该技术人员利用的仅仅是他本来就应当知晓的普通技术知识，这种知识无需通过检索的后天努力获得。这样规定的目的是防止审查员通过检索获得申请本身在申请时就已经遗漏的任何必要信息的描述，审查员作为本领域技术人员，只能利用他本身所应当知晓的普通技术知识和所具备的常规实验手段和能力，来填补申请在描述上可能存在的缺陷。

欧局审查充分公开时需要对证据是否构成普通技术知识作出判断，根据欧局上诉委员会的判例，基础手册、专著和教科书中公开的技术信息才有可能构成普通技术知识，而专利文献和经过全面检索获得的技术情报通常不构成普通技术知识，作为例外，对于一些新的技术领域，由于教科书还不能提供相关技术知识，专利文献和科技出版物也可能构成普通技术知识，但是，即使是在新

① Guidelines for Examination in the European Patent Office, March 2024 edition, Part G, Chapter VII, 3.

② Case Law of the Boards of Appeal of the European Patent Office (sixth edition 2010), II. A. 2. Assessment of Sufficiency of Disclosure, p229.

的技术领域，也不是任何专利文献和科技出版物都可以构成普通技术知识，是否构成普通技术知识的关键在于能否合理推断出所述专利文献和科技出版物中记载的内容被所属领域的技术人员所广泛获知。

以下通过 EPO 上诉委员会 T 1891/11 传感器一案来说明欧局在审查实践中对于能够实现的判断原则。

申请人（上诉人）根据《欧洲专利公约》第 83 条对审查部门驳回欧洲专利申请 08104421.6 号的决定提出上诉。

上诉人所主张的独立权利要求 1 内容如下：

1. 适于发荧光或发磷光的传感器，该传感器包括用于偏振或非偏振多色光的零级衍射滤光器，该零级衍射滤光器包括：

具有低折射率 nlow 的介质（12）；和

具有高折射率 nhigh 的波导层（11）；

介质（12）和波导层（11）被布置成形成光栅线（10），光栅线（10）的周期长度 λ 小于为其设计滤波器的光的波长，

其特征在于：

该传感器包括低折射率介质（12）和波导层（11）之间的界面（13，14）以及形成界面（13，14）的介质（12），

该介质（12）具有由掺入荧光或磷光染料（3）的纳米颗粒（3）纳米结构化的表面，

其中波导层（11）布置在纳米结构化表面上，使得纳米颗粒嵌入波导层（11）的梯度区域中，其中梯度区域对应于界面（13，14）并且具有指向横穿波导层（11）中的光传播方向的折射率梯度，

其中染料（3）通过与环境的相互作用来改变它们的吸收峰和/或荧光峰位置。

本案的争议焦点在于该申请是否以足够清楚和完整的方式公开本发明，以使本领域技术人员能够实施。核心焦点是权利要求 1 中定义了“适于发荧光或发磷光的传感器”，且其包括染料，“其中染料（3）通过与环境的相互作用来改变它们的吸收峰和/或荧光峰位置”。根据上述定义，传感器必须能够测量物理量，并将其转换为可读的输出信号，而技术方案作为一个整体未能提供任何可被感测的信息和/或参数。原始申请（第 11 页，第 10－12 行），宽泛地提及“通过与环境相互作用而改变吸收和/或荧光峰位置的染料”。然而，吸收和/或荧光峰值位置是“由染料的分子结构决定的，不能轻易改变”。原始申请文件中提到传感器的另一段仅仅陈述了在传感器应用中使用零级衍射滤波器的可能

性，而没有给出进一步的细节（第15页，第12-14行）。因此，即使根据申请文件的记载，权利要求1中涉及的是哪种感测材料以及它基于哪种物理性质可被感测仍然是模糊的。

上诉人认为，正如新引入的文件P1（“金属纳米颗粒作为异质的、基于芯片的DNA检测的标签”，Wolfgang Fritzsche等人，Nanotechnology 14（2003）R63-R73）所举例说明的，“小金属颗粒能够对从环境中接收的光作出反应而改变颜色”的性质，构成了阅读申请的本领域技术人员能够即时获得的知识的一部分。

然而上诉委员会看不出P1公开的内容和要求保护的传感器之间的直接联系，因此在阅读P1的内容后，本申请依然缺乏明确的公开。具体而言，P1描述了一种在特定的测试条件下使用特定的生物传感器，而所要求保护的传感器在本申请中定义极为宽泛。P1的生物传感器不包括如权利要求所述的嵌入波导内的染料纳米颗粒，而是能够与生物分子反应的表面结合的金纳米颗粒；此外，不能由单个文献（例如P1）推断其内容属于本领域技术人员阅读本申请时即刻呈现的公知常识。综上，上诉委员会认为，就本案而言，本领域技术人员缺乏实施所要求保护的发明的信息，因为他不知道哪个参数可被感测，也不知道如何选择和实现所要求保护的传感器里的荧光染料。

《EPO审查指南》指出，说明书应当包含足够的信息以使所属技术领域的技术人员在权利要求请求保护的整个范围内能够实施该发明，而不需要付出过度劳动和创造性技能。能够实施是发明充分公开的最基本也是最核心的要求。在判断是否能够实施时，可以从公知的技术术语的概念出发，判断发明是否能够实施。从公知技术术语的定义出发，判断其如果没有给出相关定义中所需的必要因素，则可判定发明不能够实施，进而不满足发明充分公开。我国《专利审查指南2023》在第二部分第二章第2.1.3节中列举了由于缺乏解决技术问题的技术手段而被认为无法实现的五种典型情形。本案即类似于其中第二种情形："说明书中给出了技术手段，但对所属技术领域的技术人员来说，该手段是含糊不清的，根据说明书记载的内容无法具体实施。”不管是欧局还是国家知识产权局（简称“我局”），在审查实践中判断能够实现时准确站位本领域技术人员是尤为重要的，这直接决定结论的客观准确与否。对于本行业的专家来说，也许只要看看附图，不需要任何文字说明就能清楚了解技术方案并实现之；而对于外行来说，必须补充很多基础知识，才能理解发明的内容。我国《专利法》第26条第3款是唯一出现“所属技术领域的技术人员”这一措辞的条款，这一概念在发明审查标准中多有应用，是专利领域中的一个十分重要的概念。

需要指出的是，在中国的法律法规中，对“所属技术领域的技术人员”的明确定义出现在创造性审查条款中，创造性评判自然是基于检索作出的。而欧局如前所述在评价充分公开时，该技术人员利用的仅仅是他本来就应当知晓的普通技术知识，这是否意味着两国在充分公开审查中对普通技术知识的认定必然有所不同呢？这一问题将在下一小节展开论述。

三、普通技术知识

（一）通常不包括全面检索获得的技术情报

欧局审查充分公开时需要对证据是否构成普通技术知识作出判断，根据《EPO 审查指南》和 EPO 上诉委员会的判例，专利文献和经过全面检索获得的技术情报通常不构成普通技术知识。

以 EPO 判例 T 654/90 固体组合物为例。本案独立权利要求 1 和 12 内容如下：

1. 固体含量为 50 至 90 重量%的高固体含量组合物，包括羟基官能丙烯酸聚合物、烷基化三聚氰胺和聚己内酯多元醇，其中烷基化三聚氰胺的当量重量与羟基官能丙烯酸聚合物和聚己内酯多元醇的总羟基当量重量之比为 1.0 至 1.8。

12. 一种制备固化薄膜包衣的方法，包括：（1）将固体含量为 50 至 90 重量%的高固体含量组合物混合直至均匀，所述固体组合物包括羟基官能丙烯酸聚合物、烷基化三聚氰胺和聚己内酯多元醇，其中烷基化三聚氰胺的当量重量与羟基官能丙烯酸聚合物和聚己内酯多元醇的总羟基当量重量之比为 1.0 至 1.8；（2）将混合均匀的高固体含量组合物作为薄膜涂层涂覆在合适的表面上；（3）通过在足以使烷基化三聚氰胺与羟基官能丙烯酸聚合物和聚己内酯多元醇交联的温度下烘烤一段时间从而固化薄膜涂层。

无效请求方提交了专利无效请求，理由是发明的公开不充分，并提供了以下相关文件：

文件Ⅰ：技术手册，题为《氰胺高固体氨基交联剂》，1977 年 4 月出版（参见手册最后一页的下标）；

文件Ⅴ：技术传单，编号 A20 – 168（p），题为“高固体丙烯酸涂料中的 CAPA 200”，1981 年 3 月印刷。

专利权人提交了以下文件：

文件Ⅹ：Plaste und Kautschuk，第 27（9a）卷，第 528 至 532 页（1980 年）及其英文译文（文件Ⅺ）；

文件ⅩⅣ：1979 年 8 月印刷的题为“测功机表面涂层树脂”的技术传单；

文件XⅥ：1978年3月印刷的题为"Beetle Coating树脂"的技术传单。

争议专利涉及包含羟基官能丙烯酸聚合物、烷基化三聚氰胺和作为活性稀释剂的聚己内酯多元醇的高固体含量涂料组合物。然而发现，为了获得具有所需硬度和耐溶剂性能而又不具有不可接受的脆性的涂料，烷基化三聚氰胺的当量重量与羟基官能丙烯酸聚合物和聚己内酯多元醇的总羟基当量重量之比必须在1.0和1.8之间；如果该比例小于1.0，则涂层柔软且缺乏耐溶剂性，而在比率大于1.8时，涂层虽然坚硬且耐溶剂，但非常脆。

若认为涉案专利公开充分，则本领域技术人员必须能够确定烷基化三聚氰胺的当量重量与羟基官能丙烯酸聚合物和聚己内酯多元醇的总羟基当量重量的比值。由于唯一有争议的问题是本领域技术人员是否知道或能够确定烷基化三聚氰胺的当量重量，因此只需要判定本专利在这方面是否充分公开。

根据本专利披露，烷基化三聚氰胺是众所周知的，并且很多都可以在商业上获得。合适的化合物通过通式表示（参见其说明书第4页第42至58行）。在实施例中，使用了美国氰胺公司市售的两种羟甲基化三聚氰胺（参见其说明书第9页第10至13行）。然而，本专利没有给出这些或任何其他烷基化三聚氰胺的当量重量，也没有给出如何确定该参数的任何指示。

在目前情况下，可以假设本领域技术人员会去了解由羟烷基化三聚氰胺制造商发布的技术手册，例如上述文献Ⅰ、XⅣ和XⅥ。而其中，文件XⅣ和XⅥ完全没有提及其描述产品的当量重量。如果制造商没有给出烷基化三聚氰胺的当量重量，则为了使专利满足充分公开要求，本领域技术人员应当能够确定缺失的数据。另外，如果给定的特定产品的当量重量范围非常宽泛，则本领域技术人员还应当能够在使用前确定其特定样品的当量重量，从而根据烷基化三聚氰胺的当量重量来改变混合物组分的比例，以便获得指定范围内的比例。

上诉委员会认为，不能期望涉案专利的专利权人（他可能精通基于可交联丙烯酸酯树脂和三聚氰胺树脂的涂料组合物）会知道无效请求方全面检索文献后能获得文件Ⅹ和XⅠ。因此，根据上诉委员会的判例（参见第T 206/83号决定，OJ EPO 1987，第5点，特别是第11点），这些文件中包含的信息不能被视为构成本领域技术人员普通技术知识的一部分。

综上，这些文件不能为专利权人主张的存在标准方法可用于确定烷基化三聚氰胺当量重量提供可信性。因此，在涉案专利没有披露任何技术信息表明如何确定烷基化三聚氰胺的等效重量，以及根据本领域技术人员的常识无法弥补这一缺陷的情况下，涉案专利存在公开不充分的缺陷。

本案专利申请人在无效程序中提供了若干现有技术文献（包括文件Ⅹ和XⅠ）作为主张专利公开充分的证据。欧局在进行公开是否充分的审查时需要对证据是否构成本领域普通技术知识作出判断，仍是基于前文提及的普通技术知识判断三个原则。欧局的结论是，对于“确定烷基化三聚氰胺的当量重量与羟基官能丙烯酸聚合物和聚己内酯多元醇的总羟基当量重量的比值”所需的技术知识，是申请人需要在进行足够全面的检索后获得文件Ⅹ和Ⅺ后才能获得的，这些现有技术文件并不属于本领域技术人员阅读本专利时即刻呈现的公知常识或能够即时获得的本领域普通技术知识，基于三原则中的第②点“专利文献和经过全面检索获得的技术情报通常不构成普通技术知识”，上述技术知识不构成普通技术知识。本案较为典型地反映了欧局在判断是否构成本领域普通技术知识时的方式和原则。需要说明的是，欧局并不仅以文献载体形式作为判断技术情报是否构成“普通技术知识”的绝对标准，而是通过具体分析，判断相关技术内容是否为本领域技术人员广泛知晓，来确定是否属于“普通技术知识”。

欧局判断普通技术知识的三原则有别于我国的审查实践。具体而言，欧局在充分公开审查中的本领域技术人员是“知晓申请文件本身及其引用文献的教导”，而创造性审查中的本领域技术人员是“获知了该领域中所有的现有技术，特别是检索报告中引用的文献”，则不难理解本案中不能期望“无效请求方全面检索文献后能获得文件Ⅹ和Ⅺ”这一结论的由来。而我局对本领域技术人员的定义出现在创造性审查章节，相关定义是“能够获知该领域中所有的现有技术”。据此而论，在充分公开的审查中似显尺度稍严。

笔者注意到，对于欧局的三原则尤其是其中第二点，以及欧局在评价充分公开的审查实践中甚至认定本领域技术人员不需要进行检索，有观点认为“同样也是为了防止审查员或者申请人利用现有技术来弥补申请文件在申请日时遗漏的在本领域中并不熟知的关键技术信息”，对此一个更具代表性的判例是EPO上诉委员会判例T 206/83，涉及公开号为EP1473的欧洲专利申请，该专利申请请求保护专利局化合物CCMP和CCCMP，两种化合物分别由中间体CTF和CCTF制备。实审合议组以权利要求相对于对比文件1（EP483A）不具有新颖性为由驳回了申请。申请人上诉至上诉委员会，提出对比文件1没有公开中间体CTF和CCTF的制备方法，公开不充分，不能用于评述权利要求的新颖性。对此，实审合议组提供了证据2和证据3表明中间体CTF和CCTF的制备方法在现有技术中有记载。上诉委员会认为，由于证据2和证据3只能在CA（化学文摘）中检索到，而CA记载了化学领域所有的现有技术，不属于本领域的技术人员的普通技术知识，要求本领域的技术人员利用CA中的文献来弥补对比文件1说明书中存在的缺陷构成了过度劳动，因此，对比文件1公开不充分，撤销了实审合议组的决定。

对EPO的“所属技术领域的技术人员”的认定，仍不能脱离欧局对于充分公开的标准，即基于原始公开文件就可以重现本发明而无需创造性劳动和过度劳动。充分公开条款希望达到的目的是，所有的本领域技术人员在阅读了专利说明书之后都可以将该专利的技术方案再现，这才是真正意义上的公开。如果仅仅是部分的技术人员——如某些具有高学术水平的人员或者某些恰巧阅读了某篇现有技术文件的人员——才能实现其技术方案，那么会造成以下不利因素：专利权人获得的垄断性的权利是针对社会全体公众的，而能够从中获益的却是部分公众，这显然是不公平的。因此，是否“充分公开”考察的是所有的本领域技术人员都能且应当能够实现该发明。而与此相对应，创造性考察的则可以理解为是一种可能性——只要存在本领域技术人员在现有技术的基础上能够不需要付出创造性劳动就能获得该技术方案的可能性，就不应当认为该技术方案具备创造性。这从欧局及各主要国家对现有技术公开的要求中也可见一斑——出版物不受发行量多少、是否有人阅读过、申请人是否知道该文献的存在等的限制。只要存在“某一个”所属技术领域的技术人员能够获得的可能性就足够了。EPO 以及各主要国家都不要求作为现有技术证据的出版物实际上真正有人阅读过，因为“存在”就意味着被“获得”的可能性，在证明“可能性”这方面“存在”就已经足够，不再会要求其他。

（二）新技术领域的专利文献和科技出版物

欧局判断文献记载的内容是否构成“普通技术知识”三原则的第三点是：如果技术领域比较新，由于教科书还不能提供相关技术知识，专利文献和科技出版物也可能构成普通技术知识。

EPO 上诉委员会判例 T 772/89 重组 DNA 案较好地诠释了这一原则。该案权利要求 1 涉及一种重组 DNA 分子，该分子包含编码牛生长激素的基因组核苷酸序列，权利要求对该序列进行了限定。

涉案权利要求 2 至 5 如下：

2. 含有根据权利要求 1 所述 DNA 分子的宿主。

3. 根据权利要求 2 所述的宿主，其是一种含有所述 DNA 分子的微生物作为可复制的 DNA 转移载体。

4. 根据权利要求 3 所述的宿主，其中微生物为大肠杆菌 X1776 或大肠杆菌 HB101，质粒为 pBR322。

5. 一种制备牛生长激素的方法，其包括根据权利要求 2 至 4 中的任何一项培养宿主。

审查部门在其审查决定中认为，申请人没有证明其申请以足够清楚和完整的方式公开了发明，从而使得本领域技术人员能够实施。由于权利要求 2 至 4 请求保护表达牛生长激素基因的宿主，因此申请人有责任证明这种表达宿主在优先权日前为本领域技术人员所熟知。然而，申请人在最初提交的文件和其在 1988 年 8 月 1 日一起提交的其他文件中都没有举证。审查部门据此以公开不充分为由驳回本申请。

上诉人不服驳回决定，在意见陈述中认为：

（i）有些文件披露了 DNA 序列的表达与本案权利要求的 BGH 序列具有相当大的同源性，而另一些文件则披露，鉴于 BGH 序列相对较小，除了无处不在的信号序列切割之外没有翻译后处理，并且在标准哺乳动物细胞系上也没有活性，对本领域技术人员而言通过标准方法表达 BGH 基因没有任何困难。

（ii）提交了一份 1982 年 8 月发表的科学论文（下称文件 1）及论文作者 M. Post 签署的宣誓书，M. Post 在宣誓书中确认，根据文件 1 的教导可以以直接和可预测的方式应用于 BGH 的表达。宣誓书试图证明文件 1 中描述的卵清蛋白表达程序（实际上略有修改）在应用于 BGH 时有效，这一直接效果为假设文件 1 中披露的确切程序适用于 BGH 奠定了良好的基础。

本案权利要求 2 请求保护含有权利要求 1 中定义的 DNA 分子的宿主。其涵盖了适合克隆和表达基因组 BGH 核苷酸序列的宿主，则应当记载使本领域技术人员能够制备上述类型宿主的技术信息。关于克隆问题，审查部门从未反对披露的充分性；而关于基因表达，说明书中没有包含任何合适宿主的例子。但上诉人坚持认为，本领域技术人员的普通技术知识使他能够在没有过度劳动的情况下制备这样的宿主。上诉人在上诉理由陈述书中主要依据文件 1（以及 M. Post 的相应宣誓书）。

本案的一个焦点问题是，文件 1 是 1982 年 8 月发表的科学论文，是否可以被视为本领域技术人员的常识。上诉委员会认为，作为一般原则，不能通过提交的申请中未引用的文件证明公开充分，并重申有必要区分一般技术文献或标准教科书，前者显然属于一般常识，后者通常不包括专利说明书。而在本案之前的一份判例中则引入了例外情况，该判例决定指出，当发明处于一个如此新的研究领域，以至于教科书中尚无法获得技术知识时，对于本领域技术人员的共同常识是否可以包括专利说明书，应特别考虑。

在本案中还存在的质疑之处是，在 1982 年重组 DNA 技术领域是否应视为新领域，以至于精通该领域的人会从诸如科学论文等来源获得知识，这些来源尚未在教科书中记载而只能从科学出版物中获得。在考虑上述问题后，上诉委员会作出了有利于上诉人的结论，即文件 1 可被视为熟练掌握通过重组宿主生产成熟蛋白质的技术人员的共同常识的一部分。

如前所述，欧局审查公开充分时需要对证据是否构成普通技术知识作出判断。本案较为典型地反映出欧局判断文献记载的内容是否构成“普通技术知识”时的这一原则：如果技术领域比较新，由于教科书还不能提供相关技术知识，专利文献和科技出版物也可能构成普通技术知识。具体而言，涉及重组DNA技术，由于其在当年是新兴技术，发展较快，在形式上转变为记载在工具书或教科书上需要一定的时间，对于这一类型的内容可以通过专利文献和科技出版物的方式予以弥补。

关于新领域的科技出版物是否构成普通技术知识，另一个典型判例是EPO上诉委员会判例T 676/94，涉及已授权的专利EP0335588。该专利保护一种子午轮胎，用混杂的胎缘线替代现有技术中的胎缘线，所述混杂的胎缘线是由低弹性模量的胎缘线和高模量的胎缘线绞合而成，该混杂胎缘线具有特定的载荷-拉伸曲线 *C*。异议人以公开不充分为由提出异议，理由是：根据D3（会议论文），绞合程度和绞合角度对载荷-拉伸曲线有很大的影响，而绞合程度和绞合角度是由胎缘线的直径、低模量胎缘线和高模量胎缘线的数量和绞合情况决定的。而该专利没有给出实施例，也没有给出上述参数。对本领域技术人员而言，选择适当的参数得到曲线 *C* 不是常规的技术手段，需要付出创造性劳动，因而公开不充分。异议合议组经审查，以公开不充分为由撤销了该专利。申请人上诉至上诉委员会。上诉委员会通过分析认为：①本领域的技术人员结合D3和专利说明书公开的内容可以实施发明，不需要过度劳动和创造性技能；②会议论文D3是在1986年的美国化学协会橡胶分会上发表的，可以断定，轮胎生产领域的技术人员完全有可能参加该分会，并且断定该文献被本领域的技术人员广泛阅读，因此，D3构成本领域技术人员的普通技术知识。基于上述理由，上诉委员会认为本专利公开充分，符合《欧洲专利公约》第83条的规定，撤销了异议合议组的决定。在上述判例T 676/94中，EPO上诉委员会判断会议论文是否构成普通技术知识时，并没有简单地依据三原则规定做出所述会议论文构成或不构成普通技术知识的结论，而是通过具体分析，推断出所述会议论文中记载的内容已经被本领域的技术人员所广泛获知，因此认为该会议论文构成普通技术知识。由此可见，在欧局看来，即使是在新的技术领域，也不是任何专利文献和科技出版物都可以构成普通技术知识，是否构成普通技术知识的关键在于能否合理推断出所述专利文献和科技出版物中记载的内容被本领域的技术人员所广泛获知。

我国《专利法》及其实施细则和专利审查指南中均没有对本领域普通技术知识做明确定义。而本领域技术人员“能够获知该领域中所有的现有技术”，则只需划分何为现有技术即可。应当说，这一规定在审查实践中较易为审查员所理解，在执行层面也易于统一标准。而欧局认为，“普通技术知识”的内涵应当是所属技术领域技术人员广泛知晓的技术，包含公知常识但又不止于公知常识；在一些发展较快的技术领域可以参考专利文献和科技出版物，同时为了体现该新技术领域相关内容具备普通技术知识的特点，已经广为传播，应当在文献数量上给予一定的要求。围绕普通技术知识和新技术领域技术信息，前述几个判例中多给出了不利于申请人的结论，笔者认为，这实际上发挥了充分公开法条指导撰写的作用，对于规范申请文件的撰写具有引导作用。

四、对引证文件的要求

对于引证文件，《EPO 审查指南》规定：背景技术部分和发明内容部分均可引证文件。在背景技术部分，引证文件可以在提交原始申请文件时引证，也可之后引入。如果引证内容是申请文件满足《欧洲专利公约》第83条必不可少的内容，则应当将引证文件的内容补入说明书中。对于后者，如果引证文件在申请文件的申请日前没有公开，则只有当在申请文件的申请日或申请日前将该引证文件的副本提供给欧局，而且该引证文件在不迟于申请文件的公开日前公开，该引证文件的内容才能被补入说明书。根据 EPO 上诉委员会的判例，关于引证文件有以下相关规定：

1）欧洲专利申请要求引证文件应被清楚指引，即明确公开引证文件的确切出处或者根据申请文件提供的信息可容易地、明确地得到该引证文件（判例 T 737/90）；

2）如果本领域的技术人员能够从引证文件中获得重现发明所需的技术信息，从而实施该发明，则该发明是充分公开的（判例 T 267/91）；

3）如果引证文件中的技术方案构成了发明的一部分，即使该技术方案没有公开在申请文件中，而是公开在其所引证的文件中，则该技术方案也可以写入权利要求书，但必须将引证文件中该技术方案的所有必要的技术特征全部写入权利要求书中，而不能仅仅写其中一个技术特征。

下面具体介绍一下上述判例 T 737/90，以帮助读者理解对引证文件的相关撰写要求。涉案权利要求1涉及一种改进的荧光灯，该荧光灯包括一种磷涂层，包括沉积在玻璃内部表面的第一磷光层和沉积在第一磷光层上的第二磷光层的双层，所述第二磷光层包含一种窄带宽发光磷光体的混合物微粒，其微粒具有特定的尺寸和化合物通式。

异议方认为申请不符合《欧洲专利公约》第83条关于充分公开的要求。因为在说明书中提到了与本申请同时提交的另一项专利申请，并将其转让给本申请的受让人，其中记载有关于如何获得上述通式化合物磷的必要信息。然而，所提交的申请文件中没有另一申请的申请号或同等信息，使得本领域技术人员能够按照《EPO 审查指南》的规定检索得到相关文件。因此，由于上述通式化合物磷无法通过本领域技术人员的普通技术知识制备获得。法院据此认为，本申请记载的内容不能使本领域技术人员实现该发明。申请人提出修改说明书补入之前未记载的另一申请号，但被认定违反《欧洲专利公约》第 123（2）条的规定（涉及修改超范围）。

上诉人（申请人）认为，“同时提交的转让给本申请受让人的另一申请”的这种提法足以方便地检索得到该申请，本申请的公开文本中仅提到四件相关申请且只有其中一件涉及通式化合物磷，并相应地进行了分类，据此可以毫无困难地获得该产品。因此对本申请说明书的修改是合理的，并不违反《欧洲专利公约》第 123（2）条的规定。

《欧洲专利局上诉委员会判例法》指出，在公开文件的同时还可以引证另一份文件。而通过上诉委员会的判决可以明确看出，引证文件必须是能够获得的才是有效的。本案中，引证文件是欧洲专利申请，则只有在公布后公众才能获得。引证文件必须能被毫无疑义地识别且可以随时查阅，但这并不意味着引证文件（如果是专利申请）必须始终以数字形式表示，如申请号或发布编号。

在上诉委员会的判决中，所提供的资料是否充分应当根据具体案件的事实和证据予以回答。此外，上诉委员会认为，在没有任何指向另一国家的提示的情况下，欧洲专利申请中提及“同时提交”的另一专利申请，表面上可理解为另一欧洲专利申请。上诉委员会确信，在本案中，根据现有信息，即申请的提交日期、申请人和申请的技术领域，确实能够通过数据库，毫无疑义及毫无困难地确定所提到的申请，因为目前的上诉人在相关技术领域的相关日期只提交了两份申请，其中一份是争议申请，另一份则肯定是所提到的申请。

剩下的唯一问题是相关专利申请对公众而言是否可以在本申请的公布日期前通过不过度劳动的情况下获得。为了回答这个问题，需要确定的事实是，在本案的具体情况下，根据现有信息是否足以明确和迅速地检索到所提到的专利申请。原则上讲，在当前情况下，文件的可检索性不能过于困难，因为为此目的需要查阅目录或索引。因此，根据委员会的判断，如果本领域技术人员在必要时利用图书馆员的专业技能能够获得文件，那么就满足了容易检索引证文件的要求。一个提供完整欧洲专利文件的图书馆通常也会提供欧局的公告。委员会确信，本领域技术人员会像检索出版编号不详的专利文件的索引或目录一样查阅公告。因此，本领域技术人员将选择上诉人提出的相同办法，以便根据争议申请中提供的信息检索其中提到的欧洲专利申请。综上，上诉委员会的判决中认为，找到上述专利申请所需的技能不超过本领域技术人员的正常能力；进而，由于公众在没有过度劳动的情况下能够在有争议的申请书公布之日考虑引证文件的全部内容，因此，该申请书所载的相关信息，包括其引证文件编号，应当被视为公开信息的一部分。

本案主要考量《EPO 审查指南》对于引证文件所作的三项规定中的第一项。尽管涉及关键技术信息的引证文件缺失申请号和发布编号，但所属技术领域技术人员通过不过度劳动、常规的检索即可获得引证文件，进而获得关键技术信息。因此，本申请是充分公开的。

接下来再介绍一下判例 T 267/91，碳酸钙案的案情如下。

涉案权利要求 1 如下：

1. 用于油漆和纸张涂料组合物的矿物填料，特别是天然碳酸钙，其特征在于：

颗粒粒径小于 0.2 μm

且按重量计至少 93% 的颗粒小于 2 μm。

争议方认为涉案专利没有限定粒径的测量方法，而不同的粒径测定方法会得出不同的粒径结果，导致本领域技术人员无法确定本发明请求保护的碳酸钙组分具体是通过哪种测定方法获得的特定粒径，进而无法实现发明，导致发明不符合充分公开的相关要求。

上诉委员会在判决中认为，涉案专利中确未明确提及测量方法，而根据重力沉降法、离心沉降法、光学显微镜法或电子显微镜法等不同的粒径测定方法，确会获得不同结果。然而，在涉案专利和原申请文件的描述中，提到了一份现有技术文件（DE－A－2 808 425），并提到该文件对“极细”颗粒（即权利要求中的粒径小于 0.2 μm 的颗粒）对颜色光泽度的负面影响和其他缺陷进行了讨论；而根据本申请的描述，本发明的目的即是避免这些缺陷。则如果本领域技术人员根据公知常识无法确定涉案专利中的粒径是通过哪种方法确定的，那么他无疑会查阅本申请所提到的上述现有技术文件。而通过该文件（说明书第 6 页第2—3行）能够获知粒径约为 3 μm 或 4 μm 至小于 0.2 μm 的粒度分布测量是通过离心场沉降分析测量得到的。由此，鉴于涉案专利在描述上述技术问题时引用了一份现有技术文件，本领域技术人员能够确定：在涉案专利中，相同尺寸范围的粒径必然也是通过相同的测定方法即离心场沉降分析来测定的。由此可见，本领域技术人员可以从涉案专利的引证文件信息中获知粒径测定方法。因此，本发明公开充分。

本案主要考量《EPO 审查指南》对于引证文件所作的三项规定中的第二项。申请文件中缺失的关键技术信息通过引证文件得到补全，使得发明能够实施，则满足充分公开的要求。

对于引证文件，《专利审查指南 2023》指出，引证专利文件的，至少要写明专利文件的国别、公开号，最好包括公开日期；引证非专利文件的，要写明这些文件的标题和详细的出处。由此可知，从引证文件的角度看，要达到充分公开的要求，我局较欧局要更为严谨。

五、过度劳动和/或需要创造性的技能

对于什么是过度劳动和创造性技能，《EPO 审查指南》和上诉委员会的判例中并无直接的定义。而且在 EPO 上诉委员会的判例中，判断充分公开时一般只是判断实施发明是否需要过度劳动，而鲜有提及“创造性技能”。

对于如何判断发明的实施是否需要过度劳动，根据 EPO 上诉委员会的判例，笔者认为可以从以下几方面加以考虑。

1）过度劳动的判断应当考虑所属技术领域的特点：是否属于过度劳动需要综合考虑所属技术领域当时的平均劳动量、本领域的技术人员的普通技术知识水平和申请文件提供的信息。如果申请文件给出了确切的解决技术问题的技术手段或本领域的技术人员根据其普通技术知识能够获知相应的技术手段，那么即使实施发明需要较长时间和较高的劳动量，也不构成过度劳动。

2）目的在于寻找解决问题的技术手段的试验劳动构成过度劳动：实施发明的过程中，允许一定的尝试和失误，但申请文件应当给出足够的教导，使本领域的技术人员能够根据教导使试验和尝试达到预期的成功。如果试验的目的是寻找技术问题的解决手段，而不是用于确定一个功能性限定的数值界限，则试验构成过度劳动。

3）非普通技术知识的获得构成了过度劳动：如果申请文件缺乏足够教导，本领域的技术人员根据普通技术知识也无法获知，而必须通过全面检索才能得到解决问题的技术手段，那么这种劳动构成了过度劳动。

4）取决于偶然性的发明构成过度劳动：如果发明的成功实施取决于偶然性，即发明的结果是不可重复的或者获得所述结果的方式是不可靠的，那么实施发明必然构成过度劳动，例如涉及突变的微生物过程。但上述情况要与能够确保成功但却伴随一定失败比例的情况区分开来，例如生产磁芯和电子元件。后者可以通过非破坏性的检测过程挑选出成功的部分，不应当以不符合《欧洲专利公约》第 83 条的规定提出反对意见。

下面通过判例 T 2602/12 抗菌医疗设备案，来让各位读者理解一下欧局在认定“过度劳动”时的考量因素。

T 2602/12 抗菌医疗设备案涉及争议焦点的权利要求 1 如下：

1. 制造抗菌医疗设备的方法，包括以下步骤：

(a) 形成一种由银纳米颗粒组成的可聚合分散体，其稳定性至少为 60 分钟，其中形成可聚合分散体的步骤是：

在液体成分中加入所需的可溶性银盐，其中包括含有硅的大分子和能够还原银阳离子的乙烯单体，

(b) 在制造医疗设备的模具中引入一定量的可聚合分散体；以及

(c) 在模具中聚合可聚合分散体，形成含有银纳米微粒的抗菌医疗装置。

争议方认为本发明公开不充分，原因是含有分散体的银纳米颗粒的稳定性至少为 60 分钟这一描述是不清楚的。具体理由是，从理论上可以通过权利要求所述的步骤获得任何聚合分散体，而对于具体的稳定性为 60 分钟的银纳米颗粒，申请文件中没有足够的教导说明如何获得满足这一稳定性要求的特殊分散体，本领域技术人员将不得不依靠试验和试错，这是一种过度劳动。此外，本领域技术人员不知晓如何以可靠的可重复的方式确定含银纳米颗粒分散体是否至少有 60 分钟稳定性，也不知道如何观察团聚和（或）沉淀。

在本案中，争议方对公开不充分的争议实质是，发明没有就如何使那些特定的分散体达到稳定性要求提供足够的指导，导致本领域技术人员不得不依靠试验和试错，这是一种过度劳动。此外，包括至少 60 分钟稳定性的纳米颗粒可聚合分散体的稳定性具体如何界定也没有明示，导致本领域技术人员不知晓采用哪些测试方式以确定分散体是否至少有 60 分钟的稳定性，如观测到团聚和（或）沉淀，用肉眼还是显微镜。

因此，判定公开是否充分的关键在于通过申请文件记载的内容和结合本领域普通技术知识，本领域技术人员是否知晓如何在液体成分中加入可溶性银盐，该可溶性银盐包括含有硅的大分子和能够还原银阳离子的乙烯单体，从而获得具有所需稳定性的分散体。

本专利说明书指出，“任何已知的合适的含有硅氧烷的宏观分子均可用于制备可聚合流体成分”，然后详细说明首选的宏观分子。专利说明书还教导可以添加稳定银纳米微粒的稳定剂，并记载了这些化合物的类型。根据上述信息，上诉委员会认为，专利文件中记载了足够的信息，可供本领域技术人员执行权利要求的步骤（a），以获得一种可聚合的分散体，其中包括稳定性至少为 60 分钟的银纳米颗粒，从而使本发明能够在没有过度劳动的情况下再现。

对于争议方的另一理由，即认为本领域技术人员不知道为了确定特定银纳米颗粒分散体是否至少有 60 分钟的稳定性而使用的测试条件，导致本领域技术

人员不知道为获得属于权利要求范围的分散体而选择的工艺条件，本专利说明书指出，此处使用的“稳定性”一词指的是在色散过程中没有明显的团聚和（或）沉淀发生的一段时间。因此，本领域技术人员能够理解，在任何条件下，只要在进一步处理色散之前至少 60 分钟内不发生可观察到的团聚和（或）沉淀，就可以保留上述色散。因此，技术人员将选择适当的温度，必要时将其搅拌，以维持其分散。因此，上诉委员会同意专利权人的意见，即观察聚集和（或）沉淀的确切条件并非关键，本领域技术人员仅需选择阻碍聚集和（或）沉淀的条件以保持色散直到它被进一步处理，这仅仅是确定稳定性的具体方法，属于所属技术领域的普通技术知识。

综上，上诉委员会认为，本领域技术人员能够知晓如何形成可聚合的分散体，包括稳定性至少 60 分钟的银纳米颗粒，发明以足够清楚和完整的方式披露，以便由本领域技术人员实现该发明。

本案较为典型地反映了欧局在判断是否存在过度劳动时的考量因素，即前文所提及的第 1）方面：综合考虑所属技术领域当时的平均劳动量、本领域的技术人员的普通技术知识水平和申请文件提供的信息。如果申请文件给出了确切的解决技术问题的技术手段或本领域的技术人员根据其普通技术知识能够获知相应的技术手段，那么即使实施发明需要较长时间和较高的劳动量，也不构成过度劳动。

关于是否存在过度劳动的考量，另一典型判例是 T 223/92，涉及公开号为 EP0077670A 的专利申请。该发明涉及一种编码人免疫干扰素的 DNA 序列，申请文件公开了所述 DNA 序列，但没有进行相应的保藏。异议人认为，仅仅公开 DNA 序列是公开不充分的，基于公开的序列重复发明需要付出过度劳动，并提供证据证明在大肠杆菌中合成所述基因需要两个月的时间。在异议委员会维持专利权后，异议人提起申诉。上诉委员会认为，至优先权日时，在基因重组技术领域中进行克隆和表达基因所需平均时间和劳动量很高。申请文件公开 DNA 序列，根据 DNA 序列完全可以采用其他方法如化学合成来获得所述序列，尽管重现发明需要花费较多时间，但在当时情况下，并不构成过度劳动也不需要创造性技能。而且如果说明书的描述能够使本领域的技术人员实施发明，专利法并没有要求申请人必须保藏包含所述基因的微生物。因此，说明书是公开充分的。

关于对寻找解决问题的技术手段的试验劳动是否构成了过度劳动，典型判例 T 312/88 则涉及申请号为 80104929.7 的欧洲专利。该专利保护一种液相低磷无污染的洗涤剂，包括表面活性磺酸盐、脂肪酸盐、非离子表面活性剂、无机硅酸盐和螯合剂，以及含量低于 50% 的水等组分，其特征在于：含有 2～

40wt%的烷基磺酸盐、5～98%wt%的非离子表面活性剂，相对于表面活性剂组合物而言，和含磷和/或不含磷的螯合剂。异议人以公开不充分为由提出异议，理由是：原始申请文件中烷基磺酸盐百分含量的基准不清楚，而且也没有给出相应可采用的启示，导致本领域的技术人员不能实现本发明，因此不符合《欧洲专利公约》第83条的有关规定。异议程序中，专利修改后维持有效。异议人上诉至上诉委员会。申诉程序中，专利权人认为，由于烷基磺酸盐百分含量的基准存在“相对于洗涤剂整体”或“相对于表面活性剂组合物”两种情况，借助简单的试验，根据说明书中所记载的效果即可判断得出百分含量的基准是相对于表面活性剂组合物的，因此不构成过度劳动，不存在公开不充分的问题。对此，上诉委员会认为：本案中通过试验判断烷基磺酸盐百分含量是以“洗涤剂整体”为基准还是以“表面活性剂组合物”为基准与通过试验尝试确定一个功能性限定的可用数值范围不同。“功能性限定”本身就是解决其技术问题的技术启示，在该启示下，结合普通技术知识确定相应的数值范围不构成过度劳动。但本申请中，尝试以技术效果来确定烷基磺酸盐百分含量的相对基准针对的是要解决的技术问题，而不是利用已给出的技术启示，因此，构成了过度劳动。基于上述理由，撤销了该专利。

依据《EPO审查指南》中对发明充分公开的要求：申请文件描述的详细程度与所属技术领域的技术人员的技术知识水平相关，对于所属技术领域的技术人员而言，虽然没有必要将用于实施发明的公知的辅助技术特征都记载在说明书中，但是对于那些对实施发明而言必要的技术特征应详细描述。说明书应当包含足够的信息以使所属技术领域的技术人员在权利要求请求保护的整个范围内能够实施该发明，而不需付出过度劳动和创造性技能。

此外，欧局从其审查指南中“对于那些对实施发明而言必要的技术特征应详细描述。说明书应当包含足够的信息以使所属技术领域的技术人员在权利要求请求保护的整个范围内能够实施该发明，而不需付出过度劳动和创造性技能”出发，指出“革命性”发明的公开，需要提供技术人员实施要求保护的发明所需的所有数据。同样地，我局在审查指南中关于能够实现，给出由于缺乏解决技术问题的技术手段而被认为无法实现的五种情形之一：说明书中只给出任务和/或设想，或者只表明一种愿望和/或结果，而未给出任何使本领域技术人员能够实现的技术手段。

对于充分公开，我国《专利法》第26条第3款指出，说明书应当对发明作出清楚、完整的说明，以所属技术领域的技术人员能够实现为准。审查实践中，对于判断能够实现的标准，我局侧重于所属技术领域的技术人员按照说明书记载的内容，就能够实现发明的技术方案，解决其技术问题，并且产生预期的技术效果。国家知识产权局的审查实践中，不管是对于充分公开还是创造性乃至整个发明专利的实质审查，都没有出现“过度劳动”的概念。在相关法条的审查实践中，穿插了“本领域技术人员”“现有技术”“本领域普通技术知识”等概念且前后一致，将之作为审查主体和判断基础，笔者认为从操作层面而言是更具可操作性的。

六、申请日后补交实施例和补充技术效果

《欧洲专利公约》第123（2）条中规定，欧洲专利申请或欧洲专利不可以以这种方式修改：修改包含扩大到超出提交的申请内容的技术方案。

《EPO审查指南》规定公开不充分的缺陷不能通过增加实施例或特征来克服，因为这种修改是超范围的，但在《EPO审查指南》H部分第Ⅴ章第2.2节“说明书的修改”中规定：“在某些情况下，尽管不允许加入到申请中，后提交的实施例或新效果可以作为审查员考虑的证据，用以支持要求保护的发明的专利性。例如，在原申请中给出了相应信息的基础上，新增加的实施例可以作为证据证明在要求的范围内能容易地被应用。”

在欧局，某些案例提供了对申请日后证据用来支持充分公开的教导。例如在T 1262/04决定中考虑了加强证明申请中记载的教导的证据，而对于证明发明新的效果和新的用途则不予考虑（如果有兴趣，可参见T 0497/02、T 609/02）。总体而言，欧局在采用申请日后证据来证明用途这一方面持比较谨慎的态度，其认为对于此类申请必须在有效日满足公开充分的要求。如果申请说明书中仅提供了尚待证实的、可能用途的模糊指示，则在后的更详细的证据不能用于证明要求保护的主题公开充分。

此外，就药物领域而言，欧局在判断化合物申请是否公开充分时，在没有数据支持的情况下，如果现有技术没有结构相近的化合物具有类似的效果，欧局认为这一类化合物不具有声称的技术效果，但是欧局不质疑公开充分，而是往往采用创造性条款进行审查，不具备创造性的评述理由与我局评述化合物公开不充分的理由类似，均是由于缺乏药理学数据证明其解决了该技术问题，并在申请人补充证据之后有授权前景。但对于请求保护化合物治疗疾病的用途的申请，则对于数据的要求较严。如果说明书中没有实验数据，则认为公开不充分。其认为，药物用途权利要求中的治疗效果属于功能性的限定，除非在优先权日前，本领域技术人员已经知道该作用，否则申请中必须公开该产品适于被制备成要求保护的制药用途。不一定需要提供临床或动物实验，但也不能仅声称该产品能够治疗疾病，而必须提供某些形式的信息，例如，显示该化合物对疾病的代谢机制有直接影响的实验数据。如果对于本领域技术人员来说该实验

能够直接和明确地反映出其治疗效果，则证明药用效果的体外实验可能已足够。也就是说，即使说明书中有实验数据，也要分析该数据是否与请求保护的具体疾病存在对应关系。如果说明书中只有机理实验数据，现有技术中披露了所述机理与具体疾病之间存在明确关系，则认为说明书公开充分。反之，说明书中没有实验证实或没有现有技术披露所述机理与具体疾病之间存在明确关系，而审查员根据现有技术或在后提供的实验数据有理由质疑所述机理与具体疾病之间不存在联系，则评述说明书公开不充分。这种缺陷通常不能通过修改申请文件来克服。如果说明书中有化合物治疗具体疾病的实验数据，且有证据表明所述化合物不能治疗权利要求限定的任一种疾病，则认为权利要求限定的疾病类型过宽，说明书公开不充分。申请人将疾病类型缩小至说明书支持的范围，则可以认可说明书公开充分。

应当说，欧局对于补交实验数据和药物用途主题的申请的审查要求和尺度与我局有一定相似性。对于补交实验数据是否可用于证明充分公开这一热点问题，我局在经历了一段时间的分析研判后，在《专利审查指南 2023》中规定："对于申请日之后申请人为满足专利法第二十二条第三款、第二十六条第三款等要求补交的实验数据，审查员应当予以审查。补交实验数据所证明的技术效果应当是所属技术领域的技术人员能够从专利申请公开的内容中得到的。"笔者认为，上述规定力求在审查尺度不变和满足申请人（尤其是国外申请人）诉求之间取得平衡。从措辞上，对于补交实验数据放开门，即"应当予以审查"；而实际对补交实验数据的待证事实要求是"技术效果应当是所属技术领域的技术人员能够从专利申请公开的内容中得到的"，实质上对于原申请文件是否满足充分公开的审查尺度与以往并无不同。笔者认为这一要求是合理的：如果补交实验数据所要证明的技术效果不能够从原申请文件公开的内容中得到，那么该补交的实验数据将改变原申请文件的事实，相当于是证明一个新的事实，也即对申请日已经完成的发明的进一步改造，基于先申请制的立法宗旨，当然是不能被接受的。

第二节　美　　国

一、概况

美国《专利法》第112（a）条规定："说明书应当包括对发明的书面描述，并且用完整、清楚、简明和准确的术语描述制造和使用发明的方式和方法，以使所属领域或密切相关技术领域的技术人员能够制造和使用该发明。说明书还应当阐明发明人所认为的实现其发明的最佳实施方式。”①

概言之，美国《专利法》中的“充分公开”（adequate disclosure）条款包括了三个层次的内容：首先，说明书必须能够使所属技术领域的技术人员制造和使用本发明；其次，说明书必须包含发明内容的书面描述，足以表明发明人在提交申请时已经完成了本发明；最后，说明书还必须详细描述发明人认为的最佳实施方式。可以看出，在成文法的层次，美国《专利法》的上述要求和我国《专利法》第 26 条第 3 款的规定比较类似，都是要求了“清楚、完整的说明，以所属技术领域技术人员能够实现为准”，主要区别仅在于美国不仅要求有具体实施方式，该实施方式还需要是“最佳的”。

下面具体解释一下 USPTO 关于此条款的审查规定。需要再次说明的是，虽然一些要求是来自美国 CAFC 的判例中总结出的要点，但是由于美国法律制度设计②，这样的内容，和成文法一道，对于美国专利商标局的审查过程同样具有约束力。

具体而言，美局在专利审查中，关于说明书“充分公开”（adequate disclosure）主要从以下几方面进行考虑：

1）审查对象。MPEP 在解释“能够实现”要求时明确指出，“能够实现要求是指，说明书应当描述如何制造或者使用发明，并且，本领域技术人员能够制造或使用的发明是指申请或者专利中权利要求所定义的发明”。据此可以清楚地看出，美局审查“充分公开”的出发点在于权利要求，是基于权利要求中要求保护的发明来判断说明书是否“充分公开”，而并非仅仅考虑说明书。

2）“能够实现”。一般情况下，典型的满足该要求的方式是公开一个特定实施方式的详细实施例，以及对其操作模式或技术原理的一般描述③。

进一步地，CAFC 将“能够实现”要求解释为专利权人必须公开足够的信息，以使本领域技术人员基于应当具有的普通技能以及合理的付出就可以实现要求保护的发明，而无需“过度试验”。因此，美局判断“充分公开”的过程实际上就是判断为制造或使用发明是否需要“过度试验”，这一点和前述欧洲

---

① The specification shall contain a written description of the invention, and of the manner and process of making and using it, in such full, clear, concise, and exact terms as to enable any person skilled in the art to which it pertains, or with which it is most nearly connected, to make and use the same, and shall set forth the best mode contemplated by the inventor of carrying out his invention. （美国《专利法》2022 年英文版）

② 具体参见第一章第二节第一（二）小节。

③ 罗杰·谢克特，约翰·托马斯. 专利法原理［M］. 2 版. 余仲儒，译. 北京：知识产权出版社，2016.

的做法很类似。在 In re Wands[①] 一案中，CAFC 进一步给出了在考虑是否满足能够实现的要求时需要考虑的多个要素[②]。

3）“书面描述”。“书面描述”可以理解为“能够实现”的载体或证明，其直接目的在于向公众表明申请人在申请日之前已经做出了其要求保护的发明。这种考量可能来源于美国“先发明制”的影响[③]。

美局 MPEP 规定，针对原始提交的权利要求，说明书中的“书面描述”应满足如下要求：“如果权利要求的技术方案需具备一个必要的或关键性的技术特征，但是在说明书中对该特征没有进行充分的描述，而且其也不是本领域的常规技术或本领域技术人员熟知的技术，则所请求保护的发明作为一个整体可能没有被充分描述，不满足书面描述的规定。”另外，CAFC 在前述 In re Wands 案中也强调，发明不需要公开对本领域技术人员而言所熟知的信息。因为发明面对的是本领域技术人员，因此一般无需公开原理/工作方式等基本信息、制备细节、有关产品的尺寸、误差以及其他参数等详细数据。可见美国是以该技术或者知识是否属于本领域普通技术知识作为是否要求申请人在说明书中进行充分描述的判断依据。

对我国申请人而言，“书面描述”的要求和“能够实现”的要求差别不大。不过“书面描述”引出的另一个重要要求是发明人不能把后来的技术改进加入在先提交的申请中而不适当地扩大要求保护的范围，这一点类似于我国《专利法》第 33 条关于修改不能超出原申请文件记载的范围。

4）最佳实施方式。美国《专利法》第 112（a）条关于“充分公开”的最后一个要求是说明书必须详细描述发明人认为的最佳实施方式。最佳实施方式要求是致力于确保公众能够得到发明技术的最有利的实施方式，在专利期满后，能够使公众与专利权人在技术上处于同等的技术竞争态势。

CAFC 提出用于确定说明书是否满足最佳实施方式要求有两步测试法[④]，即，第一步调查发明人是否知晓他所要实施的发明优于其他任何方式；如果满足第一步的主观标准，则进入第二步的客观的调查，说明书是否公开了足够的信息以使所属技术领域的技术人员能够实施该最佳实施方式。可以看出，最佳

---

① In re Wands，858F. 2d 731，8USPQ2d 1400（Fed. Cir. 1988）.

② 参见本章第二节第二小节。

③ 在 2011 年《美国发明法案》（*America Invents Act*，AIA）通过之前，美国实行“先发明制”，即专利权授予最先做出发明的人；通过 AIA 法案，美国将“先发明制”修改为“先申请制”，即专利权授予最先申请发明的人，已与世界上大多数国家保持一致。

④ 当然，如果发明人没有要求保护某个主题，则针对这个主题发明人没有公开最佳实施方式的义务。

实施方式的判断包括一个主观标准——发明人掌握的知识，以及一个客观标准——在所属技术领域的技术人员基础上能够实现。

5）“充分公开”的举证责任。美局 MPEP 规定，美局用于判断“能够实现”的相关技术应当是对普通技术人员而言在申请日时能够容易得到和知晓的。这意味着，美局审查员在就充分公开提出反对意见时，可以是仅仅基于申请日时“容易得到和知晓的”已知技术范畴作为提出反对意见的证据。前文关于“书面描述”的规定中提到，美局 MPEP 规定，如果发明的必要技术特征不属于本领域的普通技术知识，则说明书应当对其进行详细描述。结合该规定，笔者认为这里的“容易得到和知晓的”应当是指被本领域技术人员所广泛知晓的普通技术知识。当然，美局 MPEP 并未排斥审查员利用其他现有技术甚至申请日之后公开的技术来证明发明的不可实施性。美局 MPEP 还规定，在质疑意见时，对审查员“举证责任”的最低要求是给出发明能否实施尚不确定的理由，如果可能的话，才应当提供文献证据来证明不能够实施的结论。

一旦审查员质疑了发明的可实施性，则申请人承担说服审查员的举证责任。由于美局认为说明书中不需要公开本领域熟知的技术，因此可以认为，申请人通常应当基于申请文件的已有信息和本领域熟知的现有技术来证明发明的可实施性。

特别需要注意的是，申请人日后提交的试验证据应当只是根据申请日时说明书的教导和当时本领域技术人员的公知常识进行，不允许使用申请日后公开的技术来支持发明的充分公开。这一点也和我国类似。

二、对“能够实现”的审查

如前所述，法院把“能够实现”（或称“可实施性”）的要求解释为专利权人必须公开足够的信息，从而使所属技术领域的技术人员在没有过度试验的情况下实现其发明。法院把能够实现的要求建立在所属技术领域的技术人员为实现所述发明所需的普通技能和合理付出的基础之上。在 In re Wands 案中，CAFC 给出了在考虑是否满足能够实现的要求时需要考虑的多个要素，包括：试验需要的数量，提供教导的数量，是否存在工作例，发明的本质，现有技术的状态，本领域技术人员的技术水平，本领域的可预测性，权利要求的范围。

在判断能够实现时还应当注意能够实现的时机要求，说明书必须在发明人提交申请时就能够实现其发明，在判断确定的在先申请或者专利是否满足能够实现要求时，不应当考虑后续的技术改进的内容。

此外，专利说明书中一般要描述所谓的“实施例”，这些实施例与发明人实际要获得的结果相对应。然而说明书中还可以包括一些模拟的或预测的例子，这种“纸上试验”在专利法中被称为“预言例”，只要实际上帮助所属领域技术人员实现本发明，这种“预言例”同样也能促成达到“能够实现”的要求。

概言之，美局判断充分公开的过程实际上就是判断为制造或使用发明是否需要“过度试验”的过程。

（一）过度试验的判断

案例 US5629922A（下称 922 专利）[①] 很好地诠释了美局是如何判断是否存在过度试验的。该专利公开了一种铁磁薄膜电子隧道器件，麻省理工学院是 922 专利的受让人，MagSil Corporation 是该专利的独家被许可人。麻省理工学院和 MagSil Corporation 于 2008 年 12 月对包括日立全球存储技术有限公司、日立美国有限公司、日立数据系统公司和深圳市 Excelstor 科技有限公司（以下合称日立）在内的数名被告提起诉讼，指控他们的磁盘驱动产品侵犯了 922 专利，随后日立对该专利提起无效诉讼。2012 年 8 月 14 日美国特拉华州地方法院作出判决，以 922 专利的权利要求 1—5、23—26 和 28 项缺乏可实施性为由而将其无效并作出不侵权的简易判决，因为“不能侵犯被视为无效的权利要求”。上述被无效权利要求涉及为计算机硬盘驱动器存储系统提供读写传感器，硬盘驱动器将数字数据存储在驱动器内旋转盘片或磁盘表面的微观磁性图案中。

如图 2-2-1 所示，传感器使用量子力学效应，其中电流可以从一个电极（10）通过薄绝缘阻挡层（14）进入第二个电极（12），对于上述结构，三层隧道结要求电流取决于电极的磁化方向，当一个电极（如 10）的磁化方向与另一个电极（如 12）的磁化方向相反（即方向相反，如图中 28 所示）时，结电阻较高；当两个方向平行时，结电阻较低。因此，隧道结电阻随磁化方向的变化而变化。922 专利代表性权利要求如下：

1. 一种形成具有电阻结的器件，包括：具有第一磁化方向的第一电极，具有第二磁化方向的第二电极，以及在第一和第二电极之间的电绝缘体，其中向结施加小幅度的电磁能反转磁化方向中的至少一个，并且在室温下引起电阻变化至少 10%。

---

① MagSil Corp. v. Hitachi Global Storage Technologies, Inc., 687 F.3d 1377, 103 USPQ2d 1769 (Fed. Cir. 2012).

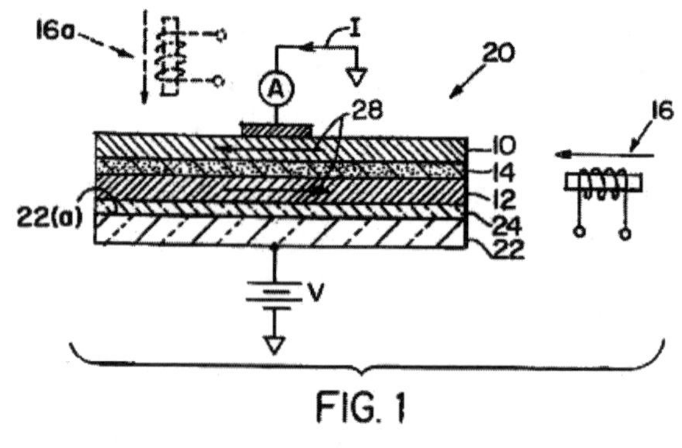

图 2-2-1 案例附图

根据 922 专利说明书背景部分的描述，多年来科学家们已知由传导电子自旋极化引起的隧道电阻的基本动力学，然而过去未能在隧道阻力（$\Delta R/R$）中产生较大的变化水平。在室温下，过去的努力只获得了 2.7% 的电阻变化。相比之下，922 专利实现了隧穿电阻随磁场（H）10% 的变化；在某些情况下，变化高达 11.8%。

该案件争议的焦点在于“隧道结在室温下引起电阻变化至少 10%”是否可以被解释为 10% 至无穷大的范围而无需过度试验。MagSil Corporation 主张对权利要求术语进行广泛的解释，认为权利要求涵盖电阻变化为 100% 或更多的隧道结，100% 的变化属于权利要求的保护范围，尽管从未制造过这样的隧道结；且在申请日后，已经实现了 18% 的电阻变化。在起诉期间，MagSil Corporation 还预测了更高的电阻变化，认为没有明确的理论限制阻止实现 100% 的最高可能值，根据 922 专利进行实施可以在不进行过度试验的情况下制作电阻变化在 100% 到 120% 之间的隧道结。MagSil Corporation 认为“至少 10%”为开放式限定，应当解释为没有上限。地方法院认为 922 专利所主张的权利要求广泛地要求保护任何三层隧道结器件，其中“向结施加少量电磁能……在室温下会导致电阻变化至少 10%”，“电阻变化至少 10%”的限制解释为：使用公式 $\Delta R/R=(R_1-R_2)/R_1$，电阻变化至少 10%，其中 $\Delta R/R$ 代表电阻变化的百分比，R_1 表示施加电磁能使至少一个磁化方向反转之前的结电阻，R_2 是施加电磁能使至少一个磁化方向的结果反转后的结电阻。如果权利要求涵盖“电阻变化超过 120% 并达到无穷大”，则提交申请时的说明书必须教导本领域普通技术人员在整个范围内完全执行该方法。而本发明可用于说明全部实现范围的公开内容表明，在室温下仅实现了 11.8% 的最大电阻变化。922 专利说明书未披露电阻变化为 20%、120%、604% 或 1000% 的隧道结的实施例。发明人在 1995 年即提交申请后的一年内甚至无法实现 20% 的变化，而 604% 的变化直到 2008 年才实现。因此，在 1995 年本领域技术人员无法预测十年后实现 120% 电阻变化所需的确切工艺和材料。虽然“阻力变化至少 10%”的权利要求限定具有较低的下限，但没有上限。922 专利主张的权利要求涵盖了从 10% 到无穷大的电阻变化，而其说明书仅公开了足够的信息来实现 11.8% 的电阻变化。该说明书披露技术人员希望达到 24% 左右的变化，但并未实现。因此，本领域技术人员根据 922 专利的说明书仅能够实现所要求保护范围的一小部分，在申请日时，本领域技术人员无法在不进行过度试验的情况下实现 600% 以上的电阻变化，实际上达到这些值需要近 12 年的试验。

CAFC 最终以 922 专利的权利要求 1—5、23—26 和 28 缺乏可实施性为由而将其无效，日立的磁盘驱动器产品不侵犯专利权人所主张的权利要求。在要求保护的发明提交之后，该领域取得了巨大进步。然而，用于解释说明这些范围宽泛的权利要求的说明书并未包含足够的技术信息甚至不存在普通技术人员能够达到后来高度的任何可能性。在申请日时，电阻变化甚至不能达到 20%，更不能超过 600%。因此，MagSil Corporation 没有完全实现其广泛的权利要求范围，不能要求排他性的权利保护范围来排除后来大大超过 10% 电阻变化的三层隧道结。

美局关于专利申请的可实施性要求在专利制度中起到双重作用，即确保所要求保护的发明得到充分公开，并防止提出比所公开发明更广泛的权利要求。专利权人选择宽泛的权利要求语言可能会失去任何无法在其整个覆盖范围内实现的权利要求，权利要求的保护范围必须小于或等于现有技术被专利说明书丰富到至少与权利要求的范围相称的程度，权利要求的保护范围必须与说明书为本领域普通技术人员提供的支持范围具有合理的相关性。可实施性原则防止过度宽泛的权利要求，确保了专利制度预先为后续或改进发明提供必要的激励。在这种情况下，许多额外的发明和进步才可能发生。以本案来说，可实施性要求使这项技术从 20% 的阻力变化到目前数据存储系统 600% 以上的变化。这一技术领域将继续受益于创造性的贡献，可实施性要求在无形中为这些即将到来的进步起到了保驾护航的作用。

就本案而言，专利说明书必须记载教导本领域技术人员如何制作和使用要求保护的发明的全部范围，而无需过度试验。根据上述案例可知，判定过度试验不是一个单一的、简单的事实认定过程，是需要综合考虑说明书内容和现有技术水平后得出的结论①。

根据我国《专利法》第 26 条第 3 款的规定，专利说明书应当对“发明主题”作出“清楚、完整”的说明，达到所属技术领域的技术人员“能够实现”的程度，其中“能够实现”是指所属技术领域技术人员根据专利说明书公开的

① 曾心. 论专利说明书的充分公开［D］. 重庆：西南政法大学，2016.

内容，能够再现技术方案，并解决技术问题和产生预期效果。据此，专利说明书要满足“能够实现”的要求，必须同时具备再现技术方案、解决技术问题和产生预期效果三要素，其判断顺序是首先要看所属技术领域技术人员能否再现技术方案，然后再看其能否解决技术问题和产生预期效果，而技术问题和技术效果存在内在逻辑关系，一般而言，产生了技术效果则认为一定程度上能够解决技术问题。

我局与美局在“能够实现”的判断标准上存在相似地方，均是根据说明书记载内容结合现有技术作为判断依据，本领域技术人员作为判断主体。但在实践中仍有区别：我局在审查实践中注重方案的再现性，需要对实现技术方案、解决技术问题以及产生预期效果三者的综合考量，其中技术效果和技术问题一体两面，是在技术方案能够再现的基础上的进一步考虑，因此，上述三个条件不仅要共同具备，而且逻辑上存在先后顺序；而美局的审查实践以及司法实践中认为是否存在过度或者不合理试验才是判定能够实现的关键点所在。

此外，我局没有引入“过度试验”的概念，但这并非表明所属技术领域的技术人员需要过度试验实现发明时也满足《专利法》第26条第3款的规定，笔者认为所属技术领域的技术人员的含义应该隐含了这一要求，例如所属技术领域的技术人员仅仅“具有应用或获知常规实验的手段和能力”。但从我局的规定看，经过大量检索获得的现有技术应该属于“获知常规实验的手段和能力”的范围之内，并非属于过度试验。从美局的规定看，其提出了“过度试验”，但其判断说明书是否满足可实施性规定时需要在整个现有技术的基础上进行，申请人可以提出以申请日之前的专利文献、科技期刊等证明发明能够实施，显然其也认为经过检索获取的现有技术属于本领域技术人员的能力范围之内。

上述案例中需要关注的另一方面是美局对“能够实现”的判断还包含对保护范围过于宽泛的权利要求中存在无法实现或需“过度试验”验证的技术方案部分的不予认可，这一问题在我局的审查实践中通常并不认为存在公开不充分问题，而更常规的是采用“最低门槛”的执行尺度，即如果一项发明解决了一定的技术问题，哪怕是最低程度的技术问题，即认为其满足充分公开的要求。一种典型的情况是发明声称要解决多个技术问题，在此前提下如果认为其解决了其中至少一个技术问题，则认为其满足充分公开的要求。至于技术方案中存在无法实现的部分，或是多个并列技术方案中存在无法实现的，在我国的审查实践中更多通过《专利法》第26条第4款权利要求是否得到说明书支持的条款来解决。

（二）可预测性的判断

CAFC在前述In re Wands案中提出的另一个很重要的考虑因素就是可预测

性。可预测性是指所属技术领域技术人员能够从公开的内容推知整个要求保护发明的能力。如果本领域技术人员很容易就能够预测从所述主题向要求保护发明进行变化后的效果，那么所述领域有可预测性。总体而言，为实施发明所需的指引数量与所属技术领域的技术状态以及可预测性程度成反比。现有技术中已知信息越多，领域的可预测性越强，需要在说明书中披露的内容越少。相反，对于新兴技术，必须有具体而有效的教导，因为本领域技术人员除了专利权人的教导之外几乎没有更多认知，这就要求说明书记载实施例以满足可实施性的要求。这也就导致对于不同的技术领域，在判断可实施性要求时，对说明书的具体要求存在差异。

通常而言，要求公开的能够实施的范围与所述技术领域的可预测性成反比，但是即使在可预测性低的技术领域，也不需要公开每一个可实施方案。当考虑到可预测性因素时，一个具体的实施方案可能足以说明宽范围的能够实施性，例如机械和电学领域。一般来说，机械和电学领域的发明被认为是可预测的。基于通常公知的物理学、动力学定律和其他基本科学原理，如果发明的一个实施方案被充分描述，则人们可以相当容易地预测属于发明范围内的其他实施方案可以制造和使用。然而在化学或生物领域中，如多数化学反应和生理活性，则需要更多的信息。因为根据公开的种类推断其他种类是否能够实施不是必然可推知的，至少某些方面通常认为是无法预测的。例如，分子或化合物物理结构的一个小的变化，可以导致概念扩大化地改变，或性能参数相反地改变。为能够实现，涉及这些发明类型的申请就必须提供相应更大程度的如何制造和如何使用的信息。

此外，很多发明都涉及多组分或多要素。这些发明的某些组分被认为是属于可预测领域的，而另一些则不是，而发明不能纯粹地以机械或化学分类。与其试图将发明作为整体考虑是否可预测，不如单独考虑发明的各个组分或要素的性质。

以下通过一个案例①探讨领域的可预测性与能够实现之间的关系。

在20世纪80年代早期，Chiron的前身Cetus公司（统称为Chiron）开始研究靶向人类乳腺癌抗原的单克隆抗体，并获得了US6054561专利（下称561专利）。当561专利公布时，Chiron起诉Genentech销售的Herceptin（R）（一种用于乳腺癌长期治疗的人源化抗体）侵犯其专利权。

地区法院判定561专利所有权利要求无效，因为其主张的权利要求都不能

① Chiron Corp. v. Genentech Inc. 363 F. 3d 1247, 1254, 70 USPQ2d 1321, 1325 – 26 (Fed. Cir. 2004).

享有1984年、1985年和1986年提交的一系列申请的优先权，Chiron在其1984年、1985年和1986年提交的系列申请中均没有充分公开或支持561专利的主题。基因工程中的抗体，特别是嵌合抗体，在1984年5月即第一次申请提交日四个月后，才首次作为本领域中的成功技术出现；原告不拥有嵌合抗体的主题，并且不能满足对专利中出现的新事项的书面描述要求。此外，1985年和1986年的申请在没有过度试验的情况下不能实现专利要求保护的技术方案。

本案的焦点在于561专利中单克隆抗体的语义解释以及其1984年、1985年或1986年的再现申请中是否充分公开或支持561专利的主题。

Chiron认为在1986年申请的申请日之前嵌合抗体是众所周知的，其已经成为常规技术，并特别强调1986年申请之前已经有制备嵌合抗体方法的许多公开出版物。据此认为1986年的申请不需要特异性地实现嵌合抗体，因为本领域普通技术人员其时已能够制备和使用它们而无需过度试验。

地区法院将561专利的权利要求解读为不仅包含鼠抗体，而且包含结合HER2嵌合抗体和人源化抗体，因为专利说明书必须记载实现所要求保护的发明的全部范围。法院主要关注嵌合抗体，认为如果申请不能为嵌合抗体实现或提供新的证据支持，则法院不需要继续检查人源化抗体。而如前所述，基因工程中的抗体，特别是嵌合抗体，在1984年5月即第一次申请提交日四个月后，才首次作为本领域中的成功技术出现。即第一篇记载嵌合抗体成功产生的文献公开在本申请申请日之后。而第一篇公开人源化抗体的出版物出现在1986年5月。在任何情况下，可实施性范围不能扩展到申请日之后出现的技术。561专利因不符合书面描述要求不能要求基于1984申请的优先权。

Genentech的专家French博士证明，在1985年或1986年制备嵌合抗体不是常规技术，嵌合抗体的产生在1985年和1986年需要大量试验，因为这些抗体在发育的早期阶段是不可预测的；此外只有少数试验室含有制备这些新抗体所必需的设备；Genentech的另一位专家Larrick博士证明聚合酶链反应（PCR）是一种促进制造包括嵌合抗体在内的遗传工程抗体技术，直到1986年至1988年之间的某个时间才变得普遍。以上事实说明在1985年和1986年申请提交时，嵌合抗体仍然是新生技术。因此，1985年和1986年的申请在没有过度试验的情况下不能实现561专利的权利要求。

就本案而言，在基于领域的可预测性判断能否实现的问题中，说明书的充分公开必须在范围上与所主张的权利要求相称。不要求说明书本身必须描述如何制造和使用所要求保护发明的每个可能变体，因为本领域技术人员的知识和常规试验能力通常可以填补空白，补充实施例，并且甚至可能外推超出所公开的实施例，这取决于本领域的可预测性。但专利文献不能实现在申请日之后出现的技术，法律不期望申请人披露在申请日之后发明或开发的知识。然而，新生的技术必须具有“具体和有用的教导”。因为本领域技术人员不具有专利权人的知识，所以法律要求对新生技术的充分公开。因此，对专利进行保护的交换条件是对所要求保护的技术的完全可行的公开。回到本案中，嵌合抗体不是现有技术，而是需要“特异性和有用的教导”的新生技术，在当时需要过度的试验来制备和使用561专利要求保护的嵌合抗体，则包含嵌合抗体的权利要求是不能实现的。

另外，就药物化学领域而言，美局在判断化合物申请是否公开充分时，采用的是客观的可实施性，不要求提供实验数据支持，实验数据仅作为一种验证手段，但在审查用途申请时对数据的要求较为严格。例如美局认为，在动物体上进行的有效实验不能外推得知对于人类有效；法院认为，如果美国《专利法》第112（a）条规定的可实施性仅需要看似合理的检验，那么申请人将能够获得涉及大量猜测其可能会成功的发明的专利权，当在后的猜测者证明了其真实性，则发明人将剥夺证明所述方法真正有效的当事人的权利，这将不符合发明人能够实施本发明而不是仅提出未被证明的假设的法定要求。

我局在公开不充分的判断中，并未明确提及领域的可预测性的问题。但是在充分公开的审查实践中，同样需要站位于本领域技术人员，结合所述技术领域的现有技术知识进行发明是否能够实现的判断，因此同样需要考虑领域的可预测性。我国《专利审查指南2023》第二部分第二章第2.1节对说明书应当满足的要求作出了具体规定：说明书对发明或实用新型作出的清楚、完整的说明，应当达到所属技术领域的技术人员能够实现的程度。也就是说，说明书是否对请求保护的发明作出了清楚、完整的说明是以所属技术领域的技术人员能够实现该发明为判断标准，而所属技术领域的技术人员的定义适用于关于评价创造性时所定义的所属技术领域的技术人员。

对于可预测性较低的医药化学生物领域，我局在《专利审查指南2023》中开辟了专门的章节对是否满足公开充分进行规定说明。《专利审查指南2023》第二部分第十章关于化学发明的充分公开中，在第3.1节化学产品发明的充分公开的第（3）项关于化学产品的用途和/或使用效果中规定：对于化学产品发明，应当完整地公开该产品的用途和/或使用效果，即使是结构首创的化合物，也应当至少记载一种用途。如果所属技术领域的技术人员无法根据现有技术预测发明能够实现所述用途和/或使用效果，则说明书中还应当记载对于本领域技术人员来说，足以证明发明的技术方案可以实现所述用途和/或达到预期效果的定性或者定量实验数据。对于新的药物化合物或者药物组合物，应当记载其具体医药用途或者药理作用，同时还应当记载其有效量及使用方法。如果本领域技术人员无法根据现有技术预测发明能够实现所述医药用途、药理作用，则应当记载对于本领域技术人员来说，足以证明发明的技术方案可以解决预期要解决的技术问题或者达到预期的技术效果的实验室试验（包括动物试验）或者临床试验的定性或者定量数据。说明书对有效量和使用方法或者制剂方法等应当记载至所属技术领域的技术人员能够实施的程度。对于表示发明效果的性能数据，如果现有技术中存在导致不同结果的多种测定方法，则应当说明测定它的方法，若为特殊方法，应当详细加以说明，使所属技术领域的技术人员能实施该方法。

《专利审查指南 2023》第二部分第十章第 3. 3 节关于化学产品用途发明的充分公开中规定：对于化学产品用途发明，在说明书中应当记载所使用的化学产品、使用方法及所取得的效果，使得本领域技术人员能够实施该用途发明。如果所使用的产品是新的化学产品，则说明书对于该产品的记载应当满足本章第 3. 1 节的相关要求。如果本领域的技术人员无法根据现有技术预测该用途，则应当记载对于本领域的技术人员来说，足以证明该物质可以用于所述用途并能解决所要解决的技术问题或者达到所述效果的实验数据。

（三）关于功能性限定

实际上，以功能或者效果表述技术特征的撰写方式，源自美国。美国《专利法》第 112（f）条（35 U. S. C. 112（f)），采用“用于实现某种特定功能的机构或者步骤”的方式撰写的权利要求应当被解释为覆盖了说明书中记载的相应结构、材料或者动作以及其等同物①。美国最为典型的功能性限定特征的撰写形式为“means + function”或“step + function”，其中，词汇“means”和“step”是美国专利文件的权利要求撰写中具有特殊意义的模板性词汇，能够促使专利商标局或法院推定假设认为申请人试图采用功能性限定特征进行描述，从而启动美国《专利法》第 112（f）条的审查。而对“function”的审查则将决定最终是否认定该特征属于功能性限定特征进而适用美国《专利法》第 112（f）条审查进行解释的实质性要件。关于权利要求书中功能性限定本身的问题，参见本书第六章第二节第七小节。

而对于功能限定类权利要求，应当判断说明书是否充分、详细地公开了执行该功能的方法或结构，以使本领域技术人员能够合理地确定发明人在申请日拥有了请求保护的主题。下面通过一个判例来理解一下这个要求。

---

① element in a claim for a combination may be expressed as means or step for performing a speci – fied function without the recital of structure, material, or acts in support thereof, and such claim shall be con – strued to cover the corresponding structure, material。or acts described in the specification and equivalents thereof.

David H. Sitrick（Sitrick）的两专利 US5553864A、US6425825B1（以下分别称 864 专利和 825 专利）均涉及将用户图像和语音集成到视听作品中的系统和方法，即将用户的图像和语音等集成到预先存在的视听作品（如游戏视频或电影）中，并作为该预先存在的视听作品的一部分，从而使得用户的图像和语音被集成到视频中并展示出来。

根据 864 专利和 825 专利的权利要求记载，对用户图像和语音的上述“集成”均是由截取适配器接口系统（IAIS）执行的，因此 IAIS 是上述两专利技术方案的核心部分。本领域技术人员知晓，IAIS 用于在视频游戏系统中截取来自视频游戏设备的地址信号，并将信号传入游戏卡或存储卡；如果地址信号对应于要用用户图像替换的角色图像，则 IAIS 重新配置信号，使得当信号到达游戏卡或存储卡时，用户图像替换预定义的角色图像。综上，在游戏视频方面，IAIS 是使得本发明能够实现的关键。

而上述两专利的权利要求中请求保护的技术方案涉及游戏视频和电影两方面，对于在电影方面如何将用户图像和语音集成到电影作品中，说明书中并无明确记载。这也构成了本案的争议焦点，即权利要求是否由于说明书缺乏对电影作品中如何集成用户图像和语音的充分公开而应被判无效。对此，法院认为：为了满足可实施性的要求，能够实现权利要求的全部范围是获得专利权的条件。专利权人选择广泛的语言以获得更大的保护范围，则必须确保权利要求能够实施，其保护范围必须小于或等于能够实施的范围，以确保专利说明书充分描述到至少与权利要求保护范围相称的程度。本案权利要求包括了游戏视频和电影，所以专利必须实现这两个实施例；而考察整个说明书中与视频游戏相关的所有教导，包括关于如何以用户图像替换预先存在的角色图像的所有技术信息，本领域技术人员无法在不进行过度试验的情况下，以同样的方式实现用用户图像替换电影中预先存在的角色图像。通过彻底分析两个专利，可以确定说明书中没有公开适用于游戏视频的 IAIS 将如何对电影起作用，没有教导如何在电影环境中实现“截取逻辑功能”，IAIS 及其控制器将如何执行诸如“选择”和“分析”电影中的预定义角色图像或者“整合”或“替换”电影中的图像之类的必要步骤，也没有解释 IAIS 如何选择要替换用户图像的角色图像或者如何截取信号以实现替换；且电影和视频游戏在技术上是不同的，电影不像视频游戏那样具有容易分离的角色图像，而关于音频替换，仅根据现有技术教导是很难在预先存在的电影音轨中将任何一个声音与其余声音分割开的。基于此，本领域技术人员不能得到关于视频游戏的教导并将其应用于电影上，导致权利要求的部分技术方案不能实现。

就本案而言，当权利要求用说明预期效果的功能性用语限定发明，而说明书却没有充分描述该功能如何实现或该效果如何获得时，权利要求可能缺乏书面描述。尤其对于计算机软件，当执行计算机功能的算法或步骤/程序没有任何解释或者未能充分细致地解释时，则可能出现上述问题。换言之，执行功能的算法或步骤/程序必须充分细致地描述，以使所属领域技术人员能够理解发明人想要该功能如何被执行。本案权利要求采用其功能对其相应的装置与方法进行限定，且包括游戏视频和电影等应用场景，其争议点就在于该装置或方法是否能够应用于电影场景。法院基于说明书和站位本领域技术人员的视角，可以确定其中截取适配器接口系统及其控制器是实现本发明的关键技术手段，而说明书中并未给出该系统如何对电影起作用，没有教导如何在电影环境中实现控制器的“截取逻辑功能”，如何执行诸如“选择”和“分析”电影中的预定义角色图像或者“整合”或“替换”电影中的图像之类的必要步骤；另外说明书中描述的用于识别角色功能或拦截角色信号的分析技术与电影无关，且无法直接适用于电影。可见说明书未使权利要求的全部范围可实施，因为本领域技术人员不能在不付出过度试验的前提下代入用户图像到电影现存的角色图像中。

功能性限定的权利要求撰写形式特别有利于覆盖前沿技术。在美国专利申请中，这种类型的权利要求甚至已成为一种撰写习惯。由于美国的科技水平及其在国际事务中的主导地位，这种做法在全世界都产生了相当大的影响。在我国，已有越来越多的申请人使用功能性限定特征来表述其权利要求以期获得更大的权利保护。但这种功能性限定经常会带来俗称“黑盒子”的问题[①]。所谓“黑盒子”是指从用户的观点来看一个器件或者产品时，并不知道其内部构造或原理，专利说明书中只定义了它能实现的功能及如何使用这些功能，或者仅仅公开了一种实现的方式。这种“黑盒子”包括所有实现该功能的方式，当说明书仅仅给出一个实施方式时，有可能导致所属技术领域的技术人员无法预测其他方式也可实现该功能。由此可见，当权利要求包括功能性限定的特征时，说明书可能存在公开不充分的问题。

《专利审查指南2023》第二部分第二章第3.2.1节对权利要求中的“功能性限定特征”是否允许及允许的条件进行了规定，具体为：“通常，对产品权利要求来说，应当尽量避免使用功能或者效果特征来限定发明。只有在某一技术特征无法用结构特征来限定，或者技术特征用结构特征限定不如用功能或效果特征来限定更为恰当，而且该功能或效果能通过说明书中规定的实验或者操作或者所属技术领域的惯用手段直接和肯定地验证的情况下，使用功能或者效

① 国家知识产权局学术委员会2010年度自主课题研究项目，“《专利法》第26条第3款相关问题研究”。

果特征来限定发明才可能是允许的。”

总之，说明书是否充分公开的界定要依靠所属技术领域的技术人员所掌握的普通技术知识和水平，在此前提下，申请人不能免除公开所有有关发明如何实现的信息，这是最基本的要求。而功能性限定是否充分描述在于说明书实施例以及现有技术能否给出实现该功能的技术教导，即要求权利要求的范围必须小于或等于实施例的范围，以确保专利说明书使公众获得的知识达到至少与权利要求的范围相当的程度。此外，基于公开换保护的立法宗旨和先申请制的专利制度，申请日后公开的用于提供申请日后首次披露的信息的出版物通常不能用于说明申请日前的情况。而在美局的审查实践中，在后公开的出版物不能作为在先申请公开不充分的补充而使其达到可以实施的程度，但申请人可以提供基于出版物的专家证词，以此作为在申请日前本领域技术水平的证据。MPEP还规定：用来说明普遍事实而引用的参考文献并不一定要早于申请日而公开。生成日晚于专利申请日的文件并不会自动被排除，例如，法院曾经在能够实现的判断中同意考虑在申请日后公开的描述申请日前的技术状态的文件。

三、对“书面描述”的审查

根据美国《专利法》第112（a）条的规定，一个专利申请必须包括要求保护的发明的“书面描述”。“能够实现”的要求考虑的是专利申请文件是否能够保证所属技术领域的技术人员在没有“过度试验”情况下实施要求保护的发明，而“书面描述”的要求与“能够实现”不同，其目的在于向公众表明申请人在申请日之前已经作出了其要求保护的发明。“书面描述”涉及的是发明人到申请日为止是否拥有要求保护的主题，即，“书面描述”要求发明人不能通过把后来的技术改进加入在先提交的申请中而不适当地扩大要求保护的范围。

尽管大多数涉及“书面描述”的问题是关于对权利要求书的修改，用于判断修改后的权利要求是否引入了新的内容，但是CAFC在少数判决意见中认定即使在原始提交的权利要求书中也可能存在不符合“书面描述”的要求①。例如，权利要求的技术方案包括一个必要的技术特征，但是在说明书中对该特征没有进行充分的描述，并且也不是所属技术领域的技术人员熟知的技术，则表明所请求保护的技术方案在整体上可能没有被充分地描述，不满足“书面描述”的要求，或者发明仅仅以制造方法及其相应的功能来描述，但没有描述其结构，也没有描述结构和功能之间的对应关系，并且也不是所属技术领域的技

① 罗杰·谢克特，约翰·托马斯．专利法原理［M］．2版．余仲儒，译．北京：知识产权出版社，2016.

术人员熟知的技术，这种情况也不满足“书面描述”的要求。

“书面描述”是否符合规定的判断标准是：所公开的内容是否清楚地使所属技术领域技术人员确信发明人发明了请求保护的主题，申请人必须合理清晰地传达给所属技术领域的技术人员，在申请之日，申请人拥有了发明。申请人通过使用文字、结构、附图、表格和公式这类描述性工具来表达请求保护的发明中陈述的所有限定来描述请求保护的发明，以证明其对请求保护的发明的拥有。

具体而言，“书面描述”是否合规是通过阅读并分析说明书是否存在对发明的充分书面描述，包含以下步骤：①对于每项权利要求，判断该权利要求作为一个整体所覆盖的内容；②审查整个申请文件以理解申请人如何为请求保护的发明的每个要素和/或步骤提供支持；③判断是否有充分的书面描述告知技术人员申请人在递交申请之日时作为一个整体拥有请求保护的发明。

其中步骤②主要涉及不支持条款，将在第六章第二节第六小节进行详细介绍。

（一）权利要求的解释

应当评价每个权利要求，以判断结构、行为或功能是否被充分地列举，以使得权利要求的边界、含义以及前序的分量清楚。

通过一个案例来解释一下①。US2005/0019879A1 公开了一种酵母生产抗坏血酸，其权利要求 12—14 因不满足美国《专利法》第 112（a）条第一段关于书面描述的要求而被驳回。申请人提出上诉，美国联邦法院于 2008 年 11 月 3 日作出了维持驳回决定的判决。

本案说明书中相关记载包括：由 L－半乳糖脱氢酶（LGDH）催化是在植物中合成抗坏血酸（维生素 C）的途径之一，并公开了一种在重组酵母中生产 L－抗坏血酸的方法；在一个优选的实施方案中，引入重组酵母的编码区编码选自 LGDH，在更优选的实施方案中，LGDH 的氨基酸序列与 SEQ ID NO：11 具有至少约 90% 的同一性，SEQ ID NO：11 的氨基酸序列来源于 LGDH。

本案权利要求 13 如下：

13. 一种产生抗坏血酸的方法，包括：A）获得能够将抗坏血酸前体转化为抗坏血酸的重组酵母，其中 L－半乳糖脱氢酶（LGDH）的编码区转化功能与 SEQ ID NO：11 具有至少约 90% 的同一性；B）在包含抗坏血酸前体的培养基中培养重组酵母，由此形成抗坏血酸；和 C）分离抗坏血酸。

① 参见 https：//developer. uspto. gov/ptab－web/#/search/documents？proceedingNumber＝2008000184。

权利要求 12—14 根据美国《专利法》第 112（a）条被驳回，理由是在说明书中缺乏足够的书面描述。本案审查员的具体理由是：权利要求涵盖了多种转化酵母，仅限定 LGDH 的编码区转化功能与 SEQ ID NO：11 具有至少约 90% 的同一性，即权利要求包括由编码的蛋白质功能定义的一组编码区氨基酸；而说明书中仅公开了单个具体的 LGDH 序列能够实现发明目的，且现有技术中并未记载与 SEQ ID NO：11 具有 90% 同一性的 LGDH 都可以弥补本说明书书面描述存在的缺陷。因此，上述权利要求涵盖非常多的序列种类，鉴于现有技术和说明书提供的关于其共同序列基因结构的有限描述，本领域技术人员将无法设想足够数量的满足权利要求的功能限制的具体实施方案。

在诉讼中争辩的焦点在于：权利要求 13 中“L－半乳糖脱氢酶（LGDH）的编码区转化功能与 SEQ ID NO：11 具有至少约 90% 的同一性”是否需要在说明书中对实现其功能的基因结构进行限定以满足说明书充分书面描述的要求。

上诉人认为，LGDH 酶活性与 SEQ ID NO：11 的氨基酸序列之间的相关性足以表明它们拥有所要求保护的种类，且不可能列出与 SEQ ID NO：11 具有至少 90% 同一性的所有大量潜在蛋白质，也不应要求专利申请中必须提供要求保护的每个生物的基因序列；权利要求不包括使用与 SEQ ID NO：11 具有至少 90% 同一性的所有蛋白质，而是明确地涉及 LGDH，LGDH 具有与 SEQ ID NO：11 一定程度相似性或同一性，本领域技术人员将有一个合理的期望，即期望哪些 LGDH 在所请求保护的方法中是可行的。

美国联邦法院认为，权利要求 13 中蛋白质的核酸编码直接通过两个属性进行定义：①具有与 SEQ ID NO：11 至少 90% 的同一性；②具有 L－半乳糖脱氢酶（LGDH）的活性。为了描述功能变体的种类，说明书中必须提供关于该种类变体具有所述功能的指导。一个种类的完整描述是使得本领域技术人员可以表示或识别该种类的依据，说明书中没有提供关于哪些结构特征代表 LGDH 的酶活性，也没有描述在不影响蛋白质酶活性的情况下可以在野生型序列中进行哪些氨基酸改变，因此说明书没有充分描述所述种类以允许本领域技术人员确定与 SEQ ID NO：11 具有 90% 同一性的给定蛋白质是否在本权利要求的范围内。由于本说明书没有充分描述所述种类以区分权利要求内的 SEQ ID NO：11 变体与 SEQ ID NO：11 的其他变体，所以该说明书不满足充分公开要求。

美国联邦法院认为筛选试验和一般类别化合物的公开不足以描述具有所需活性的化合物：如果不公开哪些肽、多核苷酸或小有机分子具有所需特征，则没有充分描述权利要求；本申请公开了一类化合物（具有与 SEQ ID NO：11 至少 90% 相同的氨基酸序列的蛋白质），该种类包含多达 3.4×10^{41} 种不同的蛋白质，但权利要求仅限于那些具有所需特性（具有 LGDH 酶活性）的化合物，说明书不能指导本领域技术人员了解这 3.4×10^{41} 种不同的蛋白质内的哪些蛋白质子集具有酶活性且与 SEQ ID NO：11 具有至少 90% 的同一性；本领域技术人员可以制备 SEQ ID NO：11 数据库并筛选以鉴定 LGDH 酶活性与 SEQ ID NO：11 至少 90% 相同的特定蛋白质；但是，这并不能弥补说明书描述的不足。

CAFC 则认为本案的焦点问题是该说明书是否描述了与 SEQ ID NO：11 具有 90% 序列同一性并且还具有 LGDH 酶活性的蛋白质类型所共有的结构特征（即与酶活性相关的结构特征，而与 SEQ ID NO：11 的其他变化无关），而在 3.4×10^{41} 种变体的 SEQ ID NO：11 内，具有单一功能的 SEQ ID NO：11 并不能对符合这一功能类型蛋白质作出充分说明；虽然权利要求所包含的每种核酸序列都没有规定必须在说明书中列举，并且可以以不同的方式描述不同的发明，但是化学产品必须以某种方式描述以向本领域技术人员证明申请人在提交申请时拥有所要求保护的种类。上诉人没有表明权利要求 13 中所述的种类被以规定的方式之一或以某种其他方式描述。没有这样的描述，则权利要求 13 在说明书中缺乏足够的书面描述。

为了实现发明，说明书首先必须确定发明人在申请日实际发明了什么，否则无法告诉本领域技术人员要制造和使用什么，从而证明申请人在申请日时已经拥有请求保护的发明。一份充分的书面描述需要一个准确的定义，例如根据此类物质的结构、组成、化学名称、物理性质或其他特性，足以将其和其他材料区分开来，当本领域技术人员能够在结构和功能之间建立关联时，功能性描述可以满足书面描述要求。但是，仅仅在一个所谓类别的外部界限周围画一道篱笆，并不足以代替描述构成该类别的各种材料并表明申请人的发明可以包含整个类别。

就本案而言，即使本领域技术人员可以获得整个 SEQ ID NO：11 序列库并筛选以鉴定 LGDH 酶活性与 SEQ ID NO：11 至少 90% 相同的所有特定蛋白质，但是请求保护的化合物种类（具有与 SEQ ID NO：11 至少 90% 相同的氨基酸序列的蛋白质）包含 3.4×10^{41} 种不同的蛋白质，说明书不能指导本领域技术人员明确这 3.4×10^{41} 种不同的蛋白质内的哪些能够实现本发明，即所谓申请人的发明不可以包含整个类别。

我国《专利法》第 26 条第 3 款规定了说明书应当对发明或者实用新型作出清楚、完整的说明，以所属技术领域的技术人员能够实现为准。此处也包含书面描述要求。具体来说，我国《专利审查指南 2023》要求说明书的内容应当清楚具体，是指说明书应当写明发明或者实用新型所要解决的技术问题以及解决其技术问题采用的技术方案，并对照现有技术写明发明或者实用新型的有益效果，且技术内容不得含糊不清或模棱两可；上述技术问题、技术方案和有益效果应当相互适应，不得出现相互矛盾或不相关联的情况；而完整的说明书应当包括有关理解、实现发明或者实用新型所需的全部技术内容，凡是所属技术领域的技术人员不能从现有技术中直接、唯一地得出的有关内容，均应当在说明书中描述。

中美两局在判断标准上存在相似之处，都着重于说明书的书面描述，并且认为即使本领域技术人员能够根据普通技术知识实现相应的功能，也应当在说明书中进行充分、翔实的教导与指引，满足书面描述的要求。但是美局判断的内容是权利要求所要求保护的技术方案，对于非权利要求保护的范围，并不予以考虑，即在美局审查中，如果权利要求所需的重要或关键的特征在说明书中描述不充分并且也不属于所属领域的常规技术或现有技术，那么请求保护的发明作为一个整体就可能没有被充分地描述。一项发明仅仅用制造方法和/或其功能的术语来描述，却没有记载功能与实现该功能的结构之间的联系或在现有技术中已知，则可能缺乏书面描述的支持。

（二）判断整体拥有发明

美局对判断整体拥有发明有以下判断原则：a. 原始权利要求，描述实际实施请求保护的发明来证明，通过使用详细的附图或化学结构式描述发明，公开详细的相关辨识特征来证明发明是完整的；b. 新增权利要求、修改权利要求，或请求享有优先权日或申请日，必须直接地、隐含地或固有地得到原始公开的支持。判断顺序：首先判断申请是否描述了请求保护的发明转化为实践；其次如果申请没有描述转化为实践，则判断发明是否完整，可以作为证据的是转换成足够详细的附图或化学结构式，能够证明申请人整体上拥有了请求保护的发明；最后，如果申请没有描述转化为实践或转换成上述附图或化学结构式，则判断发明是否已经阐明了区分识别特征，可以作为证据的是关于发明的其他描述足够详细地证明了申请人拥有请求保护的发明。

John P. Curtis、James H. Kemp 和 Jan – Joost Pabst（以下统称为 Curtis）对美国专利商标局专利审判和上诉委员会（下称委员会）的决定提出上诉①。该决定维持了针对发明名称为“牙线”的美国专利 No. 5, 209, 251（下称 251 专利）的权利要求 1—4、7—13、15—18、20—27、29—32、34—36、38—46、51、52/21、52/32、52/34、52/38、52/39、53/21、53/32、53/34、53/38 和 53/39 的驳回决定，认为 Curtis 不能通过要求在先专利的权益来推翻驳回决定，因为其中的公开内容未能充分描述被驳回的权利要求所涵盖的主题。

---

① In re Curtis，354 F. 3d 1347，1358，69 USPQ2d 1274，1282（Fed. Cir. 2004）.

牙线应当不需要施加较大的力度就可以穿过齿间的缝隙，否则可能导致使用者牙龈出血。牙线还应易抓握，从而在清洁牙齿时便于操作。因此，牙线的商业可接受性取决于其制造材料的摩擦系数（COF）。COF 太高的材料制成的牙线将黏附到牙齿上，并且使用时必须施以较大力度。而具有过低 COF 的材料则容易滑动从而难以操作。因此，理想的牙线应由 COF 在特定“最佳点”的材料制成，使其在使用中既不太粘也不太滑。

1988 年 12 月 2 日，Curtis 提交了专利申请 US07/282962（下称 962 申请）。962 申请记载了由涂覆有微晶蜡（MCW）的膨胀型聚四氟乙烯（PTFE）长丝制成的改进牙线，所述 MCW 具有 0.08～0.25 的 COF。由多孔、高强度膨胀的 PTFE 制成的牙线对于牙齿和牙龈的清洁护理是非常有效的。当用 MCW 涂覆牙线时尤其提供了优异的效果：上述多孔高强度 PTFE 在没有涂层时具有非常低的 COF，而当用 MCW 涂覆时，则具有介于现有技术牙线和未涂覆 PTFE 之间的 COF。

Curtis 的 251 专利的书面描述包含在 962 申请中没有记载的陈述：已经发现聚四氟乙烯牙线可以用摩擦涂层如蜡涂覆或以其他方式处理，以将摩擦系数增加到牙线更容易操作而不像未处理的牙线那样容易滑动的水平，具体包括涂覆有摩擦增强涂层的 600～800 旦尼尔的较薄聚四氟乙烯牙线，其易于操作且使用舒适。251 专利还公开了上述摩擦增强涂层由能很好地黏附到 PTFE 上并能将 PTFE 牙线的 COF 提高到约 0.08 或更高的材料组成。251 专利的再颁申请（297 专利）增加了涉及具有至少一个摩擦增强涂层的 PTFE 牙线的权利要求，该涂层不限于特定的旦尼尔或 COF 范围。

本案审查员认为 Curtis 未能在 962 专利中提供对摩擦增强涂层的充分描述，不足以表明申请人在母案提交时拥有后来要求保护的主题。委员会同意审查员的驳回决定，认为由具有微晶蜡涂层以增加 PTFE 摩擦系数的 PTFE 制成的牙齿清洁牙线的描述无法得出上诉人发明了由具有至少一种能够增加 PTFE 摩擦系数的材料涂层的 PTFE 制成的牙齿清洁牙线。

本案争议的焦点在于 962 专利中的公开内容是否能够提供 Curtis 后来要求保护的摩擦增强涂层种类的书面描述，即在后的 251 专利中所要求保护能够增加摩擦系数的整个类别的摩擦增强涂层是否得到充分描述。

Curtis 认为委员会否认了 251 专利的原始和重新修改的权利要求以及 962 专利的申请日权益是不当的。如果在先申请中的公开内容提供了在后申请权利要求的充分书面描述，则在后申请权利要求有权享有在先申请的申请日。962 专利中公开的内容能够描述一类摩擦增强涂层，因为它允许本领域技术人员通过“不需要精心设计的设备、测试等”的“简单”程序来实现发明。由于 PTFE 牙线表面的 COF 非常低，很难使材料结合到 PTFE 上，唯一能有效结合到 PTFE 上的蜡是微晶蜡，可以黏附到 PTFE 表面的是什么材料只能通过试错试验来确定，从而获得确定的方案，而在现有技术公开的所有蜡中，已知只有一种特定分子量范围的蜡可有效地黏附并涂覆 PTFE。962 专利中公开了 MCW 黏附到 PTFE 牙线上并增加其 COF，从而产生商业上可接受的 PTFE 牙线，Curtis 认为该教导对于后面要求保护的摩擦增强涂层种类的支持是足够的。

委员会认为 962 专利中公开的内容没有提供 Curtis 后来要求保护的摩擦增强涂层种类的书面描述，本领域普通技术人员通过阅读 962 专利中的公开内容，无法得到 251 专利和 297 再颁申请中要求保护的摩擦增强涂层的种类。

尽管 962 专利中公开了许多实例，但其中仅谈到 MCW 作为 PTFE 牙线的合适涂层，没有给出除了 MCW 之外的适用于 PTFE 牙线的摩擦增强涂层，也没有揭示可以以产生商业上可接受的牙线的方式黏附到 PTFE 上的任何其他材料。MCW 实际上是 Curtis 在提交 962 专利时记载的唯一的摩擦增强涂层，并且当涂覆有其他材料时，预期由 PTFE 制成的牙线在商业上是不可接受的。

综上，962 申请中对 MCW 摩擦增强涂层性质的叙述并没有使本领域普通技术人员拥有后来要求保护的采用摩擦增强涂层涂覆的发明。且考虑到 PTFE 的不粘性质，普通技术人员难以获得可黏附到 PTFE 上的任何其他种类的摩擦增强涂层。专利申请人已经明确地撰写说明书以将独特性质归因于所要求保护的类别，在本说明书明确地将此类别归结为独特和不同的情况下，本领域技术人员无法获知整个类别具有相同的性质。

在美局专利审查实践中，充分描述旨在证明拥有该发明，所谓拥有可以通过描述实际实施请求保护的发明来证明，也可以通过使用详细附图或化学结构式来证明。通常情况下实施例是证明拥有发明的最佳证据，尤其是满足权利要求所有限定的实施例。就本案而言，在后申请中含有摩擦增强涂层的 PTFE 牙线的权利要求不能得到在先申请的公开支持，因为在先申请公开描述的是微晶蜡涂层，其没有证据，也没有其他记载表明申请人表达了适用于 PTFE 牙线的任何其他涂层。可见，仅凭公开一个单独的具体产品，专利权人将不被视为发明了足够的产品以构成类别，尤其当现有技术显示对于申请人未公开的其他任何具体产品，本领域技术人员不能预期其能够实现发明时。因此需要通过公开充分详细和相关辨识特征来证明一项发明是完整的，这些特征能够作为申请人拥有整个发明的证据，这些特征包括完整或部分的结构、其他物理和/或化学性质，在功能与结构的关联是已知或被揭示的情况下与这种关联相结合的功能性特征或这些特征的某种组合。

美局的书面描述要求与我局关于不支持的相关判断规则较为相似，均由于申请人对所公开的实施例做上位概括，以寻求更广泛的权利要求保护范围。审查过程中，应当基于现有技术以及申请公开的内容综合考虑，本领域技术人员能否预期到该上位概括。关于支持问题，我国《专利法》及其实施细则和专利审查指南中均没有明确《专利法》第26条第4款关于支持条款的立法宗旨，但是从权利要求书本身的作用来看，它是一种用来界定专利独占权的范围，使公众能够清楚地知道实施什么样的行为就会侵犯他人的专利权的一种特殊的法律文件，因此，权利要求的范围应当适当，不能过小也不能过大。如果范围过小，相当于申请人将其完成的一部分发明无偿地捐献给全人类，对申请人本人来说可能是不公平的；相反，如果范围过大，把属于公众的已知技术，或者其尚未完成而是有可能在将来由他人完成的发明囊括在其保护范围之内，将会损害公众的利益。以此而论，我国《专利法》第26条第4款关于支持条款的立法宗旨实质可以说是权利要求的概括范围应当与说明书公开的范围相适应，该范围不应当宽到超出发明公开的范围，也不应当窄到有损于申请人因公开其发明而应当获得的权益。在此基础上，我们再度审视美局这一案例，应当不难体会到虽然是在审核充分公开，且对书面描述进行要求，但很大程度上都是在谈我局审查实践中通常意义上的不支持。实际上，我局的审查实践中《专利法》第26条第3款和第26条第4款关于支持的条款也常常存在法条竞合。

四、对“最佳实施方式”的审查

美局要求最佳实施方式的目的是“限制发明人在申请专利的同时对公众隐瞒其实际构思的发明的首选实施方式”。如前所述，在判断说明书是否满足最佳实施方式要求时，应开展两项事实调查：第一，必须有一主观判断，关于发明人在申请日时是否知晓一个实现发明的最佳方式；第二，如果发明人在头脑中有实现发明的最佳方式，那么必须有一客观判断，关于最佳方式是否充分、详细地公开，使得所属领域技术人员能够实现它。

在美国的司法实践中，为确保立法宗旨的实现，即限制发明人在申请专利的同时对公众隐瞒其实际构思的发明的首选实施方式，以确保专利期满后公众与专利权人在技术上处于同等的技术竞争态势，上述两项事实调查中对于最佳方式是否得到充分、详细的公开的判断尤为重要。这一点在以下案例中得到明显体现。

Wellman 公司（下称 Wellman）的专利 US7129317B1（下称 317 专利）以及 US7094863B1（下称 863 专利）[①] 公开了一种用于塑料饮料容器的聚对苯二

① WELLMAN, INC. V. EASTMAN CHEMICAL. CO, 642 F. 3d 1355, 98 U. S. P. Q2d1505.

甲酸乙二醇酯（PET）树脂，指出现有技术的PET树脂生产的容器在180℃至205℃的温度下“热填充”产品时会因结晶而收缩或变得模糊。为了克服这些问题，Wellman的专利公开了“缓慢结晶”PET树脂，通过延迟常规PET树脂的结晶开始来保持特殊的透明度，其所公开的树脂还减少了生产过程中形成的雾度。

Wellman的专利将缓慢结晶PET树脂定义为与使用金属元素锑作为催化剂的传统PET树脂相比，具有明显更高的加热结晶放热峰温度（TCH）。TCH是差示扫描量热仪机器加热期间样品结晶最快的温度。

317专利的权利要求1如下：

1. 一种聚对苯二甲酸乙二醇酯树脂，包括：

包含或不包含少于约25 ppm的元素锑；以及超过约5 ppm的元素磷；和

其中，聚对苯二甲酸乙二醇酯树脂具有通过差示扫描量热法测量超过140℃的加热结晶放热峰值温度（TCH），加热速率为10℃/min；

其中，聚对苯二甲酸乙二醇酯树脂在1100nm波长或1280nm波长下的吸光度（A）为至少约0.18cm^{-1}；和

其中，聚对苯二甲酸乙二醇酯树脂的L^*光度值在CIE $L^*a^*b^*$色空间中超过70。

Wellman声称Eastman公司直接侵犯了317专利的部分权利要求和863专利的部分权利要求，对其提起诉讼。Eastman公司提出无效请求，理由是发明未能阐明最佳实施方式。地区法院裁定部分权利要求因缺少最佳实施方式而被判无效。

本案的争议焦点在于说明书中是否阐述了实施发明的最佳实施方式。地方法院通过调查确认了如下事实：2004年5月Wellman提交317专利申请时，该公司已经将一种名为Ti818的缓慢结晶热填充PET树脂商业化，但未在其专利中披露Ti818的配方，也没有透露任何其他特定的PET树脂配方。在Wellman专利的申请布局中，分别于2003年5月21日和2004年4月6日提交了两份临时申请，将碳基HUR添加剂描述为“优选”，将铜铬铁矿尖晶石描述为“合适”。2004年5月20日，在Wellman提交317专利申请的前一天，Wellman提交了第三份临时申请，将其优选从碳基HUR改为尖晶石。而其发明人之一Nichols博士认为Ti818是在申请日时实践发明的最佳模式，另一发明人大卫·汤普森更喜欢使用炭黑N990作为碳基HUR添加剂来实践这项发明，即含有炭黑N990的Ti818是最佳实施模式。此外，在提交317和863专利申请时，至少有一个发明人主观地认为Ti818（含有炭黑N990）是热填充包装可用的最佳树

脂：发明人之一 Tony Moore 博士证实截至 317 专利的申请日，在研究试验室中制造 PET 树脂以达到声称的 TCH、吸光度和光度值的最佳方法是使用组合钛催化剂、钴和炭黑作为碳基 HUR 添加剂，而 Ti818 包含以上所有成分。结合上述补充证据，可以认为 Ti818 及其 HUR 添加剂炭黑 N990 在申请日被一名或多名发明人认为是实施本发明的最佳方式。

然而，Wellman 的专利并没有明确公开 Ti818 的配方，而是描述了许多具有不同浓度范围的可能成分。虽然发明人可以通过优选的条件范围和实施例来代表他预期的最佳模式，但 Ti818 的一些成分，即间苯二甲酸和二甘醇不在公开的优选范围内，因此说明书的教导偏离了 Ti818 配方。Wellman 的专利使 Ti818 不再使用炭黑 N990。具体而言，这些专利仅将炭黑描述为合适的碳基 HUR 添加剂，而没有对粒径进行任何讨论。Pengilly 专利是 Wellman 专利中确定的炭黑 HUR 添加剂的唯一来源，该专利指出炭黑 HUR 添加剂具有典型粒径"10 至 100nm"和优选平均粒径"约 15 至 30nm"，而炭黑 N990 的粒径为 290nm。可见，虽然最佳模式可以由优选的条件范围或组分表示，但 Wellman 通过不公开 Ti818 的配方和排除 Ti818 中使用的浓度范围以及 HUR 添加剂的优选粒径来隐藏最佳方式。根据 Wellman 专利的披露，在没有过度试验的情况下，本领域技术人员无法从其公开的内容中推导出 Ti818 的配方，而通过掩盖至少一位发明人认为最好的慢结晶树脂，有效地隐藏了 Ti818 的配方。Wellman 承认花费了数百万美元和数千小时来开发其声称的慢结晶 PET 树脂。Nichols 博士宣称，发明人"在我们的研究中解锁了…通过了解催化剂浓度、共聚单体浓度、特性黏度和加热速率［HUR］添加剂参数的适当平衡，以制造高透明度瓶子，制造有效的慢结晶瓶树脂的秘诀"。Wellman 有义务在最佳实施方式要求下充分披露实践此"解锁秘密"的最佳方式，但其并未这样做。

地方法院认为，专利权人有义务公开其认为的最佳方式配方，而公开包含最佳模式的成分范围可以满足最佳模式的要求。本案中，虽然 Wellman 提供了可能成分的分类列表的浓度范围，但发现专利通过披露某些成分的"首选"范围来掩盖 Ti818，这些成分的"首选"范围并不包括其在 Ti818 配方中的实际浓度；且 Wellman 专利并未披露炭黑 N990 的使用，反而试图将其使用作为商业机密。综上，法院认为 317 专利的部分权利要求和 863 专利的部分权利要求不符合最佳实施方式要求。

最佳实施方式是美局独有的评判标准，我局并没有相关规定与要求。美局关于最佳实施方式的立法目的是防止某些人企图在未按法律要求进行全面披露的前提下获得专利保护。这一要求不允许发明人仅披露他们所知晓的第二佳实施例，而自己保留最佳实施方式。如前所述，判断是否符合最佳实施方式要求需要进行两步调查：首先，必须判断在提交申请时发明人是否拥有实施本发明的最佳方式。这是一项主观调查，侧重于发明人在提交时的心态。其次，如果发明人确实拥有最佳实施方式，则必须判断书面描述中是否公开了本领域技术人员可以实践的最佳实施方式。这是一项客观调查，侧重于要求保护的发明的范围和本领域的技术水平。即使发明人不是该最佳方式的发现者，所有申请人也必须为所要求保护的主题公开发明人所构思的最佳方式。

美局的最佳实施方式中涉及"坦白和善意义务"，可以说，美国专利立法制度的初衷便包括了该最佳实施方式中所蕴含的制度价值和社会价值，即"任何与专利申请或审批过程有关的人在与专利局交往时均负有坦白和善良的义务"，但是，"与对专利局的已经实施或试图实施的欺骗有关或通过恶意或故意的不当行为违反公开的义务的申请不应授予专利权"。可见，美国专利审查的一个重要基础是将诚实与善意义务上升为立法层面，在申请时接受大量涉及诚实的誓词和声明，以及规定了违反于此的上述"……不应授予专利权"的严苛惩罚①。

另外，由于最佳实施方式的要求过于主观而缺乏良好的可执行性，其存在价值一直受到很大争议。从 2011 年 9 月 16 日起，美局修订了美国《专利法》第 282 条（专利无效或侵权诉讼中的抗辩条款）的规定，明确未公开最佳实施方式不应成为一项专利的任何权利要求被撤销、视为无效或无法实施的依据。由于这一更改仅适用于专利确权或侵权程序，因此不会改变上述的当前用于评价申请是否符合美国《专利法》第 112（a）条关于最佳实施方式要求的专利审查实践要求。

五、三标准之间的关系

前文探讨了美局关于充分公开的三项主要要求，即能够实现（可实施性）、书面描述和最佳实施方式。这三者之间有怎样的逻辑关系，将通过以下判例说明。

US 6410516（下称 516 专利）涉及通过转录因子 NF－［K］B 调节基因表达②。516 专利的发明人 Ariad 首次识别 NF－［K］B 并揭示了 NF－［K］B 激活机体对感染免疫应答基础基因表达的机制。发明人发现，NF－［K］B 通常由细胞中一种无活性的蛋白抑制剂复合物，称为抑制蛋白 κB（I［K］B），

① 国家知识产权局学术委员会 2012 年度自主研究项目，"药物化合物充分公开审查问题研究"。

② Ariad Pharm.，Inc. v. Eli Lilly and Co.，598 F. 3d 1336，1341，94 USPQ2d 1161，1167（Fed. Cir. 2010）.

被细胞外刺激（例如细菌产生的脂多糖）激活，由I［K］B产生一系列的生化反应并形成NF－［K］B。一旦没有抑制剂，NF－［K］B就进入细胞核，在细胞核中结合并激活含有NF－［K］B识别位点的基因进行转录。激活的基因（例如某些细胞因子）继而帮助身体抵抗细胞外攻击。然而，过量细胞因子的产生可能是有害的。发明人由此认识到人工干扰NF－［K］B活性可以减轻某些疾病的有害症状，并于1989年4月21日提交了专利申请，公开并要求保护通过降低细胞中NF－［K］B活性来调节细胞对外部刺激的反应的方法。Ariad在2002年6月25日516专利授权当天对Lilly提起诉讼，Ariad指称Lilly的Evista（R）和Xigris（R）药品侵犯了516专利的权利要求80、95、144和145。代表性权利要求如下：

144. 降低哺乳动物细胞中细菌脂多糖诱导的细胞因子表达的方法，该方法包括降低细胞中的NF－［K］B活性，从而降低细胞中细菌脂多糖诱导的细胞因子表达；其中降低NF－［K］B活性包括降低NF－［K］B与由NF－［K］B转录调节的基因上的NF－［K］B识别位点的结合。

权利要求包括使用实现减少NF－［K］B与未定义的NF－［K］B识别位点的结合所需结果的所有物质。此外，权利要求在审查期间进行了修改，但仍使用与优先权申请中存在的语言相对应的语言。具体地，权利要求记载了响应于外部影响（如细菌脂多糖）降低细胞中的NF－［K］B活性，更具体地降低NF－［K］B与NF－［K］B识别位点结合的方法。1989年4月21日提交的说明书以类似文字记载了期望降低NF－［K］B活性和响应于这种外部影响而与细胞中NF－［K］B识别位点结合，并假设三种类型的分子具有降低细胞中的NF－［K］B活性的潜力：诱饵分子、显性干扰分子和特异性抑制剂分子。

在该案诉讼程序中争议的焦点在于权利要求是否因缺乏美国《专利法》第112（a）条所要求的适当书面描述而可被无效，以及可实施性要求与书面描述要求相互独立的质疑。美国联邦法院提出两个问题：①《专利法》第112（a）条是否包含可实施性与书面描述相互独立；②如果章程中规定了单独的书面描述要求，则该要求的范围和目的是什么。

Ariad认为《专利法》第112（a）条不包含与可实施性分开的书面说明要求，法规包含两个描述要求：说明书描述（i）本发明是什么，以及（ii）如何制造和使用它。书面描述要求的法律充分性是通过其是否使得本领域技术人员能够制造和使用所要求保护的发明来判断的。因此，为了实现本发明，说明书必须首先明确本发明是什么，否则它不能向本领域技术人员传递发明信息，而书面描述要求其服务于唯一目的：可实施性。

相反，Lilly 认为两百年的先例支持可实施性与书面描述要求相互独立。法规首先要求书面描述发明内容，其次要求书面描述如何制造和使用本发明，以使得本领域技术人员能够制造和使用本发明。该单独的书面描述要求适用于所有权利要求（包括原始的和修改的），以确保发明人实际上发明了所要求保护的主题。

而具体到本案，要求保护包括降低 NF－［K］B 活性的单一步骤的方法，说明书假设了三类可能降低 NF－［K］B 活性的分子：特异性抑制剂分子、显性干扰分子和诱饵分子。Ariad 认为 516 专利的说明书和 Tom Kadesch 的专家证词为陪审团提供了所要求保护方法的充分书面描述的实质性证据。Lilly 认为专利权人所主张的权利要求不受书面描述的支持，因为 516 专利的说明书未能充分公开如何实现所主张的 NF－［K］B 活性的降低，该公开内容仅相当于研究计划。

美国联邦法院认为说明书应包含书面描述发明内容，并认为美国《专利法》第 112（a）条包含两个单独的描述要求：本发明的书面描述（i）以及制造和使用本发明的方式和过程的书面描述（ii）；据此判断发明公开的充分性。书面描述本发明的单独要求对于专利法是基本的要求。每项专利必须充分描述发明以获得专利权。可实施性要求与书面描述要求相互独立，法院将两个目的归于法规的这一部分，其中仅第一项涉及可实施性：（i）要求专利权人充分描述其发明，使得公众可以在专利到期后构建和使用该发明，以及（ii）在专利有效期间向公众通报其所声称的垄断限制，使得公众能够知道哪些方式可以在没有许可的情况下安全地使用或制造，以及哪些方式不能使用或制造。种类的充分描述则需要公开落入其范围内的代表性数量的具体物质或种类共有的结构特征，使得本领域技术人员可以识别该种类。充分的书面描述需要精确的定义，例如通过化学结构、化学式、化学名称、物理性质或其他性质，对落入该种类内的物质足以与其他物质区分开。当本领域已经建立了结构和功能之间的相关性时，功能性限定的权利要求可以满足书面描述要求。但是，仅划定种类的范围不能认为完成了发明并实现了充分的书面描述。

本案的权利要求记载了包括实现所述有用结果的一类材料的方法，即减少响应于外部影响的 NF－［K］B 与 NF－［K］B 识别位点的结合，但说明书中并没有公开实现该结果的各种具体物质。专利法的书面描述要求是指需要对发明进行描述，而不是对如何做出该发明可能实现的结果的指示。因此，该说明书通过仅描述其声称要求保护的一般发明而不能满足书面描述要求。

书面描述要求的目的是确保权利要求请求保护的范围不会超出说明书中所描述的发明人对本领域的贡献范围；它是专利制度公开换保护的体现，确保公众接收到了有意义的公开内容。

本案中，无论所声明的权利要求是否记载了化合物，仍应当描述执行所要求保护的方法的具体方式，而说明书中仅建议使用三类分子来实现 NF－［K］B 降低。为了满足所主张的权利要求书的书面描述要求，说明书必须通过充分公开能够降低 NF－［K］B 活性的具体分子来证明 Ariad 拥有所主张的方法，从而满足发明人公开专利和传递技术知识的义务，并证明专利权人拥有所主张的发明。特异性抑制剂是能够阻断（减少或消除）NF－［K］B 与细胞核中 DNA 结合的分子。本专利说明书中给出的特异性抑制剂的唯一实例是 I－［K］B，其功能是将 NF－［K］B 保持在无活性状态直至细胞受到某些外部天然存在的分子的影响。Ariad 关于 I－［K］B 公开的几乎所有证据都依赖于说明书附图 43 中公开的编码 I－［K］B 的 DNA 序列，通过公开特异性抑制剂分子来满足书面描述要求。但说明书附图 43 直到 1991 年才被公开。由于说明书附图 43 未在 1989 年的申请中公开，它和 Kadesch 博士关于它的证词都不能为陪审团的确定提供实质性证据。Kadesch 博士关于 I－［K］B 的唯一其他证据是它存在于 1989 年，并且本领域技术人员可以通过试验分离天然 I－［K］B。但在本发明的记载中，模糊的功能描述和用于进一步研究的预想不构成使用 I－［K］B 降低 NF－［K］B 活性的方法的书面公开。显性干扰分子是 NF－［K］B 分子的截短形式。截短将保留 DNA 结合结构域，但缺乏 RNA 聚合酶激活结构域。显性干扰分子与（核 DNA 上的）NF－［K］B 结合位点是无效的，导致显性干扰分子将阻断天然 NF－［K］B 诱导其靶基因的表达。本专利说明书没有提供这类分子的实例。只有当 DNA 聚合酶结构域与 DNA 结合结构域结合时，显性干扰分子才能起作用。设计诱饵分子模拟基因的一个区域，该区域的表达通常由 NF－［K］B 诱导。在这种情况下，NF－［K］B 将结合诱饵，从而不能结合天然靶点。与其他两类分子不同，本专利说明书提出了诱饵分子的示例性结构。如 Kadesch 博士所解释的，诱饵分子是 DNA 寡核苷酸，并且因为说明书公开了具体的示例序列，所以对于本领域技术人员来说，说明书充分描述了实际分子是毫无疑问的。然而，这不能回答说明书是否充分描述了使用哪些分子来降低 NF－［K］B 活性的问题。本说明书公开的使用诱饵分子降低 NF－［K］B 活性的方法的全部范围是 NF－［K］B 将结合诱饵，从而可以实现负调节。实例性实施例在化学领域中常规使用，并且它们当然可以足以满足书面描述要求。但是本专利说明书公开的不是那样的实施例，因为它仅仅是提及期望的结果，而对诱饵分子与降低 NF－［K］B 活性之间的联系没有描述。

综上，本专利说明书至多描述了诱饵分子结构和假设，没有具体描述它们可用于降低 NF－［K］B 活性。然而，专利权人所主张的权利要求要宽泛得多。因此，我们得出结论，专利权人所宣称的权利要求没有得到充分的书面描述而无效。

本案实际涉及了书面描述和能够实现二者之间的关系。美国联邦法院认为书面描述既需要描述发明本身，还需要描述制造和使用发明的方法方式。专利法的初衷是以公开换取保护，书面描述即为公开，发明人需要充分公开发明以换取专利权，以便于公众理解和改进发明并避免侵犯专利权人的专有权。专利法的书面描述要求需要对发明进行描述，而不是对如何做出该发明可能实现的结果的指示。本案说明书通过仅描述其声称要求保护的一般发明而不能满足书面描述要求。充分性的测试是专利所依据的公开内容是否合理地传达给本领域技术人员。是否满足书面描述要求会根据权利要求的性质和范围以及相关技术的复杂性和可预测性而变化。因此，即使发明结果是可行的，发明没有充分描述实施该结果的方式与方法，其同样不能被授权。可见，可实施性与书面描述是相互独立的，不存在因果关系。

尽管书面描述和可实施性通常同时进退，但书面描述在确定要求保护的未被发明出或者未描述的发明，判断是否需要过度试验来制造和使用，并满足可实施性的要求中起着至关重要的作用。即书面描述在一定程度上有助于可实施性的要求的判断，例如，丙基或丁基化合物可以通过类似于所公开的甲基化合物的方法制备，但在没有发明人发明丙基和丁基化合物的情况下，这些化合物没有被描述，公众需要付出过度的劳动以实施该方案，故该专利不能被授权。

书面描述的另一原则是避免“试图通过未来到达之前抢占未来”，特别是在不可预测的领域中，技术是可变的。可实施性要求仅能限定发明的可行性，而书面描述能够确保权利要求的保护范围不会超出发明人在专利说明书中描述的对本领域贡献的范围。可见，书面描述的要求在一定程度上是对可实施性要求的补充，进一步规范了权利要求的保护范围。

第三节　小　　结

本章从能够实现、普通技术知识、申请人文件以及其引证文件、过度劳动和/或需要创造性技能以及申请日后补交涉及实施例和效果等几个方面对欧局的相关法条进行了判例解析和论述。概言之，欧洲专利申请对于充分公开要求是：申请文件描述的详细程度与所属技术领域的技术人员的技术知识水平相关，对于所属技术领域技术人员而言，虽然没有必要将用于实施发明的公知的辅助技术特征都记载在说明书中，但是对于那些对实施发明而言必要的技术特征应详细描述。说明书应当包含足够的信息以使所属技术领域的技术人员在权利要求请求保护的整个范围内能够实施该发明，而不需付出过度劳动和创造性技能。

在笔者看来，对于充分公开的核心要求而言，我局和欧局均要求说明书应当清楚和完整地公开请求保护的说明，以使本领域的技术人员能够实施发明。这是基于相同的立法宗旨即公开换保护的专利契约论。而在判断原则上存在一些区别：欧局对充分公开法条的审查主体“本领域技术人员”有着不同于创造性审查时的定义，由此衍生出来的对于判断基础“普通技术知识”有不同的诠释，以及更重要的，在判断是否能够实现时，欧局的重点在于判断是否需要付出过度劳动和创造性技能，有利于引导一份专利申请文件在撰写之初就更好地趋向一份严谨规范的法律文件。

美局对于充分公开方面的要求在形式上表现出与我局较大的差异，其要求专利的公开满足够实现、书面描述和最佳实施方式三项要求。虽然从表面看来，美局的尺度把握和要求比欧局和我局更严格，但实际在审查过程中，一般认为其尺度相对宽松。这固然有因其科技高度发达而不欲以专利审查的严格要求而导致审查成为科技进步之羁绊的考虑，另外，也与其最佳实施方式要求中涉及的“坦白和善意义务”密切相关。如前文所述，美国专利立法制度的初衷便包括了该“最佳实施方式”要求中所蕴含的制度价值和社会价值，美国专利审查的一个重要基础是将诚实与善意义务上升到立法层面，在申请时接受大量涉及诚实的誓词和声明，以及规定了违反此规定的“不应授予专利权”的严苛惩罚的情况下，本着对申请人善意相信的原则，即便在申请文件中未公开足够的技术信息（如实验数据，这在我国可归于公开不充分而很可能被驳回），仍不予以数据公开上的苛求和严重质疑。

基于相同的立法宗旨，关于充分公开，我国规定与欧美等国在审查上的实质要求大体相同，具体操作上也无可避免地掺杂了各自国情的不同考虑。对我国而言，涉及公开充分的专利法条款一直未在内容上有任何本质性的改变，但在具体操作层面，随着科技的日益发展以及对专利认识的日益深入，尤其是在药物化合物方面的科技进展（例如仅晶型的不同而导致的活性改变）等，我们秉持专利制度应当服务于本国社会经济的发展的态度，在审查实践上实际要求日趋严格，在公开充分与数据支持之间架起了必须严格对应的审查桥梁。如何在贯彻我国的审查标准基础上，更多地结合我国产业的迅猛发展和科技的突飞猛进而考虑其合法性、合理性，将是以后专利审查工作需要深思和解决的问题之一。

第三章　新颖性

专利制度的设立通常秉承鼓励发明创造、促进科技创新的基本宗旨，对为现有技术作出贡献的发明赋予适当的独占权利，因而具备新颖性是一项专利申请能够被授予专利权所必须满足的基本条件之一。《与贸易有关的知识产权协定》（TRIPS 协定）第 27 条第 1 款明确规定，想要获得专利权的发明必须具备新颖性、创造性和工业实用性，各国各地区专利制度均如此规定，欧美也不例外。

本章针对最基础的新颖性审查，分别解读了欧洲和美国的法律法规，从多个方面适度展开呈现欧洲与美国在新颖性审查方面我国相关法律法规和审查标准的异同，并结合欧洲专利局上诉委员会、美国联邦巡回上诉法院等典型判例，深入解析欧洲和美国专利审查制度中新颖性的审查重点、判断逻辑和标准变迁，以期助力读者加深理解。

第一节　欧　　洲

一、概述

《欧洲专利公约》第 52（1）条规定："欧洲专利应授予所有技术领域的任何发明，如果它们是新的、具有创造性及工业实用性。"

新颖性规定具体见于《欧洲专利公约》第 54 条中：

"（1）如果一项发明不构成现有技术的一部分，则该发明被认为是新的。

（2）现有技术被认为包括在欧洲专利申请的申请日以前，以书面或口头描述、以使用或以任何其他方式为公众所知的一切。

（3）此外，已经提交的欧洲专利申请的内容，如果其申请日是在第 2 款所述日期以前，并且该申请在该日或以后公布，应当认为包括在现有技术以内。

（4）第 2 款和第 3 款不排除将现有技术中的任何物质或组合物用于第 53

（c）条所指的方法的可专利性，如果其在任何这种方法中的用途并非现有技术。

（5）第 2 款和第 3 款也不排除第 4 款所指任何物质或组合物在第 53（c）条所指方法中的任何特定用途的可专利性，如果这种用途并非现有技术。”

《欧洲专利公约》关于新颖性的规定与我国《专利法》的相关规定既有类似之处又存在差异，其第 52 条关于可专利性的规定中提出了关于新颖性、创造性、工业实用性的要求，第 54 条则是关于新颖性的单独规定，其第 1 款首先规定了新颖性的基本概念，第 2 款明确了何为现有技术，第 3 款类似于我国的抵触申请，第 4 款和第 5 款规定了两种特殊的例外情形。

其中，对于现有技术采用了较为宽泛的表述，只要是为公众所知，对该公开的地理位置、使用的语言、具体公开方式不加限制，仅明确了时间界限是申请日以前。根据《保护工业产权巴黎公约》第 4 条的相关规定，当该申请要求了有效优先权时，以优先权日作为确定现有技术的时间界限。不同的权利要求或一项权利要求中的不同主题，可能具有不同的有效日，在新颖性审查中需要分别考虑。当然，如果现有技术文件在最早的优先权日之前都已公开，则审查员不必考虑优先权日。

《欧洲专利公约》和我国《专利法》关于新颖性的定义较为类似，均以现有技术作为对比对象，如果一项发明不构成或不属于现有技术，同时也不存在抵触申请，则具备新颖性。只是在体例上，《欧洲专利公约》将抵触申请纳入现有技术范围从而能够影响专利申请的新颖性（在创造性审查中则不考虑抵触申请），而我国《专利法》中的现有技术则不包括抵触申请，而是将现有技术和抵触申请并列为影响新颖性的条件，二者实体是一致的。

此外，现有技术文件之间有可能存在交叉引用的情形①。当一份主要文件明确引用另一份次要文件以提供关于某些特征的更详细信息时，如果该次要文件在主要文件公开日时已为公众所知，就应将该次要文件的教导视为纳入主要文件。但在新颖性审查中，始终应该根据主要文件的日期确定该主要文件公开的内容何时成为现有技术。

同时，《欧洲专利公约》第 54 条定义了抵触申请。一件欧洲专利申请要构成抵触申请，其申请日和公开日，要相对于本申请满足在先申请、在后公开的条件。当本申请或抵触申请存在有效优先权时，以优先权日替代申请日。抵触申请的内容包括说明书、附图和权利要求整体公开的内容，当然作为新颖性评价，抵触申请还应当公开了同样的发明。如果是 PCT 国际申请，需进入欧洲地

① Guidelines for Examination in the European Patent Office, March 2024 edition, Part G, Chapter IV, 8 Cross – references between prior – art documents.

区阶段才能构成抵触申请。此外，与我国一样，抵触申请并不要求必须是他人的申请，也可能存在申请人相同时的“自我抵触”情况。需要特别注意的是，抵触申请只有在审查新颖性时才是现有技术的一部分，在创造性审查中并不考虑抵触申请①。

我国《专利法》第22条第2款关于抵触申请的定义大致相同，主要区别在于，《欧洲专利公约》将抵触申请纳入现有技术范围，而我国并非如此。尽管在将抵触申请是否视作现有技术时存在差别，但由于《欧洲专利公约》第56条规定在判断创造性时不考虑抵触申请，而我国的创造性审查仅比对现有技术，也不会考虑抵触申请，因此中欧抵触申请在新颖性、创造性审查中的作用实质上一致。此外，进入中国国家阶段的PCT国际申请在满足特定条件时也构成抵触申请。

二、为公众所知

技术内容是否达到“为公众所知”，是确定是否构成现有技术的实质性条件。要使现有技术达到为公众所知的状态，可以通过书面或口头描述、以使用或以任何其他方式，《欧洲专利局审查指南》介绍了几种常见的公开方式。与此类似的是，我国《专利审查指南2023》将现有技术的公开方式分为出版物公开、使用公开和以其他方式公开三种，其中将口头公开列入以其他方式公开中，并明确规定三种公开方式均无地域限制②。

（一）使用公开

通过使用而使得技术方案处于为公众所知的状态，即构成了使用公开。

在欧洲，构成使用公开的方式也可能是多种多样的。对于产品，使用公开可以是生产、提供、营销、展示或以其他方式利用这种产品等。对于方法，使用公开可以是提供、营销、应用、展示这种方法等。其中，营销可以是通过销售或交换来实现的。

尽管《欧洲专利局审查指南》首先介绍了使用公开，但也提出，在专利审查阶段可能较少考虑这种情况，更多的是在异议程序中由当事方提出公开使用情况③。如果确实遇到使用公开的情形，要判断对某产品或方法的使用公开是

---

① Guidelines for Examination in the European Patent Office, March 2024 edition, Part G, Chapter IV, 5.1 State of the art pursuant to Art. 54 (3).

② 国家知识产权局. 专利审查指南2023［M］. 北京：知识产权出版社，2024：168－169.

③ Guidelines for Examination in the European Patent Office, March 2024 edition, Part G, Chapter IV, 7.1 Types of use and instances of state of the art made available in any other way.

否使其为公众所知，一般要考虑三个因素①：一是所述使用发生的日期，以判断其是否满足现有技术的时间属性；二是具体是何种产品或方法被使用，以确定所使用的对象与请求保护的权利要求之间的相似程度；三是与使用有关的各种情况，例如使用行为发生的地点、方式等，以确定该使用是否，以及在多大程度上向不特定的公众公开。能否确认上述三方面的事实，很大程度上取决于当事人为证明其主张而举出的证据。

要构成现有技术，该使用行为必须发生在本申请的申请日（或优先权日）之前，公开程度应该使得公众能够获知与权利要求的主题相关的知识，不存在限制使用或传播此类知识的保密规定。

如果发生了某一使用行为，究竟何种特征应当被认为是为公众所知？仅仅是通过外部观察就能确认的特征，与需要进行内部破解分析才能知悉的特征，是否应当有所区别？对此，欧洲专利局确立的标准是："如果某一对象被置于公众中不负有保密义务的成员所能看见的地方（例如一个工厂），其中包括具有足够专业知识的人，他们能够确认该对象的特定特征，则一个专家单纯通过从外部审视该对象就能够获知的该对象的所有知识应当被认定已经为公众所知。然而，在这样的情况下，该对象的所有隐蔽特点，如果只有通过拆开或者破坏该对象才能获知，则不能被视为已经为公众所知。"②

从上述示例可知，在展出、演示产品或方法的使用公开方式中，外部和内部特征需要适度地区分，能够被本领域技术人员通过外部观察确认的特征已达到为公众所知的状态，而隐蔽的内部特征则并非如此。这与我局在无效宣告审查中所持的标准接近，"如果请求人提供的证据仅能够证明某一产品在专利申请日前公开展出，而展会展架所展示的产品仅呈现产品的大致轮廓及外观，无法获知该产品的内部结构，则不能认为该产品的相关技术内容在展会中为公众所知"③。

当使用公开方式是销售、提供产品时，情况又有所不同。如果一个产品被无条件地销售给公众，则一般认为，公众通过该销售行为能够知悉可从该产品获得的各种知识，不仅包括从产品外部即可得知的特征，需通过进一步分析才能知悉的特征也被视为已向公众提供④。这与我国的规定相似，其合理性在于

① Guidelines for Examination in the European Patent Office, March 2024 edition, Part G, Chapter IV, 7.2 Matters to be determined by the division as regards prior use.

② 尹新天．中国专利法详解［M］．北京：知识产权出版社，2011：252.

③ 国家知识产权局专利局复审和无效审理部．以案说法：专利复审、无效典型案例汇编（2018—2021年）［M］北京：知识产权出版社，2022：17.

④ Guidelines for Examination in the European Patent Office, March 2024 edition, Part G, Chapter IV, 7.2.1 General principles.

公众通过购买成为该产品的合法拥有者，有权对产品进行全面观察、仔细研究，以充分获得其外部特征和内部细节①。

在上述参观工厂的示例中，欧洲专利局已明确提到达到为公众所知的前提之一是参观者“不负有保密义务”。又比如，在军营中使用属于非公有财产的产品或方法，一般不应视为使用公开，因为士兵通常必须保密，除非是在此类场所中向公众展出或演示。通常，如果通过使用行为知悉了相关知识的人员负有保密义务，遵守了明示或默示的保密协议，则不能认为该使用行为构成了使用公开。为了确定是否存在默示协议等保密义务，一般适用“概率平衡”的通常标准，基于当事人举出的证据，如果某些因素导致对公众可获得性的合理怀疑，则不能认为构成在先使用公开②。

（二）口头公开

当通过口头描述，相关事实被无条件地告知公众成员，使得现有技术为公众所知，就构成了口头公开，例如在谈话或讲座过程中，或者通过电视、播客或声音再现设备公开③。我国《专利审查指南 2023》将口头公开列入以其他方式公开，例如口头交谈、报告、讨论会发言、广播、电视、电影等，所列举的情形与欧洲专利局大致相同④。

在口头公开情形中，与使用公开的情况类似，也要从三个方面来考虑是否构成现有技术，一是口头描述发生的时间，二是口头描述的内容，三是该口头描述是否是向公众提供的。在负有保密义务的情况下，口头描述可能不损害新颖性。

如果技术知识被书面文件记载，其内容固定可供反复阅读，而口头描述则不然，其很可能是短暂的、一过性的，因此带来较高的举证难度。想要证明口头描述的内容等事实主张，举证标准相对较高。

欧洲专利局延伸指出了一种其他方式公开与书面披露结合而构成现有技术的情况⑤。比如，某些信息通过书面披露和使用而公开，或通过书面披露和口头描述而提供，但只有该使用行为或口头描述是发生在相关日期之前的，而相应的书面披露是在后公布的，那么此时，在没有其他相反证据的前提下，所述

① 尹新天．中国专利法详解［M］．北京：知识产权出版社，2011：252.

② Guidelines for Examination in the European Patent Office, March 2024 edition, Part G, Chapter IV, 7.2.2 Agreement on secrecy.

③ Guidelines for Examination in the European Patent Office, March 2024 edition, Part G, Chapter IV, 7.3.1 Cases of oral description.

④ 国家知识产权局．专利审查指南 2023［M］．北京：知识产权出版社，2024：169.

⑤ Guidelines for Examination in the European Patent Office, March 2024 edition, Part G, Chapter IV, 7.4 State of the art made available to the public in writing and/or by any other means.

的书面披露可被视为对该在先使用或口头描述的说明。当然，这里也存在复杂的谁主张谁举证的问题，比如后续公开的讲座报告等书面文件也许并不能真实地反映在先公众讲座当时的准确内容，各方当事人可以就自己的主张说明理由并举证。

（三）书面公开

书面公开是在专利审查实践中最为常见的现有技术公开方式，在专利授权确权程序中，审查员或当事人就权利要求是否具备新颖性、创造性而举出的现有技术证据，绝大部分均为各种出版物，如专利申请的公开公告文件、公开出版的书籍等。

对于书面公开内容的认定，欧洲专利局指出应当回到相关日，按照当时的本领域技术人员的方式来阅读现有技术文件。请注意这里的相关日指的是与在先文件相关的日期，而非本申请，并非确定现有技术的时间界限。根据《欧洲专利局审查指南》，只有当在先文件所提供的信息足以使本领域技术人员，考虑到当时该领域的公知常识，在相关日能够实施所公开的主题，该文件的信息才能被视为已向公众提供而构成现有技术①。简而言之，只有充分公开的“现有技术”才是真正的现有技术。

为了帮助申请人进一步理解，《欧洲专利局审查指南》举了一正一反两个示例来说明②。例如，某文件公开了一种化合物，通过名称或结构式予以标识，并声明该化合物可以通过该文件中定义的方法生产，但该文件没有说明如何获得该方法中使用的初始原料和/或试剂。如果本领域技术人员不能根据公知常识（例如教科书）获得这些初始原料或试剂，则该文件对该化合物的公开不充分，至少就该化合物而言其不构成《欧洲专利公约》第 54（2）条意义下的现有技术，不损害要求保护的发明的可专利性。反之，如果本领域技术人员知道如何获得初始原料和试剂，例如它们是市售的或是教科书记载的众所周知的，则该文件已充分公开，属于现有技术，从而审查员可以使用该文件对要求保护的发明进行新颖性、创造性审查。

我国专利法律法规没有提出现有技术文件相关日这个概念，对于现有技术文件是否需要满足可以实施才能够用于新颖性、创造性审查也未作出规定。有专家学者认为，对现有技术提出类似说明书应当公开充分的要求实际上是不必

---

① Guidelines for Examination in the European Patent Office, March 2024 edition, Part G, Chapter IV, 2 Enabling disclosure.

② Guidelines for Examination in the European Patent Office, March 2024 edition, Part G, Chapter IV, 2 Enabling disclosure.

要的，现有技术的作用在于判断新颖性、创造性，其是否披露了足够技术信息的问题在判断新颖性、创造性时自然会予以考虑，不必在判断是否构成现有技术时考虑①。

（四）互联网公开

随着计算机和网络技术的发展，互联网已经深度嵌入了生产生活，其便利性、共享性也促使越来越多的技术人员习惯于在互联网上记载、分享技术知识，形成了浩如烟海又形式丰富的互联网网页、在线数据库、论坛、博客等互联网公开的现有技术证据，并且在专利审查过程中得到越来越广泛的应用。与此同时，互联网公开的内容又易于被修改，证据灭失风险大，公开时间难于确定，有时需要注册访问，有些特定信息只能从互联网上获得等，诸如此类的情况也使得互联网公开有很多新的特点。

欧洲专利局认为，在互联网上的披露构成了《欧洲专利公约》第 54（2）条规定的现有技术的一部分，在互联网或在线数据库中披露的信息自发布之日起公开可用②。

互联网内容的公开时间该如何确定是现有技术判断中的关键环节。不同于书籍有明确的出版时间，专利公布公告文件有准确的公布公告日，互联网的性质可能使人们难以确定向公众提供信息的实际日期。比如，很多网页没有记载信息的发布时间，从而人们无从知晓相关技术的公开日。即使网页上有发布时间信息，但是网页很容易更新，如果网站不提供历史版本等使得人们能够准确确定发布内容及其对应发布时间的记录，公众和审查员也难以确定看到的当前网页内容是否就是对应于该发布时间的原始信息。欧洲专利局认为，确定互联网出版日期要分别考虑两个方面，一是评估某一特定日期的指示是否正确，二是截至该日期有关内容是否确实为公众所知③。

在互联网上，对某些内容的访问可能是有限制的，有时是需要特定人群注册后通过密码访问，有时是需要付费访问等，这些情况是否影响相关网页构成互联网公开的现有技术？对此，欧洲专利局认为，如果网页原则上在没有任何保密条件的情况下可用，就不会阻止网页成为现有技术的一部分④。这与我国

① 尹新天．中国专利法详解［M］．北京：知识产权出版社，2011：256.

② Guidelines for Examination in the European Patent Office, March 2024 edition, Part G, Chapter IV, 7.5 Internet disclosures.

③ Guidelines for Examination in the European Patent Office, March 2024 edition, Part G, Chapter IV, 7.5.1 Establishing the publication date.

④ Guidelines for Examination in the European Patent Office, March 2024 edition, Part G, Chapter IV, 7.5.1 Establishing the publication date.

《专利审查指南2023》的规定如出一辙，“存在于互联网或者其他在线数据库中的资料应当是通过合法途径能够获得的，资料的获得与是否需要口令或者付费、资料是否有人阅读过无关”①。

此外，由于互联网上的内容灭失风险较大，可能还需要一些措施来固定证据，例如打印互联网页面时保留完整清晰的URL和公开日期，引用视频等多媒体公开内容时，注意获取并保存相应电子证据等。

由于互联网内容的可修改性，互联网披露的日期和内容理论上有可能被操纵，这就导致互联网公开的时间和内容的可信度该如何把握的问题。欧洲专利局认为，考虑到互联网公开的网页的庞大体量和丰富程度，审查员发现的某一项互联网公开被操纵的可能性非常之小，因此，当互联网披露包含明确的发布日期，在没有相反的特定迹象时，可以先认为该日期是可靠的②。

欧洲专利局还提醒，要注意日期格式，正确区分欧洲格式dd/mm/yyyy、美国格式mm/dd/yyyy或ISO格式yyyy/mm/dd。如果公布日期非常接近申请日或优先权日，甚至还要考虑到公布所处的时区③，这与我国的观点相同，“在现有技术涉及互联网证据且其公开地与我国处于不同的时区的情况下，原则上应当考虑时差问题”④。

在审查过程中，如果审查员想要引用互联网文件以对专利申请发表反对性意见，应当首先承担举证责任，审查员应当证明该互联网文件的公开日期，以表明其反对性意见是有理有据的。之后，如果申请人想要提出异议，则举证责任转移到申请人，由申请人就其主张提出反证并说明理由。审查员将会考虑申请人的证据和理由，综合案件具体情况、所处审查时间阶段、检索成本等因素，判断是否坚持原有观点，是否寻求新的证据支持，以及是否不再将该互联网文件视为现有技术等。在证据评估标准上，总体遵循“概率平衡”原则，并不要求超越最大限度合理怀疑⑤。

“概率平衡”是目前欧洲专利局审查互联网证据的基本原则。下面结合上诉委员会判例T 286/10进行解释。

---

① 国家知识产权局．专利审查指南2023［M］．北京：知识产权出版社，2024：168－169.

② Guidelines for Examination in the European Patent Office，March 2024 edition，Part G，Chapter IV，7.5.1 Establishing the publication date.

③ Guidelines for Examination in the European Patent Office，March 2024 edition，Part G，Chapter IV，7.5.6 Technical details and general remarks. .

④ 国家知识产权局专利局审查业务管理部．专利审查指导案例：第一辑［M］．北京：知识产权出版社，2024：43.

⑤ Guidelines for Examination in the European Patent Office，March 2024 edition，Part G，Chapter IV，7.5.2 Standard of proof.

涉案例的欧洲专利申请号为02803846.1，申请日为2002年11月28日，优先权日为2001年11月28日，于2006年5月17日获得授权。授权后，异议人提出异议，被异议部驳回。异议人对该决定不服提起上诉，并且提供了如下参考文件，作为否定本申请可专利性的现有技术证据：

A9：Ed Stansel，“Save face with this unique password system”，The Times - Union，marqué“28 May 2000” et“http：//jacksonville. com/tu - online/stories/052800/web_3158672. html 2010 - 02 - 09”

A10：M Merkow，“Toss Out Your Passwords - Bring On Pass¬faces（TM）Instead!”，marqué“April 1，1999” et“http：//web. archive. org/web/20010709013138/www. rea... xe/_/homepages/about/articles/article _ plain _ 3. htm” et“［2010 - 04 - 13 13：52：47］”

专利权人则认为，作为互联网公开的证据，对比文件A9和A10并未在本申请的优先权日之前按照第T 1134/06号决定中规定的标准方式公开，它们相对于本申请并不构成现有技术。

在这里，有必要简要回顾一下2007年的案例T 1134/06的相关情况。欧洲专利局早期对互联网公开证据的态度非常谨慎，第T 1134/06号决定确立了一种被称为“超越合理怀疑”的举证标准，认为互联网公开与口头公开相似，有必要证明所有关于公开的真实存在性和可获得性的合理怀疑，在审查过程中使用互联网证据应当适用非常严格的举证标准，必须排除所有可能的合理怀疑[①]。也就是说，在本案之前都是以此来判断互联网证据的，但是异议人认为该标准过于严苛，不应该适用于互联网公开。所以，本案的关键点在于，应当以何种举证标准来把握互联网证据关于其内容和公开日期的潜在不确定性问题。

与传统出版物相比，互联网出版物面临特殊困难，即文件可能随着时间的推移而变化，且难以追溯。上诉委员会认为，解决这一问题需要根据每个案件的情况进行概率评估来确定能否高度盖然地确认诉争出版物确实是在先存在的，互联网公开文件A9和A10并非需要更严格举证标准的在先使用。第T 1134/06号决定已经设想了一种情形，如果一个网站属于信誉良好、值得信赖的出版商，该出版商出版与纸质出版物相对应的在线版本，在不需要进一步证据的情况下，其内容和日期可以被先行采信，如果网站按照公认的法规和标准运作，使得其公开的内容和日期具备高度确定性，则不需要进一步的证据。这实际上也是应用概率评估规则。

---

① 刘悦．论欧洲专利局网络证据规则的演变及审查标准：从“超越合理怀疑”到“概率平衡”［J］．电子知识产权，2017（8）：40－47.

在本案中，上诉人显然从 www. jacksonville. com 网站下载了文件 A9，该网站由“佛罗里达时报联盟”运营，该文件至今仍可在同一地址查阅。上诉委员会认为，该报纸是已知和可靠的证据来源，可以推定文件 A9 于 2000 年 5 月 28 日公开，其属于现有技术。

文件 A10 于 2001 年 7 月 9 日在互联网档案馆 www. archive. org 存档，上诉委员会认为在通常情况下，文件在某一日期由互联网档案馆存档，这一事实本身就足以推定该文件在该日已向公众提供，并在不久后又通过互联网档案馆向公众提供。互联网档案馆向公众提供互联网早期快照，自成立以来建立了良好的声誉。虽然并不否认对其中个别条目会产生怀疑，但总体上已提供了对信息来源可靠性的充分保证。不能仅以互联网档案缺乏可靠性为由而质疑其存档文件的公开日期，如果质疑者希望推翻对其可靠性的推定，有责任根据具体情况提供相应证据。在文件 A10 所示的 URL 中，“20010709013138”部分表示该网页于 2001 年 7 月 9 日存档，该日期早于本专利的优先权日（2001 年 11 月 28 日），从而可以推定文件 A10 在优先权日之前已由互联网档案馆向公众公开，属于现有技术。

（五）标准及标准准备文件

标准通常是为了在一定的范围内获得最佳秩序，经协商一致制定并由公认机构批准，共同和重复使用的一种规范性文件，其可能定义了产品、方法、服务或材料的一系列特性或质量，通常由标准开发组织（SDO）通过利益相关方之间的共识而制定。在电学、通信等技术领域，标准尤为常见，例如在移动通信领域的专利申请审查过程中，3GPP 标准及其提案等相关文件是现有技术的重要组成部分。在没有禁止披露其内容的保密协议的情况下，标准本身原则上构成现有技术的一部分。由于标准的内容可能随时间而变化，须根据其版本号进行适当标识，并准确确定其公开日期。

在标准的制定过程中，相关方可能提交并讨论各种类型的准备文件。这些准备文件与任何其他书面或口头公开一样，如果不存在保密规定，在本申请的申请日或优先权日之前为公众所知，则符合现有技术的要求，可以在审查过程中引用。

三、现有技术文件中的错误

有时现有技术文件中难免存在错误，当这种情况发生时，应当如何对待该现有技术文件呢？通常，可以站位本领域技术人员结合公知常识来进行判断，分成三种情况分别考虑该潜在错误的程度及其对公开内容的影响。一是如果本领域技术人员可以直接、毫无疑义地确定该现有技术文件包含错误，并且能够知晓该错误的唯一可能的更正应该是什么，则将该更正的内容视为现有技术文件公开的内容。二是如果本领域技术人员可以直接、毫无疑义地确定该现有技术文件包含错误，但该错误存在不止一种可能更正，则不考虑包含错误的段落公开的内容。三是如果本领域技术人员不能直接、毫无疑义地得知现有技术文件中存在错误，则原样按照字面进行理解。如果现有技术文件中的错误过于严重，该文件是否达到用作新颖性、创造性评价的现有技术所需的充分公开程度可能存疑。

下面通过上诉委员会判例 T 77/87 来解释这个考量。

涉案专利的欧洲专利申请号为 80303804.1，申请日为 1980 年 10 月 27 日。该专利涉及一种水性乳胶，争议特征在于其中偏二氯乙烯和氯乙烯的含量，具体为在每百重量份偏二氯乙烯和氯乙烯总重量中，偏二氯乙烯占 50 ~ 75 重量份。异议人认为本发明不具备新颖性，所给出的证据是文件 7 “表面处理以改善涂料在聚酯基材上的附着力”，1972 年发表于《化学文摘》，公开了乳胶中偏二氯乙烯/氯乙烯的比例为 50/30。事实上，文件 7 是原始文件 7’（DE – A – 2 128 006）在《化学文摘》杂志上的摘要，原始文件 7’ 公开的则是偏二氯乙烯/氯乙烯的比例为 30/50，与文件 7 正好相反。

异议人认为作为独立出版物的文件 7 公开了本发明的相关特征，可以破坏本发明的新颖性。专利权人则认为，作为摘要的文件 7 与原始文件 7’ 密切关联，它不是独立出版物，不能比原始文件公开更多的预期内容。本案的焦点在于，当原始文件及其摘要记载了相反的技术内容时，而摘要的记载恰好公开了权利要求中的相关特征，此时在新颖性考量中，应当如何对现有技术公开的内容进行准确的事实认定。

上诉委员会认为，文件 7 公开了偏二氯乙烯与氯乙烯比例为 50∶30，满足权利要求 1 中规定的定量要求，而原始文件 7’ 公开了 50∶30 的氯乙烯 – 偏二氯乙烯共聚物。摘要文件 7 中氯乙烯和偏二氯乙烯的位置被错误地颠倒，以得到一种与原始文件 7’ 不同的组合物。

此时应当考虑，本领域技术人员是否会立即发现该错误，将文件 7 公开的组合物解释为技术上不可能或不合理。但无论是氯乙烯含量相对较多，或者偏二氯乙烯含量相对较多的共聚物都出现在现有技术文献中，现有技术中有明确的迹象表明，任何一种单体都可以作为与另一种单体形成的共聚物中的主要成分，也就是说，文件 7 中公开的比例不会让本领域技术人员感到不可思议。

但是原始文件 7’ 发表在先，文件 7 的标题通过交叉引用清楚地表明其为原始文件 7’ 的摘要，摘要文件 7 公开的内容应参照原始文件 7’ 进行解释，而不应孤立地将其视为独立文件。原始文件是提供技术教导的主要来源，摘要本质上只是次生来源，不应认为原始文件及其摘要公开两个不同的技术事实。当原始文件与其摘要之间存在重大不一致时，显然必须以原始文件的公开为准。因此，文件 7 的字面公开并不构成现有技术的一部分，不能破坏权利要求 1 的新颖性。

但是，本案原始文件和摘要文件之间的关系其实是个特例。在更一般的案例中（T 591/90），上诉委员会指出，即使现有技术文件披露的内容有缺陷，通常也构成现有技术的一部分，但是在看待有缺陷的公开内容时，要假定现有技术人员感兴趣的是技术事实，他会利用普通技术知识、参考相关文献以立即发现该错误，并尝试纠正可识别的错误，而不是机械地将有缺陷的公开内容当作解决技术问题的方法。

在我局的审查实践中，对于当对比文件内容存在错误或缺陷时能否构成现有技术的问题，所采取的观点主要是，明确记载在对比文件中的内容通常属于对比文件公开的技术内容，即使记载的内容存在错误或缺陷，如果该错误或缺陷没有导致技术上明显的不可行，本领域技术人员仍然会按照文字记载的内容去实施，通常可以认为它构成现有技术的一部分，但如果错误的技术内容根本不能构成技术方案，则不能用于新颖性评价①。

四、新颖性的审查要点

新颖性审查的一般过程为，“判断一项发明是否为新发明的第一步是界定现有技术、该技术的相关部分以及该相关技术的内容。下一步是将本发明与如此定义的现有技术进行比较，看看本发明是否与之不同。如果不同，则该项发明是新的”②。

在我国的新颖性审查实践中，通常也是将专利申请与对比文件公开的内容相比，通过判断是否存在区别技术特征来确认权利要求所限定的技术方案与对比文件公开的技术方案是否实质上相同，但进一步强调了新颖性判断的“四相同”，即要求站位本技术领域人员确定两者的技术方案实质上相同，能够适用于相同的技术领域，解决相同的技术问题，并具有相同的预期效果③。

（一）单独对比

欧洲专利局强调新颖性审查时，原则上只能在每一份现有技术文件整体上

① 国家知识产权局专利局审查业务管理部．专利审查指导案例：第一辑［M］．北京：知识产权出版社，2024：80－82.

② Case law of the Boards of Appeal of the European Patent Office，10th edition，July 2022，I. C，1 General.

③ 国家知识产权局．专利审查指南 2023［M］．北京：知识产权出版社，2024：171.

进行单独对比，“在考虑新颖性（而不是创造性）时，不允许将现有技术的不同部分组合在一起，也不允许将属于同一份对比文件中不同实施方式的不同部分组合在一起，除非这种组合是特别建议的①”。

关于这个“特别建议”，《欧洲专利局上诉委员会判例法》中专章阐述了“现有技术文件内部的组合”，提出了这种组合的一些标准。例如，“一份文件中的不同段落只有在存在将他们组合在一起的清晰的教导时才能在新颖性审查时进行组合”②，“必须将文件的公开内容视为一个整体，在审查新颖性时，合并一份文件不同段落的前提是没有理由阻止本领域技术人员进行这种组合”③等。类似地，我国最高人民法院则指出，“如果本领域技术人员对一份现有技术文献作整体性解读后可以直接地、毫无疑义地确定，记载于该文献不同部分的技术内容之间存在属于同一技术方案的逻辑关系，将该不同部分的技术内容共同构成的技术方案作为新颖性判断的比对对象，不违反单独比对原则”④。这两者的精神是类似的。

此外，《欧洲专利局审查指南》同时规定，“允许使用词典或类似的参考文件来解释文件中使用的特殊术语”⑤，这也就有可能出现在使用主要对比文件的同时还另外引用参考文件来帮助评述新颖性的情形⑥，此时参考文件在确有必要的情况下谨慎引入以用来解释主要对比文件中的特定技术术语，这与创造性审查中多篇对比文件的“结合”有本质不同，并不违反单独对比原则。

下面结合上诉委员会判例 T 0288/90 进行解释。涉案专利的欧洲专利申请号为 83200645.6，申请日为 1983 年 5 月 6 日，优先权日为 1982 年 5 月 7 日，于 1986 年 4 月 16 日获得授权。该专利涉及一种低表面光泽的热塑性模塑组合物的制备方法。两个上诉人分别于 1986 年 8 月 8 日和 11 月 14 日提交对比文件，认为本专利相对于提交的对比文件不具备新颖性和创造性。1988 年 11 月 11 日，专利权人提交了修改后的新权利要求，其中独立权利要求 1 内容如下：

---

① Guidelines for Examination in the European Patent Office, March 2024 edition, Part G, Chapter VI, 1 State of the art pursuant to Art. 54 (2).

② Case law of the Boards of Appeal of the European Patent Office, 10th edition, July 2022, I. C, 4.2 Combinations within a prior art document.

③ Case law of the Boards of Appeal of the European Patent Office, 10th edition, July 2022, I. C, 4.2 Combinations within a prior art document.

④ 最高人民法院知识产权法庭. 最高人民法院知识产权法庭裁判要旨摘要（2021）［EB/OL］.（2022－02－28）［2024－06－19］. https://www.court.gov.cn/zixun/xiangqing/347371.html.

⑤ Guidelines for Examination in the European Patent Office, March 2024 edition, Part G, Chapter VI, 1 State of the art pursuant to Art. 54 (2).

⑥ Case law of the Boards of Appeal of the European Patent Office, 10th edition, July 2022, I. C, 5 Comparing each individual item from the prior art.

1. 一种制备具有低表面光泽度的热塑性模塑组合物的方法，所述热塑性模制组合物包括在乳液中制备的乙烯基芳族化合物和丙烯酸类化合物在橡胶上的接枝共聚物，以及任选地在乳液中制备的乙烯基芳族化合物与丙烯酸类化合物的共聚物，其中将接枝共聚物和任选的共聚物的胶乳与橡胶胶乳混合，在混合过程中没有显著程度的凝结，将获得的混合物凝结、脱水、洗涤和干燥，其特征在于橡胶胶乳的平均粒径在0.05 μm至1.5 μm之间。

上诉人提交的对比文件1为US2802808A，公开日为1957年8月13日，其公开了苯乙烯－丙烯腈树脂，在二烯橡胶和二烯橡胶上的苯乙烯和丙烯腈接枝物的组成，并具体公开了其制备方法。对比文件1的制备方法与新提交的权利要求相同，区别技术特征在于橡胶胶乳的平均粒径在0.05 μm至1.5 μm之间。

异议部认为，对比文件1没有公开粒径范围在0.05 μm和1.5 μm之间，修改后的权利要求1具备新颖性。尽管其他文件提到了粒径范围，但是其他文件不能与对比文件1公开的内容相结合以评述新颖性。

两个上诉人均对异议部的决定提出上诉。上诉人将1952年4月《工业与工程化学》第44卷第4期作为文件12提出，其中包括1952年4月（即对比文件1申请日期前约15个月）上市的橡胶清单。上诉人认为，文件12代表了对比文件1的读者的普通技术水平，无论是单独考虑对比文件1还是与文件12结合阅读，本专利不具备新颖性。

专利权人辩称，新提交的文件12也强调橡胶粒径可以在很宽的范围内变化，对比文件1的读者没有理由对橡胶粒径值取一个具体范围，并且该文件12并未包括所有已知的丁苯橡胶胶乳，没有给出在根据权利要求1制造的聚合物中使用具有规定粒径的胶乳的教导。

本案焦点在于，在对比文件1没有公开粒径范围的情况下，能否认为新提交的文件12代表了当时本领域技术人员的一般技术知识，并且是否能够在对比文件1的基础上引入文件12，共同用于评价新颖性。

上诉委员会认为文件12发表于对比文件1申请日前15个月，可以被视为代表了当时的一般技术知识，比先前引用的任何文件都更全面地回顾了可用橡胶胶乳的粒径，与对比文件1的读者能从对比文件1获得的教导有关。上诉委员会指出，尽管出于评估新颖性的目的，将两份文件放在一起阅读通常是不合法的，但是，在解释单篇文件时，有必要在阅读时牢记一般技术知识，并查看代表性技术文献，以帮助正确解释特定术语。本案中要解释的术语是“常规丁苯橡胶buna－S、GR－S丁苯橡胶胶乳”，需要确定其在商业途径可获得的正常粒径是多少。文件12给出的17个丁苯橡胶胶乳中有4个比例为70/30。这17

个胶乳的平均粒径无一例外地在0.05 μm至0.22 μm范围内，而4个70/30丁苯橡胶胶乳的平均粒径分别为0.22 μm、0.15 μm、0.20 μm和0.22 μm。根据对比文件1给出的示例，对本领域技术人员而言最有可能用于制造组合物的胶乳，其粒径将在所披露的0.05 μm至0.22 μm范围内。由此可见，权利要求1相对于对比文件1不具备新颖性。

对于上诉委员会的这个意见，可以看出本申请是否具备新颖性的关键在于，要考虑本领域技术人员依其普通技术知识，在阅读了对比文件1之后，是否能够意识到对比文件1中有关橡胶粒径也会落在权利要求1声称的粒径范围内。而在阅读对比文件时，不仅考虑其记载的内容，还应当结合普通技术知识来理解其中的术语。文件12作为当时普通技术知识的代表或者说证据，可以被用来辅助理解对比文件1中特定橡胶胶乳的粒径是何种范围。因此本领域技术人员阅读对比文件1之后，根据当时的普通技术知识能够知晓橡胶胶乳的粒径应该符合文件12所述范围，即落入权利要求1生成的范围之内。在这种看起来像是结合了两篇对比文件的新颖性评价方式中，第二篇参考文件的引入其实是通过证实本领域技术人员当时的普通技术水平，从而解释第一篇对比文件中的特定术语，与创造性评价中两篇Y类对比文件的结合关系并不一样。

在我国的审查实践中，在考虑权利要求中技术术语的理解及其是否被现有技术公开时，可以基于说明书记载的内容和现有技术公开的内容，借助教科书、工具书等记载本领域普通技术知识的文献，站位本领域技术人员，从该技术术语的处理对象、目的、方式和原理等方面进行分析，确保事实认定的客观性和准确性①。但如果引入辅助证据来进一步阐述主要对比文件中的内容，则需非常谨慎以避免违反单独对比原则。

（二）隐含特征

对比文件公开的内容不仅包括其明文公开的内容，也包括本领域技术人员根据对比文件明确提及的内容而能够直接地、毫无疑义地确定的任何特征。例如，本领域技术人员能够确认对比文件公开使用橡胶是为了运用其弹性性能，那么即使没有明确说明，该对比文件也能够否定使用弹性材料的新颖性。

究竟要达到什么样的确定性标准才能被认为构成隐含特征呢？对此《欧洲专利局审查指南》没有更详细的描述，我们可以参考《欧洲专利局上诉委员会判例法》，“只有本领域技术人员能够立即清楚地看到，除了被认为的隐含特征之外，被公开的主题不可能包括其他东西时，才能认为该特征确实是隐含的。

---

① 国家知识产权局专利局审查业务管理部．专利审查指导案例：第一辑［M］．北京：知识产权出版社，2024：84.

换言之，如果可以从该公开直接且明确地推断所要求保护的主题，包括对于技术人员而言在显式公开中隐含的特征，则该现有技术公开能够破坏新颖性”①。

看上去有点晦涩，我们通过一个案子来解释一下。上诉委员会判例 T 95/97 涉及欧洲专利申请号为 89311312. 6 的发明专利申请，申请日为 1989 年 11 月 1 日，并要求分别于 1989 年 7 月 17 日和 1989 年 2 月 21 日的美国优先权，1994 年 1 月 19 日获得授权。上诉人以权利要求 9 不具备新颖性为由提出撤销专利的请求，提供的对比文件为 A1：EP－A－0 329373。

权利要求 9 的内容如下：

一种用于飞机的制动系统，包括：

第一和第二组制动器，其与飞机的各组车轮相关联；

受操作员控制的制动器致动装置，其与所述第一和第二组制动器相连，以允许操作员调节所述制动器处制动压力的施加和释放；

与所述车轮相关联的车轮速度感测装置，用于产生指示飞机瞬时速度的轮速信号；

制动器选择装置，其互连在所述第一和第二组制动器与所述车轮速度感测装置之间，用于当所述飞机的速度低于第一预定阈值速度时启用所述第一组制动器并禁止所述第二组制动，其中所述制动器具有用于施加和释放制动压力的相关制动阀，所述操作员控制的致动装置与所述制动阀互连，用于控制从所述制动阀到所述制动器的制动压力计量；以及设置在所述制动阀和所述制动器之间的防滑控制装置，用于根据相关车轮的制动活动选择性地控制从所述制动阀向所述制动器施加的制动压力。

经确认，权利要求 9 与文件 A1 文字公开内容的区别在于，设置在所述制动阀和所述制动器之间的防滑控制装置，用于根据相关车轮的制动活动选择性地控制从所述制动阀向所述制动器施加的制动压力。本案的焦点就在于，如何准确把握对比文件是否隐含公开了权利要求的某特征，即对比文件 A1 是否隐含公开了权利要求 9 中的防滑控制装置。

对此，上诉人认为，对于飞机制动系统领域的技术人员来说，在 A1 中采用防滑控制是显而易见的。虽然 A1 公开的选择性制动并非不可能在没有防滑的情况下使用，但这也仅仅是理论上的可能性，实践中对于具有足够数量的制动器以允许使用选择性制动的大型飞机，本领域技术人员一般认为防滑是隐含

① Case law of the Boards of Appeal of the European Patent Office, 10th edition, July 2022, I. C, 4. 3 Taking implicit features into account.

的基本要求。此外，文件 A1 本身也清楚地向本领域技术人员教导了防滑制动的设想，例如在第 3 栏第 27 ~31 行中提到了电子控制单元对每个电液阀的单独控制，同时电子控制单元接收来自多个车轮速度传感器的输入，在车轮速度的基础上对制动器的单独控制显然意味着防滑控制。异议部门认可上述观点，也认为结合上下文总体考虑 A1 公开的制动系统，防滑控制装置对本领域技术人员而言是隐含公开的，权利要求 9 缺乏新颖性。

专利权人则认为，虽然飞机通常装有防滑制动系统，但并不必然如此。防滑对于文件 A1 中的选择性制动功能是不必要的，且 A1 没有给出用该选择性制动系统中的电液阀充当防滑阀的技术教导，没有令人信服的证据证明文件 A1 明确或隐含地公开了该特征，权利要求 9 具备新颖性。

上诉委员会则倾向于支持专利权人，理由在于尽管大多数大型飞机都有防滑控制装置，但这种已知的飞机制动系统显然可以在没有防滑控制装置的情况下运行，因此，不能认为防滑控制是文件 A1 公开的制动系统的绝对必要特征。文件 A1 的公开内容主要涉及在滑行期间禁用部分制动器，这与防滑考虑无关。在飞机制动系统选择性禁用一个或多个制动器的情况下，车轮制动器液压阀的单独控制不一定与防滑控制相关联。文件 A1 提及的传统系统组件也不涉及防滑控制的必要性。此外，不能从文件 A1 的公开中推断出每个车轮都具有车轮速度传感器。为了准确测量飞机的速度，当飞机不是直线移动时，多个轮速传感器会比单个轮速传感器更加可靠。上诉委员会认为，只有在本领域技术人员明显认为除了所谓隐含特征之外，没有其他任何可能性的情况下，该特征才能被视为隐含。本案中的证据不足以证明文件 A1 隐含公开了防滑控制装置，权利要求 9 相对于文件 A1 具备新颖性。

由此可以看出，欧局在判断某一特征是否被对比文件公开时，需遵循严格的审查标准，即对本领域技术人员而言，该特征要能够从对比文件明确公开的内容中直接地、毫无疑义地得到，而不存在任何其他可能性。未被对比文件明确公开的内容，即使一般有助于克服本领域的缺点，如果不能从明确表示该缺点不可接受的对比文件中直接得到，或者还存在其他解决方案，也不能被认为隐含公开①。因此，需要准确站位本领域技术人员，区分何为必然如此的隐含特征，何为容易想到的公知常识。这个逻辑和我国的判断逻辑一致。在本案中，不妨认为防滑控制装置是本领域技术人员基于大飞机通常存在的防滑需求而易于想到的公知常识，对其进行创造性评价。

---

① Case law of the Boards of Appeal of the European Patent Office, 10th edition, July 2022, I. C, 4.3 Taking implicit features into account.

（三）一般概念与具体概念

一般概念又称为上位概念，具体概念又称为下位概念，在新颖性审查实践中，两者如何互相影响是经常遇见的问题。对此，《欧洲专利局审查指南》与我国《专利审查指南2023》秉持同样的审查标准，即一般概念通常不会否定具体概念的新颖性，但具体概念的公开可以否定一般概念权利要求的新颖性，同时该具体概念的公开并不否定属于同一一般概念中的其他未被公开的具体概念的新颖性①。两者甚至使用了同一个示例来说明该问题，例如，铜的公开否定金属作为一般概念的新颖性，但不影响除铜以外其他金属的新颖性，反之，金属的公开并不影响铜作为具体概念的新颖性。

（四）方法限定的产品权利要求

使用制备方法来定义产品的权利要求应当被解释为对该产品本身的权利要求，其技术内容不在于制备方法本身，而在于该制备方法赋予该产品的技术特性，这种权利要求通常形如“一种产品X，可通过加工Y而获得”。在新颖性审查中，当一种产品由其制备方法来定义时，必须确认该产品是否与现有技术中的已知产品相同。一种产品通常不会仅仅因为它是通过一种新的方法生产的就具备了新颖性，如果要认定制备方法限定的产品权利要求与现有技术中的产品存在区别，通常举证责任在于申请人，即申请人必须提供证据证明对制备工艺的改进确实产生了另一种产品，例如证明产品的性质存在明显差异。

此外，《欧洲专利局审查指南》指出还存在产品权利要求中同时存在产品特征和方法特征的情形②。当这种产品权利要求中的方法特征能够使得要求保护的产品具有与现有技术中的已知产品不同的属性时，方能认为该产品具备新颖性。与制备方法限定的产品权利要求类似，这种情形下也应由申请人承担举证责任。

相关内容也可以进一步参考本书第六章第二节的内容。

（五）用途限定的产品权利要求

欧洲专利局认为，当一项权利要求的主题名称为“用于执行某方法的设备”时，其将被解释为仅指适于执行该方法的设备。如果现有技术中的某设备具有该权利要求限定的所有特征，但它不能适于该用途，或需要修改方能用于该用途，通常不能影响该权利要求的新颖性。对用于特定用途的物质或组合物

---

① Guidelines for Examination in the European Patent Office, March 2024 edition, Part G, Chapter VI, 4 Generic disclosure and specific examples.

② Guidelines for Examination in the European Patent Office, March 2024 edition, Part F, Chapter IV, 4.12.1 Product claim with process features.

的权利要求，如果某已知产品表面上与该权利要求限定的物质或组合物相同，但其形式使其不适合所述用途，也不影响该权利要求的新颖性；反之，如果已知产品的形式实际上也适合于所述用途，尽管现有技术从未描述过该用途，仍然足以否定权利要求的新颖性。相关内容也可以进一步参考本书第六章第二节的内容。

对于用途限定的产品权利要求的新颖性审查，中欧两局总体较为相似，都要判断该用途限定是否导致发明与现有技术之间存在结构上的差异，若未导致差异，则认为该用途限定并不能使发明具备新颖性。但《欧洲专利公约》第54（4）条和第54（5）条规定了特殊的例外情形下，即便产品本身已被现有技术公开，医药用途限定也能够使该产品具有新颖性。对此可进一步参见本小节第（八）点。

欧洲专利局还提及了“装置加功能”权利要求的新颖性判断①。这种权利要求通常形如“一种产品，包括用于……的装置”。任何适用于执行“装置加功能”特征的功能的现有技术都影响权利要求的新颖性，例如，门钥匙和撬棍都影响“用于开门的装置”的新颖性。

这种一般性解释原则有一种特殊情况，即“装置加功能”特征的功能是由计算机或类似设备执行的。当一种方法的步骤完全由计算机程序执行时，其通常可以被撰写为四种形式②，例如：

形如“一种计算机实施的方法，包括步骤A、B……”的方法权利要求；

形如“一种数据处理装置/设备/系统，包括用于执行步骤A的装置，用于执行步骤B的装置，……”的装置/设备/系统权利要求；

形如“一种包括指令的计算机程序产品，当程序被计算机执行时，使得计算机执行步骤A、B……”的计算机程序产品权利要求；

形如“一种包括指令的计算机可读存储介质，当被计算机执行时，使得计算机执行步骤A、B……”的计算机可读存储介质/数据载体权利要求。“装置加功能”为其中的第二种方式。

在评判上述四种形式的权利要求的新颖性时，通常从第一种的方法权利要求开始。如果该方法权利要求的主题具备新颖性，只要其他三种权利要求包含使得该方法权利要求具备新颖性的所有特征，则其通常也具备新颖性。

---

① Guidelines for Examination in the European Patent Office, March 2024 edition, Part F, Chapter IV, 4. 13. 2 Interpretation of means - plus - function features (“means for...”).

② Guidelines for Examination in the European Patent Office, March 2024 edition, Part F, Chapter IV, 3. 9. 1 Cases where all method steps can be fully implemented by generic data processing means.

（六）参数限定的产品权利要求

产品权利要求一般通过结构特征进行限定，但有时无法借助结构特征限定，或者使用性能、参数限定更加合适。对于通过参数定义的产品权利要求，在审查过程中引用的相关现有技术可能没有记载任何相关参数，或者记载的参数与本申请不同。如果现有技术公开的已知产品和请求保护的产品在所有其他方面均相同，审查员会首先提出没有新颖性的反对意见，由申请人举证证明存在区别特征。如果申请人无法举出足够有说服力的证据，则不能认为权利要求具备新颖性。这与我国《专利审查指南2023》在包含性能、参数特征的产品权利要求的新颖性审查中关于推定没有新颖性的相关规定十分类似①。

另外，如果申请人通过对比实验等手段，能够证明两者参数差异确实带来区别，欧洲专利局认为，此时本申请是否满足《欧洲专利公约》第83条关于公开充分的要求存疑，即本申请是否公开了制造具有权利要求中指定参数的产品所必需的所有特征②。

（七）选择发明

选择发明涉及从现有技术公开的更宽范围中选择单个元素、子集或子范围。在我国《专利审查指南2023》中，选择发明是在创造性章节中作为一种类型发明而予以阐述的，但在《欧洲专利局审查指南》中，有关选择发明的内容是在新颖性审查中进行规定的，具体分为多种不同情形，且其审查标准与我国有所不同。

相对于现有技术，一项权利要求中可能仅存在一处选择，也可能存在多处选择；既可能是已知集合中特定元素的选择，也可能是数值范围的选择。以下对各种选择的新颖性判断分情况说明。

在只有一处选择，即包含了对一个特征进行选择时，如果是从已公开的元素的集合列表中选择一个或多个元素，不具备新颖性。

而如果这一处选择是从现有技术公开的宽数值范围中选择子范围，则问题较为复杂。如果现有技术公开的任何特定数值（无论该数值是源于具体示例或作为范围端点）落入要求保护的范围内，该选择不具备新颖性。要想具备新颖性需要满足两个条件，一是与已知范围相比，所选子范围较窄；二是所选的子范围与现有技术中公开的任何具体示例相距足够远。“较窄”“相距足够远”的含义要根据具体情况具体分析，需要考虑本领域技术人员基于现有技术的教导，

---

① 国家知识产权局．专利审查指南2023［M］．北京：知识产权出版社，2024：175.

② Guidelines for Examination in the European Patent Office，March 2024 edition，Part G，Chapter VI，5 Implicit disclosure and parameters.

是否会“认真考虑”（seriously contemplating）使用所选定的子范围，如果会，则该选择发明不具备新颖性。

为了帮助理解，《欧洲专利局审查指南》第G部分第Ⅵ章第7节给出了示例。例如，权利要求1限定液体洗涤剂组合物中表面活性剂重量百分比为3.0%～6.0%。第一种情况是，D1公开了一种液体洗涤剂组合物，其包含一般重量百分比范围为1%～30%的表面活性剂，还举了一个重量百分比为25%的具体实施例。此时权利要求1具备新颖性，因为与D1公开的范围相比，其要求保护的范围很窄，同时还与具体实施例相去甚远。第二种情况是，如果D1的具体实施例还公开了表面活性剂的重量百分比为4.5%，或者D1还公开了重量百分比为5%～20%的更优范围，则权利要求1不具备新颖性。第三种情况是，如果D1还公开了一个表面活性剂重量百分比为2.8%的示例，权利要求1是否具备新颖性，取决于“认真考虑”D1公开的2.8%的点值与权利要求1声称的3.0～6.0%范围是否相距甚远。

熟悉我国数值范围新颖性判断标准的读者将会发现，在第一种情况下，仅根据数值范围的上下位关系即可认为权利要求1具备新颖性，无须考虑所谓“相距甚远”的问题。在第二种情况下，根据点值与数值范围、数值范围之间的重叠关系，权利要求1不具备新颖性。在第三种情况下，权利要求1具备新颖性，权利要求1中3.0%～6.0%与D1中的2.8%之间的差异构成区别特征，是否相距甚远是显而易见性的评判，更应当归属为创造性审查。这体现了在选择发明的新颖性审查中欧洲专利局与我局的不同，他们认为这里“认真考虑”的概念与创造性评价的概念不同，并不是在已经存在区别特征的情况下评估本领域技术人员是否会合理尝试弥合现有技术与权利要求之间的差别①，仍然属于新颖性审查范畴。

如何考虑“相距甚远”以及“认真考虑”呢？在上诉委员会第T 26/85号决定中，权利要求1要求保护磁记录层厚度在0.05 μm和0.1 μm之间，而对比文件公开了磁记录层厚度至少为0.1 μm，优选至少为0.5 μm，但不大于3 μm，并指出磁记录层厚度太小则效果不佳。上诉委员会认为，现有技术给出了合理而明确的劝阻，使得本领域技术人员不会使用厚度低于0.1 μm的记录层，因此权利要求1具备新颖性。而在T 198/84号决定中，权利要求1请求保护的催化剂浓度范围为0.02～0.2mol%，对比文件公开了催化剂浓度范围为0～100mol%，并给出了22个具体实施例以证明催化剂的优异效果，实施例中

① Guidelines for Examination in the European Patent Office，March 2024 edition，Part G，Chapter VI，7 Selection inventions.

的浓度范围为 2 ~ 13mol%。上诉委员会认为，本申请所选的 0.02 ~ 0.2mol% 相对于对比文件给出的 0 ~ 100mol% 范围很窄，且对比文件实施例的浓度范围比本申请的浓度范围高出至少 10 倍，两者相去甚远，因此权利要求 1 具备新颖性。

如果存在多处选择，则问题变得更加复杂，大致又需分为三种情形：

第一种是该选择在于多种单个元素的选择，或从多个较大集合中选择多个子集，可以理解为从两个或多个一定长度的列表中进行选择。此时新颖性的判断参照"双列表原则"（the "two - list principle"），即从两个或多个一定长度的列表中进行选择得到特定的特征组合，如果现有技术未具体公开该特征组合，则具备新颖性，如果现有技术中存在对这种特定组合的指引，则不具备新颖性①。

《欧洲专利局审查指南》给出的示例是一种限定了使用氯化钠（NaCl）作为催化剂的权利要求 1。如果 D1 公开了使用碱金属卤化物作为催化剂，碱金属选自 Li、Na、K 和 Rb，卤化物选自 F、Cl、Br 和 I，则需要从这两个列表中进行选择，才能得出权利要求的具体组合 NaCl。由于 D1 并未公开更多信息，因此权利要求 1 具备新颖性。

第二种是该选择在于从多个更宽数值范围中选择多个子范围。所选择的子范围有可能完全落入现有技术的宽范围内，或者与现有技术的宽范围重叠。此时新颖性的判断也适用"双列表原则"。不能仅仅因为现有技术分别公开落入各个子范围中的特定值或端点就否定权利要求的新颖性，在现有技术没有任何指向特定子范围组合的指引的情况下，从多个宽范围中选择多个子范围具备新颖性②。

《欧洲专利局审查指南》对此也举例进行了说明。权利要求 1 定义了一种含有 5% ~8% 镁、12% ~16% 锌和其他金属的合金。D1 公开了含有 7% ~20% 镁和 14% ~22% 锌的类似合金，还给出含有 16% 镁和 21% 锌的合金的具体实施例。由于合金成分可能会互相影响，不应当孤立考虑，在 D1 没有进一步教导的情况下，权利要求 1 具备新颖性。在本例中，根据我局的新颖性判断标准，由于 D1 公开的两个数值范围分别与权利要求 1 的两个数值范围部分重叠，因而 D1 公开了权利要求的两个数值范围特征，权利要求 1 不具备新颖性。

---

① Guidelines for Examination in the European Patent Office, March 2024 edition, Part G, Chapter VI, 7 Selection inventions.

② Guidelines for Examination in the European Patent Office, March 2024 edition, Part G, Chapter VI, 7 Selection inventions.

第三种是该选择同时包括列表中元素的选择和子数值范围选择，此时综合考虑上述第一和第二种情况中的判断原则。例如在化学领域，同时包含成分选择和含量选择。此时成分或者含量任一没有被公开，则具有新颖性。

当选择涉及数值范围时，欧局还会考虑数值的误差范围。一般认为，数值的最后一位小数指示其精确性，在没有给出其他误差范围的情况下，将通过四舍五入得到的最后一位小数的范围作为最大误差范围①，例如测量值为3.5厘米，则误差范围为3.45~3.54厘米。

下面通过一个判例来说明欧局在新颖性判断中数值精确度的考量。判例T 1186/05涉及的欧洲专利申请号为96301926.0，申请日为1996年3月21日，优先权日为1995年3月22日。该专利独立权利要求1涉及一种多层薄膜，内层包括密度为0.89至0.92克/立方厘米的均质乙烯/α-烯烃共聚物。

异议人以缺乏新颖性和创造性为由，要求撤销该专利，引用的对比文件包括D1：WO-A-95/13918。D1为进入欧洲的PCT国际申请，其构成了在先申请、在后公开的抵触申请，其公开了薄膜内层使用了密度为0.865~0.885克/立方厘米的均质超低密度聚乙烯。

异议人否认权利要求1的新颖性，理由是D1公开的0.885四舍五入相当于0.89，因此D1公开了权利要求1中“包括密度为0.89至0.92克/立方厘米的均质乙烯/α-烯烃共聚物”。

专利权人则认为，如果要将D1密度值的三位小数缩减为两位，既可以向上入一位也可以向下舍去最后一位，因此即使在D1的内层中使用密度为0.885克/立方厘米的共聚物，也并不等于公开了密度为0.89克/立方厘米。

本案的争议焦点在于，能否出于数值精度的考虑而对对比文件公开的数值进行四舍五入，使之落入权利要求请求保护的数值范围，从而影响其新颖性。

上诉委员会认为，四舍五入的数学规则是常规的、固定的，最后一位数字为5或更大时要向上入，对于D1公开的0.885克/立方厘米，当按照标准数学规则四舍五入时，其值为0.89克/立方厘米，落入权利要求1的范围内，而不是舍掉最后一位成为0.88从而避开权利要求1的范围。本申请使用两位小数来定义密度范围，这意味着只有把使用三位小数的现有技术的数值保留至两位时才能与之进行比较。因此阅读D1的技术人员会将0.885四舍五入至0.89，以便进行比较。因此，对比文件1公开了权利要求1的数值范围，权利要求1不具备新颖性。

---

① Case law of the Boards of Appeal of the European Patent Office, 10th edition, July 2022, II. E, 1.5 Ranges of parameters - setting upper and lower limits.

在本案审理过程中，专利权人曾援引在先的第 T 74/98 号决定来佐证不应进行四舍五入的观点，为此上诉委员会进一步分析了这两个案例的不同。在 T 74/98 号案例中，权利要求 1 涉及某物质的摩尔比为 5% ~80%，而根据对比文件公开的组合物中各种物质的重量比，可以换算出该物质在对比文件中的摩尔比为 4.96% 或 4.98%。在该案中，上诉委员会指出，不应将 4.96% 或 4.98% 四舍五入为 5%，从而认为公开了权利要求 1 的数值范围，是因为对比文件中的 4.96% 或 4.98% 是根据对比文件已经明确公开的重量比计算出来的准确数值，并非存在误差的测量值，如果将其四舍五入为 5%，实际上意味着相关物质的重量比也发生了变化，相当于改变了对比文件公开的组合物。本案的情况与 T 74/98 号案例完全不同，因此本案的结论与其并不矛盾。

通过这个案例可以看出，欧洲专利局认为，与测量相关的数值会受到测量误差影响，在比较不同有效位数的测量数值时，有必要考虑数值精确性，而在科学技术文献中的一般惯例为数值的最后一位小数表示其精确性，在没有给出其他误差范围的情况下，将通过四舍五入能够得到最后一位小数的范围作为最大误差范围。

（八）已知产品的第一和第二医药用途

与我国《专利法》第 25 条类似，《欧洲专利公约》第 53（c）条规定对实施于人或动物身体的疾病的诊断和治疗方法不授予专利权，但公约第 54 条的第 4 款和第 5 款规定了被称为第一和第二医药用途的两种特殊例外新颖性情形。如果某种物质或组合物是已知的，但以前从未公开其可用于疾病的诊断和治疗方法，则该物质或组合物仍可根据第 54（4）条获得专利，即第一医药用途的产品权利要求。如果已知某种物质或组合物已用于第一医药用途，但该物质或组合物在疾病的诊断和治疗方法中的第二或更进一步用途具有新颖性和创造性，则该物质或组合物仍可根据第 54（5）条获得专利，即第二医药用途的产品权利要求。

从历史发展来看，在 1973 年修订的《欧洲专利公约》中，已知物质或组合物的第一医药用途产品权利要求的新颖性已被认可，但排除第二医药用途产品权利要求的新颖性，由此产生了被称为瑞士型权利要求的制药用途型权利要求，与第一、第二医药用途产品权利要求不同，这种权利要求属于方法权利要求。瑞士型权利要求的主要撰写方式为“物质 X 在制备治疗疾病 Y 的药物中的用途”，尽管其某种程度上解决了对于治疗方法的限制，但也面临诸多问题[①]。

---

① 吴立，薛旸．欧洲医药用途发明专利的审查标准沿革及中欧审查实践对比［J］．中国新药杂志，2020，29（13）：1449－1455.

2000 年修订的《欧洲专利公约》认可了第二医药用途产品权利要求的新颖性。根据扩大上诉委员会的第 G 2/08 号判例，如果申请的申请日或最早优先权日在 2011 年 1 月 29 日当天或之后，瑞士型权利要求将不再被接受①。

想要通过第一和第二医药用途获得专利权，申请人必须特别注意权利要求的撰写方式。如果将权利要求撰写为“使用物质或组合物 X 治疗疾病 Y……”，该权利要求将作为治疗方法而被公约第 53（c）条明确排除。如果 X 是一种已知物质，但其在药物中的用途尚未被公开过，则可以撰写为“用作药物的物质 X”。如果现有技术已经公开过 X 作为药物的用途，但用于治疗疾病 Y 相对于现有技术是有创造性的，则可以撰写为“用于治疗疾病 Y 的物质 X”。进一步地，假设疾病 Y 是癌症，且将 X 用于治疗癌症也已经是现有技术，如果将 X 用于治疗某一种具体癌症具备创造性，例如白血病，还可以撰写为“用于治疗白血病的物质 X”。

第二医药用途的权利要求撰写更加复杂，涉及产品类型、该产品用于诊断用途、治疗用途或外科手术用途、从属权利要求等多个方面，各有不同的细节要求，鉴于其较高的专业性，本书对此不作展开讨论，感兴趣的读者可以参阅《欧洲专利局审查指南》，其相关章节给出了大量示例②。

我国《专利法》并未设置这两种特殊情形，因此我国的新颖性审查中没有第一、第二医药用途的概念。一种产品不能因为提出了某一新的应用而被认为是一种新的产品。因此对于医药用途类发明，一般还是采用瑞士型权利要求的保护形式③。因此国内申请人在通过《保护工业产权巴黎公约》、PCT 等途径向欧洲提出专利申请时，一定要注意这个差异，提前撰写相关内容，或者在说明书中留下修改的明确依据。

（九）公知等同物

在我国，惯用手段的直接置换是新颖性审查中的一种情形，其审查标准是，如果权利要求与对比文件的区别仅仅是惯用手段的直接置换，则权利要求不具备新颖性，例如采用螺栓固定方式的权利要求相对于公开了螺钉固定方式的对比文件不具备新颖性④。

---

① Guidelines for Examination in the European Patent Office, March 2024 edition, Part G, Chapter VI, 6. 1 First or further medical use of known products.

② Guidelines for Examination in the European Patent Office, March 2024 edition, Part G, Chapter VI, 6. 1 First or further medical use of known products.

③ 吴立，薛旸．欧洲医药用途发明专利的审查标准沿革及中欧审查实践对比［J］．中国新药杂志，2020，29（13）：1449－1455.

④ 国家知识产权局．专利审查指南 2023［M］．北京：知识产权出版社，2024：173.

类似的情形，欧洲专利局称之为公知等同物（well - known equivalents），所持审查标准有所不同。欧洲专利局秉持一种“狭义新颖性”概念，即现有技术文件公开的内容不含其明确或隐含公开的特征的等同物，等同物只有在创造性评价中才予以考虑，而不属于新颖性的审查范畴①。当权利要求与现有技术差别在于公知等同物时，该权利要求具备新颖性，随后应当在创造性审查中考虑其显而易见性。

（十）非技术特征

随着计算机、商业方法等特定领域的蓬勃发展，权利要求中混合存在技术特征和非技术特征的情形也逐渐变得常见。上诉委员会认为，这种情形是允许的，甚至非技术特征可能构成权利要求主题的主要部分，但新颖性和创造性只能基于技术特征，非技术特征如果并未与技术主题相互作用以解决技术问题，未对现有技术作出贡献，将在新颖性和创造性判断中被忽略②。要求保护的发明不具备新颖性，除非其包括至少一个与现有技术相区别的必要技术特征③。在新颖性判断目的下，单纯智力活动的规则不能构成新的技术特征，仅包括已知技术特征的权利要求不具备新颖性④。

例如上诉委员会判例 T 959/98，涉案专利申请和现有技术在记载上的区别就在于一个自定义参数的计算方法，而上诉委员会则认为该区别是智力活动，属于非技术特征，不能使权利要求 1 具备新颖性。

对于混合出现技术特征和非技术特征的权利要求的审查，《欧洲专利局审查指南》对其新颖性着墨不多，在对这种权利要求实施被称为“问题 - 解决法”的创造性审查方法中有所提及，即对于混合型发明，要确定要求保护的发明与最接近的现有技术的区别，如果没有区别（甚至没有非技术的区别），则提出新颖性反对意见，如果区别未作出任何技术贡献，则提出创造性反对意见，如果区别包含作出技术贡献的特征，则再分情况讨论其创造性。此处只是概述一下基本内容，详情请参阅本书第四章第一节第五小节的内容。

① Case law of the Boards of Appeal of the European Patent Office, 10th edition, July 2022, I. C, 4. 5 Taking equivalents into account.

② Case law of the Boards of Appeal of the European Patent Office, 10th edition, July 2022, I. C, 5. 2. 8 Non - technical distinguishing features.

③ Case law of the Boards of Appeal of the European Patent Office, 10th edition, July 2022, I. C, 5. 2. 8 Non - technical distinguishing features.

④ Case law of the Boards of Appeal of the European Patent Office, 10th edition, July 2022, I. C, 5. 2. 8 Non - technical distinguishing features.

五、不丧失新颖性的公开

并非所有的在先公开都损害在后提出的发明的新颖性。《欧洲专利公约》第55条规定了不丧失新颖性的公开：

(1) 为了适用本公约第54条，如果一项发明公开的发生不早于欧洲专利申请提交以前6个月，并且其公开是由于下列事情或者是下列事情的后果，该发明的公开不应予以考虑：

(a) 对申请人或其法律前身而言是明显的滥用；

(b) 申请人或其法律前身已经在1928年11月22日在巴黎签订的、最后在1972年11月30日修改的国际展览会公约所规定的官方或者官方承认的国际展览会上展出其发明的事实。

(2) 对于第1款 (b) 项的情形，只有申请人在提交欧洲专利申请时声明其发明已经这样展出过，并且在实施细则规定的期间内按照其规定的条件提交证明文件的，才适用第1款。

《欧洲专利公约》总体秉承“狭义宽限期”观念，要适用不丧失新颖性的公开，应严格限制基本条件。时间条件是上述公开必须不早于提交申请前6个月。在计算这6个月期限时，相关日期是欧洲专利申请的实际申请日，而不是优先权日。

构成明显滥用的常见情形是他人在违背申请人意愿的情况下公开了发明的内容。这种行为的实施者通常有损害申请人权利的意图，知道相关损害性后果。例如，甲秘密告知乙其发明内容，但乙自行提出专利申请且被公开，如果甲在该公开的6个月内提交专利申请，则乙的专利申请的公开不损害甲的专利申请的新颖性。如果要适用国际展览的情形，申请人应当在提交专利申请时就作出声明，并在4个月内提交相关证明。在上述明显滥用和国际展览这有且仅有两种的情况下发生的在先公开，不被视为现有技术的一部分①，不损害发明的新颖性。

我国《专利法》第24条亦有关于不丧失新颖性的宽限期。我国采用自优先权日起6个月的狭义宽限期②，包括四种情形：①在国家出现紧急状态或者非常情况时，为公共利益目的首次公开的；②在中国政府主办或者承认的国际展览

① Guidelines for Examination in the European Patent Office, March 2024 edition, Part G, Chapter V, 1 General.

② 尹新天. 中国专利法详解 [M]. 北京：知识产权出版社，2011：328.

会上首次展出的；③在规定的学术会议或者技术会议上首次发表的；④他人未经申请人同意而泄露其内容的。与欧洲不同的是，在要求优先权的情况下，期限计算适用优先权日。

最高人民法院曾就上述第四种情形的适用提出了裁判思路，即“专利法关于新颖性宽限期中的‘他人未经申请人同意而泄露其内容’的规定，核心在于他人违背申请人意愿公开发明创造的内容。具体判断时，可以综合考虑申请人的主观意思和客观行为，即申请人主观上是否愿意公开或者是否放任公开行为的发生，客观上是否采取了一定保密措施使其发明创造不易被公众所知晓。他人违反明示保密义务或者违反根据社会观念、商业习惯所应承担的默示保密义务，擅自公开发明创造内容的，构成违背申请人意愿，属于‘他人未经申请人同意而泄露其内容’”①。

第二节　美　　国

一、概述

修订后的《美国发明法案》（AIA）于2013年3月16日正式生效，美国的专利制度正式由“先发明制”改为“先申请制”。美国《专利法》对新颖性的要求规定于《美国法典》第35编即美国《专利法》第102条中，也相应进行了修订。

现行美国《专利法》第102条规定如下：

“第102条　可专利性条件；新颖性

（a）新颖性；现有技术——一个人应当被授予专利，除非：

（1）在要求保护的发明的有效申请日前，要求保护的发明已经取得专利权，被印刷出版物描述，或被公开使用，销售，或以其他方式为公众所知；或

（2）要求保护的发明在依据第151条授权的专利中，或者在依据第122（b）条公开或视为公开的专利申请中已有描述，而在此情况下，所述专利或申请署名为另一发明人，并且在要求保护的发明的有效申请日前已经有效提出申请。

（b）例外：

（1）在要求保护的发明的有效申请日前一年或一年以内所作的披露——在

① 最高人民法院．最高人民法院知识产权法庭裁判要旨摘要（2022）[EB/OL]．（2023-03-30）[2024-06-20]．https：//www. court. gov. cn/zixun/xiangqing/394832. html.

要求保护的发明的有效申请日前一年或一年以内的披露不应依据（a）（1）条作为要求保护的发明的现有技术，如果：

（A）该披露是由发明人或共同发明人，或者因发明人或共同发明人直接或间接地披露而获得发明主题的他人作出；或

（B）在该披露作出之前，披露的主题已经由发明人或共同发明人，或者因发明人或共同发明人直接或间接地披露从而获得发明主题的他人公开。

（2）出现在专利申请和专利中的披露——以下披露不属于依据（a）（2）条作为所要求保护的发明的现有技术，如果：

（A）披露的主题是直接或间接地从发明人或共同发明人处获得的；

（B）在披露的主题依据（a）（2）条而被有效申请之前，该主题已经由发明人或共同发明人，或者因发明人或共同发明人直接或间接地披露从而获得了发明主题的他人公开；或

（C）不晚于要求保护的发明的有效申请日，被披露的主题和所要求保护的发明已经被同一人享有或负有向同一人转让的义务。

（c）依据合作研究协议的共同所有权——在适用（b）（2）（C）规定时，被披露的主题和要求保护的发明应被视为已经被同一人享有或负有向同一人转让的义务，如果：

（1）被披露的主题和要求保护的发明是由在该要求保护的发明的有效申请日当天或之前生效的合作研究协议的一方或多方所开发和完成，或者代表其开发和完成；

（2）要求保护的发明属于为实施合作研究协议范围内行为所导致的结果；以及

（3）再要求保护的发明的专利申请中披露或经修改而披露了合作研究协议的当事人姓名。

（d）可作为现有技术的专利和公开的申请——为了确定专利或专利申请是否属于依据（a）（2）条所规定的要求保护的发明的现有技术，对于其中记载的任何主题，应当考虑该专利或专利申请是否已经有效提出：

（1）若不适用以下第（2）项，则指在该专利或专利申请的实际申请日；或

（2）如果专利或专利申请有权依据第119、365（a）、365（b）、386（a）或386（b）条享有优先权，或基于一个或多个在先提出的专利申请，依据第120、121、365（c）或386（c）条要求更早的申请日，则指在记载了主题的最早此类申请的申请日。”

不得不说，美国的成文法相关条款特别之烦琐，新颖性条款就是一个代表。为了厘清，我们先看一些重要概念，其含义其实规定于美国《专利法》第100条。例如，“有效申请日”是指实际申请日，有优先权的则是优先权日，有多个优先权的则是最早的优先权日。“发明人”是指发明或发现该发明主题的个人，如果是联合发明，指发明或发现该发明主题的所有人整体。“合作研究协议”是指两名或两名以上的个人或实体为在要求保护的发明领域内进行实验、开发或研究工作而签订的书面合同、授权或合作协议。

现行第102条总体结构比较复杂，内容十分丰富，分为4款，分别用小写字母a、b、c、d表示，主要是对现有技术及其例外情形的规定。第102（a）条是对现有技术的定义，分成两类，第102（a）（1）条规定了第一类现有技术，即在有效申请日前为公众所知的现有技术，类似于我国《专利法》中定义的现有技术，同样没有限制地理范围，采用了绝对新颖性标准。修订后的第102（a）（1）条相对于修订前的第102（a）条有一个关键变化，不再要求现有技术必须是“他人”的。第102（a）（2）条规定了第二类现有技术，包括在先申请、在后公布的美国专利或专利申请，不严谨地说，比较类似于我国的抵触申请。

第102（b）条规定了不属于现有技术的一些例外情形，也分为两类，第102（b）（1）、（2）条分别规定对应于前述第一类和第二类现有技术的一些例外情形，主要涉及对宽限期的相关规定。

第102（c）条涉及合作研究协议的共同所有权，是对第102（b）（2）（C）条提及的情形适用的进一步规定。

第102（d）条涉及判断专利或专利申请是否构成第102（a）（2）条规定的现有技术时对其有效日期的规定。

在2013年3月16日提出的专利申请仍然适用修订前的旧法，这意味着未来十余年中很多案件的审查仍按旧法规定进行，特别是无效、诉讼等阶段，且MPEP中所引证的经典判例的申请日期多在2013年3月16日之前，其中引用的法条就是修订前的，为便于读者参阅，也有必要简要了解修订前的美国《专利法》第102条，其内容为：

“第102条　可专利性条件：新颖性和专利权的丧失

一个人应当被授予专利，除非存在以下情况：

（a）在专利申请人完成其发明以前，该发明在本国已为他人所知或使用，或者在本国或外国已经获得专利或在印刷出版物上记载；或

（b）在本国专利申请日之前一年以上，该发明在本国或外国已经获得专利

或在印刷出版物上已有记载，或者在本国已经公开使用或销售；或

（c）该项发明已被放弃；或

（d）在美国专利申请日的十二个月之前，该项发明已经由申请人或其法定代理人或受让人在外国提出专利申请或者发明人证书申请，并首先在外国获得专利权，或导致被授权，或者获得发明人证书；或

（e）该项发明已经被记载在：

（1）在专利申请人完成发明之前由他人向美国提出的专利申请中记载，并且该申请已根据第 122（b）条的规定公布，或

（2）在专利申请人完成发明之前由他人向美国提出并获得授权的专利中记载，其中如果根据第 351（a）条定义的条约提出的国际申请指定美国并根据该条约的第 21（2）条的规定用英语公开，则该国际申请具有本款规定的美国专利申请的效力；或

（f）该人本身并没有发明寻求专利的主题；或

（g）（1）根据第 135 条或者第 291 条进行的抵触审查程序中，所涉及的另一发明人按照第 104 条规定的程度证明，在该人的发明之前，该发明已经由他人作出并且没有被放弃、压制或隐瞒；或

（2）在该人的发明之前，该项发明已由他人在本国内作出，并且没有被放弃、压制或隐瞒。在根据本法条规定确定哪一个属于先发明时，不仅应考虑本发明的发明构思与付诸实践的日期，并且还要考虑首先完成发明构思而后付诸实践的人在其早于另一人完成发明构思的某一时间开始直到付诸实践时的合理勤勉。”

额外说明一下，在 2011 年 9 月美国 AIA 之前美国《专利法》第 102 条标题为“新颖性和专利权的丧失”，表明其不仅涉及新颖性问题，还规定了法定阻却，其 a、e、g 款是关于新颖性判断的规则，b、c、d 款涉及法定阻却，f 款关于派生程序①。

第 102（a）条涉及新颖性判断的基本原则，“专利申请人完成其发明以前”意味着先发明制的确立，本款定义了现有技术，将使用公开局限于美国国内，专利和出版物公开则不限地理范围，是一种相对新颖性与绝对新颖性相结合的标准，类似于我国《专利法》过去的规定，与我国现行《专利法》采取的绝对新颖性标准有所不同。

第 102（b）条自专利申请日起向前规定了一年的宽限期，与第 102（a）

---

① 金海军．从美国《专利法》第 102 条看发明人先申请制的实质［J］．知识产权，2013（4）：73－85．

条类似，公开使用局限于美国国内，增加了销售情形，但未将行为主体限制为“他人”，专利和出版物公开则不限地理范围。

第102（c）条表明在申请人自己放弃的情况下将不会获得专利。

第102（d）条规定如果在向美国申请专利之前一年以上首先向外国提出申请并获得外国专利权，则不能获得美国专利权。该条款适用条件苛刻，且《保护工业产权巴黎公约》规定的外国优先权期限为12个月之内，使用本条款的案例比较少①。

第102（e）条涉及不同申请人就相同主题提出专利申请的问题，本款将影响新颖性的现有技术的范围由授权专利扩展至公开的专利申请和指定美国的PCT国际申请。

第102（f）条涉及发明人资格对可专利性的影响。

第102（g）条关于在抵触审查程序中如何在发生抵触的不同发明人之间确定谁先完成发明。

下文将针对修订后的新颖性条款的重要内容进行解释，必要时和修订前的内容进行简单对比。

二、现有技术

（一）现有技术的定义

美国《专利法》第102（a）（1）条规定的第一类现有技术是指，“在要求保护的发明的有效申请日前，要求保护的发明已经取得专利权，被印刷出版物描述，或被公开使用，销售，或以其他方式为公众所知”。对比修订前后的第102条，除了将先发明制修改为发明人先申请制这一核心差异之外，在现有技术的定义方面有一些值得注意的区别，例如时间界限变为有效申请日，不再要求现有技术来自“他人”，新增了以其他方式为公众所知的披露方式作为兜底条款，且对于不同的公开方式也不再设置不同的地理范围限制，统一为全球标准等。此外，需要注意的是，“公开”一词修饰的是“使用”，而不及于“销售”。

美国《专利法》第102（a）（2）条涉及第二类现有技术，具体是指“要求保护的发明在依据第151条授权的专利中，或者在依据第122（b）条公开或视为公开的专利申请中已有描述，而在此情况下，所述专利或申请署名为另一发明人，并且在要求保护的发明的有效申请日前已经有效提出申请”。本款规定

① 金海军. 从美国《专利法》第102条看发明人先申请制的实质［J］. 知识产权，2013（4）：73－85.

类似于我国的抵触申请。要构成此类现有技术，其申请日要早于本申请的有效申请日，并且是已经被授权的美国专利、已公开的美国专利申请或已公开的指定了美国的 PCT 国际申请。

美国《专利法》第 102（a）条规定的现有技术概念大致涵盖了我国《专利法》中的现有技术和抵触申请，但其中第 102（a）（2）条的规定与我国抵触申请概念也存在一些不同之处，例如一是必须来自“他人”而不能是申请人本人提出的申请，因而不会发生自我抵触，我国自 2008 年《专利法》修改后就不再有此要求；二是指定美国但没有进入美国国家阶段的 PCT 国际申请也可能构成抵触申请，而我国要求进入中国国家阶段；三是第 102 条的标题为“新颖性；现有技术”，可以理解为抵触申请情形包括在了现有技术中，而我国并不将抵触申请纳入现有技术范畴；四是作为现有技术的一部分，抵触申请还能用于创造性评价，而我国和欧洲均是认为抵触申请仅能用于新颖性评价；五是强调了在先申请，但不仅限于在后公开，也正因为此，才只能说该条款“大致涵盖了”我国《专利法》中的现有技术和抵触申请。

（二）有效申请日

与现有技术相关的时间概念中，最重要的是有效申请日，它是针对本申请请求保护的发明划分现有技术和非现有技术的时间界限，美国《专利法》第 100 条规定其为以下两个日期中较早的一个，一是包含要求保护的发明的专利或专利申请的实际申请日，二是该专利或专利申请享有的最早优先权日。简单来说，有效申请日一般就是申请日，但享有优先权时指优先权日。但美国专利商标局在 MPEP 第 2124 章还规定，在某些情形下，也可以使用有效申请日之后的事实类对比文件来证实物理性质、科学真理等特定普遍事实，例如证实在有效申请日时是否需要过度实验、权利要求中缺少的参数是否关键、发明是否可实施、权利要求或说明书是否清楚准确、产品的特征是否已知等。

MPEP 第 2152.01 章中规定，有效申请日是针对每项权利要求而定的，同一申请中的不同的权利要求可能享有不同的有效申请日。这一点与我局、欧局的相关规定相同，取决于不同的权利要求是否享有优先权日或是否享有不同的优先权日。

（三）现有技术的可实施性

与欧洲专利局要求相类似，在美国专利商标局的新颖性审查中，也需要考虑现有技术对比文件对本领域技术人员而言是否是可实施的。认定对比文件是否可实施的要求就是关于说明书是否公开充分的要求，如果对比文件足够详细地描述了要求保护的发明，使得本领域技术人员能够实现要求保护的发明，则认为对比文件是可实施的。如果本领域技术人员基于对比文件公开的内容，即使结合本领域普通技术知识，不经过度实验仍不能作出要求保护的主题，则该对比文件不满足上述可实施性标准，不适合用作新颖性评价的现有技术。不论对比文件是何种类型的现有技术，如专利、出版物或其他类型，该标准都是一致的。

具体的，MPEP 第 2121. 03 章中规定，如果权利要求中涉及植物，必须是本领域技术人员基于对比文件公开的内容并结合现有技术知识，能够种植、繁殖、栽培该植物，方能认为对比文件是可实施的。而对于化合物，MPEP 第 2121. 02 章中规定，如果一种化合物的制备方法在有效申请日之后才被研发出来，仅仅涉及该化合物名称的对比文件不能被认为在先公开了该化合物；当现有技术对比文件仅仅公开了化合物的结构，但有证据证实在有效申请日前未能成功制备该化合物，则该对比文件仍是不可实施的。同样地，举证责任需由申请人承担，申请人应当提供证据证明化合物在有效申请日前无法被制备，否则可推定对比文件是可实施的。

对于更进一步的判断标准，参见第二章第二节第二小节的内容。

以上关于对比文件可实施性的讨论都局限于新颖性审查范畴，在创造性审查中，MPEP 第 2121. 01 章中规定，不可实施的对比文件也可以作为确定显而易见性的现有技术。

以下通过一个案例来解释一下美局对于对比文件的可实施性以及多篇对比文件在新颖性审查中的运用①。

申请人于 1969 年 12 月 29 日提交了申请号为 US19690888943A 的专利申请，该专利申请的权利要求 1、3、4 被 PTAB 最终确认不具备新颖性而驳回，引用的对比文件为 D1（Doran，4 Medicinal Chemistry 187，Table No. 170（1959））。申请人对驳回决定不服提出上诉。

涉案专利申请权利要求 1、3、4 请求保护的化合物被称为 DMMP。D1 公开了 DMMP 的结构式，标注了符号“O. W. ”（意为没有活性或没有效果），但没有公开其制备方法，因而申请人认为 D1 是不能实施的。响应于申请人的该观点，审查员引入第二参考文献，认为第二参考文献提供了关于如何合成 D1 所述的化合物的足够教导。

申请人则认为，制备要求保护的化合物必须求助于第二参考文献，但 D1 没有公开该化合物的制备方法，也没有公开其任何用途，甚至指出该化合物是无活性的，本领域技术人员没有动机和理由依据第二参考文献公开的方法去制

① In re Samour，571 F. 2d 559，197 USPQ 1（CCPA 1978）.

备该化合物。

对此，PTAB 认为，权利要求所要求保护的是化合物本身而不是其用途，而 D1 符合现有技术的时间期限要求，公开了权利要求的每项特征，使得化合物 DMMP 已经处于被公众所拥有（in possession of the public）的状态，第二参考文献也进一步使得本领域技术人员已知制备 DMMP 的方法，因此本申请不具备新颖性。

申请人继续不认可，继续上诉。本案的焦点就在于，D1 已经公开了权利要求请求保护的化合物 DMMP 的结构式，在未公开其制备方法的情况下，D1 是否符合对现有技术可实施性的要求，以及能否在新颖性审查中出于证实主要对比文件可实施性的目的引入多篇对比文件。

美国海关和专利上诉法院（CCPA）经过审理则认为，D1 的公开内容必须与本领域技术人员的知识一起考虑。第二参考文献表明制备权利要求所要求保护的 DMMP 的方法对于本领域技术人员来说是已知的。对于在利用单个现有技术文献评价新颖性时，是否可以适当地引入附加参考文献，法院对此持肯定态度。上诉人也承认第二参考文献的作用是利用其公开的方法来制备 D1 所公开的化合物，且并没有争论这种方法超出了本领域技术人员的水平。所以第二参考文献在此处可以被引入。

申请人认为要在本领域技术人员有制备动机的情况下才能求助于公开了制备方法的第二参考文献，该观点令人联想到创造性审查中基于技术启示进行对比文件结合的原则，该原则不应扩展到新颖性审查中。在新颖性审查中，引用的第二参考文献并非根据技术启示来与主要对比文件结合以满足权利要求的特征限定，而是用于证明权利要求所要求保护的主题已被公众拥有。最终法院支持 PTAB 的决定。

（四）现有技术的可用内容

引用现有技术对比文件进行新颖性审查时，美局会考虑对比文件中对本领域技术人员具有合理性的全部内容。对比文件中描述的宽泛公开、非优选实施方式、多种可选实施方式，以及被批评的方案等，均可能构成现有技术。MPEP 第 2123 章规定，如果对比文件在公开本发明的技术方案之后又对其缺陷进行批判，似乎在教导本领域技术人员远离该技术方案，也不影响对比文件已经在先公开了本发明这一事实。例如，权利要求涉及一种环氧树脂浸渍印刷电路板材料，对比文件公开了一种聚酯亚胺树脂浸渍印刷电路板材料，同时进一步指出，环氧树脂也可以用于本用途，但其具有某些缺点，性能不如聚酯亚胺树脂。在这种情况下，对比文件已经明确公开了环氧树脂浸渍印刷电路板，权利要求不具备新颖性，不能因为其为性能较低的非优选实施方式而否定其已被公开的事实。

在引用现有技术对比文件进行新颖性、创造性审查时，不仅可以根据对比文件中明确公开的内容，也可以依据其暗示或固有的内容，或者说隐含公开的内容。此时，审查员应当提供对对比文件事实认定的推理，以证实所谓暗示或固有特征必然能从现有技术对比文件的教导中得到，有时还需要另外引入辅助证据。申请人如有异议，可以举出证据、说明理由以尝试推翻审查员的初步认定。

此外，对于对比文件中的附图在新颖性审查中的运用，美国专利商标局秉持的标准与我局十分相似。当对比文件包括附图时，附图也可以用作现有技术，若附图清楚地显示了权利要求的特征，就构成了对该特征的公开。审查员引用附图进行特征对比时，应当指出从图中本领域技术人员能够合理得知何种明示或暗示的信息。如果对比文件没有表明附图是按比例绘制的或标示尺寸，则不能将附图中看起来的比例认定为实际公开的比例，也不能通过测量附图来认定其公开的内容。

三、为公众所知

用于否定新颖性的第一类现有技术文件应当是在有效申请日前为公众所知的，公开的方式有很多种，例如公布的专利或专利申请、印刷或电子出版物公开、使用、销售以及其他方式等，对各种公开方式也不存在地理范围限制。此外，与我国不同的是，还存在一种申请人自认的现有技术。

（一）出版物公开

以出版物公开方式为公众所知的现有技术，是新颖性审查中最广泛使用的对比文件。出版物自其被公众知悉之日起成为现有技术。除了常见的书籍、期刊等各种印刷品，公开的专利申请也构成出版的文件。对于在新颖性审查中被用作否定性依据的对比文件，申请人除了常规的意见陈述或修改策略，还可以尝试挑战其公众可获取性以及公开日期，但同时应承担相应的举证责任。

对于通过图书馆等途径公开的出版物，只要足够容易被公众获取，就可以作为现有技术，审查员无须证明任何人确实看过该出版物。仅在特定组织内部分发、意在保密的文件，存在保密政策使得获得者负有保密义务，不构成出版物公开。

（二）互联网公开

随着互联网技术的飞速发展，电子出版物成了一种重要的现有技术。线上资料库、互联网刊物、论坛、各种社交媒体上发布的文章等各种电子刊物，只要其能够被公众获得，都属于出版物公开。MPEP 第 2128 章中规定，电子出版物公开的全部内容都可以作为新颖性审查的依据，同一出版物的电子版与纸质版若存在显著差异，可分别作为独立对比文件使用。

互联网公开的方式多种多样，其公开时间的判断常常成为难点和争议焦点，我局认为，“只有为公众所知的时间才是专利法意义上的‘公开时间’”[①]。美国专利商标局同样认为，判断电子出版物自何时起为公众所知非常关键，在互联网或在线数据库中公开的内容自其公开发布之日起被认作为公众所知。如果电子出版物本身没有记载公开日期，也没有证据证明其公开日期，那么这种电子出版物不能用作现有技术。

（三）使用公开、销售或以其他方式为公众所知

在修订前的美国《专利法》中，使用公开影响新颖性的范围局限于美国。在现行规定中，只有达到为公众所知的使用才能够使得在审申请不具备可专利性，但该公开使用行为应发生在本申请的有效申请日之前，并且对该在先公开使用没有地域限制。若审查员以此质疑要求保护的发明的新颖性，申请人应当提供信息表明所涉使用行为并未达到为公众所知的程度。

不是以试验为目的的商业销售或许诺销售行为将不利于本申请的新颖性。修订后的美国《专利法》也去除了行为发生地为美国的要求，对销售或许诺销售地点不再作地域限制。

需要注意的是，MPEP 第 2133.03 章指出，在修改前的美国《专利法》第 102 条中，“公开”一词仅修饰“使用”而不修饰“销售”，因而并不要求销售活动如同使用行为那样也是公开的，该销售条款被解释为包括秘密的商业活动。但修订后的美国《专利法》是否依然如此解释，美国专利商标局的观点经历过一些波折。在 2013 年 11 月修订的 MPEP 第 2152.02 章（d）条中，曾规定销售行为必须使发明为公众所知方才妨碍新颖性，因而美国《专利法》第 102（a）（1）条中规定的现有技术不包括秘密销售或许诺销售。但在 2022 年 7 月修订的 MPEP 第 2152.02 章（d）条中删除了上述表述，并进一步指出，美国最高法院裁定，国会在颁布 AIA 时没有改变“销售”的含义，无论是按照原先的先发明制还是按照 AIA 之后的发明人先申请制，将发明出售给有义务对发明保密的第三方可以被视为现有技术。

此外，修订后的美国《专利法》第 102（a）（1）条中新增了“以其他方

① 国家知识产权局专利局复审和无效审理部．以案说法：专利复审、无效典型案例汇编（2018—2021 年）［M］．北京：知识产权出版社，2022：4.

式为公众所知”的兜底条款，允许审查员更加关注相关信息的披露是否确实达到了为公众所知的程度，而不是关注发明为公众所知的方式。

（四）自认的现有技术

在美国专利审查中存在一种特殊的现有技术，申请人在说明书中陈述或在审查过程中确认的“他人工作”也被视为现有技术，被称为申请人自认的现有技术（Applicant’s Admissions of Prior Art，AAPA）。无论这种自认的现有技术是否符合法定类型要求，都可用于新颖性和创造性判断。这种自认一般出现在说明书的背景技术、附图等部分，例如申请人将某附图标注为“现有技术”，即承认附图所示内容为现有技术。

不过MPEP第2129章强调，自认的必须是他人的工作而非发明人自己，毕竟发明人熟悉自己的工作，在申请文件中很可能会描述自己的前期成果以作为本申请的发明背景，不能因此将之视为公众所知的现有技术。如果审查员想要使用自认的现有技术，应当确认相关工作成果究竟属于申请人自己还是来自他人，若无其他可信解释，一般视为他人工作。

四、新颖性的审查要点

新颖性审查一般是将本申请权利要求与现有技术进行比较，看对比文件是否在先公开了权利要求的技术方案。MPEP第2131章中规定，“如果一项请求保护的发明被一份可作为现有技术的披露在先公开了（或不是“新的”），则可以根据美国《专利法》第102条驳回该发明”。MPEP第2131.05章中进一步规定，如果对比文件明确地或固有地公开了权利要求中的每个限定特征，即使对比文件要解决的技术问题不同，或者来自不同的技术领域，该对比文件仍然在先公开了权利要求。

美国《专利法》第102条的起始语段为“一个人应当被授予专利，除非……”，这意味着如果要否定新颖性，审查员负有举证责任，应当通知申请人其申请不满足法律规定的理由，并提供相关信息和参考资料，以便申请人判断是否接受该否定性意见、是否提出异议、是否作出修改以继续审查等。

（一）单独对比

MPEP第2131章中规定，只有在单份现有技术对比文件中明确或隐含地描述了权利要求所述的每一个要素，才认为权利要求被在先公开，通常情况下根据美国《专利法》第102条作出驳回决定只应使用一份对比文件。这意味着在新颖性审查中也有单独对比要求。

但MPEP第2131.01章规定了在某些特定情形下，允许使用多份对比文件来作出基于美国《专利法》第 102 条的驳回决定。一是使用附加对比文件来证明主要对比文件包括了“可实施的披露”，例如可以使用附加证据来说明有效申请日前本领域技术人员拥有哪些技术知识，从而主要对比文件是可实施的。二是使用附加对比文件来解释主要对比文件中使用的术语的含义，以厘清对比文件中的特定术语的确切含义，从而确认是否在先公开了权利要求中的某些特征。三是使用附加证据以表明主要对比文件中未被公开特征是固有的，而这些证据应当清楚地表明，对本领域技术人员而言，在对比文件公开的事物中必然存在未被描述的主题。需要注意的是，证明普遍事实的外部证据的关键日期不必在申请日之前。

（二）上位概念与下位概念

关于上下位概念之间的关系，可以分为以下几种情形。

一是如果现有技术公开了权利要求中上位概念范围内的下位概念，则该权利要求不能被授权，也即熟知的下位概念公开上位概念。

二是无论现有技术对比文件提及了多少种其他下位概念，只要它也明确提及了要求保护的下位概念，该对比文件都在先公开了该权利要求。对此，MPEP 第 2131.02 章给出了示例，例如权利要求涉及含有月桂酸镉作为添加剂的聚碳酸酯，对比文件公开了一个列表，列出许多在聚碳酸酯中能够用作添加剂的合适的盐，其中包括月桂酸镉，美局强调，此时不能因为对比文件没有将月桂酸镉作为优选实施方式披露就否定对比文件已公开了权利要求的事实。

三是如果单篇现有技术文件公开的是上位概念，而未明确公开权利要求中要求保护的特定下位概念，如 MPEP 第 2144.08 章所规定的，此时一般应就这种差异进行显而易见性的判断。但是，MPEP 第 2131.02 章指出，如果权利要求中的下位概念可以从现有技术公开的上位概念中被“立即想到”（at once envisaged）时，该上位概念在先公开了该下位概念。例如对比文件公开了化合物的通式，若该通式涵盖大量甚至无限的化合物，那么不能认为它公开了一种要求保护的具体化合物；但如果对比文件还公开了一些具体的取代基选项，使得该通式仅涵盖了约 20 种具体化合物，而权利要求中请求保护的化合物为这 20 种化合物中的一种，此时该对比文件公开的该上位概念是如此之小，对本领域技术人员而言就如同已经绘制了每个结构式或给出了每个化合物名称一样，因而在先公开了该权利要求。

此处提及的第三种情形与我局的审查标准有些相近之处但又有所不同。我局对上下位概念的公开关系的标准十分明确，即下位概念公开上位概念，但上位概念不影响下位概念的新颖性[①]。在对比文件公开上位概念而权利要求请求保护下位概念的情况下，我局审查实践会将两者的差别认定为区别特征，接下来同样将进行创造性判断，但并不会从“立即想到”的角度去考虑对比文件是否公开了权利要求。如果确实存在这样的“立即想到”，那说明该权利要求相对于对比文件不具备创造性。

下面通过一个案例[②]来解释一下当上位概念公开下位概念时的“立即想到”如何把握。

本案涉及申请人 Kennametal 公司的专利 US7244519B2。该专利涉及使用物理气相沉积（PVD）涂覆的含有钌作为粘合剂的切削工具。在与 Ingersoll 公司的双方复审程序[③]中就权利要求是否具备新颖性发生争议，有争议的权利要求 1 内容如下：

1. 一种切削工具，包括：

一种硬质合金基材，其中所述基材包含硬质颗粒和粘合剂，并且所述粘合剂包含钌；以及

在所述基底的至少一部分上的至少一个物理气相沉积涂层。

引用的对比文件为美国专利 US6554548（下称 D1），D1 的权利要求 1 公开了类似的涂层切削刀片，但未提及其粘合剂含钌。D1 的权利要求 5 则列举了五种粘合剂金属，其中之一是钌。权利要求 1、5 也记载了涂层，但没有声明涂层是通过物理气相沉积 PVD 施加的，而 D1 的说明书公开了涂层优选化学气相沉积（CVD）、中温化学气相沉积（MTCVD）方式，但也提及 PVD 可作为预期涂覆方法。

Kennametal 公司认为 D1 没有公开作为粘合剂的钌和 PVD 涂覆工艺的组合，D1 的实施例包括三至五个涂层，其为每种涂层提供了三种选择，总共产生了 351 种可能的涂层解决方案，当乘以 31 种不同的粘合剂可能性时，提供了 10881 种可能性，且 D1 的每个实施例都使用的是 CVD 或者 MTCVD 的涂覆方式。本申请权利要求 1 中选用钌作为粘合剂和预期使用 PVD 作为涂覆方式是多种选择之一，在 D1 如此之多的可能性中，本领域技术人员难以立即想到所要求保护的组合。

Ingersoll 公司则没有纠结于这么多的组合，而是认为 D1 公开了涂层允许使

---

① 国家知识产权局. 专利审查指南 2023［M］. 北京：知识产权出版社，2024：172.

② Kennametal, Inc. v. Ingersoll Cutting Tool Co. , 780 F. 3d 1376, 1381, 114 USPQ2d 1250, 1254 (Fed. Cir. 2015).

③ 关于此程序的介绍，可以参见第一章第二节第一（二）2 小节，第九章第二节第五（二）小节。

用包括 PVD 在内的三种涂覆技术，以及包括钌在内的五种金属粘合剂中的任何一种，因此 D1 有效地公开了 PVD 涂层与钌的组合。阅读 D1 的本领域技术人员将立即想到使用一种金属作为粘合剂和一种工艺类型的涂层的示例。

本案的焦点就在于，在 D1 公开了使用五种金属之一作为粘合剂，优选使用 CVD 或 MTCVD 作为涂覆方式但也没有排除 PVD 的情况下，本领域技术人员是否能够立刻想到含钌粘合剂与 PVD 涂层的组合方案，进而 D1 是否能够否定权利要求 1 的新颖性。

PTAB 认为，本案中 D1 确实没有公开作为粘合剂的钌和 PVD 涂覆工艺的具体组合，但是，D1 公开了三种涂层工艺、五种粘合剂金属，涂层工艺中的一种与粘合剂金属的一种的组合仅导致 15 种可能性，这是足够明确和有限的类别限定，阅读 D1 的本领域技术人员能够以各种方式配制涂层切削刀片，将立即设想到施加 PVD 涂层并使用含钌粘合剂的工艺，D1 有效教导了权利要求 1 所述的“PVD + 钌”组合。本申请权利要求中只涉及 1 个涂层，因此不需要考虑多个涂层这个变量。此外，尽管确实没有证据表明钌粘合剂和 PVD 涂层组合的实际性能如何，但这不是必须的，只要这样的预期组合方式对本领域技术人员来说是可行的。因此权利要求 1 不具备新颖性。

本案被归类为对比文件公开的上位概念是否公开权利要求请求保护的下位概念的情形，所秉持的标准是，当该下位概念可以从上位概念的披露中被本领域技术人员“立即想到”时，则该上位披露将在先公开请求保护的下位概念。即使对比文件没有描述权利要求限定的组合，如果本领域技术人员阅读对比文件会“立即想到”该组合，则该对比文件在先公开了该权利要求。

补充一点便于读者理解美局的审查逻辑。本案如果是在我局审查实践中，通常不会引入上下位概念关系来考虑新颖性问题，更可能会认为 D1 教导了三种涂层工艺和五种候选金属粘合剂，虽然 PVD 不是优选方式，只要 D1 中没有明确给出、根据本领域普通技术知识也不存在“PVD 工艺不适宜与金属钌进行组合”这样的反向教导，相当于公开了作为并列技术方案的 15 种具体组合方式中的每一种，其中之一为权利要求 1 请求保护的“PVD + 钌”组合，因而权利要求 1 也不具备新颖性，在结论上殊途同归。

此外，如果是在欧洲专利局审查实践中，本案可能涉及存在多处选择的选择发明新颖性问题，即从长度为三的涂层工艺列表和长度为五的金属粘合剂列表中分别选择涂层工艺和金属粘合剂构成具体组合，此时新颖性的判断一般参照“双列表原则”进行①。

① 参见本章第一节第四（三）小节。

（三）数值范围

关于数值范围的公开，MPEP 第 2131.03 章中规定，“对于范围的披露并不只是范围端点的披露，也不等于范围内的每一个中间点的披露”。关于数值范围是否被公开的判断，可以分成多种情况分别讨论。

如果现有技术文件给出的具体实施例落在权利要求请求保护的范围内，则在先公开了该范围。例如权利要求涉及含 0.6% ~0.9% 镍和 0.2% ~0.4% 钼的钛合金，对比文件公开了含 0.75% 镍和 0.25% 钼的钛合金，则该权利要求不具备新颖性。这种点值公开范围的判断标准与我局相同。

如果现有技术公开的数值或范围非常接近权利要求的范围，但并不与之重叠或具有共同端点，则不构成对权利要求范围的公开。同样以前述钛合金为例，对比文件仍然公开了含 0.75% 镍和 0.25% 钼的钛合金，但权利要求涉及含 0.8% 镍和 0.3% 钼的钛合金，则该权利要求未被对比文件公开，两者的含量差异属于创造性考量范畴，这也与我局的审查思路一致。

但与我局不同的是，当现有技术文件公开的范围触及了要求保护的范围或与之重叠时，并不一定能直接根据数值间的关系得出结论，如果现有技术文件没有给出落入要求保护的范围内的特定实施例，此时需要根据个案的具体情形，逐案判断现有技术是否在先公开了要求保护的范围。如果现有技术在要求保护的范围内给出了足够的实施例，则在先公开了要求保护的范围。

我局关于数值范围是否被公开的判断标准可以直观概述为“点值公开范围”“小范围公开大范围”“范围相互交叠则相互公开”，通常根据权利要求与对比文件之间的数值关系即可作出明确的新颖性结论，范围内的性能问题通常交给创造性审查环节来判断。

下面通过一个案例①来诠释一下美国在涉及数值范围时的新颖性的判断准则。

本案涉及美国专利 US6120690。该专利涉及一种使用高分子量季铵化铵聚合物（例如 DADMAC）和铝聚合物的共混物澄清低碱度水的方法。权利要求 1 内容如下：

一种通过化学处理净化原始碱度小于或等于 50 ppm 的水的方法，所述方法包括：

将至少一种铝聚合物与高分子量季铵化铵聚合物共混，所述铝聚合物与高分子量季铵化铵聚合物的量足以在水中形成絮凝悬浮液并从水中除去浊度，所

① ClearValue Inc. v. Pearl River Polymers Inc. , 668 F. 3d 1340, 101 USPQ2d 1773 (Fed. Cir. 2012).

述高分子量季铵化铵聚合物包含至少有效量的高分子量二烯丙基二甲基氯化铵（DADMAC），其具有至少约1000000至约3000000的分子量，以及

所述铝聚合物包括至少有效量的碱度等于或大于50%的聚羟基氯化铝。

因发生侵权诉讼，在随之引起的专利权无效动议中，对方当事人引用美国专利US4800039（下称D1）。D1公开了权利要求1所要求保护的方法，并解释了化学处理可用于澄清150 ppm或更低的水。此外，D1给出了具有总碱度为60~70 ppm的水的具体实施例。对方当事人据此认为，D1在先公开了权利要求1，权利要求1不具备新颖性。

专利权人认为，D1公开了澄清碱度为150 ppm或更低的水，该范围太过宽泛以至于不能公开权利要求1的小于或等于50 ppm范围限定。专利权人还进一步引用了Atofina v. Great Lakes Chem. Corp.，441 F. 3d 991（Fed. Cir. 2006）一案的判决意见来支持这一论点。该案涉及的美国专利US5900514要求保护一种在330~450℃的温度下合成二氟甲烷的方法，而现有技术公开了100~500℃的宽温度范围，还给出了150~350℃的优选范围，在该案中法院认为权利要求所要求保护的温度范围与现有技术公开的温度范围之间存在相当大的差异，导致权利要求未被现有技术公开。

本案涉及包含数值范围的权利要求的新颖性判断，焦点在于，权利要求1请求保护的范围为小于或等于50 ppm，而D1公开的范围为小于等于150 ppm，在D1公开的范围明显宽于权利要求1的范围的情况下，能否认为D1在先公开了权利要求1的范围，因而权利要求1不具备新颖性，又或者是否应当参照Atofina案的观点而认为权利要求1未被D1公开。

法院在审理中认为，在Atofina案中，涉案专利公开了仅能在“窄的温度范围”中方能如权利要求那样操作，并且当反应温度低于330℃或高于400℃时，如此操作会产生问题，涉案专利教导了所要求保护的反应必须在330~450℃的温度下进行，更优选在350~400℃的温度下进行，该温度范围被描述为“临界”范围，其比较例1还表明在300℃的温度下不能进行权利要求规定的合成反应。根据涉案专利，本领域技术人员能够预期当反应温度在权利要求限定的温度范围以外时，该操作方法无法有效操作。而该案的现有技术公开了100~500℃的宽温度范围，现有技术教导的宽温度范围并不等同于公开了该宽范围内的每个点值。法院认为现有技术中公开的宽范围与权利要求中要求保护的“临界范围”之间存在相当大的差异，本领域技术人员不能从现有技术的宽范围中得到权利要求中的“临界范围”。

而在本案中，专利权人没有论证权利要求1中的50 ppm限制是“关键的”，

或者明确其所要求保护的方法在 150 ppm 或更低的现有技术范围内的不同点处起到不同的作用，未能证明 D1 不能达到实践本专利权利要求 1 所需的程度。D1 公开了权利要求 1 的方法步骤，还给出了总碱度为 60 ~ 70 ppm 的水的实施例。如果 D1 中该实施例的碱度为 50 ppm，则 D1 将毫无争议地公开权利要求中的范围，虽然 D1 没有公开 50 ppm 以下的范围，但根据其公开内容可以预期该化学过程适用于处理总碱度为 150 ppm 或更低的水。在 Atofina 案中存在宽温度范围以及宽温度范围中不同部分将起不同作用的证据，而本案与之不同的是，没有关键性的主张或任何证据表明在 D1 的整个范围内存在任何差异。D1 公开的 60 ~ 70 ppm 的实施例进一步证实，D1 中关于 150 ppm 或更低的公开范围确实教导本领域技术人员如何在 50 ppm 的环境下使用该方法。本案中不存在所要求保护的范围与现有技术中的范围之间的“相当大的差异”。因此，D1 教导并实现了权利要求 1 中的每个技术特征，权利要求 1 不具备新颖性。

通过这个案件可以看出，当现有技术披露的数值范围涉及权利要求的数值范围或者与权利要求的数值范围重叠，但是没有给出落入权利要求的数值范围内的具体实施例时，对于现有技术是否在先公开了权利要求，不能简单地一概而论，需要结合具体情况逐案确定。

具体到本案，基于 D1 公开的内容，美国联邦巡回上诉法院认为没有关键性的主张或任何证据表明在 150 ppm 以内的整个范围中存在任何差异，因此 D1 实质上公开了权利要求的范围 50 ppm 以内。而对于 Atofina 案，法院认为，由于温度在涉案专利中十分关键，阅读涉案专利的本领域技术人员能够知晓，在涉案专利 300 ~ 450℃ 的温度范围之外将不能有效实施相关反应，在对比文件 100 ~ 500℃的温度范围内显然存在性能差异，因此两案的新颖性结论不同。这两个案例展示了当对比文件公开的范围宽于本申请要求保护的范围时，应当结合本申请说明书的内容、对比文件公开的内容、本领域普通技术知识等各方面相关情况，从可实施性、技术效果等角度进行综合性的新颖性事实认定，需要考虑的因素较多，客观上可能带来审查标准不统一的潜在问题。

我国《专利审查指南 2023》第二部分第三章第 3. 2. 4 节对数值和数值范围的公开与否作了清晰且普遍适用的规定，根据权利要求与对比文件之间的数值关系即可得出公开或未被公开的明确结论，如果不满足相关标准，即认定数值范围区别技术特征存在，承认权利要求的新颖性，随后转入创造性审查，无须在新颖性审查环节中基于数值范围结合技术方案的可实施性、技术效果优劣程度等逐案进行复杂的综合性事实认定，更有利于审查标准的统一。基于同样的数值关系，得出的新颖性结论可能与美国专利商标局不同，例如前述 Atofina 案，除 100 ~ 500℃ 的宽温度范围外，对比文件还给出了 150 ~ 350℃ 的优选范围，这与权利要求中330～450℃重叠，将直接破坏权利要求的新颖性，即使说明书强调权利要求中数值范围的效果特异性，也无法改变其已被对比文件公开的事实。

（四）用途、方法、功能性限定的产品权利要求

对于用途限定的产品权利要求，如果对比文件完全披露了该产品，不需要公开其用途也可以否定该权利要求的新颖性。MPEP 第 2122 章指出，例如权利要求涉及一种用于治疗干眼症的化合物，对比文件公开了该化合物及其制备方法，但未提及用途，对此法院认为，一份对比文件在先公开一种已知化合物的权利要求并不需要还公开其用途，该权利要求已被对比文件公开，不具备新颖性。

如果申请人发现了已知产品的某种功能或属性，而在这些方面要求保护这种产品，如果现有技术的产品与权利要求的产品在结构上或组成上相同，或者通过相同方法生产，但未明确公开该功能、属性或特性，审查员可以推定该产品不具备新颖性。申请人负有证明现有技术产品并不必然具备要求保护的产品的功能或属性的举证责任。MPEP 第 2112.01 章认为，在化学领域，"具有相同化学成分的产品不能具有相互排斥的属性"，如果现有技术公开了相同的化学结构，可以认为权利要求所要求保护的特性必然存在。仍然以钛合金为例，权利要求涉及含 0.6%～0.9%镍和 0.2%～0.4%钼的耐腐蚀钛合金，对比文件公开了含 0.75%镍和 0.25%钼的钛合金，从数值范围上看，对比文件已经公开了权利要求的含量特征，但没有提及其是否具备耐腐蚀性，美国联邦巡回上诉法院认为该权利要求整体已被对比文件在先公开，对比文件公开的镍、钼含量落入权利要求的保护范围内，因而对比文件的钛合金也必然具有耐腐蚀性。

美国联邦巡回上诉法院认为产品的可专利性不依赖于其生产方法，如果方法限定的产品权利要求中的产品与现有技术的产品相同，则即使先前的产品是通过不同的方法制造的，该权利要求也不能被授权。如果要求保护的产品与现有技术产品确实存在差异，例如新的生产工艺步骤能够赋予产品独特的结构特征，则该产品具备新颖性，但申请人应对此承担举证责任。关于用制造方法限定的产品权利要求，在专利审查阶段的新颖性判断标准与侵权判断阶段的侵权分析标准有所不同，如 MPEP 第 2113 章中所规定的，"由现有技术中不同方法制造的产品可以在先公开方法限定的产品权利要求，但由不同方法制造的被控产品不侵犯方法限定的产品权利要求"。

此外，如果要求保护的是一种方法，若现有技术的设备在正常操作中必然

执行该要求保护的方法，则该方法权利要求不具备新颖性，如果现有技术设备与方法权利要求对应的说明书中的设备相同，则可以推定该设备可以执行要求保护的方法。

MPEP 第 2114 章中规定，在装置权利要求中，除结构特征外，还可以使用功能性语言来限定装置的特征，权利要求中不限于特定结构的功能性语言表述涵盖了能够执行该功能的所有装置，如果现有技术公开了能够实现该功能的装置，则权利要求可能不具备新颖性。如果审查员认为该功能性限定是现有技术的固有特征，应该先解释为何现有技术的结构必然具备该功能，然后由申请人来提出反证。另一种情况是，现有技术的装置能执行权利要求记载的所有功能，但两者存在结构差异，则也不能认为现有技术在先公开了权利要求。

操作装置的方式不会使得装置权利要求与现有技术不同，如果现有技术装置公开了权利要求的所有结构限定，则如 MPEP 第 2114 章中所规定的，权利要求“关于使用所要求保护的装置的方式的记载，不能将所要求保护的装置与现有技术区分开”。

我国的一些复审或无效宣告案例体现了类似的审查标准。对于包含制备方法特征的产品权利要求，应当考虑该制备方法是否导致产品具有某种特定的结构和/或组成，如果所属技术领域的技术人员可以确定如此，则该权利要求具备新颖性[①]。而对于权利要求中所包含的功能性限定的技术特征，应当理解为覆盖了所有能够实现所述功能的实施方式[②]。

下面通过一个案例[③]解释一下方法限定的产品权利要求的新颖性要求。

本案涉及 Donald H. Thorpe 等人于 1980 年 3 月 24 日提交的美国专利申请 US19800132739A，发明名称为“金属改性酚醛清漆树脂的方法”。

权利要求 1 是本发明最宽泛的权利要求，是方法权利要求，具体如下：

1. 制备金属改性的酚醛清漆酚醛树脂的方法，其中所述金属选自铜、铝、锌、铬、铟、锡、镉、钴和镍，所述方法通过使所述金属的化合物、氨碱和酚醛清漆酚醛树脂在足以将反应混合物保持在熔融状态的升高的温度下反应来进行，所述改进包括将所述金属的氧化物或所述氧化物的功能等价物作为反应物加入，选自 C1－12 链烷酸和苯或萘系芳族羧酸的单羧酸、氨碱和酚醛清漆酚醛树脂。

① 国家知识产权局专利局复审和无效审理部．以案说法：专利复审无效典型案例汇编（2018—2021 年）［M］．北京：知识产权出版社，2022：56.

② 国家知识产权局．专利审查指南 2023［M］．北京：知识产权出版社，2024：157－160.

③ In re Thorpe，777 F. 2d 695，698，227 USPQ 964，966（Fed. Cir. 1985）.

本上诉针对4项产品权利要求，其中最典型的权利要求44为：

44. 根据权利要求1所述方法的产物。

引用的对比文件为US3737410A（下称D1），具体公开了通过在强碱或弱碱如氢氧化锌、碳酸铵和碳酸氢铵的存在下，在熔体中加热二苯甲酸锌和酚醛清漆树脂来制备锌改性酚醛清漆树脂。权利要求1的方法与D1之间的区别是金属氧化物和羧酸作为单独的成分添加，而不是添加更昂贵的预反应的金属羧酸盐。

本申请中的方法权利要求被允许，而方法限定的产品权利要求被认为不具备新颖性而被驳回。美国联邦巡回上诉法院确认PTAB的判决，该判决维持了审查员对其中产品权利要求的驳回。

PTAB认为D1显示了相同的酚醛清漆树脂组合物中具有二苯甲酸锌，其与本发明的产品属于不同方法制备的相同产品。申请人辩称，即使该产品与现有技术的产品相同，但由于其制备过程，该产品也是意料之外的。并且，如果方法被认定为是可专利的，通过该方法限定的权利要求也应当是可专利的。

本案的焦点在于，当制备方法具备新颖性时，用该制备方法限定的产品是否同样具备新颖性。

美国联邦巡回上诉法院认为，虽然方法限定的产品权利要求受到方法的限定和定义，但产品可专利性的确定依赖于产品本身，而不依赖于其生产方法。如果方法限定的产品权利要求中的产品本身与现有技术的产品相同或显而易见，则即使先前的产品是通过不同的方法制造的，该权利要求也不可授予专利权。

在本案中，因为D1和被许可的权利要求1的方法的最终产品都是含有金属羧酸盐，虽然本发明中金属羧酸盐不是直接添加的，而是现场生成的，但这一事实没有改变最终产物。因而产品权利要求44相对于D1不具备新颖性。

通过这个案件的审查就可以看出，方法限定的产品权利要求不受记载步骤的操作的限制，只受限于步骤所暗示的结构。制备方法具有新颖性并不必然使得制备的产品具有新颖性，关键在于要考虑制备工艺步骤能否赋予最终产品独特的结构特征。如果制备方法差异并没有使产品有所不同，则该产品仍不具备新颖性。

如果审查员找到了虽然生产方法不同但看起来实质相同的产品，并给出对新颖性的否定性意见，表明存在非显而易见差异的责任就转移到申请人一方。例如本案中，应由申请人举证证实D1的方法和权利要求1的方法所得到的最终产品具体有何不同，否则应承担举证不能的不利后果。

上述审查标准与举证责任分配与我局类似。《专利审查指南2023》指出，对于包含制备方法特征的产品权利要求，应当考虑该制备方法是否导致产品具有某种特定的结构和/或组成，如果所属技术领域的技术人员可以断定必然如此，则该权利要求具备新颖性；反之，尽管所述方法不同，但产品的结构和组成相同，则该权利要求不具备新颖性，除非申请人能够根据申请文件或现有技术证明该方法导致产品在结构和/或组成上与对比文件产品不同，或者该方法给产品带来了不同于对比文件产品的性能从而表明其结构和/或组成已发生改变[①]。

实践中另一种常见的情形是含有功能性描述的产品权利要求如何进行新颖性的判断。我们通过一个案例[②]来展示一下。

本案涉及施乐公司于 1984 年 5 月 24 日提交的申请号为 613, 686 的美国专利申请，发明名称为“用于颗粒材料的混合装置”。审查员认为权利要求 1 被对比文件 US4075977A（下称 D1）在先公开，不具备新颖性。施乐公司针对驳回决定提出上诉。权利要求 1 具体如下：

1. 一种用于混合流动显影剂的设备，包括：

限定腔室的装置，用于在其中接收流动的显影剂；以及

用于混合流动的显影剂的混合装置，所述混合装置是固定的并且完全浸没在显影剂材料中。

在结构上，权利要求 1 要求保护的设备包括腔室和位于其中的固定的混合装置，该权利要求的前序部分记载了该装置是“用于混合流动显影剂”的设备。

D1 公开了一种满足所要求保护的结构要求的装置，其设备也包括腔室和位于其中的固定混合装置，该装置起到与权利要求 1 相同的技术效果，即用于混合流动的显影剂。

申请人认为，该权利要求所要求保护设备中的混合装置被限定为“完全浸没在显影剂材料中”，而在 D1 的装置中，混合装置仅部分浸没在显影剂材料中。焦点问题在于，在 D1 并未明确公开混合装置被显影剂完全浸没的情况下，该特征能否将权利要求 1 的设备与 D1 的装置区分开，从而使之具备新颖性。

法院审理后认为，权利要求 1 的技术特征“完全浸没在显影剂中”涉及由所要求保护的设备处理的材料的特性和使用所述设备的预期方式。D1 公开的装

---

① 国家知识产权局. 专利审查指南 2023［M］. 北京：知识产权出版社，2024：174 – 176.

② Ex parte Masham，2 USPQ2d 1647（Bd. Pat. App. & Inter. 1987）.

置也用于混合显影剂材料，因此其所公开的装置满足权利要求 1 中关于由所要求保护的设备处理的材料的特性以及使用所要求保护的设备的一般操作方式的限定。对设备处理的材料的限定不对所要求保护的设备施加任何结构上的限制，该限定无法将其与满足所要求保护的结构限制的现有技术设备区分开。类似地，对设备的工作方式的限定也不能将所要求保护的设备与满足所要求保护的结构的现有技术设备区分开。

D1 中浸没量对混合装置的结构并不重要，D1 公开的装置不会仅仅通过在其上附加限定可以将足量的显影剂倒入该装置中以完全浸没混合装置而变成一种新的装置。在权利要求 1 中限定"混合装置完全浸没在显影剂中"并不对所要求保护的设备施加任何结构限制，因此不能将该权利要求与 D1 公开的装置区分开。因此 D1 在先公开了权利要求 1 中的设备，权利要求 1 不具备新颖性。

通过本案可以看出，美国专利商标局认为，如果现有技术装置教导了权利要求的所有结构限定，则权利要求中关于使用所要求保护的装置的方式的记载，不能将所要求保护的装置与现有技术区分开。在本案中，"混合装置完全浸没在显影剂中"被认定为属于描述装置操作方式的功能性语言。但在装置结构方面，D1 已经公开了权利要求 1 的所有结构限定，只要添加足够的显影剂，就能够使得混合装置被显影剂完全浸没。基于此，PTAB 认定该限定对于装置的整体结构没有影响，因此作出了维持驳回的决定。

尽管允许采用性能、参数、用途、制备方法、操作方式等撰写方式对产品权利要求进行限定，但对这类产品权利要求保护范围的考量，重点在于这些限定是否对产品的结构和/或组成产生影响，从而能够将要求保护的产品与现有技术产品区分开来。

对于产品的工作方式，我局认为，"所属领域技术人员根据产品权利要求所限定的部件组成、结构以及相互的位置、连接关系等技术特征可以确定该产品的工作方式，则该工作方式对权利要求的保护范围具有影响"①。本案因美国专利商标局认为特征"混合装置完全浸没在显影剂中"对要求保护的设备结构没有限定作用而不具备新颖性，如果是在我局的审查实践中，该特征是否具备限定作用可能需要进行更深入的分析。该特征提及混合装置以及显影剂两者及其相对关系，即混合装置被显影剂完全浸没。为了满足该关系，对于显影剂量或是混合装置尺寸有一定要求。从显影剂量方面考虑，作为本设备组成结构之一

---

① 国家知识产权局专利局复审和无效审理部．以案说法：专利复审无效典型案例汇编（2018—2021 年）[M]．北京：知识产权出版社，2022：274.

的腔室是用于承载显影剂的，若对显影剂有足量要求，则会涉及对腔室大小的要求，这可能构成对装置结构的影响。从混合装置方面考虑，当显影剂量一定时，则作为本设备组成结构之一的混合装置的尺寸需要能够被完全浸没。权利要求中特征是否具备限定作用可能需要站位本领域技术人员进行个案分析，操作装置的方式可能并不必然不蕴含对装置结构的影响。

五、现有技术的例外

美国《专利法》第102（b）条规定了现有技术的例外，类似于不丧失新颖性的宽限期。由于第102（a）条规定的现有技术分为两类，相应地，例外也分为两类。

对于第一类现有技术，如果一项在先公开满足以下条件，则不构成现有技术：一是公开时间在本申请的有效申请日之前一年内；二是该在先公开是由发明人、共同发明人作出，或者由直接或间接从发明人或共同发明人处获得发明主题的其他人作出。此外，如果在本发明主题的某次公开之前，该主题在宽限期内已经发生过符合上述第二个条件的公开，则本次公开也不视为现有技术。申请人可通过宣誓书或声明来确认例外情形。

对于第二类现有技术，如果一件美国专利申请或专利公开了发明主题，如果该主题是直接或间接从发明人或共同发明人处获得的，或者在该专利或专利申请的有效申请日前，发明主题已经被发明人、共同发明人或直接或间接地从发明人、共同发明人处获得发明主题的他人公开，该美国专利申请或专利不视为现有技术。此外，如果美国专利申请或专利在本申请有效申请日之前的所有者相同，或被转让至同一人，也不构成现有技术。

与我国6个月的新颖性宽限期相比，美国宽限期时间长至一年。如果该在先公开是由发明人或共同发明人作出，不限于公开方式，均不构成现有技术。但对于申请人自行公开，我国的宽限期规定仅限于符合要求的展会、学术会议、为公共利益而公开等情形。在在先公开者为他人的情形中，如果他人直接或者间接从发明人或者共同发明人处获得发明主题后公开本发明，不构成现有技术，而我国规定他人未经申请人同意而泄露其内容的才能享受宽限期。发明人或共同发明人在一年内在先作出公开后，在宽限期内还可以对抗他人的二次公开，因而美国宽限期的权利一定程度上接近于优先权。此外，若一项在先公开被认为不构成现有技术，即意味着该在先公开既不能用于评价新颖性，也不能用于评价创造性。

第三节 小 结

本章围绕新颖性这一专利审查中的基础性问题，对《欧洲专利公约》和美国《专利法》涉及新颖性的相关条款进行解读。无论是在欧洲、美国还是我国，专利审查中的一个特别重要的概念就是现有技术，虽然现有技术并非仅与新颖性审查相关，其在创造性、公开充分、支持与清楚等环节均有重要意义，但作为新颖性评价的直接基础和比对对象，本章首先对现有技术概念进行详细阐述。在厘清何为现有技术的基础上，再从多个环节对新颖性的审查要点进行解析，并辅以适当的案例，力图呈现欧洲专利局和美国专利商标局在新颖性审查中的重要概念、审查标准、判断逻辑，对与我国相关法律法规和审查实践中的主要区别进行必要的提示。

读者可能存在一个粗略的印象，即我国专利制度在很多方面与欧洲类似，新颖性审查一定程度上也是如此。在现有技术的基本概念、如何把握是否为公众所知、抵触申请概念及其对新颖性的影响、不丧失新颖性的宽限期、单独对比原则、上下位概念、某些特定类型权利要求的新颖性把握、某些情形下的举证责任、概率平衡的高度盖然性考虑等方面，双方确实存在较多的共同之处。本章对重要的共同点进行了解释，并适度引入我国《专利审查指南 2023》、相关指导案例、最高人民法院知识产权法庭裁判要旨等代表我国新颖性审查实践标准的内容辅助理解。但仔细分析之后能够发现，双方也还是存在诸多差异，不宜形成先入为主的印象。典型区别例如，欧洲专利局将抵触申请纳入现有技术范围但又不用于创造性审查，将选择发明在引入“认真考虑”概念的基础上纳入新颖性审查范畴，不将公知等同物视为惯用手段的直接替换而归于创造性审查，为医药领域特别设置了第一、第二医药用途的例外情形等。理解这些差异有利于理解欧洲专利局审查思路，并为在欧洲地区寻求更稳定、充分的专利保护提供借鉴，例如通过第一、第二医药用途寻求更有力的医药产品专利保护，同时避免将我局惯用而当前已在欧洲失效的瑞士型权利要求保护习惯带入欧洲。

而对于美国而言，在美国 AIA 实施之前，建立在先发明制基础上的美国《专利法》第 102 条规定的新颖性、现有技术概念及其实践标准，与包括我国在内普遍实施先申请制的国家和地区都有显著差异，往往造成同族申请在美国和其他国家/地区的新颖性审查结论不一致。无论是修订前还是修订后，美国《专利法》第 102 条均十分复杂，用繁杂的条款、项目具体规定了各种情形，但在 AIA 实施而转向发明人先申请制后，美国专利商标局关于新颖性的审查进行了诸多调整，整体上较原先也更接近于我局和欧洲专利局的先申请制审查。例如，现有技术的时间界限调整为有效申请日，也即申请日或优先权日，采取绝对新颖性概念而不再区分公开的地域范围，也不要求第一类现有技术应当来自他人等，同族申请的审查标准接近性和可参考性较原先有所提升。但与此同时，也仍然存在一些显著的差异，例如其特有的申请人自认的现有技术，又如美国不丧失新颖性的宽限期长达一年，且赋予申请人更有力的豁免，对自行公开不限公开方式，在该期限内甚至能够对抗他人的二次公开而达到接近优先权的效力，体现出鼓励申请人尽早公开其发明的导向。

此外，在某些方面，欧洲专利局与美国专利商标局的思路相对较为接近，而两者与我局均较为不同。例如，尽管在能否评价创造性方面有所不同，但两者都将抵触申请视作现有技术的一部分。又如两者均对现有技术对比文件的公开充分性有明确要求，不将对本领域技术人员而言不能实施的对比文件视作新颖性审查中的可用现有技术，而我国对对比文件一般无此要求，只在化学领域规定了例外情形。再如两者在数值范围、上下位概念等情形的新颖性判断上，均存在需要结合对比文件的公开内容和本领域技术知识逐案判断的复杂情形，审查标准把握十分困难，包括欧洲专利局的“认真考虑”、美国专利商标局的“立即想到”等，而我局在这些方面的新颖性判断原则则相对更简单清晰，更多的延伸考虑则通常归入创造性审查中。

第四章　创造性

创造性是发明专利实质审查中最常见的条款，也是获得专利权最重要的实质性条件。据不完全统计，在各国专利审查阶段，涉及创造性问题的案件均超过80%[①]。由于创造性判断无可避免存在的主观性，其一直是专利审查环节中的一个难点，也是审查员与专利申请人最难达成一致的条款。

本章针对创造性条款，分别介绍了欧洲和美国的判断逻辑、考量因素以及注意事项，以期助力国内读者在申请过程中能更好地理解欧美的审查意见，进行有理有据的回应和争辩，从而获得更有价值的保护范围。

第一节　欧　　洲

一、概述

（一）法律法规

欧洲专利局涉及创造性审查的条款包括如下几项：

《欧洲专利公约》第52（1）条规定：对于新的、具备创造性并且可以在工业中应用的所有技术领域的任何发明，应当授予欧洲专利[②]。

《欧洲专利公约》第54（2）条规定：现有技术是指在欧洲专利申请提交日之前公众可以通过书面或口头描述、使用或任何其他方式而得到的一切东西[③]。

《欧洲专利公约》第54（3）条规定：最初提交的欧洲专利申请的内容，其

① 李伟伟，王辉．创造性判断的几个关键问题［J］．专利代理，2021（4）：64－69.

② European Patent Convention 2020，PII－CI，A52（1）：European patents shall be granted for any inventions，in all fields of technology，provided that they are new，involve an inventive step and are susceptible of industrial application.

③ European Patent Convention 2020，PII－CI，A54（2）：The state of the art shall be held to comprise everything made available to the public by means of a written or oral description，by use，or in any other way，before the date of filing of the European patent application.

申请日期早于第54（2）条所述日期，并在该日期或之后公布，也应被视为现有技术①。

《欧洲专利公约》第56条规定：如果考虑到现有技术，一项发明对于本领域技术人员来说不是显而易见的，应认为该发明具有创造性。本领域现有技术如果还包括第54（3）条定义的文件（即抵触申请文件——编者注），这些文件不应在评价创造性中使用②。

《EPO审查指南》中给出了“问题－解决法”来评估创造性。在“问题－解决法”中，有三个主要步骤③：

（i）确定“最接近的现有技术”；

（ii）确定要解决的“客观技术问题”；

（iii）从最接近的现有技术和客观技术问题出发，考虑要求保护的发明是否对技术人员来说是显而易见的。

为了便于操作实践，《欧洲专利局上诉委员会判例法》进一步规定④，在解决问题的方法中，具体包括以下过程：

（a）确定“最接近的现有技术”；

（b）与所确定的“最接近的现有技术”相比，评价请求保护的发明所取得的技术成果（或效果）；

（c）将所要解决的技术问题定义为获得上述技术效果的发明目的；

（d）就以下问题进行审查：在考虑《欧洲专利公约》第54（2）条意义上的最接近的现有技术的基础上，本领域技术人员是否会已建议采用权利要求的技术特征，以实现请求保护的发明所获得的成果。

可见，欧局创造性的评判标准和方法与我局基本相同，其普遍使用的“问题－解决法”与我局的创造性判断思路“三步法”基本一致，只是在《欧洲专利局上诉委员会判例法》中进一步细化，将第（ii）步“确定要解决的‘客观技术问题’”细化成了步骤（b）和（c），在步骤（b）中强调发明所取得的技

---

① European Patent Convention 2020，PII－CI，A54（3）：Additionally，the content of European patent applications as filed，the dates of filing of which are prior to the date referred to in paragraph 2 and which were published on or after that date，shall be considered as comprised in the state of the art.

② European Patent Convention 2020，PII－CI，A56：An invention shall be considered as involving an inventive step if，having regard to the state of the art，it is not obvious to a person skilled in the art. If the state of the art also includes documents within the meaning of Article 54，paragraph 3，these documents shall not be considered in deciding whether there has been an inventive step.

③ Guidelines for Examination in the European Patent Office，March 2024 edition，Chapter VII，5 Problem－solution approach。

④《欧洲专利局上诉委员会判例法（第10版）》I—D，2.

术成果或者效果，在步骤（c）中强调要解决的客观技术问题是实现上述目的和效果。

（二）本领域技术人员

《欧洲专利公约》第56条规定：如果考虑到现有技术，一项发明对于本领域技术人员来说不是显而易见的，应认为该发明具有创造性。其中，对于“本领域技术人员”的概念，《EPO审查指南》作了进一步规定。所谓的“本领域技术人员”是一个假设的概念，用来代表一个具有相关技术领域平均知识和能力的熟练从业人员。这个概念假设本领域技术人员对相关技术领域的公知常识有充分的了解，能够接触到一切“最新技术”，尤其是检索报告中引用的文件。此外，本领域技术人员被假定为拥有进行日常工作和实验所需的手段和能力。如果一个问题促使本领域技术人员在另一技术领域寻求解决方案，那么，该另一技术领域的专业人员就是适合解决该问题的人。本领域技术人员参与相关领域的技术发展，如果有动机，他们可能会在邻近和通用技术领域或甚至在偏远的技术领域寻找建议①。

在评估一个申请是否涉及创造性步骤时，必须基于本领域技术人员的知识和能力来进行。在某些情况下，从一群人的角度（例如研究或生产团队）而不是一个人的角度来理解“本领域技术人员”的概念可能会更合适。值得注意的是，无论是单个技术人员还是一个团队，他们在评估创造性和充分公开方面都具有相同的技能水平②。

对于近年来热门的新兴生物技术领域和基于计算机实施的发明领域的本领域技术人员，《欧洲专利局上诉委员会判例法》则进行了进一步的定义：

生物技术领域的本领域技术人员，通常采取谨慎的态度，他决不挑战已经确定的偏见，不冒险进入不可预测的领域，也不冒不可估量的风险③。

而基于计算机实施的发明领域的本领域技术人员则会是某一技术领域的专家。如果技术问题涉及商业、精算或会计系统的计算机实施，则本领域技术人员会是熟悉数据处理的人，而不仅仅是商人、精算师或会计人员④。可以看出，上述两个具体领域的本领域技术人员是在整体规定的情况下的进一步具体化和细化而已。

---

① Guidelines for Examination in the European Patent Office, March 2024 edition, Part G, Chapter VII, 3 Person skilled in the art.

② 《欧洲专利局上诉委员会判例法（第10版）》I—D，8.1.2.

③ 《欧洲专利局上诉委员会判例法（第10版）》I—D，8.1.3.

④ Guidelines for Examination in the European Patent Office, March 2024 edition, Part G, Chapter VII, 5.1 Determination of the closest prior art.

在接下来的章节中，本书将对欧局的“问题－解决法”逐步进行具体解释。

二、最接近的现有技术

《EPO 审查指南》对最接近的现有技术的选择思路进行了定义：最接近的现有技术应当公开这样的特征组合，即构成指向本申请的最有希望的起始点的特征组合①。

在此基础上，上诉委员会的判例确立了确定最接近的现有技术的两个主要标准②：

（a）作为第一个标准，最接近的现有技术应与要求保护的发明有关，即它应公开为同一目的或针对同一目标而构思的主题，对应于相似的用途，或与相同或类似的技术问题有关，或至少与相同或密切相关的技术领域有关。

（b）作为第二个标准，最接近的现有技术应公开与要求保护的发明具有最多共同的相关技术特征的主题，即要求最少的结构和功能修改。

可见，欧局认为，在最接近的现有技术的选择中，原始技术问题的表述、预期用途和技术效果应当比公开特征的多少更为重要。

欧局强调，对于“最接近的现有技术”一词，并不是要找到一个与要求保护的发明在所有方面都完全相同的现有技术，而是要找到一个最有希望的起点或最有希望的发明跳板。在审查过程中，作为发明创造是否显而易见的逻辑起点，最接近的现有技术的选择往往要综合多种因素，而不能机械地进行文字比较，需要从本领域技术人员的角度客观判断内在关联。

下面，本书借助《欧洲专利局上诉委员会判例法》中的典型判例对相关规定进行解释说明。

（一）相同目的或效果

在选取最接近的现有技术时，技术特征数量披露的多少并不是首要考虑的因素。当最接近的现有技术与发明具有相同的目的和效果时，往往更可能与发明的构思相契合。理想情况下，这个预期目的应该是现有技术文件中已经提到的一个值得实现的目标，以便尽可能地从更接近发明人所遇到的情况来开始创造性评价过程③。也就是说，欧局据此试图“还原”申请人做出发明创造的

---

① Guidelines for Examination in the European Patent Office, March 2024 edition, Part G, Chapter VII.

② 判例 T 698/10，决定的理由，3。

③ 孟杰雄. 最接近的现有技术在创造性评价中的作用及其选择［J］. 专利代理，2019（1）：15－21.

过程。

如果最接近的现有技术在预期目的方面与要求保护的发明“相去甚远”，以至于技术人员不太可能对这种现有技术进行修改来获得要求保护的发明，该现有技术通常不会被选作最接近的现有技术。但是，这并不意味着不能从具有不同目的的现有技术出发来评估创造性。如果要选择不同预期目的的文件作为最接近的现有技术，那么，“问题 - 解决法”要求确定本领域技术人员是否能够显而易见地对现有技术进行修改，并克服不同的预期目的带来的差异。

值得注意的是，在涉及医疗用途权利要求的审查中，欧局通常倾向于选择公开相同治疗适应证的文件作为最接近的现有技术，这是因为医疗用途发明的创造性往往与特定的治疗适应证紧密相关，因此，与要求保护的发明在治疗适应证上相同的现有技术更能提供一个合理的评估起点。

判例 T 2571/12 涉及“谷胱甘肽前体用于神经疾病的药物中的用途”，该案件授权后，第三方异议人向异议部提出异议，指出权利要求缺乏创造性。异议部口头审理后，撤销了该授权专利。而后，专利权人对该决定不服而提起上诉。涉案权利要求 1 如下：

1. 谷胱甘肽前体在制备用于治疗哺乳动物神经精神疾病的药物中的用途，其中所述谷胱甘肽前体诱导、上调或以其他方式增强所述哺乳动物大脑中的抗氧化功能活性。

说明书中记载了谷胱甘肽是一种重要的抗氧化剂，对于维持细胞内的氧化还原平衡至关重要。在神经精神疾病中，氧化应激的增加可能导致谷胱甘肽水平的降低，从而加剧疾病症状。本申请主要是通过使用谷胱甘肽前体来治疗神经精神疾病，尤其是改善中枢神经系统（CNS）的谷胱甘肽代谢，以增强异常氧化稳态。具体而言，“基于中枢神经系统谷胱甘肽代谢的上调，特别是脑谷胱甘肽代谢的上调，改善异常氧化稳态，并且可以通过向哺乳动物施用谷胱甘肽前体，特别是 N - 乙酰半胱氨酸来实现”。

在上诉程序中涉及的两篇证据，其中，文件 D2（Gillissen and Novak 1998, Respiratory Medicine 92, 609 - 623）公开了一种针对肺部疾病治疗的方法，如果出现低水平的谷胱甘肽（GSH）指征，使用能够穿过血脑屏障（BBB）的 GSH 前体，提高脑内的谷胱甘肽（GSH）水平。文件 D3（Schulz et al. 2000, Eur. J. Biochem. 267, 4904 - 4911）公开了谷胱甘肽和氧化应激在神经退行性疾病中的作用，以及用谷胱甘肽前体进行的相应治疗可能性，并指出精神分裂症中也存在谷胱甘肽减少的相同病理机制。但是，没有明确教导使用谷胱甘肽前体治疗神经精神疾病。

该案的争议焦点在于选取哪一篇证据作为最接近的现有技术。

异议部门认为，文件 D2 可作为最接近的现有技术，以文件 D2 为起点，本申请实际解决的客观技术问题是为 N-乙酰半胱氨酸（NAC）提供进一步的医学适应证。根据现有技术可知，精神分裂症与文件 D2 的肺部疾病一样，均以低水平的 GSH 为特征，并且 GSH 前体能够穿透血脑屏障，即本领域技术人员无需额外的劳动即可获得所主张的主题。

上诉人反对异议部的观点，认为应当选择文件 D3 作为最接近的现有技术，因为文件 D3 提到了精神分裂症。

上诉委员会认为，对于医疗用途的权利要求，最接近的现有技术通常是公开相同治疗适应证的文件。上诉委员会不同意异议部将文件 D2 作为最接近的现有技术的结论，因为文件 D2 是针对肺部疾病的治疗，并没有提供关于精神疾病的教导。相对应地，探讨现有技术在治疗精神障碍方面的潜力的现有技术，或者研究精神分裂症的生物学基础文献，将为我们提供一个更适合的起点，以展开关于创造性步骤的讨论。上诉委员会进一步指出，文件 D3 公开了谷胱甘肽和氧化应激在神经退行性疾病中的作用以及谷胱甘肽前体的相应治疗可能性，并指出谷胱甘肽减少的相同病理机制也存在于精神分裂症中。因此，上诉委员会认为文件 D3 是一个更接近的现有技术。文件 D3 与本申请权利要求 1 的区别在于，文件 D3 没有明确教导使用谷胱甘肽前体治疗神经精神疾病。在文件 D3 的基础上，技术问题可以表述为：在治疗精神疾病，尤其是精神分裂症时，如何提高谷胱甘肽水平。

从本案可以看出，欧局认为发明的目的或效果在技术方案的表达上是非常重要的，在很大程度上会约束整个技术方案本身，甚至会延及技术方案所能够给出的启示。对于本领域技术人员而言，在目的或效果相同的情况下，即使是公开的技术特征并不多于其他的现有技术，在创造性的权衡上也会明显地更偏向于目的或效果相同的文件。

一项权利要求中包括多个技术特征，而孤立来看，往往各个技术特征是本领域非常常见的，这也可能导致在审查过程中存在技术方案的不当拆分、事后诸葛亮等情形。在本案中，从文件 D2 出发，在没有明确指引该 NAC 与神经疾病的关联的情况下，将 NAC 由肺部疾病转向神经疾病的适应证，或多或少都依赖于本申请的引导，这本身就可能构成事后诸葛亮。虽然从 NAC 作用于人体的情况看，肺部疾病和神经疾病存在相似之处，即都表现出 GSH 的降低。然而，在医药领域，疾病的生理参数表征和药品适应证之间是否能够画等号，这依赖于具体的临床试验等综合因素。因此，对于医疗领域的案件，在选择最接近的现有技术时，更加偏向于公开相同或相似适应证的文件。

我国《专利审查指南2023》指出，由于药品及其制备方法均可依法授予专利权，因此物质的医药用途发明以药品权利要求或者例如“在制药中的应用”“在制备治疗某病的药物中的应用”等属于制药方法类型的用途权利要求申请专利，则不属于《专利法》第25条第1款第（三）项规定的情形。上述的属于制药方法类型的用途权利要求可撰写成例如“化合物X作为制备治疗Y病药物的应用”。首先，可以判断本案中权利要求的撰写形式不属于我国《专利法》第25条第1款第（三）项规定的情形。同时，对于化学产品用途发明的创造性，我国《专利审查指南2023》进一步指出，对于已知产品的用途发明，如果该新用途不能从产品本身的结构、组成、分子量、已知的物理化学性质以及该产品现有用途显而易见地得出或者预见到，而是利用了产品新发现的性质，并且产生了预料不到的技术效果，可认为这种已知产品的用途发明有创造性。由此可见，这种权利要求所述的“制备方法”只不过是一种旨在避开“手术、诊断和治疗方法不能授予专利权”这一法律限制而精心炮制出来的一种权利要求“撰写技巧”而已，它真正想要保护的还是一种医疗用途[①]。因此，在选择最接近的现有技术时，欧局和我局的观点、做法实质上相同，应当优先考虑疾病适应证。

（二）技术问题的相似性

《欧洲专利局上诉委员会判例法》指出，做出一项发明最有希望的出发点可以与涉案专利具有相同或相似的技术问题[②]。这里的技术问题，优选与发明中已经提到的问题相关。如果一份现有技术文件不涉及专利说明书提到的技术问题，那么通常不适合作为最接近的现有技术来评价创造性，即使该文件可能与请求保护的发明共同拥有许多技术特征。当然，最接近的现有技术不必公开要求保护的发明所解决的所有问题，尤其是不必公开客观技术问题，客观技术问题由“问题-解决法”第二步中的区别特征所带来的技术效果确定。

判例T 698/10涉及视频AVS（Audio Video Standard）解码方法，审查部门以不具备创造性为由驳回了该申请，申请人不服，提起上诉。涉案权利要求如下：

1. 一种用于视频处理的方法，该方法包括：基于所述AVS比特流内的解码版本信息对所述AVS比特流进行解码，其中所述AVS比特流的解码版本信息在所述AVS比特流编码期间入到所述AVS比特流的序列标头（206）之后的

---

① 尹新天．中国专利法详解［M］．北京：知识产权出版社，2011：348.

② 《欧洲专利局上诉委员会判例法（第10版）》I—D，3.3.

用户数据序列中，其中解码包括通过 AVS 解码列表将用户数据（206）的序列映射到解码版本 ID。

涉案申请说明书描述了这种特定的视频处理方法，它涉及对 AVS 比特流进行解码。这种方法的关键特点是在 AVS 比特流的序列标头之后的用户数据序列中包含解码版本信息。在解码过程中，使用 AVS 解码列表将用户数据的序列映射到解码版本 ID。这种方法可用于提高视频解码的灵活性和效率，因为它允许解码器根据比特流中嵌入的版本信息来选择正确的解码路径。这种方法可以支持多个版本的解码标准，同时保持向后兼容性。

在上诉程序中主要涉及两篇证据，其中，文件 D1（Gao，W.，et al.："AVS – The Chinese Next – Generation Video Coding Standard"，National Association of Broadcasters，Las Vegas（2004），XP002505793）公开了中国音视频编码标准（AVS），该标准建立在分层结构上，第一层是"序列"层。序列层提供了将必需参数和可选参数下载到解码器的结构。文件 D3（Dutta，S. 等人："智能视频流：MPEG 中用户数据字段的 101 种使用"，信号，系统和计算机，第 2 卷，IEEE 计算机学会出版社，1995 年，XP002123091）公开了提供相应的字段向解码器提供附加信息。

该案的争议焦点在于文件 D1 是否能够作为本申请技术问题的起点。

审查部门选择 D1 作为最接近的现有技术，认为权利要求 1 与文件 D1 的区别在于解码版本信息的位置和映射方式，即解码版本信息位于序列用户数据中，并且序列用户数据映射到解码版本 ID。文件 D3 公开了提供相应的字段向解码器提供附加信息。将文件 D1 和文件 D3 结合即可得到使用 AVS 提供相应字段传输解码器版本信息的技术方案。

上诉人则认为，文件 D1 不能作为提出得到本申请技术问题的起点，因为 D1 没有披露存在不同版本的 AVS 标准而产生的技术问题。文件 D1 中未提及可以使用不同的解码语法，也未公开在 AVS 比特流的用户数据序列中插入解码版本信息，以及通过 AVS 解码列表将序列用户数据映射到解码版本 ID 的步骤。审查部门关于"解码版本信息是 D1 所公开的命令参数隐含的一部分（即隐含公开了与本发明问题有关的核心要素）"的结论，属于创造性判断中"事后分析"的误区。

上诉委员会认为，涉案专利权利要求 1 的主题涉及一种根据 AVS 标准对比特流进行解码的视频处理方法。该方法可以根据不同版本的 AVS 标准编码的比特流进行解码，改进了传统的编码技术。文件 D1 描述了 AVS 标准用于编码和解码视频信号。由于本申请的发明起点也是 AVS 标准，也就是说，文件 D1 与要求保护的发明都是根据 AVS 标准对视频信号进行编码和解码，两者属于相同的技术领域。同时，文件 D1 与本申请还具有类似的目的，解决了相似或相同的技术问题，即通过使用 AVS 标准提高了视频编码/解码以及绝对编码的效能，实现了对编码/解码复杂性之间的优化。此外，文件 D1 中公开的视频处理方法与权利要求 1 中的方法具有几个共同的技术特征，这些特征基本上是 AVS 标准所隐含的。也就是说，文件 D1 与本申请涉及相同的技术领域，解决了与使用 AVS 标准进行视频编码有关的问题，这些问题与要求保护的发明所解决的问题相关。文件 D1 提供了 AVS 标准的概述，与上诉人用作要求保护的发明起点的现有技术基本相同。因此，根据确定最接近现有技术的两个主要标准，文件 D1 被认为是最接近的现有技术，不是基于事后分析得出的结论。

上诉委员会同意上诉人关于文件 D1 没有公开不同版本的 AVS 标准引起的问题，但不同意取消文件 D1 作为评估创造性起点的资格。事实上，最接近的现有技术并不需要公开要求保护的发明所解决的所有问题，特别是不需要公开客观的技术问题，即发明实质解决的技术问题，这只能在“问题－解决法”的第二步，并根据区别特征所提供的技术效果来确定，以区分所要求保护的发明与最接近的现有技术。

从本案可以看出，欧局在判断技术问题时，不论是现有技术还是本申请，都是立足于技术方案本身确定所解决的技术问题。如果现有技术与发明所要解决的技术问题无关，或者根本不存在该技术问题，同时也不是已经解决了该技术问题，则本领域技术人员在面对该现有技术时，并不知晓现有技术中存在怎样的技术问题，更不清楚改进的方向何在，其并不存在朝发明的方向改进该现有技术的动机和启示，则本领域技术人员一般很难以该现有技术作为起点。另外，最接近的现有技术也不必公开要求保护的发明所解决的所有问题，并不一定需要该技术明确提及客观技术问题。也就是说，对于客观技术问题，最接近的现有技术是否公开并不重要，重要的是，本领域技术人员在得到该现有技术后，客观技术问题是否会进入本领域技术人员的“视野”。某些技术问题被认为是普遍存在的，以至于技术人员总是意识到这些问题，即使它们在最接近的现有技术中没有特别提及，本领域技术人员也会自然而然地意识到该客观问题。正如在本案中，在数字通信领域，标准的进一步发展以及与标准既定版本的兼容性是常规问题。技术人员不需要在这些技术中特别说明这些问题，他们通常会考虑如何通过技术创新来解决这些问题。因此，选择最接近的现有技术时，重点考察的是现有技术与实际要解决的技术问题的相关性。

我国《专利审查指南 2023》指出，在确定最接近的现有技术时，应当首先考虑技术领域相同或者相近的现有技术，其中，要优先考虑与发明要解决的技术问题相关联的现有技术。由此可以看出，中欧两局在最接近的现有技术的选取方面，都非常重视技术相关性的要求。技术相关性要求，所起的作用是界定作为创造性审查出发点的最接近的现有技术的范围。因为所有的判断都是从单一的最接近技术出发，然后看它是否能够和其他现有技术结合而得到发明方案。出发点的选择是第一关，然后才是所谓“结合”是否显而易见的问题。一项现有技术是否能够作为“出发点”，即是否具有相关性，终极的标准应该是熟练技术人员看来，该技术是否与发明所要解决的问题处在相同领域或合理相关[①]。

（三）选择最有希望的跳板

《欧洲专利局上诉委员会判例法》指出，最接近的现有技术应当是本领域技术人员可获得的、通向发明的“最有希望的跳板”。当评估本领域技术人员在“问题－解决法”中的能力和行为时，应选择一个“桥头堡”位置作为最接近的现有技术，该位置应该是所属领域技术人员置身于请求保护的发明的“情境”之中时会现实地采用的位置。在这些“情境”中，与相同技术特征的最大数量相比，通常应给予发明主题的指定、原始技术问题的构建、预期用途和所要达到的效果等方面更高的权重。这个表述在我国，以及美国的相关官方文件中没有记载过，属于欧局的独到见解，对我们理解“最接近的现有技术”的内涵很有助益。

在选取“最适合获得发明的跳板”时，要注意以下几个方面：

1）路径规划比接近程度更重要。具体公开的内容与发明的接近程度不是决定创造性的关键，关键在于从最接近的现有技术出发的创造性路径是否显而易见。

2）充分考虑技术发展脉络。选择那些在技术发展过程中自然出现的、与发明技术路线相符的现有技术。比如本领域技术人员如果想要得到一个简单结构或者过程，通常不会将不寻常的复杂结构或者过程作为起点。

3）应基于对现有技术文献的合理分析来选择起点，而不是基于对发明的后见之明。如果使用发明的内容来重新解释现有技术，这种做法可能会导致对现有技术的理解产生偏差，歪曲或曲解公开内容中的技术教导。

4）“相同目的”与“类似目的”之间的选择。即使存在针对相同目的的现有技术，这并不意味着与发明主题具有类似目的的其他现有技术文件就不能被视为最接近的现有技术的更优选择，或者至少是同样合理的选择。选择的关键在于，如果本领域的技术人员能够立即并明显地识别出该存在类似目的的文件

---

① 崔国斌．专利法：原理与案例［M］．2版．北京：北京大学出版社，2016：270.

中描述的技术内容，并且能够通过简单且仅使用常识的方式，直接将这些内容适用于要求保护的发明主题，那么该文件就可以被视为最接近的现有技术。

5）关注从可选出发点得出的结论。如果存在两个可选的出发点，二者同等地适于评价创造性，从其中一个出发点（假设为 A 文件）出发，得出的结论是请求保护的主题是显而易见的，而从另一个出发点（假设为 B 文件）出发，则会得出恰好相反的结论，那么，B 文件不能作为最接近的现有技术，因为 B 文件无法代表通向发明的最有希望的跳板。

以下通过一个 EPO 上诉委员会判例进行说明。判例 T 1571/19 涉及一种鱼饲料的组合物，该案授权后被第三方提出异议，异议部驳回了异议申请，异议人不服，提起上诉。涉案专利的权利要求如下：

1. 一种用于鱼饲料的组合物，该组合物用于喂养易患 PMCV 引起的心肌病综合征（CMS）和肝脂肪变性的鱼类，从而预防和/或治疗由 PMCV 引起的疾病，包括蛋白质、脂质、维生素、碳水化合物和矿物质等常规饲料成分，其特征在于：饲料由脂肪酸组成，总脂肪酸的 20% 以上是 n－3 脂肪酸。

上诉过程中主要涉及两份证据，文件 D3（WO2011/031166 A2）公开了一种饲料组合物，该组合物用于治疗由 HSMI（一种病毒性疾病）引起的心脏和肝脏炎症症状，组成成分与本申请一致，含有超过 20% 的 n－3 脂肪酸（基于脂肪酸的总量）。文件 D5（Gerrit Timmerhaus 论文，2012 年 3 月 13 日）公开了一项关于大西洋鲑鱼对病毒反应的研究，这项研究主要聚焦于心肌病综合征（CMS）的病原体——Piscine 心肌炎病毒（PMCV），该病毒是引起 CMS 的主要潜在原因。同时，CMS 在鲑鱼心脏中会引发组织病理学变化，这些变化包括从多灶性病变逐渐演变至广泛的病变，导致心房内细胞缺失，并在心室形成海绵状结构；另外，文件 D5 还公开了 CMS 以及在其他病毒诱导的疾病中被激活的基因的识别技术。

双方的争议焦点在于文件 D5 是否构成“最有希望的跳板”。

第三方上诉人认为，可以将文件 D5 作为最接近的现有技术，由于 CMS 和 HSMI 在病理学和症状上的相似性，有经验的技术人员会合理地预期，文件 D3 的配方对治疗 CMS 同样有益。

上诉委员会否定了第三方上诉人的观点，因为文件 D5 记载了尚未发现任何已知的疗法用于治疗和预防由 Piscine 心肌炎病毒（PMCV）引起的鱼类疾病，鲑鱼的临床营养领域尚处于起步阶段，鱼饲料配方在治疗上的应用只能是一种推测。因此，上诉委员会认为，有经验的技术人员在参考文件 D5 的情况下，几乎不会考虑文件 D3 的教导，即便他们考虑了，也不会合理预期使用文件 D3 的配方来治疗和预防由 PMCV 引起的疾病，尤其是心肌病综合征（CMS）引起的疾病。上诉人选择了文件 D5 作为最接近的现有技术，即认为它是达到所声称发明的“最有可能的出发点”，但委员会认为这个出发点太过基础或原始，不足以使本领域技术人员能够以此为基础结合对比文件 D3，并克服最接近的现有技术与权利要求 1 之间存在的显著差异。因此，上诉委员会得出结论，权利要求 1 符合《欧洲专利公约》第 56 条所定义的发明步骤。

由本案可以看出，由于文件 D5 仅仅公开了研究鱼类心肌病综合征（CMS）的基础理论知识，并且鱼饲料配方在治疗上的应用只能是一种推测和展望，不能够支撑本领域技术人员直接实现这种展望，同时，文件 D3 的配方适应证与文件 D5 也存在差异。因此，如果以文件 D5 作为“最适合获得发明的跳板”，该跳板不足以支撑本领域技术人员结合文件 D3 的配方来治疗和预防由 PMCV 引起的疾病，尤其是心肌病综合征（CMS）引起的疾病。也就是说，最适合获得发明的跳板，应当具备足以支撑本领域技术人员跨越方案、目标或者领域上的差异而到达本申请技术方案的能力。

（四）其他附加因素

在选择最接近的现有技术时，不能只考虑某些仅仅看似更有希望的文件，必须依据最接近的现有技术本身来评估发明是否具有创造性，综合权衡是否存在改进动机的各种考量因素。

通常，考虑最接近的现有技术的附加因素包括以下几项：

1）明显存在缺陷的公开文献不宜作为最接近的现有技术。作为一般规则，技术人员通常不会考虑那些明显存在缺陷的公开文献。如果存在其他没有疑问且具有相同目的或效果的现有技术文件的情况下，选择这种有缺陷的公开文献作为评估创造性的起点，就会显得特别刻意和不合理。任何本领域的技术人员在尝试再现该文件公开的内容时，都会很容易意识到明显有缺陷的文献不能被视为评估创造性的最有希望和最合适的起点。这意味着在评估专利的创造性时，应选择那些没有明显缺陷，且与专利目的或效果相同的现有技术作为评估的基准。

2）“机密信息”不能作为创造性评估的起点。根据《欧洲专利公约》第 54（2）条，如果提交的申请内容在公开时并未构成现有技术，即它没有被公众所知，那么它就不能作为评估创造性的起点。任何未公开的、仅限于特定公司或个人内部知晓的信息，都不能作为评估创造性的起点。

3）谨慎判断推测性结论能否支撑改进。当现有技术给出了技术的发展展望时，对于该展望是否足以支撑对最接近的现有技术进行改进以得到要求保护发明的技术方案，这是需要进一步谨慎判断的。

4）判断古老文件是否适合作为当前技术发展的起点。根据《欧洲专利公约》第54（2）条的原则，任何构成现有技术一部分的文件都被视为最接近的现有技术，并没有时间上的限制。但是，在某些情况下，某些文件不能作为评估创造性的现实起点，尤其是当这些文件与过时的技术有关，或者存在众所周知的缺点，以至于技术人员甚至不会考虑去改进它们时。在使用相对久远陈旧的现有技术文献的时候，要特别注意这个问题。

5）对于已知产品的制造方法的改进。如果发明涉及改进已知化合物的制造方法，那么，最接近的现有技术就限于描述该化合物及其生产的文件。如果发明涉及一种特殊方法，该方法仅适用于具有特定性质的化学物质，在选择最接近的现有技术时，只考虑那些属类相对应的文件，并且该文件公开的方法恰好使用了具有特定性质的化学物质。

我国《专利审查指南2023》指出，最接近的现有技术，例如可以是与要求保护的发明技术领域相同，所要解决的技术问题、技术效果或者用途最接近和/或公开了发明的技术特征最多的现有技术，或者虽然与要求保护的发明技术领域不同，但能够实现发明的功能，并且公开发明的技术特征最多的现有技术。应当注意的是，在确定最接近的现有技术时，应首先考虑技术领域相同或相近的现有技术，其中，要优先考虑与发明要解决的技术问题相关联的现有技术。[①] 可见，欧局和我局在最接近的现有技术的选取方面，均强调发明构思的重要性。欧局在最接近的现有技术的考量维度、附加因素方面更加细化，并提出了“最有希望的跳板”的概念，值得审查借鉴。

三、客观技术问题的确定

《EPO审查指南》指出，客观确定要解决的技术问题，需要研究申请（或专利）本身、最接近的现有技术，以及要求保护的发明与最接近的现有技术在特征（结构或功能）方面的差异（也称为“要求保护的发明的区别特征”），确定由区别特征产生的技术效果，然后提出技术问题[②]。这就要求必须采用客观标准来确定技术问题，这些客观标准可以通过评估专利申请主题相对于最接近现有技术所实现的技术进步来确定。

客观技术问题的表述必须不包含指向技术解决方案的线索。这是因为如果

① 《专利审查指南2023》，第二部分第四章第3.2.1.1节。

② Guidelines for Examination in the European Patent Office, March 2024 edition, Part G, Chapter VII, 5.2 Formulation of the objective technical problem.

在问题描述中包含了发明提供的技术解决方案的一部分，那么在根据该问题评估现有技术时，必然导致对发明方案采取“事后诸葛亮”的观点。

如果客观技术问题不是申请人在申请中提出的问题，则需要重构技术问题，以确保客观技术问题是基于“最新”的客观事实，也就是最接近的现有技术。对于重构的技术问题，可能会使得技术目标不如申请人设想的那么雄心勃勃。

特殊情况下，最初提出的问题是要证明某些产品、方法或流程的改进，但并没有证据显示这些改进使得所要求保护的主题比最接近的现有技术更优。在这种情况下，应当将问题重新表述为提供一种替代产品、工艺或方法。也就是说，“技术问题”一词的解释是广义的、中性的；这并不一定意味着该技术方案是对现有技术的改进。

原则上，只要所述效果可以从提交的原始申请中明确得出，本发明提供的任何效果都可以作为重新表述技术问题的基础。如果申请人在申请提交之后，或者在后续的审查或诉讼程序中，提出了新的技术效果，而这些效果是根据原始申请文件中的内容可以合理推断出来的，那么这些新的效果也可以作为重新表述技术问题的依据。这里的关键要求就是这些效果是基于原始申请中已经公开的内容，并且对于本领域技术人员来说是可以通过公知常识获得的。

值得注意的是，在包含技术特征和非技术特征的“混合型”权利要求中，当一个特征不能单独或与其他特征结合对发明的技术特征作出任何贡献时，它通常不能支持发明创造性的存在。如果权利要求涉及在非技术领域要实现的目标，则该目标可以合法地作为要解决的技术问题的一部分出现在问题的表述中，特别是作为必须满足的限制。关于涉及技术性和非技术性特征的处理，参见本章第一节第五部分的内容。

下面，围绕客观技术问题的构建和重构进行详细论述。

（一）客观技术问题的构建

欧局在确定客观技术问题时，首先会审核在最接近的现有技术的基础上，定义的技术问题是否已经被请求保护的发明解决。如果答案为否，则须重构技术问题。如果不确信权利要求覆盖的整个范围都能获得承诺的效果，则定义客观技术问题时不能保留该效果。如果请求保护的发明的创造性是基于给定的技术效果，则该技术效果原则上应能在请求保护的整个范围内实现。

在符合上述情况的基础上，欧局进一步要求构建客观技术问题时应当满足以下原则：一是技术问题应当不包含指向解决方案的线索；二是充分考虑技术问题的产生起点。

以下结合判例进一步阐述确定客观技术问题时应当遵循的两点原则。

1. 技术问题应当不包含指向解决方案的线索

表述技术问题时应当是客观地基于现有技术的情况来定义的，而不包含发明的解决方案或任何可能导致后见之明的线索。这样做可以确保技术问题的评价是基于现有技术的状态，而不是发明本身。技术问题应该是一个清晰的、具体的问题，它表达了一个技术人员在现有技术基础上希望解决的公式化问题。避免以一种不公平的方式倾向性地将技术发展直接关联到发明人所声称的解决方案。

判例 T 0605/20 涉及诺和诺德公司的“多肽制剂”，涉案专利授权后，第三方提起异议和上诉，上诉委员会于 2022 年 11 月 11 日以视频形式对该案进行口头审理。涉案权利要求如下：

1. 一种包含肽 $Arg^{34}Lys^{26}$（N－ε－（γ－Glu（N－α－十六酰基）））－GLP－1［7－37］和丙二醇的药物制剂，其中所述丙二醇以最终浓度 1mg/mL 至 100mg/mL 存在于所述制剂中，所述制剂的 pH 值为 7.0 至 10.0。

文中的 $Arg^{34}Lys^{26}$（N－ε－（γ－Glu（N－α－十六酰基）））－GLP－1［7－37］又称为“利拉鲁肽”，是一种用于治疗成人Ⅱ型糖尿病的药物，这种药物可通过皮下注射入人体。涉案专利在说明书中描述了含有利拉鲁肽和丙二醇的组合物的效果，这种组合物能够避免在设备上形成沉积物，从而避免堵塞注射装置。也就是说，丙二醇的特定性质和在组合物中的浓度有助于防止沉积物形成，从而保持设备的通畅。同时，涉案专利说明书中的实施例 2 和 3 的结果显示，使用丙二醇代替甘油可减少凝胶状液滴的产生，并且丙二醇不影响利拉鲁肽制剂的物理和化学稳定性。

主要涉及的证据为文件 D3（WO03/002136A2），该证据公开了一种药物制剂，该制剂包含改性的 GLP－1 化合物和等渗剂，其含量为 150mg/mL，pH 值为 7 至 10；利拉鲁肽作为一种优选的改性 GLP－1 化合物。同时，文件 D3 的列表中展示了丙二醇为一种可能的等渗剂，但没有明确指出丙二醇在减少沉积物形成和改善注射装置堵塞方面的作用。

本案争议的焦点在于客观技术问题应该如何构建。

上诉人认为，权利要求 1 中的配方与文件 D3 中的示例配方之间的主要区别在于等渗剂的选择，即丙二醇替代了甘露醇或甘油。并且从甘露醇和甘油两个角度出发，分析了如何构建客观技术问题。第一，从甘露醇作为等渗剂的配方角度来看，由涉案专利的实施例 3 可以看出，使用文献 D3 中描述的甘露醇会导致不希望的沉积物形成和注射装置堵塞的问题。因此，应当将客观技术问题表述为“如何避免这种沉积物形成和防止设备堵塞”。本领域技术人员从公知证据可知，甘露醇存在结晶的趋势，因此，可进一步尝试解决甘露醇有沉淀物的问题，本领域技术人员显然会考虑用液体非结晶等渗剂代替甘露醇，以避免由于晶体形成而造成沉积和注射装置堵塞。也就是说，沉积物的形成和装置堵塞的问题涉及传统的技术问题，本领域技术人员在正常活动过程中即可解决。因此，对这一问题的认识不会有助于创造性。第二，从甘油作为等渗剂配方的角度来看。由于甘油与丙二醇一样，不会堵塞注射针头，也不会在灌装设备上产生沉积物。因此，并没有明确表明使用丙二醇代替甘油在组合物的稳定性方面有任何优势。如果仅作为提供替代制剂的解决方案，由于文件 D3 已经描述了丙二醇作为替代等渗剂，那么，本申请所要求保护的包含丙二醇的组合物是显而易见的。

上诉委员会认为，涉案专利实施例 1 ~ 3 描述了包含甘露醇的组合物会导致注射装置堵塞的现象，含丙二醇的组合物可以避免在设备上形成沉积物。具体而言，实施例 1 的实验结果表明，用丙二醇代替丙三醇可以避免注射针头上产生残留的凝胶状液滴。在 90 次模拟注射中，包含甘油的组合物出现了凝胶状液滴 4 次，而包含丙二醇的组合物没有出现这种液滴。上诉委员会发现，针头堵塞和灌装设备上沉积物的形成与产生凝胶状液滴的实验过程有关。如涉案专利的实验过程为，将待测组合物的液滴放置在显微镜载玻片上并干燥待测样品，然后进行堵塞测试，使用相同的注射笔系统，模拟每天用相同的针头注射待测组合物，并持续 9 天；同时，进行模拟填充测试，使药物组合物经受持续 24 小时灌装程序模拟。该专利中公开的测试组合物的条件与文件 D3 中实施的条件明显不同。文件 D3 中并没有要求进行针头的重复使用，也没有建议让组合物液滴保持干燥，或者进行持续 24 小时的不间断填充程序。相反，文件 D3 不要求甚至不建议上述做法。事实上，文件 D3 没有公开将组合物装入玻璃筒并储存后形成任何沉积物，并且在评估过滤除菌组合物的稳定性时也没有发现这个问题。也就是说，文件 D3 没有给出存在上述问题的教导。上诉委员会认为，从文件 D3 的基于甘露醇或甘油的组合物开始，要解决的问题是配制一种含有利拉鲁肽的组合物，这种组合物具有优化的可制造性和可用性，同时保持稳定性。对某现象的相关性的认识应被视为涉案专利技术贡献的一部分，异议方提供的文件 D3 以及其他相关文件均没有这个认识，最终，异议方的上诉被驳回。

由本案可以看出，在构建客观技术问题时，必须考虑最接近的现有技术以及由发明特定技术特征实现的任何技术进步。从文件 D3 出发，并不存在形成沉积物的实验条件，更不可能发现注射装置堵塞的技术问题，对本领域技术人员而言，不存在用含丙二醇的组合物来避免在设备上形成沉积物的技术启示。也就是说，对某现象的相关性的认识应被视为构成涉案专利技术贡献的一部分，如果在客观技术问题的表述中具体地涉及这些相关性的认识，有可能不公平地指向所要求的解决方案，因为它在评估解决方案的显而易见性时引入了后见之明。

我国《专利审查指南 2023》新增内容指出，确定的技术问题应当与区别特征在发明中所能达到的技术效果相匹配，不应当确定为区别特征本身，也不应当包含对区别特征的指引或者暗示[①]。中欧两局均认识到准确表达技术问题的重要性，尤其是对于发现问题/现象的技术贡献的认可。

2. 充分考虑技术问题的产生起点

发明要解决的技术问题的客观定义，通常应当从本申请描述的技术问题开始。如果存在适当的起点，在构建技术问题时，没有必要偏离涉案申请中提出的技术问题。要避免定义刻意的且在技术上不切实可行的技术问题。只有当申请中描述的技术问题未满足现有技术需求和/或未根据发明的特征予以解决时，才应对技术问题进行调整以适应现有技术和/或实际的技术成功。

判例 T 0246/91 涉及 Oxy 公司的“凝胶组合物”，审查部门在实审阶段以不具备创造性为由驳回了本申请，申请人不服，提起上诉。涉案权利要求如下：

1. 一种用于形成凝胶的凝胶形成组合物，包括：第一物质，选自聚乙烯醇、聚乙烯醇共聚物及其混合物，其中所述第一物质的量为凝胶形成组合物重量的约 0.1% 至约 5%；第二物质，选自二醛、多醛、会产生二醛的物质及其混合物，所述第二物质能够通过形成缩醛交联键与所述第一物质交联，其中所述凝胶形成组合物的总醛含量为凝胶形成组合物重量的约 0.005 至约 4%；并且水或盐水，以及其中所述水或盐水的 H_2O 至少占所述凝胶形成组合物的重量的约 64%，并且所述凝胶形成组合物的 pH 值小于 7。

根据涉案专利说明书可知，凝胶组合物可用于填充多孔物质中的孔隙和用于延迟地层中的流体流动，但是现有技术中的凝胶在较高温度和硬度的地层中可能无法有效应用。因此，本申请旨在解决的技术问题是开发一种能够在 65℃以上温度和 1000 ppm 以上硬度条件下延缓或阻断地下水流的新型凝胶。

本案的争议焦点在于采用何种出发点来构建技术问题。

审查部门主要引用了文件 D5（GB2125860A）、D6（US4349443A）等来评述本申请的创造性，其中，文件 D5 公开了钻井液的添加剂，这种添加剂能够防止地层中的黏土和页岩在与水性钻井液接触时发生膨胀和分散，该添加剂是通过添加偏氢氧化铝和醛交联的聚乙烯醇（PVA）的组合来实现的。文件 D6

---

① 《专利审查指南 2023》，第二部分第四章第 3.2.1.1 节。

公开了一种用于水性钻井液的添加剂，旨在赋予钻井液假塑性和水损失控制性能，这种组合物是通过将含有铝试剂的羟基与聚乙烯醇（PVA）和醛的反应产物相结合而形成的。审查部门认为，假塑性制剂必须是触变性的，因此一定是凝胶形式。

上诉委员会在审理过程中引入了新的文件 D8（US4098337A）作为本申请技术问题的起点，文件 D8 公开了凝胶是通过将聚丙烯酰胺和甲醛的水溶液注入待处理的地层中而原位形成的，这种凝胶不适用于较高温度和硬度的地层。本申请提出了开发一种能够在 65℃以上温度和 1000 ppm 以上硬度条件下延缓或阻断地下水流的新型凝胶的技术问题。而为解决这个问题，本申请描述了一种具有特定特征的凝胶，通过实验数据展示了这种凝胶在高温条件下的有效性，例如在 82℃下降低砂石芯的渗透率到原始值的约 10% 或更低，在 127℃下持续约 40 天，可降低到其原始值的 20% 至 30%。此外，用于形成凝胶的水具有 1000 ppm、3000 ppm、6000 ppm 或更高的硬度，这表明该凝胶能够适应高硬度的环境。上诉委员会认为，上述技术问题已经得到充分界定，并且实际上已经通过涉案申请中的凝胶形成组合物得到了解决。要解决的客观技术问题通常应从涉案专利中描述的技术问题开始，只有在证明使用了不正确的技术水平来定义技术问题，或者所披露的技术问题实际上没有得到解决时，才能对客观上存在的其他技术问题进行调查。由于本申请中用于定义技术问题的文件是适当的，并且所建议的解决方案能够无可置疑地解决该问题，因此，在构建技术问题时，没有必要偏离涉案申请中提出的技术问题。

另外，对于审查部门所引用的文件 D5 和 D6，它们并不包含解决现有技术问题的提示。具体而言，文件 D5 中描述的组合试剂包括偏氢氧化铝和醛交联的聚乙烯醇（PVA），其中 PVA 是一种固体产品；由于交联的 PVA 和含有交联 PVA 的钻井液都不是凝胶，因此，文件 D5 并没有包含与凝胶改进相关的提示。文件 D6 中描述的钻井液组合物旨在赋予水性钻井液假塑性和水损失控制性能，文中并没有提及这种钻井液在剪切应力条件下需要具备低黏度的特性，也没有指出它必须是一种具有触变性的凝胶。此外，文中也没有说明这种钻井液能够在温度升高和水硬度增加的情况下作为永久封堵剂。实际上，涉案专利所面临的技术问题，本质上是需要一种非触变性的凝胶来解决。审查部门给出“D6 中公开的试剂具有假塑性就一定具有触变性，就一定是凝胶形式”的结论不成立。因此，本领域技术人员在寻找上述定义的技术问题的解决方案时不会考虑文件 D5 和 D6。

通过本案可以看出，要解决的技术问题的客观定义通常应从涉案专利中描述的技术问题开始。这意味着审查应首先考虑发明人在申请文件中明确指出的技术问题。尊重申请人做出发明构思的起点，采用合乎逻辑的现有技术作为最接近的现有技术，确保客观技术问题与本申请声称的技术问题具有相关性。就本案而言，由于在本申请中使用了正确的文件来定义技术问题，并且没有任何其他信息可以质疑解决方案的成功，因此无需偏离申请中规定的技术问题。如果通过多篇对比文件的拼凑，强行组合成本申请的技术方案来否定该申请的创造性，忽略了拼凑的文件是否涉及需要解决的相关技术问题，有事后诸葛亮的嫌疑。事实上，如果没有所谓的后见之明，仅从对比文件出发，本领域技术人员一开始就会陷入困境，因为根本没有可以确认的目的或目标，因而也就无法建立逻辑链，得到所要保护的发明①。因此，应当要避免定义刻意的且在技术上不切实可行的技术问题。当确定技术问题的出发点与本申请的初衷不同时，本领域技术人员难以从最接近的现有技术获得教导，朝着本申请的方案去改进。

我国《专利审查指南 2023》指出，在审查中应当客观分析并确定发明实际解决的技术问题。为此，首先应当分析要求保护的发明与最接近的现有技术相比有哪些区别特征，然后根据该区别特征在要求保护的发明中所能达到的技术效果确定发明实际解决的技术问题。并进一步要求优先考虑与发明要解决的技术问题相关联的现有技术作为最接近的现有技术②。也就是说，中欧两局均注意到确定“发明实际解决的技术问题”的正确途径，以及“技术问题的发现”对于创造性判断的影响至关重要。因为权利要求与“最接近的现有技术”的区别技术特征，以及“实际解决的技术问题”都是相对的、动态的，这些因素会随着判断主体选择的“最接近的现有技术”改变而改变。“实际解决的技术问题”可能与说明书中记载的专利要解决的技术问题不同，在此种情况下，优先选择与发明要解决的技术问题相关联的现有技术，避免了“基于区别特征在另一份对比文件中所起到的作用，确定发明实际解决的技术问题”的逻辑，充分考虑区别技术特征在本发明中的作用，从而实现了真正在现有技术的基础上还原发明构思。

（二）重构技术问题

根据《欧洲专利局上诉委员会判例法》，技术问题可以被重构。这是因为相对于最接近的现有技术，确定客观问题的重要因素为实际取得的效果③。关于需要重新确定的客观技术问题的情况，判例法给出以下考虑因素：

---

① 王傲寒．欧洲专利局申诉委员会关于最接近的现有技术选取的思路及实例［J］．专利代理，2017（4）：29－32.

② 《专利审查指南 2023》，第二部分第四章第 3.2.1.1 节。

③ 《欧洲专利局上诉委员会判例法（第 10 版）》I—D，4.4.

1）重构客观技术问题前应当对本申请解决的技术问题进行评估。

2）重构技术问题通常是将“主观”问题重新表述为客观技术问题的过程，特殊情况下，若改进的方案与现有技术相比并无优势时，重构的技术问题可以是寻求一种已知设备的替代品或已知工艺的替代方法，该设备或工艺提供相同或相似的效果或更具成本效益。

3）在重新确定客观技术问题时，允许后续主张的技术效果，要求附加优点与原来技术问题密切相关。

1. 重构技术问题的前提

发明所要解决的客观技术问题通常起源于申请中描述的问题，只有经审查显示：（i）申请声称的问题没有得到解决，或（ii）使用了不适当的现有技术用于定义解决的技术问题，才需要审查客观存在的其他问题[①]。

判例 T 143/13 涉及罗门哈斯公司的“协同杀菌组合物”，审查部门在实审中以不具备创造性为由驳回了本申请，申请人不服，向上诉委员会提起上诉，涉案权利要求如下：

7. 一种杀微生物组合物，包括：

（a）N－甲基－1,2－苯并异噻唑啉－3－酮；和

（b）柠檬酸或其盐，

其中，N－甲基－1,2－苯并异噻唑啉－3－酮与柠檬酸或其盐的重量比为1∶30至1∶2500。

涉案专利说明书中记载了 MBIT（N－甲基－1,2－苯并异噻唑啉－3－酮）/柠檬酸的杀微生物组合物，其中两种组分的重量比在特定范围内。这种组合物在本申请中被称为协同杀微生物剂，组合物的活性高于单独使用这些杀微生物剂的活性，并且可以有效地控制各种微生物的生长。

本案主要涉及两篇证据，文件 D1（EP1332675A）公开了包含2－甲基－4－异噻唑啉－3－酮（MIT）和柠檬酸的杀生物剂；文件 D4（J. O. Morley 等人，Org. Biomol. Chemical，2005（3）：3713－3719）公开了 MBIT 在抑制大肠杆菌生长方面的效率是 MIT 的 13 倍以上。

本案争议焦点在于技术问题是否需要重构。

审查部门认为，文件 D1 为最接近的现有技术，在此基础上，本申请解决的技术问题为提供更有效的杀微生物剂，由于文件 D4 公开“MBIT 在抑制大肠杆菌生长方面的效率是 MIT 的 13 倍以上”，本领域技术人员有动机用 MBIT 代

① 国家知识产权局．创造性评判方法比较研究［R］．2013.

替 MIT 以解决所提出的问题。另外，通过实验和调整来找到最佳的活性成分组合和比例，以实现所需的杀微生物效果，这属于本领域技术人员的常规选择。因此，认为本申请不具备创造性。

上诉人认为，文件 D1 为最接近的现有技术，但是，审查部门错误地使用了“问题 - 解决法”。审查部门在评估涉案申请的创造性时，对技术问题进行重构方面，未正确识别出实际的技术问题。杀微生物组合物中的协同作用本质上是不可预测的，这意味着即使本领域技术人员知道某些单个化合物具有杀微生物性质，也可能无法预测这些化合物组合在一起时是否会展现出协同效应，以及这种效应的程度。

上诉委员会认为，权利要求 7 请求保护的是 MBIT 与柠檬酸的组合，以及两种组分的特定重量比范围。涉案专利说明书公开了这些组合具有协同作用，并可用于抑制各种位点中微生物的生长。文件 D1 公开了 MIT 与一种或多种商业杀菌剂的协同杀菌组合，并且通过实施例说明了 MIT 与柠檬酸的具体组合。文件 D1 声称解决的技术问题是提供进一步的协同杀微生物组合物。涉案专利采用的解决方案是用 MBIT 代替 MIT，以形成新的组合物。原始申请中包含的试验结果支持涉案申请中的主张，即组合物在要求保护的重量比范围内，可以实现协同作用；试验数据还包括杀菌效果的测试结果，以及与其他现有技术的比较，表明了所申请的组合物在杀微生物方面具有显著的改善或独特的优势。基于这些数据，上诉委员会对“涉案申请解决了提供进一步协同杀微生物组合物的技术问题”表示认可。

对于“如何合理构建技术问题”，上诉委员会认为，文件 D1 公开了 MIT 是组合的强制性组成部分，这意味着在文件 D1 中，MIT 是组合物中不可或缺的成分。从这个角度来看，文件 D1 并没有直接指出用 MBIT 替换 MIT 作为解决方案的需求，现有技术公开了一些关于含有异噻唑啉酮和第二组分的协同杀菌组合物，但是这些文献并没有给出明显动机用于修改最接近的现有技术的组合物，本领域技术人员无法从这些文件中提取任何有价值的教导内容，用于修饰含异噻唑啉酮组分与柠檬酸的组合物。关于审查部门的观点“由于文件 D1 公开了增效杀菌混合物，并且其目的是提供进一步的协同杀微生物组合物，因此，从文件 D1 出发，这个问题被重新表述为提供更有效的杀菌剂”，上诉委员会进一步指出，在上述过程中，审查部门省略了评估申请中定义的问题是否已解决的步骤，将问题重新表述为上诉人未曾援引的措辞，并且采用了循环论证，这种做法是不恰当的。另外，上诉委员会明确提出，决定一个提出的问题是否得到合理的解决，通常是基于现有数据和对进一步现有技术的评估，那么，根据可以实现的环境和经济效益，以及引用的现有技术文献期望达到的效果，技术问题可以表述为使用低浓度已知杀菌剂的协同混合物。基于此，权利要求7的主题涉及创造性步骤。因此，驳回决定被撤销。

由本案可以看出，重新确定技术问题需要进行全面考虑。第一，应当判断本申请声称的技术问题是否得到解决。就本案而言，文件D1声称解决的技术问题是提供进一步的协同杀微生物组合物，涉案专利采用的解决方案是用MBIT代替MIT，以形成新的组合物。并且记载了通过试验数据和效果证明了组合物在要求保护的重量比范围内，可以实现协同作用，在杀微生物方面具有显著的改善或独特的效果，因此，首先确定其声称的"提供进一步协同杀微生物组合物的技术问题"在本申请中是否得到了解决。因此，构建技术问题时，应当考虑"进一步协同杀微生物"的作用，而不是为了评述其创造性，直接无视或者抛弃掉这个作用，重构一个与本申请初衷无关的技术问题。第二，应当基于现有技术，合理地进行技术问题的构建。在涉案专利中，由于文件D1公开了MIT是组合的强制性组成部分，在没有其他明显动机的情况下，本领域技术人员通常选择改变比例或者第二组分的类型，不会选择替换杀菌剂的固定成分。也就是说，本领域技术人员站在文件D1的角度不会期望去改变主要杀菌剂成分。因此，从现有技术出发，无法合理构建出"提出更有效的杀菌剂"的技术问题。第三，应当避免陷入"循环论证"的错误思维。所谓循环论证，即假设问题已经得到解决，将单一文件的相同披露进行结合，从而得出显而易见性的结论。在本案中，虽然文件D1中的MIT与柠檬酸组合物可以起到协同杀微生物的作用，但是其仅仅只是MIT与第二组分的协同作用，并没有表明MBIT与第二组分之间的协同作用，也就是说，在假设MBIT与第二组分具有协同作用，且组合物的协同杀微生物效果与单一物质的杀微生物效果具有正相关性成立的情况下，将MBIT生硬地替换掉文件D1中的MIT，已经先验地将本申请的技术贡献带入了推理过程，这种做法是不合理的。可见，欧局在重新确定客观技术问题时既充分尊重申请人对发明所解决技术问题的主观认定，但又并不是全盘接受，而是会客观地评价其声称的技术问题是否解决，并且充分考虑本领域技术人员对该技术问题的认知度，考虑相关现有技术的状况、本领域技术人员所知晓的现有技术中实际期望解决的技术问题来确定客观技术问题。

2. 重构技术问题的过程

《EPO审查指南》指出，在"问题－解决法"的背景下，技术问题是指修改或改编最接近的现有技术，以实现本发明所提供的与最接近的现有技术相比具有特定技术效果的目标和任务。这样定义的技术问题通常被称为"客观技术问题"。以这种方式得出的客观技术问题可能不是申请人在申请中提出的"问题"。这种情况下，客观技术问题需要重新表达，因为客观技术问题是基于客观确定的事实，这可能与申请人在提交申请时实际知道的现有技术不同①。这种新现有技术一般是申请人或专利权人最初未考虑的，但是，与在原专利申请或授权专利说明书中已考虑过的现有技术相比更接近于本发明，此时，允许申请人或专利权人根据新现有技术提出修改版的技术问题。该修改版的技术问题，是通过权利要求的剩余技术特征确定的客观的、更受限的技术问题。

技术问题的重构往往会导致技术目标变得不如最初设想的那么远大。如果最初提出的问题是要证明某些产品、方法或流程的改进，但并没有足够的证据显示这些改进使得所要求保护的主题比最接近的现有技术更优，那么问题应当被重新表述为提供替代产品、工艺或方法。也就是说，“技术问题”一词的解释是广义的，它并不一定要求该技术方案是对现有技术的改进，可以是寻求一种已知设备的替代品或者已知工艺的替代方法，该设备或者工艺可以提供相同或相似的效果或更具成本效益。

判例 T 2186/11 涉及 JFE 矿业有限公司的“钽粉和固体电解电容器”，该案在授权后，第三方异议人提起异议和上诉。其中，涉案专利权利要求如下：

1. 一种含氢钽粉，其特征在于，将钽粉的氢含量（ppm）除以钽粉的比表面积（m^2/g）得到的值在 10 至 100 的范围内；其中，钽粉的比表面积在 4 至 $10m^2/g$ 范围内。

2. 根据权利要求 1 所述的钽粉，其特征在于，所述钽粉的氮含量（ppm）除以钽粉的比表面积（m^2/g）为 500 以下。

3. 根据权利要求 1 或 2 所述的固体电解质电容器的阳极，包括所述钽粉。

4. 根据权利要求 3 所述的固体电解质电容器，包括所述固体电解质电容器的阳极。

涉案申请的目的是提供一种具有特定比表面积的粉末，通过控制氢含量与比表面积的比值，从而得到具有一定性能的阳极和电容器。

本案主要涉及的现有技术文献有两篇，文件 D1（WO98/37248A）公开了钽粉，其表现出高容量，并显示出高达 10 m^2/g 的高比表面积；由该钽粉制备的固体电容器具有极低的泄漏电流特性。文件 AD1（测试编号 Ha 71131，关于各种钽粉的实验报告）列出了由各种粉末制成的阳极的漏电流和电容值，这些阳极具有不同的氢气和比表面积值。

第三方异议人认为，文件 D1 要解决的客观问题是提供具有高比表面积的

① Guidelines for Examination in the European Patent Office, March 2024 edition, Part G, Chapter VII, 5.2 Formulation of the objective technical problem.

钽粉，这种钽粉能够用于制备高电容器件，并且在形成电容器阳极的过程中，漏电流较低。而涉案专利提出的解决方案是提供一种具有特定比表面积的粉末，并控制氢含量与比表面积的比值，从而得到高电容和低漏电流的电容器。首先，涉案专利的技术效果不能归因于氢含量。因为将粉末在1000～1400℃下烧结0.3～1h，然后进行阳极氧化，经过这种处理后，烧结粉末中不会残留氢气。其次，文件AD1的实验结果也证明氢含量/比表面积比（H/BET）与电容和漏电流值没有直接的正相关关系。文件AD1记载了八种粉末的实验结果，所有这些粉末的比表面积都在涉案专利规定的范围内，但其中只有四种粉末的氢含量/比表面积比（H/BET）在涉案专利规定的范围内，与H/BET比值较大的样品相比，那些符合H/BET比值要求的样品的电容和漏电流值没有提高。例如，在测试的四个样品中，H/BET比值在114～140之间，均高于10～100的范围，没有一个是符合本发明要求的。因此，客观技术问题可以表述为：提供替代钽粉。

上诉委员会对此案进行了审理，其判决主要围绕以下两点展开：

一是判断技术问题是否需要重构。权利要求1与文件D1存在的区别技术特征在于：控制氢含量与比表面积比值。从文件D1开始，要解决的客观问题是提供具有大比表面积的钽粉，以制备高电容器件，并且在形成阳极过程中漏电流降低。虽然第三方异议人提供了证据试图证明“高电容和低漏电流的特点与烧结粉末而不是钽起始粉本身制成的电容器有关”，但是，上述证据不足以证明在涉案专利中不存在上述效果。正如专利权人的观点，在烧结过程中，钽粉末的脱水程度是一个未知因素。无论粉末在加工过程中氢的去除程度如何，根据涉案专利中表1至表3的数据可知，从符合权利要求1所描述特性的钽粉开始，电容和漏电的性能得到了改善。尽管钽粉末中氢含量如何影响最终电容器性能的科学原理尚未能完全解释，但这些实验结果清楚地表明了这种效应的存在。因此，客观技术问题无须重构。

二是如果没有改进的效果，技术问题该如何重构以及显而易见性的判断问题。上诉委员会认为，即使没有直接的技术效果，这并不意味着发明的创造性不存在。应当基于现有技术对问题进行重新表述和推理。在缺乏技术效果的情况下，问题应被重新表述为寻求替代的钽粉。然而，技术人员在考虑用于电容器的钽粉时，不太可能想到调整粉末的氢含量，因为从专业领域的常识来看，最终产品中通常不会有氢或只有极少量氢。因此，从文件D1出发，技术人员没有动机去按照权利要求1所述的方式调整氢含量和比表面积。因此权利要求1所涉及的主题具有创造性。

通过此案可以看出，某些发明与最接近的现有技术相比，技术效果相当，未表现出“更好的技术效果”，却提供了一种技术构思不同的可供选择的技术方案，那么问题可以被重新表述为提供替代产品、工艺或方法，其作为重新确定的发明实际解决的技术问题的一种特殊情况，以更全面反映创新的规律和特点。发明实际解决的技术问题被确定为“提供一种不同于最接近的现有技术的可供选择的技术方案”，并不意味着该技术方案必然具有或者不具有创造性，仍然需要从该技术问题出发判断现有技术是否给出教导，使得本领域技术人员能够在现有技术的基础上重构该方案，如果现有技术没有任何指引朝着替代的方式进行改进，也不能认为其属于常规技术手段。

我国《专利审查指南 2023》指出，特殊情况下，当发明的所有技术效果与最接近的现有技术相当时，重新确定的技术问题是提供一种不同于最接近的现有技术的可供选择的技术方案①。可见，欧局和我局在重构技术方面，对“技术问题”均保持一个“广义定义”。

3. 重构技术问题的限制

由于对现有技术的认识偏差、对发明技术方案发明点的理解差异、对本领域技术人员认知水平的把握不同等原因，申请人在原申请文件中并未记载特定实验数据的情况难以避免②。对于此类情况，《欧洲专利局上诉委员会判例法》指出，在申请过程中，允许补充说明发明的附加优点，即使这些优点在最初的申请中没有明确提及。这些附加优点可以用来补充说明发明的可专利性，但它们不会改变发明的本质。这些优点应当与申请中提及的应用领域相关，并且能够从申请中推断出来。如果本领域技术人员在最接近的现有技术的基础上，无法从提交的申请中推导出所描述特征的宣称效果，那么构建客观技术问题时，就不能将这个宣称效果作为技术问题的一部分③。

判例 T 1062/93 涉及“一种治疗高血压和心力衰竭的药物组合物”，该案在授权后，第三方异议人提起异议和上诉。涉案专利权利要求如下：

1. 一种用于治疗高血压和心力衰竭的药物组合物，含有地尔硫卓和血管紧张素转换酶抑制剂，选自以下化合物：卡托普利、依那普利、阿拉普利、芬替普利、赖诺普利、雷米普利、培哚普利、西拉普利、福辛普利、匹伏普利、喹那普利和佐非诺普利。

该申请说明书描述了地尔硫卓和依那普利组合物的作用是降低血压。这种组合在短期内对肾功能具有积极影响，并且在麻醉狗的实验中进行了证实。实

① 《专利审查指南 2023》，第二部分第四章第 3.2.1.1 节。

② 郑希元，刘国伟. 医药新技术与专利法［M］. 北京：知识产权出版社，2022：279.

③ 《欧洲专利局上诉委员会判例法（第 10 版）》I—D，4.4.3（b）.

验中关注的指标包括尿量、尿钠排泄、肾血管阻力和肾血流量。这些指标在治疗后60min内进行监测，以评估对心血管和肾脏的影响。在尿量和尿钠排泄这两个参数上，治疗开始的前20min内就观察到了地尔硫卓和依那普利组合的协同效应。

本案主要涉及的文件D3（心血管药理学杂志，第7卷，S88至S90页，1985年）描述了ACE－i卡托普利与钙拮抗剂（即维拉帕米或尼群地平）的两种组合，这两种组合与单独使用钙拮抗剂或三联组合物（包括β受体阻滞剂、利尿剂和血管扩张剂）相比，其抗高血压作用显著增加。具体而言，舒张压值可以降低到95mmHg以下，这是三联疗法或单药疗法无法达到的效果。此外，文件D3还公开了维拉帕米、尼群地平和卡托普利单独使用时均显示出利尿作用，这种作用主要在维拉帕米和尼群地平治疗的前几天观察到。

上诉委员会的判决主要包括以下两点：

关于技术问题的确定，专利权人在口头诉讼环节提出，本申请相比文件D3中的组合具有更有效的抗高血压、利尿和利钠作用。上诉委员会认为，由于文件D3中明确地认识到利尿效果，特别是组合物中的每种化合物本身就已经表现出了利尿活性。如果涉案专利的实验结果与文件D3中的结果相当，那么仅从这些数据的对比中，并不能推断出要求专利保护的药物组合在抗高血压作用上比文件D3中描述的组合更有效。此外，申请人未能提供任何测试结果来证明其要求保护的药物组合在抗高血压、利尿或利钠作用方面超越了文件D3中描述的组合。虽然申请人声称其药物组合具有协同效应，但这并不意味着这些效果超过了文件D3中所描述的组合。因此，从文件D3作为最接近的现有技术出发，要解决的技术问题是提供对高血压和肾功能都具有治疗作用的药物组合物。

关于“额外的肾脏效应”的技术问题是否纳入考虑的问题。第三方异议人认为，一方面，这种效应无法从提交的申请中直接得出；另一方面，专利申请人进行的测试并非在能够承认观察到的结果有效性的条件下进行。因为这些测试是在短期内对血压正常的狗进行的，因此不能证明在高血压受试者中具有治疗意义的肾脏活性。对此，上诉委员会答复如下，在提出技术问题和评估创造性时，可以将申请中未明确指定但与申请中用途领域相关的其他优点纳入考虑，只要这些优点不改变发明的本质。如果这些优点与原始技术问题之间存在紧密的技术联系，在原始申请中指出的技术问题的基础上补充这些优点，自然不会改变发明的性质。本领域技术人员了解到，肾功能受损是高血压的一个常见原因，而高血压又可能导致肾素的过度释放和随后的血管紧张素II的激活。长期来看，肾功能的改变甚至可能是高血压状态的后果。因此，对于本领域技术人员来说，原始申请中描述的抗高血压作用与肾功能某些参数之间存在紧密的技术联系。基于这个原因，如果这些效果得到有效证明，那么在表述要解决的技术问题时，可以考虑这些对肾功能的副作用。关于这些测试的有效性，专利权人进一步提出，戊巴比妥麻醉会引起狗的中度高血压状态，这种状态与人类的轻度或中度高血压相似，因此获得的结果能够说明对高血压受试者肾功能的影响。同时，异议方给出的文件 D22 的附图中给出的麻醉狗的血压值也支持这些观点，上诉委员会认为这些测试具备有效性。另外，这些结果是短期的事实并不影响它们的价值，因此没有理由忽略它们。此外，即使是短期效果也可能具有重要的治疗意义。因此，在制定技术问题时，可以将肾脏效应纳入技术问题的考虑范围。

从本案可以看出，欧局允许申请人补充说明发明的附加优点，但是，这种“允许”并不是毫无门槛，它存在一定的限制，要求这些优点与原始技术问题之间存在紧密的技术联系，必要时，应当通过补充试验数据加以证明。就本案而言，在抗高血压、利尿或利钠作用方面，申请人未能提供任何测试结果来证明其要求保护的药物组合的优点能够超越文件 D3 中描述的组合。因此，对于申请人后续提出的“具有更有效的抗高血压、利尿和利钠作用”不予认可。另外，由于原始申请中描述的抗高血压作用与改善肾功能的某些参数之间存在紧密的技术关系，并且申请人证明了上述关系，因此在制定技术问题时，可以考虑额外的肾脏效应。也就是说，一方面，应当考虑原始申请文件记载的内容，确定方案与现有技术相比，解决了哪些明确的或者隐含的技术问题；另一方面，对于补充的技术问题，应当判断其与原始文件记载的哪些参数相关，例如化合物本身的结构或形态、化合物的药效、适应证等，这些特征相对现有技术究竟产生了何种技术效果，以至于能够支撑本领域技术人员得到补充的这些优点，必要时，应当提供相应的试验数据来支持这种技术效果。

我国《专利审查指南 2023》指出，作为一个原则，发明的任何技术效果都可以作为重新确定技术问题的基础，只要本领域的技术人员从该申请说明书中所记载的内容能够得知该技术效果即可①。对于技术效果与补充试验数据，我国《专利审查指南 2023》进一步通过案例来说明，根据原始申请文件的记载，化合物 A 的降血压作用已经公开，补交试验数据所要证明的技术效果能够从专

① 《专利审查指南 2023》，第二部分第四章第 3.2.1.1 节。

利申请文件公开的内容中得到，应该注意的是，该补充试验数据在审查创造性时也应当予以审查①。

四、显而易见性："能够－会"判断法

所谓"显而易见"，是指基于当时已知的技术，对于本领域的技术人员来说，是否显然可以得出属于权利要求保护的范畴。

《EPO 审查指南》指出，在创造性第三步关于显而易见的判断中，关键的问题是确定现有技术中是否存在着一种教导，这种教导可以促使本领域技术人员在面对具体技术问题时，不仅"能够"，而且"会"对最接近的现有技术进行修改或调整，从而实现本发明所达成的目标②。

"能够"（could）是指本领域技术人员在面对要解决的客观技术问题时，是否能够通过修改最接的近现有技术而得到要求保护的技术方案。在"能够－会"判断法中，促使本领域技术人员以某种方式行事的决定性理由，是基于确凿的证据来辨别的。

是否"会"（would）则是一种主观判断，基本上取决于本领域技术人员考虑到的特定技术目的和要达到的技术结果。即使对比文件给出的提示或者激励是隐含的，也足以表明本领域技术人员"愿意"结合现有技术的要素。愿意做什么或不愿意做什么，不仅取决于最接近现有技术的公开，还取决于相关技术领域的技术水平。

（一）"能够"：必要条件非充分条件

"能够－会"判断法的关键问题不在于技术人员是否能够（could）通过修改或调整最接近的现有技术来达到发明的效果，而在于技术人员是否会（would）受到现有技术的启示或激励去这样做，以期望获得某种改进或优势。

技术可行性和没有技术障碍只是可再现性的必要条件，但却不足以导致本领域技术人员实际可实现的方案是显而易见的。本领域技术人员已知某一技术手段的内在特性，因此拥有该手段应用于常规装置中的智力上的可能性，这一事实仅仅是确定了以这种方式使用该技术手段的可能性，即确定了本领域技术人员能够使用该技术手段的可能性。但是，如果要确定该智力上的可能性同时也是本领域技术人员显然会使用的技术措施，则有必要表明，现有技术中存在

---

① 《专利审查指南 2023》，第二部分第十章第 3.5.2 节【例 1】。

② Guidelines for Examination in the European Patent Office, March 2024 edition, Part G, Chapter VII, 5.3 Could – would approach.

可辨认的线索来将该手段和常规装置结合以实现意图的技术目标，即表明本领域技术人员会进行这样的组合①。

判例 T 0002/83 涉及一种含有西甲硅油和抗酸剂的片剂，审查部门以不具备创造性为由驳回了该申请，申请人不服，提起上诉。涉案权利要求如下：

1. 一种含有西甲硅油和抗酸剂的片剂，所述片剂包括含有西甲硅油、含西甲硅油吸收物质的固体载体的第一体积部分和含有所述抗酸剂的第二体积部分；所述第一和第二体积部分中的每一个都与另一个体积部分分开且不连续，西甲硅油位于片剂的其他组分形成的基质之外，西甲硅油可以独立于这些基质的衰变而产生其消泡效果，其特征在于：在第一体积部分和第二体积部分之间有一个分离层，使第一体积部分中的西甲硅油远离第二体积部分中的抗酸剂，并防止成分从一个体积部分迁移到另一个体积部分。

涉案专利说明书描述了西甲硅油具有抗胀气活性，并且可以与常见的抗酸剂（如铝、氢氧化镁或碳酸镁）一起给药。然而，当硅油与抗酸剂成分密切接触时，由于抗酸剂的碱性成分会强烈吸收硅油，导致硅油的释放延迟或在某种程度上被阻止。因此，本申请要解决的技术问题是如何提高药物在胃中的抗胀气效果并同时提供抗酸作用。为解决上述问题，本申请的技术方案是：将二甲基硅油设置在固相载体上，通过在含有二甲基硅油的固相载体和抗酸剂之间插入屏障，从而实现更好的效果。片剂的结构如图 4-1-1 所示。

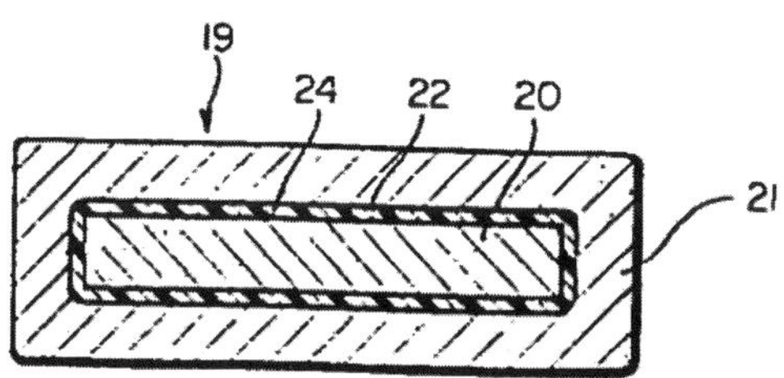

19-片剂；20-内芯；21-外层；22-阻挡层

图 4-1-1 片剂组成示意图

本案主要涉及两篇证据，文件 D1（FR2077913A）公开了液体药物以片剂形式在化合物中给药，其中，包括核心、捕获核心的明胶胶囊、明胶外部包裹

① 欧洲专利局上诉委员会，中国专利代理（香港）有限公司．欧洲专利局上诉委员会判例法［M］．8 版．北京：知识产权出版社，2020.

的固体层、围绕固体层的外涂层，外涂层旨在防止药物在胃中释放。这种设计允许有机硅油（如硅油或二甲硅油）被包裹在明胶层中，而不会在胃中释放。文件 D2（US3501571A）公开了一种组合物，该组合物包含两种不同类型的颗粒混合物，第一种颗粒包含抗酸剂，第二种颗粒包括吸附在惰性填料上的液体有机聚硅氧烷化合物，可以将颗粒压片。

审查部门认为，文件 D1 公开了胃肠道制剂包含硅油和在胃肠道中具有活性的物质，这两种药物分别以不同的体积部分呈现，并且在两者之间具有插入屏障。文件 D2 公开了将硅油设置在固相载体上。因此，认为文件 D1 和文件 D2 结合能够得到本申请技术方案。

上诉委员会认为，在文件 D1 公开了一种胃肠道制剂的基础上，用屏障将液体二甲硅油组分与固体抗酸剂分离属于一个明显的解决方案。但对于肠道制剂领域而言，技术发展的趋势是避免制造起来很麻烦的屏障，优选的方法是将西甲硅油与过量的载体结合使用，以防止抗酸剂的迁移和吸收。根据文件 D2 的记载，有机聚硅氧烷（如二甲硅油）能够可逆地吸附在乳糖、山梨糖醇、蔗糖等适当的载体表面，这种吸附会导致分层片剂的抗胀气活性显著降低。本申请是在分层的基础上插入了屏障，实现了改进功能。一般情况下，发现尚未被承认的问题属于技术贡献的一部分。也就是说，申请人所建议的对现有技术的分层片剂进行修改是否具备创造性的关键，不在于本领域技术人员是否可以在各层之间插入屏障，而在于他是否会这样做以期获得某种改进或优势。在文件 D1 的教导下，通过分离层将未吸附的二甲硅油与抗酸成分分离是显而易见的，但是，这并不适用于吸附在载体上的西甲硅油。也就是说，本领域通常会改变载体的量来修改阻隔系统，而不会扭曲配方来获取相应的分离层，这是本领域技术人员难以想象的。因此，该案被发回实审重审。

从本案可以看出，仅仅因为技术人员理论上能够使用某种技术手段，并不足以证明这种理论上的可能性是一种技术措施。要证明这一点，必须证明在现有技术中存在将已知手段和常规设备相结合以实现预期技术目标的证据，即技术人员实际上会做出这样的组合。就本案而言，对于已经吸附在载体上的西甲硅油而言，本领域技术人员通常“会”的改进是扩大载体的含量来提高屏障作用，这是该领域技术趋势的导向；即使现有技术中已经有一些其他方法可以成功地将西甲硅油和抗酸剂分开，也就是本领域技术人员具备实现两者分开的能力，但是，也没有动机教导本领域技术人员去大幅度改变文件 D1 的载体成分（例如减少载体的含量），并且设置阻隔层。也就是说，技术上的可能性和没有障碍只是可行性的必要先决条件，而不是充分条件。

（二）“会”：结合启示的判断

“能够－会”判断法要求在创造性的判断过程中必须明确：在最接近的现有技术或者从其中推导出的客观技术问题的基础上，本领域技术人员在何种程度上有合理理由“会”去结合其他现有技术。

对于现有技术之间的结合启示，《EPO 审查指南》指出，在确定是否能够明显合并两个或两个以上不同的现有技术时，审查员应当考虑以下三点：

一是公开内容（例如文件）是否使本领域技术人员在面对本发明所解决的问题时“可能”或“不可能”将它们合并在一起。例如，本申请的至关重要的特征分别被两份现有技术公开，但是，作为一个整体考虑时，两份文件涉及的特征之间存在固有的不相容性，从而使得它们无法轻易合并，此时，这种合并通常被视为非显而易见。

二是在评估两份文件是否可以结合时，应当判断这些内容是属于相似、相邻还是遥远的技术领域。

三是通常情况下，以下类型被认为是存在结合启示：（a）如果技术人员有合理的依据将同一份现有技术公开的两个或多个部分相互关联，那么这些部分的组合将是显而易见的；（b）将公知的教科书或标准词典与现有技术文件相结合是显而易见的；（c）如果认为一份文件包含对另一份文件的明确无误的提及，那么，将两份文件合并也是显而易见的。

下面通过一个判例来说明现有技术之间的结合启示。判例 T 115/96 涉及一种生长阶段喂养猪的喂食装置，审查部门以不具备创造性为由驳回了该申请，申请人不服，提起上诉。涉案权利要求如下：

1. 用于在生长阶段喂养猪的喂食装置，包括具有下端出口（26）的直立饲料通道（14，24），相对于出口（26）固定的饲料托盘（28），用于接收从所述出口（26）落下的饲料的饲料分配机构（50，76），饲料分配机构响应动物操作将饲料从通道（14，24）分配到饲料托盘（28）上，以及支撑直立通道（14，24）的框架（19，21），以使许多动物径向排列在托盘（28）周围同时进食，通道（14，24）相对于饲料托盘（28）定位，以便将饲料分配到饲料托盘（28）的中心，其特征在于，该装置通过使饲料分配机构（50－76）独立于饲料托盘（28）并且出口（26）位于饲料托盘（28）的中心上方，足以使该生长阶段的任何猪能够从出料口（26）下方进食，并且还可以穿过饲喂盘（28）到达托盘（28）的另一侧。

根据说明书的描述可知，该发明是一种“竞争性”猪喂养器，通过特殊的设计实现动物争夺托盘中的食物。如图 4－1－2 所示，这种饲喂装置设计有一个饲料通道，其出口位于饲料托盘的中心上方，使任何猪都能从出口下方进食，并穿过饲料托盘进入托盘的另一侧。这种设计尤其适用于那些天生具有攻击性的猪，因为它们会在竞争中表现出更强的食欲，从而获得更好的饲料。

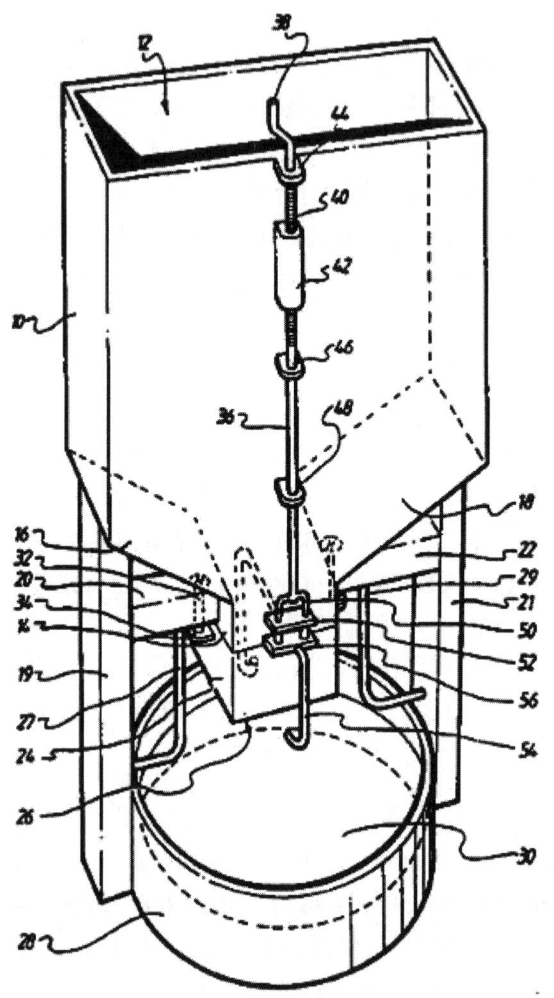

14，24—直立通道；26—出口；28—饲料托盘；50—饲料分配机构

图 4 -1 -2　喂食装置示意图

本案主要涉及的证据包括文件 D1（EP0044465A）和文件 D2（US5085173A），其中，文件 D1 公开了猪喂养装置，如图 4 -1 -3 所示，其中料斗 45 的底部 46 没有充分位于饲料托盘中心的上方。此外，文件 D1 中明确指出，单个猪被保留在各自的饲喂站内，并且托盘内部的猪无法接触到饲料材料。

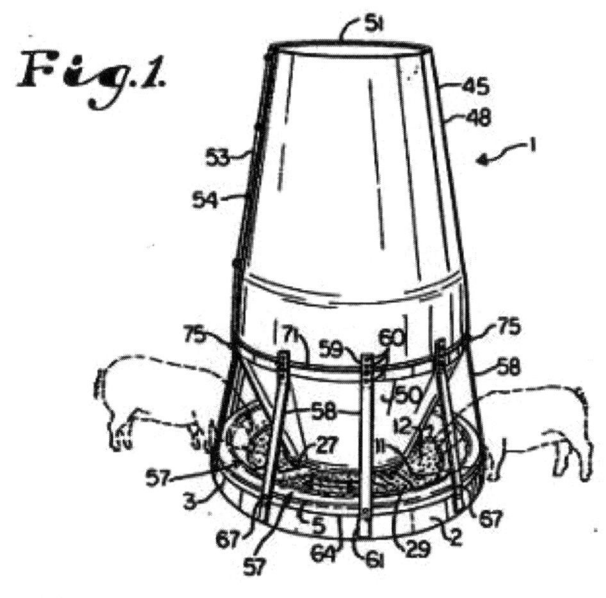

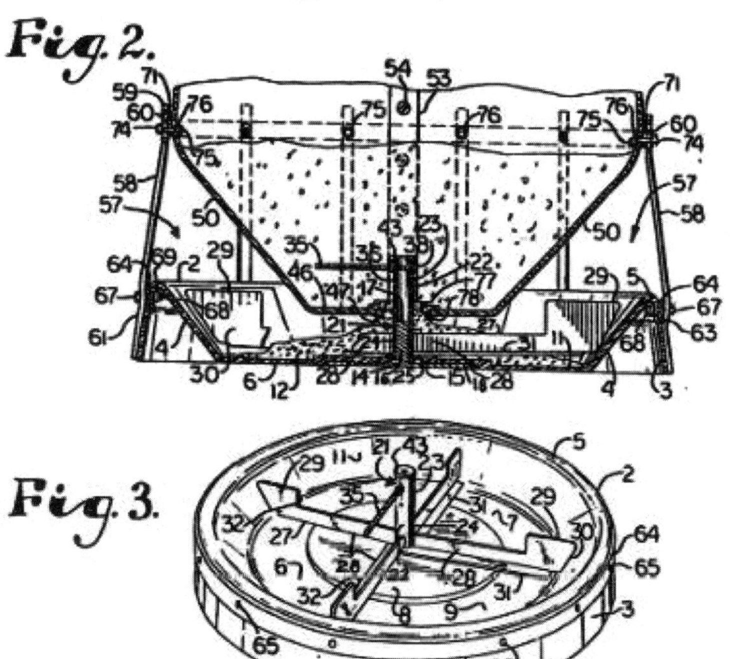

2—托盘；45—料斗；46—底部

图 4-1-3 文件 EP0044465A 公开的猪喂养装置

文件2公开了一种成年猪喂养装置，如图4-1-4所示，其进料器的分配机构刚性地固定在托盘上。其带有一个底部为架子（B）的料斗（A），将预定量的动物饲料分配到动物喂食碗（F）中。碗由垂直杆（D）支撑，垂直杆（D）由底部支撑，并通过其中的中心通道突出。动物喂食的动作使碗移动，搅动杆，从而使预定量的饲料通过中央通道排放到碗中。

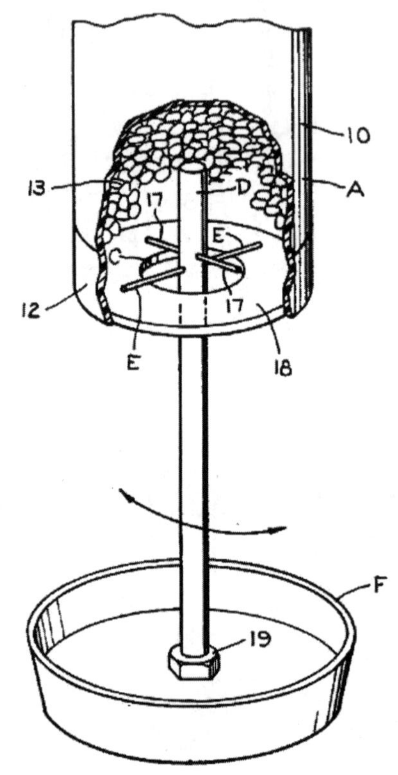

A—料斗；D—垂直杆；F—喂食碗

图4-1-4 文件US5085173A公开的猪喂养装置

双方的争议焦点在于文件D1和文件D2是否可以结合？上诉委员会的判决通过以下三点分析了该问题：

第一，关于本申请声称的技术问题是否成功解决。上诉委员会选取文件D1为最接近的现有技术，它公开了一种猪的饲喂装置，该装置具有一个框架，该框架使围绕托盘径向排列的若干动物能够同时进食。涉案权利要求1与文件D1的区别技术特征在于：其饲料分配机构独立于饲料托盘，并且通道的出口位于饲料托盘的中心上方，足以使处于饲喂器生长阶段的猪能够从出口下方进食，并穿过托盘到达托盘的另一侧。基于上述区别技术特征，其实际解决的技术问题是：获得更快的仔猪生长速度。本申请为实现这种增强的生长，是通过充分清除饲料托盘中心上方的区域来获得的，以便多头猪可以进入下方的饲料供应槽，并且猪可以竞争相同部分的饲料。因此，上诉委员会认为，权利要求 1 中描述的解决方案有效地解决了上述问题。

第二，关于文件 D1 的教导问题。上诉委员会认为，文件 D1 的喂养装置并没有给出让猪在进食时竞争的技术启示。相反，文件 D1 设计了特殊的结构，以避免占主导地位的动物试图阻止其他动物进食，从而实现攻击性较弱的动物也可以获得饲料材料，且托盘底部设置支撑机构，阻碍了动物从喂养盘一侧穿到另一侧。也就是说，技术人员既不会想到让每头猪可以吃掉其他猪的饲料，也不会想到清理喂养盘的中心区域，为动物提供从托盘一侧到另一侧的通道。即文件 D1 并没有给出改进动机。

第三，关于文件 D2 的结合启示问题。文件 D2 公开了喂养猪仔的喂食器，分配机构是刚性地固定在托盘上的，而不是独立的。并且动物喂食的动作使碗移动，搅动杆，从而使预定量的饲料通过中央通道排放到碗中。也就是说，碗和杆是密切联系的，文件 D2 没有给出动机，单独设置一个碗在分料器下方，并且能够为动物提供从托盘一侧到另一侧的通道。因此，上诉委员会认为如果将文件 D1 和文件 D2 结合在一起，会与文件 D1 和文件 D2 公开的现有技术的真正目的相背离，并且不符合逻辑，因此，两者并不能直接结合。

从本案可以看出，判断两份现有技术是否可以结合，第一应当尽量“还原”在申请人作出贡献之前技术人员面临的整体技术状态，并且进行实际评估。乍一看，将文件 D1 中的猪槽换成文件 D2 的猪槽即可实现多头猪的竞争进食，这似乎是显而易见的。但是，这种结合受到了本发明公开内容的影响。实质上，从文件 D1 出发，其要实现的目的是避免占主导地位的动物试图阻止其他动物进食，也就是说，在文件 D1 的基础上，本领域技术人员面临的技术状态是尽量分开各头猪，而不是让猪产生竞争进食。如果要将文件 D1 和文件 D2 结合，必然迫使本领域技术人员朝着与文件 D1 的真正目的相反的方向去进行，并且还要将文件 D1 中的大部分结构进行拆除，再结合文件 D2 中孤立的猪碗结构，可见，这种尝试歪曲了文件 D1 公开内容的技术教导，刻意地匹配所考察的权利要求中记载的具体特征，也就是说，在“是否会”的判断上，现有技术并没有给出证据和线索，如果忽略这个关键因素，生硬地去结合两篇文件，这种尝试存在不公平地、有偏见地掩盖发明技术贡献的风险。第二应当充分重视两份现有技术的固有特征，判断“可能”或“不可能”将它们合并在一起。首先，文件 D1 的托盘底部设置支撑机构，阻碍了动物从喂养盘一侧穿到另一侧，同时，文件 D2 公开的猪碗，其碗由支撑杆支撑，动物进食的动作使碗移动，搅动杆，从而使预定量的饲料通过中央通道排放到碗中。也就是说，猪碗是与支撑杆进行配合的。可见，文件 D1 和 D2 均存在固有结构，阻碍本领域技术人员朝着“能够使动物穿过饲喂盘到达托盘的另一侧”去改进。

关于显而易见性，我国《专利审查指南 2023》指出，判断要求保护的发明对本领域技术人员来说是否显而易见。在该步骤中，要从最接近的现有技术和发明实际解决的技术问题出发，判断要求保护的发明对本领域的技术人员来说是否显而易见。判断过程中，要确定的是现有技术整体上是否存在某种技术启示，即现有技术中是否给出将上述区别特征应用到该最接近的现有技术以解决其存在的技术问题（即发明实际解决的技术问题）的启示，这种启示会使本领域的技术人员在面对所述技术问题时，有动机改进该最接近的现有技术并获得要求保护的发明。如果现有技术存在这种技术启示，则发明是显而易见的，不具有突出的实质性特点。可见，欧局的“能够－会”判断法与我局的“三步法”的第三步非常相似，均强调“是否会”和“技术启示”的重要性。

五、“问题－解决法”在混合型发明中的应用

在依靠计算机实施的发明（Computer－Implemented Inventions，CII）、商业方法的发明中，通常以“混合型”发明的形式存在，即该发明既具有技术特征又具有非技术特征，其中“非技术特征”是指单独看根据《欧洲专利公约》第 52（2）条不认为是发明的主题。为适应近年来“混合”发明进步显著、发明量明显增加的趋势，对于含有技术特征和非技术特征的权利要求的审查的规定受到了特别关注，并且在审查指南中不断修改和完善。

《欧洲专利局上诉委员会判例法》指出，在权利要求中既有技术特征又有非技术特征是合法的，其中非技术特征甚至可能构成请求保护的主题的主导部分①。另外，“问题－解决法”要求将发明视为针对技术问题的技术解决方案来进行分析。由于发明的解决方案和解决的问题都具有技术性，当发明包含非技术元素时，“问题－解决法”就会遇到问题。因此，上诉委员会提出，在评价混合型发明的创造性时，所有对发明的技术性质作出贡献的特征都应予以考虑。这些特征包括那些单独考虑时是非技术特征，但放在发明背景中考虑时，对技术效果的产生和技术目的的实现作出贡献并由此对发明的技术性质作出贡献的特征。而那些未对发明的技术性质作出贡献的特征不能支持创造性的存在②。

---

① 《欧洲专利局上诉委员会判例法（第 10 版）》I—D，9.1.

② 国家知识产权局，欧洲专利局．《计算机实施发明/软件相关发明专利审查对比研究报告》[R]．2019：13.

这意味着，即使混合型发明中包含非技术特征，只要这些特征对发明的技术性质有贡献，它们就应该被考虑在内。只有当非技术特征对发明的技术性质没有贡献时，它们才不能支持发明的创造性。这种评估方法确保了在评价“混合型”发明的创造性时，所有相关的技术特征和非技术特征都被充分考虑。

（一）EPO 关于“混合型”发明的审查标准发展

对于“混合型”发明的审查主要经历了三个阶段，其演变如图 4－1－5 所示。

第一阶段（2000—2002 年）确立“两步法”，这一阶段确立了“两步法”作为评估依靠计算机实施的发明（CII）可专利性的主要框架。所谓“两步法”，即第一步进行适格性判断，第二步进行创造性判断。在适格性判断方面，创立了“任意技术手段法”，即如果一个发明能够通过技术手段实施，那么它就具备了技术性。该方法的起因可追溯到 2000 年，判例 T 931/95 提出将适格性和创造性判断加以分割，以解决“贡献法”中存在的适格性和创造性判断混淆不清的问题。2001 年，《EPO 审查指南》随即依据判例 T 931/95 修改了“可专利性”审查原则，开启了依靠计算机实施的发明创造性判断的序幕。

第二阶段（2002—2021 年）推广“两步法”原则。确保“两步法”在 CII 可专利性评判中的广泛应用，在这个阶段，创立并完善了创造性判断的“COMVIK 法”。这一方法要求在评估创造性时，不仅要考虑发明的技术解决方案，还要考虑发明的技术效果。例如，一个计算机程序的发明通过计算机运行产生了“进一步的技术效果”，那么它可能具备可专利性。这个阶段最具里程碑意义的判例是 T 641/00——“COMVIK 案”，该判例首度对“混合型”权利要求的创造性判断提出了欧局独有的 COMVIK 审查方法。自该案后，《欧洲专利局上诉委员会判例法》中的“贡献法”被替换。2015 年，判例 T 258/03—“HITACH 法”在商业方法类案件中进一步发展了“COMVIK 法”。在这一阶段，《EPO 审查指南》进行了一系列更新，以反映上诉委员会判例法的一些重大发展和最新的实践。主要包括：2012 年 6 月《EPO 审查指南》新增了对于含有技术特征和非技术特征的权利要求的审查的规定；2013 年《EPO 审查指南》进一步明确了以技术特征和非技术特征组合撰写权利要求的合法性，指出非技术特征甚至可以构成请求保护的主题的主要部分，但创造性仅能基于权利要求中清楚限定的技术特征。非技术特征在某种程度上并未与解决技术问题的技术主题相互作用，不会对现有技术作出贡献，因此在评价创造性时不予考虑。2015 年《EPO 审查指南》强调混合型权利要求适用“问题－解决法”时应将

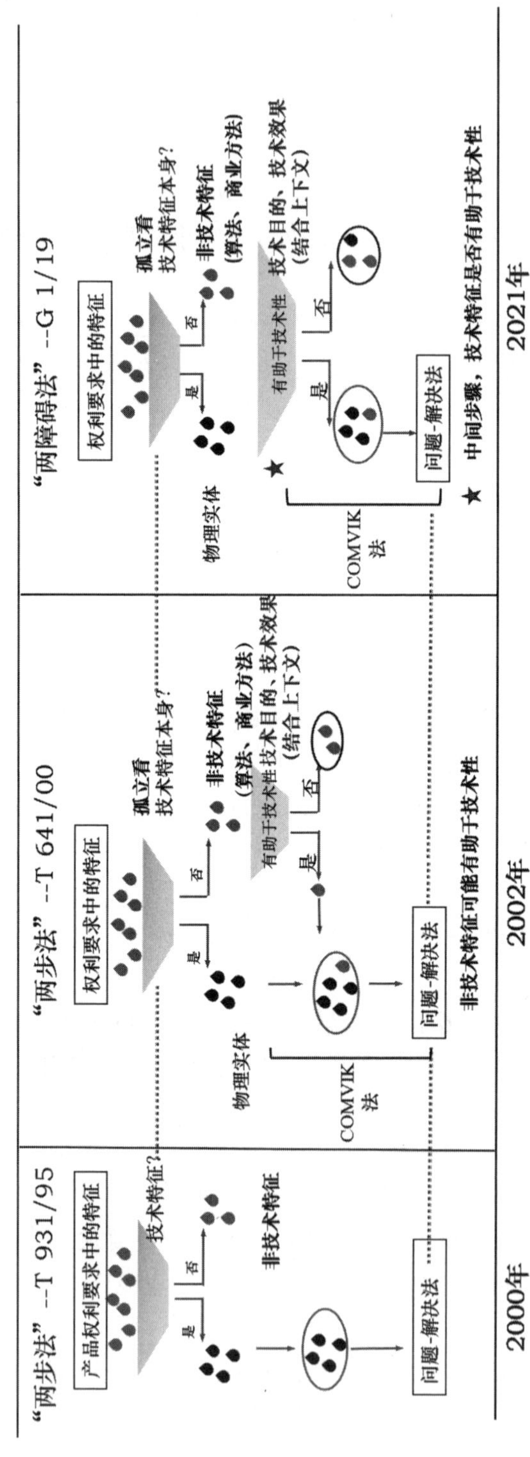

图4-1-5 欧局对混合型权利要求的审查演变

权利要求所有特征的技术性及其贡献进行正确认定，尽管实际解决的技术问题中可能涉及未做出技术贡献的特征或发明实现的非技术性效果，但对于发明技术特性没有贡献的特征不能用于证明创造性，将初步的“COMVIK 法”写入《EPO 审查指南》，但未命名。2015—2020 年，多次发布修订的《EPO 审查指南》，以逐步完善对混合型权利要求的审查规定。

第三阶段（2021 年及以后）将“两步法”发展为“两障碍法”，确立了 COMVIK 方法在评估依靠计算机实施的发明、商业方法中的创造性时的适用性。所谓“两障碍法”，即发明需要同时满足技术性和创造性两个障碍才能获得专利保护。在这个阶段，EPO 扩大上诉委员会发布了第 G 1/19 号判决，对通过计算机实施的模拟能否被授予专利权进行了深入细致的讨论。该判决提出，在评估同时含有技术和非技术特征的“混合型”发明的创造性时，应考虑所有有助于本发明技术特性的特征①。在 G 1/19 案后，“COMVIK 法”正式以命名的形式写入《EPO 审查指南》，形成了当前较为完善的“COMVIK”法判断体系。

（二）COMVIK 法

COMVIK 法是“问题－解决法”在依靠计算机实施的发明、商业方法中的具体应用。该方法包括如下步骤，其流程如图 4－1－6 所示②。

（i）基于本发明上下文所实现的技术效果确定对本发明的技术性有贡献的特征；

（ii）选择现有技术中的合适起点作为最接近的现有技术，重点关注对步骤（i）中所认定的对本发明的技术性有贡献的特征；

（iii）鉴定与最接近的现有技术的区别。在整个权利要求的背景下，确定这些区别的技术效果，以便从这些区别中识别出哪些特征具有技术贡献，哪些特征没有技术贡献。

（a）如果没有区别（连非技术性区别都没有），则根据《欧洲专利公约》第 54 条不具备新颖性而提出反对意见。

（b）如果区别没有作出任何技术贡献，则根据《欧洲专利公约》第 56 条提出反对意见。评述理由是：如果权利要求的主题对现有技术无技术贡献，则其不具备创造性。

① 安蕾．人工智能时代欧洲软件相关发明的专利保护实证研究［J］．中国发明与专利，2023（8）：60－68.

② 李玉锁．浅析欧洲混合型权利要求的创造性判定［N］．中国知识产权杂志，2024 年 1 月.

（c）如果区别包括作出技术贡献的特征，则适用以下内容：客观技术问题是基于这些特征所达到的技术效果来确定的。此外，如果所述区别包含未作出技术贡献的特征，则可以用这些特征或本发明实现的任何非技术效果来表述本领域技术人员“面临”的部分客观技术问题，特别是作为必须满足的约束条件。如果对本领域技术人员而言，针对客观技术问题所要求保护的技术解决方案是显而易见的，则根据《欧洲专利公约》第56条提出反对意见①②。

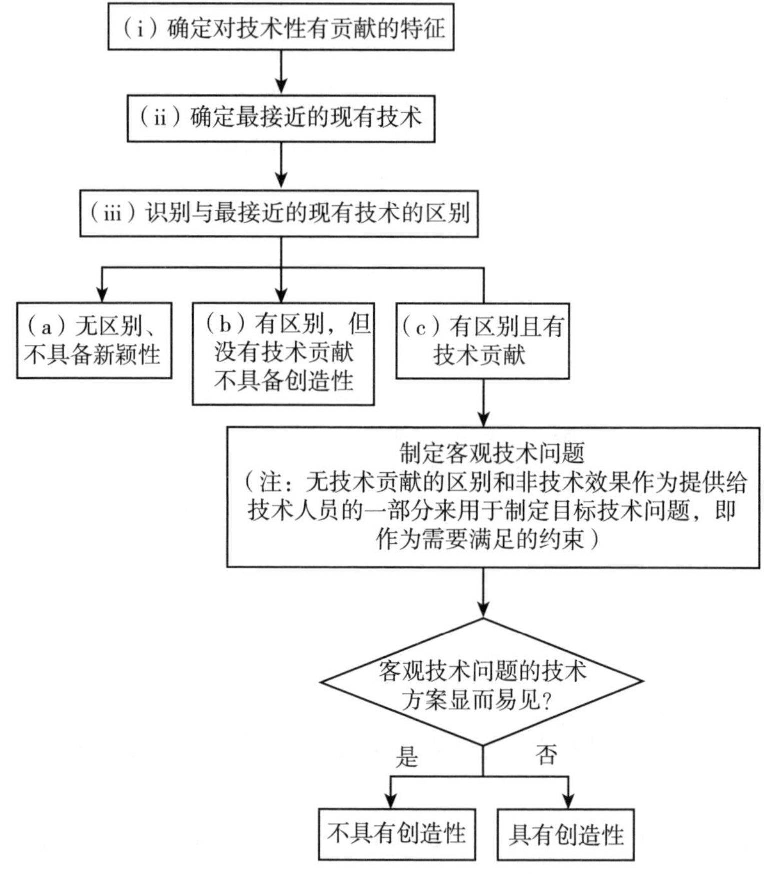

图4-1-6　COMVIK法流程图

步骤（i）要求对权利要求中的所有特征评估，确定有助于本发明技术特性

① Guidelines for Examination in the European Patent Office, March 2024 edition, Part G, Chapter VII, 5.4 Claims comprising technical and non-technical features.

② 安蕾. 人工智能在欧洲专利局新规则下获专利权的机遇：两障碍判断法与COMVIK判断法［J］. 科技创新与应用，2022（36）：31-36.

的特征。然而，在实践中，由于这项任务的复杂性，审查员通常只能在第一眼的基础上进行步骤（i）的确定，并在步骤（iii）开始时以更详细的方式进行分析。在步骤（iii）中，确定了通过与所选最接近的现有技术相比的区别所达到的技术效果。结合这些技术效果，分析了这些区别在多大程度上有助于本发明的技术特性。这种分析仅限于区别，可以比步骤（i）中以更详细和更具体的方式进行。因此，可以判断，在步骤（i）中某些乍一看被认为对本发明的技术特性没有贡献的特征，经仔细检查后确实具有这样的贡献。当然，也可能存在相反的情况。在上述两种情况下，可能需要修改步骤（ii）中最接近的现有技术的选择。

在分析上述步骤（i）和（iii）时，必须注意不要遗漏任何可能有助于权利要求技术主题的特征。特别是，如果审查员在分析过程中用自己的话重现了对权利要求技术主题的理解，更应小心避免遗漏。

COMVIK 法的相关判例判决于 2003 年，于 2022 年正式以“COMVIK 法”命名于《EPO 审查指南》中，它是唯一以公司名称命名的案例，截至 2024 年 8 月 8 日有 481 个判例引用 COMVIK 法，并且多次进行解读和修正，具有至关重要的地位。因此，首先介绍一下 COMVIK 法的起源——“COMVIK 案”。

判例 T 641/00 涉及 COMVIK 公司的“GSM 型数字移动电话系统”，该案在授权后被第三方异议人提出异议，异议部门撤销该专利，申请人不服，提起上诉。涉案权利要求如下：

1. 一种应用于 GSM 型数字移动电话系统中的方法，其中用户单元（MS）由用户识别模块（SIM）控制，其特点是用户身份模块（SIM）至少分配有两个身份（IMSI 1、IMSI 2），其信息存储在系统的家庭数据库中，所述至少两个身份是选择性可用的，其中一次只能激活一个身份（IMSI 1 或 IMSI 2），用户在使用用户单元（MS）时选择性地从用户单元激活所述家庭数据库中的所需身份，其中选择性激活用于分配服务和私人呼叫的费用或在不同用户之间。

涉案专利说明书描述了使用单用户多身份 IC 卡作为 GSM 系统中移动单元的用户身份模块，这种方法的主要优点是提供了一种更灵活的方式来管理用户的通信费用，特别是在需要将费用分摊到不同类型的通信（如服务呼叫和个人呼叫）或不同用户之间时。在现有的 GSM 电话系统中，通常只有一个用户身份号码（IMSI）与每个 SIM 卡关联，这限制了费用管理和分摊的灵活性。发明人提出的方法通过在 SIM 卡中存储多个身份，并允许用户有选择地激活这些身份，从而解决了这一问题，如图 4－1－7 所示。

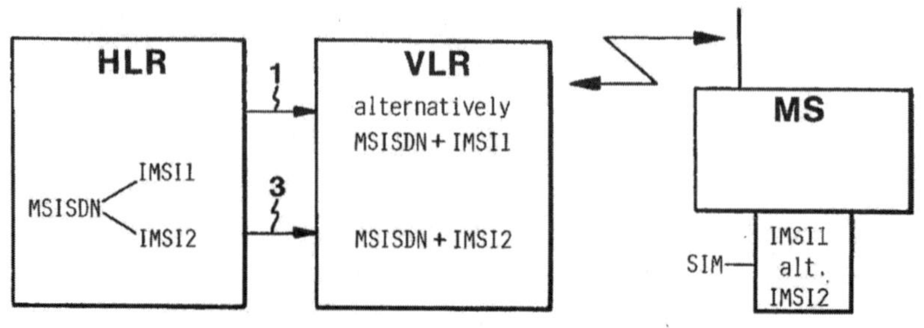

图4-1-7 在激活和停用时发生的信息流示意图

本案主要涉及的现有技术文件D8（G. Mazziotto的论文集中的论文《欧洲数字蜂窝系统GSM的用户身份模块》，第四届北欧数字移动无线电通信研讨会，1990年6月26日至28日）公开了SIM卡是移动站（MS）的一部分，它存储了所有用户相关信息元素，包括用户身份标识（IMSI）、密码（Ki）等，这些信息用于系统识别、验证和定位网络中的用户。SIM卡的设计允许移动站的其余部分（即移动设备本身）成为一个通用设备，可以由不同用户轮流操作。每个用户都有自己的SIM卡，当插入移动设备时，SIM卡会与移动设备一起工作，允许用户访问网络服务。GSM系统中每个用户身份模块（SIM卡）都分配了一个身份，这个身份是各种身份数据的基础，包括分配给移动站的国际移动用户识别码（IMSI）和个人移动站识别码（MSISDN）。选择GSM应用程序的用户会自动从用户终端激活网络运营商名义数据库中的所需身份，并且这个过程是可选的。一次只能将一个GSM应用程序分配给IMSI身份。一旦将MSISDN号码分配给订阅者，就会根据数据库中存储的数据自动在激活的身份上建立来电。

上诉委员会认为，文件D8为最接近的现有技术，因此，涉案权利要求1与文件D8的区别技术特征在于：（i）为用户身份模块分配至少两个身份，（ii）至少有两个身份是可选择的，并且（iii）可选激活的目的是在商业电话、私人电话或不同用户之间分摊费用。

关于费用分摊方式的特征（ii）和（iii），这些特征涉及用户决定和选择所需的身份，并由网络运营商使用额外的身份数据。这种费用分摊方式虽然在财务和行政上具有重要意义，但在技术层面上，它并不直接涉及GSM系统的工作原理或实现方式。关于费用分摊方式的目的，即消除因分配服务和私人电话费用或在不同用户之间分配费用而造成的不便。为了使发明符合专利法的要求，需要重构技术问题，以允许用户选择区分不同目的的呼叫而实施GSM系统。在现实情况中，成本分配概念的相关知识只能作为任务信息提供给专业技术人员，以指示要提供给客户的服务。因此，将该案的技术问题重构为：如何在复数 ID 之间自动切换。涉案专利没有披露或要求任何新的收费方式，它只是为用户分配了几个标识符，在标识符之间做出选择，因此只需要对网络的家庭数据库进行微小的修改。这些考虑不涉及任何技术独创性，因此不能对创造性作出积极贡献。本申请权利要求 1 请求保护的方案相对于文件 D8 是显而易见的，该方法不符合创造性的规定。

COMVIK 案的判决给出了以下几个影响深远的观点：

一是关于“与技术主题相互作用的特征”。上诉委员会认为，问题必须具有技术性质：这意味着问题必须是技术领域内的一个问题，而不是纯粹的商业、管理或行政问题；要求保护的解决方案必须实际解决了提出的问题，而不仅仅是理论上可能解决。就本案而言，根据所声称的费用分摊模式来分摊费用是一个财务和行政概念，因此不需要技术技能或能力，也不意味着在行政上解决技术问题。技术方面只有在 GSM 系统上实施这种模型时才会发挥作用。也就是说，所主张的在服务呼叫和个人呼叫之间或不同用户之间选择性地分配成本的概念本身并不有助于本发明的技术主题。

二是关于技术问题的构建。涉案专利声称的技术问题是：消除使用者为节省费用而切换不同 ID 时所引起的不便，然而，这是日常生活中的需求问题，属于金融和行政问题，并不是技术问题，所以必须进一步找出所解决的客观技术问题。本案与最接近的现有技术相比，存在的区别技术特征包括如下三项：（i）为用户身份模块分配至少两个身份；（ii）表示至少有两个身份是有选择的，并且（iii）可选激活，旨在分配服务和私人电话费用或在不同用户之间分摊费用。其中，有两项涉及非技术特征的内容（可选择使用的复数 ID、计费机制）将被忽略，因为它们不能够对技术方案的解决产生贡献（例如以计费机制的高低作为选择不同 ID 的依据，该问题通过人为约定的计费机制的非技术手段予以解决，未能产生技术贡献）。因此，上诉委员会提出，如果权利要求涉及在非技术领域要实现的目的，则该目的可以在问题的表述中合法地表述为要解决的技术问题框架的一部分，特别是作为要遵守的约束。因此，可将该案的技术问题重构为：如何在复数 ID 之间自动切换。

三是关于“本领域技术人员”。上诉委员会提出，本领域技术人员是指一个在相关技术领域具有普通知识水平的专家。而不是非技术领域的专业人士。上诉委员会认为，对于非技术领域，不应仅仅考虑“商业人士”，而是要考虑具有通常的创造能力的专家。如果技术问题涉及商业、精算或会计系统的计算机化实施，那么本领域技术人员将是那些擅长数据处理的人，而不仅仅是商人、精算师或会计师。也就是说，在“技术水平”及“专业人士”的认定标准中，主要考虑的是创造性的判断标准，该标准不应受到非技术领域的创新程度的影响。换句话说，即使非技术领域部分有非常前瞻创新的做法，也不会影响创造性的判断标准，“专业人士”可以是一位软件开发者或者应用程序设计师，根据当时的技术水平的知识，了解任何足以供他们解决经重新构建而得出的技术问题的所有跨非技术领域的知识，或者知晓为开发该软件发明所需的需求条件。

经过此案，上诉委员会确立了一种针对“混合”发明的创造性判断原则，这一原则后来被命名为“COMVIK 法”。COMVIK 法包括两个关键要点：①对于包含技术特征和非技术特征的发明，其创造性的要求应通过考虑所有对所述技术性有贡献的特征来评价。这意味着，只有那些对发明的技术性有贡献的特征才能支持创造性的存在。如果某个特征对发明的技术性没有贡献，那么它不能支持发明的创造性。②技术问题的表述：尽管所要解决的技术问题不应被表述为包含该方案的暗示或部分预期，但某些特征不会仅因为其出现在权利要求中而被自动排除在技术问题的表述之外，特别是当权利要求涉及在非技术领域实现的目的时，该目的可以合法地出现在问题的表述中，作为要解决的技术问题的框架的一部分，尤其是在作为必须满足的限制条件时。

经过判例 T 641/00，EPO 对依靠计算机实施的发明和商业方法的适格性和创造性审查界限变得比较清晰，但是，此时的 COMVIK 法还存在许多不确定的细节，包括：（i）如果非技术特征为了技术目的，是否认为其必然有助于发明的技术性；（ii）对于“整体观之”和进入相对要件（对发明有技术贡献）审查时存在断层①。

因此，COMVIK 法经过了二十年的论证和解释，才真正写入《EPO 审查指南》。下面，分为七个方面对 COMVIK 法涉及的元素进行阐述。

1. 被排除的主题

《欧洲专利局上诉委员会判例法》中指出，如果要求保护的主题包含至少一个不属于《欧洲专利公约》第 52（2）条和第 52（3）条范围的要素，但《欧洲专利公约》第 52（2）条和第 52（3）条的规定并未将其排除在可专利性之外，那么这些要素仍然可能成为有助于要求保护的发明的技术特征。因此，在评估创造性时，这些要素不能被忽略②。

此处再次引入判例 T 258/03，涉及日立株式会社的“拍卖方式”案，通常

① 安蕾．人工智能在欧洲专利局新规则下获专利权的机遇：两障碍判断法与 COMVIK 判断法［J］．科技创新与应用，2022（36）：31－36．

② 《欧洲专利局上诉委员会判例法（第 10 版）》I—D，9.2.

称为“HITACH”案①。该案在实审阶段被驳回后，申请人不服提起上诉。涉案权利要求如下：

1. 一种在服务器计算机上运行的自动出价方法，包括以下步骤：

(a) 通过网络将与拟拍卖产品有关的信息传送到多台客户端计算机，每台客户端计算机属于一个竞买人；(b) 通过网络从多台客户计算机接收购买上述产品的若干拍卖信息，每次都包含所需价格和在发生竞争情况时的最高价格；(c) 将投标人的个人投标信息存储在服务器计算机上；(d) 确定落槌价；(e) 根据存储在服务器计算机上的竞价信息确定竞买人提供等于或高于落槌价的期望价格；(f) 如果在阶段内没有确定投标人，降低落槌价，重复步骤(e)；(g) 如果步骤(e) 中有多个投标人，则根据存储在服务器计算机上的投标信息，确定其中几个投标人的落槌价是否低于或等于期望的价格，从而产生竞争局面；(h) 如果存在竞争情况，则将落槌价提高预定值；(i) 排除出价低于记录落槌价的竞买人，并根据拍卖信息确定其他竞买人；(j) 确定步骤(i) 中确定的投标人可能的竞争情况；(k) 重复步骤(h)、(i) 和(j)，并确定其余投标人为在步骤(j) 中没有竞争的情况下中标；和(l) 如果(g) 步骤中没有竞争情况，则确定其余投标人已获得合同。

涉案申请的说明书中描述了一种拍卖方式，该方法的初始数据交换是从客户端计算机和服务器计算机之间开始的，用于收集参与者的出价。每个出价包含两个价格：“期望价格”和“竞争情况下的最高价格”。这种拍卖机制通常用于电子商务平台，其中竞拍者可以设定一个他们愿意支付的最高价格，同时还有一个他们期望的最低价格。拍卖过程的自动进行意味着竞拍者不需要在线关注，直到拍卖结束。拍卖价格通常会设定并逐渐降低（典型的荷兰拍卖方法），这个过程会持续进行，直到达到竞拍者设定的“期望价格”定义的最高出价或出价水平。如果出现多个竞拍者出价相同的情况，价格会相应提高，以确保只有一个出价者能够以“最高价格”获得投标。

本案主要涉及的文件 D6（EP0628920A）公开了一种拍卖系统，该系统包括拍卖人的服务器和投标人的终端。这个系统是一个“荷兰”类型的拍卖系统，这意味着拍卖的落槌价会随着时间的推移而下降。投标人可以在其终端上远程停止拨号，以表示他们愿意接受当前的价格，第一个停止表盘的投标人将赢得拍卖。文件 D6 还强调了实时行为在荷兰拍卖中的重要性，并指出时间信

① 该案在本书第一章第一节第五（二）小节第一次出现。此处仅为便于读者理解，仍然再次重复介绍了案情，特此说明。

息与消息一起传输，以便能够确定停止表盘的命令的时间顺序。

争议焦点主要在适格性判断和创造性判断两个方面。对于权利要求 1 的适格性判断，参见第一章第一节第五（二）小节的分析。

关于权利要求 1 的创造性判断，上诉委员会认为，根据第 T 641/00 号决定中规定的原则，评估发明的创造性要求时，必须基于与技术主题相互作用的特征。这意味着，在评估创造性时，需要确定哪些功能具有技术贡献。涉案专利所要求保护的方法的总体目的是确定在拍卖中产品竞价人中标，这不是一个技术性目标。另外，与数据的存储和传输有关的特征，特别是权利要求的（a）至（c）项特征，是具备技术性的。但是，上述特征要么被文件 D6 公开，要么为本领域常规特征。特征（d）至（l）涉及利用所存储的信息确定中标人的条件。这些条件仅与价格有关，除特征（h）外，不具有技术性质。虽然它们是在计算机中实现的，并且计算机的一般状态因执行的每条指令而异。但是，这不属于技术效果，而仅仅是价格和条件中包含的信息的体现。尽管表现形式可以被认为是技术性的，但它在数据处理领域是众所周知的。对于上诉人争辩的观点“技术效果在于解决与投标人与服务器之间信息传输延迟有关的现有技术问题”，上诉委员会认为，“调整已知的拍卖方法，使其可以自动实施，从而使数据传输的延迟变得无关紧要”，这种解决办法无助于技术性，因此在评估创造性时不能予以考虑，因为它涉及拍卖规则，因此意味着它不构成文件 D6 的迟延问题的技术解决办法，而是一个完全基于投标方法变化的解决方案。修改经济活动模型的相关步骤，旨在规避技术问题而不是通过技术手段解决该问题，不能有助于要求保护的主题的技术特征。涉案专利的一个重要特征是：当几个投标人提供某个“期望价格”时，为了消除较低的出价，落槌价被提高，这需要有关投标的信息——“期望价格”和“最高价格”——以及对某些条件的测试。但这些功能从根本上独立于用于进行拍卖的计算机安装。在没有 IT 支持的情况下，它可以很容易地用于荷兰拍卖，例如在招标程序中以书面形式收集投标，以避免参与者参与拍卖。因此，本发明可以被视为在投标人缺席的情况下进行荷兰拍卖的非技术活动的自动化。根据第 T 641/00 号决定概述的原则，制定想象中的拍卖规则即使具备独创性，也不能被视为创造性步骤。因此，本发明的技术部分基本上仅限于要求服务器计算机应用规定的条件并执行必要的计算。从另一个角度考虑，如果某一方法的某个步骤的设计方式特别适合在计算机上实施，从与计算机操作原理有关的角度考虑，可以假定该步骤具有技术性质，再审查该方法的显而易见性。例如“步骤 h，逐步提高落槌价的步骤，以确定提供相同期望价格的投标人提供的最高价格”，有可能在没有计算机支持的情况下，进行拍卖所采取的行动不同，拍卖师可能只需查看报价即可执行此操作。然而，上诉委员会认为，这种对投标书进行分类的方式是一种例行的方案编制措施，完全在技术人员的掌握范围之内。因此，即使它可能构成问题的技术解决方案，对于专门从事数据处理的技术人员来说，这一特征也是显而易见的。综上，权利要求1请求保护的方法不具备创造性。

该判例在创造性评述方面，上诉委员会在采用T 641/00中的"COMVIK法"时，指出为了规避技术问题而修改商业方案所构成的方法步骤不是通过技术手段解决问题，即使其具备一定的独创性，也不能对请求保护的主题产生技术贡献，因此，在判断创造性时不予考虑。该方法被称为"HITACH法"，在商业方法类案件中进一步发展了"COMVIK法"，自2015年起载入《EPO审查指南》（未载入命名）①。

相比较而言，由于我局存在通过技术三要素对是否属于技术方案（绝对要件）的判断，然后再进入新颖性和创造性的判断；而欧局的COMVIK法某种意义上是将满足《欧洲专利公约》第52条规定的客体的把关责任直接转移到新颖性和创造性（相对要件）的判断上。

2. 被排除主题的技术实施

仅对被排除主题进行技术实施本身不能构成创造性步骤，创造性只能基于这种主题的特定实施方式。因此，判断创造性的关键在于判断该主题具体如何实施，是否与实施的具体特征产生了"进一步"的技术效果，该技术效果是否产生超出"被排除主题"在内的效果和优点。

根据《欧洲专利公约》第52（2）条和第52（3）条的规定，计算机程序产品如果在计算机上的实施产生了超出程序和计算机之间正常物理交互的额外技术效果，则不排除其可专利性②。《欧洲专利局上诉委员会判例法》指出，如果一个发明没有产生任何"进一步"的技术效果，仅仅是通过使用特定的软件

---

① 安蕾．人工智能时代欧洲软件相关发明的专利保护实证研究［J］．中国发明与专利，2023（8）：60－68.

② 《European Patent Convention 2020》PII－CI，A52：

（2）The following in particular shall not be regarded as inventions within the meaning ofparagraph 1：

（a）discoveries，scientific theories and mathematical methods；

（b）aesthetic creations；

（c）schemes，rules and methods for performing mental acts，playing games or doing business，and programs for computers；

（d）presentations of information.

（3）Paragraph 2 shall exclude the patentability of the subject－matter or activities referred to therein only to the extent to which a European patent application or European patent relates to such subject－matter or activities as such.

解决方案来实现的，那么这种实现方式并不足以被视为技术上的实施。换句话说，仅对被排除的客体进行技术实施本身不能构成创造性步骤，创造性需要通过特定的实施方法来证明。评估创造性时，需要区分被排除的主题本身固有的效果和任何额外的技术效果①。

判例 T 1755/10 涉及“支付佣金案”，审查部门以不具备创造性为由驳回了本申请，申请人不服提起上诉。涉案权利要求如下：

1. 一种确定支付佣金给多个接收者的方法，其中，该方法是使用一个或多个数据处理系统实现的，这些数据处理系统包括：（A）数据模型，其中所述数据模型包括：（一）配额，（二）分配规则，（三）促销；和（B）佣金引擎，用于接收交易、访问模型并按照模型处理每笔交易，所述方法由计算机执行，包括：获得一笔或多笔交易；从数据模型中获取一个或多个适用于一个或多个交易的配额，这些配额代表一个或多个接收者可用的佣金水平；使用佣金引擎确定每个接收者的配额状态，其中每个配额状态包括接收者识别数据和已识别接收者的当前绩效数据；从数据模型中获取一个或多个促销活动，这些促销活动指定了一个或多个上述级别的奖励；根据上述交易并使用佣金引擎计算接收方的绩效，其中计算绩效包括：获取与交易相对应的模型的一个或多个分配规则，其中对于每个交易，所述分配规则将信用分配给一个或多个接收者；和将分配规则应用于交易，使用配额和配额状态来计算性能；使用佣金引擎，确定对那些符合晋升条件的接受者的补偿。

本案主要涉及文件 D2（US5483444A），其公开了一种酒店通过累计积分的方式来激励履行预定的佣金方案，系统在接收到旅行社的预定信息时，将积分分配给旅行社的账号，旅行社累计积分，并使用积分来接收奖励或奖品。

该案的争议焦点在于是否产生了“进一步”的技术效果。

申请人认为，本申请涉及一个特定的程序结构，包括一个“引擎”和一个单独的“数据模型”，用于处理酒店预订的佣金事务。这种程序结构代表了一种技术实现，因为它与计算机的内部操作有关，并且与实际处理的特定内容或实现的业务方法相独立。对奖励计划的更新不需要对整个计算机实施过程进行重新编程，而只需要修改佣金模式，这也促进了程序维护。本申请解决的客观技术问题是，提供一种特定的计算机实施方式以实现奖励计划，提高了奖励计划的灵活性和处理大量交易的能力。

上诉委员会认为，权利要求 1 的总体目标是确定支付给销售代表的与绩效

① 《欧洲专利局上诉委员会判例法（第10版）》I—D，9.2.3.

相关的佣金的方法。这是一个商业目标，涉及销售和营销考虑因素（“佣金”“促销”“奖励”“信用”“补偿”）的部分不能进入创造性步骤的审查。另外，该方法利用了数据处理系统来支持对商业管理人员的自动化管理，通过将“委托引擎”（用于特定数据处理任务的软件）与“数据模型”相结合，可以快速更改。这种设计优点在于，在规则需要适应不断变化的情况时，只需更新数据模型，而不需要更改佣金引擎及其访问数据模型的方式。如果申请公开了软件概念的“进一步”技术效果，超出了任何计算机软件和硬件的基本交互，则软件概念将具有技术性。由于所主张的方法（确定佣金）的总体目标不是技术性的，因此软件概念不能从该目标中推导出任何（进一步的）技术特征。上诉委员会认为，在没有任何其他潜在的“进一步”技术影响的情况下，仅仅使用特定的软件解决方案并不构成技术实施，因此，不纳入创造性考虑。本案中数据模型处理的数据项仅由其商业内容和意图定义，而不是由任何功能或结构方面定义，那么它们也不提供任何技术贡献，因此，权利要求 1 的方法不具备创造性。

由本案可以看出，根据《欧洲专利公约》第 52（2）（c）条和第 52（3）条的规定，商业方法本身是非技术性的，只有与该商业方法的技术实现相关的特征才能被识别为有助于发明技术主题的特征。被排除的主题进行技术实施本身并不能构成创造性的基础，创造性步骤只能基于特定的实现方式。该方法声称将“委托引擎”（用于特定数据处理任务的软件）与“数据模型”相结合的方式实现，因此，关键是判断是否产生超出计算机软件和硬件的基本交互“进一步”的技术效果的认定。关于“进一步”的技术效果的理解，一是要注意客体本身可能具有某种“技术”效果（例如，在使用或执行它时缩知时间这样简单的影响），“进一步”的技术效果不能与被排除的客体本身所固有的技术效果相同；二是仅仅实施被排除事项所固有的效果，或因规避技术问题而产生的效果，而不是有助于技术解决方案，将不符合技术效果的条件。同时，本案提出了“软件实施谬误”来形象描述这一普遍误区，即仅仅因为修改后的软件导致计算机行为的修改，就认为是一种技术实现手段，这是一种谬误。

我局《专利审查指南 2023》指出，如果权利要求中的算法应用于具体的技术领域，应当考虑所述的算法特征对技术方案作出的贡献。如果权利要求中的算法与计算机系统的内部结构存在特定技术关联，实现了对计算机系统内部性能的改进，提升了硬件的运算效率或执行效果，包括减少数据存储量、减少数据传输量、提高硬件处理速度等，那么可以认为该算法特征与技术特征功能上彼此相互支持、存在相互作用关系，在进行创造性审查时，应当考虑所述的算法特征对技术方案作出的贡献。如果权利要求中的算法应用于具体的技术领域，可以解决具体的技术问题，那么可以认为该算法特征与技术特征功能上彼此相互支持、存在相互作用关系，该算法特征成为所采取的技术手段的组成部分，在进行创造性审查时，应当考虑所述的算法特征对技术方案作出的贡献①。可见，中欧两局对“进一步”的技术效果的理解比较一致。

3. 非技术特征与技术贡献

有助于创造性的发明特征必须具有技术效果，并与发明的其他特征相互作用以产生功能性技术贡献。发明存在的决定性因素是要求保护的主题的基本技术特征，因此，要求保护的主题必须具有“技术特征”，更准确地讲，该主题应当以“技术问题的实际指导”为对象，即它必须教导技术人员如何使用某些技术手段解决给定的技术问题。非技术特征可能与技术特征交互而产生技术效果。如果非技术特征不与解决技术问题的技术主题发生交互作用，也就是说非技术特征“本身”不能对现有技术作出技术贡献，那么在新颖性和创造性的评判中就会被忽略。

判例 T 1670/07 涉及诺基亚公司的“一种使用移动无线通信设备便利购物的方法”，审查部门以不符合创造性为由驳回了本申请，申请人不服，提起上诉。涉案权利要求如下：

1. 一种使用移动无线通信设备（12）便利购物的方法，以从位于购物地点（16）的一组供应商（14）获得多个购买的商品和/或服务，包括：移动无线通信设备与至少一台服务器（18）通信，选择移动无线通信设备的用户在购物地点购物时或之前购买的两种或两种以上商品和/或服务；

至少一台服务器，以响应存储在其中的有关位于购物地点的供应商和供应商提供的商品和/或服务的信息，以及用户选择要购买的多个商品和/或服务的信息，导致至少识别出可以从中购买两种或多种商品和/或服务的可用供应商以及将两个或两个以上的商品和/或服务传输到移动无线通信设备；和

移动无线通信设备向用户提供待购买商品和/或服务的可用商品和/或服务的标识，以及用户的行程（120），其中至少列出用户访问已识别的供应商以获取要购买的商品和/或服务的订单的选择，其中行程是用户的至少一个配置文件的功能。

根据涉案申请说明书描述，购物者在购物前，使用移动设备输入他们所需的两个或多个商品/服务。设备随后显示一个包含供应商访问顺序的购物行程，购物者可以根据这个行程访问一组供应商来获取所需的商品/服务。这个行程是

① 《专利审查指南2023》，第二部分第九章第6.1.3节。

根据用户的配置文件来制定的，例如，要求供应商之间的最短距离，或以最低价格购买商品的选项等。该系统如图4－1－8所示。

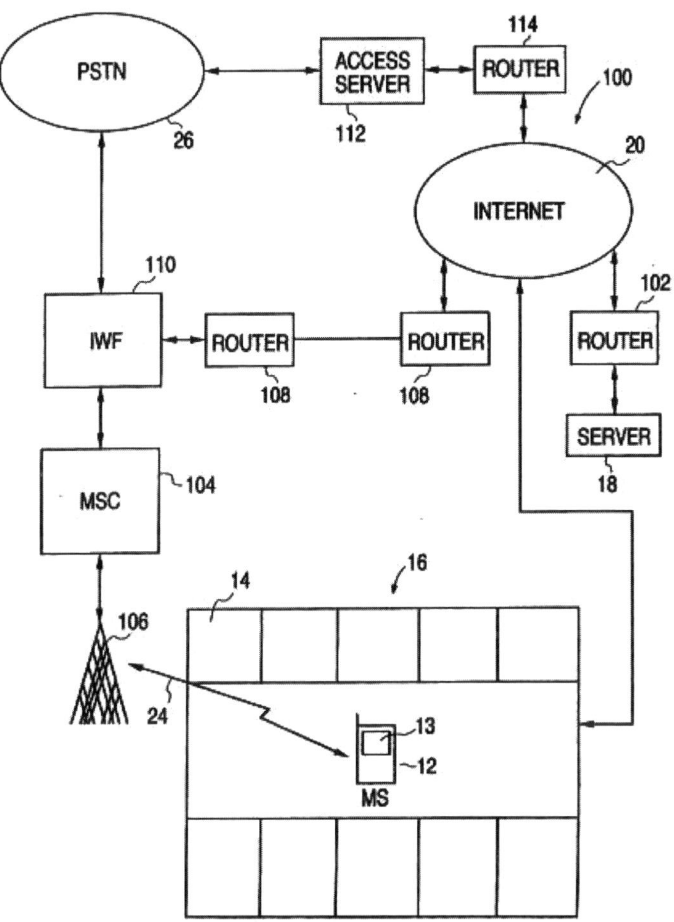

图4－1－8　使用移动无线通信设备便利购物示意图

本案主要涉及文件D1（WO9930257A），其描述了促进移动设备上购物的方法，其中用户选择单个产品，服务器从数据库中确定销售最接近用户的所选产品的供应商，并将该信息传送到移动设备。

因此，权利要求1与文件D1的区别在于：用户可以在购物地点从多个供应商处获得所需的商品，用户被提供了一个行程，该行程列出了他们可以选择访问的已识别供应商的订单，这个行程是根据用户的配置文件来制定的。

在此基础上，上诉委员会围绕以下四个关键问题进行了审查：

第一，关于“选择多个供应商进行购物订单”和“根据用户资料提供购物行程”是否具有技术贡献的问题。上诉委员会明确了上述两个特征是非技术性的，因为它们只是定义了生成销售这些产品的商店的有序列表，这只是对基本业务概念的修改，没有达到任何技术目的，也无法从这些差异中识别出任何技术效果。因此，这些功能对文件 D1 没有技术贡献。

第二，关于“非技术特征是否与技术元素产生了交互”的问题。上诉人认为，尽管供应商组的信息本身可能被视为非技术特征，但当它通过服务器 18 这个技术手段来处理和传递信息时，它就与技术要素相互作用，从而产生了技术效果。上诉委员会认为，上诉人的观点陷入典型的“技术泄露谬误”，即技术性质的实施渗入了非技术性质的问题，也就是说，即使一个实施过程具有技术性质，但如果该过程解决的问题本身是非技术性的，那么仅仅因为过程是技术性的，问题也自动变成了技术性的，这是一种典型的错误观点。具体到本案，“选择供应商”被认为是一个非技术性的问题，因为它涉及商业决策和用户偏好，而不是技术实现，仅仅因为这一过程通过技术手段（如服务器 18）实现，并不足以使这个问题具有技术性。

第三，关于“用户行为是否具有技术特征”的问题。上诉人认为，辨别一组供应商而非单一供应商，暗示了物流问题，并非商业方法，前往这些地点的身体行为赋予了这些想法的技术性。上诉委员会认为，尽管在某些情况下，导航和物流系统可能涉及技术实现，但本发明并不涉及任何物理要素，而只是指出了可能的选择。制定行程单本身不是技术性的，因为它只涉及标准的人类行为概念。上诉委员会进一步指出，上诉人的观点陷入了典型的“技术断裂谬误”，即在实施某项技术的过程中，关于技术的连锁效应因用户的主观干预而中断，也就是说，用户的行为和决策可能会导致某种技术效果，但是由于它们依赖于用户的心理活动和行为，而这些心理活动和行为是主观的，并且可能因人而异，因此，这些效果本身并不构成整体技术效果。就本案而言，任何可能的技术影响都取决于用户对行程的反应，因此，用户行为是非技术性的。

第四，关于“是否能够作为修改现有技术的理由”的问题。上诉人认为，如果将文件 D1 公开的系统用于订购多个项目，则它只会返回一个可以提供所有项目的供应商的信息。可能找不到一个供应商能够提供所有项目，或者符合条件的供应商可能离客户很远；本发明将能够找到多个可以共同完成订单的供应商，解决了减少履行订单的失败次数的问题。上诉委员会认为，上诉人的观点陷入了典型的“非技术偏见谬误”，这种谬误是指援引了非技术方面作为不修改现有技术的理由，而这些特征实际上不能有助于创造性。具体到本案，上诉委员会认为，不存在技术上的原因来考虑修改文件 D1 的各个部分，以解决所提出的问题。

基于上述原因，委员会认为权利要求 1 不具备创造性。

由于该案具有典型性，《EPO 审查指南》以该案为原型，举例说明了典型的 COMVIK 法评述权利要求创造性的过程①。具体思路如下：

步骤（i）：乍一看，有助于技术特征的特征被确定为一个分布式系统，包括一个连接到服务器计算机的移动设备，该服务器计算机具有缓存存储器并连接到数据库。

步骤（ii）：文件 D1 为最接近的现有技术，其公开了一种促进在移动设备上购物的方法，其中用户选择单一产品，服务器从数据库中确定销售离用户最近的所选产品的供应商，并将此信息传输到移动设备。

步骤（iii）：权利要求 1 与 D1 的标的物之间的区别在于：

（1）用户可以选择两个或多个产品进行购买（而不仅仅是单个产品）。

（2）为用户提供购买两种或两种以上产品的“最佳购物之旅”。

（3）最佳购物之旅由服务器通过访问缓存存储器来确定，其中存储了为先前请求确定的最佳购物之旅。

区别（1）和（2）代表了对基本业务概念的修改，因为它们定义了生成一个有序的商店列表，以访问销售这些产品的商店。没有服务于技术目的，也无法从这些差异中确定任何技术效果。因此，这些特性对 D1 没有任何技术贡献。另外，区别（3）在技术上作出了贡献，因为它与区别（1）和（2）的技术实现有关，并且具有通过访问存储在缓存中的先前请求来快速确定最佳购物之旅的技术效果。

步骤（iii）（c）：客观的技术问题是从本领域的技术人员作为技术领域的专家的角度来表述的（G－VII，3）。此类人员不被视为在业务相关事务方面具有任何专业知识。在本案中，技术人员可以被定义为信息技术方面的专家，他获得与业务相关的特征（1）和（2）的知识，作为拟解决的技术问题的一部分，就像在现实情况下以需求规格的形式出现的情况一样。因此，客观的技术问题被表述为如何修改 D1 的方法，以技术上有效的方式实现由区别（1）和（2）定义的非技术性商业概念，并将其作为需要满足的约束给出。

显而易见性：根据需求（1），技术人员需要调整 D1 中使用的移动设备，以便用户能够选择两种或多种产品，而不是选择一种产品，这本来是例行公事。将确定最佳购物之旅的任务（由需求（2）产生）分配给服务器也是显而易见的，通过类比服务器同样确定 D1 中最近的供应商。由于客观的技术问题进一

① Guidelines for Examination in the European Patent Office，March 2024 edition，Part G，Chapter VII，5. 4. 2. 1 Examples of applying the COMVIK approach. Example 1.

步要求技术上有效的实施，因此技术人员会寻求有效的技术实施来确定旅行。第二份文件 D2 公开了一种旅行计划系统，用于确定旅行行程，列出了一组要参观的地点，并解决了这一技术问题：D2 的系统为此目的访问一个缓存存储器，该缓存存储器存储了先前查询的结果。因此，技术人员会考虑 D2 的教学，并按照 D2 中的建议调整 D1 中的服务器以访问和使用缓存存储器，以便提供技术上有效的实现，以确定最佳购物之旅，即区别（3）。因此，第 52（1）条和第 52（1）条的含义内不涉及创造性步骤。

从本案可以看出，对非技术特征与技术贡献进行了深度讨论。当单独考虑时，被视为非技术性的特征仍可能成为有助于发明的技术特征。在选择评估创造性的起点时，应考虑这些特征。当非技术要素与已知技术要素相互作用以产生技术效果时，这些非技术要素应当被纳入创造性的考虑范围内。在没有这种相互作用的情况下（当技术要素只是对非技术要素的支持，但不以其他方式与之合作时），则发明没有利用技术手段，因此并不被授权。非技术特征可以与技术要素相互作用，从而产生技术效果，如果非技术特征不与解决技术问题的权利要求的技术主题相互作用，即“本身”的非技术特征，不对现有技术提供技术贡献，因此在评估新颖性和创造性时被忽略。本案采用“技术泄露谬误”“技术断裂谬误”“非技术偏见谬误”来形象说明在认定非技术特征是否存在技术贡献时的常见误区，以进一步说明单独看是“非技术特征”的特征的技术贡献的判断标准。

相比较而言，我国的专利审查实践中，先判断权利要求所要求保护的是不是技术方案（绝对要件），然后再判断新颖性和创造性。对于涉及用户心理活动和行为时，认为其不符合自然规律，直接以不符合《专利法》第 2 条第 2 款为由而提出反对意见。可见，中欧两局对于涉及用户心理活动和行为的判断的阶段存在差异。同时，我局《专利审查指南 2023》指出，如果权利要求中的商业规则和方法特征的实施需要技术手段的调整或改进，那么可以认为该商业规则和方法特征与技术特征功能上彼此相互支持、存在相互作用关系，在进行创造性审查时，应当考虑所述的商业规则和方法特征对技术方案作出的贡献①。对于非技术特征与技术贡献，中欧两局存在不同。

4. 技术问题的构建中所要实现的目的

《EPO 审查指南》指出，按照 COMVIK 方法将问题 - 解决法应用于“混合”发明时，区别包括作出技术贡献的特征，则适用以下内容：客观技术问题

① 《专利审查指南 2023》，第二部分第九章第 6.1.3 节。

是基于这些特征所达到的技术效果来确定的。此外，如果所述区别包含未作出技术贡献的特征，则可以用这些特征或本发明实现的任何非技术效果来表述本领域技术人员“面临”的部分客观技术问题，特别是作为必须满足的约束条件[①]，又称之为两级技术性分析[②]。

也就是说，虽然要解决的技术问题不应被表述为包含指向解决方案的线索，但并不意味着仅仅因为在权利要求中出现了某些特征，这些特征就自动被排除在问题的表述之外。特别是，对于“混合型”发明，当权利要求提到在非技术领域要实现的目标时，该目标可以合法地出现在问题的表述中，作为要解决的技术问题框架的一部分，以避免在评估创造性时考虑非技术贡献。将非技术领域实现目标作为待解决技术问题框架的一部分，出现在问题的表述中，特别是作为要满足的约束条件，这种表述方式是允许的。

在评估创造性时不应将非技术限制视为现有技术的一部分，它们通常被视为在发明之前的构思或动机阶段的内容，因为它们可能导致技术问题，但本身并不有助于解决技术问题。在 COMVIK 法中，评估创造性时从未考虑过这些非技术限制，无论它们是否从现有技术中已知。这意味着，在评估发明的创造性时，应当专注于发明的技术特征，以及这些特征如何通过技术手段解决技术问题（具体案例可参见判例 T 641/00）。

5. 名义上的商人

《欧洲专利局上诉委员会判例法》指出，评估什么是技术性的，什么不是技术性的，是制定客观技术问题的关键步骤[③]。也就是说，COMVIK 法的两技术性分析要求将技术性和非技术性进行精确的区分。

从非技术要求的角度来看，表述在客观技术问题中的非技术特征，可以理解为业务人员实际上可以向技术人员提出哪些要求。上诉委员会引入了“名义上的商人”（notional business person）这一概念，用以代表一个抽象的商业视角，将业务考虑与技术分离。这个概念与《欧洲专利公约》第 56 条中提到的“本领域技术人员”一样，都是一个虚构的角色。名义上的商人必须收到对业务需求的完整描述，否则他将无法实施该业务，也不应该在非技术领域提供任何意见；名义上的商人对与业务相关的需求规范了如指掌，并且知道这些与业务相关的概念可以在计算机系统上实现，但是，他们不知道具体如何在计算机上实施（这属于技术人员的能力范畴）。名义上的商人不同于实际商人，他具

① 《欧洲专利局审查指南（2024 年 3 月版）》G—VII，5.4。

② 《欧洲专利局审查指南（2024 年 3 月版）》G—VII，5.4.2.3。

③ 《欧洲专利局上诉委员会判例法（第 10 版）》I—D，9.2.7。

有超出当时的商业思维的能力。这与 COMVIK 法的评判原则一致，即无论该业务内容是否具有独创性，都视为客观技术问题的一部分。

判例 T 1463/11 涉及一种通用商平台，审查部门以不具备创造性为由驳回了该申请，申请人不服，提起上诉。涉案权利要求如下：

一种基于计算机实现的方法，该方法用于通过中央商家认证处理系统 MAPS（200）处的计算机处理消费者（50）的认证，该系统使用多种不同类型的支付工具中的一种，通过网络进行商业交易；具有由在线商家操作的服务器（100）的通信网络，其中服务器（100）包括瘦客户端（106），该瘦客户端（106）可操作以根据需要将信息与 MAPS（200）链接，并可操作以将名称/值对格式化为所需的 MAPS 消息格式并将该消息安全地传送到 MAPS（200），其中正在使用的支付工具注册或未注册符合由支付网络（70、72、74、76、70、72、74、76，78）支持其，其中 MAPS（200）包括位于顶部的连接层（210）、位于插件层（230）顶部的消息分发层（220）和外部连接层（240），该方法包括：（a）在服务器（100）上从消费者（50）获取交易的支付信息，并使用瘦客户端（106）将支付信息转发给 MAPS（200），所述支付信息包括标识正在使用的特定支付工具的编号；（b）在 MAPS 上从支付信息中确定正在使用的支付工具的类型，其中，MAPS 的插件层（230）包括多个单独的认证主动插件组件（232），可操作以侦听特定消息类型的消息分发层（220），其中相应的插件组件（232）由消息分发层（220）激活，该消息分发层（220）基于将消息发送到指定的插件组件（232）用于处理交易的支付工具类型；（c）在 MAPS 中（200）根据为所使用的确定的支付工具类型规定的认证协议，从其中一个支付网络（70、72、74、76、78）获得交易的认证决定；和（d）将获得的认证判定返回给商家操作的服务器（100）。

根据说明书的记载可知，在传统的网上购物过程中，消费者选择了付款方式（如信用卡）后，需要进行身份验证。在线商店的服务器与信用卡公司的计算机进行通信，以验证消费者的支付方式，并将结果通知在线商店。现有技术中，这些插件是安装在商家服务器中的软件，用于处理特定身份验证，每种不同的支付方式都对应一个插件。本发明通过使用插件改进了这一过程，如图 4－1－9 所示，这些插件不再安装在每个在线商店的服务器上，而是安装在一个单独的服务器上，该服务器可以被多个在线商店访问，并处理对多个身份验证机构的访问。这样做的好处是减轻了商店服务器对插件的安装和维护负担。也就是说，本申请用四机系统（包括消费者计算机、商家服务器、认证服务器和“商家认证处理系统”——MAPS）取代了三机现有技术（包括消费者的计算机、商家的服务器、认证服务器)。这种改进不仅提高了系统的灵活性和可扩展性，还降低了维护成本，使得更多的在线商店能够共享和使用这些插件。

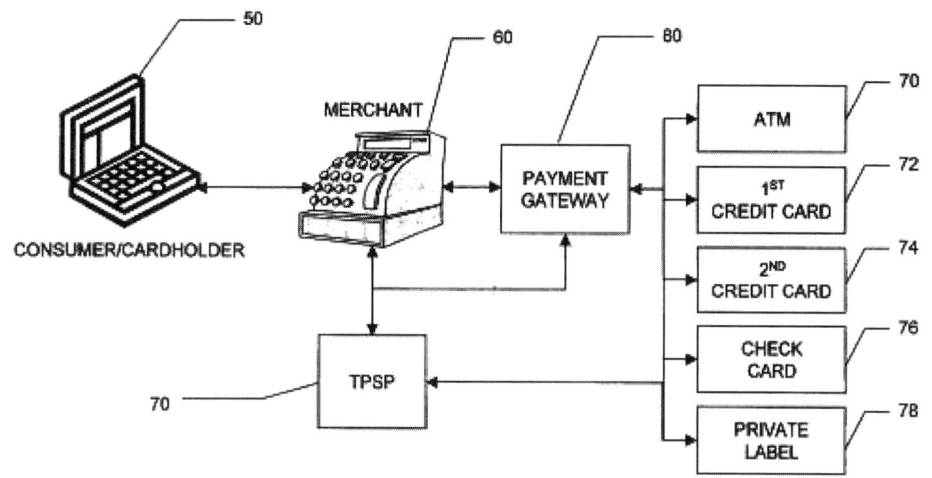

图 4－1－9　通用商的四机系统

本案主要涉及的文件 D2（WO 01/80100A）公开了多种支付工具和支付客户端。支付客户端最好采用瘦客户端的形式。虽然没有使用术语“插件”，但是可以将支付客户端理解为插件。文件中没有披露软件是否按层排列。

审查部门认为，本发明解决的问题相当于如何将商业交易的认证外包给第三方，这是一项行政或商业活动。因此，可以视为对技术人员提出的商业要求。

上诉委员会认为，将纯商业交易外包可能是对技术人员的一项要求，它无助于创造性的评价，但是在本案中，身份验证不能仅仅被视为一个纯商业活动，因为它涉及使用插件和服务器等技术手段。名义上的商人和技术人员之间存在区别。名义上的商人可能意识到运行商家服务器可能会带来费用和困难，但是他们不能用技术思维来解释这些问题的根本原因，或者他们可能没有意识到使用其他服务器可能会解决这些问题。在分布式系统中，决定将特定计算任务放在哪个服务器上是一个技术决策，因为它会影响系统的可用性、延迟等关键技术指标。上诉委员会认为，将插件集中在一个单独的服务器中，以便多个商家服务器可以访问，是一个旨在解决技术问题的解决方案。以文件 D2 为起点，在决定将插件从商家服务器迁移到集中式服务器之后，还需要做出一系列其他的技术决策，以确保商家服务器能够有效地访问和使用这些插件。这些技术决策包括确定商家服务器与集中式服务器之间的通信机制、数据传输方式、安全性措施等。因此，本申请的权利要求 1 具备创造性。

由本案可以看出，欧局通过定义“名义上的商人”，从业务角度区分了技术性和非技术性的概念。通过对名义上的商人具体能力范畴的定义，从而确定非技术性的范畴。一旦超出这个范畴，应当思考是否涉及技术性。结合本案来看，名义上的商人的能力仅限于这些与业务相关的概念可以在计算机系统上实现，但是，他们不知道具体如何在计算机上实施。对于进一步的如何实施，这属于进一步的效果，需要技术人员来解决。可见，通过“名义上的商人”的定义，使得非技术性和技术性的范畴更加清晰。

6. 可信的技术效果

对创造性的评估只能基于发明中可以确定技术效果的那些要素和方面。如果对发明的技术特征的质疑尚未消除，则应将有关特征排除在对创造性的评估之外。一项发明是否引起技术效果本质上是一个事实问题，欧洲专利局认为审查员有责任在审查程序中确定这些事实，同时，对于有疑问的情况，申请人也有责任在审查过程中提供合作。

判例 T 0953/04 涉及富士通公司的软件分发方法，审查部门以不具备创造性为由驳回了本申请，申请人不服，提起上诉。涉案权利要求如下：

1. 提供可用于第一用户与第二用户之间秘密通信的软件的方法，该方法由电子处理装置执行，包括以下步骤：为第一用户提供秘密通信软件；和向第二用户提供与第一用户进行秘密通信的软件，特点是：向第一用户提供与软件一起的检索代码，该检索代码是第一用户向第二用户披露的代码，用于标识提供给第一用户的软件；接收来自第二用户的检索代码；和为第二用户提供软件，以便根据检索代码与第一用户进行秘密通信。

根据说明书的描述可知，该方法通过向第一用户提供检索代码和秘密通信软件，并接收来自第二用户的检索代码，来确保只有通过正确的检索代码，第二用户才能获得与第一用户进行秘密通信的软件。这种方法可以有效地保护通信的私密性，因为只有知道正确的检索代码的用户才能与第一用户建立通信。

文件 D1（EP0704785A）公开了一种提供软件的方法（参见说明书第 5 栏第 46 至 58 行和第 6 行），“版权管理程序 P”提供给数据库系统 1 的“主要用户”和“次要用户”，用于加密和解密数据。

上诉委员会认为，以文件 D1 为发明的起点，它公开了提供可用于第一用户和第二用户之间的秘密通信的软件的方法。本发明与现有技术的区别技术特征在于向用户提供检索代码的方案。但是，提供检索代码、认证用户和制作密码通信密钥是电子商务和数字版权管理中的常见功能。对现有技术的创造性贡献可能只存在于解决技术问题的这些特征的特定组合中。在电子数据处理和通信的技术背景下，使用加密方法无疑具有技术性，因为它涉及安全性和数据的保护。然而，如何以及向谁分发密码密钥和软件，或检索代码，或使用哪种方法制作密码密钥的方案，可能更多地源于商业概念或其他非技术考虑。同时，对本发明的这种理解得到了本申请说明书的支持，例如，“提供加密软件的公司不能赚取任何收入，除非用户购买该软件；本发明的目的是使软件能够安全地分发，使公司能够因确保软件使用安全而获得服务奖励，并提供一种促进软件在大量客户中传播的方法”。另外，上诉人仅仅陈述了本发明克服现有技术中的各种问题，并讨论了要求保护的发明与文件 D1 之间的差异，关于“对现有技术的贡献在多大程度上解决了技术问题”的疑问仍然未解决，并没有充分证明技术贡献不仅仅是直接实现软件许可的业务概念。基于这些原因，上诉委员会请上诉人在口头程序中澄清这个问题。上诉人既没有出席口头程序，也没有就此问题提出任何进一步的意见陈述。上诉委员会认为，上诉人有义务提供必要的信息或证据来澄清这些疑问；如果上诉人无法解决这些疑问，在评估发明的创造性时可以忽略这些有疑问的技术特征。在对本发明的技术内容的持续怀疑以及上诉人在澄清该问题方面缺乏合作的背景下，不能对创造性作出肯定性的判断，因此，该上诉被驳回。

7. 潜在的技术效果

潜在的技术效果，是指仅与未在权利要求中提出的特征相结合才能实现的技术效果。欧洲专利局扩大上诉委员会认为，潜在的技术效果在评估创造性时也可以考虑。

潜在的技术效果属于计算机程序产生的“下游”效应。由于程序在计算机上运行时产生的效果可以是技术性的，也可以是非技术性的，这些效果只有在计算机上运行时才能实现，因此程序仅具有产生效果的潜力。那么，所谓“下游”效应，即程序运行后产生的数据或信息，其技术性取决于具体情况。例如，如果这些数据或信息被用于解决技术问题或产生技术效果，那么它们可能被视为具有技术性。如果它们仅用于非技术目的，那么它们可能被视为非技术性的。

如果要求保护的方法产生的数据专门用于其预期的技术用途，则可以考虑这种潜在的技术效果。这种技术效果可以被认为是权利要求所隐含的，或者是适用于该方法的完整范围。换句话说，如果数据是专门为解决特定技术问题而产生的，并且这些数据的使用直接关联到技术问题的解决，那么这些数据的技术效果可以被纳入创造性评估中。反过来，如果要求保护的数据或者要求保护的方法产生的数据具有技术设备以外的相关用途，则不能据此类推。

潜在的技术效果不同于也不包含计算机仿真过程内部所产生的“虚拟技术效果”，这种“虚拟技术效果”是指仅存在于计算机仿真中的、单纯由数值计算得到的效果，有可能作为实现真正技术效果的中间手段，但其与真正技术效果仍然有一定的距离①。

判例 G 1/19 涉及“自主实体在环境中的运动的计算机模拟”，审查部门以《欧洲专利公约》第 52（1）条和第 56 条为由驳回本申请，认为权利要求仅仅涉及抽象的数学模型，不具备技术用途，即仿真模拟对发明的技术性没有贡献。申请人提起上诉，并提出关于“进一步的技术效果”的主张。上诉委员会认为产生技术效果的最低要求是与物理实体产生直接联系。考虑到该案例的判决结果可能导致在审查一致性上出现偏差，上诉委员会依据《欧洲专利公约》第 112（1）（a）条将与计算机实施的模拟相关的法律问题提交到扩大上诉委员会②。涉案权利要求如下：

1. 一种模拟自主实体在环境中的移动的方法，所述方法包括：提供通过所述环境的模型从当前位置到预期目的地的临时路径；提供自主实体的个人资料；基于所述个人资料和所述临时路径确定朝向所述预定目的地的优选步骤，其中，确定所述优选步骤包括确定表示采取步骤的成本的不满意函数，该函数包括表示偏离给定方向的成本的不便函数和表示偏离给定速度的成本的挫折函数的总和；在所述首选位置周围定义一个社区；识别该社区的障碍物，所述障碍物，包括其他行人和固定障碍物；确定所述行人周围的个人空间；通过考虑障碍物在首选步骤过程中是否侵犯了所述个人空间，确定所述首选步骤是否可行。

根据说明书的描述，核心方案是：虚拟人在虚拟环境中的移动，从而对人流穿过某个环境的移动进行仿真。

该案的争议焦点在于：（i）计算机实施的模拟是否具有技术特征；（ii）模拟具有技术特征的标准是什么；（iii）该模拟基于模拟系统或过程的技术原理是否足够符合标准。

扩大上诉委员会认为，对于问题（i），任何一组计算机实施的发明都不能先验地被排除在专利保护之外。仅出于这个原因，问题（i）的回答是肯定的。此外，COMVIK 法要求评估计算机实施的发明的各个特征的技术贡献。与任何

① 邢雨辰. 关于欧洲计算机仿真发明的专利适格性解读［Z］.（2021－05－08）［2024－08－08］. https：//www. unitalen. com. cn/html/report/21024593－1. htm.

② 《European Patent Convention 2020》PII－CI，A112（1）：In order to ensure uniform application of the law，or if a point of law of fundamental importance arises：

（a）the Board of Appeal shall，during proceedings on a case and either of its own motion or following a request from a party to the appeal，refer any question to the Enlarged Board of Appeal if it considers that a decision is required for the above purposes. If the Board of Appeal rejects the request，it shall give the reasons in its final decision.

其他计算机实现的方法一样，没有与物理现实直接链接的输出的模拟仍然可以解决技术问题。

对于问题（ii），COMVIK 法已经确定，根据技术背景，非技术性特征本身仍可能有助于要求保护的发明的技术特征，正如技术性特征本身不一定有助于要求保护的技术主题一样。同样，对非技术过程的模拟可能是有助于发明的技术特征，对技术系统的模拟可能是没有技术贡献。扩大上诉委员会认为，在评估计算机实施的模拟进程是否具有创造性时，没有固定的、清单式的标准可以遵循。

对于问题（iii），扩大上诉委员会将该问题重新表述为：为了判断声称由计算机实施的模拟是否解决了技术问题，数值模拟至少部分基于模拟系统或过程所依据的技术原则是否为充分条件？如果模拟以技术原理为基础就足够了，那么计算机实施的模拟将在更广泛的计算机实施的发明群体中占有特权地位，而这种特权没有任何法律依据。因此，问题（iii）的回答是否定的，这意味着对于数值模拟，也必须根据具体情况进行评估，是否符合计算机实施的发明的“技术性”标准。有助于解决技术问题的数值模拟可以反映非技术方面，例如人类行为。博弈论模型就是一个例子，它可以用来描述和分析人类行为和决策过程。也就是说，数值模拟至少部分基于模拟系统或过程所依据的技术原则既不是充分条件，也不是必要条件。

基于上述问题的分析，扩大上诉委员会提出了潜在的技术效果的概念，也就是仅与未在权利要求中提出的特征相结合才能实现的技术效果，在评估创造性时也可以考虑。也就是说，没有必要要求在每起案件中都与（外部）物理现实直接相关。一方面，技术贡献可以通过所使用的计算机系统内的功能来确定。另一方面，在技术性/创造性步骤分析过程中，也可以考虑潜在的技术效果。在“问题－解决法”和 COMVIK 法的背景下，如果要求保护的方法产生的数据专门用于其预期的技术用途，则可以考虑这种潜在的技术影响。在这种情况下，要么数据的预期用途所产生的技术效果可以被认为是权利要求的“暗示”，要么是数据的预期用途（即与技术设备有关的使用）可以被认为是扩展到所要求保护的数据处理方法的整个范围。

通过本案可以看出，对于计算机实现的模拟、设计或者建模方法的审查，其适用标准应当与其他的计算机实现的发明相同，不存在特殊性。对于技术效果，模拟系统或过程是不是技术性，抑或模拟是否反映所模拟的系统背后的技术原理，这些并不能决定模拟本身是否具有技术性。计算出的数值量本身可能具有潜在的技术效果，但这些效果只有在数据被用于预期的技术应用时才会显现出来，对于这一效果，只有当预期的技术应用或明确或隐含在权利要求中时才在创造性评估步骤中予以考虑。具体而言，如果数值模拟的结果特定适用于某一预期的技术应用，这种潜在的技术效果可以认为是权利要求所隐含的。所谓特定适用，暗示了预期的技术应用是该权利要求中的主题所固有的，并在权利要求所覆盖的整个范围内都适用。总而言之，模拟是否具有技术性，并不要求建立与物理现实之间的直接联系；潜在的技术效果即已足够。

对于计算机程序的审查，我局并未将计算机实现的模拟类的申请单独列出。参照计算机程序的处理方法，我局《专利审查指南2023》首先定义了涉及计算机程序的发明，即为解决发明提出的问题，全部或部分以计算机程序处理流程为基础，通过计算机执行按上述流程编制的计算机程序，对计算机外部对象或者内部对象进行控制或处理的解决方案。所说的对外部对象的控制或处理包括对某种外部运行过程或外部运行装置进行控制，对外部数据进行处理或者交换等；所说的对内部对象的控制或处理包括对计算机系统内部性能的改进，对计算机系统内部资源的管理，对数据传输的改进等。涉及计算机程序的解决方案并不必须包含对计算机硬件的改变。如果涉及计算机程序的发明专利申请的解决方案执行计算机程序的目的不是解决技术问题，或者在计算机上运行计算机程序从而对外部或内部对象进行控制或处理所反映的不是利用自然规律的技术手段，或者获得的不是受自然规律约束的效果，则这种解决方案不属于《专利法》第2条第2款所说的技术方案，不属于专利保护的客体①。

六、“问题－解决法”在化学领域中的应用

化学领域涉及化合物、晶型、中间体等，主要以实验科学为主，与其他技术领域存在明显区别，该领域专利申请通常需要提供实验数据来证明发明能否实施以及达到何种技术效果。而发明技术效果的确认有其鲜明的特色和不同于其他学科领域的难度。因此，化学领域专利申请在创造性评价中，对于事实认定和法律适用的思维精度和维度有着更高的要求②。

《欧洲专利局上诉委员会判例法》指出，在许多化学领域的判例中，“问题－解决法”通常包括以下步骤：

a）确定“最接近的现有技术”；

b）根据该现有技术定义问题；

c）识别解决方案；

① 《专利审查指南2023》，第二部分第九章第6.2节。

② 黄爽，王文君．化学、生物医药领域发明创造性审查意见答复实用技巧［Z］．(2019－08－08)［2024－08－08］．http：//iprdaily.cn/article/index/22379.html.

d）证明解决方案的成功；

e）可选地重构技术问题；

f）审查该解决方案相对于现有技术的显而易见性。

证明解决方案的成功以及重构问题是尤为重要的步骤，因为它们直接关系到发明的技术贡献和创新性。如果解决方案无法证明其有效性，或者技术问题没有得到准确的重构，那么发明的创造性可能难以得到支持。①

（一）结构相似性

1. 化合物的结构相似，是否存在等效性的判断

预设即使是微小的结构差异也可能对化合物的生物学或药理学特性产生强烈影响。如果本领域技术人员能够合理地预期已知化合物和新型化合物具有相同或类似的作用，可以作为解决有关申请的技术问题的手段，并以此为理由拒绝新型化合物的创造性。如果本领域技术人员从一般常识或某些具体披露中知道，化合物的现有结构差异如此之小，以至于它们对这些特性没有本质影响，虽然这些特性对于解决上述技术问题很重要，可以忽略不计。

判例 T 0852/91 涉及一种白三烯拮抗剂化合物，审查部门以不具备创造性为由驳回了该申请，申请人不服，提起上诉，涉案权利要求如下：

1. 一种化合物，其特征在于，化合物结构如下：

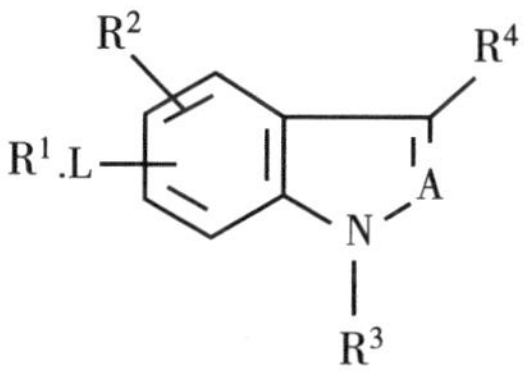

其中

═A—是一组式 = C(Ra) —或═N—，其中 Ra 是氢或（C_1—C_4）烷基族；

R^1 . L 是形式为如下酰胺自由基的一种：R^1 . W. CO. NH—、R^1. W. CS. NH—或者 R^1. NH. CO—，其中 R^1选自如下组分的一种：(a)（C_2—C_{10}烷基族）可以包含至少一个氟取代基；（b）苯基—（C_1—C_6）烷基族，其中（C_1—C_6 烷基族）部分可任选地被氟或（C_1—C_4）烷氧基取代基，并且其中苯基部分可任选地由带有卤代、（C_1—C_4）烷基、（C_1—C_4）烷氧基或三氟甲基的取代基取代；和（c）（C_3—C_8）环烷基、（C_3—C_8）环烯基、（C_3—C_8）环烷基—（C_1—C_6）烷基或（C_3—C_8）环烯基—（C_1—C_6）烷基，其中任何一种

① 《欧洲专利局上诉委员会判例法（第10版）》I—D，9.9.1.

的环状部分可任选地具有 1 或 2 个（C_1—C_4）烷基取代基，……。

涉案专利说明书中描述了在杂环中带有苄基的吲哚或吲唑衍生物被酸性基团取代，并且这些衍生物用于拮抗白三烯。

本案主要涉及的文件 D1（EP0179619A）公开了一种化合物，该化合物包括—CH_2—（p－C_6H_4）—Z 基团的化合物，其中 C_6H_4 基团任选地被取代，Z＝COOH，或 Z＝CN_4H_2，或 Z＝—$CONHSO_2Rg$。

第一，上诉委员会对文件 D1 实际公开的残留物 Z 进行了事实认定。对比文件 1 中公开的内容是："Z 是选自羧基的酸性基团，式为—$CONHSO_nRg$ 的酰基磺酰胺残基和四唑基残基……。"上诉委员会认为，这句话具体规定了符号 Z 含义的三种特定（通用）备选方案。在有关化合物中，Z 必然是这三种可能性之一，并且对比文件 1 中没有迹象表明，当这些指定的残基被任何其他"酸性"基团取代时，白三烯拮抗特性将保持不变。尽管术语"酸性"表示一种性质，Z 的所有三种选择都具有共同点，但这句话不能被解释为教导任何其他可以想象的"酸性"基团，可以用作 Z 在基础化合物的白三烯拮抗活性方面的等价物。

第二，上诉委员会对于文件 D1 中的芳基磺酰胺残基—$CONHSO_nRg$ 和目前的酮磺酰基—COCH（M）SO_2—C_6H_4—Rc 的结构相似性问题进行了分析。如果本领域技术人员能够合理地预期新型化合物与已知化合物在结构上的相似性，这将导致它们具有相同或相似的有用性，并且这种相似性对于解决技术问题很重要并且可以忽略不计，那么可以否认新型化合物的创造性。实审部门没有引用任何特定文件而认为"涉案申请的—COCH（M）SO_2—C_6H_4—Rc 基团在各自化合物的白三烯拮抗特性方面等同于文件 D1 的—$CONHSO_nRg$ 基团"，这种做法违背了欧局诉讼程序中的一个原则，即对可专利性的异议必须基于可核实的事实。上诉委员会认为，即使是微小的结构差异也可能对化合物的生物或药理学性质产生重大影响。因此，不能仅仅基于与文件 D1 中已知的化合物的所谓结构相似性，就否定本权利要求 1 的化合物的创造性。

通过本案可以看出，对于结构相似性的问题，应当重点关注构效关系，不是在现有技术中不同结构主体化合物中单独的基团简单的拼凑。从相同或相似的作用的角度分析。对比文件 1 仅公开了规定了符号 Z 含义的三种特定（通用）备选方案，即在有关化合物中，Z 必然是这三种可能性之一，在文件 D1 中没有迹象表明，当这些指定的残基被任何其他"酸性"基团取代时，白三烯拮抗特性将保持不变。即未公开已知化合物和新型化合物具有相同或相似的作用。从合理预期的角度分析，技术人员无法推断出酮磺酸基团取代文件 D1 中的化合物中的Z族后仍然会产生白三烯拮抗剂，也就是说，即使是微小的结构差异也可能对化合物的生物学或药理学特性产生强烈影响。

我国《专利审查指南2023》指出：“（1）判断化合物发明的创造性，需要确定要求保护的化合物与最接近现有技术化合物之间的结构差异，并基于进行这种结构改造所获得的用途和/或效果确定发明实际解决的技术问题，在此基础上，判断现有技术整体上是否给出了通过这种结构改造以解决所述技术问题的技术启示。需要注意的是，如果所属技术领域的技术人员在现有技术的基础上仅仅通过合乎逻辑的分析、推理或者有限的试验就可以进行这种结构改造以解决所述技术问题，得到要求保护的化合物，则认为现有技术存在技术启示。（2）发明对最接近现有技术化合物进行的结构改造所带来的用途和/或效果可以是获得与已知化合物不同的用途，也可以是对已知化合物某方面效果的改进。在判断化合物创造性时，如果这种用途的改变和/或效果的改进是预料不到的，则反映了要求保护的化合物是非显而易见的，应当认可其创造性。（3）需要说明的是，判断化合物发明的创造性时，如果要求保护的技术方案的效果是已知的必然趋势所导致的，则该技术方案没有创造性。……由于现有技术中指出了提高杀虫效果的必然趋势，因此该申请不具备创造性。”① 可见，欧局对于化合物结构方面的创造性门槛更低。

2. 关于生物电子等排体

所谓电子等排体，是指外层电子数目相等的原子、离子、分子，以及具有相似立体和电子构型的基团。例如，—COO—、—CO—、—NH—、—CH_2—等基团是电子等排体，—Cl、—Br、—CH_3 等也是电子等排体。生物电子等排体（Bioisosteres）是指既符合电子等排体的定义，又具有相似的或相反生物学作用的化合物。

生物电子等排体是本领域技术人员常识的一部分，但在决定创造性时必须谨慎应用。在药物设计领域，如果结构特征和活性之间没有建立明确的相关性，那么任何药理活性化合物的结构修饰都可能预先扰乱初始结构的药理活性。对于生物电子等排体的情况也是如此，只要其并非已确定的生物电子等排体，它就是一种结构－活性关系的可选方案。在决定与药理活性化合物有关的创造性步骤时，重要的不是化合物的特定子结构是否被另一个已知的等位结构取代，而是是否存在这种替换对化合物的药理活性影响的信息。因此，在评估化合物的创造性时，必须考虑这种结构替换是否可能对化合物的药理活性产生影响，

① 《专利审查指南2023》，第二部分第十章第6.1节。

并且是否有足够的证据来支持这种替换不会影响化合物的药理活性。

判例 T 0643/96 涉及一种氮杂双环化合物，审查部门采用“生物电子等排”的概念，驳回了本申请，申请人不服，提起上诉。涉案权利要求如下：

1. 一种式（Ⅰ）的化合物或其药学上可选的盐：

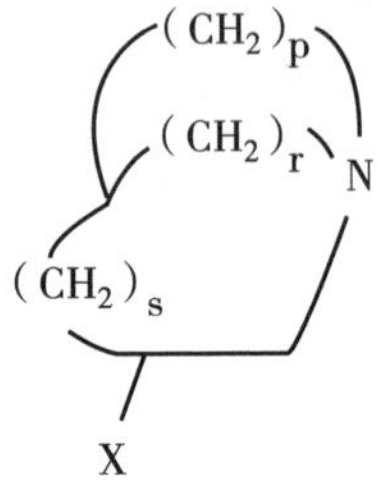

（Ⅰ）

其中 p 表示 2 到 4 的整数；r 表示 1 或 2 的整数；s 代表 0 或 1；X 代表一个组，公式如式（Ⅱ）所示：

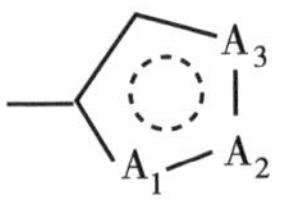

（Ⅱ）

其中 A_1是氧或硫，A_2和 A_3中的一个是 CR_1，另一个是氮气或 CR_2，或者 A_2是氧或硫，A_1是 CH，A_3是 CR_1，其中 R_1和 R_2独立地选自氢和 C_1-2 烷基，但条件是当 r 为 2 时，R_1和 R_2独立地是氢或甲基，此外，当 A_1 是氧或硫，A_3是氮时，（p，r，s）是（2，2，0）或（2，1，0）。

涉案专利说明书中记载了放射性配体结合试验报告，用以证明被测化合物具有毒蕈碱结合活性，从而证实其作为抗痴呆剂的有用性。

审查部门提供的文件主要涉及文件 D1（EP0239309A），文件 D1 公开了噁二唑类通式：

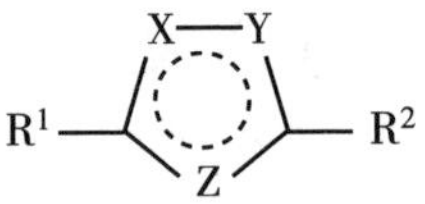

或其盐，其中，X、Y 或 Z 中的一个是氧原子，另外两个是氮原子，虚线圆表示芳香性（两个双键），从而形成 1, 3, 4 -噁二唑或 1, 2, 4 -噁二唑原子核；R^1 代表非芳香族氮杂环或氮杂双环系统；和 R^2是低亲脂性的取代基，可用于治疗早老和老年性痴呆。

审查部门认为：生物电子等排属于本领域的公知常识，由文件 D1 中得知的化合物与现在要求保护的化合物之间的现有结构差异是如此之小，以至于技术人员会知道这种差异对解决技术问题的重要特性没有本质影响。

上诉人引入的审查程序的证据主要涉及文件 D3（C. W. Thornber “Isosterism

and Molecular Modification in Drug Design", Chem. Soc. Reviews 18（1979），563－580）用于说明“生物电子等排体”概念。

双方的争议焦点在于生物电子等排体概念的适用性。

上诉委员会首先对本申请解决方案的成功进行了判断。文件 D1 为最接近的现有技术，在 D1 中公开的化合物组包括 1, 2, 4－噁二唑或 1, 3, 4－噁二唑，这些化合物必须被非芳香族氮杂环或氮杂双环系统取代，该系统包含无限数量的环原子，氮原子可以位于任何想象的位置。1－氮杂－[2, 2, 2]－双环辛基（奎宁环基）和 1－氮杂－[2, 2, 1]－联环庚基（1－氮杂冰片基）被确定为可能的氮杂环体系，并在实施例中得到进一步支持。权利要求 1 的化合物与 D1 的化合物的区别主要在于，权利要求 1 的化合物使用仅包含一个或两个杂原子的五元芳香族系统取代了包含三个杂原子的五元芳香族噁二唑系统。具体而言，呋喃、噻吩、1, 2－噁唑、1, 3－噁唑、1, 2－噻唑或 1, 3－噻唑被用于取代。权利要求 1 要解决的技术问题是提供进一步的化合物，该化合物可用于治疗和/或预防哺乳动物痴呆。根据放射性配体结合试验的报告结果，涉案申请中的化合物表现出了与毒蕈碱结合的活性，而这种结合活性进一步表明了这些化合物作为抗痴呆药物的有效性。上诉委员会认为，权利要求 1 的主题解决了上述技术问题，即提供了一种具有抗痴呆用途的化合物。

关于是否可由文件 D1 结合“生物电子等排”概念得到本申请方案的问题。上诉委员会认为，生物电子等排体是本领域技术人员的常识，但在决定创造性时必须谨慎应用。在药物设计领域，如果结构特征和活性之间没有建立明确的相关性，那么任何药理活性化合物的结构修饰都可能预先扰乱初始结构的药理活性特征。同样，所谓的生物电子等排体症病例，只要不是生物电子等排体的既定案例，它就是构效关系的一种选择。因此，需要仔细评估所有相关情况，以确定是否确实可以借助生物电子等排体概念来克服先验假设（生物等位论本质上不是普遍有效的自然法则，而是一种经验规则，在每种特定情况下都需要通过实验验证才能确定它是否合适）。文件 D3 涉及生物电子等排体的概念，并解释了在生物电子等排体置换中，可以考虑大量不同的独立参数。置换的有用程度将取决于这些参数中哪些是重要的，哪些是生物电子等排体最能模仿的。通常，人们不会知道分子的各个部分在其中起什么作用，这种确定上述作用将成为结构活性研究的一部分。文件 D3 的结论是，替换产生的相同或不同的生物活性将取决于该部分在分子中所扮演的角色以及影响该角色的参数是否受到干扰。在本案的情况下，文件 D3 证实了生物电子等排体的概念，只能被视为在特定药理学领域为制定研究计划的技术人员提供一般指导，但肯定不能作为解决现有技术问题的指针。在决定与药理活性化合物有关的创造性步骤时，关键不在于化合物的特定子结构是否被另一种已知的等空间子结构取代，而是在于是否存在关于这种替代对特定化合物的药理活性影响的信息。因此，对比文件并未给出上述启示。综上所述，驳回决定被撤销，发回重审。

由本案可以看出，欧局在应用生物电子等排体概念时持谨慎态度。在决定与药理活性化合物有关的创造性步骤时，关键不在于化合物的特定亚结构是否被另一种已知的等空间亚结构取代，而是在于是否存在关于这种替代对化合物的药理活性影响的信息。对于此类案件，我国《专利审查指南2023》以举例的形式指出：（Ⅲa）氨基－磺酰脲与（Ⅲb）甲基－磺酰脲结构接近，两者之间仅存在 NH_2 与 CH_3 的结构差异之区别，两者均为抗糖尿病药，且效果相当，（Ⅲb）相对于（Ⅲa）为所属技术领域提供了另一种抗糖尿病药。无预料不到的用途或效果，由于 NH_2 与 CH_3 是经典一价电子等排体，所属技术领域的技术人员为获得相同或相当的抗糖尿病活性有动机进行这种电子等排体置换，故（Ⅲb）无创造性①。也就是说，对于生物电子等排问题，中欧两局对于生物电子等排体的置换，更多的是关注其为化合物分子的整体性能带来怎样的影响。对于化学领域的本领域技术人员而言，任何已被发现具有所需生物活性的化学结构均有可能被当作先导化合物进行结构优化，这种结构优化方法通常包括利用同系物的分子多样性变换、以生物电子等排体置换为基础的分子变换、环结构变换、官能团变换、构象限制与空间阻碍和以取代基效应与定量构效关系为基础的分子设计等。可见，结构改造或修饰并不限于仅就所谓“骨架”结构之外的取代基或官能团进行替换，也可以对环结构进行变换或生物电子等排体置换，所属技术领域技术人员的步伐并不会因为某种表征形式的差异而停滞。因此，创造性的判断关键还在于，结合相关实验呈现的效果事实判断结构改造或修饰后对化合物分子的整体性能带来的是怎样的影响②。

（二）宽范围的权利要求

如果要求保护的发明的创造性是基于给定的技术效果，则原则上应在整个要求保护的领域内可实现。只有当几乎所有要求保护的化合物都可能实现特定的技术效果时，才能在评估创造性时考虑技术问题。如果只有少数化合物具有这种效果，那么这些化合物的所谓技术效果在确定权利要求所依据的技术问题时应该被忽略。

判例 T 939/92 涉及三唑磺胺类药物的配方，审查部门以本申请不具备创造

① 《专利审查指南2023》，第二部分第十章第6.1节【例3】。

② 杜国顺，李越．三步法在化合物创造性评判中的应用：由替格瑞洛专利无效案说起［J］．电子知识产权，2019（3）：88－98.

性为由驳回了本申请，申请人不服，提起上诉。涉案权利要求如下：

1. 一种三唑磺胺类药物的配方：

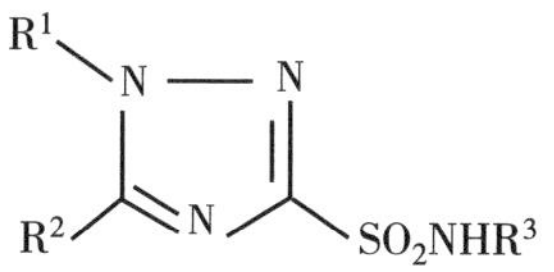

（Ⅰ）

1. 及其盐，R^1 代表氢或取代或未取代的烷基、烯基、炔基、环烷基、芳基、芳烷基、酰基、烷氧基羰基、氨基羰基、磺酰基或杂环基团；R^2 代表氢、卤素、氰基、羟基、巯基、取代或未取代的烷基、烯基、炔基、烷氧基、烷硫基、烷基亚磺酰基、烷基磺酰基、酰基、烷氧基羰基、氨基羰基、芳基或氨基，或杂环基；R^3 表示任选取代的苯基；但有以下附带条件：（a）R^1 和 R^2 不是同时是氢；（b）当 R^1 代表氢，R^3 同时代表苯基或 4－甲基苯基时，R^2 不代表苯基；（c）当 R^1 代表氢时，R^2 不代表氨基。

涉案申请说明书中描述了所有化合物具有除草活性。

审查部门主要引用了文件 D3（US3952001A）、D7（GB2120665A）、D8（US4492597A）证明本申请不具备创造性。其中，文件 D3 公开了一类具有以下通式的化合物：

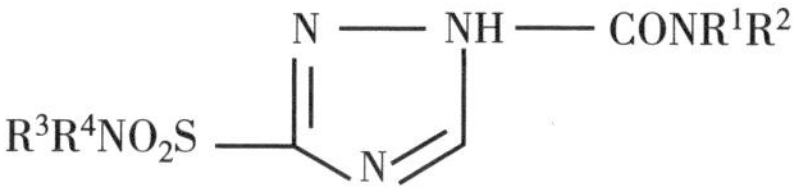

（Ⅲ）

其中元素 R^1 至 R^4 选自氢或脂肪族取代基，其中每个取代基最多有八个碳原子。R^3 也可以表示苯基，可以被 1 到 3 个卤素原子取代。这些化合物具有除草活性。文件 D3 还描述了根据以下通式制备一类化合物作为制备上述化合物的起始原料：

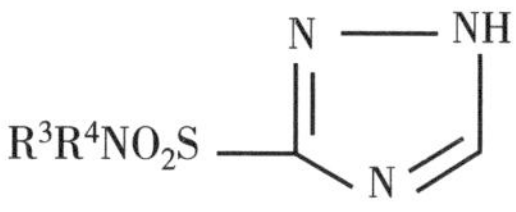

（XIV）

其中 R^3 和 R^4 的含义与上述含义相同。

文件 D7 公开了相似化合物的基团，其通式如下：

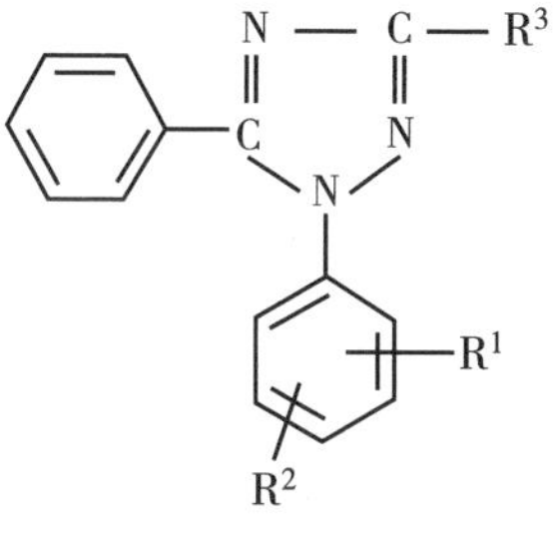

其中，R^1 代表氢、卤素原子、烷基，R^2 代表氢、卤素原子、烷基、卤代物等，R^3 代表 $-C(=O)-N(R^4)(R^5)$ 。

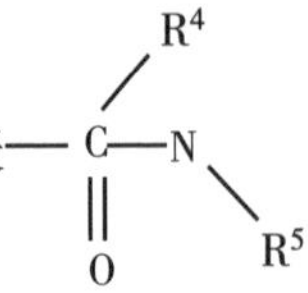

审查部门认为，本领域技术人员会从文件 D3、D7 中综合推断，要求保护的化合物的基本结构元素是位置 1 和 3 中带有取代基的三唑环，并且三唑环存在位置。另外，由于从文件 D7 中描述的化合物开始，某些要求保护的化合物所必需的两种结构修饰被视为常规的生物等位体替换，以及在三唑环位置 5 的苯基环中引入常规取代基。因此，技术人员将获得足够的动力来制备本申请中请求保护的化合物，以解决提供额外的除草活性三唑的技术问题。

上诉委员会指出，如果技术人员的目标是获得新的化合物，那么任何已知的化合物都可以作为结构变化的起始材料，并可以根据文件 D3 中的式ⅩⅣ选择化合物。然而，仅仅选择已知的化合物进行合成并不一定具备创造性。

只有当某些化合物的选择不是任意的，并且它们的选择基于能够明确区分出要求保护的化合物和无数其他可能的化合物的结构特征，以及由此产生的意料不到的技术效果时，这种选择才能构成可授予专利的发明。因此，为了证明所选择的要求保护的化合物的技术效果，这些效果必须是能够在几乎所有选择的化合物中合理预期并实现的效果。在本案中，主张该事实的人有责任通过举出充分的证据来证明其主张。根据说明书中提出的测试结果，虽然一些要求保护的化合物确实显示了除草活性，但这并不足以证明几乎所有要求保护的化合物都具有这种活性。根据技术人员的一般知识，要求保护的化合物中可能存在的物质类型与所指控的除草作用之间可能没有任何关系。由于要求保护的化合物与文件 D3、D7 等现有技术中描述的化合物之间存在结构差异，技术人员不可能预见到要求保护的化合物将具有除草活性。上诉委员会认为，化学结构与生物活性之间的关系原则上是可以合理预见的，但当结构差异超过一定限度时，这种预测就不再有效。因此，尽管从技术人员的一般知识中可以推断出一些结构上的相似性可能导致化合物性质的相似性，但这并不意味着所有结构上相似的化合物都会表现出相同的生物活性。

关于本案中生物活性是否可以做出合理预测的问题，上诉人提出了一个观点：在某些情况下，化合物的结构变化可能不会显著影响其生物活性，举例来说，当在生物活性的应用中去除化合物的某些部分时，其效果不会变化。如果上诉人能够证明这一点，即在实际使用过程中，一些要求保护的化合物的某部分被去除但效果未变化，那么上述观点可能会被纳入考虑。但是关键的问题在于，上诉人并没有提供相应的证据来支持其主张。

基于上述理由，上诉委员会认为上诉人声称的“几乎所有化合物都可能具有除草活性”不成立，驳回了上诉人的申请。

从本案可以看出，如果要求保护的发明的创造性是基于给定的技术效果，则原则上应在整个要求保护的领域内可实现。如果不能证明在整个权利要求范围内能够实现声称的技术效果，可能存在权利要求的范围过宽的情况。根据一项长期存在的法律原则，专利所赋予的垄断程度必须取决于其对现有技术的贡献。因此，在评估《欧洲专利公约》第56条所指的创造性时，必须考虑这一原则。在确定专利申请的主题是否显而易见时，必须首先客观地比较从要求保护的主题中获得的技术成果与根据现有技术获得的结果。如果发明人确实旨在实现这些结果，那么这些结果应当构成定义要求保护的发明所涉及技术问题的基础。在此基础上，应当评估现有技术是否能够解决该专利申请中提出的技术问题。在评估专利申请的创造性时，需要考虑技术人员会选择哪些化合物进行合成，这取决于他们想要达到的结果。技术人员可以预期，通过合成获得的所有具有相似结构的化合物都解决了这一理论上的“技术问题”，因此，这些化合物都可以视为现有技术向他们“建议”的基础。从众多可能的选择中作出纯粹武断的选择，不涉及创造性步骤。因此，为证明选择所要求保护的化合物所依据的技术效果必须是可以合理预期在几乎所有选择的化合物下都能实现的效果。

（三）中间产物

所谓中间产物，是指在化学过程中从起始原料到最终产物过程中产生的物质。上诉委员会通过“过程效应”这一概念，为中间产物的创造性评价开辟了一种新的审查规则。该规则主要适用于那些在制备已知和期望的最终产品过程中开发的新中间产物。如果这些中间产物在生产过程中，对已知最终产品的进一步加工具有令人惊讶的优势，则被认为具有创造性。

具体而言，该规则包括以下几个要点：一是如果申请人根据现有技术水平设定了一项任务，即开发一种新的化学工艺，该工艺在经济和技术上具有优势，以制备已知的和广受欢迎的最终产品，那么该问题的解决方案可能是创造性的。即使选择了与最具可比性的方法相同的起始材料，实际取得的有益结果（例如更高的整体效率）是通过在整个过程中获得的新中间产物绕道来实现的，那么“工艺效应”也支持中间产物本身具备创造性。二是如果没有这种精确比较的可能性，新的化学中间产物的生产开辟了一条新的基于创造性的化学制备路线，以获得已知和受欢迎的最终产品，那么化学中间体仍然满足创造性的可专利性标准。三是为了评估多步骤化学方法中的创造性问题，检查应从要解决的问题的视角出发，对整个过程进行考虑。从最终结果开始，逆向分析整个过程，以确定从起始材料到最终结果的每一步骤是否是显而易见的。

判例 T 0648/88 涉及一种生育酚，该案在授权后被第三方提起异议，异议部作出决定，要求删除涉及中间产物的权利要求 4，申请人不服，提起上诉。涉案权利要求 1 和 4 重点如下：

1. 一种（2R，6R）–1–氯–2，6，10–三甲基十一烷的制备方法，其分子式为：

其特点在于：

(a) 新型（R）–（+）–β–氯异丁酸与 Cl COOH（Ⅱ）用作光学活性起始材料；

(b) 该起始材料被还原……得到（R）–（–）–3–氯–2–甲基丙醇，分子式为

Cl OH……（Ⅲ），

(c) 该化合物被溴化……得到新型的（S）–（+）–1–溴–3–氯–2–甲基丙烷，分子式为

Cl Br……（Ⅳ）；

(d) 将该化合物转化为新型的（2R）–（+）–1–氯–2，6–二甲基庚烷，分子式为

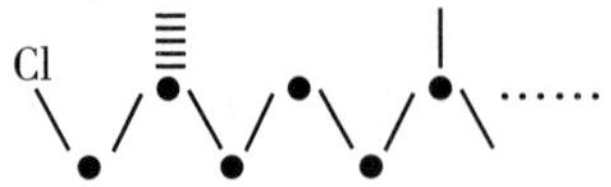

Cl ……（Ⅴ）；

(e) 将（d）中的产物转化为式Ⅵ的（3R）–3，7–二甲基辛烷–1–醇，分子式为

HO ……（Ⅵ），

(f) E 中的产物被溴化... 得到（3R）–1–溴–3，7–二甲基辛烷的分子式

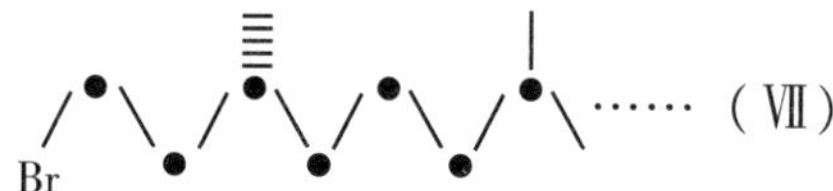

和（g）该化合物被转化……变成相应的格氏化合物，反应后可得到化合物Ⅰ。

4. 一种中间产物（V），具体为（2R）－（+）－1－氯－2，6－二甲基庚烷（V）。

涉案专利说明书描述了寻找一种新的、技术上不太复杂的合成方法以及新的中间产物，用于制备已知具有光学活性的关键产物。这些关键产物能够与2－甲醛－色烷反应，从而得到（2R，4’R，6’R）－Ι－生育酚，即天然光学活性维生素E。

主要涉及文件D1（DE2602507A），该文件描述了1－羟基－2，6，10－三甲基十一烷的制备方法。这种化合物是合成天然、具有光学活性的生育酚的关键物质，同时也是合成关键物质的各种中间产物，包括专利中描述的化合物（V）的溴类似物。

争议焦点在于中间产物化合物（V）是否具备创造性。

上诉委员会认为，关于寻找一种新的、技术上不太复杂的合成方法和新的中间产物的问题，可通过权利要求1的六步法和根据权利要求4的新中间产物（V）解决。涉案专利说明书中存在如下记载（第5页第62行至第6页第11行），该方法将所需的步骤数从15、16或17减少到6，因此，认为专利中提出的方案成功地解决了其技术问题。如果整体工艺具有创造性，并且这种创造性是通过在整个过程中获得的新中间产物实现的，那么这种“工艺衍生效应”也支持中间产物本身的创造性。没有这个中间产物，则无法想象到这个整体有利的过程。在涉案专利中，权利要求4所述的氯化合物（V）的生产导致了技术的非明显富集，这是决定性的。文件D1并没有提出整个过程，这无疑涉及一个创造性的步骤。因此，权利要求4的中间产物应该被视为具有创造性。

由本案可以看出，本发明所要解决的问题是找到一种新的、技术上不那么复杂的合成方法和新的中间体，通过这些中间体可以获得已知的光学活性关键产物。这些关键产物可以与色满－2－甲醛反应，转化为（2R，4’R，6’R）－生育酚，即天然、具有光学活性的维生素E。问题的关键不在于要求保护的氯化合物（V）的结构与D1中已知的溴类似物有多接近。决定性的事实是，权利要求4中中间体的制备过程导致了本领域技术性的增强，而文件D1并没有提出整个过程，这涉及创造性步骤。

在我国的相关审查中，作为制备最终产物过程中产生的半成品，“中间产物”既包括通过化学反应制备目标化合物过程中产生的中间体化合物，也包括制备混合物形态的最终产物的过程中获得的“半成品”。例如，尚未添加最终产物中所含的全部组分或尚未施加形成最终产物所必需的条件，整个制备步骤尚未完成时得到的“半成品”。如果现有技术公开的“中间产物”组成与发明相似，且该“中间产物”本身具有某种直接的用途或使用效果而与被评价的发明存在合理的关联，则该“中间产物”可以作为创造性判断的出发点。对于涉及中间体的发明，中间体具有创造性必须满足由中间体制备最终产品的制备方法是非显而易见的，具有创造性。

(四) 晶型

晶型，是指具有相同化学结构的分子按照一定方式的有序排列；非晶型是指结构无序或者近程有序而长程无序的物质，组成物质的分子（或原子、离子）不呈空间有规则周期性排列的固体，它没有一定规则的外形。非晶型的物理性质在各个方向上是相同的，叫“各向同性”。晶型和非晶型在药物研发和专利保护中扮演着重要角色。晶型专利，作为药物保护的一种常见形式，通常在开发出基础化合物后申请，用以扩展和加强对基础化合物的保护。化学结构相同的药物，由于结晶条件的不同，可以形成不同的晶体，这些不同的晶体形态被称为药物的多晶型。药物的多晶型现象对药品的质量和临床药效有重要影响。优良的药物晶型可以提高药物的热力学稳定性、制剂稳定性，有利于制剂成型，同时可以提高药物的纯度、溶解度和生物利用度，从而提升药效。

《欧洲专利局上诉委员会判例法》指出，在没有技术偏见和没有意外性质的情况下，仅仅提供已知活性药物化合物的结晶形式不能被视为创造性步骤。①

判例 T 777/08 涉及华纳 - 兰伯特公司的阿托伐他汀水合物，该案在授权后，被第三方提出异议，异议部在异议程序中撤销了该专利，申请人不服，提起上诉。涉案权利要求如下：

3. 结晶形式Ⅳ的阿托伐他汀（即 [R -（R^*，R^*）] -2 -（4 - 氟苯基） - β, δ - 二羟基 -5 -（1 - 甲基乙基） -3 - 苯基 -4 - [（苯基氨基）羰基] -1H - 吡咯 -1 - 庚酸半钙盐水合物），通过 X 射线粉末衍射模式表征，在 Cu - Kα 辐射下的衍射角度 2θ、晶面间距 d、大于 15% 的相对强度值如下表所示：

① 《欧洲专利局上诉委员会判例法（第 10 版）》I—D，9.9.5.

结晶形式 IV 的阿托伐他汀的结晶参数

2θ	d	Relative Intensity (>15%)
4. 889	18. 605	38. 45
5. 424	16. 2804	20. 12
5. 940	14. 8660	17. 29
7. 997	11. 0465	100. 00
9. 680	9. 1295	67. 31
10. 416	8. 4859	20. 00
12. 355	7. 1584	19. 15
17. 662	5. 0175	18. 57
18. 367	4. 8265	23. 50
19. 200	4. 6189	18. 14
19. 569	4. 5327	54. 79
21. 723	4. 0879	17. 99
23. 021	3. 8602	28. 89
23. 651	3. 7587	33. 39
24. 143	3. 6832	17. 23

涉案专利中针对结晶形式Ⅳ的阿托伐他汀的效果没有记载。

本案主要涉及的文件有文件 D1（WO94/16693A）、文件 D2（EP0409281A）、文件 D25、文件 D28。其中，文件 D1 和 D2 均公开了阿托伐他汀的无定型。文件 D25 为申请提交的涉及无定形和Ⅳ型阿托伐他汀钙的过滤和干燥研究报告。文件 D28 公开了多晶型的一般知识，即多晶型是指同一种分子可以形成不同的晶体结构，这些不同的结构被称为多晶型；多晶型的不同之处在于同一分子在晶胞中的结合方式，这可能反映了细胞中包装分子的不同方式或构象变化，这些变化可能很大，在制药行业中，多晶型现象非常常见，因为氢键在制药行业的大多数分子中起着关键作用；在药物开发的早期阶段，通过筛选不同的多晶型物，可以评估它们在特定条件下的性能，从而选择出最合适的多晶型物用于进一步的药物开发和生产，这种筛选过程可以帮助开发团队优化药物的制造过程，提高药物的质量和疗效，同时降低生产成本和潜在的副作用，结晶产品在药品生产过程中具有容易分离、纯化、干燥等优点，并且在批处理过程中更容易处理和配置。

双方的争议焦点在于晶型相对于无定形型是否具有可预见优势?

首先，上诉委员会对解决方案是否成功地解决了声称的技术问题进行了判断。以文件 D1 和 D2 为最接近的现有技术，上诉人将相对于现有技术而要解决的问题定义为以具有改进的过滤性和干燥特性的形式提供阿托伐他汀，根据上诉人在异议程序中提交的文件 D25 中报告的实验结果，其可表明与无定形形式相比，阿托伐他汀晶型Ⅳ的过滤和干燥时间更短，认可这个问题已经得到解决。其次，关于显而易见性的判断，根据文件 D28 公开的本领域基础知识，药物开发领域的技术人员首先会意识到这样一个事实，即多态性实例在制药工业的分子中很常见，在药物开发的早期阶段，通过筛选不同的多晶型物，可以评估它们在特定条件下的性能，从而选择出最合适的多晶型物用于进一步的药物开发和生产。结合现有技术可以知道，本领域技术人员还应该熟悉与药物监管相关的具体要求，这些要求通常包括对原料药的多晶型、水合型或无定形形式提供详细信息；本领域技术人员还应该熟悉在不同条件下通过从一系列不同溶剂中结晶来筛选多晶型物的常规方法。因此，上诉委员会认为筛选原料药的固态形式确实属于药物开发领域技术人员的常规任务。上诉委员会认为，根据文件 D28 的内容，药物开发领域的技术人员在处理药理活性化合物时，通常会从无定形形式开始，并预期通过结晶过程能够解决一些问题，例如提高过滤性和干燥特性。尽管不是每一种结晶形式都能提供这些改进，但技术人员通常会尝试这种方法，因为结晶过程通常可以提供这些优势，因此，每一种结晶形式不涉及创造性。技术人员会认为这是两种固态形式（无定形和结晶）之间预期优缺点之间的权衡问题，并基于这些考虑来决定最佳的选择。因此，从同样合适的候选群体中任意选择特定的多晶型不能被视为具备创造性。

从本案可以看出，欧局关于晶型的创造性审查持严谨的态度，其认为药物开发领域的技术人员应该已经意识到多晶型现象在制药行业中很常见，并且知道在药物开发过程的早期筛选多晶型是可取的，他们还熟悉常规的筛查方法。因此，在没有任何技术偏见和意外性质的情况下，仅仅提供已知药理活性化合物的结晶形式不能被视为涉及创造性步骤。当从药理活性化合物的无定形形式作为最接近的现有技术开始时，技术人员将有一个明确的期望，即其结晶形式将为提供具有改进的过滤性和干燥特性的产品的问题提供解决方案。从一组同样合适的候选物中任意选择特定的多晶型物不能被视为涉及创造性步骤。与无定形相比，药物开发领域的技术人员不会因为溶解度和生物利用度的潜在损失而劝阻他们尝试获得晶型，而是将其视为这两类固态晶型的预期优缺点之间的权衡问题。他们知道，尽管无定形形式在溶解度和生物利用度方面可能更优，但结晶形式在其他方面（如过滤性和干燥性）可能更优，因此他们会在这两种形式的预期优缺点之间进行权衡。

我局认为，虽然晶体化合物基于不同的分子排列，其物理化学参数可能存在差异，但其仍属化合物范畴，关于化合物创造性的规定可以适用于新晶型化合物的创造性判断。晶体化合物的微观晶体结构变化多样，某一化合物在固体状态下可能基于两种或者两种以上不同的分子排列而产生不同的固体结晶形态，但并非所有的微观晶体结构变化均必然导致突出的实质性特点和显著的进步，故不能仅依据微观晶体结构的不接近而认定其结构上不接近，所谓“结构接近的化合物”，仅特指该化合物必须具有相同的核心部分或者基本的环结构，而不涉及微观晶体结构本身的比较。在晶体的创造性判断中，微观晶体结构本身必须结合其是否带来预料不到的技术效果一并考虑①。

（五）协同效果

所谓协同作用，是指如果这些化合物混合使用时能够产生比单独使用各成分更显著的效果，即“1 +1 >2”。欧局认为协同效果通常是不可预期的，亦即难以通过已有的理论或者原理推导得出，当两种特定化合物组合时，它们可能表现出协同效应，即整体效果大于各自独立效果的总和。然而，这并不意味着当其中一种化合物在结构上进行改性时，可以预期这种协同作用仍然存在。

判例 T 1814/11 涉及巴斯夫公司的一种杀真菌混合物，该案在授权后，被第三方提起异议，异议程序中撤销了本申请授权专利，申请人不服，提起上诉。涉案权利要求 1 如下：

1. 一种基于丙硫菌唑和吡氧菌酯的杀真菌混合物，其中，包括2 -［2 -（1 -氯环丙基）-3 -（2 -氯苯基）-2 -羟丙基］-2，4 -二氢 -［1，2，4］-三氮唑 -3 -硫酮（丙硫代康唑）或其盐或加合物，结构如式（1）所示：

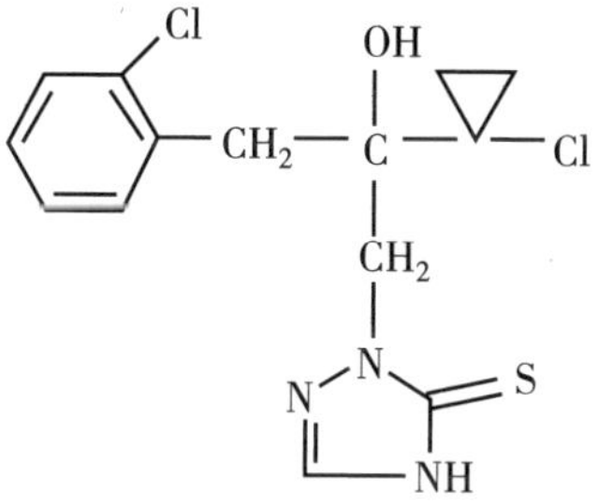

（1），

① 最高人民法院（2011）知行字第86号行政判决书。

还包括吡氧菌酯，其结构如式（3）所示：

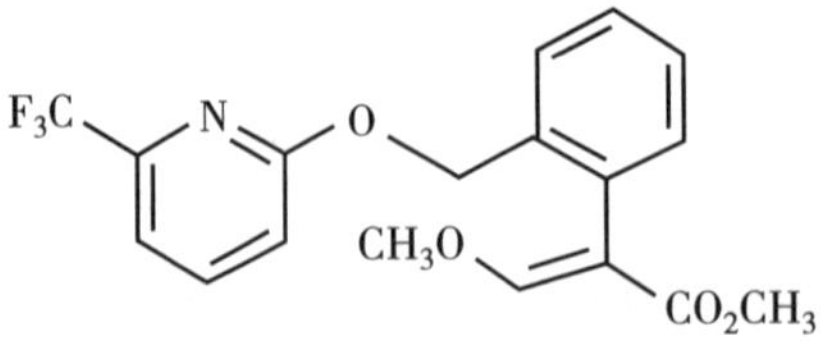

（3）。

异议程序中主要涉及文件 D1（US6306850B）和文件 D2（Dave W. Bartlett 等人，英国皇家化学学会－农药展望－2001 年 8 月－"了解 Strobilurin 杀菌剂"，第 143 至 148 页），其中文件 D1 描述了丙硫菌唑与特定化合物（包括甲肟－甲基和嘧菌酯）的杀真菌混合物，这些化合物之间具有协同作用。文件 D2 描述了啶氧菌酯与其他吡菌酯类药物（例如文件 D1 中已知的嘧菌酯和克氧菌酯－甲基）相比具有优越的特性。

本案争议焦点在于协同作用是否可预期。

上诉委员会指出，文件 D1 为最接近的现有技术，由于文件 D1 已经公开了丙硫菌唑与特定化合物（包括甲基克列辛和嘧菌酯）组合的杀菌混合物，这些化合物具有协同作用。因此，权利要求 1 与文件 D1 的区别，仅在于吡氧菌酯用作要求保护的组合物中的第二活性成分。因此，权利要求 1 实际解决的技术问题是提供一种基于丙硫菌唑的替代协同活性杀菌组合物。根据涉案专利说明书的表 3 和表 4 的结果，申请人声称的技术问题确实已经成功解决。关于协同作用是否可预期的问题，上诉委员会认为，根据文件 D1 和文件 D2 公开的信息，将丙硫菌唑与吡菌酯的组合作为协同混合物对于技术人员来说并非显而易见，这是因为尽管文件 D2 中公开了吡菌酯与已知的嘧菌酯和克氧菌酯－甲基相比具有优越特性，但文中并未提到丙硫菌唑与吡菌酯混合使用的协同效应。协同效应通常被认为是不可预测的，即如果两种特定化合物的组合具有协同作用，这并不意味着如果两者中的一种在结构上得到修饰，也可以预期这种协同作用。文件 D1 披露了特定的杀菌剂作为混合配方，但没有披露杀菌剂类别，这也表明了协同效应的不可预测性。上诉委员会进一步指出，属于同一类的杀菌剂化合物通常具有相似的作用机制和/或可能相似的化学结构。然而，这并不意味着如果同一类的某些杀菌剂化合物与特定杀菌剂化合物组合协同作用，则该类的所有或大部分化合物也将与该特定化合物具备协同作用。协同作用原则上是不可预测的，因此不能归因于任何作用机制和/或结构。在本案中，第三方异议人援引的试错原则，在文件 D1 的基础上，在不了解本发明的情况下，相当于测试不同杀菌剂化合物与丙硫菌唑的混合物，而本领域技术人员无法预见至少一种混合物是否确实具有协同作用。

由本案可以看出，欧局认为，协同作用通常是不可预期的，即难以通过已有的理论或者原理推导得出。如果在有充分的实验数据证明请求保护的技术方案确实取得了协同效果的情况下，则请求保护的技术方案具有创造性。我局在创造性评判的审查实践中会对申请人声称的协同效果进行考量，如果想通过产生协同效果来证明发明的创造性，则必须有充分的证据证明发明的技术方案确实实现了该效果。

第二节 美 国

一、概述

美国早期的《专利法》中并没有关于创造性的规定，1790 年的美国《专利法》只简单地要求“发明”应当“足以有用并重要”①，1793 年的美国《专利法》中只规定了新颖性和实用性。直到 1851 年，美国联邦最高法院在 Hotchkiss 案的判决中首次提出了专利性除新颖性和实用性外，还需要具备创造性，并指出：“同了解某事物的技工相比，除非有更多独创性和技能存在，……就不存在那种达到作为发明程度要素的技能和独创性。换句话说，改进是熟练技工的工作，而非发明人的工作。”② 以上表述难免晦涩且模糊，仅指出了能获得“发明”的新技术应当超出熟练技工的日常努力，但究竟要付出多大的努力似乎完全依赖于法官的主观判断。虽然如此，但这已经是全球最早关于创造性的思考了。

此后很长一段时间，关于专利的创造性究竟需要什么样的标准来判断，美国《专利法》中并没有成文的规定，在随后美国联邦最高法院关于专利创造性的一系列判例中，陆续出现了“创造性天赋”标准（“inventive genius” test）③、“创造性天赋的火花”标准（“flash of creative genius” test）④ 等说法，由于不同的法官对于创造性的判断过于主观，社会各方面都呼吁在《专利法》中成文明确创造性的具体标准，美国专利商标局最终在 1952 年起草了现行专利法并经

① 1790 年美国《专利法》第 7 章第 1 节（Patent Act of Apr. 10，1790，ch. 7，§1，1 Stat. 109）。

② Hotchkiss v. Greenwood，52 U. S. 248（1851）.

③ Reckendorfer v. Faber，92 U. S. 347（1875）.

④ Cuno Eng'g Corp. v. Automatic Devices Corp.，314 U. S. 84，90 - 91（1941）.

过国会通过，该法第 103（a）条规定①：“即便请求保护的发明未如第 102 条的规定那样被完全相同地公开，但是如果请求保护的发明与现有技术之间的差异，使得该请求保护的发明作为一个整体，在其有效申请日之前，对于请求保护的发明所属领域的普通技术人员来说是显而易见的，则该请求保护的发明不可以获得专利。不应当因为发明被作出的方式而否定其可专利性。”非显而易见性与新颖性和实用性共同成为专利性的条件，成为美国专利制度乃至世界专利制度发展历史上的一个里程碑。

尽管“非显而易见”的描述仍然是一个抽象的法律概念，但其至少是一个相对客观的标准，使得审查员和法官们不会随意以各种主观原因认定一项发明不具备创造性，而是必须要用相对于本领域技术人员是否显而易见这样的逻辑和词语来表达，因此很快便统一了各方对于创造性判断的分歧。包括中国在内的各个国家的专利法或下位法规中，对于创造性的规定基本都有类似“非显而易见性”的描述。尽管有了成文法的规定，但在实践中如何操作，则是由一系列判例逐步明确的。1966 年，在 Graham v. John Deere Co 案②中，美国联邦最高法院首次给出了判断非显而易见性的具体步骤，简称 Graham 标准：

1）确定现有技术的范围和内容；

2）确定请求保护的发明与现有技术之间的差异；

3）确定直接相关领域中普通技术人员的水平，在这种背景下确定主题的显而易见性或者非显而易见性；

4）辅助考虑因素，诸如商业上的成功、长期需要但一直未解决的问题、他人的失败等，也可以用于考察要求授予专利的主题当时的环境，作为显而易见性或者非显而易见性的一种标记，这些考察可能具有关联性。

Graham 案是美国《专利法》中有关创造性的里程碑式判例，该案的判决书中清晰地提出了判断“显而易见性”的三要素：现有技术范围、发明同现有技术之间的区别以及本领域技术人员的概念，这就是所谓的 Graham 要素③。Graham 案还引入了创造性判断的辅助因素，例如商业上的成功、长期需要但一直未解决的问题、他人的失败等，作为考察非显而易见性的关联因素。这些内容在我

---

① A patent for a claimed invention may not be obtained, notwithstanding that the claimed invention is not identically disclosed as set forth in section 102, if the differences between the claimed invention and the prior art are such that the claimed invention as a whole would have been obvious before the effective filing date of the claimed invention to a person having ordinary skill in the art to which the claimed invention pertains. Patentability shall not be negated by the manner in which the invention was made.

② Graham v. John Deere Co.，383 U. S. 1，17 – 18（1966）.

③ 石必胜．美国专利创造性制度的司法变迁［J］．比较法研究，2012（5）：135 – 145.

国的审查指南中都有一些影子。

美国联邦巡回上诉法院的前身，即美国海关和专利上诉法院，在《专利法》第103条的适用中一直使用“教导、启示、动机”检验法（teaching - suggestion - motivation test），简称TSM规则[①]，1981年美国联邦巡回上诉法院成立之后，在如何依据Graham案事实证据推理出申请的发明主题是否具有非显而易见性的问题上，也一直采用TSM规则。

2007年，在又一里程碑式判决案例KSR v. Teleflex案[②]中，美国联邦最高法院强调了Graham标准作为认定非显而易见事实认定的基础。但同时，最高法院反对过于僵化地适用TSM规则，重申了TSM规则依然是标准之一，但不是唯一的，在一定程度上，将非显而易见性的判断标准多元化。

在KSR案判决之后，美国专利商标局迅速在MPEP第2100章中公布了可支持显而易见性结论的典型理由，包括：

（A）根据已知方法结合现有技术要素以产生可预测的结果；

（B）简单地用已知要素替代另一种要素，以取得可预测的结果；

（C）利用已知技术以同样方式改进类似的设备（方法或产品）；

（D）将已知技术应用于准备改进的已知设备（方法或产品），以产生可预测的结果；

（E）“显然可以尝试”——从数量有限的确定的、可预测的解决方案中进行选择，并能合理地预期其成功；

（F）基于设计激励或其他市场因素，在一个领域中的已知工作可以促使对其作出改变，以用于相同的领域或不同的领域，前提是这种改变对于本领域普通技术人员来说是可预测的；

（G）现有技术中的一些教导、启示或动机，可能会导致本领域普通技术人员改造现有技术参考文献，或将现有技术参考文献的教导结合起来，从而实现请求保护的发明。

在某些情况下，还需要考虑评估辅助因素，例如考虑商业上的成功、长期需要但一直未能解决的问题、他人的失败等。

MPEP第2144章中规定：改进参考文献的原因或动机通常对发明人做了什么给出了启示，但是出于不同的目的或解决不同的问题，现有技术建议的结合，没有必要是要实现申请人所发现的相同的优势或结果。动机问题产生于发明人所面临的一般问题而不是本发明所要解决的问题。本领域普通技术人员不需要

---

① In re Bergel, 292 F. 2d 955 (C. C. P. A. 1961).

② KSR Int'l Co. v. Teleflex Inc. , 550 U. S. 398, 420, 82USPQ2d 1385, 1397 (2007).

看到现有技术参考文献中解决的相同技术问题，也可能被激励来应用其教导。

总体而言，美国专利商标局对于创造性的判断方法，首先是通过Graham标准进行创造性的事实调查，再综合使用TSM规则和KSR理由进行显而易见性的判断。

二、创造性的事实调查

MPEP第2141章中规定：在评价专利的显而易见性时应通过Graham标准进行事实调查。Graham标准首先要求确定现有技术的范围和内容，这与中国专利审查实践中创造性评价的“三步法”的第一步确定最接近的现有技术类似，其次，Graham标准要求确定现有技术与发明的区别，并要明确相应领域技术人员的技术水平，对应于“三步法”第二步确定发明的区别技术特征和发明实际要解决的技术问题。

（一）确定现有技术的范围和内容

要确定现有技术的范围和内容，首先需要明确现有技术的定义是什么。

美国《专利法》第102条定义了适用于新颖性和创造性判断的现有技术包括：“（1）在所请求保护的发明的有效申请日之前，该请求保护的发明已经被授予专利权，或已经记载在公开出版物中，或被公开使用、销售，或以其他方式为公众所公知；（2）该请求保护的发明已经记载在根据本法第151条所颁布的专利中，或者记载在根据本法第122（b）条公开或视为公开的专利申请中，其中，所述的专利或专利申请可以是其他发明人的，并在所请求保护的发明的有效申请日之前被有效提交。”① 可见美国《专利法》第102条定义的现有技术是对时间和载体进行了限定，同时这也是在非显而易见性判断中的确实与请求保护的发明相类似的现有技术的判断标准。

1. 类似的现有技术——相同的技术领域

MPEP第2141章中规定了在确定现有技术的范围和内容时，审查员必须通过阅读说明书，包括权利要求书，首先对正在审查的申请中公开和请求保护的发明有全面的了解，以了解申请人发明了什么。同时，发明的类似技术首先要满足以下条件之一：（a）该文献来自与所请求保护的发明相同的技术领域（即

① （1）the claimed invention was patented，described in a printed publication，or in public use，on sale，or otherwise available to the public before the effective filing date of the claimed invention；or（2）the claimed invention was described in a patent issued under section 151，or in an application for patent published or deemed published under section 122（b），in which the patent or application，as the case may be，names another inventor and was effectively filed before the effective filing date of the claimed invention.

使它解决了一个不同的问题）；或者（b）该参考文献与发明人所面临的问题合理相关（即使它与所请求保护的发明不在同一技术领域）。

在考虑相同的技术领域时，结构和功能上的差异性和相似性是重要的考虑因素，如果参考文献和发明存在明显的结构相似性和功能重叠性，则参考文献所属的技术领域与发明所涉及的技术领域属于相同的技术领域，这在机械领域的类似现有技术的判断中尤其常见。以下通过一个案例[①]来说明创造性评价时，应当如何考量什么是相同技术领域的类似现有技术。

申请人 Bigio 于 1999 年申请了一项关于毛刷的发明专利，被审查员以不具备创造性为由驳回，并经 PTAB 维持驳回后，Bigio 提起了上诉。Bigio 的专利申请的权利要求 1 如下：

1. 一种毛刷，包括：一种细长件，其在公共轴向中心线上具有手柄段和刷毛基体段，所述刷毛基体为沙漏形芯段，该沙漏形芯段沿纵向平滑弯曲延伸形成逐渐径向变小的中心区域和逐渐径向变大的端部区域，所述刷毛基体承载多个毛刷刷毛，所述毛刷刷毛形成多个刷毛束，刷毛束在所述刷毛基体上沿轴向对齐和径向分布成线性刷毛排，在各自的线性行中的每个刷毛束沿所述刷毛基体轴向隔开，并相对于所述轴向中心线基本上径向延伸，形成用于头发的沙漏形毛刷。

在该案的复审过程中，PTAB 将“毛刷”一词解释为“不仅包括可用于头皮上人类毛发的刷子，还包括可用于动物身体其他部位毛发（诸如人类面部毛发、人类眉毛毛发或宠物毛发）的刷子”。权利要求书正文中“毛刷”前面的“头发”一词并不仅仅局限于头皮毛发刷子，“头发”一词的意思是，要求保护的发明涉及刷某种头发。然而，该权利要求并未具体说明或限制该权利要求适用于任何特定种类的头发。

图 4－2－1 为审查员采用的三篇对比文件的附图，三篇对比文件均是牙刷，审查员和 PTAB 均认定牙刷与毛刷属于相近的技术领域，因此构成类似的现有技术。

本案的争议焦点在于，评价创造性时，牙刷是否能够作为毛刷的类似的现有技术。美国联邦巡回上诉法院认为，在审查“毛刷”一词时，PTAB 拒绝用说明书中所描述的用于头发的毛刷来限定权利要求中的毛刷是合理的，因为权利要求中没有用更狭义的词语明确否认更广泛的定义，术语“毛刷”本身并不特指梳理头发的种类。“毛刷”也可以理解为不仅包括头发用的毛刷，也包括面部用的毛刷、身体用的毛刷。

---

① In re Bigio，381F. 3d 1320，1325，72 USPQ2d 1209，1212（Fed. Cir. 2004）.

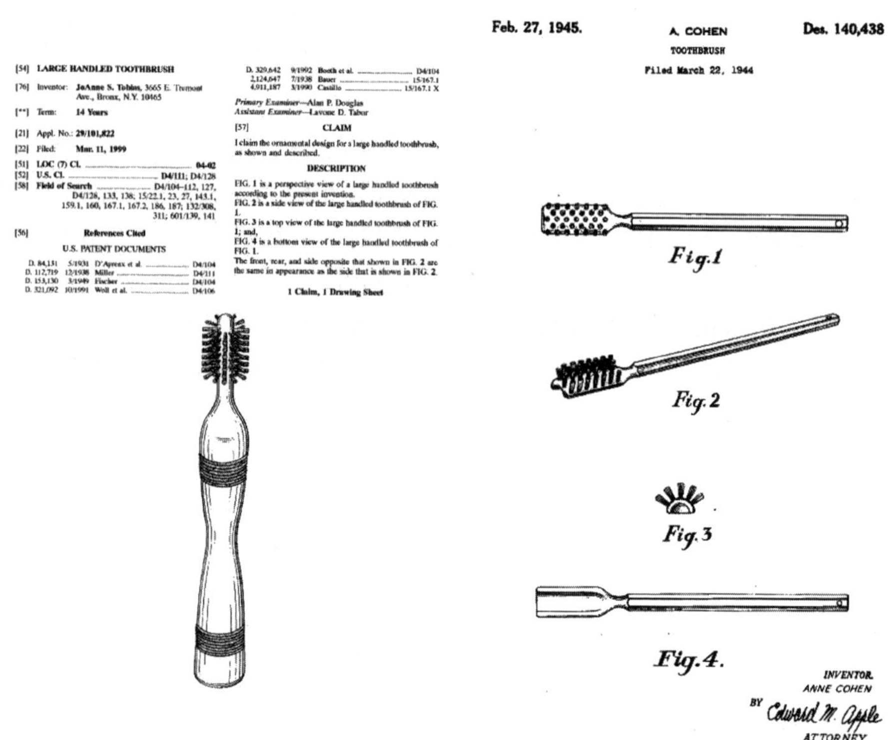

[54] LARGE HANDLED TOOTHBRUSH

[76] Inventor: JoAnne S. Tobias, 3665 E. Tremont Ave., Bronx, N.Y. 10465

[**] Term: 14 Years

[21] Appl. No.: 29/101,822

[22] Filed: Mar. 11, 1999

[51] LOC (7) Cl. 04-02
[52] U.S. Cl. D4/111; D4/128
[58] Field of Search D4/104–112, 127, D4/128, 133, 138; 15/22.1, 23, 27, 143.1, 159.1, 160, 167.1, 167.2, 186, 187; 132/308, 311; 601/139, 141

[56] References Cited

U.S. PATENT DOCUMENTS

D. 84,131	5/1931	D'Apreax et al.	D4/104
D. 112,719	12/1938	Miller	D4/111
D. 153,130	3/1949	Fischer	D4/104
D. 321,092	10/1991	Woll et al.	D4/106
D. 329,642	9/1992	Booth et al.	D4/104
2,124,647	7/1938	Bauer	15/167.1
4,911,187	3/1990	Castillo	15/167.1 X

Primary Examiner—Alan P. Douglas
Assistant Examiner—Lavone D. Tabor

[57] CLAIM

I claim the ornamental design for a large handled toothbrush, as shown and described.

DESCRIPTION

FIG. 1 is a perspective view of a large handled toothbrush according to the present invention.
FIG. 2 is a side view of the large handled toothbrush of FIG. 1.
FIG. 3 is a top view of the large handled toothbrush of FIG. 1; and,
FIG. 4 is a bottom view of the large handled toothbrush of FIG. 1.
The front, rear, and side opposite that shown in FIG. 2 are the same in appearance as the side that is shown in FIG. 2.

1 Claim, 1 Drawing Sheet

图 4-2-1　毛刷案例对比文件附图

根据类似现有技术的条件：(a) 无论所解决的问题是什么，该技术是否来自同一领域；(b) 如果对比文件不在发明人所从事的技术领域内，该对比文件是否仍然合理地与发明人所涉及的特定问题相关。根据以上条件，PTAB 认为 Bigio 的发明涉及手持式刷子领域，手持式刷子具有手柄段和刷毛基片段，对比文件 1 属于与该专利申请相同的技术领域。

类似的现有技术判断要求审查员通过参考专利申请中对发明主题的解释，包括要求保护的发明的实施例、功能和结构，来确定适当的技术领域，将技术领域限定在发明背景明确规定的范围内，确定引用的对比文件属于同一领域，它们需要具有基本相同的功能和结构。基于两者是否“具有基本相同的功能和结构”来确定引用的对比文件属于同一领域。具体到本案，首先牙刷和小刷子之间的结构具有明显的相似性，这将导致在头发刷领域中的普通技术人员能够考虑所有类似的刷子，包括牙刷；其次根据对比文件 1 中描述的刷毛段的大小和刷毛束的排列，对于本领域的普通技术人员来说，对比文件 1 的牙刷可以很容易地用于刷头发。因此，对比文件 1 的牙刷与本申请属于相同的技术领域。

综上所述，牙刷的现有技术与 Bigio 的毛刷发明类似，差别仅仅是尺寸的变化和材料的替代，在将牙刷的结构用于头发刷时，进行相应的尺寸和材料改进是显而易见的，因此美国联邦巡回上诉法院支持了 PTAB 的决定。

是否属于类似的现有技术，需要证明对比文件在申请人所从事的技术领域内，美国专利商标局在确定现有技术领域时，强调结构和功能上的相同/相似，只要在申请文件的记载中存在明确的限制或扩大技术领域范围的证据，就说明技术领域判断是客观可行的。技术领域的评估并不是主观判断，审查员必须在申请及其保护的发明中给出限制或扩大技术领域的范围的依据，即考虑环境的真实性，考虑申请的环境，并权衡这些情况可能是普通技术人员从事的技术领域范围。因此在技术领域的判断中，需要考虑普通技术人员的公知常识，也需要考虑申请和要求保护的发明的性质。

我国《专利审查指南 2023》在有关最接近的现有技术的规定部分指出，最接近的现有技术，例如可以是，与要求保护的发明技术领域相同，所要解决的技术问题、技术效果或者用途最接近和/或公开了发明的技术特征最多的现有技术，或者虽然与要求保护的发明技术领域不同，但能够实现发明的功能，并且公开发明的技术特征最多的现有技术。应当注意的是，在确定最接近的现有技术时，应首先考虑技术领域相同或者相近的现有技术，其中，要优先考虑与发明要解决的技术问题相关联的现有技术[①]。从中可以发现，我国《专利审查指南》中在评价创造性时没有类似的现有技术这一概念，更多使用领域相同/相近的现有技术，至于如何判断领域相同或相近，审查实践中更多地考虑本领域技术人员是否有动机选择相关领域，在判断毛发刷和牙刷是否为相同的技术领域时，笔者认为我国审查员基本不会使用牙刷来作为毛发刷的最接近现有技术。显然，美国专利商标局在现有技术的选取上，选取范围更加广泛，只要结构和功能足够相似，就可以认定为类似的现有技术。

2. 类似的现有技术——问题合理相关

在确定了类似的现有技术与申请的技术领域不同之后，接下来我们将面临获取类似的现有技术时应当考量的第二个问题：该参考文献与发明人所面临的问题合理相关（即使它与所请求保护的发明不在同一技术领域）。如何考虑与发明人面临的问题是否合理相关，就是要合乎逻辑地判断发明人在考虑其技术问题时，参考文献是否能够引起发明人的注意，这里不能简单地得出技术问题，以及判断技术问题是否相同，需要重点考虑“合乎逻辑”“引起注意”。

在另一件美国联邦巡回上诉法院的判例[②]中，发明人 Klein 申请了一种方便

① 《专利审查指南 2023》第二部分第四章第 3.2.1.1 节。

② In re Klein, 647 F.3d 1343, 98 USPQ2d 1991 (Fed. Cir. 2011).

花蜜混合和储存的装置，用于为某些鸟类和蝴蝶饲养者制备糖水花蜜。如图4-2-2所示，该装置有一系列轨道15、16和17，当与分隔件21接合时，允许在装置内的不同位置创建两个隔间，用于分离糖和水。当导轨处于不同的位置15~17时，可以使得该装置分别能够盛装不同体积比例的糖和水，从而得到不同糖水混合比的糖水花蜜用以喂养不同的鸟类或蝴蝶。一旦各隔间被糖和水填充到同一水平面，则移除分隔件，允许糖和水混合并搅拌。说明书并未强调糖水比是新颖的，只是提到这些比例目前被认为在糖含量方面与鸟类和蝴蝶的天然花蜜食物来源相当。

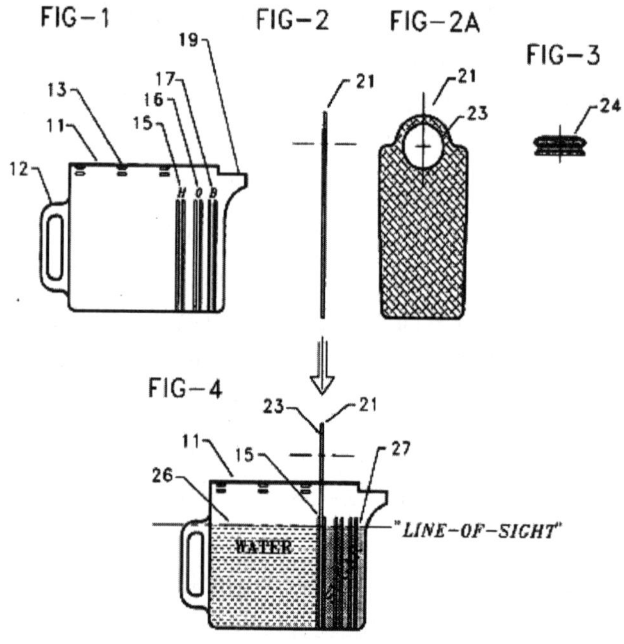

图4-2-2　方便花蜜混合和储存的装置

涉案权利要求如下：

21. 一种方便的花蜜混合装置，用于制备用于喂养蜂鸟、黄鹂或蝴蝶的糖水花蜜，所述装置包括：

适于接收水的容器，固定在所述容器上的接收装置，以及由所述接收装置可移动地保持的分隔件，用于在所述容器内形成隔室，其中所述隔室的体积按比例小于所述容器的体积，所述体积为蜂鸟、金莺或蝴蝶糖水花蜜的配制所确定的比例，其中所述隔室适于接收糖，并且其中从所述接收装置移除所述分隔件允许所述糖和水发生混合以提供所述糖水花蜜。

PTAB 基于 5 份现有技术分别指出该权利要求不具备创造性而对涉案专利申请进行了驳回。其中对比文件 1 公开了一种记账设备，该设备包括插座，例如插座 1 和插座 2（如图 4－2－3 虚线所示），并具有一系列垂直槽 11，适合于接收可拆卸的隔板 12，每一个隔板上都有一个手孔 10，用于帮助从抽屉中取出插座。

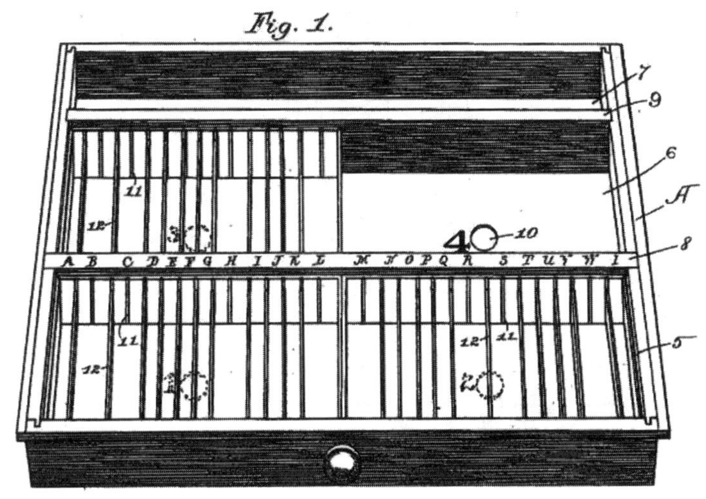

图 4－2－3　对比文件 1 附图

对比文件 2 公开了一种工具托盘，该托盘具有易于移动的分隔板 8，并且适合容纳相对较小的物品，例如钻头、铰刀等，或螺栓、螺母等硬件用品。如图 4－2－4 所示，分隔板 8 的底部高出托盘底部，即分隔板底部留有一定的空隙。

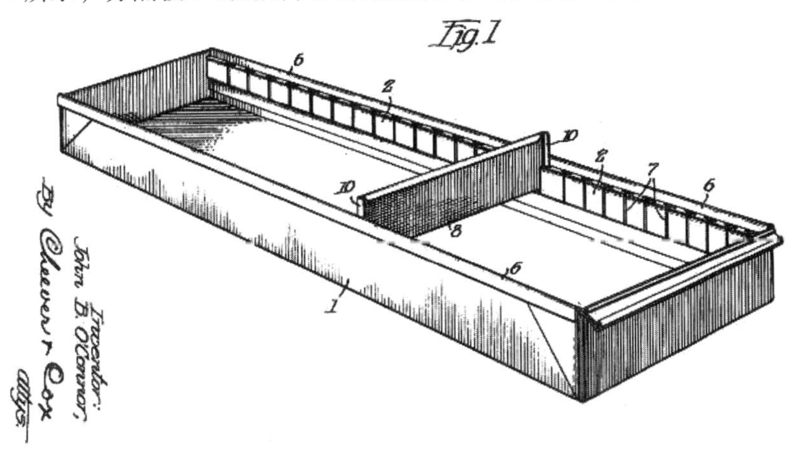

图 4－2－4　对比文件 2 附图

对比文件3公开了一种带可拆卸隔板的塑料橱柜抽屉，用于容纳各种类型的小物品，隔板9用于将抽屉分成两个或多个大小不同的隔间，并采用摩擦方式将隔板固定在抽屉内的不同位置。如图4-2-5所示，隔板9的下边缘有一个小切口。

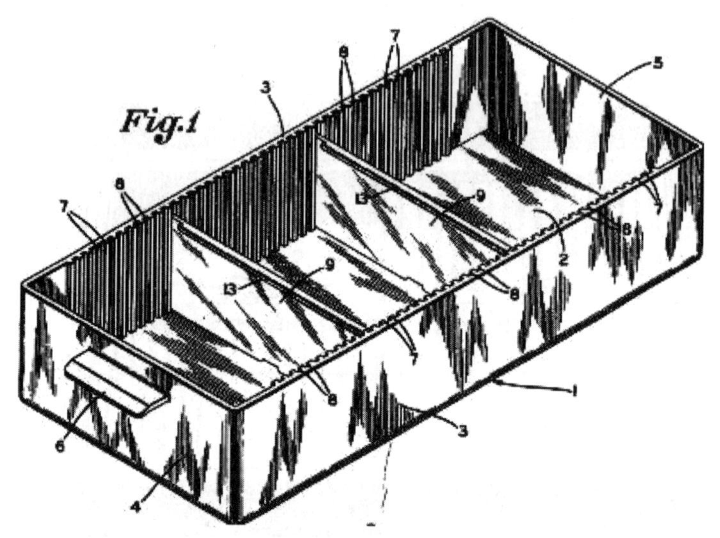

图4-2-5　对比文件3附图

对比文件4公开了一种血浆瓶，其具有一个干燥血浆室30和一个水室28，两个室之间通过壁24隔开，当要使用血浆时，拔下带有塞子的盖子36，摇动瓶子溶解血浆。如图4-2-6左图所示，壁24的位置是固定的，因此不能移动壁24来调整下部隔室30或上部隔室28的相对尺寸。

对比文件5公开了一种具有两个隔室的液体容器，用于容纳两种不同类型的液体，这些液体可以在需要时快速、彻底地混合在一起，无须打开容器外部。如图4-2-6右图所示，隔间24和26由分隔区28隔开，分隔区28具有中央开口32，限定了一个环形阀座34，该阀座可与阀件36啮合，以根据需要打开和关闭分隔区。可以看出，分隔区28的位置也是固定的，无法调整。

PTAB认为，上述5份现有技术均分别教导了一种装置，该装置带有一个容器，容器上有一个可移动的分隔器，由一个接收装置固定，如槽或螺纹，可用于按特定比例分隔配料，其与涉案权利要求的区别仅在于装置所盛装的配料不同。PTAB还认为，上述5份现有技术与Klein提出的问题“制造一个带有可移动分隔器的蜜汁喂食器，为不同的动物准备不同比例的糖和水”合理相关，属于类似的现有技术。运输过程中保持内装物分离的技术问题并非仅限于花蜜

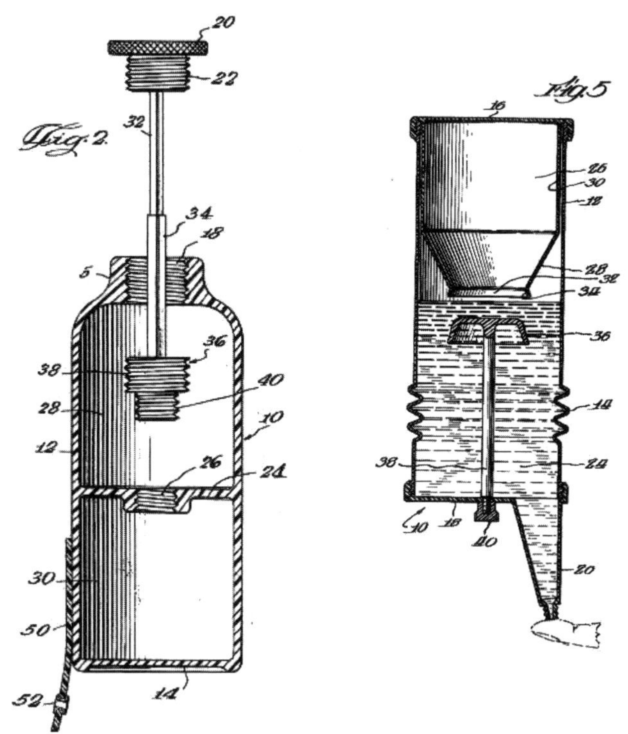

图 4-2-6　对比文件 4 和对比文件 5 附图

混合和储存设备，而且以上现有技术中带有可调节可移动分隔器的容器的任何结构设计都不仅局限在特定的应用领域中，本领域技术人员可以很容易查阅这些参考资料，从而发现其中采用的通用解决方案，并把它应用到其他的特殊应用中，本领域技术人员进行上述应用场景的变换只需要普通的技能。

然而，美国联邦巡回上诉法院否认了上诉委员会的意见，法院认为，对比文件 1～3 的目的都是分离固体，当一个发明家试图解决“用一个可移动的分配器来制作喂食不同动物的糖和水的比例的花蜜喂食器”的问题时，不会有动机去考虑这些参考文献。原因在于，对比文件 1 中的手孔 10，对比文件 2 中的分隔器 8 不与托盘的底部齐平，对比文件 3 中的分隔器 9 的下边缘的凹口，这三个参考文献的容器均不适合于盛装水或容纳水足够长的时间，以便能够在不同的隔间中制备不同比例的混合溶液。由于其使用的目的不同，发明人不会有动机考虑它们。另外，虽然对比文件 4 和 5 是用于配置混合溶液容器，但不涉及多重比率，也没有可移动的隔板。同样，当一位发明家试图解决“制造一个带有可移动分隔器的蜜汁喂食器，为不同的动物准备不同比例的糖和水”的技术问题时，由于对比文件 4 和 5 都没有公开可移动的分隔器或制备不同比率混合溶液的技术手段，所以没有动机去考虑这些参考文献中的任何一个。

在是否属于类似现有技术的判断中，美国专利商标局采用了两个测试方法，一是看是否在同一领域，如果是同一领域，则认定为类似现有技术，无须进一步考虑第二个测试方法，如果不在同一领域，则需要判断是否合理相关的问题。参考文献是否合理相关，往往取决于如何看待要解决的问题，如果以狭窄的或受限制的方式看待要解决的问题，且这种视角与说明书不一致，则可获得的现有技术的范围就可能受到不适当的限制，这时审查员必须要解释，现有技术与所确定问题相关的原因。中国专利审查实践中在选择最接近现有技术时，也会考虑相近或相似的领域，在选择可结合的对比文件时需要考虑解决的技术问题是否相同，在确定技术问题是否相同时，同样需要避免认定技术问题的主观性。

从 Klein 判例中可以发现，PTAB 与美国联邦巡回上诉法院在进行对比文件 1～5 是否合理相关的判断时，确定的技术问题相同，都是“制造一个带有可移动分隔器的蜜汁喂食器，为不同的动物准备不同比例的糖和水”，但得出的结论却不尽相同，主要是因为对问题合理相关的侧重点不同，PTAB 侧重于保持事物分隔，法院则侧重于不同比率。另外，这些记账设备、工具托盘、橱柜抽屉、血浆瓶显然和蜜汁喂食器在技术领域上相差甚远，在中国专利审查实践中，一般会将其排除在相近领域外，创造性评述中不会考虑将其作为最接近的现有技术，但在美国专利商标局的类似现有技术中并不明显排除在外，还需要考虑问题合理相关性，虽然本案中法院最终判断对比文件 1～5 为非类似现有技术，但是理由并非领域不同，而是技术问题不存在合理相关性。

（二）确定所请求保护的发明与现有技术之间的差异

在完成确定现有技术的范围和内容之后，接下来我们需要确定所请求保护的发明与现有技术之间的差异，在确定上述差异时，首先要明确如何理解权利要求的保护范围，这一过程既要求合理解释权利要求，又要求将本发明和现有技术参考文献作为一个整体来考虑。

1. 权利要求范围解释原则

MPEP 第 2111 章中规定，权利要求必须按照说明书给予最宽合理解释，确定专利申请中权利要求的范围，不仅以权利要求的语言文字为基础，而且要根据本领域技术人员对说明书的解读给出最宽合理解释。但是最宽合理解释不等同于最宽泛的可能解释，权利要求术语的含义必须与该术语的普通惯用含义一致，除非该术语在说明书中给出了特殊的定义，并且权利要求术语的使用必须与说明书和附图一致，对权利要求的最宽合理解释必须与本领域技术人员能够接触的解释一致。

解释权利要求按照以下流程进行，首先确定权利要求是否对本领域普通技术人员而言具有通常含义，同时注意说明书中是否有该术语的特殊定义，如果说明书中没有特殊定义，使用通常含义，如果有特殊定义，则使用特殊定义。如果权利要求术语不具有通常含义，考虑说明书和现有技术后也没有合理明确含义，则对权利要求术语进行最宽合理解释。

以下通过一个案例说明在创造性的判断过程中，如果说明书中对于权利要求中某一技术术语有特殊定义，且与本领域的通常含义不一致时，应当如何对其进行合理解释①。申请人 Abbott Diabetes Care 公司（下称 Abbott）的两项专利被 PTAB 以不具备创造性为由驳回，Abbott 不服，向美国联邦巡回上诉法院提出上诉。

Abbott 的两项专利均涉及用于体内监测分析物例如葡萄糖或乳酸的装置，其在背景中记载了：现有技术中的血糖监测设备包括放置在患者皮肤上或附近的传感器引导件，并且可以附接到患者以将传感器保持在适当位置。这些传感器导轨通常体积庞大并且不允许自由移动。此外，传感器导轨或传感器包括用于将传感器连接到其他设备以将信号从传感器引导到分析仪的电缆或电线。传感器导轨的尺寸以及电缆和电线的存在阻碍了这些设备在日常应用中的方便使用。因此需要一种小型、紧凑的设备，该设备可以操作传感器并向分析仪提供信号，而基本上不会限制患者的运动和活动。

涉案的两项专利的权利要求 1 分别为：

1. 一种传感器控制单元，包括：外壳，适于放置在皮肤上，并且适于接收电化学传感器的一部分，该传感器延伸出皮肤，具有多个接触垫；多个导电触点，设置在所述外壳上，并配置为耦合到所述电化学传感器上的多个接触垫；以及射频发射器，其设置在所述壳体中并耦合到所述多个导电触点，用于传输使用所述电化学传感器获得的数据。

以及：

1. 一种用于监测分析物的传感器组件，所述传感器组件包括：柔性经皮电化学传感器，所述传感器包括不可滤的分析物响应酶，所述传感器具有限定所述传感器长度的远端和近端，使得当经皮定位时，传感器的一部分位于皮肤上方；以及传感器控制单元，适于放置在皮肤上并且适于接收经皮电化学传感器的近端的一部分，所述传感器控制单元包括射频发射器，所述射频发射器被配

① In re Abbott Diabetes Care Inc., 696 F. 3d 1142 (2012).

置和布置成间歇地和重复地传输与所述电化学传感器产生的依赖于分析物的信号相关的数据，其中，当传感器控制单元放置在皮肤上并且接收经皮定位的传感器的近端时，传感器在皮肤上方的部分相对于传感器控制单元的位置保持在基本固定的位置。

PTAB 在驳回中引用的现有技术证据中，电化学传感器正好包含了导线，但 PTAB 认为，虽然 Abbott 专利中的说明书批评了现有技术的外部电缆和电线，且说明书中的任何实施例都不包括连接到传感器控制单元的外部电缆或电线，但权利要求中并没有明确地限定电化学传感器是否具有电缆或电线，这意味着，权利要求所要求保护的电化学传感器包括了现有技术中具有电缆或电线的电化学传感器。

美国联邦巡回上诉法院在判决中认为 PTAB 对“电化学传感器”的解释是不合理的，在两项专利的权利要求书中均记载了以下特征：电化学传感器具有耦合到导电触点的接触垫，或者控制单元接收经皮电化学传感器的近端，这些特征本身隐含了电化学传感器不包括电缆或电线的连接。同时这一隐含公开内容得到了说明书的印证，首先，发明的主要目的是克服现有技术传感器的外部电缆和电线带来的缺陷，从而提供一种小型、紧凑的装置，可以操作传感器并向分析仪提供信号，而不会严重限制患者的运动和活动。其次，在说明书的所有实施例中公开的都是没有外部电缆或电线的电化学传感器。整个专利文件都反复、一致、排他地描述了一种没有外部电缆或电线的电化学传感器，没有任何记载表明甚至暗示电化学传感器包括外部电缆或电线，此时无需权利要求明确记载也可以确定发明的电化学传感器没有外部电缆和电线。

此外，美国联邦巡回上诉法院还指出应根据本领域技术人员对说明书的解读对权利要求作出与说明书一致的解释，即使权利要求中没有以明确定义的方式进行记载，只要其含义可以在专利文件中找到或通过阅读专利文件来确定，说明书也可以隐含地定义权利要求术语。在最广泛合理的解释下，“电化学传感器”应被解释为没有外部连接电缆或电线连接的电化学传感器。

从该案的判决过程可以看出，美国专利商标局在对权利要求进行解释时，无论权利要求术语是否存在通常含义，只要说明书中有特殊定义，均倾向采用特殊定义进行解释，对权利要求中是否需要对特殊定义进行明确限定要求并不严格。与此相应地，我国《专利法》第 64 条第 1 款规定：“发明或者实用新型专利权的保护范围以其权利要求的内容为准，说明书及附图可以用于解释权利要求的内容。”同时，我国《专利审查指南 2023》中规定，一般情况下，权利要求的用词应当理解为相关技术领域通常具有的含义。在特定情况下，如果说明书中指明了某词具有特定的含义，并使用了该词的权利要求的保护范围由于说明书中对该词的说明而被限定得足够清楚，这种情况也是允许的。但此时也应要求申请人尽可能修改权利要求，使得根据权利要求的表述即可明确其含义①。

因此，如果权利要求中术语有本领域的通常含义，在中国专利审查实践中会按照通常含义进行解释，如果申请人希望按照说明书中的特定含义进行解释，则要求尽可能地修改权利要求以进行明确限定。就上述案件而言，笔者认为，中国专利局的审查员在理解权利要求中的电化学传感器是否包括电缆或电线时，会从现有技术中电化学传感器通常具有电缆或电线的角度进行解释，在权利要求其他特征例如耦合或接收是否能够表明两者之间不包括电缆或电线的问题上会更加慎重，比如耦合这个词的含义是指输入输出之间存在紧密配合，认定为两者之间不包括电缆或电线存在合理性，但是接收这个词相对比较模糊，并未明显排除两者之间不包括电缆或电线的方案，通常审查员会加以质疑，由申请人进行澄清或修改，以确保权利要求的保护边界清晰。

2. 将发明作为一个整体考虑

在判断请求保护的发明与现有技术之间的差异时，需要注意不是判断该差异本身是否显而易见，而是要将请求保护的发明作为一个整体来判断是否显而易见。判断的要点包括：不能分离地、孤立地看待区别技术特征，不能只考虑发明构思而不考虑全部技术特征，需要考虑文字所表述的主题的固有属性，需要考虑问题的发现是否会导致发明非显而易见。以下通过一个案例②来说明在判断非显而易见性时，将发明作为一个整体来考量的要点。

申请人 Wiseman 申请了一种用于飞机的盘式制动器组件，其中有一叠交替的旋转制动盘和固定制动盘，每个制动盘在其表面上设置有多个凹槽，用于排出制动过程中由于摩擦热作用于制动盘上的湿气而产生的蒸汽，从而减少因蒸汽导致的制动器性能衰退。涉案的独立权利要求 1 为：

1. 一种盘式制动器，具有一叠交替设置的旋转盘和固定盘，盘上具有扭矩传递凹口，凹口延伸穿过承载在背板和压板之间的盘的整个宽度，所述盘在地球大气中工作，包括：每个环形盘在其整个宽度上具有基本上均匀的厚度，并且由能够吸收水的碳基材料形成，并且具有延伸穿过盘的至少一个摩擦面的多个凹槽，每个凹槽在盘的内周边和外周边之间延伸整个距离，以从相邻盘之间传递

① 《专利审查指南 2023》第二部分第二章第 3.2.2 节。

② In re Wiseman，596 F. 2d 1019，201 USPQ 658（CCPA 1979）.

由制动动作期间的加热引起的从盘材料散发的水蒸气和汽化气体，这些凹槽围绕盘以一定的间隔定位，至少交替的盘中的每个凹槽从盘以大角度延伸其半径。

PTAB 根据对比文件 1 和 2 驳回了该权利要求。

其中对比文件 1 公开了一种盘式制动器组件，其具有由碳复合材料形成的堆叠盘。制动器的结构基本上类似于要求保护的发明的结构，但未公开盘面上的凹槽。还公开了制动器在需要低重量和高性能的飞机应用中特别有用。

对比文件 2 公开了一种汽车制动组件，其中制动构件的摩擦面设有一系列凹槽，用于冷却制动构件的摩擦面和排出制动衬片消耗产生的灰尘。还公开了鼓式、蹄式、盘式和垫式制动器的替代实施例。

申请人认为：一是本领域技术人员没有理由在对比文件 1 的制动器中设置凹槽，因为没有必要冷却由碳制成的制动器。二是碳制动器不会产生灰尘，而对比文件 2 在制动器上设置凹槽的原因是为了排除灰尘，因此没有动机将两者结合起来。且本申请首次发现了碳制动器性能衰退的原因是制动过程中摩擦产生的热量蒸发了多孔碳制动器中的水分，从而产生蒸汽，造成压力增加，制动器性能衰退，因此具有创造性。

而美国联邦巡回上诉法院认为，制动器过热不是其性能衰退的唯一原因，在制动过程中由于制动表面之间的摩擦衬片互相接触摩擦形成的灰尘颗粒会在制动表面之间滚动，从而导致制动器性能衰退，因此，即使摩擦衬片没有过热，这些灰尘颗粒的去除也为制动器领域的普通技术人员提供了足够的建议，将对比文件 2 的凹槽应用到对比文件 1 的制动器中，以避免制动器性能衰退。在对比文件 1 的基础上，制动器领域的普通技术人员在寻找解决制动器性能衰退问题的方法时，会发现对比文件 2 的大量建议，即通过在碳盘式制动构件的摩擦表面上设置凹槽来改进对比文件 1 的结构以解决该技术问题。

美国联邦巡回上诉法院还指出，在先判例中确实存在“phair 原则”①：发明可能存在于发现现有装置或生产工艺中的缺陷的原因，并为此采取的补救措施中，即使一旦知道原因后采取的补救措施是显而易见的。“phair 原则”指出的是发现问题产生的原因本身可能是一个创造性的过程，但在本案中，申请文件中仅记载了：“当制动盘组件中有水时，制动扭矩会显著降低。这种下降是由于相对的制动盘之间的蒸汽积聚造成摩擦系数损失的结果。”申请文件中的第一句，“当制动盘组件中有水时，制动扭矩会显著降低”，这是一个众所周知的现象。第二句，“这种下降是由于相对的制动盘之间的蒸汽积聚造成摩擦系数损失

① Ex parte Phair，1USPQ 133，134（Bd. App. 1929）.

的结果”，申请文件中只陈述了该事实，没有指出是谁发现了这个事实。说明书没有说申请人发现了它，申请文件中必须有一些书面陈述或声明形式的记录证据，或至少在说明书中有一个清楚而有说服力的断言，即支持专利性所依赖的事实是专利申请人的发现。因此，本案中“phair 原则”并不适用。

中国专利审查实践中，将发明作为一个整体看待也是创造性审查的原则之一，要求审查员不仅要考虑发明的技术方案本身，而且还要考虑发明所属技术领域、所要解决的技术问题和所产生的技术效果，在审查步骤中主要体现在创造性“三步法”的第二步确定发明的区别特征和发明实际解决的技术问题，要求应整体上考虑所述技术特征和它们之间的关系在要求保护的发明中所达到的技术效果，要避免割裂地认定区别技术特征，要避免错误认定实际要解决的技术问题，都需要考虑将发明作为一个整体。

美国专利商标局在将发明作为一个整体考虑时，要求更加具体。一是如果申请人认为其是首次发现某技术问题而具备创造性时，要求在申请文件中提供确凿的证据来证明申请人发现该问题根源的事实，例如在本案中，法院最终认定在发明的申请文件和案件记录中均没有记载发现问题根源的证据，说明书中虽然记载了相关的问题，但未表明是谁发现了这一问题，因此发明不能因为首先发现某一技术问题而具备创造性。中国专利局在首次发现技术问题的审查中，一般仅审查其技术问题是否合乎逻辑，以及根据本领域技术人员的判断确定本领域是否未曾发现过该技术问题，一般不要求发明人在说明书中明确记载首次发现技术问题的证据。

二是在美国专利商标局的创造性结合启示判断中，在另一篇现有技术中公开的技术特征与发明所要解决的技术问题相同并不是唯一的可结合理由。在本案中，法院最终认定，除了像本申请一样因为制动器过热产生蒸汽导致性能衰退外，还可能像对比文件 2 那样因为灰尘的存在导致性能衰退，因此对比文件 2 同样给出了将去除灰尘的凹槽应用到对比文件 1 中的技术启示，当用凹槽改进对比文件 1 时，必然会获得与本发明要求保护的技术方案相同的结构。中国专利审查实践中，对技术问题是否相同而导致是否存在结合启示的判断相对较为严格，因此笔者认为中国专利局的审查员在面对对比文件 2 时会更加谨慎，尤其是当申请人争辩碳制动器不产生灰尘从而无法结合对比文件 2 时，更有可能的情况下是会通过检索核实碳制动器是否会产生灰尘，在此基础上再进行创造性结合启示的判断。

3. 将现有技术作为一个整体考虑

除了将发明作为一个整体考虑，美国专利商标局还要求在判断创造性时，必须完整考虑现有技术参考文献，即将现有技术也作为一个整体考虑，包括现有技术中记载的远离发明的内容。以下通过一个案例①说明在评判创造性时将现有技术作为整体考虑的要点。

申请人 Allied 公司的一项专利申请涉及一种多工具连接系统，用于将重型机械工具可拆卸地连接到通用主体上，如图 4－2－7 所示，该通用主体可以连接多类工具，例如重型金属切割剪、抓斗和混凝土破碎机。发明目的是提供一种多工具连接系统，该系统易于在多种不同的工具之间转换。

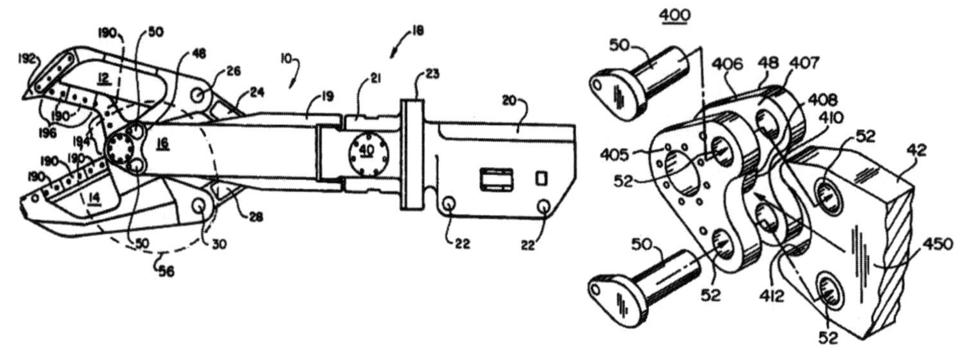

图 4－2－7　多工具连接系统附图

涉及的权利要求为：

1. 一种适用于连接到带液压刀片的主体接收部的工具组件，所述组件包括：

一对可移动刀片 12、14，围绕主枢转销 16 一起枢转；

包围主枢转销的桥接壳体 48，其中桥接壳体与移动刀片分离；

其中刀片可相对于桥接壳体移动；

其中桥接壳体 48 适于可拆卸地连接到接收部，并且该对可移动刀片 12、14 适于可拆卸地连接到至少一个液压缸，使得工具组件可以从主体 18 移除或连接到主体，而不需要将主枢转销 16 从刀片 12、14 脱离或接合，从而提供用于将工具组连接到主体的快速释放系统；

和其中桥接壳体 48 具有孔 52，该孔适于通过可移除的保持销 50 与接收部的匹配孔配合，以将桥接壳体 48 固定到接收部。

PTAB 根据对比文件 1 和 2 驳回了该权利要求。

其中对比文件 1 公开了一种系统，其中钳夹可以作为一个单元以简单的方

① Allied Erecting v. Genesis Attachments, 825 F. 3d 1373, 1381, 119USPQ2d 1132, 1138 (Fed. Cir. 2016).

式进行更换。如图 4－2－8 所示，第一钳夹 13 通过两个销 19、20 连接到壳体上，并且在操作过程中不会相对于壳体移动。第二钳夹 14 一方面通过旋转轴承 15 连接到第一钳夹 13，另一方面由驱动装置保持，该驱动装置可以是安装在壳体上的液压缸 16，实现钳夹套件的快速更换功能。

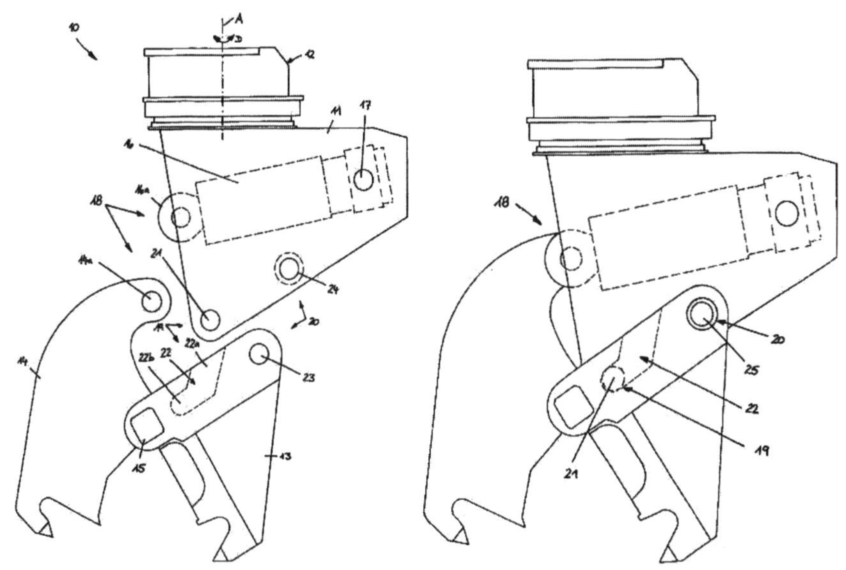

图 4－2－8　对比文件 1 附图

对比文件 2 公开了一种铲斗附接件，如图 4－2－9 所示，附接件包括铲斗本体 1 和副铲斗 2，两个铲斗都通过主销 5 枢转地连接到臂 11 的远端，液压缸可以使两个铲斗旋转。在铲斗本体和副铲斗之间提供气缸致动器，两个铲斗部件可以相对于彼此可操作地移动。

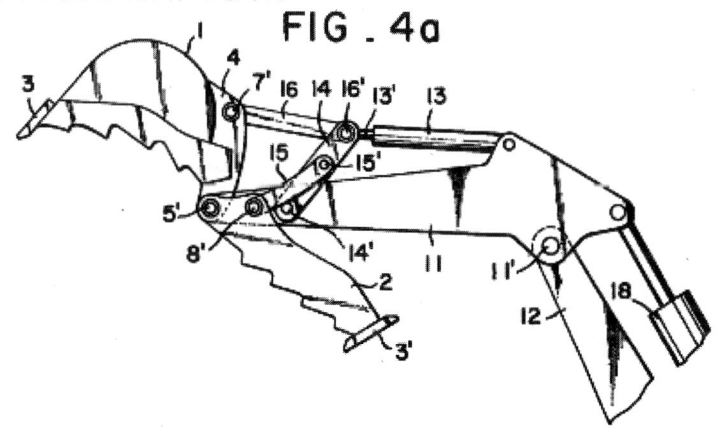

图 4－2－9　对比文件 2 附图

可以发现，对比文件 1 中的钳夹可快速更换，对比文件 2 中的铲斗可以移动，因此本领域技术人员是否可以从对比文件2 中获得技术启示，将对比文件1 进行改造，使其同时具备快速更换和可移动这两种功能？

申请人 Allied 认为：首先，如果将对比文件2 结合到对比文件1，将从根本上重新设计对比文件 1，改变其运作原理，从而导致设备无法运行；其次，对比文件1 中指出了两个液压缸的缺点，而对比文件 2 正需要两个液压缸，因此，对比文件 1 教导远离对比文件 2，没有结合动机。

PTAB 认为：首先，对于本领域的普通技术人员来说，根据对比文件 2 给出的两个抓取构件的铰接和大范围的枢转运动的技术启示来修改对比文件 1 是显而易见的，本领域技术人员在修改对比文件 1 时，可以使第一钳夹 13 也像第二钳夹 14 一样绕旋转轴承 15 枢转，同时还保持安装和拆卸结构，从而钳夹可以像之前那样以简单的方式拆卸。其次，本领域公知的带有钳口的工具，要么其中一个钳夹是活动的，而另一个钳夹是固定的，要么两个钳夹都是可移动的。

美国联邦巡回上诉法院支持了 PTAB 的观点，法院认为，对比文件 1 和 2 能否结合的标准不是现有技术是否可以物理组合，而是所要求的发明是否通过现有技术的教导作为整体变得显而易见。检验显而易见性的标准不是次要特征是否可以完全并入主要结构中，而是本领域技术人员是否有动机结合现有技术的教导来实现所要求保护的发明。

对于本案而言，在确定对比文件 1 的侧壁 13a 起到与桥接壳体类似的快速释放功能后，本领域的普通技术人员能够根据对比文件 2 的教导，改进对比文件 1 的固定钳夹 13，使其能够做更大范围的运动从而增强抓取能力。虽然对活动钳夹的修改可能会妨碍其快速更换功能，但一项技术方案通常同时具有优点和缺点，这并不一定会消除结合的动机。一个熟练的技工可以像第二钳夹一样设置第一钳夹，即通过围绕旋转轴承枢转第一钳夹。这种设计允许钳夹之间做更大程度的运动，而不影响夹具的快速更换功能。

法院还认为：当现有技术参考文献阻止采取某一路径，或者本领域普通技术人员根据该参考文献被引导到与本申请所采取的路径不同的方向时，参考文献才属于给出远离的教导。本案中尽管对比文件 1 批评了两个独立的液压缸的缺点，但并不妨碍结合动机，对对比文件 1 的改造是建立在对比文件 2 关于两个可移动铲斗和大范围角度运动的教导上，与对比文件 2 公开的需要两个独立的气缸无关，对比文件 1 没有教导远离两个可移动的铲斗，就没有远离该结合的教导。

从本案中可以看出，美国专利商标局针对现有技术的整体考虑主要体现在结合启示的判断上，是否能够结合的标准不在于是否可以物理组合，而在于现有技术的教导作为整体是否显而易见。简而言之，就是结合启示或教导是否能够将多个现有技术组合成一个整体。在这一原则要求下，即使现有技术中记载了某一技术特征存在缺点、不足，或者现有技术中明确表示了优选实施例，也并不意味着它们之间不能结合，关键仍然是考虑结合的启示/教导是否客观存在。本案中两个气缸和单个气缸各有优缺点，钳夹双边可移动和单边移动也各有优劣，结合的时候应该整体考虑基于各自的优点是否具有动机结合，而无须考虑其缺点。

中国专利局在创造性判断的"三步法"的第三步中要求"要确定的是现有技术整体上是否存在某种技术启示，即现有技术中是否给出将上述区别技术特征应用到该最接近的现有技术以解决其存在的技术问题的启示"，在此处的整体原则容易让人理解为除最接近现有技术外的现有技术整体上是否给出了改进最接近现有技术的启示，似乎与美国专利商标局将所有现有技术作为一个整体考虑是否存在结合动机略有差异，但在审查实践中，中国专利局的审查员仍然需要考虑最接近的现有技术是否存在改进基础，因此，实质上仍然是将包含最接近的现有技术的所有现有技术加以整体考虑。

（三）确定本领域技术人员的水平

Graham 标准的第三步，也就是确定本领域技术人员的水平，在判断创造性时，由于申请人和审查员天然的位置对立，很容易得出完全相反的结论，为了让双方尽量客观地判断显而易见性，必须对判断主体的认知水平进行客观的规定，因此美国专利商标局与各国在审查实践中一样，都引入了本领域技术人员这一虚拟的判断主体，让发明人、申请人、审查员甚至法官都明确相同的判断主体，避免在显而易见性判断的出发点上存在争议，进而导致得出不同的显而易见性结论。

1. 本领域技术人员的定义

MPEP 第 2141.03 章中规定，本领域技术人员是一个假定的人，假设他知晓发明作出时的相关技术，在决定该领域技术人员水平时可考虑的因素包括：(i) 该技术中遇到的问题的类型；(ii) 这些问题的现有技术解决方案；(iii) 创新的速度；(iv) 技术的复杂性；(v) 该领域在职职工的受教育程度。

在著名的 KSR 案①后，美国专利商标局在 MPEP 中提高了本领域技术人员的创造性能力，MPEP 第 2141.03 章中指出，本领域技术人员应当具有通常的创造能力，而不是一个机器人。在很多情况下，本领域普通技术人员能够将多

① KSR Int'l Co. v. Teleflex Inc.，550 U. S. 398，420，82USPQ2d 1385，1397（2007）.

个专利的教导像拼图一样拼在一起。本领域技术人员必然具有对适用于该领域的科学和工程原理的理解能力，会采用推理和创造性步骤。确定本领域普通技术水平是什么，才能保持显而易见性判断的客观性，在判断过程中必须明确对本领域技术人员来说是显而易见的，而不是对发明者、法官、外行、不相关领域技术人员或本领域的天才来说是显而易见的。同时，由于时间原因或没有得到广泛传播导致不符合现有技术条件的参考文献可以用来显示在发明时或发明前后该技术的普通技术水平。

KSR 案被认为是美国专利商标局提高创造性审查标准的标志性案件，KSR 是一家加拿大汽车零部件生产和供应商，其主要产品包括汽车踏板系统。福特汽车公司在 1998 年聘请了 KSR 公司为各种类型的汽车提供可调节踏板系统，该系统采用电缆驱动的油门控制。KSR 为福特开发了一种可调节的机械踏板，2000 年，通用汽车公司选择 KSR 为雪佛兰汽车和 GMC 轻型卡车提供可调踏板系统，这些卡车使用计算机控制的油门，为了使踏板与卡车兼容，KSR 在可调节的机械踏板中增加了一个模块化传感器。在得知 KSR 为通用汽车设计的消息后，Teleflex 公司发出了一封警告信，告知 KSR 其方案侵犯了他从发明人 Engelgau 处购买的专利权。KSR 拒绝与 Teleflex 签订版税协议，因此，Teleflex 起诉 KSR 公司侵犯其授权专利的权利要求 4，如图 4－2－10 所示。

4. 一种车辆的控制踏板装置，包括：

支撑件 18，安装在车辆结构上；

可调踏板组件 22，具有可相对于所述支撑件 18 在前后方向上移动的踏板臂 14；枢轴 24，用于相对于所述支撑件 18 以可转动方式支撑所述可调踏板组件 22，该枢轴 24 确定了一枢轴轴线 26；电子控制器 28 安装在支撑件 18 上，用于控制车辆系统；

其特征在于：所述电子控制器 28 对所述枢轴 24 的转动产生响应，当所述踏板臂 14 围绕所述枢轴轴线 26 在其静止位置与作用位置之间转动时，产生出与踏板臂 14 位置相对应的信号，当所述踏板臂 14 相对于所述枢轴 24 在前后方向上移动时，该枢轴 24 的位置保持不变。

随后，KSR 以该权利要求 4 不具备创造性为由提出无效请求。密歇根州的地区法院作出了对 KSR 有利的简易判决，专利被无效，美国联邦巡回上诉法院推翻了地区法院的判决，认为专利有效。最终，美国联邦最高法院推翻了联邦巡回上诉法院的判决，认为专利无效。

KSR 提供了三篇现有技术，其中对比文件 1 公开了一种可调踏板支撑结构，使得无论对踏板位置进行何种调整，踩下踏板所需的力都是相同的。对比文件

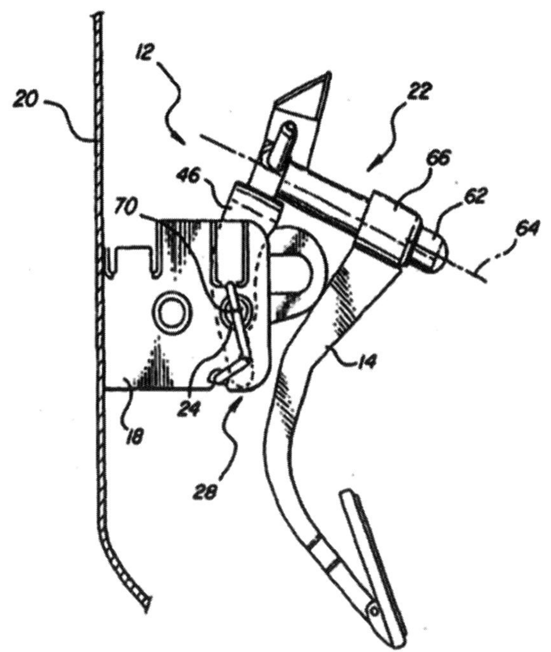

图 4-2-10 控制踏板装置专利附图

4 公开了将传感器安装在上下移动的踏块上，结果导致传感器电线容易磨损的问题。对比文件 5 公开了将传感器放置在踏板结构的非运动部分上，以防止传感器电线产生移动。

地区法院认为，行业的现状将不可避免地导致电子传感器和可调节踏板的结合，对比文件 4 指出了设计中的电线磨损问题，对比文件 5 给出了对比文件 4 中电线磨损问题的解决方案，即将传感器定位在踏板的固定结构上。这些现有技术给出了对比文件 1 或类似的踏板与踏板位置传感器的结合启示。在踏板设计领域的普通技术人员应熟知车辆踏板控制系统的相关现有技术，在此基础上将电子控制器安装在固定支撑件上是显而易见的。

美国联邦巡回上诉法院则认为，对比文件 1 踏板的设计是为了解决恒定比率问题，以确保无论如何调整踏板，踩下踏板所需的力是相同的。对比文件 4 没有解决踏板存在的电线磨损问题。对比文件 5 则没有涉及可调节踏板，也没有给出将电子控制装置安装在踏板总成支架上的动机。本领域技术人员试图解决某一技术问题时，只会被引导到那些旨在解决同一技术问题的现有技术。对比文件 1 的主要目的是解决常数比问题，因此，一个发明人考虑如何将传感器放在可调踏板上时，没有理由考虑把它放在支架上。而将传感器安装在支架上，而不是踏板本身，将使整个结构更加简单、紧凑、新颖，这种改进对本领域技术人员而言并不是显而易见的。

可见，地区法院和联邦巡回上诉法院之间的分歧焦点在于，本领域普通技术人员的水平应该如何确定，在现有技术分别公开了可调位置踏板、电子控制踏板、不可调位置踏板中非运动部分安装传感器、运动部分安装传感器会导致电线磨损的基础上，本领域技术人员是否可以创造性地将其组合得出可调位置踏板的固定支撑部分上安装电子控制器？

美国联邦最高法院同意并采纳地区法院对相关现有技术的叙述及其对该领域普通技术人员技术水平的确定，并给出了以下理由：当本领域存在这样的需求来解决一个技术问题，并且存在有限个确定的、可预测的解决方案时，一个普通技能的人有充分的理由在他的技术掌握范围内寻找已知的解决方案，如果成功是可以预期的，那么它就不是创新的产物，而是普通技能和常识的产物，在这种情况下，可以证明现有技术组合是显而易见的。一个普通技术的踏板设计师，面对他所从事的技术领域的发展所产生的广泛市场需求，是否能预见到用传感器升级对比文件 1 后的效果呢？在汽车设计中，与许多其他领域一样，多个部件之间的相互作用意味着改变一个部件通常也需要修改其他部件。技术发展表明，使用计算机控制节流阀的踏板是新的发展趋势，设计师可能选择从头开始设计新的踏板；也可以选择将现有的踏板与电子控制技术组合。事实上，KSR 选择了后者，通过对其原有车型进行升级，从而设计出了被指控侵犯 Engelgau 专利的踏板。踏板设计人员可以从两种思路进行升级改进，一种是以对比文件 1 为起点，那么他将面临在哪里安装传感器的问题，结合对比文件 5 中公开的不要把传感器放在踏板的脚垫上，而是放在踏板的支撑结构上，并公开踏板中电线应避免移动，以及对比文件 4 公开的电线磨损问题，设计人员将得出传感器放置在踏板结构的非运动部分上的结论，而在对比文件 1 中可调节踏板结构中最明显的非运动部分就是支撑踏板的枢转点；另一种是以对比文件 4 为起点，问题在于寻求一种可以避免电线磨损问题的改进方法，设计师会向对比文件 5 学习避免传感器中导线移动的方法，并可以进一步运用到具有非运动部件的踏板结构中，这就会使他找到对比文件 1，因为对比文件 1 的可调节踏板就是一种具有固定枢轴的可调节踏板。因此，普通技术人员沿着上述两条不同的思路都能够殊途同归，得到权利要求 4 的技术方案。

美国联邦最高法院还认为，在许多情况下，一个普通技术人员将能够像拼图一样将多个专利的教导结合在一起。无论对比文件 1 的主要目的是什么，该设计最终都提供了一种包括可调踏板与固定支点的产品，而多项现有技术表明固定枢轴点是传感器的理想支架。一个希望制造一种可调节的电子踏板的设计师，不会仅仅因为对比文件 1 的设计目的是解决比例恒定的问题，就忽略掉对比文件 1 的产品，这种观点明显不合理。本领域技术人员也应当具有普通的创造能力，而不是一个机器。

本案中，本领域技术人员是一个踏板设计师，在法院的判决理由中，都是以一个踏板设计师为出发点，分析他可能面临的激励因素，在面对多篇现有技术时，因为考虑到了什么样的技术问题，采用了哪些解决问题的手段的角度去判断是否存在结合启示。在进行升级改进思路分析时，可以发现，踏板设计师在综合面临在哪里安装传感器、如何避免电线磨损的技术问题时，不只是考虑多篇对比文件直接结合能够得出发明，而是将多篇现有技术中解决问题的技术手段进行重组、变型得出最符合踏板设计师设计需求的方案。

我国《专利审查指南 2023》中对本领域技术人员定义①为："假定他知晓申请日或者优先权日之前发明所属技术领域所有的普通技术知识，能够获知该领域中所有的现有技术，并且具有应用该日期之前常规实验手段的能力，但他不具有创造能力。如果所要解决的技术问题能够促使本领域的技术人员在其他技术领域寻找技术手段，他也应具有从该其他技术领域中获知该申请日或优先权日之前的相关现有技术、普通技术知识和常规实验手段的能力。"同时，我国《专利审查指南 2023》中还规定，如果发明是所属技术领域的技术人员在现有技术的基础上仅仅通过合乎逻辑的分析、推理或者有限的试验可以得到的，则该发明是显而易见的②。

可以发现，在创造性审查中，中美两国专利审查指南中对本领域技术人员的定义都指出其知晓相关现有技术知识，具有常规实验能力和逻辑分析能力，在进行显而易见性判断时可以进行分析推理，但我国《专利审查指南 2023》中明确规定本领域技术人员不具有创造能力。而 KSR 案中，美国联邦最高法院认为本领域技术人员也应当具有一定的"创造"能力，本领域技术人员在面临技术问题时不仅会考虑解决同一技术问题的现有技术，也具有一般的判断、分析能力，能够将多个专利的教导组合在一起，就像玩智力拼图一样，即使现有技术中没有给出明示/暗示的教导、启示、动机，本领域技术人员也可以具有如下能力修改现有技术：（a）采用已知技术按照相同方式改进类似对象；（b）对待改进的已知对象应用已知技术并产生可预料结果；（c）本领域普通技术人员能够鉴于明确的设计上的激励或者其他市场因素，对现有技术进行变型。显然，美国联邦最高法院对于本领域技术人员的重新解读，提高

① 《专利审查指南 2023》第二部分第四章第 2.4 节。
② 《专利审查指南 2023》第二部分第四章第 2.2 节。

了对于专利创造性高度的要求。

2. 证明本领域技术人员水平的证据

本领域技术人员的水平如何将直接决定基于现有技术发明是否显而易见，在对本领域技术人员水平存在争议时，美国专利审查和司法程序中，可以采用证据证明本领域技术人员的水平，且这一证据的日期不受现有技术日期的限制。以下为一件通过证据来证明本领域技术人员技术水平的案例①。

National Steel Car 公司（下称 NSC）的一件专利中设计了一种用于运输木材的特殊类型的铁路车辆：一种凹陷的中心梁平板车。如图 4－2－11 所示，该车厢是“下凹式”车厢，端部转向架组件之间的底板部分相对于端部转向架组件上方的底板高度降低，这样可以产生两个优势：首先，它可以承载体积更大的负载，由于木材的密度相对较低，普通的中梁车在达到重量能力之前就达到了体积能力，这使得每辆车在重量方面都不能有效地装载；其次，底板的下降降低了列车的重心，允许更安全地装载、运输和卸载，因为更高的重心使列车更容易倾翻。

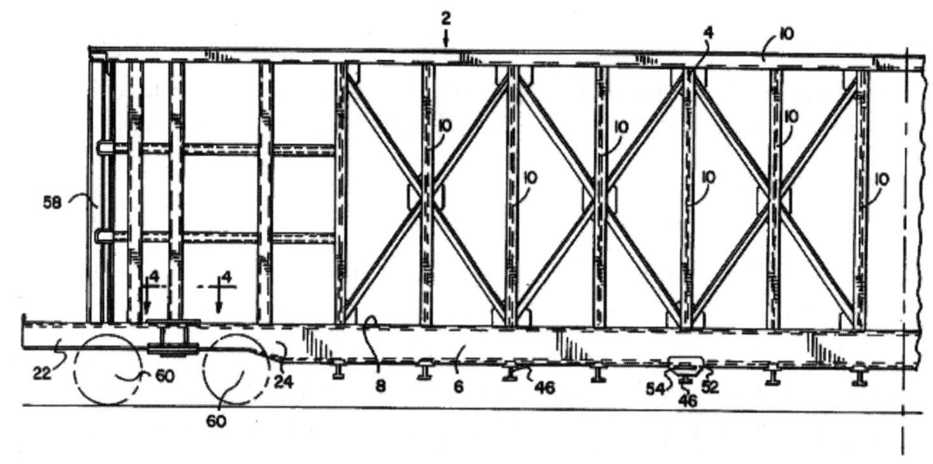

图 4－2－11　凹陷中心梁平板车专利附图

涉案的权利要求 1 如下：

1. 一种支撑在端部转向架组件上的平板车，包括

由纵向延伸的中心梁、连接到所述中心梁各端的牵引梁和安装在各端的一对壁板形成的主体，

① Nat'l Steel Car, Ltd. v. Can. Pac. Ry., Ltd., 357 F. 3d 1319, 1338, 69 USPQ2d 1641, 1656 (Fed. Cir. 2004).

侧梁装置，设置在所述车身上的所述中心梁的相对侧上，

从所述中心梁向上延伸的垂直中心梁组件，

所述垂直中心梁组件包括在所述壁板之间的所述中心梁上方平行延伸的上中心梁，所述上中心梁由至少所述中心梁承载的多个支柱支撑，以及

底板装置，布置在所述相对的侧梁装置之间，所述底板装置具有位于第一大致水平平面内的端部底板部分和设置在位于所述第一水平面下方的第二大致水平面的中心凹陷底板部分，

所述侧梁装置包括一对设置在所述中心梁相对两侧的侧梁组件，每个所述侧梁组件包括一对沿上轴线延伸的上端部分和一个沿下轴线延伸的中间部分，该中间部分设置在所述上轴线下方，用于支撑所述中间凹陷底板部分。

Canadian Pacific Railway 公司（下称 CPR）以权利要求 1 不具备创造性为由对该专利提出了无效请求，其提供了两篇现有技术文件。

对比文件 1 公开了一种具有轻质中梁和侧梁、支撑地板的横梁和垂直中梁的汽车，如图 4－2－12 所示，该垂直中梁在其底部连接到中梁，并在汽车两端的隔板之间纵向延伸汽车的长度。对比文件 1 没有公开与列车中心凹陷或下降相关的内容。

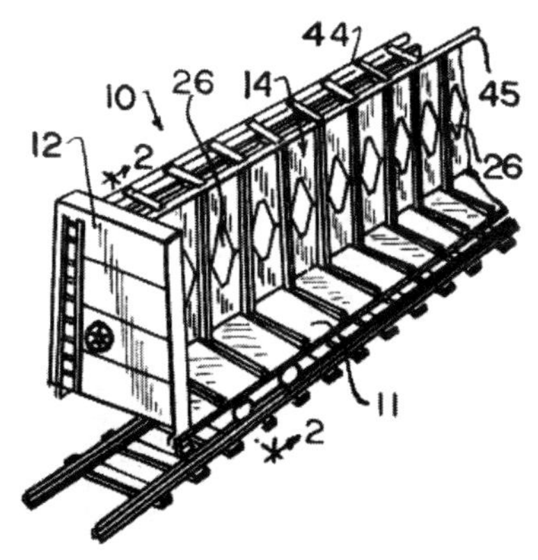

图 4－2－12　对比文件 1 附图

对比文件 2 公开了与列车中心凹陷相关的内容，对比文件 2 涉及用于运输汽车车身或其他大型或重型设备的铁路车辆，如图 4－2－13 所示，该车辆端部转向架组件之间的底部低于端部转向架组件上方的部分，从而充分利用端部转向架组件之间的额外空间，使车厢能垂直地装入铁路车辆中。为了实现这种降低的中间部分，对比文件 2 中的侧梁组件也是端部较高而中间较低。

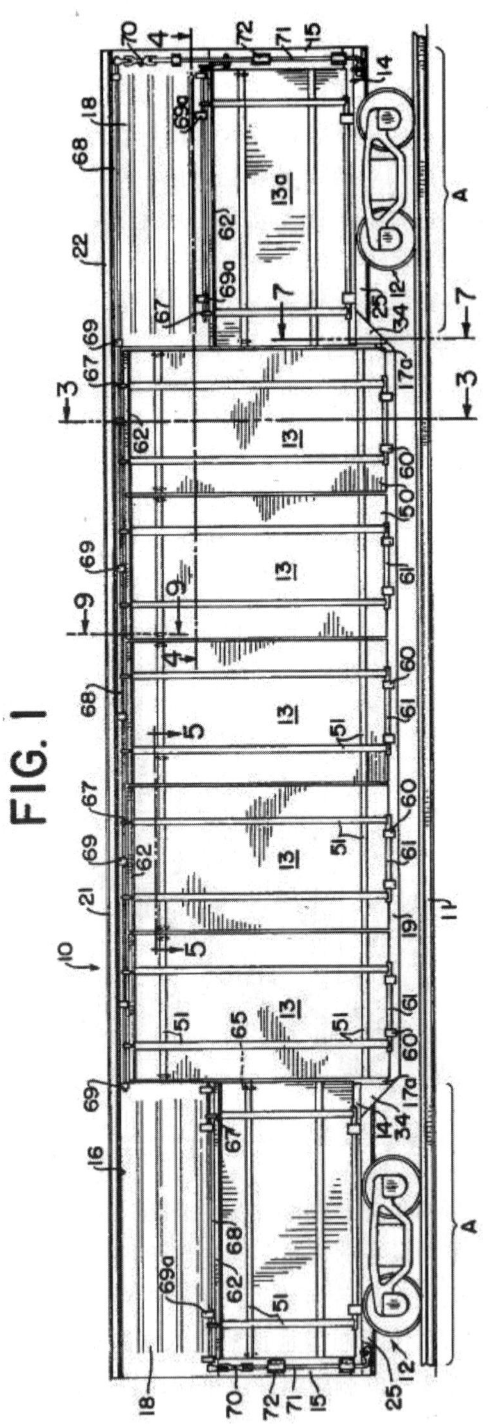

图4-2-13 对比文件2附图

专利权人 NSC 认为，对比文件 2 只是建议压低列车中心部分的底部，没有公开权利要求 1 中的“中间凹陷的底板部分”，因为对比文件 2 的底板不是承重的，因此本领域技术人员难以想到将对比文件 2 的中间凹陷结合到对比文件 1 的列车底板上。而无效请求人 CPR 又提交了两份证明本领域技术人员技术水平的证据：Lund 图纸和 Prichard 备忘录。Lund 图纸描述如下：1986 年，Gunderson（轨道车制造商）试图制造一辆平板车，中间有一块隔板用来运木材，当 Gunderson 当时制造的平板汽车被装载时，汽车在达到负载重量的容量之前就达到了负载体积的容量，约翰·迈克尔·伦德是 Gunderson 公司货车设计领域的一名工程师，1986 年，他画了一辆平板汽车，中间有一个凹陷的地板，该图纸的标题是“100 吨中心梁舱壁与下降侧门槛”。Prichard 备忘录描述如下：John Prichard 是一家铁路公司木材部的助理市场经理，在 1987 年 3 月，Prichard 与 Gunderson 公司的人讨论了他的想法，即将中央分隔车与凹井车结合起来，以探索让 Gunderson 为其公司制造汽车的可能性。Prichard 与多人谈到了中心梁车的想法，并在一份谈话备忘录中记录了活动地板轿厢的设计，Bob Woolston 是 Gunderson 的一名高级设计工程师，他被要求准备一辆用于运输木材的下降甲板中心梁轨道车相关的图纸和计算，但最终没有制造过像 Prichard 画的那种汽车。

地区法院认为 CPR 的无效辩护不成立，原因在于：Lund 图纸不是现有技术，因为它不在本领域普通技术人员的知识范围内，Lund 没有工程或轨道车设计背景，他从未与任何工程师或轨道车设计师讨论过他图纸中的车能否造出来，并且 Lund 也从未与他人分享该图纸，因此 Lund 图纸无法证明本领域普通技术人员的知识水平。同样，Prichard 的备忘录也没有被公开，没有传播给足够广泛的公众，不满足现有技术的要求。

美国联邦巡回上诉法院推翻了地区法院的结论，上诉法院认为，首先，Lund 的技术背景并不影响他的图纸是否表明结合动机隐含在本领域普通技术人员的知识中。Lund 作证说，他拥有机械工程的副学士学位，并且在绘制图纸时，他在轨道车工程方面有几年的经验，Lund 的知识与确定本领域普通技术人员的知识相关，即使 Lund 的资格达不到普通技术人员所需的背景，对于一个领域中相对较新的人来说已经变得显而易见的东西，那么对于本领域有经验的技术人员来说更是显而易见的。其次，无论 Prichard 的备忘录是否是现有技术，它可以用来证明铁路车辆设计领域的技术人员的知识中隐含有组合动机，像 Lund 一样，Prichard 是一个普通的技术人员，因此 Prichard 的证词与确定本领域普通技术人员的知识中隐含的内容相关。

本案中，虽然对比文件 1 和 2 被设计用来解决不同的技术问题，但并不足以证明两项发明无法结合到一起，只有参考文献表明从该参考文献的公开中得出的发展路线不可能产生所寻求的结果，该参考文献才属于远离教导。本领域技术人员将两项技术相结合的动机不仅能在现有技术参考文献中找到，同样可以在“本领域普通技术人员通常可获得的知识中”找到，也就是说组合的动机可以在现有技术参考文献中找到，或者可以隐含在本领域普通技术人员的知识中。因此，美国联邦巡回上诉法院认为，Prichard 备忘录和 Lund 图纸都可以被理解为建议本领域的普通技术人员去结合对比文件 1 和 2。

本案例涉及非书面出版物的图纸和谈话备忘录是作为证明结合启示隐含在普通技术人员的知识中的证据，还是作为证明本领域普通技术人员水平的证据的问题，地方法院认为由于其公开范围不适合作为现有技术证明结合动机，但美国联邦巡回上诉法院认为图纸和谈话备忘录可以证明站位本领域技术人员的水平，结合是显而易见的，重点在本领域技术人员的水平应该是什么样，而不是必须作为现有技术给出启示。在这个认知基础之上，确定本领域技术人员普通技术水平时，可以采用其他证据证明，而且，除现有技术文献外，有些文献由于相关日期晚于所要求保护的发明而不能作为现有技术的参考文献，以及因为没有广泛传播而不能构成现有技术的文件，都可以用于证明发明做出时或该时间前后的本领域普通技术人员水平，例如普通工程师所绘制的工程图纸，其可以表明处于一名普通工程师的位置，是否能将某些已知元素组合在一起，其与公众是否能够获得这份图纸、是否构成现有技术无关。

从本案中，还可以看出，如果从是否属于现有技术的角度出发，争辩结合动机时，逻辑和结论虽然很合理的，但从本领域普通技术人员的角度出发，其逻辑和结论更符合专利制度鼓励发明创造性的原始目的，显然对于一个普通技术人员都显而易见的方案，并不适合被授予专利权。这也说明确定本领域普通技术水平具有重要意义，在显而易见的判断中可以保持客观，避免出现发明对于发明者、法官、外行、毫不相关领域的技术人员或者本领域的天才来说是显而易见的。

中国专利审查实践中关于创造性的“三步法”判断中并没有本领域普通技术人员的水平确定步骤，但是在对创造性进行判断的过程中，同样要求审查员要站位本领域技术人员进行思考，至于如何站位本领域技术人员，事实上是需要审查员通过阅读大量本领域专业技术知识文献来实现的，美国专利商标局的这一做法，明确了如何确定本领域技术人员的技术水平的具体要求，试图以更加客观的角度来判断专利申请的创造性，但同时也对申请人提交的证据水平提出了更高的要求，申请人如果能提交充分的证据证明本领域普通技术人员水平，将直接影响审查员或法官对于本领域技术人员水平的判断。

三、判断改进启示或动机的准则（TSM 准则）

创造性判断的最终落脚点还是在判断显而易见性上，在上一节中，本书介绍了如何根据 Graham 标准进行事实调查，完成以上工作后，就需要审查员进行显而易见性的判断，在 KSR 案之后，由于美国最高法院批评了联邦巡回上诉法院机械地套用“教导、启示、动机”（TSM）准则，美国专利商标局修改了《专利审查操作手册》，将 KSR 案的创造性判断理由作为显而易见性的判断重要标准，但同时也并未抛弃传统的 TSM 准则。MPEP 第 2141 章中指出：显而易见性分析不能局限于过分强调已发表文章和已授权专利中明确内容的重要性，在许多领域，很少有人讨论明显的技术或组合，通常情况下，推动设计趋势的是市场需求，而不是科学文献。这段话强调了从现有的科技文献中寻找证据的局限性，也就是说在应用 TSM 准则时，仅从现有技术的文献中寻找证据的做法是不完备的。当然，TSM 准则仍然是用于确定显而易见性的众多的有效准则之一①，对于审查员而言，如果对现有技术的检索和 Graham 事实调查的结果表明，可以使用审查员熟悉的“教导、启示、动机”（TSM）原理作出显而易见性的创造性审查意见，那么应该作出这样的审查意见。

通过结合或改进现有技术的教导以产生请求保护的发明，如果存在这样做的一些教导、启示或动机，就可以得出显而易见的结论。在是否存在启示或动机的判断过程中，MPEP 给出了六条在判断启示或动机时应该遵守的准则。

1）现有技术对要求保护的发明的启示不必因为理想的可选方案而被否定。

2）在现有技术的教导发生冲突的情况下，审查员必须权衡每篇参考文献的启示力。

3）仅凭参考文献能够被结合或修改这一事实并不能使结合的结果变得显而易见，除非结果对本领域普通技术人员来说是可预测的。

4）仅仅声明请求保护的发明在本领域普通技术人员的能力范围，其本身并不足以确立初步证明的显而易见性。

5）如果所提出的改进会使现有技术发明在改进后不能满足其预期目的，那么就没有提出改进的启示或动机。

6）如果所提出的现有技术的修改或组合将改变被修改的现有技术发明的操作原理，那么参考文献的教导不足以使权利要求得出显而易见的初步结论。

---

① 李梅，高燕．KSR 案后各国家和地区的专利创造性标准发展研究（二）[J]．中国发明与专利，2014（7）：66－70.

(一)远离的教导

TSM准则的第1、2条实质上都涉及创造性判断时，现有技术给出了远离教导的问题，这也是在结合启示的判断时容易忽略的问题。下面通过一个案例[①]来说明显而易见性判断时如何认定现有技术中的远离教导。

申请人Urbanski发明了一种酶水解大豆纤维的方法，可以降低该产品的保水能力，适合用作食品添加剂。相关权利要求为：

43. 一种制备大豆纤维的酶水解产物的方法，包括：

(a)将水和大豆纤维混合以形成水合未水解大豆纤维的、基本均匀的水分散体，其中未水解大豆纤维和水以约1∶1.5至约1∶8的重量比存在；

(b)将混合物的pH值调节至约4.5至约5.5之间；

(c)加热至至少约200°F并保持足够长的时间，以充分溶胀未水解的大豆纤维；

(d)将混合物冷却至约115°F至约135°F；

(e)在不存在外水解酶的情况下，将混合物与一种或多种内切葡聚糖酶接触，所述一种或多种内切葡聚糖酶包含能够在催化纤维素中1,4-β-二糖苷键水解的过程中，一个或多个内切葡聚糖酶与未水解大豆纤维的重量比为约1∶1000至约1∶25；

(f)高速混合约60分钟至约120分钟，以水解未水解大豆纤维中约0.5%至约5%的糖苷键；

(g)使一种或多种内切葡聚糖酶失活；和

(h)通过喷雾干燥来干燥所得的酶水解产物；

以提供平均水解度为约0.5%至约5%的大豆纤维水解物；与未水解大豆纤维的持水能力相比，持水能力降低了约10%至约35%；小于约1%的游离单糖含量；并且适合人类消化。

PTAB以该权利要求相对于对比文件1和2不具备创造性为由驳回了该申请，驳回决定采用的现有技术为：

对比文件1，其公开了一种将膳食纤维转化为“稳定、均匀的胶体分散体或凝胶”的方法，该方法使用相对较长的水解时间，例如5至72小时。

对比文件2，其公开了一种生产具有改善的感官特性（包括光滑度和口感）的大豆纤维产品的方法，但没有显著降低纤维含量，并且使用较短的水解时间，例如100至240分钟，优选120分钟。

---

① In re Urbanski, 809 F. 3d 1237, 1244, 117 USPQ2d 1499, 1504 (Fed. Cir. 2016).

PTAB 认为，对比文件 1 和 2 都与膳食纤维的酶水解有关，能够结合，并且“都认识到纤维的水解程度是一个结果有效变量”，虽然对比文件 1 的反应时间更长，但是如对比文件 2 所教导的，寻求生产具有改善的口感和高纤维含量的大豆纤维的熟练技术人员将会改进方法以使用更短的反应时间来实现更低的水解度，本领域普通技术人员能够预料到，修改总过程以使用更短的反应时间将会导致所要求的持水能力和游离单糖含量。

但申请人 Urbanski 认为，对比文件 1 的方法和产品与本申请所要求的方法和产品明显不同，本申请制备的水解大豆纤维不能形成对比文件 1 中的稳定、均匀的分散体，因此，减少水解时间会使纤维产品无法形成符合对比文件 1 预期目的的分散体，即对比文件 1 给出了远离的教导，因而本领域普通技术人员没有动机将对比文件 1 和 2 的过程结合起来。此外，现有技术未教导或暗示所声称的水解度、持水能力或游离单糖含量。

美国联邦巡回上诉法院否认了 Urbanski 的意见，法院认为，对比文件 1 和 2 都涉及膳食纤维的酶水解。对比文件 1 教导了更长的反应时间，而对比文件 2 教导了更短的反应时间。对比文件 2 还教导说，其方法生产的大豆纤维具有改善的感官特性，而不会显著降低纤维含量，显然，对比文件 2 公开的特性是膳食纤维所追求的目标。因此，本领域技术人员有动机通过使用更短的反应时间来修改总工艺，以获得对比文件 2 中公开的有利性质。

对比文件 1 和 2 都认识到反应时间和水解度是结果有效的变量，水解程度取决于反应时间，因为纤维与酶接触的时间越长，水解程度越大，水解程度反过来影响所得纤维产品的属性，那么本领域技术人员就有动机改变这些变量，以可预测的方式调整水解纤维的性质。对比文件 2 提出，较短的反应时间和较低的水解度改善了大豆纤维的感官特性，而没有显著降低纤维含量；而对比文件 1 认为较长的反应时间和较高的水解度导致纤维能够形成稳定的分散体，本领域技术人员会预料到，通过调节反应时间，水解程度和纤维的性质会发生变化。

对比文件 1 教导了与未水解的纤维相比，水解的纤维吸收更少的水，并公开了一个实例，其中水解后持水能力降低了 40%。因此，本领域技术人员预期通过缩短反应时间来改变总过程会导致持水能力的较小变化。同样，缩短反应时间和降低水解度会导致更低的游离单糖含量。

此外，对比文件 1 也没有以其他方式远离发明所主张的方法，虽然指南规定远离教导包括：一个现有技术教导普通技术人员在阅读现有技术时，会被劝阻不要遵循现有技术中所述的路径，或者会被引导到与申请人所选择的路径不同的方向。但对比文件 1 只是公开了导致纤维能够形成稳定分散体的相对较长的反应时间，对比文件 1 并没有批评或怀疑较短反应时间的使用，因此，也不属于远离教导的情形。

本案中，较长反应时间和较短反应时间各有优劣，对比文件 1 追求形成稳定分散体的效果导致其选择了较长时间，但并不意味着不能使用较短时间，对比文件 1 的方法本身也不是无法实施较短反应时间，因此法院最终认定其不属于远离教导的情形。结合本案和 TSM 准则，可以看出理想的优选方案不属于远离教导，只有教导发生冲突时才认定为远离教导，对于远离教导的判断可以采用结合后是否产生"不起作用的装置"进行判断，其根本思路是本领域普通技术人员是否会被劝阻选择方案，而不能仅仅只是提到了不同方案的优点、缺点。

我国的专利审查指南中并无远离教导的类似概念，但在审查实践中也有观点指出相反教导和不利教导的区分判断法，通常情况下，如果属于与实现发明所需技术启示的相反教导，则不宜选择作为对比文件，如果属于不利教导，则不会阻碍所需技术启示的获得[①]。而什么是相反教导，什么是不利教导并无明确定义，通常要求审查员立足本领域技术人员的知识水平和认知能力，整体上加以分析和判断。

（二）结果导向

在评价创造性时，一般都将两个或多个现有技术相结合，结合会导致什么结果是是否存在结合启示或动机必然需要思考的问题，TSM 准则的第 3、5、6 条都强调了这一问题，如果结果不可预测、不能满足对比文件 1 的预期目的、改变对比文件 1 的操作原理，都不能得出显而易见的结论。下面通过一个案例[②]说明结合的结果不可预测时的创造性评判要点。

PTAB 以不具备创造性为由驳回了 Crocs 公司的专利申请，Crocs 提出上诉，申请附图如图 4－2－14 所示，涉案的权利要求 1 如下：

一种鞋，包括：

基部 110，包括由可塑泡沫材料制成的作为单个部件的鞋面和鞋底；和

由可塑泡沫材料形成的带部 120，其在其相对端通过塑料连接器连接到基部的上部，使得带部的可塑泡沫材料与基部的可塑泡沫材料直接接触，并且在连接器处相对于基部枢转；

① 翟超，曾德锋，罗玲．相反教导和不利指引对对比文件选择及创造性判断的影响［J］．审查业务通讯，2015（21）：50－56.

② Crocs, Inc. v. U. S. Int'l Trade Comm'n, 598 F. 3d 1294, 93 USPQ 1777 (Fed. Cir. 2010).

其中，所述上部包括由上部开口周长限定的开放的后部区域，并且其中，所述塑料连接器处的所述带部和所述基部之间的接触产生的摩擦力足以维持带部在旋转后处于中间位置，由此带部对插入后部开放区域的足跟腱部分提供支撑；

其中，所述鞋面包括基本水平部分152和基本垂直部分151，所述基本水平部分和基本垂直部分形成脚趾区域，所述脚趾区域大体上沿着脚的轮廓，其中所述脚趾区域从存在较大脚趾的所述基部部分的内部区域到存在较小脚趾的所述基部部分的外部区域逐渐变细；和

其中，所述鞋底包括底面，所述底面具有由平坦部分纵向连接的前后花纹。

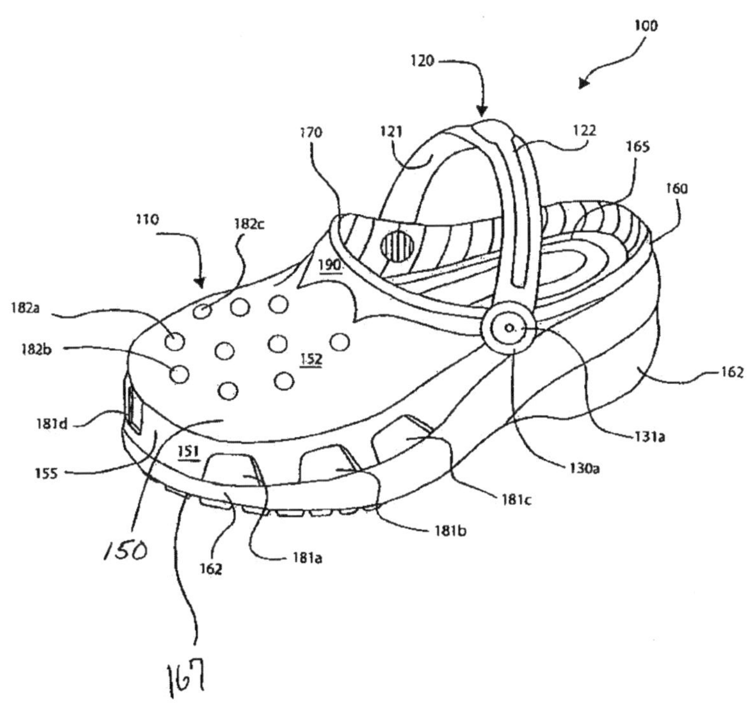

图4-2-14　鞋案例专利申请附图

驳回引用了两项现有技术，分别是：

对比文件1，这是一篇外观专利，公开了和本专利完全一样的基部，未公开由可塑泡沫材料制成的基部和可旋转的带部。

对比文件2，其公开了可旋转的、由PVC材料或硅材料制成的弹性或柔性伸缩后跟带，泡沫材料制成的基部表面，在行走时置于脚跟处提供额外的稳定性。

其中对比文件 1 和 2 都未公开泡沫材料的带部，但 PTAB 认为本领域技术人员在对比文件 2 公开的泡沫材料基部的基础上，容易符合逻辑地想到采用泡沫材料制作带部。即使对比文件 2 没有公开用泡沫材料制备鞋的基部，由泡沫材料来制备鞋的带部似乎在本领域中也是一种普遍的做法。

然而，美国联邦巡回上诉法院推翻了 PTAB 的结论，认为对比文件 1 和 2 无法否定非显而易见性。法院的主要理由是：对比文件 2 公开了可旋转的弹性带部，虽然实施例 3 中公开了直接接触的带部和基部，但在实施例 2 的带部和基部之间设置了尼龙分离垫圈，用于在没有摩擦的情况下自由旋转，并强调如果实施例 3 也存在摩擦干扰问题的话，也可以采用相同的分离垫圈。因此对比文件 2 没有给出使基部和带部接触的任何提示或建议。

那么本领域中泡沫材料是不是带部的常规制作材料呢？可以从问题的实质出发，将鞋固定在脚上，根据现有技术的作用原理，要求跟腱周围有足够弹性的材料，以便脚在鞋中移动时紧密配合。泡沫材料能够提供缓冲力，但通常不具有弹性、没有良好的回弹记忆性，会给穿着者带来不适，在穿着过程中不断地拉伸压缩会导致泡沫带的损坏撕裂、使用寿命短。因此，公知常识实际上会阻止和教导远离泡沫材料带的使用，一个本领域普通技术人员不会添加一个泡沫带到泡沫拖鞋上。

即使不考虑对比文件 2 与公知常识的教导问题，仅从结果的可预测性进行判断，泡沫材料单独用作鞋底材料是已知的，可旋转的带部是已知的，已知元素的组合，需要根据各自的功能去判断结果是否超过预期。权利要求中限定了带部和基部直接接触，并通过接触产生的摩擦力保持带部处于中间位置，这是由泡沫材料与泡沫材料之间的摩擦力导致的，该结果的产生并不是对比文件 2 中带部的功能，也不是本领域单独使用的泡沫材料的功能，因此，本发明的要求保护的特征产生了比可预测的结果更多的结果，不是可预测的。

在本案的判决中，法院给出的理由主要包括三个方面：一是对比文件 2 没有公开基部和带部都用泡沫材料的启示；二是选择泡沫材料制作带部不是公知常识；三是泡沫带部和泡沫基部组合带来的结果不可预测。

《专利审查指南 2023》中给出了创造性判断时存在启示的三种不同情形，即所述区别特征为公知常识、区别特征为与最接近的现有技术相关的技术手段、区别特征为另一份对比文件中披露的相关技术手段，该技术手段在该对比文件中所起的作用与该区别特征在要求保护的发明中为解决该重新确定的技术问题所起的作用相同，以上情形强调的也是区别技术特征为解决重新确定的技术问题的作用是否相同[①]。笔者认为，本案按照中国专利局的审查实践，一般也会给出与美国联邦巡回上诉法院第一、二种相类似的理由，例如，泡沫基部和泡沫带部联合产生作用，在整体原则的指导下，这两个特征属于不可分割的特征，不能分别采用对比文件 2 和公知常识组合进行创造性评述；又如，泡沫制作鞋虽然是公知常识，甚至制作固定作用的部分带部也是公知常识，但制作类似本申请起弹性作用的带部显然不是公知常识，联合泡沫基部起摩擦作用更不是公知常识。但中国专利审查实践中一般不会给出第三种理由，即泡沫基部和泡沫带部的结合使用是为了产生摩擦力保持带部处于中间位置，这样的结果基于对比文件 2 的弹性后跟带是不可能产生的，存在结果的不可预测性，当然，翻译成中国专利审查中的常见术语，也就是该结果是不容易想到的。

四、支持显而易见的理由（KSR 理由）

MPEP 第 2143 章中要求审查员在给出拒绝意见时，必须在提供事实认定的基础上，给出合理的解释，说明为什么请求保护的发明在发明时对本领域普通技术人员而言是显而易见的。MPEP 第 2143 章中给出的可支持显而易见性的典型理由包括：

（A）根据已知方法结合现有技术要素以产生可预测的结果；

（B）简单地用已知要素替代另一种要素，以取得可预测的结果；

（C）利用已知技术以同样方式改进类似的设备（方法或产品）；

（D）将已知技术应用于准备改进的已知设备（方法或产品），以产生可预测的结果；

（E）“显然可以尝试”——从数量有限的确定的、可预测的解决方案中进行选择，并能合理地预期其成功；

（F）基于设计激励或其他市场因素，在一个领域中的已知工作可以促使对其作出改变，以用于相同的领域或不同的领域，前提是这种改变对于本领域普通技术人员来说是可预测的；

（G）现有技术中的一些教导、启示或动机，可能会导致本领域普通技术人员改造现有技术参考文献，或将现有技术参考文献的教导结合起来，从而实现请求保护的发明。

除了示例性理由外，也可以采用任何能在事实认定和显而易见性的法律结

① 《专利审查指南 2023》第二部分第四章第 3.2.1.1 节。

论之间提供联系的其他理由。

美国专利商标局没有对发明的类型进行区分，并认为司法上没有对发明进行分类的依据，无论是组合发明还是其他类型，没有理由根据司法设计的标签对发明进行不同处理或考虑，此外用组合发明进行定义也毫无意义，因为很难想象非组合发明，即有单一要素组成的发明。美国专利商标局虽然没有组合、选择、转用、要素变更等这些类型的具体定义，但是在其显而易见性的理由中进行了详细规定，这种定义方式为审查员提供了更加灵活的处理方式，对同一案件可以选用不同的说理方式进行评述。

（一）已知方法的组合

MPEP 第 2143 章中规定，判断创造性时，如果认为权利要求所要求保护的要素在现有技术中是已知的，并且本领域技术人员可以通过已知的方法组合请求保护的要素而不改变它们各自的功能，并且该组合对于本领域技术人员来说不会产生预料不到的技术效果，则可认为该权利要求是显而易见的。在将多个现有技术相结合时，美国专利商标局认为应当关注各个现有技术所要解决的技术问题的本质，如果多个现有技术所要解决的技术问题的本质相同，则本领域技术人员能够将它们组合起来，从而获得权利要求所请求保护的技术方案。以下通过一个案例说明如何考量技术问题是否本质相同①。

A. B. Chance 公司（Chance）是一家建筑设备制造商，其制造了用于支撑和稳定输电塔的螺旋锚，并将其稳定坍塌结构应用于住宅和商业建筑上，在一起专利侵权诉讼中，其螺旋锚专利被地区法院认定为相对于两项现有技术的组合不具备创造性而无效，如图 4 - 2 - 15 左图所示，涉案专利的权利要求为：

1. 一种稳定现有建筑结构的地下基础的方法，所述现有建筑结构具有预定重量和活动负载，所述方法包括以下步骤：

在沿着基座 10 的多个位置中的每个位置处为所述基座提供支撑件 14；

将螺旋锚固件 16 定位在沿着所述基座的每个位置处，以用所述支撑件稳定，每个螺旋锚固件具有细长的锚固轴 20、横向延伸的承载构件 18 和与所述尖端相对的上端，所述锚固轴具有透土尖端 24，所述横向延伸的承载构件固定到所述锚固轴；

旋转每个锚固件的轴以迫使锚固件进入基座下方的土地中，直到锚固轴的上端邻近基座定位；并且此后

① Ruiz v. AB Chance Co., 357 F. 3d 1270, 69 USPQ2d 1686 (Fed. Cir. 2004).

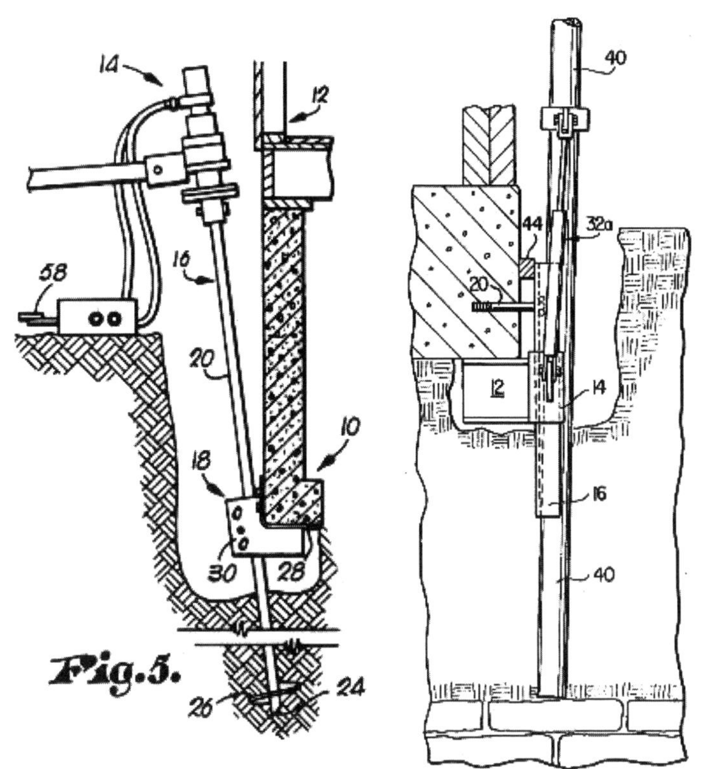

图 4-2-15 螺旋锚案例申请附图和对比文件 2 附图

将所述锚固轴的上端连接到所述基座，并将所述支撑件上的所述建筑结构的自重和任何活动负载传递到所述螺旋锚固件。

对比文件 1 同样涉及一种螺旋锚，该螺旋锚用于支撑现有的结构，该结构使用混凝土加腋支撑，而不是金属支架，将基座的负荷转移到螺旋锚。

对比文件 2 公开了一种使用管状组件 40 和金属支架来支撑结构基座的设备，如图 4-2-15 右图所示，金属支架将基座荷载转移至管状组件，管状组件被打入地下，以提供必要的基座支撑。

地区法院认为，对比文件 1 和 2 可以以两种方式中的任何一种结合起来：(a) 通过用对比文件 2 的支架代替对比文件 1 的混凝土加腋支撑；(b) 通过对比文件 1 的螺旋锚代替对比文件 2 的直桩，进行组合的动机和问题都是一样的，即如何支撑现有建筑不稳定的基座。Chance 认为对比文件 1 已经采用了混凝土加腋支撑螺旋锚，本领域技术人员没有动机去寻找其他支撑方式，地区法院判断显而易见性的理由属于“后见之明”。

本案的争议焦点在于本领域技术人员在没有阅读到本申请的技术方案时，是否有动机去改变现有技术中已经解决了某一技术问题的手段。美国联邦巡回上诉法院支持了地区法院的观点，在判断显而易见性时，法律并没有要求明确的、书面的结合动机必须记载在现有技术参考文献中。现有技术中所要解决的问题的本质也可能是一种结合的动机，这种结合现有技术的动机尤其与简单的机械技术相关。本案中，对比文件 1 表明螺旋锚比直柱工作得更好，对比文件 1 介绍了在托换建筑基座中使用螺旋锚，然后 Chance 在螺旋锚上加了一个金属支架。对比文件 2 教导了使用金属支架将基座连接到直柱上，而对连接件的需求是众所周知的，因此，本领域普通技术人员会被引导将对比文件 1 中的螺旋锚与对比文件 2 中的金属支架结合起来，以支撑现有的建筑基座。因此，地区法院在进行显而易见性分析时并没有出现“事后诸葛亮”的情形，而是恰当地找到了组合的动机，因为这两个现有技术恰恰解决了支撑现有结构基础的相同问题。将现有技术中的教导结合起来的动机可能来自要解决的技术问题的本质，该技术问题的本质能够引导发明者寻找与该问题的可能解决方案相关的参考文献。

在评估区别时，美国《专利法》第 103 条特别要求将要求保护的发明“作为一个整体”来考虑，发明通常是现有原理或特征的新组合，“整体”阻止了对发明的逐部分的评估。如果没有这一重要要求，显而易见性评估可能会将一项发明分解为其组成部分（A + B + C），然后找到一个包含 A、另一个包含 B 和另一个包含 C 的现有技术参考文献，并在此基础上宣布该发明是显而易见的。第 103 条通过要求将本发明作为一个整体进行评估，排除了这种对新组合价值的“后见之明”。要保证从整体上评述发明的显而易见性，需要要求本领域普通技术人员在发明时要面临与发明人相同的问题并且不知道所要求保护的发明，还可以从现有技术中选择各种元素并且以所要求保护的方式组合它们。

本案中，美国联邦巡回上诉法院认为无论是采用金属支架还是混凝土支架，其要解决的技术问题都是建筑结构支撑不稳的问题，这个问题提供了对比文件 1 和 2 结合的动机，因为在面临这个问题时，本领域普通技术人员有动机寻找涉及建筑结构支撑的所有现有技术并一起引用它们。可以看出，美国专利商标局这一结合启示的判断思路与中国专利审查实践的“三步法”有较大的不同，中国专利审查实践中创造性启示的判断要求确定区别技术特征和发明实际要解决的技术问题，并判断区别技术特征在现有技术中为解决重新确定的技术问题所起的作用是否相同。在重新确定发明实际解决的技术问题时，中国专利审查指南中特别强调：重新确定的技术问题应当与区别特征在发明中所能达到的技术效果相匹配，不应当被确定为区别特征本身，也不应当包含对区别特征的指引或者暗示[①]。

中国专利审查实践中不允许将技术问题进行上位化，笔者认为，对于本案，审查员会倾向于更具体地确定金属支架实际要解决的技术问题，例如认定金属支架所要解决的技术问题是便于更换制造等，而不会将金属支架所要解决的技术问题上位化为解决建筑结构不稳的问题。美国专利商标局以相同性质的技术问题作为结合启示的理由很难直接应用到中国专利审查的“三步法”中，因为将发明所要解决的技术问题上位化，在“三步法”的判断中很容易导致“事后诸葛亮”。

本案中美国联邦巡回上诉法院还强调了要防止“后见之明”，就要从整体上判断发明的显而易见性，要求审查员在组合得到发明时应当面临与发明人相同的问题，并且不知道所要求保护的发明，此时本领域技术人员可以从现有技术中选择各种要素并且以所要求保护的方式组合它们。中国专利审查实践中同样要求避免“事后诸葛亮”的情形，对发明创造性的评价是由发明所属技术领域的技术人员依据申请日以前的现有技术与发明进行比较而做出的，以减少和避免主观因素的影响。

（二）显然可以尝试

KSR 理由中的“显然可以尝试”，即从数量有限的确定的、可预测的解决方案中进行选择，并能合理地预期其成功。MPEP 第 2143 章中规定的“显然可以尝试”的判断步骤如下：

1）认定在作出本发明时，在本领域中已经存在公认的问题或需求，这可能包括解决问题的设计需求或市场压力；

2）认定对公认的需求或问题有数量有限的确定的、可预测的潜在解决办法；

3）认定本领域普通技术人员能够以合理的成功预期来寻求已知的潜在解决方案；

4）鉴于在审的案件的事实，可能还有必要有其他额外的 Graham 事实调查，以便解释显而易见性的结论。

应用“显然可以尝试”标准时，要求在面临公认问题的情况下，判断本领域普通技术人员是否会选择“有限”的方案进行尝试，此时本领域普通技术人

① 《专利审查指南 2023》第二部分第四章第 3.2.1.1 节。

员应具有一定的推理和选择能力，即具有“普通创造能力”[①]，这是KSR案后，美国联邦最高法院将本领域普通技术人员的“水平”加以提升的又一例证。以下通过两个案例来说明“显然可以尝试”的判断要点。

案例1为Rolls – Royce PLC's（Rolls – Royce）与United Technologies Corp.'s（UTC）之间的专利诉讼[②]，地区法院裁定Rolls – Royce的US6071077专利（下称077专利）相对于UTC的US09874931申请（下称931申请）是非显而易见的，随后UTC提出上诉。

077专利和931申请都涉及在涡轮风扇喷气发动机上使用的后掠风扇叶片。风扇通常由一连串风扇叶片组成，这些叶片连接到中心可旋转轮毂上，并从该轮毂径向向外延伸，风扇叶片围绕轮毂旋转，通过增加空气的压力和动量为进入发动机的空气提供推进推力。冲击波会增加发动机噪声并导致效率低下，一般具有两种类型的冲击波：端壁冲击和通道冲击。当压力波从发动机壳体反射到气流中时，就会产生端壁冲击，通道冲击来自风扇叶片上的超音速气流，风扇叶片的前缘在最初接触气流时会产生通道冲击。端壁冲击和通道冲击彼此无关，事实上，它们出现在风扇内的不同位置。为了减少冲击波，现有技术中已经存在向后掠或向前掠叶片，叶片弯向相对速度矢量是向前掠的，叶片弯曲远离相对速度矢量弯曲是向后掠，相对速度矢量是撞击风扇叶片前缘的气流的大小和方向。

如图4 – 2 – 16左图所示，077专利的权利要求为：

一种导管风扇燃气涡轮发动机的风扇，其至少部分地可围绕旋转轴线旋转，并限定沿着旋转轴线的下游方向，包括：

风扇壳体，其限定了具有风扇转子区域的内管道壁，风扇壳体的内管道壁在风扇转子区域处是会聚的；轮毂4，相对于风扇壳体同心设置；风扇转子，其包括多个扫掠风扇叶片，扫掠风扇叶片围绕轮毂间隔开，多个扫掠风扇叶片中的每一个具有末端轮廓，该末端轮廓会聚以便基本上对应于风扇外壳的会聚内管道壁；前缘10，其在垂直于旋转轴线的方向上限定可变扫掠角，该前缘包括：与轮毂相邻的内部区域S1 ~ S5，该内部区域限定了前掠角；在内部区域和风扇罩之间的中间区域S6 ~ S10，该中间区域限定了向后的后掠角；和中间区域和风扇外壳之间的外部区域S11，外部区域限定前掠角。

---

① 张晓东，傅利英. 美国专利审查中的“显易尝试”标准及对我国的启示［J］. 中国医药工业杂志，2013，44（5）：533 – 537.

② In Rolls – Royce，PLC v. United Tech. Corp.，603 F. 3d 1325，95 USPQ2d 1097（Fed. Cir. 2010）.

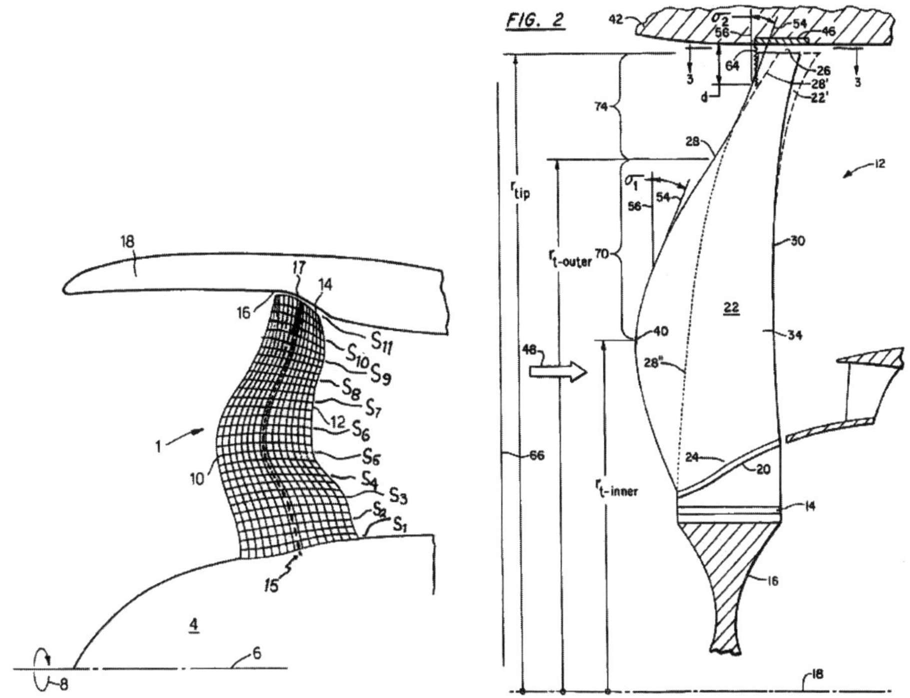

图4－2－16　077专利和931申请的附图

如图4－2－16右图所示，931申请的权利要求如下：

一种导管风扇燃气涡轮发动机的风扇，其可围绕旋转轴线旋转，并限定沿着旋转轴线的下游方向，该风扇包括：

风扇外壳，其限定具有风扇转子区域的内管道壁；相对于风扇壳体同心设置的轮毂；风扇转子，其包括多个后掠风扇叶片，后掠风扇叶片围绕轮毂间隔开，并且能够以在叶片上提供超音速工作介质气体速度的速度旋转，以在邻近内管道壁的气体中引起冲击，多个后掠风扇叶片中的每一个具有：对应于风扇外壳的内管道壁的末端轮廓；前缘，其在垂直于旋转轴线的方向上限定可变后掠角，该前缘包括：邻近轮毂的内部区域，该内部区域限定了前掠角；在内部区域和风扇壳体之间的中间区域70，该中间区域限定了向后的后掠角；和外部区域74，在中间区域和风扇壳体之间，外部区域相对于前缘向前平移，具有与中间区域的外边界相同的后掠角，以提供使叶片拦截冲击的掠角。

地区法院认为，931申请没有披露077专利中的特征：中间区域和风扇罩之间的外部区域，该外部区域限定了前掠角，因此077专利是非显而易见的。

而UTC认为，考虑到931申请中对后掠的披露，外部区域的前掠将是一个容易预测和实现的变化。UTC 还提供了 CFD 的模拟证据，证明本领域普通技术人员会发现外部区域的前掠是一种可预测的变化，将后掠角从向后后掠角改为向前后掠角以便拦截端壁冲击是显而易见的。

美国联邦巡回上诉法院肯定了地区法院的观点，上诉法院认为，如果需要从现有技术中选择一个解决方案，解决问题的可能方法和选择必须是“已知的和有限的”，并且这项发明是否是“确定的、可预测的解决方案”和“预期的成功”。上诉法院认为没有任何记录显示本领域的普通技术人员有任何理由在外部区域尝试前掠，除非一些设计需求或市场压力或其他动机会建议本领域普通技术人员追求所要求的过程或选择，否则特定的过程或选择不是显而易见的，换句话说，一个本领域普通技术人员必须有充分的理由在他的技术能力范围内追求已知的选择。本案中，CFD 的模拟证据没有显示端壁冲击，如果没有某种方法来检测减少端壁冲击的益处，或者甚至没有理由以新的方法来寻求减少端壁冲击，研究人员或普通技术人员就不会改变后掠角的方向。此外，沿轴向向前的平移可能产生不可用的风扇叶片，并导致端壁冲击移至通道冲击之后，所以 Rolls－Royce 的发明根本不会作为一个选项出现，更不用说一个显然可以尝试的选项了。

案例 2 为申请人 Perfect Web Technologies，Inc.（Perfect Web）对地方法院作出的专利无效判决提出的上诉①。Perfect Web 的发明涉及将一次递送中成功递送的电子邮件消息的数量与预定的期望数量进行比较，并且如果该递送没有达到期望数量，则重复选择并向一组客户发送电子邮件的过程，直到已经达到期望的递送消息数量。该发明的权利要求如下：

1. 一种用于管理批量电子邮件分发的方法，包括以下步骤：

（A）将目标接收者概况与一组目标接收者相匹配；

（B）向所述匹配组中的所述目标收件人发送一组批量电子邮件；

（C）计算所述批量电子邮件集合中已经被所述目标收件人成功接收的电子邮件的数量；而且，

（D）如果所述计算量不超过成功接收的电子邮件的规定最小数量，重复步骤（A）～（C）直到所述计算数量超过所述规定最小数量。

现有技术公开了步骤（A）～（C），未公开步骤（D）。地区法院认为权利要求 1 的方法的步骤（A）～（C）是先前已知的，问题就变成了普通的电

---

① Perfect Web Tech.，Inc. v. InfoUSA，Inc.，587 F. 3d 1324，1328－29，92 USPQ2d 1849，1854（Fed. Cir. 2009）.

子邮件营销人员是否会重复前三个步骤，向目标收件人发送规定数量的电子邮件，法院认为步骤（D）是显而易见的，最后一步仅仅是失败后不断尝试的常识应用的逻辑结果。

Perfect Web 认为，首先，常识或知识必须基于证据和事实发现，因为它们发挥与调查现有技术是否包含任何教导、建议或动机（TSM）相同的作用，这些教导、建议或动机将引导产生要求保护的发明。其次，地方法院不恰当地通过“事后诸葛亮”看待这项发明，将步骤（D）误解为失败后不断尝试。Perfect Web 还声称，电子邮件营销领域对该发明的需求尚未得到满足，因为该行业以前依赖于“过度发送”，这涉及发送过多的消息以确保发送到期望数量的收件人，在这一过程中浪费资源和惹恼消费者，而不能保证发送到。

联邦巡回上诉法院支持了地区法院的判决，在本案中，步骤（D）仅仅涉及重复早期步骤的事实，如果需要，营销人员可以重复这些步骤，如果下令发送 100 封电子邮件，而第一次邮件只发送了 95 封，常识将告诉营销人员应该再试一次。未能达到预期的电子邮件收件人数量是电子邮件营销领域的一个公认问题，现有技术中也公认有三种潜在的解决方案：（i）过量发送，或通过电子邮件发送过量的地址，以确保达到配额；（ii）如果一些地址失败或“退回”消息，重新发送到那些相同的地址，希望第二次传输以某种方式成功；以及（iii）识别一组新的地址并向它们发送消息。即使没有实验，简单的逻辑表明向新地址发送消息比向已经失败的地址重新发送消息更有可能产生成功的传递。Perfect Web 没有提供任何证据证明专利方法提供了任何意想不到的结果；实际上，执行步骤（D）的可预期结果正是更多的电子邮件消息到达更多的接收者。因此，有“有限数量的确定的、可预测的解决方案”表明发明的方法对本领域技术人员来说是显而易见的。正如美国联邦最高法院在 KSR 案中解释的那样，如果尝试如此有限数量的解决方案导致预期的成功，它很可能不是创新的产物，而是普通技能和常识的产物。与此同时，没有证据表明：一个普通技术人员需要改变所有参数或尝试许多可能的选择，或探索一种新技术或通用方法，以至于现有技术仅给出了关于所要求保护的发明的特定形式或如何实现它的一般指导，无法建议普通技术人员尝试发明。

通过上面两个案例可以看出，“显然可以尝试”可能否定创造性的条件是：问题是已知的，解决问题的可能方法是已知的和有限的，并且通过使用已知的选项，解决方案是可预测的，能够合理预期成功。案例 1 中，在考虑已知选项时，叶片向前和向后扫掠是扫掠的唯二选项，本领域技术人员在进行叶片设计的时候，要么向前要么向后是公知常识，但是这样的已知选项是抛开技术效果单独考虑的选项，通过这种方式判断选项会发现很多的已有技术都可以进行已知选项的罗列，这样显然不符合专利制度设立的初衷，故法院强调应该基于要实现的技术效果考虑选项是否已知，本领域技术人员如果都不知道进行相关选项会带来什么样的技术效果，便不会有动机将其作为选项之一尝试去解决所要解决的技术问题。

案例 1 中，结合技术效果判断会发现：为减少端部冲击的技术效果是未知的，即使前掠后掠方式是客观存在的，但在外部区域将后掠改为前掠的技术效果是不可预测的，在面临减少端部冲击的技术问题时，并无法成功预期改变外部区域的后掠/前掠方式能够解决技术问题，本领域技术人员没有动机去进行后掠改前掠的尝试，因此，不属于显然可以尝试的适用情况。

案例 2 中，美国联邦巡回上诉法院认为，为了解决发送太多或太少的电子邮件，至少三种选项是已知的，而发明的技术方案是其中一种，本领域普通技术人员尝试这些有限数量的解决方案时能够预期获得成功，因此属于显然可以尝试的情形，权利要求是显而易见的。

对比案例 1 和案例 2 不难发现，基于“显然可以尝试”来判断创造性时，容易出错的关键点有二，一是在已知选项的判断中不能忽略技术效果，二是成功的预期对于显然可以尝试的判断非常重要。案例 1 中，发明的技术方案不是已知的可预测的解决方案，不存在合理的成功预期；案例 2 中，发明的技术方案是已知的、可预测的解决方案，存在合理的成功预期，因此，显然可以尝试的结论不同。在 KSR 案的几种理由中只有显然可以尝试明确增加了成功预期这一条件，显然可以尝试为什么要强调成功预期这一条件呢？因为，显然可以尝试实质就是对众多可能选项逐一进行尝试，直到其中一种取得成功。如果不要求成功预期，将会导致显然可以尝试的滥用，将所有现有技术提到过的、设想过的甚至猜想过的不符合实际的方案都作为已知选项去尝试，其可适用情形将会很多，最终结果并不会有利于鼓励发明创造。

中国专利审查实践中并无“显然可以尝试”的判断标准，中国专利审查指南在选择发明的判断原则中有类似的描述：如果发明仅是从一些已知的可能性中进行选择，或者发明仅仅是从一些具有相同可能性的技术方案中选出一种，而选出的方案未能取得预料不到的技术效果，则该发明不具备创造性；以及如果发明是在可能的、有限的范围内选择具体的尺寸、温度范围或者其他参数，而这些选择可以由本领域的技术人员通过常规手段得到并且没有产生预料不到的技术效果，则该发明不具备创造性①。由此可见，中国专利审查

① 《专利审查指南 2023》第二部分第四章第 4.3 节。

实践中在面对类似的从现有技术选择解决方案是否具有创造性的问题时，同样需要考虑已知的可能方案是否是有限的，选出的方案所取得的技术效果是否预先能够预料得到。根据该判断原则，笔者认为，在面对案例 1 和案例 2 时，中国专利局的审查员也会得出同样的结论，即案例 1 取得了预料不到的技术效果因而是非显而易见的，而案例 2 未能取得预料不到的技术效果，从而是显而易见的。

案例 2 中美国联邦巡回上诉法院还对 TSM 规则和 KSR 理由进行了阐释，明确提出基于设计因素或其他市场动力的推定而使某一尝试的领域的已知工作发生改变以应用于相同领域或不同领域，如果这种改变对于本领域技术人员来说是可以预料的，显而易见性的分析不能局限于过分强调已公开文献和授权专利的字面内容，在许多技术领域，对技术或者其组合是否显而易见的讨论并不多，在许多情况下，是市场需求而非科技文献决定了设计的发展方向。因此，在进行显而易见性判断时不应局限于从现有的科技文献中寻找证据，因为仅从现有技术的文献中寻找证据的做法是不完备的，很多简单的常识性知识尤其不会记载在专利文献或学术期刊中。可以看出 KSR 案对于美国专利制度深远的影响，KSR 案给出了更灵活的显而易见性判断思路，无论是市场力量、设计激励措施、多项专利教导、努力领域的需求和问题、普通技术人员的背景知识、创造力和常识都可以作为结合的原因、建议或动机。

（三）合理的成功预期

支持显而易见性结论的理由类型有多种，但核心是所产生的结果是否可预测，即所有请求保护的要素在现有技术中是已知的，并且本领域技术人员可以通过已知方法如所要求保护权利要求那样组合要素而不改变它们各自的功能，并且该组合对于本领域技术人员来说除了可预测的结果之外不会产生任何其他结果。在先现有技术提出了一种目标、想法或者猜想不能导致发明显而易见，因为这种目标、想法、猜想本身还未成功，便无法给出合理的成功预期。MPEP 第 2143.02 章中对判断合理的成功预期给出了三条规则：

1）显而易见性需要对成功有合理的预期；

2）至少需要一定程度的可预测性；申请人可提供证据，表明无合理的成功预期；

3）可预期性是在发明作出时确定的。

其中第 1）、3）条比较容易理解，对于第 2）条至少需要一定程度的可预测性存在判断上的主观性，以下通过两个案例来说明一定程度的可预测性的考量要点。

案例1涉及一种治疗人类精神障碍的方法①；该方法包括通过口服施用5－(3－二甲基氨基亚丙基）二苯并［a，d］［1，4］环庚二烯（下文中称为“阿米替林”）或其盐酸盐或氢溴酸盐来治疗人类抑郁症。涉案权利要求如下：

1. 一种治疗包括抑郁症在内的人类精神障碍的方法，该方法包括给患有抑郁症的人口服5－(3－二甲基氨基亚丙基）二苯并［a，d］［1，4］环庚二烯或其无毒盐，日剂量为25～250毫克。

PTAB以权利要求不具备创造性为由驳回了该专利申请，其中对比文件1公开了阿米替林及其盐酸盐，阿米替林的性质包括对中枢神经系统的多种活性，以及药理学和药物学性质，例如麻醉增强、肾上腺素溶解、镇静、抗组胺、止吐、解热和降温，但没有公开阿米替林具有抗抑郁特性。

对比文件2公开了化合物丙咪嗪，并教导该化合物是人类非常有效的抗抑郁药，丙咪嗪与阿米替林的结构不同之处仅在于用氮原子取代了中心环中的不饱和碳原子。并推荐剂量是每天75～150毫克，如果小剂量无效，可能是200～250毫克。

对比文件3公开了丙咪嗪对人类抑郁症状的影响。

对比文件4公开了作为生物电子等排体的各种原子或原子团，包括氧和不饱和碳原子的互换，这通常导致类似的生物活性，但没有公开氮和不饱和碳原子的互换是生物电子等排的。

对比文件5公开了“生物电子等排”理论及其在基于“先导”化合物的知识设计新药中的用途。

对比文件6公开了氯丙嗪（一种吩噻嗪衍生物）和氯丙嗪（一种9－氨基－亚烷基－噻吨衍生物）的性质，当位于吩噻嗪化合物中心环的氮原子与相应的不饱和碳原子互换时，获得9－氨基－亚烷基－噻吨化合物，噻吨衍生物的药理学性质非常类似于相应的吩噻嗪的性质。该化合物被公开在动物中具有强烈的中枢抑制作用，即镇静作用。

对比文件7公开了阿米替林和丙咪嗪药理特性的比较试验结果。报告指出，这两种化合物在多种性质上非常相似，包括它们作为具有麻醉增强作用的镇静剂的作用。因为这种相似性，也因为阿米替林和丙咪嗪在结构上是相关的，罗氏科学家得出结论，阿米替林应该进行抑郁症缓解的临床测试，这是丙咪嗪的一个已知特性。

可以看出，本案的争议焦点在于：丙咪嗪与阿米替林的结构不同之处仅在

① In re Merck & Co., Inc., 800 F. 2d 1091, 231 USPQ 375 (Fed. Cir. 1986).

于用氮原子取代了中心环中的不饱和碳原子，从丙咪嗪的抗抑郁用途能否想到阿米替林的抗抑郁用途？申请人认为，与丙咪嗪相比，阿米替林出乎意料地具有更强的镇静作用和更强的抗胆碱能作用。为支持这一论点，申请人提供了哈佛大学精神病学教授 Joseph J. Schildkraut 博士的证言，Schildkraut 博士的书面陈述承认阿米替林和丙咪嗪之间的一些药理学差异，包括阿米替林是一种更有效的镇静剂并且比丙咪嗪具有更强的抗胆碱能作用。此外，Schildkraut 博士指出，抑郁症患者对阿米替林和丙咪嗪的反应不同，有些人对一种药物有反应，而对另一种药物没有反应，或者对一种药物比对另一种药物更有利。同时，Schildkraut 博士发表了一篇关于治疗抑郁症患者的内科医生和精神病学家研讨会的记录，该记录建议执业医生从三环类抗抑郁药（包括阿米替林和丙咪嗪）中选择对个别患者有用的特定药物。

法院认为，现有技术教导阿米替林和丙咪嗪都是作用于中枢神经系统的精神药物，并且在申请人的发明之前在本领域中是已知的。虽然已知阿米替林具有精神作用特性，如镇静和麻醉增强特性，但该药物不是抗抑郁药。然而，现有技术表明，丙咪嗪和阿米替林在结构上无疑是密切相关的，这两种化合物都是三环二苯并化合物，结构上的不同仅在于位于丙咪嗪中心环的氮原子与阿米替林中心环的不饱和碳原子互换。为了判断显而易见性，有必要从申请人发明时本领域已经可获得的知识来确定，药物化学领域的技术人员能否预期阿米替林能够像丙咪嗪那样用于治疗人类的抑郁症。对比文件 7 确认了阿米替林和丙咪嗪之间的结构关系，并得出结论应测试阿米替林的抗抑郁活性，事实上，对比文件 7 明确预测阿米替林在临床上具有类似于丙咪嗪的抑郁缓解作用。

此外，现有技术表明，根据生物电子等排理论，一个原子或一组原子替代另一个具有相似大小、形状和电子密度的原子或一组原子，能够提供具有相同类型生物活性的分子。对比文件 4 ~6 均指出，药物化学家通常使用生物电子等排原理来设计和预测药物活性，并且对比文件 6 教导了氮和不饱和碳原子的互换是生物电子等排的，这正是丙咪嗪和阿米替林之间的精确结构差异。鉴于这些教导显示了阿米替林和丙咪嗪之间密切的结构相似性和相似的用途（精神药物），具有药物设计和药理学技术知识的药物化学领域的普通技术人员将会预期阿米替林在缓解人类抑郁症方面与丙咪嗪相似。申请人所认为的阿米替林和丙咪嗪之间的性质差异似乎是程度问题，而不是种类问题。此外，关于镇静作用，Schildkraut 博士的文章仅揭示了两种化合物之间的微小差异，阿米替林被描述为“高度镇静”，而丙咪嗪只是“比阿米替林稍微镇静一些”。因此，尽管阿米替林和丙咪嗪的性质在程度上存在一些差异，但这两种化合物预期具有相同类型的生物活性。由于没有证据表明两种化合物的性质差异达到出乎意料的程度，因此该申请对于本领域普通技术人员来说是显而易见的。

案例 2 涉及 Acorda Therapeutics（Acorda）公司的一项通过含有活性成分 4－氨基吡啶（4－AP）的药物改善多发性硬化患者的步行状况的专利[①]，相关权利要求为：

1. 一种提供有效治疗浓度的 4－AP 用于改善多发性硬化症患者行走的给药方法，所述方法包括：

开始施用 4－AP 时，向所述患者口服 10 毫克 4－AP 的缓释组合物，每日两次，持续一天，无需预先进行 4－AP 滴定，然后，

维持对 4－AP 的施用，向所述患者口服 10 毫克 4－AP 的缓释组合物，每日两次；不含后续 4－AP 滴定法，

从而在人体内维持 1.0 到 3.5 的体内 Cmaxss：Cminss 比率[②]和 15ng/mL 到 35ng/mL 的 Cminss。

美国专利商标局以该权利要求不具备创造性为由驳回了该申请，申请人 Acorda 提出了上诉。相关现有技术包括：

对比文件 1 为一篇涉及多发性硬化症对症治疗的缓释 4－AP 的定量评估的论文，其公开了使用 4－AP 17.5mg 每日两次的计量，通过与安慰剂的比较，患者在时间步态方面有统计学显著改善，对比文件 1 还强调了高剂量的毒性问题，药物较低的峰值水平能够增加安全性。

对比文件 2 为一份在马里兰州巴尔的摩举行的美国多发性硬化症治疗和研究委员会年会上发布的海报，其公开了与安慰剂相比，每天两次服用 10～40mg 4－AP 的患者在步行速度和下肢力量方面有统计学显著改善。

对比文件 3 为一篇关于慢性脊髓损伤患者单剂量和多剂量口服泛普定 SR（缓释 4－AP）的药代动力学研究的论文，其公开了当以 10 mg 剂量每日两次给药 4－AP 的缓释制剂并且达到稳态条件时，结果是 4－AP 的平均血清水平为 20.8 +/－5.7 ng/mL。

Acorda 认为，现有技术没有教导每天两次的稳定的 10mg 剂量的功效，也没有指出这样的剂量是本领域技术人员在合理预期成功改善行走能力的情况下被激励进行测试的少数选项之一，相反，对比文件 1 所教导的剂量大大高于 10mg，因此给出了相反的技术教导。对比文件 3 仅公开了在滴定给药方案中施

---

① A corda Therapeutics，Inc. v. Roxane Labs.，Inc.，903 F.3d 1310（Fed. Cir. 2018）.

② Cmaxss 和 Cminss 为药物代谢动力学参数，Cmaxss 为稳态峰值血药浓度，Cminss 为稳态低谷血药浓度。

用缓释 4 – AP 以避免癫痫发作的风险，而脊髓损伤患者和多发性硬化症患者的固有药代动力学特征不同，因此本领域技术人员没有动机将其应用到改善行走能力的稳定给药方案，也没有合理的成功预期。

美国联邦巡回上诉法院否认了 Acorda 的观点，认为对比文件 1 使用了 17.5 mg 每日两次的剂量，并强调了高剂量的毒性问题，较低的峰值水平可能增加安全性，为研究低剂量提供了肯定的理由，对比文件 1 还指出 4 – AP 的未来研究需要检查长期疗效和耐受性，并进一步完善给药方案以优化给药。因此，对比文件 1 对每天两次服用 17.5 mg 4 – AP 或更低剂量的 4 – AP 有合理的成功预期。同时对比文件 1 中还警告了高剂量会导致癫痫的发作，因此本领域技术人员会选择低剂量，不是更高的剂量。此外，对比文件 2 公开了与安慰剂相比，每天两次服用 10 ~ 40 mg 4 – AP 的患者在步行速度和下肢力量方面有统计学显著改善，以及剂量超过 20 mg 每天两次 4 – AP 会导致更严重的不良事件，包括癫痫发作。因此，本领域技术人员能够从对比文件 1 和 2 中得到 4 – AP 成功治疗行走能力的合理预期，并且对比文件 1 和 2 披露的剂量包括或接近本申请声称的范围，同时对比文件 1 和 2 都表达了对高剂量的担忧，本领域技术人员可以合理预期每天两次每次 10mg 的 4 – AP 缓释剂是改善患者行走能力的有效剂量。

对比文件 3 公开了当以 10 mg 剂量每日两次给药 4 – AP 的缓释制剂并且达到稳态条件时，结果是 4 – AP 的平均血清水平为 20.8 +/ – 5.7 ng/mL，即 15.1 ~ 26.5 ng/mL，在 Acorda 专利要求的范围内并且事实上覆盖了大部分范围。对比文件 3 报告的药代动力学结果是该制剂的固有特性，并不会因为治疗疾病的不同而发生变化。此外，对比文件 3 也明确地指出了 4 – AP 是能恢复慢性脊髓损伤或其他脱髓鞘疾病（如多发性硬化症）患者某些神经功能的化合物，这说明两者之间存在参考关系。

案例 1 和案例 2 讨论的都是现有技术有没有给出合理的成功预期，从字面上分析，用合理加以限定表示所述的成功预期不需要是绝对的，只要求能够通过通常的成功经验合理预见改进后的技术方案能够解决技术问题、达到预期效果即可，并不要求预期的结果百分之百地能够成功。在案例 1 中，丙咪嗪与阿米替林的结构不同之处仅在于用氮原子取代了中心环中的不饱和碳原子，本领域普通技术人员将阿米替林用作抗抑郁的成功预期是由“阿米替林和丙咪嗪之间的精确结构差异为已知的生物电子等排取代”“药物化学家通常使用生物电子等排原理来设计和预测药物活性”结合给出的，这一成功预期相对而言比较明确，无需进行推论就能得出。案例 2 中成功的预期是基于对比文件 1 的高剂量会导致不良影响、滴定给药是为了避免高剂量开始会造成不良反应推断得出的，即使现有技术没有给出具有提升行走能力的显著统计差异，法院也认为这样的推断满足成功预期的合理性要求。可见，成功的预期只需要是合理的，而不是绝对的，并不需要在现有技术中有完全相同、明确的成功了的记载，而是可以在现有技术的基础上推断出结论。

合理的成功预期的条件设置符合惯性思维的收敛性[①]，在面临现有技术存在的技术问题时，需要设计大量的试验进行分析研究，如果某一试验方案没有合理的成功预期，甚至可以预见不会取得成功，本领域普通技术人员显然会避免采用这样的方案，只会依据自身的经验、认知，直接采用已经获得成功的或者预期能够成功的方案。

中国专利审查实践中没有合理的成功预期这一概念，与其类似的有“预料不到的技术效果”的概念，例如在判断选择发明时，中国专利审查指南中规定，在进行选择发明创造性的判断时，选择所带来的预料不到的技术效果是考虑的主要因素；如果选择使得发明取得了预料不到的技术效果，则该发明具有突出的实质性特点和显著的进步，具备创造性[②]。可见一件发明所取得的技术效果是不是本领域技术人员预先能够预料得到的，是判断发明是否显而易见的重要参考因素，在案例 1 和 2 中，由于发明所取得的技术效果均是本领域技术人员能够预料得到的，因此笔者认为基于中国专利审查实践，案例 1 和 2 也会被认为不具备创造性。

（四）显而易见的合理解释

当作出权利要求是显而易见的审查意见时，审查员应进行适当的事实认定，并必须提供合理的解释，说明为什么请求保护的发明在发明时对本领域普通技术人员来说是显而易见的，审查员可以适当地引入诸如公知常识和普通智慧等不需要证据的事实，但在审查意见中仍然需要进行合理的解释。以下通过一个案例说明审查意见中合理解释的要求[③]。

申请人 Marcel Van Os 的一项涉及具有接口重新配置模式的便携式电子设备的专利申请被 PTAB 以不具备创造性为由驳回，申请人向美国联邦巡回上诉法院提出了上诉。

该便携式电子设备允许用户重新排列图标，权利要求限定了启动“接口重新配置模式”以允许图标重新排列，权利要求 38 限定了用于打开应用程序的“第一用户触摸”、用于启动界面重新配置模式的持续时间较长的“第二用户触摸”和用于移动图标的“后续用户移动”。

---

① 赵学林，肖亦然．创造性判断中如何判断有动机［J］．审查业务通讯，2022，28（7）：41－48.

② 《专利审查指南 2023》第二部分第四章第 4.3 节。

③ In re Van Os，844 F. 3d 1359（Fed. Cir. 2017）.

驳回基于两篇现有技术，其中对比文件1公开了一种带有触摸屏的个人通信设备，其教导用户可以通过将按钮从一个位置拖动到另一个位置来重新排列按钮，并可以通过选择或键盘命令重新配置按钮的功能模式。

对比文件2公开了一种可处于未激活和激活状态的计算机触摸板接口，在激活状态下，图标是功能性的，可以移除或重新排列，可以通过多种方式“激活”单个图标，如用多个手指快速双击触摸图标，或将手指悬停在图标上而不触摸触摸屏，或将手指持续按住图标，而在图标附近的单次点击可以理解为正常的鼠标点击。

PTAB认为对比文件1公开了权利要求38的每一项操作方式，但并未明确公开界面重新配置模式是由比用于启动对应于图标的应用程序的第一个持续时间更长的用户触摸启动的。而对比文件2公开了持续触控的操作方式，本领域技术人员可以将此功能添加到对比文件1从而代替原有选择或键盘命令方式，从而使对比文件1的设备进入重新配置模式，这种结合是直观的。

但是本案中美国联邦巡回上诉法院并没有支持PTAB的结论，法院认为，上诉委员会仅仅指出了将对比文件2结合到对比文件1中是“直观的”，但并没有提供任何理由或分析来解释对比文件2结合对比文件1的动机，也没有解释为什么用对比文件2中的持续触控的操作方式来修改对比文件1是“直观的”，或者以其他方式确定合并的动机。在缺乏明确的理论基础的情况下，认为现有技术的组合应该是常识或直观的结论与仅仅说明组合应该是显而易见的没有什么不同，这样一个没有解释的结论性断言不足以支持合并动机的存在，并会导致KSR案中所警告的后见之明，并且无法确定熟练技工以所声称的方式组合元素的任何实际原因。美国联邦巡回上诉法院还批评了PTAB的武断，指出行政机关必须对有关事实作出裁决，并充分详细地陈述其理由，使法院能够对行政机关的行为进行有意义的复审。

本案的判决中美国联邦巡回上诉法院再一次引用了美国联邦最高法院在KSR案中的相关解释，最高法院在确定是否存在合并现有技术的动机时，批评了“拒绝事实发现者诉诸常识的合理预期性规则”，KSR案中最高法院明确指出，在确定是否存在合并动机时，应该进行明确的分析，基于常识的显而易见性结论必须包含明确而清晰的推理，对常识的引用不能作为合理分析和证据支持的全面替代品，在认识到常识的作用时，应当强调事实基础的重要性，以明确相关领域普通技术人员应该知道什么，不能仅仅用常识一词而没有任何支持理由就得出显而易见性的结论。

本案中美国联邦巡回上诉法院并未对对比文件1和2是否存在结合启示进行分析，仅仅因为PTAB未对常识进行解释便判决发回重审，因为结论性断言不足以支持合并动机的存在。一方面可以看出美国专利司法实践中，认可常识可以作为创造性判断的事实依据，但在正确认识什么是常识的基础上，还需要认识常识所起的作用，并提供这一常识为什么能够提供动机。本案中 PTAB 给出了对比文件 1 和 2 可以结合的理由是结合是直观的，本领域技术人员会被激励进行选择，并没有解释为什么会被激励选择对比文件 2 的方式进行模式激活。另外，尽管 MPEP 中提供了很多法院认可属于惯例的情形，在显而易见性的审查意见中可以使用，但是必须结合事实调查进行说理解释。由此可见，美国专利审查中公知常识的使用范围更广，同时也在操作层面提出了更高的要求，以期通过严格的说理要求来避免“事后诸葛亮”。

中国专利审查指南中并未对支持显而易见的理由进行例举，在实际审查实践中会倾向于慎重考虑“使之便携、一体化、可分离、可调节或可连续”这些技术效果，并不会简单将其作为理由直接否定创造性。回到本案，笔者认为，本申请中长时间触摸的作用是一种激活命令的输入方式，对比文件 2 中长时间触摸也是一种激活命令的输入方式，两者要解决的技术问题和所起的作用相同，此时如果要得出权利要求不具备创造性的结论，需要详细说明二者可以结合的动机和理由。

（五）公知常识

公知常识是创造性审查中的常见意见，申请人往往也会对审查员频繁地使用公知常识质疑，因此各个国家的专利审查指南中都要求审查员谨慎提出公知常识的审查意见。MPEP 第 2144. 03 章中对于公知常识规定为：在适当的某些情况下，审查员可以对未经记录的事实发出审查通知书，或者在作出拒绝意见时依赖公知常识，但是应该明智而谨慎地使用这种拒绝意见。同时还规定：

1）只有在审查员所主张的众所周知的事实或本领域公知常识的事实，能够被立即和无可非议地证明为众所周知的情况下，才能发出没有书面证据支持的审查通知书。仅依据没有书面证据支持的本领域公知常识作出驳回决定是不适当的。

2）如果通知书使用了一个未得到文献证据支持的公知常识，支持决定作出该通知书的推理的技术线索必须是清楚无误的。如果在审查意见通知书中主张公知常识而没有对书面证据的具体运用，那么其中所通知的事实应该是容易核实的，例如当审查档案中的其他参考文献支持所通知的事实，或者没有任何审查档案与之相矛盾。

3）如果申请人对事实主张提出疑问，认为是不正确的审查意见，或者是不正确地依据了公知常识，那么审查员必须提供足够的证据来支持这一认定。为了充分地辩驳这一认定，申请人必须明确指出审查员通知书中的其所认为的错误，要包括说明为什么已通知的事实不被认为是常识或本领域众所周知的。如果申请人进行了充分辩驳，审查员应当在下次通知书中提供证据证明，如果辩驳不充分，审查员应当解释为什么辩驳不充分。

以下是一件涉及公知常识的多方复审案例①，专利权人阿伦迪股份有限公司的专利相关权利要求 1 如下：

1. 一种计算机实现的方法，用于使用在计算机上运行的第一计算机程序来查找与文档内容相关的数据，所述方法包括：

使用第一计算机程序以电子方式显示文件；

在显示文件的同时，在计算机处理中，分析来自文件的第一信息，以确定第一信息是否是可以搜索的多种类型的信息中的至少一种，以便找到与第一信息相关的第二信息；

搜索第一信息；

提供由所述第一计算机程序配置的输入设备，所述输入设备允许用户输入用户命令以发起操作，所述操作包括（i）使用所述第一信息的至少一部分作为搜索项来执行搜索，以便查找特定类型的所述第二信息，与文件外部的信息源中的搜索项相关联，其中第二信息的特定类型至少部分依赖于第一信息的类型，以及（ii）使用第二信息的至少部分执行动作；

由于第一计算机程序从输入设备接收到用户命令，使得使用第二计算机程序在信息源中搜索搜索项，以便找到与搜索项相关的第二信息；如果搜索找到与搜索项相关的任何第二信息，则使用第二信息的至少一部分执行动作，其中动作的类型至少部分取决于第一信息的一种或多种类型。

说明书给出了具体的实施例，例如，如果检测到一个姓名，则可以在数据库中搜索该姓名，如果搜索发现只有一个地址的单个相关联系人，则该地址将插入文档中；相反，如果搜索找到多个相关联系人或地址，则会显示搜索结果，用户可以选择要插入文档的地址。

专利审判与上诉委员会认为该权利要求相对于对比文件 1 结合公知常识是显而易见的。对比文件 1 公开了一种识别文本并执行与文本相关操作的方法，说明书中给出了具体的实施例，例如，如果识别出电话号码，可以在下拉菜单中选择拨打电话号码、添加到通讯录或者发送传真等操作。委员会认为，当选择对比文件 1 中的添加到通讯录这一操作选项时，搜索通讯簿中是否已经存有该电话号码对于本领域的普通技术人员来说是公知常识。

---

① Arendi v. Apple，832 F. 3d 1355，1363，119 USPQ2d 1822，1827（Fed. Cir. 2016）.

专利权人阿伦迪股份有限公司认为公知常识只能用于所有技术特征被公开、用于结合启示的说理时。且没有任何证据支持委员会的假设，即将联系人添加到通讯录时将首先搜索重复的电话号码，然后再将号码添加到通讯录中联系人的条目是公知常识。

联邦巡回上诉法院推翻了专利审判与上诉委员会的决定，法院认为：对比文件1本身并不是关于搜索，而是关于文本中的文字识别，没有提及或暗示任何类型的搜索都涉及添加到通讯簿功能。而涉案专利的步骤（i）在权利要求中起着主要作用，如果缺少步骤（i）中的搜索，那么权利要求将几乎没有内容，发明的前提就是使用第一信息来查找第二信息的相关信息，可见步骤（i）是权利要求1的核心所在。这并不是明显的、没有争议的公知常识，在这种情况下，对其作出否定意见时必须给出证据。

虽然在数据库中搜索数据这一更广泛的概念得到了大量证据的支持，比如邮局通讯录添加条目的方式和对比文件1本身公开的内容，但这些证据不能说明，为什么要把搜索电话号码用于对比文件1的添加到通讯录功能中。现有技术中缺少在将电话号码添加到通讯簿之前，搜索电话号码的效果的证据。邮局通讯录添加条目的方式不涉及重复的电话号码，而是涉及重复的地址或输入，一般应理解为姓名。在数据库中搜索电话号码并不能防止重复地址或姓名的输入，例如，如果John Smith有两个电话号码，John Smith在数据库中已经有一个电话号码，则在数据库中搜索第二个，添加到John Smith的新号码不会显示John Smith已经在数据库中。事实上，搜索电话号码会产生重复的条目，只有搜索John Smith才能确定John Smith是否在数据库中。

法院进一步指出，在显而易见性分析中使用公知常识至少有三个注意事项。第一，一般情况下引用公知常识来提供结合的动机，而不是用来公开权利要求的区别技术特征。第二，在先判例中引用公知常识公开权利要求的区别技术特征的，其区别技术特征异常简单，仅涉及重复执行步骤。第三，公知常识的使用，无论是提供结合动机还是公开区别技术特征，都必须得到证据和合理解释的支持，特别是在公开的区别技术特征涉及一项发明的核心时。

通过以上案例可以看出，美国专利审查实践中，在有充分的理由进行解释的情况下，公知常识更多的是用来进行显而易见性结合启示的分析。在用于公开权利要求特征的时候，虽然总体上美国专利审查和司法实践也没有排除采用充分说理的方式使用公知常识，但是在使用时给出了严格的要求，尤其在公开的技术特征实际上是发明核心的时候，尤为严格。且从以上案例可以看出，对于公知常识的证据使用和说理，有说理并不等于说理充分。

与此对应地，中国专利审查指南中同样也对公知常识的证据支撑和充分说理进行了规定：审查员在审查意见通知书中引用的本领域的公知常识应当是确凿的，如果申请人对审查员引用的公知常识提出异议，审查员应当能够提供相应的证据予以证明或说明理由。在审查意见通知书中，审查员将权利要求中对技术问题的解决作出贡献的技术特征认定为公知常识时，通常应当提供证据予以证明①。可见关于公知常识的使用，中美两国专利审查制度中都明确在创造性评判中可以使用公知常识，但也都明确提出公知常识应能迅速且毫无疑问地证明，当使用公知常识受到质疑时，中国专利局要求审查员应当能够说明理由或提供相应的证据予以证明，美国专利商标局同样明确提出应当提供证据，或者解释为什么申请人的质疑不充分。

比较而言，由于美国专利审查实践中的类似现有技术的定义更宽泛、本领域技术人员的水平更具有创造力、结合启示的理由更灵活，因此就某一技术特征更容易找到合适的现有技术证据进行评述，因而对公知常识的把握相对更加严格，这就导致了相比于中国专利局审查员，美国专利局审查员更倾向于给出大量看似领域差距较大的对比文件来结合从而否定申请的创造性，而不是直接指出是公知常识。而中国专利局对最接近现有技术的要求相对较窄、本领域技术人员受到不具有创造能力的限制、结合启示要求更加严格，因此即使在公知常识的举证上没有给出更具体、更严格的要求，整体上并不会导致创造性尺度的把握过于宽松。

（六）对优势的预期和法律先例

如何将多份现有技术结合起来评价显而易见性，MPEP 第 2144 章中规定，将参考文献结合起来的最有力的理由是，在现有技术中明确或含蓄地承认，或根据已确立的科学原则或法律先例，从令人信服的推理中得出，将参考文献结合起来将会产生一些优势或预期的有益结果。作为判例法制度国家，美国专利商标局在判断显而易见性时必然会遵循在先相似案例即法律先例的判决，使用法律先例强调案例的相似性，而法院惯例实质上则是一种常见的法律先例，已经形成普遍共识，以至于无需引用案例本身，只用表述其共性。

以下是一件关于对优势的预期和法律先例的案例②，本案为一件侵权无效案，专利权人 DyStar 公司发明了一种用靛蓝对含纤维素的纺织材料进行染色的方法。靛蓝一直被用于纺织材料的染色，因为靛蓝色素不溶于水，所以在使用时必须将其氧化或还原成水溶性的白色形式，称为无色靛蓝，无色靛蓝不稳定，

---

① 《专利审查指南 2023》第二部分第八章第 4.10.2.2 节。

② Dystar Textilfarben GmbH & Co. Deutschland KG v. C. H. Patrick，464 F. 3d 1356，1368，80 USPQ2d 1641，1651（Fed. Cir. 2006）.

它会氧化并且当暴露在氧气中时会返回到它的蓝色颜料形式。因此，如果不立即用于染色，无色靛蓝溶液需要保存在无氧环境中，或者稳定化。

靛蓝还原常用方法——催化氢化法，用催化氢化的无色靛蓝对纺织材料进行染色的方法传统上包括以下步骤：（i）在溶液中将靛蓝还原成其无色形式；（ii）稳定无色靛蓝溶液，通常为糊状或粉末状；（ii）创建一个制备槽，在其中干燥的无色靛蓝被重新转变成溶液形式；（iv）将溶液加入染浴中；（v）浸渍。

DyStar 的发明消除了传统方法的步骤（ii）和（iii），它允许染匠将预先还原的靛蓝溶液直接倒入染浴中，并立即开始染色。相关权利要求为：

1. 一种用靛蓝对含纤维素的纺织材料进行染色的方法，包括

a）将通过催化氢化制备的无色靛蓝溶液的水溶液引入染浴中；

b）将纺织材料与染浴接触；并且，在无色靛蓝染到纺织材料上之后，

c）以常规方式通过空气氧化将所述无色靛蓝转化回颜料形式。

无效程序中使用的现有技术包括：

对比文件 1 涉及一种通过催化氢化制备无色靛蓝水溶液的过程。

对比文件 2 公开了一种无色靛蓝溶液，其可以被过滤，并且滤液可以不经任何进一步处理就直接使用或投放市场。

对比文件 3 公开了一种无色靛蓝溶液，该溶液可以在隔绝空气的情况下提取，并无限期地保存在容器中，该容器可以焊接或以任何其他密封方式封闭。

DyStar 认为发明相对于对比文件 1 ~ 3 是非显而易见的，主要论点包括：第一，具有普通技能的人是一个染匠，一个拥有高中学历的人，能够读写，但他的知识仅限于在机器上按动开关，而一名染匠显然不会参考对比文件 1 ~ 3。第二，由于对比文件 1 和 2 涉及不同的还原靛蓝的方法，它们不是类似的现有技术，对比文件 2 提出的溶液可以稳定并以溶液形式保存不适用于催化氢化的无色靛蓝溶液。第三，最高法院在先案例中对显而易见性的测试，要求引用的参考文献本身包含一种暗示、教导或结合它们的动机，而且必须明确说明。对比文件 1 并没有建议将他的发明与对比文件 2 和 3 的发明结合起来，以在不含氧的容器中稳定无色靛蓝溶液，直到在染浴中直接使用或投放市场销售。如果没有这样的教导，权利要求的发明就不可能是显而易见的。

美国联邦巡回上诉法院否认了 DyStar 的观点，认为专利权是无效的。法院认为，第一，涉案专利的方法试图解决的技术问题是：改进靛蓝对纺织材料染色的方法。这个过程包括几个独立的子部分，如靛蓝还原和染浴准备，一个普通的工匠会关心所有专利中要求保护的染色方法，普通技术人员必须具有更高水平的视角，因为他必须首先决定是自行还原靛蓝更有效还是购买预还原的靛

蓝更有效，并且如果是预还原的，那么必须决定是固体还是溶液形式更优选。设计最佳染色工艺需要化学和系统工程方面的知识，这绝不是一个只有高中学历、技能仅限于按动开关的人所能完成的。对于这项专利，普通技术人员不是染匠，而是能设计最佳染色工艺的人，作为染色工艺设计者，则会参考染色领域的对比文件1～3。

第二，对比文件2建议使用铁而不是锌作为还原剂，对比文件3公开了用于靛蓝还原的电解方法，尽管对比文件2和3公开了与对比文件1不同的还原方法，但一旦靛蓝被转化为无色形式，这种区别就与染色目的无关。因此，现有技术将教导靛蓝染色工艺设计领域的普通技术人员尝试稳定任何无色靛蓝溶液，以便直接加入到染浴中。无可争议的是，通过其他还原方法还原的靛蓝，而不仅仅是催化氢化还原，早已经用于靛蓝染色工艺中。因此，涉及通过其他方法还原靛蓝的现有技术不仅仅是类似的技术，而是相同的技术。

第三，DyStar的论点误读了法院的在先案例，相反，在先案例明确指出组合动机的证据不需要在现有技术参考文献本身中找到，而是可以在“本领域普通技术人员的知识中，或者在某些情况下，从要解决的问题的性质中”找到。当不是来自现有技术参考文献时，动机的证据将可能包括对众所周知的原理或要应用的解决问题的策略的解释。

美国联邦巡回上诉法院进一步指出，一个隐含的组合动机可以来自现有技术整体，但当改进是独立于技术的，参考文献的组合动机可以是导致更令人满意的产品或工艺，例如因为它更强、更便宜、更清洁、更快、更轻、更小、更耐用或更有效。因为通过改进产品或工艺来增加商业机会的愿望是普遍的，甚至是常识性的，在这些情况下，即使参考文献本身没有任何暗示，也存在结合现有技术参考文献的动机。在这种情况下，恰当的问题是普通技术人员是否拥有使其能够结合现有技术的知识和技能。例如，发明和现有技术的盖子之间的唯一区别是，前者通过螺栓将钢盖子连接到电话上，而后者通过焊接将其连接。改变现有技术的明显动机在于使用螺栓是一种更便宜、更快速、更方便的连接方式。

虽然法院习惯上讨论现有技术的范围和内容，结合的动机也与普通技术水平有着千丝万缕的联系。如果现有技术没有包含结合参考文献的明确建议，那么普通技术人员的水平通常会预先确定是否存在隐含的建议。不同技能水平的人不仅拥有不同的知识基础，而且在相关领域，特别是在解决问题的能力方面，还拥有不同程度的想象力和创造力。如果技术水平较低，例如像DyStar建议的那样，仅仅是一个染匠，那么可以合理地假设，这样的技术人员不会想到在现有技术参考文献中没有明确指示的情况下组合参考文献。然而，如果像在法律上所认为的那样，技术水平是染色工艺设计师的水平，那么我们可以很容易地假设这样一个工匠会从化学和系统工程中汲取灵感，而无需被告知他需要这样做。

染色工艺设计师应该知道，在室内还原无色靛蓝既费时又费钱，而且会产生大量污染。他应该知道购买预还原靛蓝会节省时间、空间和金钱，染色者将不再花费时间创造原料桶，染坊将需要更少的原料。一位阅读对比文件 3 的染色工艺设计师应该知道，无色靛蓝溶液可以在隔绝空气的情况下提取，并无限期地保存在焊接或以任何其他密封方式封闭的容器中。从他的化学背景来看，他应该知道如何密封容器。他也应该知道，如果他能这样稳定无色靛蓝溶液，他将节省更多的时间、空间和金钱，染色者将不再需要贮存罐或制备罐，因为他们可以简单地将预还原的溶液直接倒入染浴本身，他们将不再需要购买任何亚硫酸氢盐或苛性钠。阅读对比文件 1 的染色工艺设计师会意识到催化氢化提供了优于其他靛蓝还原方法的优点，因为无色靛蓝“不含杂质和矿物盐”。自然地，具有对比文件 3 知识的普通技工在阅读对比文件 1 时会意识到，通过在隔绝氧气的容器中稳定催化氢化无色靛蓝溶液，他可以设计出一种“更便宜、更快速、更方便”的靛蓝染色工艺。总之，这是一个熟练的化学家的工作，而不是一个发明家的工作。

在本案的判决理由中，首先确定了本领域普通技术人员的水平，是设计最佳染色工艺的人，其次给出了现有技术是否属于类似现有技术的判断结论，最后指出了动机的证据可以是普通技术人员的知识，基于设计最佳染色工艺的人的知识可知，为了追求“更便宜、更快捷、更方便”的靛蓝染色工艺，他会将对比文件 1 ~3 中提到的优点组合在一起，这属于熟练化学家的工作，而不是发明家的工作。

本案上诉法院在判决中运用了优势或预期的有益效果这一理由，如果现有技术结合起来将产生优势，就可以非常直观地解释为什么要将对比文件结合在一起。中国专利审查实践中的三步法的第三步，要求另一份对比文件中披露的相关技术手段，在该对比文件中所起的作用与该区别特征在要求保护的发明中为解决该重新确定的技术问题所起的作用相同。如果我们用三步法来考虑本案中三份现有技术的结合启示，将会发现，对比文件 1 公开了催化氢化制备方法，对比文件 2 公开了直接使用无色靛蓝溶液染色，对比文件 3 公开了无色靛蓝溶液密封保存，如果分别对比文件 2 和 3 解决的技术问题，例如无需还原，稳定无色靛蓝溶液等，则会发现缺少一条完整的证据链去说明为什么要将对比文件 1 ~3 组合在一起，因为没有一份现有技术完整公开主要流程，容易让人产生因为看到了发明本身才想到要将三份现有技术组合在一起的想法。但如果我们站在“更便宜、更便捷、更方便”的角度出发思考，不难发现这确实是一个设计最佳工艺的人在实际染色过程容易考虑并选择的，并不能达到发明创造的高度。因为通过改进产品或工艺来增加商业机会的愿望是普遍的，甚至是常识性的，所以在这种情况下，即使参考文献本身没有任何启示的暗示，也存在结合现有技术参考文献的动机。

除此之外，对于法律先例的使用，MPEP 第 2144 章中规定，只有当法律先例的事实与申请的事实足够相似时，法院惯例才能提供支持显而易见性的理由。在很多法院的判例中都可以发现，申请人、上诉委员会、法院在得出结论时都会引用在先法律案件，即法律先例，以论证自己的理由成立。除了法律先例，还有法院惯例这一概念，法院判决理由中引入了法院认可惯例也可以作为可结合的理由进行说理，MPEP 第 2144. 04 章中明确给出的法院惯例例如美学设计变化，步骤或要素及其功能的省略，使手工劳动自动化，尺寸、形状或添加成分顺序的变化，使之便携、一体化、可分离、可调节或可连续，部件的倒转、复制或重新布置，这些都可以作为结合或改进的理由，但是当申请人证明了相关技术特征的关键性，新的和预料不到的技术效果的时候，法院惯例将不再适用。

（七）与申请人不同的路径

中国专利审查实践中的三步法的第二步，为确定发明的区别特征和发明实际解决的技术问题，审查过程中，由于审查员所认定的最接近的现有技术可能不同于申请人在说明书中所描述的现有技术，因此，基于最接近的现有技术重新确定的该发明实际解决的技术问题，可能不同于说明书中所描述的技术问题；在这种情况下，应当根据审查员所认定的最接近的现有技术重新确定发明实际解决的技术问题①。与此对应的，美国专利审查制度中，也规定审查员可以重新确定现有技术的改进原因和动机，MPEP 第 2144 章中规定，改进参考文献的原因或动机通常对发明人已经做了什么给出了启示，但是出于不同的目的或解决不同的问题。现有技术建议的结合，没有必要是要实现申请人所发现的相同优势或结果。以下是一件通过不同路径获得发明的案例②。

发明人 Kahn 设计了一种通过眼睛控制和声音定位来操作的设备，主要解决盲人无法使用手持式光笔和语音合成器阅读材料的问题。涉案权利要求 1 为：

1. 一种适于全盲个体使用的阅读器，用于根据用户的选择读取存储在存储装置中的文件的完整文本或其选定部分，包括：

① 《专利审查指南 2023》第二部分第四章第 3. 2. 1. 1 节。

② In re Kahn, 441 F. 3d 977, 988, 78 USPQ2d 1329, 1336 (Fed. Cir. 2006).

(a) 存储要阅读的文件文本的至少一部分的装置，

(b) 用于检索所述存储文本的选定部分以供立即阅读的装置，

(c) 用于以类似页面的格式显示所述存储文本的所选部分的声学显示器，

(d) 用于确定用户注视的声音显示器上的位置的装置，以及

(e) 用于产生语音的装置，该装置在用户注视的位置处将所述格式化后显示在声音显示器上的文字播放出来。

根据本说明书，该装置可以采用：常规扫描仪输入数据；传统的字符识别设备，用于翻译数据并将数据发送到存储设备；以及页生成器，用于从存储设备获取数据并对其进行格式化以用于视觉显示和用于字选择器，后者可以将数据发送到常规语音合成器。在光学传感器检测到用户的注视位置并且一个单词被选择用于发声之后，合成器将音频信号馈送给定位器控制。在页面的角落设置了扬声器，以便用户确认声音的定位。

PTAB 依据三份现有技术否定了权利要求的创造性，其中对比文件 1 公开了一种交互式的电子教具，该教具使得在显示器上观看文本的用户能够指定任何单词或文本的一部分立即发出声音。对比文件 2 公开了一种眼睛控制的交互式信息处理器，其感测用户注视的显示器的不同区域，来选择不同的显示项目，向用户提供视觉、听觉或触觉反馈，然后用户可以验证或取消选择。对比文件 3 公开了一种供视障人士使用的声学成像系统，在垂直显示面板角落的四个扬声器或换能器，当用户移动光标时，控制光标附近的扬声器发出声音，达到声音从光标位置处发出来的虚拟效果。PTAB 认为对比文件 3 教导了声音成像在阅读系统中的作用，对于本领域技术人员来说，将声音成像加入对比文件 1 和 2，可以达到在听觉和视觉上指示单词位置的效果。

随后，发明人 Kahn 提出上诉，认为对比文件 3 的目的和本发明的目的不同，对比文件 3 公开了如何用声音模仿视觉感知来确定文字的形状，并未给出将其用于盲人快速阅读和重读整个文本的启示。

巡回上诉法院认为，在显而易见性分析中考虑动机时，所考察的问题不是发明所解决的具体问题，而是发明创造前发明人所面临的一般问题。本领域的普通技术人员不是必须看到现有技术参考文献中描述的技术问题相同才能够获得教导，只要现有技术作为一个整体提供了结合其他文件的动机或建议即可，不要求出于发明人所设想的理由合并引用文件。

因此，首先是对比文件 1 和 2 的结合问题，对比文件 1 面临的技术问题是如何释放用户双手，对比文件 2 给出了采用光学系统识别注视用户的方向正是对比文件 1 所需要的控制。一位技术熟练的技工，他能够得到一种阅读器，这

种阅读器将用户注视的文字朗读出来，对比文件3公开了：二维声音可以用来替代失去的视觉在空间中定位一个点，发明与增强那些失去视力或视力下降的人的视力有关。因此对比文件3可以给出这样的启示：增加二维声音指示以后，视力受损的人也可以使用。于是，可以在前述阅读器上增加二维声音功能，为视力受损的用户提供文字位置以便更好地控制，这种作用促使本领域技术人员将对比文件3结合到对比文件1和2中去。对比文件3中的任何内容都不会阻止具有本领域普通技能的人在所要求的组合中使用对比文件1的视觉输入控制，也不会阻止熟练技工从不同的途径研究获得相同的发明。

结合上述案例的争论焦点和判决理由可以看出，创造性审查时，美国专利商标局并不关注发明实际要解决的技术问题是什么，而是本领域技术人员会面临什么样的一般技术问题，需要认定的也是多篇现有技术的技术问题是什么。在本案中技术问题更多的是用于说明：多篇现有技术能够解决的技术问题是否可以将其相互组合在一起而最终得到发明的技术方案？整个创造性判断过程中不要求对发明实际解决的技术问题进行认定。

按照中国专利审查实践中的三步法思路，需要根据区别技术特征重新确定发明解决的技术问题，并将该技术问题作为非显而易见性判断的重要因素。如果按照三步法的判断思路进行该案例的判断，笔者认为，基于对比文件1，如果将区别技术特征认定为眼睛控制和文字位置的声音反馈，那么对比文件2公开了眼睛控制，对比文件3虽然是光标位置的声音反馈，但和文字位置的声音反馈具有相似性，也许会得出无创造性的结论，但是这样认定忽略了主题中的区别技术特征，那就是全盲个体使用的阅读器，为什么要将对比文件1、2和3组合起来用于盲人阅读文本，即对比文件3中的声音反馈所起的作用并不是用于盲人阅读文本，作为发明要解决的技术问题的关键手段，不宜直接认定为公知常识，因此按照三步法的逻辑似乎将得出与美国专利商标局不同的结论。

美国专利商标局在确定现有技术与发明之间的区别技术特征后，并没有根据区别技术特征重新确定发明解决的技术问题，其进行相关事实调查时也并未局限在对发明和现有技术解决相同或类似技术问题的关注上。即使是基于与申请人不同的发明目的/解决与发明人不同的技术问题，只要能够通过改进或组合得到发明，就认定为不具备创造性。在判断显而易见的过程中，无论是作出所要保护的发明的特定动机，还是发明人所要解决的技术问题，都不是决定性因素。正确的分析是，所属领域普通技术人员在考虑了所有的因素之后，是否认为本发明是显而易见的。美国专利商标局这种不需要出于和本发明相同的技术问题去改进发明的判断思路，其内在逻辑在于，只要改进参考文献的原因或动机已经对发明人做什么给出了启示，现有技术建议的结合便没有必要是要实现申请人所发现的相同优势或结果。

五、创造性判断的特殊情形

（一）数值范围的重叠

MPEP 第 2144. 05 章中规定，在请求保护的范围“重叠于或位于现有技术公开的范围内”的情况下，存在显而易见性的初证事实。即在美国专利审查制度中，重叠的数值范围应当考虑其创造性，而非新颖性。

下面通过一个案例①说明数值范围重叠时判断创造性的要点。发明人 Geisler 一项涉及提高保护层耐磨性的专利申请被专利审判与上诉委员会驳回，Geisler 不服提出上诉。涉案独立权利要求为：

> 一种反射制品，包括基底，所述基底上的第一层，所述层主要由碳和至少一种选自 O、Si 和 H 的元素组成，所述第一层上的第二层，所述第二层主要由金属组成，和所述第二层上的第三层，所述第三层主要由碳和至少一种选自 O、Si 和 H 的元素组成，所述第三层的厚度为 50 ~ 100 埃。

对于第三层的厚度 50 ~ 100 埃，Geisler 在申请文件中进行了两组测试，测试了从 50 埃到 900 埃不同厚度的保护层的耐磨性。第一次测试在涂覆过程完成后不久进行，第二次测试在几天后进行，第一次测试表明，保护层越薄，耐磨性越好。第二次测试显示了较薄的保护层在耐磨性方面表现突出。例如，在第一次测试中，50 埃层的耐磨性比 300 埃层好约 20%，而在第二次测试中，50 埃层的耐磨性约为 300 埃层的两倍。该申请的结论是 50 埃的保护层提供了非常好的保护，且生产成本非常低廉。

驳回决定中采用了两篇现有技术：

对比文件 1 公开了一种在基底上的三层反射涂层，其中第二层是金属，第一层和第三层是可聚合物质，例如二甲基硅烷。但没有公开第三层（保护层）的厚度。

对比文件 2 公开了一种两层反射涂层，并且记载了第二层（保护层）应该足够厚以提供所需的保护并且仍然是无色的这两个目标，第二层可以是六甲基二硅氧烷聚合的层，其厚度为 100 ~ 600 埃，优选在 200 ~ 300 埃，通常，对于合适的保护，保护层的厚度不应小于约 100 埃。

Geisler 认为，本申请在要求保护的范围内显示出意想不到的结果，并且因

---

① In re Geisler, 116 F. 3d 1465, 1469 – 71, 43 USPQ2dIn re Geisler, 116 F. 3d 1465, 1469 – 71, 43 USPQ2d.

为对比文件 2 指出保护层应该至少为 100 埃厚，优选 200 ~ 300 埃厚，所以必须将其视为远离 50 埃的教导，而本申请的发现是，至少低至 50 埃的厚度，保护层随着其变薄而更加耐磨，这是一个与直觉相反的结果。

专利审判与上诉委员会认为：首先，上述结果是本领域普通技术人员在对比文件 2 公开的厚度范围内寻求最佳值时已经察觉到的结果，因此也是预期的结果；其次，对比文件 2 明确教导了使用 100 埃厚的保护层，Geisler 的发现"100 埃厚的层比更厚的层耐磨"只是对对比文件 2 的 100 埃厚的层所具有的潜在属性即耐磨性的确定，因此数值范围对于本领域技术人员是显而易见的。

联邦巡回上诉法院支持了专利审判与上诉委员会的结论，法院认为：如果申请人能够证明在所要求的范围内存在意想不到的性质，或者能够表明在任何实质性方面的技术与所要求的发明不同，则发明是非显而易见的。当申请人试图通过在现有技术公开的范围内或与现有技术公开的范围重叠的范围内显示出改进的性能来克服显而易见性的初步证据时，申请人必须表明要求保护的范围是关键的，要求保护的范围相对于现有技术实现了意想不到的结果。根据这一标准，通过常规实验发现最佳或可行的范围并不具有创造性，只有当优化一个变量的结果是"出乎意料的好"时，才能在所声称的临界范围内获得专利。此外，意想不到的结果必须由事实证据来证明，说明书中仅有论证或结论性陈述是不够的。

Geisler 的申请中没有证据表明保护层在 50 ~ 100 埃范围内的耐磨性是"出乎意料的好"，事实上，该申请中甚至没有断言涂层的耐磨性在该范围内出乎意料的好。该申请中的测试报告显示，在 50 ~ 900 埃范围内，保护层在较小的厚度下表现出较大的耐磨性，但是在申请中，或者在提交给审查员的任何证据中，没有任何内容支持 Geisler 的主张——根据当时关于该组合物涂料的科学知识水平，那些测试结果是出乎意料的。

Geisler 认为他的测试结果与对比文件 2 中关键段落的假设相反，这也是不够的。因为某一发明人 15 年前做出了与 Geisler 的测试结果相反的假设，这一事实并不能证明 Geisler 的结果在 Geisler 申请时会被本领域普通技术人员认为是出乎意料的。Geisler 没有以发明人或任何第三方声明的形式提供意外结果的证据，也没有提供来自可靠来源的任何客观证据。

另外对比文件 2 中还公开了，保持保护层尽可能薄也有好处，较薄的涂层减少了光吸收，并使制造时间和费用最小化。因此，虽然对比文件 2 表明了对 200 ~ 300 埃的稍厚的保护层的偏好，但同时它为本领域普通技术人员提供了关注范围最小（约 100 埃）的厚度水平并探索低于该最小厚度水平的动机。对比文件 2 中的"一般来说，保护层的厚度不应小于约 100 埃"远没有达到阻止本领域技术人员制造100埃或更薄保护层的程度。综上，权利要求的主题对于本领域普通技术人员来说是显而易见的。

可以看出，美国专利商标局将范围重叠的限定认定为未公开，并据此判断重叠的范围是否显而易见，和中国专利审查实践中直接认定为公开评述新颖性存在较大的差别，一旦认定为重叠的数值范围不具备新颖性，申请人显然只有通过修改该数值范围才能克服新颖性，进而才能以数值范围的不同对于本领域技术人员是非显而易见的来争辩其创造性。而美国专利商标局将重叠的数值范围认定为不同的技术特征，即跳过了新颖性的评价步骤直接讨论其创造性，对于申请人而言显然提供了一种可以保护重叠数值范围的途径，即申请人可以通过证明所要求的范围是关键的，并通过表明所述范围实现了相对于现有技术范围的意外结果来克服显而易见的缺陷。就如同本案的争辩思路，虽然其争辩最后没有被接受，但也说明了存在这一可能获得专利权的途径。如果确实因为申请人筛选出的某一范围值获得了预料不到的技术效果，其实质上是符合我们设定专利制度的初衷的，也与我们在创造性中辅助考虑预料不到的技术效果是一致的。

同时，当所要求保护的范围和现有技术范围不重叠但足够接近以至于本领域技术人员预期它们具有相同的性质时，也可能被认为是显而易见的。例如发明和现有技术的区别仅在于：发明的盖板为密度小于6磅/立方英尺，现有技术是6～25磅/立方英尺，虽然两个范围不重叠，但美国专利商标局认为，两个范围的差异几乎可以忽略，而且不能更小，发明人也未表明盖板密度为6磅和5.99磅有任何不同性质，因此该数值范围是显而易见的。

（二）下位概念的选择

在医药化学领域，创造性评价比较常见的情形是现有技术公开了一个大的范围或上位概念，而发明要求保护一个较小的范围或下位概念、具体概念，对于这种情况，MPEP第2144.08章中指出在确定本领域普通技术人员是否有动机去选择请求保护的下位概念或具体概念时，需要重点考虑以下几点：

1）考虑上位概念的大小，考虑现有技术上位概念的规模，但是要记住规模本身不能支持显而易见性的拒绝意见。现有技术上位概念的规模与显而易见性的结论之间没有绝对的相关性。

2）考虑明确的教导，假如现有技术参考文献明确教导了选择请求保护的上位概念或具体概念的特定原因，审查员应该指出该明确的公开内容，并解释为什么选择所请求保护的发明对于本领域普通技术人员来说是显而易见的。

3）考虑结构相似性的教导，考虑所公开的下位概念内的“典型的”、“优选的”或“最佳的”下位概念或具体概念的任何教导。如果这样的现有技术下位概念或具体概念在结构上与请求保护的相类似，基于结构相似的下位概念通常具有相似性质的合理预期，所述现有技术的公开可以为本领域普通技术人员从该上位概念中选择请求保护的下位概念或具体概念提供理由。

4）考虑相似性质或用途的教导，考虑结构相似的现有技术下位概念或具体概念的性质和用途。正是这些性质和效用为普通技术人员提供了真实的动机，使下位概念在结构上类似于现有技术中的下位概念。

5）考虑技术的可预期性，如果技术是不可预测的，那么结构相似的下位概念不太可能使请求保护的下位概念是显而易见的，因为推断它们将共享相似的性质可能是不合理的。

6）考虑支持选择下位概念或具体概念的任何其他教导。

以下是一件涉及下位概念是否具有创造性的案例①。申请人 Baird 提出了一件涉及闪熔调色剂的申请，调色剂组合物的合成方法是：乙酰化的双酚 a 与选自琥珀酸、戊二酸和己二酸的脂族二羧酸反应，含有双酚 a 的调色剂具有闪光熔化的最佳特性，尤其包括高的热稳定性和低的临界表面能。涉案权利要求为：

1. 一种包含粘合剂树脂的闪熔调色剂，该粘合剂树脂是含有选自琥珀酸、戊二酸和己二酸的脂肪族二羧酸的双酚 a 聚酯。

PTAB 基于对比文件 1 驳回了该权利要求，对比文件 1 明确公开了权利要求 1 中所述的三种二羧酸和包含双酚 a 的通式作为酯的组分，该通式包含大范围的变量，因此包含大量不同的双酚，其中之一是双酚 a。PTAB 认为权利要求 1 中限定的粘合剂树脂显然包含在对比文件 1 的一般披露中，这为选择要求保护的组合物提供了充分的动机。

Baird 对对比文件 1 通用双酚式包括双酚 a 的事实没有异议，对对比文件 1 具体公开了权利要求 1 中所述的三种二羧酸的事实也没有异议。但 Baird 认为，对比文件 1 没有动机从通用双酚通式所涵盖大量的双酚中选择双酚 a。

联邦巡回上诉法院最终支持了 Baird 的意见。法院认为，如果现有技术包括潜在无限种类，但它没有公开或暗示具体的某一种，则应当认为所要求保护的化合物可能被公开的通式所涵盖的事实本身并不使该化合物显而易见。在本案中，对比文件 1 中公开的通用双酚式包含大量变量，估计超过 1 亿个不同的双酚，其中只有一种是双酚 a。虽然当选择特定的变量时，对比文件 1 的通式毫

① In re Baird, 16 F. 3d at 382 – 83, 29 USPQ2d at 1552.

无疑问地包括双酚a，但是对比文件1公开内容中没有任何内容暗示应该选择这样的变量。事实上，对比文件1似乎通过关注更复杂的双酚来教导远离双酚a的选择，包括2，2－双（4－β－羟基乙氧基苯基）丙烷、2，2－双（4－羟基丙氧基苯基）丙烷和2，2－双（4－羟基异丙氧基苯基）丙烷等十五个典型的双酚，它们中没有一种是或暗示双酚a。

因此，鉴于对比文件1中的通用双酚公式包含大量的双酚，以及对比文件1明确披露的“典型”、“优选”和“最佳”双酚不同于双酚a且比双酚a更复杂的事实，法院最终认为对比文件1没有教导或明确建议双酚a的选择。

当本申请请求保护下位概念，而现有技术披露了其上位概念但没有明确披露该下位概念的时候，审查员需要考虑现有技术中是否给出了在现有技术的上位概念中选择所要求保护的下位概念的明确的、结构相似的、性质用途相似的或其他支持该选择的教导，同时要兼顾技术的可预期性。如本案中，在结构相似的情形下，也需要考虑技术的可预测性，当不可预测时，仅仅根据结构相似性不足以证明显而易见。对比文件1所公开的双酚通式内复杂性质的优选双酚的教导会激励普通技术人员制造类似的复杂的双酚，而不会制造该双酚通式内的简单双酚a，这种远离的教导无法给出技术的可预期性。

与此类似地，中国专利审查实践中关于选择发明的创造性判断方法，主要关注的是选择是否能够带来的预料不到的技术效果，如果选择使发明取得了预料不到的技术效果，则该发明具有突出的实质性特点和显著的进步，具备创造性。可见，中国专利审查实践中更加关注的是下位概念的选择所获得的效果，而非下位概念选择的难度，对于本案而言，即从双酚通式中选择双酚a相对于对比文件1是否取得了预料不到的技术效果，如果选择双酚a最终获得的技术效果是本领域技术人员能够预料得到的，仍然有可能认为这种选择对于本领域技术人员来说是显而易见的。而美国专利商标局除了关注效果，也会关注现有技术本身所给出的教导，如果现有技术中的具体实施例倾向于选择那些远离本申请的下位概念，则会被认为无法给出选择本申请下位概念的技术启示，从而判断本申请具备创造性。

（三）预料不到的技术效果

预料不到的技术效果是创造性评价时经常需要考虑的问题，很多情况下，一件发明是否取得了预料不到的技术效果，是审查员或者法官在判断一件专利是否显而易见时的重要参考因素，因此，如果申请人能提供充分的证据特别是在申请文件中就加以提供，来证明其发明取得了预料不到的技术效果，将会大大增加申请文件具备创造性的可能性。以下通过一个案例①说明预料不到的技术效果在评判创造性时的重要作用。

申请人 Harris 提交了一件涉及使用镍基高温合金制造高温涡轮发动机叶片的专利申请，其申请被 PTAB 驳回后，Harris 不服，向联邦巡回上诉法院提出上诉。Harris 专利申请的代表性权利要求内容如下：

一种镍基高温合金，其包含约 4.3% 至约 5.3% 的铬（Cr）、约 9.0% 至约 10% 的钴（Co）、约 0.6% 至约 0.8% 的钼（Mo）、约 8.4% 至约 8.8% 的钨（W）、约 4.3% 至约 4.8% 的钽（Ta）、约 0.6% 至约 0.8% 的钛（Ti）、约 5.6% 到约 5.8% 的铝（Al）、约 2.8% 到约 3.1% 的铼（Re）、约 0.9% 到约 1.5% 的铪（Hf）、约 0.06% 到约 0.08% 的碳（C）、约 0.012% 至约 0.020% 硼（B）、约 0.004% 至约 0.010% 锆（Zr），其余为镍和附带杂质。

PTAB 基于对比文件 1 驳回了该权利要求，争议范围涉及铬，权利要求中铬的范围为 4.3% ~5.3%，而对比文件 1 的优选实施例和示例所教导的铬的范围为 5.5% ~9.0% 和 5.5% ~7.0%。PTAB 认为：本领域普通技术人员可以合理预期铬含量影响高温合金的热腐蚀性。因此，本领域普通技术人员将认识到在所公开的范围内调整所公开的元素的内容的适宜性。

申请人 Harris 认为：将权利要求的合金 CMSX（R）-486 与四种商业合金（CM247LC、CMSX-3、CM186LC 和 CMSX-681）进行比较，应力断裂寿命提高了 32% ~43%，并可以减少晶粒缺陷，大大降低生产成本。通过对比试验数据，表明所要求保护的组合物具有出乎意料的改进性能，而现有技术并不具备，现有技术的缺陷如此之大以至于没有动机做出可能看起来是明显的改变。

联邦巡回上诉法院否认了 Harris 的意见，法院认为：应力断裂寿命增加 32% ~43% 并不代表出现意料之外的结果，要求保护的范围必须产生一种新的和意想不到的结果，这种结果在性质上不同于现有技术的结果，而不仅仅是在程度上不同。本案中，对比文件 1 公开了限制铬的百分比可以提高合金的热腐蚀性和高温强度，由于这些因素与合金的应力断裂寿命有关，因此，应力断裂寿命的增加并非意料之外的结果。

意外结果的证据在范围上与要求保护的标的物所寻求的保护程度不相称，因为 CMSX（R）-486 的组成处于或接近所要求范围的中点。尽管 Harris 的证据可能表明某些合金的性能略有改善，但记录并未表明如果重量百分比在所要求的范围内变化，性能会有所改善。即使假设结果出乎意料，Harris 也需要证

① In re Harris, 409 F.3d 1339, 74 USPQ2d1951 (Fed. Cir. 2005).

明覆盖所声称范围的结果。

此外，Harris 所对比的 CM186LC 和 CMSX（R）-486 都至少有一个元素在对比文件 1 的一般范围内，但在优选范围之外，因此 CM186LC 与现有技术的距离并不比 CMSX（R）-486 更远，换句话说，CMSX（R）-486 与 CM186LC 一样代表现有技术。鉴于每一实施例都是现有技术的同等代表，因此这两个实施例的比较不能得出实施例具有出乎意料的优于现有技术的结果。综上，法院认为 Harris 的权利要求是显而易见的。

本案中，申请人认为通过采用不同的铬含量，可以使合金的应力断裂寿命提高 32%～43%，法院主要从两个方面进行了反驳：一是从预料不到的技术效果的定义上进行了明确，预料不到的技术效果不能仅仅是程度上的差异，而应该存在性质上的不同；二是从证据的证明力上指出了申请人所给出的证据无法证明预料不到的技术效果，首先是给出的证据与数值范围不相称，其次是没有将代表所述数值范围的实施例与最接近的现有技术进行对比。

中国专利审查指南中对预料不到的技术效果的定义为：发明取得了预料不到的技术效果，是指发明同现有技术相比，其技术效果发生“质”的变化，具有新的性能；或者产生“量”的变化，超出人们预期的想象①。而美国专利审查实践中，要求预料不到的技术效果必须是在性质上不同于现有技术的效果，而不仅仅是在程度上不同，换句话说，也就是要产生“质变”而非“量变”才能被认为是预料不到的技术效果，显然，美国专利商标局对于预料不到的技术效果要求更高，这也从另外一方面说明了美国专利商标局对于创造性的高标准要求，仅仅从“量”上取得改进效果的专利申请将很有可能被美国专利商标局认为没有取得预料不到的技术效果，从而否定其创造性。

（四）辅助性考虑因素

辅助性考虑因素是显而易见性判断中的重要一环，而且通常会出现在申请人针对显而易见性意见的争辩意见中，包括商业成功、长期存在但尚未解决的需求、其他人的失败，以及预料不到的结果等。

以下通过一个案例②来说明辅助性考虑因素在显而易见性判断时如何进行考量。申请人 Iron Grip 的一项专利被地方法院判决无效，Iron Grip 不服向联邦巡回上诉法院提出上诉。Iron Grip 专利的主要相关权利要求为（具体结构可结合图 4-2-17）：

---

① 《专利审查指南 2023》第二部分第四章第 5.3 节。

② Iron Grip Barbell Co.，Inc. v. USA Sports，Inc.，392 F. 3d 1317，1322，73 USPQ2d 1225，1228 (Fed. Cir. 2004).

一种用于健身的配重板，其包括：板主体12，所述板主体12形成有中心通孔16和板周边14；所述主体还形成有三个间隔开的细长开口44、46、48，所述细长开口大致等角度地设置并且从所述中心通孔径向向外定位并且至少在从所述主体的中心到所述径向周边的中间，所述开口具有相应的外侧边缘，所述外侧边缘与所述板配合以限定三个手柄元件50、52、54，所述手柄元件用于由单手抓握以实现所述配重板的运输。

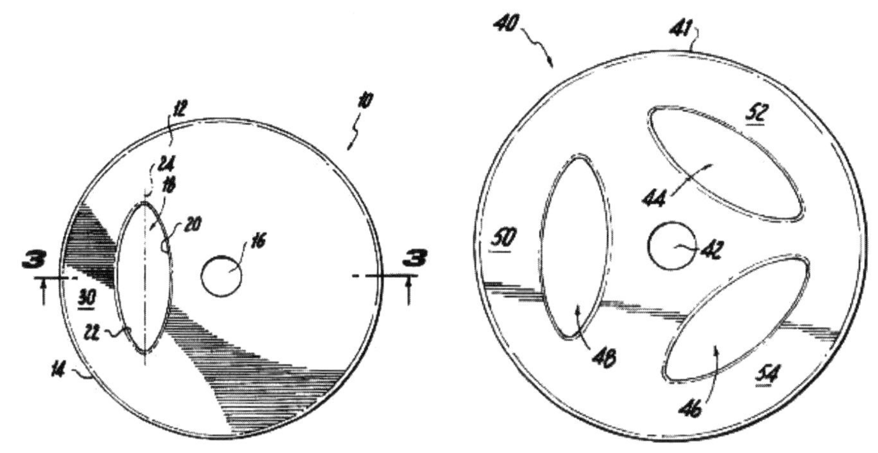

图4-2-17 健身配重板专利附图

无效决定中引用了三份现有技术，其中对比文件1公开了一个细长把手的铃片，对比文件2公开了两个细长开口的把手，对比文件3公开了四个开口的杠铃配重板。

Iron Grip认为，首先，现有技术公开了一个、两个和四个细长手柄，但没有公开三个细长手柄的现有技术，三手柄板允许使用者快速地、轻松地找到一个手柄，取得了预料不到的技术效果；其次，其发明取得了商业上的成功，原因在于，六个零售竞争对手提供了三手柄板，其中三个竞争对手已经就该专利签订了许可协议；此外，在申请专利之前，零售市场上没有提供三手柄板，三手柄板满足了市场长期存在的需求；最后，另一个竞争对手USA Sports抄袭了它的发明，这是非显而易见的客观证据。

然而，联邦巡回上诉法院未能支持Iron Grip的观点，法院认为，即使修改现有技术导致优于现有技术的巨大改进和效用，但是如果该修改在本领域技术人员的能力范围之内，它仍然不可授予专利，除非所要求保护的范围产生新的和意想不到的结果。涉案专利中公开的关于三手柄板的唯一好处是这种结构允许使用者快速地、轻松地找到一个手柄，但专利中没有解释为什么与现有技术中的两个或四个手柄板相比，三手柄板在这方面具有优势，也没有解释为什么使用现有技术中存在的具有两个或四个手柄的铃片不能同样实现这种效果。因此，法院认为没有证据表明三个手柄会导致意想不到的结果。

关于商业上的成功，法院认为，要求保护的发明的优点和商业成功二者之间必须有联系，才能说明发明的显而易见性。Iron Grip 提供的市场成功的唯一证据是，六个零售竞争对手提供了三手柄板，其中三个竞争对手已经就该专利签订了许可协议。Iron Grip 没有解释许可的条款，也没有解释许可是在什么情况下授予的，只是承认有两个协议是在诉讼和解中取得的。如果专利权人不能证明发明的优点和许可之间的联系，那么这种证据就没有足够的说服力，仅仅是一个没有联系的证明不足以推翻显而易见的结论。

关于市场长期存在的需求，Iron Grip 并没有提供市场长期需要三手柄板的证据，无法证明三手柄板是市场长期以来的需求，仅仅因此市场上长时间没有出现三手柄板并不是非显而易见性的证据。

关于抄袭，法院认为，竞争对手的抄袭确实是辅助因素分析中的一个相关考虑因素，但并非每一个有争议的专利范围内的竞争产品都是抄袭的证据，否则每一起侵权诉讼都会自动确认专利的非显而易见性。相反，抄袭需要抄袭特定的产品，这可以通过内部文件证明，或者通过直接证据证明，如拆卸专利原型，拍摄其特征，并使用照片作为蓝图，建立一个几乎相同的复制品；或获得专利产品的途径以及与专利产品的实质相似性。Iron Grip 提供的抄袭证据是，尽管 Iron Grip 保证单手柄板不会侵犯 Iron Grip 的专利，但 USA Sports 在该专利发布后放弃了单手柄板，生产了三手柄板，这并不能证明 USA Sports 抄袭。

综上，由于 Iron Grip 没有提供商业成功、满足长期感受到的需求或抄袭的证据，法院最终得出结论，没有客观证据证明该专利是非显而易见的。

本案的判决理由中，巡回上诉法院分别从预料不到的技术效果、商业成功、满足长期以来的需求和抄袭方面进行了分析，最终给出显而易见性结论，这四种情形正是美国专利商标局的辅助性考虑因素。美国专利商标局的辅助性考虑因素与中国专利审查实践大致相同，都考虑了商业成功、长期未解决的难题、预料不到的技术效果，除此以外美国专利商标局还考虑了抄袭，但对抄袭的要求较高，必须是几乎相同的复制品，或者在实质相似的情况下能够给出抄袭的途径证据。

从本案在解释辅助性考虑因素为何不能导致非显而易见性的过程可以看出，对各类辅助性考虑因素进行判断存在不同的侧重点，比如预料不到的技术效果的判断中，侧重于结果类别的不同而不是程度的不同，上诉人没有解释三手柄为什么相较于两个或四个手柄具有优势，因此无法说明其取得了预料不到的技术效果；商业成功中必须要在要求保护的发明的优点和商业成功之间建立联系，而许可证不能证明发明的优点与许可之间有什么联系；长期需求中需要证据证明长期需求和他人失败的证据，而不能仅仅以市场上一直以来没有相同的产品来证明长期的需求；抄袭中需要给出产品实质相同的证据以及专利产品获取途径的证据，而专利发布后对手公司放弃同类产品的证据并不能证明抄袭。中国专利审查指南在考虑商业上的成功时，也特别强调如果商业成功是由于发明的技术特征直接导致的，则一方面反映了发明具有有益效果，同时也说明了发明是非显而易见的，因而这类发明具有突出的实质性特点和显著的进步，具备创造性。但是，如果商业上的成功是由于其他原因所致，例如由于销售技术的改进或者广告宣传造成的，则不能作为判断创造性的依据①。

第三节　小　　结

创造性是各国发明专利实质审查中的核心条款，一项发明是否能够取得专利权，必须要经过创造性的评价，否则将会导致专利权的泛滥，这是各国早就达成的共识，创造性评判标准的严苛与否，也是各国平衡创新主体与公众之间利益的主要手段。

欧洲专利局在创造性判断上采用“问题－解决法”，包括以下步骤：（i）确定“最接近的现有技术”，（ii）确定要解决的“客观技术问题”，以及（iii）从最接近的现有技术和客观技术问题出发，考虑要求保护的发明是否对技术人员来说是显而易见的。与我局的创造性判断思路“三步法”基本一致，欧洲专利局对“问题－解决法”中每一步的适用给出了更为清晰的操作原则，例如，在最接近的现有技术选取方面，提出了对于最接近现有技术的选择标准，明确了其作为最适于获得发明的跳板的作用，并给出了综合考量其他因素的附加标准；对于技术问题的构建和重构的情形，明确了技术问题的起点、表达、限制方面的要求；对于显而易见的判断，明确了“能—愿意”判断法的判断规则，给出了“能”和“会”之间的区别。

欧洲专利局根据计算机和商业方法领域（又称混合型权利要求）、化学药物领域的特点，给出了“问题－解决法”在具体领域的应用规则。在混合型发明中，将“问题－解决法”细化为 COMVIK 法进行判断，进一步细化技术性的概念，通过“进一步的技术效果”“可信的技术效果”“潜在的技术效果”明确

① 《专利审查指南 2023》第二部分第四章第 5.4 节。

计算机软件和硬件之间产生的进一步交互作用的判断方法，采用“名义上的商人”概念用于区分技术性和非技术性特征，并且提出“两级技术性”概念，将非技术纳入客观技术问题表达中。在化学药物发明中，将“问题－解决法”细化为六个步骤，强调重点关注解决方案的成功和重构问题。明确结构相似性、宽范围的权利要求、中间产物、晶型、协同效果五方面的判断标准。

美国专利商标局在创造性的判断上较为灵活，首先要求根据Graham标准进行事实调查，包括以下步骤：（i）确定现有技术的范围和内容；（ii）确定请求保护的发明与现有技术之间的差异；（iii）确定直接相关领域中普通技术人员的水平，在这种背景下确定主题的显而易见性或者非显而易见性；（iv）辅助考虑因素，诸如商业上的成功、长期需要但一直未解决的问题、他人的失败等，也可以用于考察要求授予专利的主题当时的环境，作为显而易见性或者非显而易见性的一种标记，这些考察可能具有关联性。同时，美国专利商标局在评价创造性时还引入了“教导、启示、动机”（TSM）准则，TSM准则要求满足以下条件：对比文件本身或本领域技术人员一般可得的知识中必须存在一些启示或动机，用于对对比文件进行修改或将对比文件的教导进行组合；必须存在合理的成功预期；权利要求的所有限定都必须被现有技术教导或启示。可见，TSM准则要求现有技术中存在改进对比文件或组合对比文件的明确启示或教导，才能认定发明是显而易见的。

Graham标准的前两步与中国专利审查实践的“三步法”的前两步比较类似，而在确定本领域技术人员的水平时，由于KSR案例的重大影响，美国专利商标局提高了本领域技术人员的创造性水平，认为本领域技术人员在面临技术问题时不仅会考虑解决同一技术问题的现有技术，也具有一般的判断、分析能力，能够将多个专利的教导组合在一起，就像玩智力拼图一样，即使在对比文件里没有明确地指导人们去把这些已知的要素组合起来。可见，KSR案在一定程度上打破了美国专利商标局原有的机械套用TSM准则的公式化创造性判断方法，不再要求对比文件必须记载所有的动机或启示，而是可以利用常识或已知的方法对现有技术进行改进或组合，这一标准的提高也成为美国专利商标局为了防止专利泛滥，提高专利授权标准的标志性事件。

第五章　实用性

除新颖性和创造性以外，各国专利法都毫无例外地将具备实用性作为授予专利权的另一个核心要件。究其根本原因，在于建立专利制度的目的是要鼓励那些能够在产业上实施应用的发明以推动科技的进步、社会的发展。然而，受各国专利制度发展程度、科技发展水平等因素影响，各国专利法中对于实用性法条的具体规定又存在区别。

本章中，笔者将以欧洲、美国为代表，介绍其实用性法条的发展历程、涉及的法律法规，以及具体的判断要件，探讨其与我国实用性规定的异同，并基于经典案例对判断要件进行进一步解释说明，以加深读者对于该法条的认识。

第一节　欧　　洲

一、概述

1474 年，威尼斯共和国颁布了世界上第一部专利法《威尼斯专利法》，其也被视为第一部具备现代专利制度基本雏形的专利法。该法规定："任何人在本城市制造了前所未有的、新颖而精巧的机械装置，只要该装置以完善的形式呈现，可以使用和操作，即可向市政机关登记。"由此可以看出，"可以使用和操作"是欧洲历史上关于实用性最早的规定。

1624 年，英国为限制王权，颁行了被后世学者认为是现代专利法起源的法律，即《垄断法》，该法第 6 条规定："前述宣言不得延及今后任何授予新产品的第一个真正的发明人的、在本国独占性地运用或实施该新产品的方法的、为期不超过 14 年的专利和特权，在此期限内，任何他人不得使用该发明……"该法条明确了专利权的内容是在国内独占性运用或实施该新产品的生产方法，而其中的"运用或实施"则与如今的实用性法条息息相关。

英国的专利制度促进了工业革命的发展，使得世界各国资产阶级进一步认识到发明创造的经济价值，更认识到专利制度对于促进科学发展的重大作用。继英国之后，法国于1791年制定了本国专利法，其前言中指出“任何新的想法，其实现或者开发可以变为对社会有用的，主要应属于构思出这种想法的人”，其中提到的“对社会有用的”与如今实用性的表述最为接近。此后，奥地利于1810年、瑞典于1819年、比利时于1854年、德国于1877年先后制定了本国专利法。

1883年，为了协调各国的知识产权制度，以欧洲国家为主的多个国家在巴黎签订了《保护工业产权巴黎公约》，其第1条第（3）款规定：“对工业产权应作最广义的理解，它不仅应适用于工业和商业本身，而且也应同样适用于农业和采掘业，适用于一切制成品或天然产品，例如：酒类、谷物、烟叶、水果、牲畜、矿产品、矿泉水、啤酒、花卉和谷类的粉。”由此可知，《保护工业产权巴黎公约》对工业产权涉及的领域作了详细的定义。

1973年，16个欧洲国家在慕尼黑签订了旨在加强欧洲国家间发明保护合作的《欧洲专利公约》，并根据《欧洲专利公约》成立了欧洲专利组织，随后于1977年建立了欧洲专利局。《欧洲专利公约》第57条规定：“如果一项发明能够在包含农业在内的任何产业中制造或使用，则该发明应当被认为具有工业应用性。”《欧洲专利公约》对《保护工业产权巴黎公约》中的“工业”一词作出了更为宽泛的解释，并演变成为“工业应用性”，其中的“工业”被理解为包含技术性的物质活动，该活动属于有用的或实际的领域，但是区别于文学艺术领域。更进一步地，有的发明尽管属于非精神领域内，但如果它只能为个人需要而在私人领域内应用，或只能用于实验目的，或者仅仅与特定的人的技艺相联系，也不能被认为可付诸产业应用。

2007年，欧洲专利组织的缔约国增加到34个，经所有缔约国批准，《欧洲专利公约2000年修订案》如期生效，其将第52（1）条中的授权范围描述为“所有技术领域的任何发明都应授予欧洲专利权，只要这些发明是新的、包含创造性步骤的，并且易于产业应用的”，该法条也进一步明确了“易于产业应用”与新颖性、创造性一起，共同成为可专利性的条件。

现行《欧洲专利公约》（2020年11月第17版）第52（1）条中规定“所有技术领域的任何发明都应授予欧洲专利权，只要这些发明是新的、包含创造性步骤的，并且易于产业应用的”①；第57条规定“如果一项发明能够在包括

① EPC Article 52 Patentable inventions. (1) European patents shall be granted for any inventions, in all fields of technology, provided that they are new, involve an inventive step and are susceptible of industrial application.

农业在内的任何产业中制造或者使用，它就应当被认为具有工业实用性”①。由此可知，《欧洲专利公约》明确了只要在任何种类的产业中有制造或使用该发明的可能性则其就具有“工业实用性”。

我国《专利法》第 22 条第 4 款规定“实用性，是指该发明或者实用新型能够制造或者使用，并且能够产生积极效果”。将欧洲专利法与我国《专利法》的实用性概念相比，二者在表达上略有不同，一是《欧洲专利公约》中以举例的方式明确了农业也是产业的一种；二是《欧洲专利公约》强调了在“任何”产业中制造或使用；三是我国《专利法》中增加了“能够产生积极效果”的要求，即将那些虽然能够在产业中制造或使用，但明显无益、脱离社会需要的发明主题排除在外。

二、实用性判断要件

《欧洲专利公约》第 57 条对于实用性的规定看似非常简单，然而，要能够充分理解并准确应用该法条，则需要对其具体内涵进行深入分析和把握。例如，法条中强调“包括农业在内的任何产业”，其中的“产业”的范围应如何界定？如何判断一项发明能够在“任何产业中制造或者使用”？公开充分强调本领域技术人员能够实施，这与实用性中强调的能够在任何产业中制造或者使用有什么关系？

本节将结合现行《EPO 审查指南》（2024 年 3 月版）以及欧洲专利局上诉委员会的经典判例，对实用性判断要件进行分析，以供读者深入理解《欧洲专利公约》中关于实用性的相关规定。

（一）“产业”的含义

现行《EPO 审查指南》第 G 部分第Ⅲ章第 1 节中指出，“产业”在广义上被理解为包括“技术特征”的任何物理活动，即属于与审美领域明显不同的有用的或实际的活动；它并不一定意味着使用机器设备或者制造一种物品，并且还可以包括例如驱雾的方法，或者将能量从一种形式转换成另一种形式的方法。用于改进或控制本身易于产业应用的产品、设备或过程的测试方法是一种易于产业应用的发明，如利用动物来测试是否存在热致效应或过敏情况。由此可以看出，根据上述定义，《欧洲专利公约》表述的“产业”与我国《专利法》强调的“产业”没有本质区别。

① EPC Article 57 Industrial application. An invention shall be considered as susceptible of industrial application if it can be made or used in any kind of industry, including agriculture.

上述对于“产业”的定义仍然是比较广泛的，在实际审查实践中，仍然会存在对于某些具体应用是否属于“产业应用”的争议，这在一些特殊行业、特殊应用场景中尤为突出。

判例 T 144/83 涉及一种食欲抑制剂，申请人请求保护的是一种改善哺乳动物体貌的方法，该方法包括向哺乳动物口服食物抑制剂从而有效减少食欲。欧洲专利局审查部门以美容工艺不适用于产业应用从而不符合《欧洲专利公约》第 57 条为由驳回了该申请。申请人随即向欧洲专利局上诉委员会提起诉讼。上诉委员会审理认为，本发明可以被以美化人类或动物身体为目的的企业使用，而化妆品领域的这类企业，如化妆和美容沙龙，都是《欧洲专利公约》第 57 条所定义的产业的一类，因为“产业”的概念意味着连续、独立且为经济利益而进行的某项活动。

此外，在涉及个人特殊场景的应用中，这些应用是否属于“产业应用”容易引发争议。

判例 T 74/93 涉及一种避孕组合物，权利要求 5 请求保护“将该组合物用于施用到能够受孕的雌性哺乳动物的子宫颈上的用途”，该权利要求被欧洲专利局以不符合《欧洲专利公约》第 57 条规定的工业实用性要求为由而驳回，理由是没有一个行业向妇女提供为她们施用这些组合物的服务，这种避孕组合物的使用是妇女自己私下进行的纯粹个人的使用。申请人向欧洲专利局上诉委员会提起诉讼，争辩《欧洲专利公约》第 57 条并未要求某一行业具有任何特定的规模，也没有规定私人使用不能是商业用途，并认为“私人”并不代表“非商业性”，并且举例提供了商业用途的场景，包括护士为残疾妇女使用避孕药时。

欧洲专利局上诉委员会则认为，上诉人提供的其中一类使用场景，即护士为残疾妇女使用避孕药这种情形，只要是专业人员为其涂抹，这就是一种帮助病人满足个人需要的避孕服务而非产业活动，这种用途实际上仅是在私人和个人领域内应用的方法，因此，涂抹避孕药这个行为的性质并不因是由残疾妇女自己进行，还是由护士进行而改变，据此驳回了申请人上诉请求。

通过上述判例可知，欧洲专利局对于“产业”的概念定义是非常广泛的，其包括了农业、化妆和美容业，但对应用于私人和个人领域的方法相对较谨慎。在判例 T 898/05 中，上诉委员会首次使用了“有利可图”来描述产业应用的特点，且上诉委员会将“产业应用”通俗化地解读为一种可由公司以商业规模提供的任何活动，此处的商业规模无疑也是与经济利益/收益相关的。当然，这种经济利益/收益的多少不是判断产业应用时所关注的，真正关注的是某种产品/方法是否具有产业应用的可能性。特殊情况下，一些方法在申请的时候它是应用于私人环境中的，这种应用场景也许与产业和产业应用无关，但是欧局在判断该方法的实用性时，会判断该方法是否存在一种合理的可能性，可以由公司以经营为目的而进行使用。如果是，那么这种目前应用于私人环境中的方法也是可以产业应用的；若否，则这种方法仅是一种“私人和个人领域内应用的方法”，其与“产业应用”无关。

（二）准确把握一项发明能够在“任何产业中制造或者使用”

《欧洲专利公约》第57条规定“如果一项发明能够在包括农业在内的任何产业中制造或者使用，它就应当被认为具有工业实用性”。准确把握发明的工业实用性，其至少存在两个需要解决的问题：一是对于申请人/发明人而言，如何证明其发明能够在“任何产业中制造或者使用”；二是对于审查员而言，如何判断该发明能够在“任何产业中制造或者使用”。

对于上述第一个问题，《欧洲专利公约实施细则》第42（1）（6）条规定：除非专利申请的工业实用性是不证自明的，否则，必须在说明书中充分说明其在产业上应该如何利用①。对于该规定，欧洲专利局上诉委员会进一步解释道：虽然应该从广义上理解工业实用性，但为了包括任何“直接的具体利益”，这也意味着需要以明确的技术术语公开发明的目的以及如何在产业实践中使用它来解决给定的技术问题，这是利用发明的实际利益或好处。如果从发明的性质或背景技术中不能显而易见地确定真实的而非纯理论的利用可能性，那么必须至少有利用可能性的前景，不应该留待本领域技术人员通过执行研究计划去发现如何利用发明。这种说明必须具有合理而又具体的技术基础，以使本领域技术人员能够认识到其对现有技术的贡献，从而能够实现在产业中的实践应用。

对于上述第二个问题，在具体审查实践中，欧洲专利局上诉委员会也给出了答案，即需要判断申请人/发明人说明的有利可图的用途或者具体的效益对于本领域技术人员是否是可信的②。此外，尽管一些方法在申请的时候，它是应用于私人环境中的，这种应用场景也许与产业和产业应用无关，但是在判断该方法的实用性时，需要判断该方法是否存在一种合理的可能性，可以由公司以经营为目的而进行使用，如果是，那么这种目前应用于私人环境中的方法也可以实现产业应用③。即是说，对于审查员而言，在判断发明是否能够

---

① Rule 42 Content of the description. (1) The description shall: (f) indicate explicitly, when it is not obvious from the description or nature of the invention, the way in which the invention is industrially applicable.

② 参见欧洲专利局上诉委员会判例T 898/05。

③ 参见欧洲专利局上诉委员会判例T 1165/97、T 74/93。

在“任何产业中制造或者使用”时，需要站位本领域技术人员判断申请人/发明人说明的这种产业应用的可信性，且这种可信性不需要以当前产品/方法是否已经应用到了产业为前提，而是判断产品/方法能够应用到产业的可能性。

事实上，对于绝大多数普通领域的案件，其工业实用性是不证自明的，说明书是否充分说明了其在产业上如何利用也是比较容易判断的，然而，随着科学技术的不断发展，尤其是生物技术领域基础研究不断取得进展，科研人员将大量非常有价值的科学发现申请了专利，尽管《欧洲专利公约实施细则》第29（3）条①规定了基因序列或者部分基因序列的工业应用必须在专利申请中公开，没有说明其具体功能的单纯核苷酸序列是不可专利的发明。在使用基因序列或部分序列产生蛋白质或部分蛋白质的情况下，必须要指出产生了哪种蛋白质或部分蛋白质，以及该蛋白质或部分蛋白质执行什么功能。在具体专利审查实践中，这些专利申请的实用性问题仍引发了各方争议探讨，而这些探讨也不断丰富和明确了工业实用性的判断标准。

以下将以两件具有代表性的判例为例，说明生物领域能够在“任何产业中制造或者使用”的判断标准。

判例 T 870/04 请求保护一种 BDP1 多肽，在被审查部门以缺乏工业实用性为由驳回后，申请人向欧洲专利局上诉委员会提起上诉，声称其在若干特定癌症中具有肿瘤抑制活性，其可便于本领域技术人员进行药物临床研究，因此主张其具备工业实用性。

上诉委员会认为，本案中的 BDP1 多肽被描述为在人体中发现的一种具有独特性质的物质，关注点在于，申请人是否已就如何利用 BDP1 的这些性质作出任何披露。根据本申请说明书中的记载，其并没有提出 BDP1 抗癌活性，或 BDP1 作为肿瘤抑制剂的治疗用途，即没有证据表明 BDP1 在治疗癌症中是起被动作用（仅作为某些治疗癌症过程的副产品）还是起主动作用（如是促进和/或支持肿瘤生长和/或分化的积极作用，抑或是抑制肿瘤的消极作用），且癌症和细胞代谢都涉及复杂的细胞过程，单个物质的过度表达或不足表达所导致的影响并非是线性的，即便是申请人 7 年后发表的文章，也无法证实 BDP1 是如何对 HER2 进行活性调节的，且事实上 HER2 在体内的活性调节非常复杂，在包括 BDP1 以及多种磷酸酶的协同作用下才能实现上述过程，文章最后申请人

① Rule 29 The human body and its elements. （3）The industrial application of a sequence or a partial sequence of a gene must be disclosed in the patent application.

给出的结论“BDP1 是否能够影响 HER2 在体内的致癌潜能的问题仍有待于正在进行的研究来解决”也说明了这种应用的不确定性。因此，虽然本申请说明书描述了一种多肽产品、制造它的手段和方法，以及它在基础科学活动中的潜在用途，但它没有确定在至少一个产业领域的实际用途，其仅仅可作为进一步研究的中间工具，而利用该中间工具进一步研究是否能够实现预期目的，仅存在推测性说明时，不足以满足工业实用性的要求，因为，授予专利的目的不是为申请人保留未开发的领域。

就该判例所代表的生物领域的工业实用性问题，欧洲专利局上诉委员会进一步解释，《欧洲专利条约》第 57 条要求发明能够在“任何产业中制造或者使用”，这强调必须披露发明的“实际”使用。仅仅因为某种物质可以以某些方式生产，并不一定意味着满足了这一要求，除非该物质还可用于某些有利可图的用途。生物技术的发明常常与自然界中发现的物质（如蛋白质、DNA 序列等）有关，如果某种功能是众所周知的对人类健康必不可少的，那么鉴别具有这种功能的物质将立即提示其在因缺乏如胰岛素、人类生长激素或促红细胞生成素而引起的疾病或健康状况中的实际应用，在这种情况下，充分的描述将确保“该发明可以在产业中制造或使用”。对于在人体中自然存在的物质，在对其结构特征进行了鉴定并通过某种方法能获得该物质的情况下，如果其功能不为人所知，或者功能很复杂并且人类对其还未完全了解，也还未查明该物质过量或者不足会导致哪些疾病或病症，也没有提出该物质的其他实际用途，那么就不能认可其具有工业实用性。即使研究成果是相当有价值的科学成果，它也不一定是可以用于工业应用的发明。

另一个经典的判例是 T 898/05。申请人对一种 Zcytor1 受体蛋白提出专利申请保护，欧洲专利局审查部门认为申请人主张的 Zcytor1 蛋白在免疫细胞的增殖、分化和/或激活中发挥作用的这种功能是模糊的，其没有定义涉及治疗用途或诊断用途的具体生物学功能。因此指出 Zyctor1 只是一种对建立研究计划很重要的研究工具，即该申请没有提供完整的发明，而只是寻求提供产业上使用物质的第一步。只有在后续步骤才能确定 Zcytor1 的实际功能。目前尚不清楚使用蛋白质 Zcytor1 可以诊断或治疗哪些疾病，以及蛋白质或 DNA 可能具有什么效用。由于申请中没有确定 Zcytor1 的功能，因此权利要求的主题不符合《欧洲专利公约》第 57 条的规定。

申请人就此向欧洲专利局上诉委员会提起上诉，上诉委员会审理认为，本案中明确公开了 Zcytor1 激动剂配体刺激细胞介导的免疫和淋巴细胞增殖，以及 Zcytor1 受体拮抗剂对免疫系统的抑制，且利用计算机对该蛋白结构进行分析，得出其属于白血病抑制因子受体细胞因子亚家族，这个结果是可信的。其次，该 Zcytor1 受体蛋白在疾病中应用的具体功能虽然没有体现，但是其公开的 Zcytor1 受体拮抗剂对免疫系统的抑制作用与“类风湿性关节炎、多发性硬化症、糖尿病等”疾病相关，且与计算机解析结果中的白血病抑制因子受体细胞因子亚家族功能类似，具有治疗功能，因此，应该认为其“有利可图”，其具有实际功能应用，因此具备实用性。

由此可知，对于生物领域类案件，判断是否具备工业实用性的关键，在于区分制备的化合物/制备化合物的方法本身是基础科学研究的中间环节，是一种下一步可用于产业应用能够带来有利可图的用途或实际效益的中间介质，还是当前该化合物本身就能够被明确地用来诸如治疗某种疾病等具体的产业应用。前者仅能说明该化合物/制备方法具有一定的基础科学研究价值，无法直接应用到产业中获取利益，而后者则说明其能够在“任何产业中制造或者使用”，其具备工业实用性。上诉委员会对此解释道：给出了产品的结构（如核酸序列）使得该产品本身能够被制造，但是其功能有待确定或仅有模糊的说明是无法满足“以明确的技术术语公开发明的目的以及如何在产业实践中使用它来解决给定的技术问题”的要求的，因为一旦授予专利权，则专利权反而可能阻止该领域的进一步研究；而如果明确描述了产品并且令人可信地示出了产品可被利用，例如可被用来治疗罕见病，那么产品可认为具有有利可图的用途或者具体的效益，而不用管实际上是否打算将该产品用于什么交易。可见，对于申请人/发明人而言，对于生物医药等前沿领域的案件，必须在说明书中直接说明其有利可图的用途或者具体的效益，而对于审查员而言，同样需要关注其是否能够证明直接具有这种有利可图的用途或者具体的效益，判断这种用途或效益的可信性，而不需要关注目前该化合物是否已经用到了产业中。

（三）工业实用性与说明书充分公开之间的关系

实用性与说明书充分公开一直都是专利实质审查中非常重要的两个问题，二者之间存在内在联系，又有一定区别，容易混淆。以下以一个判例来说明欧洲专利局对于二者关联的认定。

判例 T 541/96 请求保护一种“使不稳定元件更加稳定的系统和方法”，根据说明书的记载，该案的发明点在于借助电厂在低温下引起轻核与不稳定的重核之间的核聚变，也就是所谓的冷聚变。审查部门以该案没有以足够清晰和完整的方式公开发明，无法由本领域技术人员实施为由，根据《欧洲专利公约》

第 83 条[①]进行了驳回。申请人提起上诉，认为本案的原理基础是基于居里夫人以及卢瑟福的人工嬗变实验，本案的低温聚变发生在“较重原子（如 Al、Mg、Pd 等）和其他面心立方空间晶格以及其他致密堆积晶格（如致密六边形空间晶格）的晶格结构中”。解离的氘（D）和氚（T）原子及其离子在电场的影响下被迫进入钯（Pd）原子的晶格，并填充晶格中的空间。随着重 Pd 原子振荡幅度的增加，原子及其离子在晶格内被“挤压”。当“达到最佳条件和温度”时，Pd 和 D 原子核融合在一起。

上诉委员会同意上诉人“一种元素向另一种元素的嬗变是科学事实”的观点，但是上诉委员会进一步认为，在本案申请文件所引用的实验中，其依据的科学原理与居里夫人和卢瑟福实验中发生的嬗变原理存在根本区别，这种根本区别无法使技术人员从后者中得出任何有助于实施本申请，甚至有助于评估其可行性的教导。

《欧洲专利公约》并不妨碍“革命性”发明的可专利性，然而，《欧洲专利公约》第 83 条规定，充分公开一项发明所需的信息量在某种程度上取决于发明的实际“性质”。如果后者属于一个众所周知的技术领域，并且基于普遍接受的理论，那么说明书就不必包含许多具体的技术细节，因为这些细节对于本领域技术人员而言是隐含存在的。但是，如果发明在一开始就似乎违反了公认的物理定律和既定理论，则说明书披露的内容应足够详细，以向熟悉主流科学和技术的技术人员证明该发明确实可行（即能够产业应用）。这意味着需要向技术人员提供实施要求保护的发明所需的所有数据，因为我们无法从任何普遍接受的理论中得出此类数据，因此不能指望仅通过反复试验来实施发明的教导。而本案中，上诉人没有提供实验证据，也没有提供任何确凿的理论基础，使技术人员能够评估低温下晶格中核聚变的可行性，因此，上诉委员会同时以申请不符合《欧洲专利公约》第 57 条和第 83 条的规定为由驳回了上诉。

由该判例可知，对于违背自然规律的发明，欧洲专利局上诉委员会同时援引两个法条，以说明书公开不充分以及缺乏工业实用性进行驳回。显然，违背自然规律的发明是不能根据说明书公开的内容来实施的，那么是否所有由于违背自然规律导致公开不充分的发明，其也必然缺乏工业实用性呢？

现行《EPO 审查指南》中在提到公开不充分与工业实用性的关联时，强调对于申请人提交的申请中完全公开不充分而导致本领域技术人员无法实施的，

① EPC Article 83 Disclosure of the invention. The European patent application shall disclose the invention in a manner sufficiently clear and complete for it to be carried out by a person skilled in the art.

此时的申请不符合《欧洲专利公约》第83条的规定，且这种缺陷是后期无法弥补的；《EPO审查指南》第F部分第Ⅲ章第3节以及第G部分第Ⅲ章第1节中列举了两种情况来说明此类情形。

一是发明的成功实施完全取决于偶然因素，导致本领域技术人员根据说明书公开的内容无法重现获得申请人声称的结果，或者本领域技术人员发现要获得申请人声称的结果，需通过一种完全不可靠的方式才能实现，例如，一种包含突变的微生物的方法。但需要注意这种情况应与发明可以重复但存在一定失败概率的情况相区别。

另一种情形是由于发明本身违背了公认的自然规律（如永动机），导致发明本就不可能成功实施。对于该类产品发明，欧洲专利局规定如果权利要求不仅保护产品结构，还请求保护其功能，那么不仅以不符合《欧洲专利公约》第83条提出异议，还需同时以不符合《欧洲专利公约》第57条工业实用性提出异议；同时还指出，“依据《欧洲专利公约》第57条提出异议仅适用于权利要求要求保护发明的预期功能或目的，但是如果说仅要求保护永动机，将其作为一种具有特定结构物品，那么应依据《欧洲专利公约》第83条提出异议”。

上述第一类情形与我国《专利审查指南2023》中不具备实用性的情形之一“无再现性”完全相同，只是相同情形下，欧洲专利局与我国专利局所使用的法条不同。欧洲专利局将其归为公开不充分的情况，即不具有可重复性的技术方案将导致本领域技术人员不可能根据说明书公开的内容实现该技术方案，使用《欧洲专利公约》第83条提出异议。

对于上述第二类情形，欧洲专利审查中认为，如果申请人请求保护的永动机只是限定为具有特定结构的产品，例如以具有具体结构的装置提出保护，申请文件中并未有违背自然规律的明确陈述，则由于它具有特定的具体结构，此时认为这种装置是可以在产业上制造或使用的，其具有实用性。但是由于该发明本质上是永动机，所属技术领域的技术人员根据说明书的描述永远不可能实现该发明，根据特定的装置不能实现预期的目的，所以应当以《欧洲专利公约》第83条公开不充分提出异议。而如果要求保护的永动机发明，其权利要求明确指向永动机的功能或目的，由于该功能和目的是违背自然规律的功能和目的，不能在产业上应用，则应当使用《欧洲专利公约》第57条实用性来提出异议。同时，无实用性的永动机发明必然不可能根据说明书公开的内容来制造或使用，因此也不能满足《欧洲专利公约》第83条充分公开的要求。

可见，对于违反物理定律的发明专利申请，欧洲专利审查中会区分权利要求请求保护的对象，如果保护对象不同，就以不同的理由提出反对意见，单独或是同时援引工业实用性条款及充分公开条款为反对理由。

回到本节开始引入的判例 T 541/96，首先该案得以实施的前提是低温下引起轻核与不稳定重核之间的核聚变是违背现有自然规律的，因此其不满足《欧洲专利公约》第 83 条充分公开的要求，同时，其权利要求请求保护的系统不仅是结构，还包含了“由此，来自所述添加剂的轻原子核和核子通过低温聚变被诱导进入所述阴极和熔断器的间隙间距，所述重阴极原子核形成所述阴极的较重同位素和原子序数较高的较高元素”这样违背自然规律的工作过程的描述，因此，其也是不能在产业上应用的，也应当使用《欧洲专利公约》第 57 条实用性提出异议。

第二节　美　　国

一、概述

1787 年，《美国宪法》第 1 条第 8 款（1）赋予了国会对于专利与版权的立法权，它宣布：“国会应有权……通过保障作者和发明人在一定期限内对其作品和发明享有独占权的方式来促进科学与有用技术（useful arts）的进步。”可见，美国的专利制度是围绕着“促进科学与有用技术的进步”这一根本目的建立起来的。

1790 年，美国颁布了第一部专利法（现《美国法典》第 35 编），名为“促进实用技术进步方案”，其第 101 条对发明申请的可专利性作出了规定：“凡发明或发现任何新颖且有用的方法、机器、产品、组合物，或其任何新颖且有用的改进，可以依据本法规定的条件和要求取得专利权。”自此，美国《专利法》确立了实用性的判断标准，即“有用性（useful）”，这一标准也将适合专利保护的主题与不适合以专利形式保护的主题相区分。

1817 年，在 Lowell 诉 Lewis 案件①中，Lewis 对 Lowell 拥有专利权的水泵的实用性提出了疑问，马萨诸塞州巡回法院的 Story 法官对此发表的关于实用性的观点，在美国《专利法》实用性的判断中影响深远。他在判词中指出，法律对于实用性的要求应当作如下的理解：“实用性一词是为了区别有害的或不道德的发明而加入法律中的。例如，一项毒死人的、促进堕落的或便于个人谋杀的

① Lowell v. Lewis，15 F. Cas. 1018，1019（No. 8568）（C. C. D. Mass. 1817）.

发明，都是不能获得专利的发明。但如果一项发明远离这些目的，不论它的用处是多还是少，仅仅与专利权人有关，而对于公众则无关紧要。”上述判词采用排除的方式，否定了单纯有害，以及违背道德的发明的可专利性，但同时也阐明了，发明不是有害且违背道德的，只要有一点用处，不管这种用处是多还是少，那么其就是“有用的技术”，就满足了专利法对于实用性的要求。更重要的是，Story 法官的上述判词指明了美国《专利法》中涉及的对实用性的两个要求：一是“实际的实用性”，指的是发明应当实际起作用，要具有在现实世界有实际效果的用途；二是“道德的实用性”，指的是对获得授权的发明专利的使用应当服从公序良俗的要求，否则也将不符合实用性的要求。“道德的实用性”标准的提出对美国的专利司法实践产生了深远的影响，在 20 世纪 50 年代现代专利法上的实用性标准确立之前，该标准一直是美国专利实用性的基本判断标准。且由于“道德的实用性”的影响，专利法对于实用性的要求也在很长一段时间内被解读为专利不得违背公认的道德，而非专利应当具有什么正面价值[①]。同样值得注意的是，对于“道德的实用性”，随着社会的不断发展，是否道德的标准也在适时变化之中，且专利局是否是一个适于对是否道德这个问题进行判断的机构也尚待商榷。因此，即便存在“道德的实用性”这样的要求，在实际审查判断中，专利局和法院也非常谨慎。

美国作为科学技术发展长期处于领先地位的国家，专利制度也伴随着科技的发展而不断完善。尽管实用性的要求对于大部分领域而言并不高，但随着化学、生物领域的快速发展，实用性的判断标准也面临新的问题。不少研究人员在基础科学研究中，通常能够制备出新的化合物或者发现新的化合物的制备方法。但是，很多化合物仅是一种中间产物，其到底可以具有什么样的作用，是无法在当下就确定的。当对该化合物或制备方法申请发明专利时，可以确定的是，“道德的实用性”的判断一般不存在争议，因为化学、生物领域产生违背道德的发明很少且也容易判断，难点在于“实际的实用性”，即发明应当在现实世界有实际效果的用途。其中的实际效果应该如何衡量？作为一种中间产物是否可以称之为具有实际效果？这就需要法律对其明确。而 1966 年出现的 Brenner 诉 Manson 一案[②]则无疑成为近代美国实用性判断中的一个标志性案件。

1966 年，美国海关和专利上诉法院（CCPA）对 Brenner 诉 Manson 一案的判决中认为，如果请求保护的工艺生产的产品没有损害公共利益，则无需证明

① 杨德桥．美国专利法上的专利实用性判断标准研究［J］．知识产权，2015（5）：92－98.

② Brenner v. Manson，383U. S. 519，534－35，148 USPQ689，695（1966）.

该产品的实用性，但美国最高法院则认为，无害仅仅是考察实用性的一个标准，而不是实用性本身，并从专利制度的目的以及国会的立法意图来分析，是否化学发明仅因为其产生预期的产品以及产生的化合物正在进行严肃的科学研究，就认为其是“有用的”，且最后得出结论，专利不是对探索过程本身的奖励，而是对成功结果的补偿。发明应当具有“实质性用途”，即在提交发明时，其在当前就应该可以具有让公众受益的用处，而不是在未来可能有用。该判决无疑是将实用性的判断要件进行了具象化的限定，也在一定程度上提高了实用性的判断标准。

值得一提的是，尽管在 1966 年 Brenner 诉 Manson 一案判决中已经一定程度上明确了如何判断化学、生物领域实用性的问题，但在随后的判例当中，又出现了不同的声音。

1995 年，In re Brana 一案①中，PTAB 提出申请人制备的声称能够治疗人类某肿瘤的化合物，只能证明在小鼠体内能够治疗肿瘤，而只有当申请人证明其声称的化合物的效用对于人类抗肿瘤有用时，才能证明该化合物的实用性。然而，美国联邦巡回上诉法院则在后续推翻了这一结论，认为用化合物治疗癌症是本领域公知的事实，且一种化合物在标准实验动物中表现出理想药物特性，那么尽管该化合物在当下没有明确体现出对人类治疗的价值，但其已经对本领域作出了重大而有用的贡献，且申请人制备的化合物结构与现有技术中已经被证明在人体体内能够治疗肿瘤的化合物的结构类似，因此，对于本领域技术人员，没有合理理由能够怀疑申请人声称的实用性。美国联邦巡回上诉法院在该案中对于化学、生物领域实用性的判断，在此后被认为是降低了美国最高法院在 Brenner 诉 Manson 案中提出的“实质性用途”的实用性标准，最终结果导致化学和生物领域的发明专利申请迅猛上升，基础科学较早地获得专利垄断权也引起了社会各界的质疑。

现行美国《专利法》第 101 条（即 35 U. S. C. 101）规定：“凡发明或发现任何新颖且有用的方法、机器、产品、组合物，或其任何新颖且有用的改进，可以依据本法规定的条件和要求取得专利权。”② 需指出的是，不同于新颖性和创造性，美国《专利法》中没有对实用性作出专门规定的条文，而是在第 101 条中明确授权的专利必须是“有用的”，而“有用的”则被认为是对专利实用

① In re Brana, 51F. 3d 1560, 34USPQ2d 1436 (Fed. Cir. 1995).

② 35 U. S. C. 101 Inventions patentable. Whoever invents or discovers any new and useful process, machine, manufacture, or composition of matter, or any new and useful improvement thereof, may obtain a patent therefor, subject to the conditions and requirements of this title.

性的要求。值得注意的是，自1790年以来，美国《专利法》中对于实用性的定义一直未改变。

此外，美国《专利法》中涉及实用性的条款还包括第112（a）条（即35 U. S. C. 112（a）），其规定了说明书的撰写要求，类似于“充分公开”的相关要求，具体内容参见第二章第二节。

这里主要讨论一下这两个法条的关系。对此，MPEP中进行了解释：

首先，二者的侧重点不同。第101条要求发明是有用的，即需要具备实用性，而第112（a）条则侧重于如何制造和使用该发明，其关注的是权利要求是否得到说明书的支持、申请人是否公开了要求保护的主题、申请人是否已经对发明进行了足够的描述，以及申请人是否已经公开了要求保护的发明的最佳实施方式。

其次，二者具有一定的关联，这表现在：1）不符合第101条的实用性也将会导致不符合第112（a）条的规定。因为如果发明是无用的，那么必将导致申请人未公开如何使用发明，同时，不能以缺乏实用性为由，仅以不符合第112（a）条进行驳回；即是说，除非根据第101条进行驳回是正确的，否则，审查员不能以发明缺乏实用性因而不符合第112（a）条进行驳回；因此，当发明缺乏实用性时，第101条以及第112（a）条将作为驳回条款同时出现。2）符合第101条的实用性，不一定满足第112（a）条的要求。第112（a）条主要是涉及申请人是否对发明提供了充分的书面描述，以及申请人是否披露了实施所要求保护的发明的最佳实施方式，一个已经被确定为有实用性的发明，并不能确定其就符合第112（a）条的规定。例如，申请人请求保护一种使用某种化合物治疗某种疾病的方法，并提供了可信的证据来主张该化合物在这方面是有用的，但要实际实施所要求的发明，本领域技术人员不得不从事“过度”的实验，那么即使该发明符合第101条实用性的要求，却可能不符合第112（a）条的要求。

与美国专利商标局不同的是，我局在审查缺乏实用性时，不会再进一步质疑方案在产业上不能制造或使用导致说明书公开不充分进而不能够实施，因而，对于明显不具有实用性的专利申请，我局仅以《专利法》第22条第4款的实用性提出反对意见。特殊情况下，例如当说明书记载的原理模糊不清，审查员怀疑其原理违背自然规律时，此时既可以以申请不具备《专利法》第22条第4款的实用性为由，也可以以申请属于《专利法》第26条第3款公开不充分的情形为由提出反对意见，只要其推理过程与结论相匹配即可，一般不会同时使用两个条款。

二、实用性审查程序

美国专利商标局在 MPEP 第 2104 章中则进一步对第 101 条中提及的“有用的”进行了明确规定，指出发明要满足的实用性应当是具有明确的（specific）、实质的（substantial）和可信的（credible）用途，并指出：

在下列情况下，可以缺乏实用性为由对发明予以驳回：

（1）由于申请人没有指出发明任何一种明确的、实质的功用，并且也不存在公认的（well－established）实用性；

（2）申请人对于本发明具有明确的、实质的功用的主张是不可信的。

此外，还进一步指出，在以美国《专利法》第 101 条缺乏实用性驳回时，其理由不应该是该发明是荒谬的、欺诈性的或与公共政策相违背的。例如多年前，法院曾因赌博设备有违道德而宣布其专利权无效，但现在不再适用于该法律，这是因为国会从未打算让专利法取代各州的警察权利。因此，不能仅仅因为发明可能具有欺骗部分公众的能力而将其判定为不具备专利性。

此外，MPEP 第 2107 章对实用性审查的一般原则、审查程序等方面也作出了明确的规定，要求审查员在判断实用性时应当按照以下程序进行：

（A）阅读权利要求和说明书：

（1）确定申请人请求保护的技术方案，同时关注发明的每一个具体实施例；

（2）确认权利要求限定了四种法定主题（如，方法、机器、产品、组合物，或对其的改进）；

（3）只要在审查过程中判断要求保护的发明显而易见地具有公认的（well－established）实用性，就不能以缺乏实用性为由驳回申请。如果存在以下两种情形，就认为一项发明具有公认的实用性：（i）本领域普通技术人员基于发明的特性（例如产品或方法的性质或用途）能够立刻理解本发明具有有用性的原因；（ii）该实用性是明确的、实质的和可信的。

（B）回顾权利要求和说明书，判断申请人是否声明了要求保护的发明的明确的和实质的功用是“可信的”：

（1）如果申请人声明了要求保护的发明可用于任何特定的实践目的（即其具有“明确的和实质的功用”），而且这种声明对于本领域普通技术人员而言是可信的，则不应以缺乏实用性为由予以驳回。

（i）要求保护的发明必须具有明确的和实质的功用。该要求排除了“一次性的”“非实质性的”“非明确的”实用性，例如，为满足第101条的要求而使用一种复杂的发明进行填埋。

（ii）从本领域普通技术人员的角度出发，考虑说明书公开的内容与申请人主张的其他证据（例如实验数据、来自本领域专家的声明、专利或印刷出版物），对可信性进行评价。

（2）如果申请人提出的发明具有明确的和实质的功用主张不可信，并且要求保护的发明不具有显而易见的公认的实用性，则审查员可以基于第101条指出要求保护的发明缺乏实用性。同时，基于说明书未能教导如何使用所要保护的发明，以不符合第112（a）条的规定提出拒绝意见。

（3）如果申请人未能针对要求保护的发明提出任何明确的和实质的功用，并且不具有明显公认的实用性，则应当根据第101条提出实用性的审查意见，并强调申请人未对发明公开明确的和实质的功用。同时，提出不符合第112（a）条的审查意见，其理由是，由于缺乏明确的和实质的功用，申请人未公开如何使用发明。此时，将举证责任转移至申请人，申请人应当：

（i）明确指出要求保护的发明的明确的和实质的功用；以及

（ii）提供证据证明本领域普通技术人员在提交发明申请时已经能够认识到该明确的和实质的功用是公认的。审查员应使用上述标准审查随后提交的任何证据，也应当确认在所述证据与申请时公开的要求保护的主题的性质之间存在适当的关联。也就是说，申请人负有证明对所提交的证据与要求保护的发明原始公开的性质之间存在可证实关系的责任。

（C）缺乏实用性的任何审查意见都应当包括详细的解释，即，为何要求保护的发明不具有明确的、实质的和可信的实用性。只要有可能，审查员应当提供对比文件以作为支持其提出无明确的和无实质的、无可信的实用性的初步意见的事实基础，对比文件可以是科学或技术杂志、专著或书籍的摘录或者美国或外国的专利，可以不考虑对比文件的公开日期。如果没有文件证据，审查员应当具体地解释其事实结论的科学基础。

（1）当所主张的实用性不是明确的或不是实质的时，审查意见应该说明本领域普通技术人员也不会认为申请人主张的实用性是明确的和实质的，审查意见应当包括下列要素：

（i）清楚地解释认为发明主张的实用性既不是明确的、实质的也非公认的理由；

（ii）支持上述理由所依据的事实；和

（iii）对所有申请文件中的相关证据进行评价，包括最相关的现有技术中所教导的实用性。

（2）当所主张的明确的和实质的功用不可信时，审查意见应该说明本领域普通技术人员更有可能认为申请人所主张任何明确的、实质的功用是不可信的，审查意见应当包括下列要素：

（i）清楚地解释认为发明主张的明确的和实质的功用是不可信的理由；

（ii）支持上述理由所依据的事实；和

（iii）对所有申请文件中的相关证据进行评价，包括最相关的现有技术中所教导的实用性。

（3）当申请人未公开具有具体的和实质的功用，也不具有公认的实用性时，仅需要给出初步的评述意见表明申请人未主张实用性且无公认的实用性。

（D）如果考虑了申请文件中所有的证据后，本领域普通的技术人员认为所保护的发明主张的实用性是明确的、实质的和可信的，则不再维持缺乏实用性的审查意见。

简而言之，美国专利商标局对于实用性有着明确的判断标准，即发明要满足的实用性应当是明确的、实质的、可信的。对于实用性审查中的程序，也进行了非常明确的规定，对于申请人主张的发明具有明确的、实质的、可信的实用性，首先审查员应该推定其是可信的，除非有证据和理由反驳这种推定，而如果审查员认为该主张不可信，且要求保护的发明不具有显而易见的公认的实用性，则可以基于第 101 条初步指出要求保护的发明缺乏实用性。同时，基于说明书未能教导如何使用所要保护的发明，以不符合第 112（a）条的规定提出拒绝意见，将举证责任转移至申请人，申请人可通过修改权利要求、对初步审查意见进行说理争辩或提供证据来反驳，此时审查员应对申请文件原始公开的内容以及申请人随后提交的任何修改，以及申请人为支持所主张的明确、实质、可信的实用性提供的任何新的推理或证据进行审查。即是说，审查员应当特别关注和接受申请人关于其发明为什么是有用的理由，只有在考虑了所有证据后，仍然认为所主张的实用性不明确、不实质、不可信，才能以缺乏实用性驳回；而如果申请人未在发明中公开任何实用性，审查员则需要确认是否存在公认的实用性，即站位本领域技术人员，能够充分认识到为什么发明是有用的，因为如果发明存在公认的实用性，那么是否在发明申请中披露实用性就不是必须的，只有当申请人未公开具有具体的和实质的功用，也不具有公认的实用性时，才能给出初步的评述意见表明申请人未主张实用性且无公认的实用性。

可见，由于人们对于发明的理解通常会存在一定的主观性，不同的人对于阅读同一发明所能理解到的有用的内容、角度可能存在不同，因此，对于实用性的审查，美国专利商标局首先是要推定申请人主张的实用性是可信的，除需要考虑原始申请记载的内容外，还引入了公认的实用性的概念，同时还需要全面考虑申请人补充的证据、推理等。只有在上述情况下仍认为不满足实用性，才能用详细的解释说明驳回意见。

三、实用性判断要件

为满足美国《专利法》第 101 条的要求，发明必须是“有用的”。但法院也已经认识到，像“有用的”这样简单的日常词汇在生活中可能会充满歧义，其包含着很大的模糊性，涉及实用性要求使用的术语“有用的”可能是一个难以定义的术语。例如，“有用的”是对谁有用？有什么用？是现在有用，还是未来可能有用？是直接有用，还是间接有用[①]？就一项发明是否具有实用性的问题，专利申请人、专利审查员、专利审判与上诉委员会、地区法院、联邦巡回上诉法院、美国最高法院之间，存在不同看法的情况并不少见。而真理往往越辩越明，美国作为科技领先强国，其专利制度也伴随各个领域的发展而不断完善，在经历了长时间大量审查实践的探索，美国判例法和 MPEP 中也将实用性中模糊的定义“有用的”进一步明确为是“明确的”、“实质的”和“可信的”。具体审查中，如何准确把握这几个判断要件，则可通过回溯相关的判例来找到答案。

（一）明确的功用

“明确的功用”具体到所要求保护的主题，并且可以“向公众提供明确定义的和特别的益处”，这与一般用途或者通用用途形成对比。美局 MPEP 第 2107.01 章中要求审查员应区分，哪些申请人披露了发明的特定用途或应用，哪些申请人仅表明该发明可能有用而没有具体说明为什么认为有用的情况。例如，表明化合物可用于治疗未指明的疾病，或该化合物具有“有用的生物学”特性，将不足以确定化合物具有“明确的功用”。

以下以 In re Fisher 一案[②]说明“明确的功用”的具体内涵。

申请人 Fisher 提交的专利申请涉及五个基因序列，称为“表达序列标签（ESTs）”，它们在玉米植物中编码蛋白质的表达，这五个基因序列可用于：（a）作为绘制整个玉米基因组图谱的分子标记；（b）通过微阵列技术测量组织样本中的 mRNA 水平，以提供有关基因表达的信息；（c）提供用于聚合酶链反

---

① 李明德. 美国知识产权法［M］. 2 版. 北京：法律出版社，2014：62.

② In re Fisher，421F. 3d 1365，1371，76 USPQ2d 1225，1230（Fed. Cir. 2005）.

应（PCR）过程的引物来源，以实现特定基因的复制；（d）确定多态性的存在与否；（e）通过染色体行走分离启动子；（f）控制蛋白质的表达；（g）定位其他植物和生物的遗传分子。

审查部门以不符合美国《专利法》第101条规定的实用性为由最终驳回了该专利申请，其在驳回中指出，该专利申请中披露的ESTs的用途并非是明确的，其适用于所有的种类的EST，例如，任何EST都可以作为分离遗传区域的分子标记。同时，审查意见还援引美国《专利法》第112（a）条作为驳回理由，指出由于该申请缺乏明确的功用，导致本领域技术人员不清楚如何使用所要求保护的ESTs。

Fisher随即向PTAB提起上诉。PTAB维持了审查部门的驳回决定，最终，Fisher向美国联邦巡回上诉法院提出上诉。

法院经过审理认为，Fisher所声称的ESTs的用途过于笼统，以至于没有实际意义，其声称的七种用途显然不是“明确的”，因为玉米基因组中任何基因转录的任何EST都有可能执行Fisher声称的用途；也就是说，从玉米基因组中的任何基因转录的任何EST都可以是分子标记或引物的来源、测量组织样品中mRNA的水平、确定多态性的存在与否、分离启动子、控制蛋白质表达，或定位其他植物和生物的遗传分子。Fisher声称的七种用途中没有任何内容可将权利要求请求保护的五种EST与其专利申请中公开的32000种ESTs或来自任何生物体的任何EST区分开来。因此，Fisher仅披露了其声称的EST的通用用途，且这些通用用途都是通向能够具体使用的直接用途的中间环节，除了对进一步研究有一定价值外，这些通用用途没有直接的产业或者生活实用性，因此其将不会被认为具有“明确的功用”。基于上述原因，美国联邦巡回上诉法院维持了PTAB的最终判决。

通过该案例可知，“明确的功用”与“一般用途”或“通用用途”相区别，前者要求专利申请至少要披露一个不至于模糊到毫无意义的用途，且为大众提供利益；而后者仅仅是一种普遍的、与产业没有直接联系的用途，甚至可能仅是通向明确用途的中间环节，是开展进一步研究的研究对象或者研究工具，而如果将这类案件授权，将会阻碍真正有用的科学技术的进步，因为当一个还未确定“明确实用性”的发明申请被授权后，社会公众可能就没有动力继续研究该发明的特定用途或应用了。

（二）实质的功用

“实质的功用”要求，一项专利申请声称的用途必须能够给公众带来显著的且目前就可获得的利益，而非需要进一步研究以后可能在将来某个日期才被证明有用。换言之，其实用性必须是现实性的，而不能是潜在的[①]。

“实质的功用”定义了“现实世界”的用途。例如，治疗已知的或新发现的疾病的治疗方法、检测一种与特定疾病具有明确相关性的物质是否存在的化验方法，就都属于“现实世界”的用途，其“实质的功用”表现在，能够治疗特定疾病，或者能够识别出潜在患者以进一步采取预防和治疗措施。

另外，下列情形则是需要通过进一步研究才能够确定“现实世界”的用途，因此其不具有“实质的功用”：

1）基础研究，例如研究要求保护的产品本身的性质或机械设备所包含的材料；

2）治疗未知疾病或病症的方法；

3）分析或识别本身没有具体和/或实质实用性的材料的方法；

4）制造本身没有明确、实质和可信的实用性的材料的方法；

5）用于制造没有实用性的最终产品的中间产物的产品权利要求。

以下以 Brenner 诉 Manson 一案[②]说明“实质的功用”的具体内涵。

Manson 就制造某种已知类固醇的工艺提出了专利申请，美国专利商标局审查部门以该申请未能披露该工艺产生的化合物的任何用途为由作出驳回决定。随后，Manson 向 PTAB 提起上诉，并提交了申请日前出版的《有机化学杂志》中的一篇文章，其表明与 Manson 生产的类固醇相似和相关的类固醇在对小鼠进行肿瘤抑制作用时是有效的。经审判，PTAB 维持了驳回决定，认为不能仅仅因为一种产品碰巧与另一种已知有用的产品密切相关，就推定该产品具有实用性，且 Manson 没有披露其制造的类固醇也是一种肿瘤抑制剂的足够可能性。Manson 随后继续提出上诉，美国海关和专利上诉法院（CCPA，美国联邦巡回上诉法院前身）推翻了 PTAB 的审判，认为如果请求保护的工艺生产的产品没有损害公共利益，则无需证明该产品的实用性。随后，专利审查员 Brenner 请求美国最高法院审理该案。

美国最高法院审理认为，尽管 Manson 提供的证据证明与本申请化合物结构接近的类固醇化合物具有治疗小鼠癌症的效果，但该证据未能显示申请所生产的类固醇在小鼠中具有肿瘤抑制作用，尽管参考了邻近的同系物，但并不能证明通过 Manson 的方法生产的类固醇具有类似的肿瘤抑制特性的足够可能性，Manson 认为其类固醇所披露的实用性只是推测性的，并非是已经证实了的。事

---

① 杨德桥. 美国专利法上的专利实用性判断标准研究［J］. 知识产权，2015（5）：92－98.

② Brenner v. Manson，383U. S. 519，534－35，148 USPQ689，695（1966）.

实上，相邻同系物具有相同效用的假设在类固醇领域受到了挑战，因为该领域化合物的不可预测性更大。

最高法院认为，本案需要聚焦于对于化学发明，是否仅因为它产生的预期的产品以及产生的化合物正在进行严肃的科学研究就认为其是“有用的”？而要回答这个问题，则应当综合考虑专利制度的目的以及国会的立法意图来分析。专利制度的目的之一是鼓励传播有关发现和发明的信息，但如果发明者自己都不能确定他的方法产生的“用途”，专利的公开又有多大可能刺激其他人研究该产品的用途？答案是如果专利权人有权实施他的专利，那么其他人就没有动力去寻求用途，相应地就不能实现鼓励传播该发明的信息的目的。从国会的立法意图来看，授予专利垄断权的基本交换条件，是公众从实质上有用的发明中获得利益。然而，如果化学领域的工艺方法没有生产出一种被证明有用的产品就被授予知识垄断权，这种垄断的范围和界限将是无法精确界定的，因为它可能占据了一个广阔的、未知的，也许是不可知的领域，这种垄断权将会阻碍整个领域的科学发展，而非为社会公众带来利益。美国海关和专利上诉法院认为如果请求保护的工艺生产的产品没有损害公共利益，则无需证明该产品的实用性，但这显然是不符合国会立法本意的，毕竟这个世界上有许多东西完全没有损害公共利益，但同时它们也不被认为是“有用的”。

美国最高法院在判决书的末尾对专利制度的本质进行了非常经典的论述：“这并不是说我们因为要发明一些‘有用的’东西，而贬低基础科学的重要性，或者说我们对现在似乎没有用处但未来可能会对公众有益的东西视而不见。但专利并不是一张狩猎许可证，它不是对探索过程本身的奖励，而是对成功结果的补偿。专利制度必须与商业世界而非思想王国相联系”，缺乏“实质的功用”的专利申请，由于没有对其直接利用的可能性，所以其仍然是处于思想王国的范畴之内，因此是不符合授予专利权的条件的。

通过该案的判决过程可以发现，美局对实质的功用的要求，就是要求专利申请的实用性必须是目前可知可感的，而非潜在的，必须展示在目前对公众有用处，而不是在未来可能有用。实质的功用将基础科学研究成果排除在专利保护主题之外，并非是认为基础科学研究不重要，恰好相反，正是由于基础科学的成果是一切进一步研究成果的基础，因此，若以专利垄断的形式对其进行保护，将对社会进步产生阻碍。因为如果有人基于一项功能未知的发明获得了专利权，那么该专利的存在可能就会降低他人研究如何将该发明付诸实际应用的兴趣和动机。任何实际发现了该发明用途的人，一旦实施该发明将会面临专利侵权责任，因此该专利的存在将极大可能遏制有益的产品进入市场，而这无疑是与专利制度建立的初衷相违背的。本案中，在化学发明领域，只有当化学工艺生产的产品在申请专利时所能给社会公众带来的利益是确定的，该发明申请才能满足实用性的要求。

（三）不可信的功用

尽管美国判例法和 MPEP 中将“有用的”进一步明确为要满足“可信的”的要求，但 MPEP 第 2107.01 章却以否定的形式，即“不可信的功用”来说明如何判断专利申请是否是“可信的”。什么是“不可信的功用”呢？MPEP 第 2107.01 章中认为根据专利申请中记录的内容来实施，专利申请也不会像申请人声称的那样发挥作用，也即不能解决专利申请人要解决的技术问题、实现专利申请人声称的技术效果的发明，不是专利法意义上有用的发明。而导致上述问题的原因，在于基于本领域现有知识而认为申请人所声称的实用性是不可信的或具有误导性的，这包括认为申请人声称的实用性与已知的科学技术原理是矛盾的情形。例如，永动机、声称用磁场改变食物味道的发明、用于产生能量的“冷聚变”过程的发明等。

此外，MPEP 第 2107.01 章中提到，一项发明因“不可信的功用”为由而被驳回的情况很少见，美国联邦巡回上诉法院仅以此为由维持驳回则更为罕见。MPEP 第 2107.02 章中指出，如果申请人明确声明某项发明具有实用性，那么审查员不能简单地以这是“错误的”来驳回该声明，即使可能有理由相信该声明并非完全准确。相反，审查员必须基于申请人提供的证据结合推理过程确定对于本领域技术人员来说，申请人主张的实用性是否是可信的。而以下两种情形可认为其是“不可信的功用”：（A）申请人主张实用性的声明的内在逻辑存在严重缺陷，或者（B）该主张所依据的逻辑与事实不一致。如果申请人没有提供相应的证据或提供的证据不满足要求，审查员就可以所主张的实用性不可信为由进行驳回。同样地，美国联邦巡回上诉法院只有当申请人主张的实用性违反科学原理（例如热力学第二定律）或自然规律，或完全不符合本领域的现有知识的情况下，才以缺乏“可信的实用性”为由作出维持驳回的决定。

以下以 Newman 诉 Quigg 一案①说明美国对于“可信的实用性”的判断程序。

申请人 Newman 向美国专利商标局提交了一份专利申请，要求保护“一种装置”和一种“产生可用能量的方法”，该发明申请最大的特点在于，其能够具有比输入更高的能量输出。美国专利商标局和 PTAB 均以该专利申请不符合

① Newman v. Quigg，877F. 2d 1575，1581，11 USPQ2d 1340，1345（Fed. Cir. 1989）.

美国《专利法》第112（a）条的要求，即“说明书应使用完整、清晰、简洁、准确的术语对制造和使用发明的方式和方法作出描述，以使得相关或相近领域的技术人员能够制造和使用”，驳回了该专利申请，理由是Newman所要求保护的装置实际上是一种违反了热力学第一定律或第二定律的“永动机”，而这显然对于相关或相近领域的技术人员而言是无法制造和使用的。Newman随即向地区法院提起上诉，要求撤销对其专利驳回的决定，同时，Newman还展示了他的设备模型并演示了操作，同时还向地区法院提供了几份在大学和其他地方进行的测试报告，以及证人证言，证明其装置输出的电能明显多于电池系统输入的电能。

地区法院法官认为，尽管Newman的系统似乎与公认的科学原理相悖，但其已经通过设备模型证明了其系统的运行，因此，如果满足美国《专利法》第112（a）条的要求，他就有权获得专利。但出于没有现有科学证据证实Newman的科学理论依据，地区法院法官还是下令将该申请返回专利商标局由不同的专利审查员进行审查。该专利审查员要求Newman将其发明的三个实施例的工作模型交给国家标准局进行测试，Newman制作了他的发明模型，同时，地区法院向Newman的律师提供了国家标准局（NBS）制定的设备测试协议，并命令NBS开始测试。NBS在该设备交付五个月后发布的报告得出结论，该设备产生的能量输出并不多于输入，并且其测试的效率在27%到77%之间。

然而，Newman认为NBS评估存在致命缺陷，因为所有测试都是在设备接地的情况下进行的。他表示，他的设备在操作期间不得接地。他提到了密西西比州立大学提供给NBS的两份报告；一份报告显示设备接地时效率低于100%，另一份包含密西西比州一位工程师的评论，即设备未接地时效率似乎高于100%。

而地区法院则认为，NBS设计的测试协议包含电气原理图，清楚地表明设备已接地。Newman对测试开始提供的测试协议并没有提出异议，其本人有责任在测试之前或测试期间对他知道或认为会损害结果的测试协议中的任何缺陷提出异议，而没有提出异议则意味着放弃或默许了测试程序中的任何声称的缺陷，且本发明专利的说明书也没有提到避免设备接地的必要性，因此NBS测试程序是适当的，并且他们的结果是决定性的。最终，地区法院以发明不符合美国《专利法》第101条有关实用性的要求以及第112（a）条说明书未能教导如何使用所要保护的发明为由驳回了Newman的上诉请求。

综上可见，本案争议的焦点实际上在于专利申请是否具有声称的技术效果，一旦不具有声称的技术效果，则该专利申请的实用性将不可信，即是“不可信的功用”。

我局实用性审查要求专利申请“能够产生积极效果”，即在提出申请之日，其产生的经济、技术和社会效果是所属技术领域的技术人员可以预料到的，这些效果应当是积极的和有益的。这里的经济、技术和社会效果就是专利申请的有用性的体现，而所属技术领域的技术人员“可以预料到”则与美局要求实用性是“可信的”有些类似。

在实际案件的审查中，美国专利商标局和相关法院的处理态度是十分严谨的，在根据现有技术和逻辑推理提出合理怀疑之后，允许申请人提出必要的证据材料，并通过相关的实验进行论证。在实用性的举证责任方面，美局的审查员负有初步举证责任，即提供本领域技术人员合理质疑发明实用性的证据。审查员发出通知书后，举证责任转移至专利申请人，由专利申请人提供可使本领域技术人员信服的充分证据来证明专利的实用性。本案中并没有根据申请人所提交的书面材料的实验结果就认定了其材料的真实性，而是进一步要求申请人提供装置实体，进行了标准化检测，进一步反映了美局在实用性判断方面“本质上”的要求。类似情形在我局审查中，对于实际效果的证明，大多数情况下还是根据申请人所提交的各类书面证明材料进行判断，一般不会要求申请人提供装置实体进行第三方检测。

第三节　小　结

本章首先对欧洲专利局实用性法条的发展历程进行了回顾，介绍了现行《欧洲专利公约》中涉及实用性的法律性规定，结合《EPO 审查指南》的进一步解释以及欧洲专利局上诉委员会的经典判例，对《欧洲专利公约》中的实用性规定从界定“产业”的范围、准确把握一项发明能够在“任何产业中制造或者使用”、比较工业实用性与说明书充分公开之间的关系三方面进行了深入剖析，以深化对实用性法条内涵的解读。

对于《欧洲专利公约》第 57 条规定的“如果一项发明能够在包括农业在内的任何产业中制造或者使用，它就应当被认为具有工业实用性”，其中的“产业”从最初的工业、商业扩展到了农业、采掘业，甚至化妆和美容业，甚至一些应用于私人和个人领域的方法，只要其可以由公司以经营为目的而进行使用，也属于“产业”的范畴，并且“产业”的概念延伸到连续地、独立地且为经济利益而进行的某项活动或者可由公司以商业规模提供的任何活动，这样一来就将产业与经济利益关联起来，产业应用也被定义为具有“有利可图的用途”。

此外，一项发明能否在“任何产业中制造或者使用”，对于申请人/发明人而言，除非该专利申请的工业实用性是不证自明的，否则需要在说明书中充分说明其在产业上该如何利用，这种说明必须具有合理具体的技术基础，以使得本领域技术人员能够认识到其对现有技术的贡献能够导致在产业中的实践应用；而对于审查员而言，在判断发明是否能够在“任何产业中制造或者使用”，需要站位本领域技术人员判断申请人/发明人说明的这种产业应用的可信性，且这种可信性与当前产品/方法是否已经应用到了产业没有直接关系，而是产品/方法能够应用到产业并产生有利可图的用途或者具体的效益对于本领域技术人员来说是否具有一定的可能性。特别是对于生物医药等前沿科研领域，申请人/发明人则更是需要直接说明其能够用来诸如治疗某种确定的疾病等具体的产业应用，而非仅是基础科学研究的中间环节/中间产物；而对于审查员而言，则需要判断这种产业应用的可信性，尽管目前可能并未实际应用到产业中。

最后，关于工业实用性与公开不充分法条之间的联系，欧局审查中认为，如果发明本身违背了自然规律，则其固然不可能被成功实施，因此应以公开不充分法条提出异议，至于是否会导致专利申请不能在“任何产业中制造或者使用”，还需要看申请人请求保护的权利要求的对象，如果权利要求仅保护特定结构的产品，则认为其可以在产业上制造或者使用，但如果权利要求不仅保护产品结构，还请求保护其功能，由于功能本身是违背自然规律的，因此这种产品肯定无法在任何产业中制造或者使用，还需要同时以缺乏工业实用性提出异议。

同时，本章还回顾了美国专利商标局实用性法条的发展历程，并就现行美国《专利法》中的实用性法条以及 MPEP 中的实用性审查程序进行了介绍。通过回溯相关判例，加强了对于美国专利商标局实用性法条中“有用的”理解。学习完本章，我们可以回答以下问题：

首先，美国《专利法》第 101 条的“有用的”是对谁有用？有什么用？“明确的功用”告诉我们，“有用的”是对社会公众有用。不难想到，专利权实质是一种垄断权，是申请人/发明人以通过向社会公众公开技术方案为代价来换取对技术方案一定时长的专有保护，授予专利垄断权的基本交换条件，是公众从发明中获得利益，因此，其实用性中的“有用的”固然是让社会公众从中受益；其次，这种用途不能是一般用途或通用用途，而应该是一种明确的、特定的、与产业有直接联系的用途或应用，例如，发明一种用于治疗疾病的化合物，要满足实用性的要求，就需要明确具体用于治疗什么类型的疾病，而非模糊的疾病，显然，如果只能说明其能够用于治疗疾病而非具体治疗什么类型的疾病，那么公众也是无法利用这种化合物来对症下药的，这种用途对于公众就是虚无缥缈的。

其次，“有用的”应该是现在有用，还是未来可能有用？“实质的功用”回答了这一问题，即一项专利申请声称的用途必须能够给公众带来目前就可获得的利益，是在申请专利的当下就应该是有用的，而非需要进一步研究以后才在未来某个日期被证明有用，因为如果一个已被授权的专利的有用性在当下没有被证实，那么其获得的专利垄断权将是一个广阔未知的领域，且可预见地会阻碍科学的发展，既违背专利制度鼓励传播发现和发明信息的本意，也违背国会立法为社会公众带来利益的意图。

最后，“有用的”是直接有用，还是间接有用？不论是“明确的功用”还是“实质的功用”都要求这种有用应该是直接的，因为间接有用的发明，其实质上是一种基础科学研究成果，可能仅是通向明确用途的中间环节，是进一步研究的研究对象或研究工具，当间接有用的发明获专利授权后，将会极大阻碍科学领域研究该发明的直接用途的积极性，反而阻碍了社会科学的发展。

由此我们也可以看出，美国《专利法》意义上的“有用的”并不完全等同于生活中的“有用的”，也不完全等同于科学上的“有用的”，这也是基于专利制度建立的初衷和国会立法的意图而决定的，和美国的“商业社会”性质相一致。

第六章　对权利要求书的其他要求

专利制度中权利要求书的发展经历了从无到有、从简单到完善的过程。随着科技的不断进步和专利制度的不断完善，权利要求书在专利保护中发挥着越来越重要的作用。

在西方专利制度建立的初期，并没有明确的权利要求书这一概念。人们通常使用专利说明书来记载发明创造的内容，披露有关技术信息。这种说明书主要侧重于描述发明的结构、功能和使用方法，但并未明确界定专利权的保护范围。在发生侵权纠纷时，由法院根据说明书的内容来确定专利保护的范围。

随着时间的推移，专利制度作用不断凸显，人们逐渐认识到由法院根据说明书内容进行保护范围判定，存在较大的法律不确定性和公众不可预期性。1811 年，美国发明家富尔顿（Fulton）在其汽船发明的专利申请文件中，首次在说明书的最后部分记载了类似“我要求保护我的发明……”的用语，并在其后列举了多个具体的权利要求[①]。这被认为是世界上最早的专利权利要求的雏形。

随着专利制度的进一步发展，各国开始明确要求在专利申请中包含权利要求书。美国在其 1836 年专利法案中第一次明确对“专利权利要求”作出强制性规定，要求发明人应当使用权利要求将其发明明确地识别出来。英国在 1932 年对专利法案进行了重大修改，明确要求申请人在说明书中的权利要求部分应当清晰具体，否则将导致专利无效[②]。随后，1938 年的 Electric & Musical Industries v. Lissen 案[③]，记载了英国现代专利法上对于权利要求法律作用最为权威的描述：“权利要求的作用是清楚、明确地界定专利权人的独占权，使他人能够准确地知道他们所不能进入领域的边界。”

进入 20 世纪以来，随着科技的不断进步和专利制度的不断完善，权利要求

---

① 董新蕊，朱振宇．专利分析运用实务［M］．北京：国防工业出版社，2016：109.

② 董涛．“专利权利要求”起源考［J］．专利法研究（2008），2009：133－149.

③ Electric & Musical Industries v. Lissen（1939），56 R. P. C. 23 at 39.

书也得到了进一步的完善和发展。大多数国家在专利法修订中规定了更加详细和严格的要求，要求申请人必须清晰、准确地描述专利申请的保护范围，避免使用模糊、不确定的词语或表述方式，从而明确地将需要保护的范围和不需要保护的范围区分开。同时，在各国专利审查制度中，也不断加强了对权利要求书的审查力度，通过准确、合理和完整界定专利权的保护范围，确保专利权的明确性和稳定性，从而不仅能够使得社会公众明确其专利技术的独占边界，有意识地规范自己实施有关技术的行为，作出侵权规避或技术交易的决策，也能够为专利权人的维权和转化运用提供有力的法律保障。

本章分别对欧美专利法条文及其审查指南中关于权利要求书的相关规定进行解读，并结合欧洲专利局上诉委员会、美国联邦巡回上诉法院等真实判例分析，深入解析欧洲和美国在其专利审查制度中对于权利要求书实质性要求方面的具体规定。

第一节 欧　　洲

一、概述

《欧洲专利公约》第 84 条规定：“权利要求应对要求保护的主题进行限定，清楚、简要并能够得到说明书的支持。”①

该条款包括了两层基本含义，其一，一件专利或专利申请的保护范围是由权利要求记载的内容所限定的（说明书和附图可以用于解释权利要求的内容），那么一项权利要求应当根据发明的技术特征来明确限定出寻求保护的内容②，这是构成权利要求的基本要义。

其二，在公众权利受到垄断影响的任何制度架构中，法律上的确定性都是至关重要的③。考虑到专利权的特定性质和权利要求设立的目的，该条款进一步规定了权利要求不论在内容还是措辞上均需满足一定的原则，即权利要求应当清楚、简要并能够得到说明书的支持；清楚、简要的意义在于使得专利权所赋予的保护边界是能够确定的，确保公众不会对哪个主题被覆盖以及哪个主题没有被覆盖持有疑问，以及本领域技术人员不需要在过度负担的情况下明确权

① EPC Article 84 Claims. The claims shall define the matter for which protection is sought. They shall be clear and concise and be supported by the description.

② 《欧洲专利公约实施细则》第 43.1 条。

③ 参见欧洲专利局上诉委员会判例 T 81/14。

利要求的范围；得到说明书的支持旨在确保授予的专利权的保护范围与专利文件所披露的发明对现有技术所作出的技术贡献相对应，即保护范围的合理适当性。怎样判断一项权利要求的保护范围是否合适，《EPO 审查指南》作了如下释义：一项权利要求合适的保护范围应当是，既没有宽到超出发明公开的程度，也没有窄到剥夺申请人因公开换保护而应得的收益的程度①。

《欧洲专利公约实施细则》第 43 条对《欧洲专利公约》第 84 条进行了补充规定，其中《欧洲专利公约实施细则》第 43（1）条规定权利要求应该以该发明的技术特征来限定所寻求保护的主题。第 43（1）（a）和（b）条进一步规定了“在适合情形下”，权利要求应当采用“两段式”撰写，即“前序部分”和“特征部分”。

细则第 43（2）（a）、（b）、（c）条规定了在满足《欧洲专利公约》第 82 条单一性要求的前提下，一件欧洲专利申请只有在其申请主题符合“（a）多个相关联的产品、（b）产品或装置的不同用途以及（c）特定问题的替代解决方案，且这些替代解决方案不宜用单个权利要求涵盖”的情形下，才允许包含同一类别的多项独立权利要求，如产品、方法、设备或用途。

《欧洲专利公约实施细则》第 43（3）条规定了任何陈述发明必要特征的权利要求之后，可以跟着一项或多项关于特定实施方式的权利要求。第 43（4）条规定了从属权利要求应该在起始部分注明引用的权项号，然后陈述附加的技术特征。第 43（5）条规定了权利要求的个数应根据发明的性质来合理地确定。权利要求应该用阿拉伯数字连续编号。第 43（6）条规定了除非绝对必要，权利要求书不应引用说明书以及附图作为技术特征进行限定。第 43（7）条规定了如果欧洲专利申请包含附图，并且附图有标记，则应在权利要求中相应的技术特征后面注上附图标记，并且将该标记放在括号内。附图标记不得解释为对权利要求保护范围的限制②。

综上，《欧洲专利公约实施细则》第 43 条通过以上 7 款内容进一步补充规定了权利要求的形式和内容，其包括用技术特征限定发明、两段式撰写方式、独立权利要求的数量、发明的必要特征、权利要求的类型、合理的权利要求数目、说明书及附图的引用、括号中的附图标记等。

---

① Guidelines for Examination in the European Patent Office, March 2024 edition, Part F, Chapter Ⅳ, 6.2 Extent of generalisation.

② Rule 43（7）Where the European patent application contains drawings including reference signs, the technical features specified in the claims shall preferably be followed by such reference signs relating to these features, placed in parentheses, if the intelligibility of the claim can thereby be increased. These reference signs shall not be construed as limiting the claim.

《EPO 审查指南》是欧洲专利局在《欧洲专利公约》及其实施细则，以及上诉委员会判例法的基础上所制定的，旨在实践和程序上为欧洲发明专利申请和审查提供明确的指导说明，其效能等同于我局的《专利审查指南 2023》，二者在专利申请形式审查、实质审查、审查标准等多个方面均具有相似之处。《EPO 审查指南》第 F 部分第Ⅳ章主要关注权利要求撰写和审查标准，其在《欧洲专利公约》第 84 条及其实施细则第 43 条规定的基础上，结合上诉委员会判例法经典判例，对权利要求的形式和内容、权利要求的类型、权利要求的清楚和解释、权利要求的简要和数目，以及权利要求得到说明书的支持等多个方面进行了充分和详细的规定和解读，以帮助申请人明确《欧洲专利公约》及其实施细则对于权利要求的系列要求，同时帮助审查人员建立统一的审查标准和审查指引，以确保授予专利权的权利要求清楚、简要、完整和得到说明书的支持，具体的规定和解读将在下文中详细展开。

二、权利要求的解释

权利要求的技术特征总是通过语言文字加以表述，而对于任何语言文字的含义都存在一个如何进行解释的问题，不同的解释原则就会导致不同的专利权保护范围。

在专利权保护范围的确定方式上，各国专利法中曾经有过两种具有代表性的学说①：一种是以英美为代表的“周边限定论”，另一种是以德国为代表的“中心限定论”。简单来说，“周边限定论”就是指专利权的保护范围完全由权利要求的文字内容严格确定，专利权保护的范围对公众而言一目了然，但对权利要求书的撰写提出了较高的要求。“中心限定论”则是指权利要求书的作用主要是定义发明人在现有技术的基础上作了何种贡献，在确定保护范围时可以通过说明书和附图的内容认定其发明构思，较为自由地拓展权利要求文字表达的保护范围；但由于其解释并不严格遵循权利要求书的文字表达，导致专利权的保护范围对社会公众而言显得并不确定。两种学说代表确定专利权保护范围的方式截然相反，且优势各异，前者有利于确保专利权保护范围的法律确定性，而后者能够为专利权人提供灵活有效的法律保护②。

《欧洲专利公约》第 69（1）条给出了经典的第三种解释方案，即折中原则。具体规定了：“一项欧洲专利或专利申请所赋予的保护范围由权利要求的内

---

① 冯晓青．知识产权法［M］．武汉：武汉大学出版社，2009：174－175.

② 尹新天．中国专利法详解［M］．北京：知识产权出版社，2011：431－432.

容决定，说明书和附图可以用于解释权利要求。"①

该法条简明地规定了专利权的保护范围应由权利要求记载的内容进行确定，但是说明书及附图可用于解释权利要求的范围。即既以权利要求书的内容为准，又不拘泥于权利要求书的文字或措辞，而是结合说明书和附图划定专利权的保护范围。同时，《欧洲专利公约》还进一步附加了一项关于该公约第69条的协定书（第69条不应当被理解为一份欧洲专利所提供的保护由权利要求的措辞的严格字面含义来确定，而说明书和附图仅仅用于解释权利要求中的含糊不清之处；也不应当被理解为权利要求仅仅起到一种指导作用，而提供的实际保护可以从所属领域的技术人员对说明书和附图的理解出发，扩展到专利权人所期望达到的范围。这一条款应当被理解为定义了上述两种极端之间的一种中间立场，从这一立场出发，既能为专利权人提供良好的保护，同时对他人来说又具有合理的法律确定性②），更加明确了《欧洲专利公约》第69（1）条所寻求的是一种介于"周边限定论"与"中心限定论"之间的中间立场。我国《专利法》第64条所规定的"发明或者实用新型专利权的保护范围以其权利要求的内容为准，说明书及附图可以用于解释权利要求的内容"也借鉴和沿用于此，在确定专利权的保护范围上也采用折中的思想进行判定。

那在欧洲专利局具体的审查和司法实践中，如何正确把握好这一中间立场？权利要求如何决定专利权的保护范围？说明书和附图可以解释权利要求到什么程度？以及什么情况下允许使用说明书和附图解释，什么情况下不允许？是本节将结合判例重点介绍和探讨的内容。

（一）一般原则

《欧洲专利公约实施细则》第43（1）条规定了"权利要求应当根据发明的技术特征限定出寻求保护的内容"③，即权利要求的保护范围由权利要求记载的全部技术特征作为整体共同限定，权利要求中记载的每一个技术特征都会对权利要求的保护范围产生限定，通过技术特征限定作用的叠加和合围，从而圈定出寻求保护的权利范围。由此可见，对权利要求记载技术特征限定作用的解读对确定权利要求的保护范围至关重要。

《EPO审查指南》第F部分第Ⅳ章第2.1节对于技术特征的形式作了一定

---

① EPC Article 69 (1) The extent of the protection conferred by a European patent or a European patent application shall be determined by the claims. Nevertheless, the description and drawings shall be used to interpret the claims.

② See Protocol on the Interpretation of Article 69 EPC, Article 1.

③ Rule 43 (1) The claims shall define the matter for which protection is sought in terms of the technical features of the invention.

规范：权利要求的每一个特征不必都用结构性特征来表示，也可以包含功能性特征，前提是本领域技术人员无需付出创造性劳动就能毫无困难地提供实现所述功能的手段；允许保护与发明目的有关的表述，前提是所述与发明目的有关的表述有助于限定该发明的主题；从发明的技术应用的意义上来说，与发明用途有关的表述也是允许的。

对于权利要求技术特征的解读，《EPO 审查指南》第 F 部分第Ⅳ章第 4.2 节给出了一般原则：

1）每项权利要求均应当按照其术语在相关领域中通常具有的含义和范围来解读，除非在特殊情况下，说明书通过明确的定义或其他方式为术语赋予特定的含义。

2）如果术语由某种特定的含义来解释，则审查员在审查阶段应尽可能要求申请人修改权利要求，使得权利要求通过本身的文字记载就能够清楚地阐释该特定的含义。

（二）限制解释的情形

除了采用上述一般原则来解读权利要求外，欧洲专利局在按照《欧洲专利公约》第 69（1）条所规定的“根据说明书和附图来解释权利要求”来确定保护范围时，通常还会面临一些争议和难题，最常见的即为说明书和附图是否可用于解释权利要求的范围，使得权利要求具备可专利性或清楚性，从而满足授权条件。

在上诉委员会判例法发布的诸多决定中，上诉委员会主张并适用凭借说明书和附图来解释权利要求以确认其主题的原则，特别是用于判断权利要求是否具有新颖性、创造性。同样地，在大量决定中上诉委员会采用说明书和附图来解释权利要求，以确定权利要求是否满足《欧洲专利公约》第 84 条所规定的清楚性和简要性①，例如使用说明书和附图来解释权利要求中存在的相对术语、模糊术语或不清楚术语，或者引用说明书来确认权利要求文本最明显的解释。

但在有些情况下，上诉委员会主张限制说明书和附图对权利要求的解释，如在判例 T 2221/10、T 197/10 中，上诉委员会援引判例法，认为说明书可以作为本专利的词典库，用于认定权利要求中所使用的模糊术语的正确含义。但是，如果权利要求中使用的术语本身具有清晰的技术含义，不能因为说明书记载了另一种特定的技术含义，从而代替解释权利要求原本清晰的技术含义。也

① EPC Article 84 Claims. The claims shall define the matter for which protection is sought. They shall be clear and concise and be supported by the description.

就是说，当权利要求和说明书在术语含义上出现差异，且权利要求使用的术语自身存在所属领域清楚且通常具有的含义的解读时，权利要求特征应当以本领域技术人员无需借助说明书即可以理解的方式被解释，说明书记载的特定含义不应当解读为对权利要求的限制，在评价权利要求的新颖性和创造性时也不应当将其特定含义考虑在内。

上诉委员会判例法还指出，为了准确评判新颖性和创造性，《欧洲专利公约》第 69 条及其协定书不能被理解为可将权利要求的明确记载内容中未暗示的隐含限制性特征解读到权利要求中①，以下判例给出了在创新性判定时，如何正确适用说明书和附图对权利要求的解释：

判例 T 932/99，权利要求 1 涉及一种能够从含氧气态混合物中分离氧气的膜。在创造性异议请求被驳回后，上诉人提起上诉，并认为权利要求 1 限定的特征并未反映出权利人主张的本发明的核心点：权利要求 1 仅限定该膜结构应能够从含氧气态混合物中分离氧气，并未限定要回收分离出的氧气；此外，权利要求 1 既没有定义致密膜的厚度，也没有定义孔径最小的多孔层与致密层相邻。

应诉人争辩道，依据说明书中相应记载对权利要求 1 进行适当解释，上诉人提到的那些缺失的特征应被理解为对权利要求 1 的限制，且这些限制是显而易见的。

上诉委员会在决定中指出，权利要求 1 涉及一种能够从含氧气态混合物中分离氧气的膜。因此，要求保护的主题是针对产品本身，即膜形式的结构。权利要求 1 对分离的氧气如何回收并未提及。且单独的膜本身不能分离任何气体，除非它和其他部件一起工作，比如被安装在由含氧气体和分离气体的隔室组成的装置中，这些隔室被膜分隔开并处于适当的分离条件下。权利要求 1 并没有定义这样的隔室，更不用说任何包含这些隔室的气体分离装置以及施加必要条件（例如温度和压力梯度）的装置。事实上，权利要求 1 仅定义了膜的结构，而与膜安装在任何设备中无关。因此，权利要求 1 主题中的功能限定，即“能够从含氧气态混合物中分离氧气”，仅用于限定要求保护的膜的功能，而不对膜的任何实际使用赋予限制，例如纯氧的回收。此外，尽管膜具有薄的结构没有争议，但权利要求 1 并未定义膜结构具体的薄度，也没有定义具有最小孔径的多孔层与致密层相邻。因此，这些缺失的特征不能被理解为对权利要求 1 的限制。

本判例给出的最直接的启示是，虽然按照《欧洲专利公约》第 69 条的规

① 参见欧洲专利局上诉委员会判例 T 1105/04。

定，说明书和附图很多情况下可用于解释权利要求的保护范围，尤其是在解释权利要求的术语时可能需要考虑说明书中给出的任何明确定义；但是，说明书和附图对权利要求的解释仍存在一些限制情形，尤其如本判例中给出的，当在判断权利要求是否具备新颖性或创造性时，应杜绝将仅在说明书和附图中记载的特征视为对权利要求的限定。

（三）清楚性审查中对权利要求的解释

鉴于本章重点介绍《欧洲专利公约》第 84 条的审查，在本节中将重点探讨欧洲专利局在清楚性审查中采用说明书及附图对权利要求解释的效力。

结合对以往上诉委员会相关判例的梳理，虽然在多个决定中，上诉委员会采用说明书和附图来解释权利要求，以确定权利要求是否清楚简要，但这些基本上都在异议或复审环节。而对于实质审查过程而言，欧洲专利局更倾向于在清楚性审查中限制对说明书和附图的使用。这是因为清楚性是对权利要求作出的规定，当使用普通技术知识阅读时，权利要求本身必须是清楚的，这些普通技术知识包括现有技术中的知识，但不包括从说明书及附图获得的任何知识，即便是说明书和附图能够帮助读者理解权利要求所限定的技术主题的事实，其也不能修正权利要求在措辞方面所存在的清楚性的缺陷[①]。

以下通过判例 T 1129/97 进行阐释。该判例涉及一件因缺乏清楚性而被驳回的申请的上诉，原审查部门认为，该申请的权利要求包括术语“低烷基”，该术语没有所属领域通常意义的含义，从而不符合《欧洲专利公约》第 84 条清楚性的规定。

上诉人（申请人）对这一决定提出上诉，认为“低烷基”这一术语在申请文件说明书中进行了精确的定义，结合说明书的理解，能够清楚确定“低烷基”的具体含义。

对于上述理由，上诉委员会在作出的决定中认为，本案中争辩的焦点问题，在于权利要求 1 中的术语“低烷基”是否具有清楚的定义。首先，无可争议的是，“低烷基”一词在有机化学领域没有普遍接受的含义，因此不能明确“低烷基”所包含的最大碳原子数信息。其次，本案说明书非常精确地指出：“低烷基自由基应理解为具有 1 至 6 个碳原子的线性或支链自由基。”基于此，问题关键在于如果借助说明书能够补救权利要求中的任何不明确之处，此时权利要求是否满足《欧洲专利公约》第 84 条的要求。

上诉委员会进一步指出，《欧洲专利公约》第 84 条规定的清楚性要求只应

① 参见欧洲专利局上诉委员会判例 T 49/99。

适用于权利要求，对本领域技术人员而言，权利要求的含义必须从其本身使用的术语中清楚地确定。然而在本案中，权利要求 1 使用的术语“低烷基”并不明确，以至于本领域技术人员无法准确确定“低烷基”所指代的最大碳原子数。虽然术语“低烷基”的确切含义在说明书中明确披露，但只要在权利要求中未明确公开，则不满足清楚性要求。

对于说明书对权利要求的解释，上诉委员会进一步指出，虽然《欧洲专利公约》第 69（1）条规定了说明书可用于解释权利要求书，然而，《欧洲专利公约》第 69 条仅涉及保护范围的确定，特别是针对第三方的保护范围，而不同于《欧洲专利公约》第 84 条那样涉及在权利要求中明确寻求保护的客体。因此，上诉人不能依赖《欧洲专利公约》第 69 条的规定扩大解读说明书的作用，否则就无法满足权利要求内在明确性的要求，对所给予的保护范围的解释将变得任意。

上诉人在后续的辅助上诉请求中修改了权利要求书，将说明书记载的“低烷基”的具体含义增加至权利要求书，上诉委员会在此基础上撤销了驳回决定。

结合以上判例的解释，更能加深对清楚性审查中限制说明书及附图对权利要求解释的理解。通俗来说，权利要求的作用在于准确界定专利所赋予的独占权范围，要发挥这一作用，权利要求的措辞必须清楚、明确、没有歧义，且不得随意解释，否则，社会公众将丧失对保护范围合理预期的确定性，这也正是实质审查程序的作用之所在。说明书和附图对权利要求的解释作用，一般应限于利用说明书和附图充分详细公开的内容，辅助对权利要求技术事实的准确认定；或是在侵权判定等必要环节用于解释确定权利要求的保护范围；而不应当用于在审查阶段解释克服权利要求中存在的不清楚缺陷，尤其是能够通过修改克服的不清楚缺陷。这与我局在清楚性审查上的解释原则基本一致，其能够更好地发挥审查阶段对权利要求进行修改的作用，确保授予专利权的权利要求本身的清楚性，尽可能减少后续确权或侵权判定阶段解读差异带来的法律不确定性。

（四）“包括”和“由……组成”的解释

“包括”和“由……组成”方式撰写的权利要求，也就是我局《专利审查指南 2023》规定的“开放式”和“封闭式”权利要求。通常，开放式的权利要求宜采用“包含”“包括”“主要由……组成”的表达方式，其解释为还可以含有该权利要求中没有述及的结构组成部分或方法步骤。封闭式的权利要求宜采用“由……组成”的表达方式，其一般解释为不含有该权利要求记载以外的组成部分或方法步骤。不难看出，封闭式权利要求的解释方式明显不同于权利要求的一般解释原则，即一旦权利要求采用了封闭式的表述方式，则权利要求的范围由“由……组成”的若干组成部分精确限定，不能多，也不能少，不能理解为权利要求中未记载的特征都是可有可无的，其限定出的保护范围比开放式权利要求的保护范围狭小很多。

《EPO 审查指南》除了采用上述“开放式”和“封闭式”的通用解释外，还补充规定了一些特殊情形。

1）对于“包括某些特征的装置/方法/产品权利要求”应解释成它包括这些特征，但是不排除其他特征的存在，只要其他特征不会使得该权利要求无法实施。即在考虑“包括”所涵盖的其他未限定特征时，还应当考虑该未限定的特征是否会导致该权利要求无法实施，如果会导致无法实施则不应当解释为对权利要求的限制。

例如在判例 T 1023/02 中，上诉委员会认为，使用“包含”用语的权利要求通常不应被解释为涵盖以下主题，即本质上与权利要求中记载步骤所指明的技术目的明显相反的步骤。

2）对于使用“由……组成”的权利要求，那么装置/方法/产品里除了“由……组成”的特征以外不存在其他特征。特别是，如果一项化合物的权利要求撰写成“由组分 A、B 和 C 组成”，并给出各自所占的百分比，则排除了其他组分存在的可能性，所以其百分比之和应当为 100%①。即在判定化合物组成是否为“封闭式”权利要求时，不能仅以其是否采用“由……组成”的表述方式作为判断依据，还应当考虑其百分比之和是否 100%，在同时满足上述二者条件下才能认定其为“封闭式”权利要求。

例如在判例 T 711/90 中，上诉委员会认为，权利要求中采用“由……组成”的表述导致权利要求存在不清楚的问题。原因在于，当按照权利要求所记载的，玻璃由 A、B 和 C 组分组成时，排除了任何附加组分的存在，因此，组分 A、B 和 C 以百分比表示的比例总和应达到 100%；然而当前权利要求记载的 A、B 和 C 的组分占比，存在比例总和仅能达到 70% 或 95% 的情形，其与“由……组成”的撰写方式矛盾。

3）对于“主要由……组成”或者“大致包括”的解释。就化合物或组合物而言，“主要由……组成”或者“大致包括”的表述应解释为可以存在进一步的组分，但未限定的组分应当是那些对该化合物或组合物的基本特性不会产生实质影响的组分，即不应当是该化合物或组合物的主要组成组分。而对于其他的装置/方法/产品，“主要由……组成”或者“大致包括”与“包括”含义

① 参见欧洲专利局上诉委员会判例 T 711/90。

相同。

例如在判例 T 472/88 中，上诉委员会认为，其中“主要由……组成”的措辞是明确的，其指代的是除了所包含的强制性成分即 PPE 或 PPE－苯乙烯聚合物混合物和至少一种染料外，所要求保护的组合物中还可能存在其他成分，前提是组合物的基本特性不会因其他成分的存在而受到重大影响。

（五）“产品用作……的用途”与“用于……的产品”的解释

对于一种已知产品而言，除了可以对产品本身的结构、组成部分或者其连接关系等进行改进，从而获得一种新的产品发明外，还有一类常见的情形，即开发出了产品的一种新的用途或者发明了该产品的一种新的使用方式，且能够产生所属领域技术人员意想不到的效果，则可以请求保护一种产品的新的用途。此时常见的权利要求撰写方式包括两类，即“产品用作……的用途”与“用于……的产品”，本节主要介绍欧洲专利审查中该两类权利要求的解释原则以及保护效力。

1）对于“产品用作……的用途”的权利要求，即产品的用途发明，这样的权利要求一般也称为用途权利要求。对于该类权利要求，《EPO 审查指南》采用具体的示例进行解释，如“物质 X 用作杀虫剂的用途”的“用途”权利要求等同于“方法”权利要求，即等同于“用物质 X 杀死昆虫的方法”。因此，该类型的权利要求不能解释为请求保护“拟用作杀虫剂的物质 X”。同样，“晶体管在放大电路中的用途”的权利要求等同于用包含晶体管的电路进行放大的方法权利要求，不能解释成“其中使用了晶体管的放大电路”，值得注意的是，其也不能解释成“用晶体管构建放大电路的方法”。可见，用途发明的本质不在于产品本身，而在于产品性能新的应用，这类新的应用应当理解为产品新的使用方法。

在明确了用途发明是方法权利要求的基础上，根据《欧洲专利公约》第 64（2）条的规定，如果一件专利的主题是一种方法，那么该专利的保护也将延伸到由这种方法直接获得的产品①。也就是说，一旦方法权利要求获得授权，那么根据该方法直接获得的产品也同样获得专利保护。

那么用途权利要求能否依据该条款保护根据方法直接获得的产品？以下通过一个判例进行解释。

判例 G 2/88 扩大上诉委员会在决定中认为，一般认为存在两种不同类型的方法权利要求，一类为使用一种产品达到一种技术效果，即用途权利要求，另

---

① EPC Article 64（2）If the subject－matter of the European patent is a process，the protection conferred by the patent shall extend to the products directly obtained by such process.

一类为产品的制造方法，即生产或制造产品的步骤或工艺。虽然用途权利要求属于欧洲专利法范畴内的方法权利要求，但从立法本意来讲，《欧洲专利公约》第64（2）条的宗旨在于保护一种制造产品的新方法时，由该新的制造方法直接制造获得的产品也应当获得专利权，无论该产品是新产品还是已知产品，因为这种延伸保护仅限于利用专利方法直接获得的产品。然而用途发明并不属于产品的制造方法，而是发明了产品新的用途，其主题并不是用于限定一种产品的生产制造方法，因此通过用途权利要求的实施，也并不能直接获得一种对应产品。因此，《欧洲专利公约》第64（2）条仅适用于产品的制造方法，而并不适用于用途权利要求。

2）对于以“用于……的产品”或“用于……的装置”方式撰写的权利要求，一般称为用途限定的产品权利要求，其寻求保护的类型为产品权利要求。例如一项权利要求的主题为“一种用于执行某方法的装置”，则应当解释成一种适用于执行该方法的装置，如果现有技术中存在某个装置，虽然其包含了上述权利要求的全部技术特征，但并不适用于所述用途或者需要改动才能用于实现所述用途，则一般不能认为容易想到该权利要求所请求保护的装置。

用于特定用途的产品权利要求也作同样考虑。例如，如果一项权利要求涉及“一种用于钢水浇铸的模具”[①]，由于“用于钢水浇铸”的用途隐含了对主题“模具”的限定作用，因此“一种用于冰块成型的塑料模具”，因其模具的熔点比钢水浇铸模具低很多，该模具不可能用于钢水浇铸，故不落在该权利要求的保护范围内。也就是说，限定了特定用途的产品权利要求应当解释成只适用于所述用途的产品，那些看起来与权利要求所限定的产品结构相同但并不适用于所述用途的已知产品不能使该权利要求丧失新颖性。但是，如果已知产品的形式实际上适用于所述用途，只是从来没有被记载过适用于该用途，则会使该权利要求丧失新颖性。

以上对于用途限定的产品权利要求，在我局《专利审查指南2023》中也存在一致的规定，首先需要明确的是用途限定在确定产品权利要求的保护范围时应当予以考虑，但其实际的限定作用取决于对所要求保护的产品本身带来何种影响，即考虑该用途限定对产品权利要求的保护范围到底起不起限定作用。如果用途限定对所要求保护的产品本身没有带来影响，只是对产品的用途或使用方式进行描述，则其对产品例如是否具有新颖性、创造性的判断不起作用。以上文中“物质X用作杀虫剂的用途”为例，如果将其撰写为“一种用于杀虫的物质X”，如果其中“用于杀虫”对物质X本身没有带来任何影响，则在判断

① 该示例同样记载在我国《专利审查指南2023》中。

该物质 X 是否具有新颖性、创造性时，其中的用途限定不起作用。

当然，欧局关于第一、第二医药用途的产品权利要求是一大特色，和美国、我国的规定都不一样，对此请参见第三章第一节第四（八）小节。

（六）以方法限定的产品权利要求

一般而言，产品权利要求应当用产品的结构特征来描述。我局《专利审查指南 2023》规定，当产品权利要求中的一个或多个技术特征无法用结构特征并且也不能用参数特征予以清楚地表征时，允许借助于方法特征表征。

对于产品权利要求中方法特征的限定作用，我局《专利审查指南 2023》进一步规定，通常情况下，在确定权利要求的保护范围时，权利要求中的所有特征均应当予以考虑，而每一个特征的实际限定作用应当最终体现在该权利要求所要求保护的主题上。因此，方法特征表征的产品权利要求的保护主题仍然是产品，其实际的限定作用取决于对所要求保护的产品本身带来何种影响。

然而，对于方法限定的产品权利要求的解释，欧洲专利局与我局持完全不同的立场。

根据《欧洲专利公约》第 64（2）条的规定，如果一件专利的主题是一种方法，那么该专利的保护也将延伸到由这种方法直接获得的产品①，即使产品本身并不能授予专利权。在该条款规定的基础上，某些申请人试图通过以下方式获得对公知产品的保护：使用方法权利要求来限定产品，并且辩称遵循《欧洲专利公约》第 64（2）条的规定，产品凭借新方法生产的事实使得产品具有新颖性。欧洲专利局上诉委员会并不接受这样的论点，并且对新方法限定的产品权利要求和新的方法权利要求直接获得的产品进行了解释区分，同时在以下判例中指出，方法限定产品权利要求仅在以下情况下允许使用：产品本身满足可专利性的要求，并且申请中不存在其他使申请人能够引用产品的成分、结构或参数来限定产品的可用信息。

判例 T 150/82 涉及对权利要求“9. 根据权利要求 1 所述的工艺生产的产品。”的解释和判定。

上诉人的意见认为，“以方法限定的产品”权利要求所提供的保护应超出第 64（2）条中“直接获得的产品”的限制，应与要求保护的产品本身所享有的保护相同，而对其制备细节不加限制。

对此，上诉委员会认为，发明包括产品发明和方法发明，根据《欧洲专利

① EPC Article 64 Rights conferred by a European patent. (2) If the subject - matter of the European patent is a process, the protection conferred by the patent shall extend to the products directly obtained by such process.

公约》第52（1）条，产品或方法权利要求中定义的发明必须全部具有新颖性、创造性和工业实用性[①]。权利要求9采用“以方法限定产品”的方式，通过引用具有新颖性、创造性的工艺生产方法来定义获得的产品。虽然一个生产工艺可能是新颖的，应该得到充分保护，但其生产的产品可能并非新产品。而且《欧洲专利公约》第64（2）条规定的特别保护已经将方法延伸到了由方法直接获得的产品。

《EPO审查指南》允许对根据制造工艺限定的产品提出权利要求，前提是产品本身满足可专利性的要求。虽然依赖《欧洲专利公约》第64（2）条的规定，仍然可以为获得已知产品或新产品的工艺提供发明之外的保护，但无论其性质如何，都不应在同等基础上为这两种产品本身提供保护。委员会还认为，为了尽量减少不确定性，根据生产工艺限定的可专利性产品权利要求的形式（即“方法限定产品权利要求”）应保留在无法通过其成分、结构或其他可测试参数对产品进行令人满意的限定的情况下。

基于判例法，《EPO审查指南》作出总结性规定[②]：只有在产品本身满足专利性要求的情况下，即产品具备新颖性和创造性情况下，并且无法使用除了制造方法之外的其他方式来限定该产品，才允许在产品权利要求中用制造方法来限定。仅仅是采用新的方法制造，并不能使产品本身具备新颖性。无论方法限定产品的权利要求中使用的是“可以得到”“得到”“直接得到”，还是其他同义词，该权利要求都指向产品本身，都提供的是对产品的绝对保护。在上诉委员会的很多决定中都确认并适用了这一标准，有兴趣的读者也可以进一步参见判例T 251/85、T 563/89、T 493/90以及T 664/90。

可见，欧洲专利局对于方法限定的产品权利要求持绝对保护的立场，也就是说，产品专利权不应当受其制造方式的限制，无论采用何种制造方法，只要获得的产品相同，就落入产品权利要求的保护范围之内。因此在判断是否具备新颖性、创造性以及判断是否构成侵犯专利权行为时，都不应当受权利要求记载的方法技术特征的限制。而我局审查中持相对折中的立场，既不以绝对保护的观点否定方法特征对产品的限定作用，也不将权利要求记载的全部方法特征都认为是对产品的限定，而是认为方法特征在确定产品权利要求的保护范围时应当予以考虑，但其实际所起的限定作用取决于对所要求保护的产品本身带来

---

① EPC Article 52 Patentable inventions. (1) European patents shall be granted for any inventions, in all fields of technology, provided that they are new, involve an inventive step and are susceptible of industrial application.

② Guidelines for Examination in the European Patent Office, March 2024 edition, Part F, Chapter Ⅳ, 4.12 Product - by - process claim.

何种影响；如果方法特征对所要求保护的产品本身没有带来影响，则其对产品是否具有新颖性、创造性的判断不起作用。

三、权利要求的清楚性

如前文所介绍的，权利要求的作用是限定请求保护的主题及界定权利的边界，因此权利要求的保护范围是否清楚是至关重要的，也是欧洲专利局的重要审查条款。权利要求应当清楚这一要求不仅适用于单独的权利要求，例如独立权利要求和从属权利要求都应当清楚，也适用于整个权利要求书，例如权利要求之间的引用关系导致的不清楚。同时，虽然说明书和附图可以用来解释权利要求，但在审查阶段，应尽可能修改权利要求，以使得本领域技术人员仅从权利要求本身的文字就能清楚地理解权利要求所要表达的确切含义。这与我局“不清楚”的审查原则基本一致。

相比于我国《专利法》，欧洲专利审查制度中“清楚性”是一种更宽泛的概念，其内涵延伸到了我国《专利法》不简要、缺少必要技术特征等缺陷，例如简要性审查中，欧洲专利局更多关注不简要的情形或程度是否导致了难以确定权利要求请求保护的主题，而我局审查中更关注权利要求从形式上是否满足《专利审查指南2023》规定的简要情形，例如审查是否存在两个保护范围完全一致的权利要求。

区别于我国对必要技术特征单独设立细则条款的形式，欧洲专利局仅在其审查指南中，将缺少必要特征作为缺乏清楚性的一类典型情形进行规定，并认为权利要求的清楚性不仅从技术上能够理解权利要求，还应当清楚地限定发明的客体，明确发明所需的必要特征，即缺少必要特征必然导致权利要求在发明解决技术问题意义层面的不清楚。而在我局审查中，一般认为权利要求缺乏必要技术特征与其技术方案的清楚性之间没有必然关系，缺少必要技术特征的独立权利要求也可能是清楚的，在并未影响权利要求清楚性的情况下，应当首先从新颖性、创造性的角度对缺少必要技术特征的方案进行质疑。为了更好地对比和介绍欧洲专利局关于缺少必要技术特征法条的审查，本章中将“权利要求缺少必要特征”从清楚性部分中拿出单独作为一个小节进行介绍（见本章第一节第五小节）。

除此之外，欧洲专利局“清楚性”的适用范围还延伸至我国《专利法》第26条第4款规定的不支持的部分情形，例如权利要求与说明书之间记载不一致，可以从对保护范围存疑的角度质疑清楚性。再例如“功能性特征”可以从本领域技术人员是否能够根据公开内容和公知常识理解或实施该特征的角度考量清楚性，其与我国《专利法》公开不充分法条的适用又存在一定的交叉。

显然，欧洲专利局对于“清楚性”法条的适用范围大于我国《专利法》第26条第4款规定的“清楚性”，下文中将通过一些典型审查原则和不清楚情形，并结合经典判例，对欧洲专利局“清楚性”法条适用进行展开介绍。

（一）权利要求的类型

《欧洲专利公约》提及了不同类型的权利要求（产品、方法、装置或用途），事实上，只有两种基本类型的权利要求，即物理实体的权利要求和物理活动的权利要求，其即对应我们熟知的产品权利要求和方法权利要求，这与我局规定的权利要求类型一致。

对于类型的清楚性，《EPO 审查指南》第 F 部分第Ⅳ章第 4.1 节指出，鉴于权利要求的类型不同，其保护范围也不同，因此审查员应当确保权利要求的文字不会使其类型存疑。即应当确保类型的清楚性。我局《专利审查指南 2023》要求，每项权利要求的类型应当清楚。权利要求的主题名称应当能够清楚地表明该权利要求的类型是产品权利要求还是方法权利要求，不允许采用模糊不清的主题名称。可见，二者对于类型的清楚性要求也基本一致。

在我局审查中，权利要求类型的清楚性还有另一层含义，即主题名称与权利要求的技术内容相适应①。从将权利要求主题划分为产品和方法两类的初衷而言，产品权利要求通常应当用产品的结构特征来描述，而方法权利要求通常应当用工艺过程、操作条件、步骤或流程等技术特征进行描述。然而事实上，无论是在我局还是欧洲专利局的审查中，很多情况下产品和方法权利要求很难完全区分开，例如一项产品权利要求的一个或多个技术特征无法用结构特征予以清楚地表征时，允许借助物理或化学参数表征，甚至借助于方法特征表征；例如可用产品的制造方法来限定一种产品。而在限定一种方法时，除了方法步骤以外，有时也需要写入执行方法所采用的必要的设备或原料的结构特征，或者写为一种产品的使用方法，提供了产品的某种新用途，等等。对于上述情形，一方面，无论是以方法特征限定产品权利要求，还是以产品特征限定方法权利要求，权利要求的主题名称均需能清晰辨别请求保护的是产品还是方法权利要求，即不能妨碍专利权类型的确定，这是非常重要的。另一方面，欧洲专利局也通过审查指南和判例法，对上述不同情形下权利要求的撰写要求、解释、清楚性的判定作了规定和解释，例如以参数限定的产品权利要求、以方法限定的产品权利要求、用途限定产品权利要求等，下文中将进一步展开介绍。

（二）引用其他权利要求的独立权利要求

一项权利要求引用了另一项权利要求，其也未必是从属权利要求。最常见

① 国家知识产权局．专利审查指南 2023［M］．北京：知识产权出版社，2024：160.

的情形即为一项独立权利要求引用了在先的其他权利要求，其典型情形包括一项权利要求引用不同类型的权利要求，例如："一种用于执行权利要求 1 所述方法的装置……""一种用于制造权利要求 1 所述产品的方法……"；或者某部件权利要求引用了配合使用的另一部件，例如："一种与权利要求 1 的插座配合使用的插头……"。

在我局审查中，对上述类型的权利要求称为并列独立权利要求或假从属权利要求，其同样被作为独立权利要求看待，在确定其保护范围时，一般原则为被引用的权利要求的特征均应予以考虑，而其实际的限定作用应当最终体现在对该独立权利要求的保护主题产生了何种影响，即需要根据案件实际情况考虑引用的权利要求的全部特征对当前权利要求主题的限定作用；而对于该类型权利要求的清楚性判断，我局《专利审查指南 2023》并未给出具体的指引，而是由审查员在实际审查中，根据其引用的权利要求的全部特征整体考量权利要求请求保护技术方案是否存在实质不清楚。

欧洲专利局审查中则是给出了一些具体的指引和解释[①]，例如，如果上述类型的独立权利要求的全部特征仅包括"一种用于执行权利要求 1 所述方法的装置"，则应当以不清楚为由给出反对意见，理由为由于权利要求类型的改变已经使得该权利要求成为独立权利要求，因此申请人需要在该权利要求中清楚地指明装置的必要特征。上述要求同样适用于"一种使用权利要求 1 所述装置的方法"的权利要求。该方法权利要求，也是一种用途权利要求，由于缺少使用该装置所需的执行步骤，因此也是不清楚的。

（三）主题引用另一产品进行限定的权利要求

类似于上一小节提及的引用不同类型的权利要求，还有一类典型主题引用方式，即一项产品权利要求可以寻求通过引用另一个产品相关的特征来限定本发明，例如"一种发动机的气缸盖"，"发动机"即为被引用的另一产品，该产品的引用有别于引用另一不同类型独立要求，显然也不同于以方法限定的产品权利要求，因此在本小节单独介绍其解释方式和清楚性。《EPO 审查指南》规定了几类情形的解释和判断原则[②]：

一是当被引用的另一产品不属于权利要求所请求保护的主题的一部分，但权利要求的主题在使用时与该另一产品相关。此时，该权利要求被解释成不包

---

① Guidelines for Examination in the European Patent Office, March 2024 edition, Part F, Chapter Ⅳ, 3. 8 Independent claims containing a reference to another claim or to features from a claim of another category.

② Guidelines for Examination in the European Patent Office, March 2024 edition, Part F, Chapter Ⅳ, 4. 14 Definition by reference to (use with) another entity.

括另一产品及其特征，另一产品对权利要求的限定作用，仅在于权利要求主题应适于与另一产品一起使用。以上述“一种发动机的气缸盖”为例，“发动机”对主题“气缸盖”的限定作用在于，所保护的气缸盖须适配于发动机使用，不能是其他产品的气缸盖，但若将发动机自身的结构特征写入权利要求中，并不对权利要求的范围产生限定作用。

二是只有当权利要求的主题毫无疑义地指向第一和第二个产品的组合时，另一产品的特征才能够限定权利要求的范围。例如，在上述示例中，若权利要求主题撰写为“一种具有气缸盖的发动机”或“一种包括气缸盖的发动机”，此时发动机的特征被认为是对权利要求主题的限定。

在上述两点解释原则的基础上，《EPO 审查指南》进一步指出，一旦确定一项产品权利要求涉及与一个或多个其他产品的组合，则必须适当地调整权利要求主题的文字表达以准确限定所要保护的内容，否则权利要求可以不符合《欧洲专利公约》第 84 条的规定给出反对意见。

三是允许在产品权利要求中通过引用另一产品的尺寸和/或对应的形状来限定主题产品的尺寸和/或形状，其中另一产品不是权利要求所请求保护的主题产品的一部分，但在使用主题产品时与其相关。这尤其适用于另一产品的尺寸属于标准化的情况。例如“一种用于汽车号牌的安装支架”，虽然汽车号牌不属于安装支架的一部分，但支架框架形状会受到号牌外部形状的限定，且汽车号牌一般来说具有标准尺寸大小，这也隐含了对支架框架尺寸的限定。这与用途权利要求中考虑用途对产品的限定作用思路类似，均是要考虑是否对权利要求主题产品产生了实质性限定作用。《EPO 审查指南》该部分还进一步指出：此外，对于另一产品的尺寸未以某种方式标准化时，只要本领域技术人员可以毫无困难地推断出其对主题产品保护范围的限定，那么也是足够清楚的，无需质疑其清楚性。

以下判例给出了考量的角度：判例 T 455/92 中，上诉人（申请人）针对审查部门对其申请作出的驳回决定提出上诉。

审查部门在驳回决定中认为，权利要求 2 涉及“一种适合在权利要求 1 所述方法中使用的覆盖物，该覆盖物的长度、宽度和折叠方式由冲压产品的尺寸决定”，其导致覆盖物的尺寸不明确，从而不符合《欧洲专利公约》第 84 条的规定。

上诉人主要争辩意见在于，覆盖物的具体尺寸取决于所覆盖的对象的大小，不能用具体尺寸数值来描述和限定。

上诉委员会在决定中认为，该权利要求 2 涉及一种覆盖物，应理解为一项独立的权利要求，前序部分指明了覆盖物的用途，即覆盖物必须适合于送入矩形或圆形打包机的冲压室，并用于包装其中制造的冲压产品。该指示已经表明了覆盖物的某种选择，这既涉及数量级，即在通常的捆包尺寸范围内；也涉及其性质，即在捆包室中可进料和缠绕。

虽然权利要求中没有指定覆盖物确切的尺寸，但能够明确其长度至少要等于所覆盖的冲压产品外表面的周长，其宽度足以覆盖压制产品的壳面和两个端面的总宽度，底部的宽度和折叠侧面部分的最小宽度与捆包的通常尺寸范围有关。因此，权利要求 2 中列出的特征清楚表明了寻求保护的主题。覆盖物的长度、宽度和折叠类型，对于给定的冲压机和冲压产品而言也是可以理解的。

因此，权利要求 2 并不违反《欧洲专利公约》第 84 条的规定。相反的是，在本案权利要求书中规定具体的长度和宽度尺寸将导致保护范围的不当限缩，这不符合专利保护的本质，除非有《欧洲专利公约》第 84 条以外的其他原因，例如缺乏新颖性或创造性，否则就没有必要。

上述判例中的特征“该覆盖物的长度、宽度和折叠方式由冲压产品的尺寸决定”，在我局审查中一般也不必质疑因其尺寸参数未具体限定导致不清楚，通常对其范围作所属领域最为宽泛的解释，即解释为该限定特征的本意并不是为了保护覆盖物某一具体的尺寸数值，而是限定出覆盖物的尺寸不是任意选择，而是和所要包装的产品尺寸存在一定的关系，例如其隐含了覆盖物的尺寸至少要不小于被包装产品的尺寸大小，才能实现对所要包装产品的覆盖包装。而所要包装的产品的尺寸不同，自然覆盖物的尺寸也将随之变化，若将覆盖物的尺寸限定在某一具体数值反而将导致对保护范围的不合理限制。

（四）参数限定产品权利要求

一般而言，产品权利要求通常应当用产品的结构特征来描述。特殊情况下，当产品权利要求中的一个或多个技术特征无法用结构特征予以清楚地表征时，允许借助物理或者化学参数表征。

我局《专利审查指南 2023》规定，使用参数表征产品权利要求时，所使用的参数必须是所属技术领域的技术人员根据说明书的教导或通过所属技术领域的惯用手段可以清楚而可靠地加以确定的。

《EPO 审查指南》第 F 部分第Ⅳ章第 4.11 节作了更具体的规定，产品的特性可以通过与产品的物理结构相关的参数来表述，只要这些参数可以由本领域常规且客观的方法来清楚、可靠地确定。其中，参数可以是直接测量获得的值（例如，物质的熔点、钢的弯曲强度、电导体的电阻），也可以是采用公式的形式定义的多个变量的数学组合。如果产品的特性是由参数之间的数学关系定义的，则需要清楚、可靠地确定每个参数。

根据上诉委员会判例法，关于参数限定的产品权利要求的清楚性审查原则，可以归纳总结如下[①]：

1）当本领域技术人员阅读权利要求时，权利要求本身必须是清楚的（不能包括从说明书中推导出的知识）。

2）测量参数的方法（或者至少要引用该方法）必须完整地出现在权利要求中。

3）申请人选择用参数来限定权利要求的范围，需要确保本领域技术人员能够容易且准确无误地验证参数对权利要求的范围有限定作用还是没有限定作用。

其中，对于审查原则2），在执行时会面临当引入较多公知常识或现有技术中已知的参数测量方法时，会造成权利要求保护范围不当限缩的情况；什么情况下可以不记载具体的参数测量方法，以下判例决定中对其作了进一步的总结与指引。

判例 T 1156/01 涉及对审查部门作出的驳回决定提起上诉，驳回针对的权利要求 1 内容如下：

1. 一种胶带的基材，其由至少一种拉伸的单向对准无纺布的纵向基材组成，该无纺布可以通过将热塑性树脂纺成长丝无纺布，并将其纵向拉伸 5 至 8 倍的长度而获得，所述长丝大致沿一个方向排列，其中，所述拉伸单向排列的无纺布的细丝细度为 1 denier 以下，所述无纺布整体强度为 1.5g/denier 或更高。

审查部门驳回的理由是，权利要求 1 中使用了非常规的参数，即无纺布的强度参数 g/ denier，该强度参数作为本发明的一个基本特征，在权利要求中没有进行明确定义，技术人员无法明确如何测量该参数，因此权利要求 1 的主题缺乏明确性，不符合《欧洲专利公约》第 84 条的规定。

对此，上诉人的主要争辩意见为，参数“g/denier”在本领域中常用于定义无纺布的韧性或强度。该参数的测量结果在申请文件的附件 C 右栏第 496 页公开，附件 A（表 2、表 3 和表 4）和表 B（权利要求 1）证实了该参数的常见用途，其中该参数用于定义无纺布的韧性或强度。

对于上诉争辩焦点，上诉委员会在决定中指出，根据《欧洲专利公约》第 84 条，权利要求界定了寻求保护的主题，为了确保法律的确定性，这意味着在由所属领域技术人员阅读权利要求书时，权利要求本身必须清晰，而不需要借助于从专利申请说明书中得出的信息。

因此，如果发明以参数为特征，则测量方法和手段应完全出现在权利要求

① T 849/11.

本身中，该要求是合理的。只有在能够证明技术人员从一开始就知道采用哪种方法和条件获取该参数的情况下，在权利要求中引入测量参数的方法才是多余的；例如，该参数确定方法是所属技术领域中公知的方法，或者相关技术领域中已知的用于确定该参数的所有方法均在适当的测量精度范围内得到相同的结果。

对于本案而言，要求保护的无纺布的强度为“1.5g/denier 或更高”。上诉人自己在说明书第 13 页第 16～22 行承认，“无纺布的强度通常用千克/平方毫米来表示，但本文将用 g/denier 来表示，因为本发明中使用的基材是大量的细丝，它会随着施加的压力而改变，因此横截面形状不稳定”，因此，在本案中，为了满足《欧洲专利公约》第 84 条的规定，有必要在权利要求 1 中明确定义该非常规的强度参数的测量方法，否则权利要求 1 的方案缺乏明确性。基于此，上诉委员会维持了审查部门的驳回决定。

本案还给出了上述审查原则第 2）点的情形的指引。总结来说，如果能够令人信服地表明下列情况，则仍然可以满足上述审查原则第 2）点的要求：

1）要采用的测量方法属于本领域技术人员的公知常识；

2）在相关技术领域所有用于确定该参数的已知方法均在适当的测量精度范围内得到相同的结果。

除此之外，在撰写权利要求书时，就必须将参数的测量方法一并写入。

（五）宽泛权利要求

《欧洲专利公约》中没有明确提及对过于宽泛权利要求的要求，但是此类权利要求通常会因为各种原因遭到反对意见。例如当权利要求和说明书之间存在差异时，权利要求没有得到说明书的充分支持（《欧洲专利公约》第 84 条），并且在某些情况下，发明也没有充分公开（《欧洲专利公约》第 83 条①）。当权利要求由宽泛的术语形成以至于它还覆盖了其他技术领域的已知主题时，则权利要求不具备新颖性（《欧洲专利公约》第 54（1）条②）。宽泛的权利要求还可能包括所声称的效果无法达到的实施方式，在这种情况下权利要求不具备创造性（《欧洲专利公约》第 56 条③）。

然而对于宽泛权利要求清楚性的判断，上诉委员会在决定 T 238/88（OJ

① EPC Article 83 Disclosure of the invention. The European patent application shall disclose the invention in a manner sufficiently clear and complete for it to be carried out by a person skilled in the art.

② EPC Article 54 Novelty. (1) An invention shall be considered to be new if it does not form part of the state of the art.

③ EPC Article 56 Inventive step. An invention shall be considered as involving an inventive step if, having regard to the state of the art, it is not obvious to a person skilled in the art.

1992，709）中指出，如果术语（例如“烷基”）本身的含义或依据说明书该术语的含义对于本领域技术人员毫无疑义，那么权利要求的清楚性不会由于权利要求中包括了宽泛性的术语而削弱。尽管权利要求被视为宽泛，但是由于使用的术语容易进行一般的解释，所以宽泛并不等同于缺乏清楚性。

宽泛的权利要求本身并非不清楚的原则被采用至多个决定中，如以下判例。

判例 T 2154/11 涉及一件以独立权利要求缺乏清楚性被驳回的上诉案件。权利要求涉及一种用于检索关于电视节目的信息的方法，所述方法包括以下步骤：连接到一个网站，其包括关于正在观看的电视节目的信息；根据描述用户输入时正在观看的电视节目中的事件的元数据，识别网站上的信息，其中包括与描述用户输入时正在观看的电视节目中的事件的元数据相匹配的元数据；从网站下载已识别信息；处理已识别的信息。

原审查部门认为，由于权利要求中使用的术语“描述事件的元数据”等表述的范围很宽泛，未包含明确技术特征，不清楚“由谁，什么或在哪里”发生了“观看”和“连接”的步骤，导致权利要求的预期范围模糊不清。

上诉人主要争辩意见为，审查部门的反对意见针对的是特征的广度而不是明确性。然而，权利要求特征本身的宽泛并不是缺乏明确性的理由。审查部门没有解释为什么指定“由谁、什么或在哪里”的特征对发明是必不可少的。审查部门指出的权利要求可能涵盖缺乏技术性质的实施，这并不是《欧洲专利公约》第 84 条规定的反对意见。

上诉委员会在决定中指出，如果一项权利要求的含义（无论是其本身还是根据说明书而言）对于本领域的技术人员来说是明确的，则该权利要求的清晰度不会因其中包含的技术术语的广度而降低。因此，审查部门的反对意见，即“描述事件的元数据”等表述过于宽泛，包括众所周知的活动，这本身并不应被视为缺乏明确性的正当理由。同样，这些方法步骤中的一些可以被理解为指“心理行为”或“常见的人类行为”，只要这些步骤不引起歧义，就不能成为缺乏明确性的正当理由。

进一步地，如果一个方法步骤可以被宽泛地解释为指代常见的人类活动，那么就应当基于这种宽泛的解释来考虑权利要求是否具备新颖性和创造性。

（六）并列技术方案

关于并列方案的清楚性判断，《EPO 审查指南》第 F 部分第Ⅳ章第 3.7 节指出，一项权利要求，无论是独立权利要求还是从属权利要求，均可以涉及多个并列方案（例如“马库什”权利要求），只要这项权利要求中的并列方案的数量和呈现形式不会导致权利要求不清楚或难以理解，并且该权利要求满足单一性的要求。而如果权利要求中的多个替代方案，其数量或呈现形式使人难以确定请求保护的主题时，则可以清楚性或简要性提出反对意见。

此外，上诉委员会在判例法中认为，当使用并列技术方案的方式撰写权利要求时，要确保每一个替代方案本身是清楚明确的，任一替代方案存在不清楚均会导致权利要求整体上不清楚，从而不满足《欧洲专利公约》第 84 条的规定。如以下判例：

判例 T 1800/12 中上诉人（申请人）对审查部门作出的驳回决定提出上诉，涉及权利要求中的替代方案是否符合《欧洲专利公约》第 84 条规定的明确性。

相关权利要求为：

1. 一种浓度测量方法，用于测量目标物质的浓度，并防止在测量高浓度目标物质的样品溶液时，由于类似前区现象的影响而降低测量精度，该方法包括：

……

A：其特征在于，所述方法包括：

使用第一校准曲线和在初始阶段从反应系统测量的第一输出来计算目标物质的估计浓度；当目标物质的估计浓度高于预定浓度阈值时，选择第一校准曲线作为最佳校准曲线；其中所述预定浓度阈值设置为位于第一和第二校准曲线呈线性的浓度范围内，或设置为与第一校准曲线与第二校准曲线相交对应的浓度；以及选择第二条校准曲线作为最优校准曲线时，估计值目标物质的浓度低于预定浓度阈值；

或，B：其特征在于，所述方法包括：

使用第一校准曲线和在初始阶段从反应系统测量的第一输出来计算目标物质的估计浓度；使用第二校准曲线和第二阶段反应系统测量的第二输出计算目标物质的估计浓度；确定使用第二校准曲线和第二输出的估计浓度是否高于或低于预定浓度阈值，其中所述预定浓度阈值被设定为位于第一和第二校准曲线呈线性的浓度范围内，或设置为对应于第一校准曲线和第二校准曲线的交点的浓度，

如果使用第二校准曲线和第二输出的估计浓度低于浓度阈值，则确定是否存在前区样现象；并且，如果确定不存在类似前区现象，则采用使用第二校准曲线和第二输出的估计浓度作为结论性计算值；……

对于上述权利要求中撰写的两个并列替代方案 A、B，上诉委员会认为：权利要求 1 的替代方案“A”并不明确，因为权利要求 1 的主题所针对的是一种目标物质浓度的测量方法，该方法基于两条校准曲线的制备，随后选择其中一条曲线作为该物质的“最佳计算浓度”。然而该并列方案“A”仅记载了如何选

择最佳校准曲线，没有具体说明，一旦选择了最佳校准曲线，如何实际计算获取目标物质的浓度。当第二条校准曲线被选为“最佳”曲线（替代方案“A”的最后一段）时，情况尤其如此，权利要求没有任何说明根据所选择的最佳校准曲线和在目标物质反应中测量的光学输出来计算目标物质的浓度值。因此，权利要求1中的替代方案“A”并不明确，不符合《欧洲专利公约》第84条的规定。

上诉决定给出的启示是，当权利要求中使用替代方案的撰写方式时，应当确保每一个替代方案本身均是清楚明确的。如上述案例中替代方案B的内容是完整的，而替代方案A因其限定的内容（选择最佳曲线）与权利要求的主题（测量物质浓度）不匹配，导致了替代方案A的不清楚，从而导致权利要求1不符合《欧洲专利公约》第84条的规定。

（七）相对词

对于相对词的清楚性判断，《EPO审查指南》第F部分第Ⅳ章第4.6节指出，诸如“薄”、“宽”或“强”之类的相对词或类似词构成了潜在的不清楚的因素，因为它们的含义可能会根据上下文而改变。如果允许使用这些词，那么这些词的含义必须在整个申请或专利所公开内容的上下文中是清楚的。

判例T 1041/98决定中涉及对术语“轧制薄板”中的相对词“薄”的清楚性进行判定。涉及的权利要求为

1. 用于阴影掩模的Fe－Ni－Co合金轧制薄板，其合金成分由28%至34%重量份的Ni、2%至7%重量份的Co、0.1%至1.0%重量份的Mn、0.10%或更少重量份的Si、0.01%或更少重量份的C组成，以及平衡中含有不可或缺的杂质Fe，其平均晶粒尺寸为30 μm或更小，60%至95%的晶粒积聚在平面（100）中，取向在±5至45度的范围内，相对于轧制方向偏离理想平面方向（100）。

上诉委员会在决定中指出：权利要求1特征定义了所要求保护的轧制薄板的具体合金成分、晶粒尺寸和晶粒取向，且相对术语“薄”必须根据合金轧制板在阴影掩模领域的预期用途进行解释，因此不会引起不清楚。因此，符合《欧洲专利公约》第84条的规定。

对于上述无法确定相对词清楚含义的情形，《EPO审查指南》第F部分第Ⅳ章第4.6节进一步指出，如果相对词没有公认的含义，则审查员应请申请人在可能的情况下用原始提交的文本中其他地方出现的更精准的词来替换该相对词。而且，如果申请人使用的相对词或类似词是权利要求区别于现有技术的唯一特征，此时除非该词在特定领域中具有公认的含义——例如放大器领域的“高频”，否则应依据《欧洲专利公约》第84条反对使用该词。但是，如果原

始文本中没有清楚的定义，并且该词不再是唯一的区别特征，则可以保留在权利要求中，因为删除它通常会导致主题超出原始申请记载的范围，违反《欧洲专利公约》第123（2）条[①]的规定。并且对于保留在权利要求中的相对词，审查部门在确定权利要求的保护范围时应采取尽可能少的限制方式来解释该词。因此，在许多情况下，相对词被视为对权利要求的保护范围并不起限定作用，从而会从新颖性、创造性的角度评价是否可以授权。

例如，对于“薄金属板”的表述，认为“薄”的限定并没有区别于现有技术中的其他“金属板”：金属板只有在与另一金属板相比时才是“薄”的，该术语本身并不能限定出客观和可测量的厚度。与5mm厚的金属板相比，3mm厚的金属板是薄的，但与1mm厚的板相比，其则是厚的。

再如，当考虑“安装在卡车尾部附近的元件”时，该元件是安装在距离卡车尾部1mm、10cm还是2m处？这种表述的唯一限定作用在于与卡车中部相比该元件必须更靠近卡车尾部，即该元件可以安装在靠近卡车尾部1/4处的任何地方。

甚至于，在《EPO审查指南》中指出[②]，除非上下文另有说明，否则“弹性”一词并不能限定材料的类型，因为弹性是任何固体材料的内在属性，可以用杨氏模量来衡量。换句话说，在没有上下文特别说明的情况下，弹性材料可以是从橡胶到钻石的任何物质。这样的规定对于我国申请人可能是觉得过于机械、难以接受的，但对于确定明确的保护范围确实有助益。

在我局《专利审查指南2023》中存在类似的规定，即权利要求中不得使用含义不确定的用语，如“厚”“薄”“强”“弱”“高温”“高压”“很宽范围”等，除非这种用语在特定技术领域中具有公认的确切含义，如放大器中的“高频”。对没有公认含义的用语，如果可能，应选择说明书中记载的更为精确的措辞替换上述不确定的用语[③]。此外，复审和无效审理部还进一步指出，当权利要求中的相对用词没有公认含义时，还应当结合权利要求书、说明书和附图中公开的内容，判断其是否会导致权利要求的保护范围不清楚，避免机械地将该类用词一概归结为不清楚的用词而不被允许使用；在此基础上若仍然无法确定其具体含义，则应当认为权利要求保护范围不清楚[④]。例如在第

① EPC Article 123 Amendments. (2) The European patent application or European patent may not be amended in such a way that it contains subject – matter which extends beyond the content of the application as filed.

② Guidelines for Examination in the European Patent Office, March 2024 edition, Part F, Chapter Ⅳ, 4.6.2 Interpretation of relative terms.

③ 国家知识产权局．专利审查指南2023［M］．北京：知识产权出版社，2024：161.

④ 国家知识产权局专利复审委员会．以案说法：专利复审、无效典型案例指引［M］．北京：知识产权出版社，2018：268.

23742号无效决定[①]涉及的案件中，其限定“所述服装在面料里设有由导磁率高而无剩磁的金属细丝或者金属粉末构成的起屏蔽保护作用的金属网或膜”，针对权利要求1中“导磁率高”是否属于会导致保护范围不清楚的含义不确定的技术术语，决定认为涉案专利说明书中，既没有记载导磁率在涉案专利技术中是指相对导磁率还是绝对导磁率或其他概念，也没有记载导磁率高的具体范围和包括磁场强度H等在内的计算导磁率的客观条件，所属领域技术人员根据涉案专利说明书，也难以确定涉案专利中所称的导磁率高的具体含义，从而难以进一步界定权利要求的保护范围，因此导致权利要求1的保护范围不清楚。

（八）程度用词

对于“大约”、“左右”、“大致”或“基本上”等类似程度用语，一般认为上述用语容易导致权利要求保护边界无法准确确定，应限制这些不确定用语的使用，从而引导申请人在撰写权利要求时就规范相关用语，将想要保护的误差范围提前限定到权利要求中。

在实际审查中，当权利要求中出现了此类用语时，我局的做法是针对具体情况判断使用该用语是否会导致权利要求不清楚，如果不会，则允许使用[②]。尤其当此类用词属于考虑误差、结构相对性的客观描述，同时权利要求的保护范围不会因为此类描述的存在而出现边界不清晰的情况，则此类用词不会导致权利要求的保护范围不清楚[③]。

与我局相比，欧洲专利局对上述用语的解释和清楚性判定方式更加具体和详细。《EPO审查指南》第F部分第Ⅳ章第4.7节指出，当“大约”或“左右”等词用于一个特定值（例如“大约200℃”或“200℃左右”）时，或用于一个范围（例如“大约x至y左右”）时，该值或范围应解释成与测量该数值或范围的方法的精度相同。如果申请中未指明误差范围，则适用《EPO审查指南》第G部分第Ⅵ章第7.1节相同的原则（在没有给出明确误差范围的情况下，通过对最后一位小数点应用舍入惯例来确定最大余量，例如，对于3.5cm的测量值，其误差范围为3.45～3.54），“大约200℃”应解释为与取整后为“200℃”的数值范围相同，即对应于199.5～200.4℃的误差范围。如果申请文件中指明了误差范围，则必须在权利要求中用误差范围来取代“大约”或类似词的表述。

---

① 第23742号无效决定（200420091540.7）。

② 国家知识产权局．专利审查指南2023［M］．北京：知识产权出版社，2024：161.

③ 国家知识产权局专利复审委员会．以案说法：专利复审、无效典型案例指引［M］．北京：知识产权出版社，2018：269.

上述将程度用词用于特定数值或数值范围的情形，还可以进一步拓展，例如“X 物质基本上是纯净的”该如何考量其清楚性和限定作用，化学领域一般认为纯净物在理论上被定义为完全不含杂质的单一物质，即纯净度达 100%，然而绝对的纯净物是不存在的，因此“基本上是纯净的”是否能清楚表明权利要求请求保护的范围，以下判例给出了考量角度。

判例 T 728/98 涉及对审查部门作出的驳回决定提起上诉，其中涉及对程度用词“基本上纯净”清楚性的判定。

上诉人争辩称，本案中“基本上纯净”一词的含义与药物纯度标准有关，因为所主张的化合物用作药品。从《美国药典》（E7）中推断，特别是第 1682 页有关散装药物化学品中“普通杂质”的部分，当杂质含量低于 2% 时，即纯度至少为 98%，则药物化合物应被视为“基本上纯净”。在上诉委员会的口头诉讼中，上诉人进一步提出，文件（E7）的教学虽然只在特定国家内具有权威性，但已被任何精通制药技术的人普遍接受。因此，所属领域技术人员很清楚“基本上纯净”这一特征的含义，从而可以毫无疑义地确定权利要求 1 的范围。

对此，上诉委员会在决定中认为，根据《欧洲专利公约》第 84 条规定的法律确定性原则，需要确定技术特征“基本上纯净”的含义，以便毫无疑问地确定“寻求保护的事项”。在《欧洲专利公约》第 84 条的背景下，权利要求特征中使用的术语或表达的含义尤其取决于相关领域技术人员普遍接受的定义。

首先，对于援引的文件（E7），上诉人所引用的部分仅占其中的一小部分。该部分在第 1682 页左栏中确立了初步声明，即“关于纯度的概念随时间变化，与分析化学的发展密不可分”。且文件（E7）的陈述得出的结论是，纯度本身在制药技术中是一个不可靠的特征，因为它是一个相当模糊的概念，具有可变的含义，随着时间和分析化学的进步而变化。像权利要求 1 那样，用模糊的“基本上”一词来量化变化的特征，该模糊的特征会导致无法准确确定权利要求的范围。

其次，上诉人提出的药用化合物中“普通杂质”的 2% 上限是根据文件（E7）记载的“作为普通杂质的一般限值”选择的。文件（E7）中将该值指定为“一般限值”表明，其只适用于一般情况，而不一定适用于任何特定情况。因此，该事实并不能支持上诉人的论点，即“普通杂质”的上限为 2%。

再次，文件（E7）第 1682 页“普通杂质”部分第 4 段还指出，“还包括伴随成分……不包含在普通杂质含量中，几何异构体和光学异构体被列为伴随组分的非详尽示例”。这一概念尤其影响到本案，因为根据权利要求 1 中“基本上纯净”的特征来说明纯度水平，旨在排除了特定异构体的存在，从而将要求保护的化合物与现有技术文献区分开来。根据文件（E7）中给出的概念，异构体是要求保护的化合物的伴随组分，不被视为其“普通杂质”。因此，上诉人关于要求保护的化合物中“普通杂质”含量为2%时即推断出纯度为98%，这是没有事实依据的。

基于上述原因，文件（E7）没有为上诉人的争辩提供适当的依据，根据现有证据，在相关技术中不存在任何明确的普遍接受的“基本上纯净”特征的含义，其导致权利要求缺乏法律确定性，因此不具备《欧洲专利公约》第84条规定的明确性。

除了上述情形外，当“大致”或“近似”之类的词应用于装置的结构单元（例如“具有大致圆形周边的托盘板”或“具有近似弧形底座的托盘板”）时，“大致”或“近似”的表述应解释成在制造方法的技术公差允许范围内产生的技术特征。换言之，“具有大致圆形周边的托盘板”应解释成与“具有圆形周边的托盘板”的限定作用相同；反过来，这两种表述都应认为请求保护了制造领域的技术人员都认为是圆形的任何托盘。

如果申请文件表明“大约”、“左右”或“大致”等词的使用，将使得权利要求某个值或范围的区间超出测量系统的误差范围或超出结构单元的制造公差时，则这种表述为模糊和不确定的表述，导致不符合《欧洲专利公约》第84条的规定，因为该词的存在使得本发明在评价新颖性和创造性时无法与现有技术毫无疑义地区别出来。

例如，如果申请文件声称20边形属于由CNC水刀切割机实现的金属托盘的“大致圆形周边”的范畴，则其将导致权利要求的范围不清楚，这是因为，一方面，CNC水刀切割机领域中一般需要使用有数百个边的多边形来近似圆形周边，因此本申请中声称的公差已超出了该领域公知的公差范围；另一方面，如果20边形属于“大致圆形周边”，那么19边形或18边形是否属于？多少边数的多边形才能被认为不再是“大致圆形周边”？这将导致本领域技术人员无法进行客观评价和认定。

（九）可选的特征

可选的特征，是指特征前面带有诸如“优选地”“例如”“诸如”“特别是”等类似的表述。

在我局审查中，要求权利要求中不得出现“例如”“最好是”“尤其是”“必要时”等类似用语，原因在于这类用语会在一项权利要求中限定出不同的保护范围，导致保护范围不清楚。当权利要求中出现某一上位概念后面跟一个由上述用语引出的下位概念时，应当要求申请人修改权利要求，允许其在该权利要求中保留其中之一，或将两者分别在两项权利要求中予以限定。可见，我局审查中判定清楚性的关键在于该用语的使用是否导致了在一项权利要求中限定出了不同的保护范围。

在欧洲专利局审查中，对于可选的特征的使用，采用完全不同的考量角度，明显更加宽松。《EPO 审查指南》第 F 部分第Ⅳ章第 4.9 节指出，如果“可选的特征”的表述不会引入歧义，则是允许使用的，在这种情况下，这些特征将被视为完全可选择的，可选引入的特征不应当作为权利要求的唯一限制。例如，“一种电梯，优选无机房的电梯”的权利要求主题①，优选的电梯类型并不视为对权利要求主题“电梯”的进一步限定，而视为提供了一种可选的电梯类型，并认为该种情形下并不会导致权利要求不清楚。

只有当这些表述导致对权利要求的理解引入了歧义，才会导致权利要求的范围不清楚。例如，“一种人造石，如黏土砖，的制造方法”的表述不符合《欧洲专利公约》第 84 条的规定。因为黏土砖永远不会是人造石，因此不清楚权利要求的方法制造的是人造石还是黏土砖。同理，“将溶液加热至 65℃ 和 85℃之间，特别是 90℃”的表述不符合公约第 84 条的规定。因为“特别是”后面的温度与其前面的范围相矛盾。

（十）括号的使用

在权利要求特征的撰写中，引用说明书附图中相应的标记通常可以帮助更好地理解权利要求所记载的技术方案。我国《专利法实施细则》第 22 条第 4 款以及《专利审查指南 2023》均对附图标记的引用作出规定，指出权利要求的技术特征可以引用说明书中相应的附图标记，该标记应当用括号括起来，放在相应的技术特征后面，且附图标记不得解释为对权利要求保护范围的限制。《欧洲专利公约实施细则》第 43（7）条也作出了类似的规定：如果欧洲专利申请包含附图，并且附图有标记，则应当在权利要求中相应的技术特征后面注上附图标记，并且将该标记放在括号内。附图标记不得解释为对权利要求保护范围的限制②。

两局关于附图标记的上述规定不同之处在于，我局权利要求撰写中特征是否引用附图标记是申请人可以选择的，即可引用也可不引用；而欧洲专利局规定如果申请中包含附图，并且在权利要求提到的特征和附图中相应的附图标记

---

① T 1287/10.

② Rule 43（7）Where the European patent application contains drawings including reference signs, the technical features specified in the claims shall preferably be followed by such reference signs relating to these features, placed in parentheses, if the intelligibility of the claim can thereby be increased. These reference signs shall not be construed as limiting the claim.

之间建立联系有助于理解权利要求，则应当引用合适的附图标记。可见，欧洲专利局对附图的引用规定更具有强制性。此外，《EPO 审查指南》第 F 部分第Ⅳ章第 4.18 节还对附图标记的引用作了更详细的指引：如果有多个不同的实施例，则只需将最重要的实施例的附图标记插入独立权利要求中即可。如果权利要求根据《欧洲专利公约实施细则》第 43（1）条的规定以两段式撰写，则附图标记不仅应当插入权利要求的特征部分，而且还应当插入权利要求的前序部分。

括号内即使不是附图标记的表述也可能造成不清楚，如“（混凝土）模制砖”是不清楚的，因为无法确定特征模制砖是否受到混凝土这个词的限定。但是，括号内具有普遍接受含义的表述是允许的，例如“（甲基）丙烯酸酯”，根据所属领域的公知常识可确定其是“丙烯酸酯和甲基丙烯酸酯”的缩写。在化学式或数学式中使用括号，也是允许的。

四、权利要求的简要性

《欧洲专利公约》第 84 条规定权利要求应对要求保护的主题进行限定，清楚、简要并能够得到说明书的支持。这意味着权利要求不仅要求边界清楚，在撰写上还应当简洁简要。我国《专利法》第 26 条第 4 款也作出了权利要求应当简要的同样的规定。

从立法本意来看，权利要求的简要性要求有以下两方面的内涵，一是在审查阶段，简要的权利要求有利于确定权利要求的清楚性和支持性，以及其他法条的审查开展，欧洲专利局认为“以一种使得实质性审查中常规任务变为不必要的困难的方式提出的权利要求”违反了《欧洲专利公约》第 84 条规定的简要性①，同样，不简要的权利要求也会增加确权、侵权判定阶段的不必要的难度；二是对社会公众而言，简要的权利要求有利于社会公众清晰、容易地理解专利技术和专利的保护范围，这有助于专利技术的传播和应用，以及侵权风险的规避。

从对简要性的具体要求来看，《EPO 审查指南》第 F 部分第Ⅳ章第 5 节规定了六个方面的内容：

1）权利要求应当简要是指权利要求作为一个整体和其中的每一项权利要求都应当简要。

2）当考虑权利要求的数量是否会导致不简要时，应当结合申请人要求保护的发明的性质和案件的实际情况。

---

① Case Law of the Boards of Appeal，2.3.

3）通过撰写从属权利要求的方式来避免任意两项权利要求之间文字的过于重复。

4）重复已经请求保护的主题是不必要的，会造成权利要求的不简要。

5）权利要求的撰写方式不能使人难以确定请求保护的主题。

6）简明的要求同样适用于从属权利要求的数量和内容。

其中，前面5点比较直观，而对于最后一点——权利要求数量要达到何种程度才会导致的不简要，一直很难有统一的标准，上诉委员会在以下判例中给出了考量的角度。

判例T 246/91在作出决定时，上诉人修改后的权利要求书包括157项权利要求。上诉委员会认为，根据《欧洲专利公约实施细则》第29（5）条（现第43（5）条）的规定，考虑到所要求保护的发明的性质，权利要求的数量必须是合理的。虽然不能对“合理”一词作出定量的定义，但这并不意味着该要求完全没有意义和法律效力。

委员会希望强调以下几点：什么是合理的，什么是不合理的，取决于每个具体案件的事实和实际情况。同时，在作出判决时，还必须考虑相关公众的利益，不应允许授予的专利权在其潜在用户面前构建起一个法律迷宫或迷雾。无论是个体还是整体，权利要求都必须清楚简要，以使这些潜在用户能够在没有不当负担的情况下确定其商业行为是否侵犯专利权，更不用说诉诸诉讼。本案当前所提出的157项权利要求，需要解释和判断其中每一项权利要求是否会对他人的商业行为造成阻碍和限制，这必然会对社会公众造成严重和完全不适当的负担。因此，目前提交的权利要求不仅违反了《欧洲专利公约实施细则》第29（5）条（现第43（5）条）的明确规定，而且也违反了《欧洲专利公约》第84条规定的简要性。

五、权利要求缺少必要特征

《EPO审查指南》[①] 指出，权利要求的必要特征是实现技术效果所必需的特征，该技术效果基于本申请声称所要解决的技术问题（该问题通常来自说明书）。因此，独立权利要求必须包含说明书所明确表述的实现本发明所必需的全部特征。尤其是在发明的可专利性取决于技术效果时，权利要求必须撰写成包括对技术效果所必要的全部技术特征。

中国、欧洲专利法规都针对独立权利要求提出“应当具备必要技术特征”

① Guidelines for Examination in the European Patent Office, March 2024 edition, Part F, Chapter Ⅳ, 4.5 Essential features.

这一要求，但是欧洲专利法规中不存在对应于“独立权利要求缺少必要技术特征”的专用条款，而是将其纳入清楚性条款，其内在逻辑为《欧洲专利公约》第84条规定的清楚不仅意味着从技术角度来说是可以理解的，而且必须清楚地限定发明的主题，使得权利要求请求保护的主题与其对现有技术作出的贡献相对应，而该技术贡献就体现在解决发明所要解决的技术问题的特征集合，因此权利要求必须包含所有必要技术特征，否则就不满足《欧洲专利公约》第84条规定的清楚性。而中国专利法规中，则采用《专利法实施细则》第23条第2款这一条款来单独规定独立权利要求应当从整体上反映发明或者实用新型的技术方案，记载解决技术问题的必要技术特征。在我局审查中，一般认为，权利要求即使缺少必要技术特征，权利要求从法律确定性的角度也可以是清楚的，即保护范围是可以明确界定的，只是这样的技术方案不能够解决申请人在说明书中所声称的技术问题，这属于保护范围清楚性以外的范畴。

可见，欧洲专利审查制度中，对于权利要求清楚性的理解，同时包含了“法律意义上的确定性”和“解决技术问题意义上的完整性”两个层面，而我局则是将“解决技术问题意义上的完整性”单独立法。即对于缺少必要技术特征的审查，中、欧专利局的本质要求是一致的，仅是适用的法条有所差异。

（一）效果限定权利要求

《EPO审查指南》第F部分第Ⅳ章第4.10节规定，权利要求限定的范围必须在发明所允许的范围内尽可能的准确。一般情况下，不允许使用“达到的效果”来限定权利要求，尤其是其作用仅仅是用来声称要解决的技术问题。

但如果某发明只能以“达到的效果”来限定，或使用其他能够合理限制权利要求保护范围的方式无法给出更准确的限定，且这种效果是可以通过说明书中已经充分说明的试验或方法，在无需过度实验的情况下即可直接且明确地验证的，或为所属领域技术人员所公知的，那么这种定义方式可能被允许。

如果一项独立权利要求利用了达到的效果进行限定，而该效果本质上等同于本申请所要解决的技术问题，那么该权利要求必须写明要达到的效果所必需的必要技术特征。

例如，判例T 809/12涉及一种LOW－E可匹配涂层制品及其制造方法，审查部门以不符合《欧洲专利公约》第84条规定的清楚性要求为由驳回了专利申请，理由为仅通过实现的结果来定义要求保护的产品会导致缺乏明确性。

上诉人陆续提交多份上诉请求，以其中一份请求涉及的权利要求书为例：

1. 一种涂层制品，包括：

由玻璃基板支撑的层系统，所述层系统包括位于第一和第二介电层（3和

11）之间的红外反射银层（7），所述涂层制品的特征在于：

所述涂层制品在热处理后或由于热处理后具有不大于2.5的ΔE^*值，其中，所述层系统还包括位于所述银层（7）和所述第一介电层之间的第一层，所述第一层包括Ni或NiCr（5），以及位于所述银层和所述第二介电层之间的第二层（9），所述第二层包括Ni或NiCr，其中，所述第一和第二层中的每一个至少为20埃（Å）厚。

根据本案说明书记载，“ΔE^*值”的大小对于本案要实现的涂层制品的可匹配性至关重要，“所述涂层制品在热处理后或由于热处理后具有不大于2.5的ΔE^*值”的特征实质上相当于本发明为解决其技术问题所要具备的效果或结果。

上诉人认为，权利要求中已记载的与“ΔE^*值”相关的特征，已隐含了对权利要求中其他特征的限制作用。换言之，本领域技术人员在面对权利要求时，能够获知需对权利要求1的其他关联特征（即其他层）进行调整，以使得涂层制品热处理后满足ΔE^*值不大于2.5的要求，没有必要将每层的厚度等特定细节特征写入权利要求。根据一贯的判例法，没有必要在权利要求中列入细节结构特征，因为这些特征会造成权利要求保护范围不当缩限，本案就属于该类情况。

本案的焦点在于，需要准确确定权利要求1除了记载了与发明所要解决的问题相对应的结果（具有不大于2.5的ΔE^*值），是否还包括实现该结果所需的必要特征。

对此，上诉委员会认为：根据本案说明书具体实施例的教导，要实现上述的结果，不仅Ni或NiCr层相对于对比例需要“大幅增厚”，而且第一和第二介电层中的至少一个需要相对于对比例“变薄”，才能实现可匹配性。因此，上诉委员会得出结论，权利要求1中需要存在的必要特征至少包括：（i）Ni或NiCr层相对于对比例（15Å）更厚，以及（ii）第一和第二介电层中至少有一个相对于对比例更薄。

上述必要特征（i）已存在于权利要求1中（即第一和第二层中的每一个至少为20埃（Å）厚）。但权利要求1中第一和第二介质层的厚度并未具体限定，因此，权利要求1中缺少上述必要特征（ii）。因此，权利要求1并不包括获得所要求实现的结果所需的全部必要特征，从而不符合《欧洲专利公约》第84条的要求，上诉被驳回。

上述判例给出了采用效果或结果作为特征进行限定时，权利要求是否缺少必要特征的一类典型判断情形，即如果独立权利要求包含由要实现的效果或结果所限定的特征，且该效果或结果对应于申请所要解决的技术问题时——也就是和发明点相关时，那么权利要求中必须包含实现该效果或结果所需的所有必要特征。相关的情形还包括，当发明的可专利性取决于技术效果时，权利要求必须撰写成包括对技术效果所必要的全部技术特征①。国内申请人如果谋求欧洲的专利权，在布局权利要求书时这一点要特别注意。

（二）必要特征的概括

《欧洲专利公约》第83条给出了判定必要特征应当具体到何种程度的规定：只要本申请作为一个整体详细描述了一项发明的必要特征，使得本领域技术人员能够实现该发明即可。即《欧洲专利公约》第83条是将一件专利申请作为整体要求充分公开，而对于权利要求本身并没有这种要求，权利要求只需要包含发明的必要特征，从而能够将本发明与声称最接近的现有技术区分开来就行。将所有细节都涵盖在独立权利要求中是没有必要的，也将不利于权利要求的作用发挥。

判例T 41/91涉及一种用于对电视信号进行有效编码的装置，审查部门以权利要求1不满足《欧洲专利公约》第84条规定的明确性为由驳回申请，上诉人请求撤销上诉决定。涉及的权利要求如下：

1. 一种用于对电视信号进行有效编码的装置，该装置包括：

存储装置（3、4、5）适于存储来自多个先前电视信号场的像素数据；

参数生成装置（1）用于生成一组参数（W1 – W35），定义由存储装置（3、4、5）存储的当前像素数据的线性组合，该线性组合是当前字段的像素数据的近似值；

预测装置（2）用于根据线性组合生成预测当前字段的像素数据（Ik），由存储装置存储的像素数据的参数定义；

参数生成是指响应预测装置预测的像素数据（Ik），以生成一组参数，使得预测当前字段的像素数据与实际当前字段的像素数据之间的误差最小化；以及

传输参数（W1 – W35）的传输装置。

审查部门在驳回决定中认为，对于参数生成装置的参数生成功能“使得预测当前字段的像素数据与实际当前字段的像素数据之间的误差最小化”，原说明书仅描述了唯一的误差最小化的实施例，即采用“最小二乘法”，因此，当前权利要求对于以何种方式配置上述参数生成装置以生成所述参数，是不明确的。

① T 32/82.

且该唯一实施例“最小二乘法”是特定于本发明的，因此必须以明确和详细的方式记载于权利要求中。

上诉委员会在决定中则认为，权利要求 1 记载的参数的生成是“使得预测的当前字段的像素数据与实际当前字段的像素数据之间的误差最小化”这一功能定义，虽然原说明书仅公开了唯一的误差最小化的实施例，但这并不一定意味着技术人员在阅读本申请说明书之前不知道如何最大限度地减少上述误差，即如上诉人所陈述的，“最小二乘法”并非唯一适用的误差最小化方法。本案本质要点是技术人员能够意识到如何实现误差最小化功能，“最小二乘法”并非是特定于本发明的，且“最小二乘法”是不是唯一适用的方法无关紧要，没有必要进一步具体说明或加以限制，因此予以撤销上诉决定。

本判例给出的启示是，一方面，说明书记载的与权利要求特征对应的唯一实施方式，并不一定意味着其为必要特征，可以允许申请人对权利要求中的特征进行一定程度的概括，这与不支持条款允许概括的立法本意类似；另一方面，在判断特征是否属于必要特征时，还应充分考虑申请文件所声称解决的技术问题；上诉委员会在决定中并未明确申请文件声称要解决的技术问题，以及该唯一实施例的选择与所要解决技术问题之间的关系，论证过程的严谨性值得商榷。如果“最小二乘法”的选择与本申请声称要解决的技术问题直接相关，即便是本领域技术人员能够获知其他实现误差最小化算法，也应当将其作为必要特征记载于权利要求中。只有当权利要求中所概括的特征作为一个整体能够解决发明声称解决的技术问题，才无需对特征进行更为具体的限定。

在我局“缺少必要技术特征”的审查中，与上述判例的判定原则基本一致，在判断某一技术特征是否为必要技术特征时，应当从所要解决的技术问题出发并考虑说明书描述的整体内容，不应简单地将实施例中的技术特征直接认定为必要技术特征①。此外，对于上诉判例，如果确定“最小二乘法”不属于必要技术特征，但本领域技术人员根据申请文件的记载，确定其是唯一适用于本发明的误差最小化算法时，可能存在不支持的问题。实质上无论是在欧局还是我局审查中，均会考虑特征概括不当导致的不支持问题，其审查逻辑均在于权利要求允许对说明书进行适当概括，但不能过于宽泛，以至于与发明人所作的技术贡献不相匹配。具体的不支持判断情形将在下一节中展开介绍。

---

① 国家知识产权局．专利审查指南 2023［M］．北京：知识产权出版社，2024：156.

六、权利要求得到说明书的支持

《欧洲专利公约》第84条规定，权利要求必须得到说明书的支持，也就是我国《专利法》第26条第4款规定的权利要求应当以说明书为依据，其进一步规定了权利要求和说明书之间应当具有约束关系，不能互相脱节。

对于该法条的进一步释义，《EPO审查指南》第F部分第Ⅳ章第6.1节指出，权利要求书必须得到说明书的支持，这意味着每一项权利要求的主题必须在说明书中找到依据，并且权利要求的保护范围不能比由说明书和附图公开的内容及其对现有技术作出的贡献所应当获得的范围更宽。相应地，我局在《专利审查指南2023》中规定，权利要求书应当以说明书为依据，是指权利要求应当得到说明书的支持。权利要求书中的每一项权利要求所要求保护的技术方案应当是所属技术领域的技术人员能够从说明书充分公开的内容中得到或概括得出的技术方案，并且不得超出说明书公开的范围①。可见，两局对于“不支持”条款的立法本意基本是一致的。

下文中将进一步通过一些典型审查原则和不支持情形，并结合经典判例，对欧洲专利局“得到说明书的支持”法条适用展开介绍。

（一）一般原则

《欧洲专利公约》第84条规定，权利要求必须得到说明书的支持。这个要求意味着权利要求请求保护的主题必须取自说明书并且不允许要求保护未被描述的主题。由此引出欧洲专利局不支持审查中的一般原则：

1）权利要求要得到说明书支持的要求，旨在确保权利要求限定的保护范围与说明书披露的发明对现有技术的技术贡献相对应。

2）没有包括申请中所描述的作为发明必要特征的特征并且因此与说明书不一致的权利要求没有得到说明书的支持。

判例T 409/91涉及一件对审查部门作出的驳回决定提起上诉的案件。

权利要求1相关内容如下：

……在120℃至500℃的范围内沸腾的馏分燃料油，在低于析蜡点10℃的温度下，蜡含量至少为0.3重量%，该温度下的蜡晶体的平均粒径小于4000纳米。

审查部门作出驳回决定的一个重要理由为，权利要求1没有记载所寻求保

① 国家知识产权局．专利审查指南2023［M］．北京：知识产权出版社，2024：157.

护的发明的全部必要特征。因为需要具有尽可能小粒径的晶体，在防止“过滤器堵塞”的技术领域中已经为公众熟知，而本案中，如何使得晶体尺寸减小的手段是本发明要求保护的主题的必要特征。换句话说，本申请对该领域的贡献不是提出减小晶体粒径来防止过滤器堵塞这种原则，而是提出了一种减小晶体粒径的一种特殊手段。该手段即为说明书中描述的优质添加剂的选择，该添加剂可产生所需的小颗粒晶体。

对于上述驳回理由，上诉人辩称，本权利要求中定义的燃料油的粒径、沸程和蜡含量构成了解决避免柴油发动机主滤清器堵塞的技术问题的全部必要条件；上诉人还强烈强调，在涉案申请的优先权日之前，没有人想过通过减小晶体尺寸来解决过滤器堵塞的问题。因此，正是这种解决旧技术问题的新原则才是要求保护的发明对本领域的真正贡献。因此权利要求 1 满足《欧洲专利公约》第 84 条规定的得到说明书支持的要求。

对于审查部门和上诉人所持的不同观点，上诉委员会在决定中认为，根据本申请说明书背景技术部分的介绍，现有技术已经存在通过改变蜡晶体的大小和形状，从而使油在低温下保持流动性，以便能够通过过滤器。本申请发现，可通过添加某类添加剂，使得蜡状燃料在低温下形成足够小尺寸的蜡晶体，从而能够通过柴油发动机的主过滤器，基于此提出了一种馏分燃料油……平均粒径能够达到小于 4000 纳米。

基于上述记载，上诉委员会判断，本发明请求保护的燃料油，其基本成分必须包含“某类添加剂”，才能够使得蜡晶体粒径达到 4000 纳米以下。权利要求 1 中缺少的正是这一特征，因此不符合《欧洲专利公约》第 84 条第一句的要求，因为它没有通过记载其所有必要技术特征来定义要求保护的主题。

另一个层面，当权利要求没有包括这一基本特征时，它就不是说明书正文中实际描述的发明的技术方案，而仅仅是对它的不完整描述。《欧洲专利公约》第 84 条还要求权利要求必须得到说明书的支持，换句话说，需要支持的是权利要求书中的发明定义。在上诉委员会以往的判决中，这一要求反映了一般法律原则，即权利要求所定义的专利垄断范围应与技术贡献相对应，以便支持或证明其合理性。这意味着权利要求中的定义应基本对应于说明书中公开的发明范围。换言之，权利要求不应延伸到在阅读说明书后仍不能由本领域技术人员得出的主题。因此，在说明书中描述为本发明必要特征的技术特征，也必须是限定独立权利要求的特征的一部分。由于上诉委员会在说明书的其余部分找不到任何与发明明确陈述不一致的内容，特别是其所有的实施例都描述了含有添加剂的燃料油，说明书无法支持不含任何添加剂的燃料油的权利要求。因此，该权利要求没有得到说明书的支持，违反了《欧洲专利公约》第84条的规定。

不难发现，该判例体现的原则和前文第五节中权利要求应当记载必要特征存在关联性，可以认为当权利要求中因缺少必要特征，导致其请求保护的技术方案与说明书不一致时，此时该权利要求既不符合记载必要特征的要求，同时也得不到说明书的支持。

此外，上诉委员会在多个决定（T 94/05、T 127/02、T 1048/05等）中还强调："（3）说明书单纯形式上的支持，即说明书文字重复权利要求中要求保护的特征，并不必然能满足得到说明书的支持的要求。"这在我局《专利审查指南2023》中也有相同的规定。可以理解为，比如权利要求请求保护的技术方案在说明书中存在公开不充分问题时，即便说明书中记载了权利要求中完全相同的技术特征，该权利要求也不能得到说明书的支持。

（二）概括程度

权利要求在撰写技术特征时，允许对说明书公开的内容进行合理概括。所使用的术语越是具有概括性，可能获得的保护范围就越大；术语越是具体，可能获得的保护范围就越小①。例如，一种装置的外壳，如果撰写为"外壳由不锈钢制成"，则其保护的仅是由不锈钢材质制作成的外壳；但如果概括地撰写为"外壳由金属制成"，就可以将所有的金属种类都包括进去，他人无论选用铁、铜还是铝制作外壳，都落入了该权利要求的保护范围，从而构成了侵权。因此申请人在撰写权利要求书时，一方面应当对说明书给出的具体实施方式进行概括，以获得更宽泛的保护范围；另一方面，这样的概括应当是适当的，不能超出说明书公开的范围；即权利要求保护的范围不能过于宽泛，以至于与发明人所作的技术贡献不相匹配。可见，权利要求的概括程度是否适当，是不支持审查判定的关键环节。

《EPO审查指南》在第F部分第Ⅳ章第6.2节中认为，大多数权利要求由一个或多个具体实施例概括而成，在每一个具体的专利申请中，审查员应当根据相关的现有技术判断可允许的概括程度。一项开拓性发明的保护范围可以比已知技术的改进性发明概括得更宽。一项权利要求合适的保护范围应当是，既没有宽到超出发明公开的程度，也没有窄到剥夺申请人因公开换保护而应得的收益的程度。应当允许申请人在权利要求中涵盖说明书中实施例的所有明显变型方式、等同方式及其使用方式。具体来说，如果能够合理预测权利要求所涵盖的所有变型方式都具有申请人说明书所述的属性或用途，则应当允许申请人

① 王迁．知识产权法教程［M］．7版．北京：中国人民大学出版社，2021：387.

合理概括权利要求。

作为一个总的原则，除非有充分的理由认为本领域技术人员基于原始申请给出的信息，通过常规实验方法或分析方法，无法将说明书中的特定教导扩大到权利要求所请求保护的整个领域，否则均应当认为权利要求得到了说明书的支持。如果说明书给出的信息不足以使本领域技术人员通过常规实验方法或分析方法将说明书中的教导扩展到权利要求所请求保护但说明书没有明确记载的范围，则审查员应当提出合理的反对意见，要求申请人陈述权利要求请求保护的整个领域的发明在说明书给出信息的基础上实际上都容易实现的合理理由，如果申请人无法做到这一点，则申请人应当相应地限定权利要求的保护范围。

下面的例子可用来说明概括程度是否适当的支持性问题：

1）一项权利要求涉及处理所有种类“植物种子”的方法，是将种子进行受控的冷冻休克以产生特殊效果，而说明书只记载了处理一种特定的植物种子的方法。因为植物特性千差万别是公知的，有充分的理由认为该方法不适用于所有的植物种子。除非申请人能提供令人信服的证据证明该方法可以广泛适用，否则必须将权利要求限定到说明书中提到的特定种类的植物。仅仅断言该方法适用于所有植物种子是不够的。

2）一项权利要求涉及一种特殊处理“合成树脂模具”使其物理性能发生特定变化的方法，说明书记载的所有实施例都涉及热塑性树脂，该方法看起来并不适合热固性树脂。除非申请人能够提供证据证明该方法也适用于热固性树脂，否则，必须将权利要求限定在热塑性树脂的范围内。

下面再通过一个典型判例，介绍上诉委员会对于概括程度的把握和考量的第三个角度。

判例 T 94/05 涉及上诉人（专利权人）对异议部门撤销其欧洲专利的决定提出上诉。主请求权利要求 1 内容如下：

1. 襟翼机构，特别是注塑成型的换挡襟翼，包括框架（10）和襟翼（11），由襟翼轴（12）和襟翼翼（13）组成，其中襟翼轴支撑在框架（10）具有的通道（18）中，并且襟翼（11）在框架（10）中的通道开口至少可以通过绕襟翼轴转动襟翼在很大程度上关闭，从而以襟翼边缘的建设性措施的形式补偿由于制造工艺和/或由于襟翼机构中的温度和湿度波动而导致的襟翼（11）收缩，其特征在于襟翼轴（12）和通道（18）具有至少一个锥形区域（20），其中襟翼轴（12）和锥形区域中的通道（18）之间存在没有间隙的温度范围。

上诉人认为，关于主请求权利要求 1，其特征“以襟翼边缘的建设性措施的形式”符合《欧洲专利公约》第 84 条规定的得到说明书的支持，因为它在专利说明书第 10 段中有所提及。

对此，上诉委员会在决定中认为，《欧洲专利公约》第 84 条规定，权利要求必须得到说明书的支持。这旨在确保由权利要求内容确定的专利保护范围与实际公开的发明对现有技术做出的技术贡献相对应。换言之，权利要求只能延伸到所属领域技术人员在阅读说明书后可以拓展到的主题，因此权利要求必须反映对现有技术的有效贡献，以便所属领域技术人员可以在其涵盖的整个领域中实施。

在本专利说明书中，对于“襟翼边缘的建设性措施”只给出了一个实施例，即襟翼轮辋通过在框架中注塑成型而收缩到由于生产而缩小的襟翼体上。而未进一步描述其他实施例，且上诉委员会认为，所属领域技术人员在其专业知识范围内无法确定专利说明书中所公开的该实施例的其他替代方式。因此，权利要求延伸到了所属领域技术人员即使在阅读专利说明书后仍无法获得的范围。因此，上诉委员会得出结论认为，权利要求 1 得不到说明书的支持，不符合《欧洲专利公约》第 84 条的规定，因此不能同意其上诉请求。

（三）功能性限定

功能性限定一般指采用产品的结构或者方法的步骤在技术方案中所起的功能或所产生的效果来限定其发明创造，申请人之所以采用功能性限定，是希望如此撰写的权利要求能够覆盖实现其功能的所有方式，从而使其权利要求具有更宽泛的保护范围①。对于功能性限定特征在我局《专利审查指南 2023》中采取了应当予以限制使用和严格审查的立场②。

不同于我局限制使用的导向，欧局审查中，一项权利要求可以使用功能来宽泛地限定其特征，即功能特征。即使说明书中只给出了该特征的一个例子，如果本领域技术人员仍然能够理解可以用其他手段达到同样功能，例如，说明书仅记载了包括限位开关的一个实施例，权利要求中的“终端位置检测装置”仍可能得到说明书的支持，因为对于本领域技术人员来说，显然也可以使用例

---

① 尹新天. 中国专利法详解［M］. 北京：知识产权出版社，2011：456.

② 参见国家知识产权局《专利审查指南 2023》第二部分第二章第 3.2.1 节：“通常，对产品权利要求来说，应当尽量避免使用功能或者效果特征来限定发明。只有在某一技术特征无法用结构特征来限定，或者技术特征用结构特征限定不如用功能或效果特征来限定更为恰当，而且该功能或者效果能通过说明书中规定的实验或者操作或者所属技术领域的惯用手段直接和肯定地验证的情况下，使用功能或者效果特征来限定发明才可能是允许的。”

如光电管或应变仪来实现位置检测。

如果申请的全部内容仅是一种功能是以一种特定方法实现的，并且没有暗示任何替代方式，而权利要求却撰写成包括了实现该功能的其他方式或全部方式，则应当就此给出反对意见。此外如果说明书只是含糊提到也可以采用其他替代方式，并没有合理地澄清这些方式是什么，也不清楚如何使用这些方式，则同样没有得到说明书的充分支持。

例如判例 T 524/92 涉及一件以权利要求不符合支持性规定被审查部门驳回案件的上诉。决定针对的权利要求 1 如下：

1. 在没有等离子体辅助的化学气相沉积过程中，含有硅烷、氧气和砷的混合物在基板上反应生成砷硅酸盐玻璃时，在足够的浓度和反应条件下使用砷酸盐，使得硅烷和氧气之间的均匀气相反应受到抑制，从而在基板上生成作为保形涂层的砷硅酸盐玻璃。

争议焦点在于“在足够的浓度下使用砷酸盐”的功能性特征是否能够得到说明书的支持。对此，上诉委员会认为，关于权利要求 1 中的功能性限定，即在足够浓度下使用砷化氢，权利要求中明确界定了该功能限定要达到的结果，即“使得硅烷和氧之间的均匀气相反应受到抑制，从而在基板上生成作为保形涂层的砷硅酸盐玻璃”，基于此，本领域技术人员可以很容易地验证玻璃涂层的保形或非保形性质，例如，通过在电子显微镜下检查涂层。这反过来又可以提供有关硅烷和氧之间反应类型的信息，即非均相或均相。本领域技术人员还可以在保持其他反应条件相同的情况下，通过改变砷酸盐的浓度来确定不同浓度的砷酸盐对反应的影响，从而获得所需结果下的砷酸盐浓度。因此，权利要求中的这种功能性限定是允许的，否则很难或不可能以另一种方式定义本发明。正如本案说明书中所记载的，权利要求书中对沉积参数的说明会不当地限缩权利要求的保护范围，并剥夺申请人的公平保护。鉴于上述考虑，上诉委员会认为权利要求 1 能够得到说明书的支持。

第二节　美　　国

一、概述

美国《专利法》第十一章“专利的申请”第 112 条（35 U. S. C. 112）规

定了“说明书”（specification）的撰写要求，共有六款规定①：

“（a）概述；——说明书应包含对发明及对作出和使用发明的方式和过程的书面描述，其内容应完整、清晰、简要和确切，以使本发明所属领域的技术人员或者与该发明有密切联系的人员，都能够作出和使用该发明；说明书还应公布发明人或共同发明人实施该发明的最好方式。

（b）结论；——说明书在其结尾应提出一项或几项权利要求，具体地指出并明确要求发明人或共同发明人认为是其发明的主题。

（c）形式；——权利要求可以以独立形式撰写，或者，如果发明性质允许，也可以以从属或多项从属的形式撰写。

（d）从属形式的引用；——在符合第（e）款的规定下，从属权利要求应首先引用前面提出的一项权利要求，然后具体说明对所要求保护的主题的进一步限制。一项从属权利要求应解释为，该权利要求通过引用方式将被引用的权利要求的所有限制包括在内。

（e）多项从属形式的引用；——多项从属权利要求，应包括只以择一方式引用前面提出的一项以上的权利要求，然后具体说明对所要求保护的主题的进一步限制。多项从属权利要求不应作为另一项多项从属权利要求的基础。一项多项从属权利要求应解释为，该权利要求通过引用而将其所考虑的与其有关的特定权利要求的所有限制包括在内。

---

① 35 U. S. C. 112 Specification. （a）IN GENERAL. —The specification shall contain a written description of the invention, and of the manner and process of making and using it, in such full, clear, concise, and exact terms as to enable any person skilled in the art to which it pertains, or with which it is most nearly connected, to make and use the same, and shall set forth the best mode contemplated by the inventor or joint inventor of carrying out the invention. （b）CONCLUSION. —The specification shall conclude with one or more claims particularly pointing out and distinctly claiming the subject matter which the inventor or a joint inventor regards as the invention. （c）FORM. —A claim may be written in independent or, if the nature of the case admits, in dependent or multiple dependent form. （d）REFERENCE IN DEPENDENT FORMS. —Subject to subsection（e）, a claim in dependent form shall contain a reference to a claim previously set forth and then specify a further limitation of the subject matter claimed. A claim in dependent form shall be construed to incorporate by reference all the limitations of the claim to which it refers. （e）REFERENCE IN MULTIPLE DEPENDENT FORM. —A claim in multiple dependent form shall contain a reference, in the alternative only, to more than one claim previously set forth and then specify a further limitation of the subject matter claimed. A multiple dependent claim shall not serve as a basis for any other multiple dependent claim. A multiple dependent claim shall be construed to incorporate by reference all the limitations of the particular claim in relation to which it is being considered. （f）ELEMENT IN CLAIM FOR A COMBINATION. —An element in a claim for a combination may be expressed as a means or step for performing a specified function without the recital of structure, material, or acts in support thereof, and such claim shall be construed to cover the corresponding structure, material, or acts described in the specification and equivalents thereof.

(f) 权利要求中的组合要素。——对于权利要求中的组合要素，其某一特征可以采用履行特定功能的方法或者步骤来表达，而无须详述支持这种方法或步骤的结构、材料或者动作。此种权利要求应解释为，该权利要求涵盖了说明书记载的相应的结构、材料或者动作及其等同方式。”

不难发现，美国《专利法》第 112 条的六款规定绝大部分内容均与权利要求相关，却规定在了对说明书的撰写要求的条款下，这是因为美国《专利法》第 112 条所规定的说明书（specification）与我国《专利法》中的“说明书”概念有所区别，美国早期的申请书中只有说明书而无权利要求，之后为了明确发明的保护范围，才要求说明书以权利要求结尾，导致美国的权利要求属于说明书的一部分而非独立内容，因此其说明书条款还包括对权利要求书的规定。

第 112（a）条概述性地对说明书作出了要求，其包括书面描述、能够实施和最佳实施方式三个层面，要求申请人公开足够的信息以证明其在申请日时拥有该发明。书面描述：说明书必须包含对发明及其制造和使用方式和过程的完整、清楚、简要和确切的书面描述。能够实施：说明书应提供足够的信息，使得本领域技术人员，即与该发明相关或最紧密联系的技术人员，能够基于说明书的内容制造和使用该发明。最佳实施方式：说明书还应公开发明人或共同发明人想到的实施发明的最佳方案。该条款对应于我国《专利法》第 26 条第 3 款规定的说明书应当对发明作出清楚、完整的说明，以所属技术领域的技术人员能够实现为准；并涵盖了第 26 条第 4 款规定的权利要求应当以说明书为依据，得到说明书充分公开内容的支持。不同之处在于我国相关条款和审查指南中对于实施发明的最佳方案不作要求。第 112（b）~（e）条均是针对权利要求的规定，既包括权利要求明确性的实质性要求，也包括对权利要求撰写方式的形式要求。其中第 112（b）条规定的“明确性”对应我国《专利法》第 26 条第 4 款规定的清楚性；与我国不同之处在于，对于权利要求撰写的形式要求，我国是在《专利法实施细则》中进一步规定。

第 112（f）条针对权利要求中的组合要素，规定了权利要求中功能性特征的定义和解释原则，该条款属于美国《专利法》中对于权利要求规定的特殊条款，对功能性特征规定了与其他类型特征截然不同的解释原则，即权利要求的限定必须被解释为涵盖说明书中描述的相应结构、材料或行为及其等同物，且在审查程序和司法程序中采取同样的解释立场。在我国《专利法》及其实施细则中均没有对功能性特征作出特殊规定，仅在审查指南中对功能性限定进行了说明。

在美国《专利法》第 112 条规定的基础上，美国专利商标局制定了有关专利和商标的《美国联邦法规》第37卷（37 CFR），即美国《专利法实施细则》，用于详细解释如何执行相应专利法条款。该细则中将权利要求书作为单独的条款“37 CFR 1.75 Claim（s）”进行规定，具体的细则条款内容如下：

（a）说明书应当以权利要求作为结尾，具体指出并明确声明申请人视为其发明的主题。

（b）可提出一项以上的权利要求，但这些权利要求必须彼此间有实质性差异，且不得过分重复。

（c）一项或多项权利要求可以以从属的形式提出，引用同一申请中的另一项或多项权利要求并作进一步限定。任何引用一项以上其他权利要求的从属权利要求（“多项从属权利要求”）仅允许以替代的方式引用该其他权利要求。多项从属权利要求不得作为任何其他多项从属权利引用的基础。（费用规定省略）。从属形式的权利要求应解释为包括所引用权利要求的全部限制。多项从属权利要求应被解释为通过引用纳入与之相关的每项特定权利要求的全部限制。

（d）（1）权利要求必须符合说明书其余部分所述的发明，并且权利要求中使用的术语和短语必须在说明书中找到明确的支持或先行依据，以便可以通过参考说明书来确定权利要求中术语的含义。（见第1.58（a）条）（2）关于在一项申请中要求不同的发明，参见第1.141至1.146条。

（e）如果案件性质允许，如在改进的情况下，任何独立权利要求应按以下顺序包含：（1）序言部分，包括对要求保护的组合的所有常规或已知元素或步骤的一般描述；（2）诸如“其改进包括”之类的短语，以及（3）构成申请人认为是新的或改进部分的权利要求组合的那部分的要素、步骤和/或关系。

（f）如果有多个权利要求，则应以阿拉伯数字连续编号。

（g）限制性最小的权利要求应作为权利要求1，在可行的范围内，所有从属权利要求都应与它们所引用的权利要求归为一类。

（h）权利要求必须在单独的实体纸或电子页面上开始。包括权利要求或部分权利要求的任何表格不得包含申请的任何其他部分或其他材料。

（i）如果一项权利要求记载了多个要素或步骤，则该权利要求的每个要素或步骤应通过缩进线分隔。

美国《专利法实施细则》第1.75条通过以上9款内容进一步补充规定了权利要求的形式和内容，其包括权利要求的类型、撰写的简要性、权利要求的引用、以说明书为依据、两段式撰写方式、权利要求编号等。上述补充规定与我国细则对权利要求的形式要求基本相同，其中（b）款规定的多项权利要求之间应当有实质性差异且不得过分重复，与我国《专利法》中规定的权利要求应当简要有一定联系；而（d）款权利要求中的术语要得到说明书的支持的规定类似于我国《专利法》第 26 条第 4 款规定的支持性。

美国 MPEP 是由美国专利商标局颁布，用于全面系统指导专利审查的文件，作用类似于我局《专利审查指南 2023》，不同之处在于，英美法系的法律以判例法为主，成文法为辅，因此围绕权利要求的解释、权利要求明确性判定、权利要求中功能性限定的判定等方面，在 MPEP 中援引了大量司法判例、复审无效案例，以及少量非判例的案例来阐述法条的理解和适用，用于指导审查员套用先例去解决审查问题。具体的规定和解读将在下文中详细展开。

二、权利要求的解释

权利要求解释的目的是确定申请人所寻求的保护边界。审查员必须先通过全面分析权利要求语言来确定权利要求的范围，然后才能确定该权利要求是否符合法律规定的可专利性要求。

如本章第一节中所介绍的，对于权利要求的解释，大体有三种方法，分别是中心限定原则，周边限定原则，以及折中原则。

美国在历史上曾采用中心限定原则，但从 19 世纪末到 20 世纪初逐步过渡到周边限定原则，认为权利要求的保护范围，应当根据权利要求书的文字，严格地、忠实地进行解释，同时辅以“等同原则”进行确定。

特别地，美国专利商标局和法院对权利要求的解释也持不同原则。在专利审查期间，对权利要求作最宽泛合理解释，以减少权利要求在产生争议时被解释得比应得范围更宽泛的可能性。而在涉及侵权判定的司法程序中，专利的权利要求不再作最宽泛合理解释，而是依据充分形成的审查档案进行解释。美国联邦巡回上诉法院在 In re Morris 案①中明确了这一原则：“法院认为，在审查过程中不要求美国专利商标局以法院在侵权诉讼中解释权利要求的方式来解释申请中的权利要求。”

由于本书聚焦欧美审查制度解析，因此下文将进一步结合判例，展开介绍美局在审查中“最宽泛合理解释”一般原则以及权利要求中撰写的一些特殊用词或描述对保护范围所起的限定作用的解释判断规则。

（一）一般原则

依据美国专利法规和司法实践，对权利要求的解释，除了对功能性限定的特殊规定（“装置（或步骤）加功能”限定应解释为与说明书中描述的所有相

---

① In re Morris，127 F. 3d 1048，1054－55，44 USPQ2d 1023，1027－28（Fed. Cir. 1997）.

应结构（或材料或行为）及其等同物相一致[1]），一般应当从权利要求本身出发，根据本领域技术人员对说明书的解读，给出与说明书一致的最宽泛合理的解释；最宽泛合理解释并不是说最宽泛的可能解释，而是要在合理的前提下，即权利要求术语必须被赋予通常含义，也就是本领域普通技术人员理解的术语的普通惯用含义，除非该术语在说明书中明确给出了与通常含义不一致的特殊定义。

对于术语的普通惯用含义可以通过各种来源来证明，其包括权利要求本身的用语、说明书、附图和现有技术，现有技术则包括专利、公开的申请、商业刊物和词典。但是确定权利要求术语含义的最佳来源是说明书，当说明书作为权利要求术语的词典库时，则含义最为清楚。

给权利要求中的术语赋予本领域中普通惯用含义的例外情形是：1）权利要求中使用了自定义词，申请人也在说明书中明确记载权利要求自定义词的特定含义，该特定含义不同于其原本拥有的普通惯用含义；2）申请人在说明书中明确舍弃或否认术语的普通惯用含义。这两种情况下，申请人在说明书中所作出的定义或说明，对权利要求相关术语的解释有限定作用，应当将其作为最宽泛合理解释。

例如在 In re Abbott Diabetes Care Inc. 案[2]中，双方的主要争议焦点在于“电化学传感器”是否能包括将传感器连接到其控制单元的外部电缆和电线。法院在判决中认为：对权利要求术语“电化学传感器”的最宽泛合理解释不包括具有“外部连接电缆或电线”的传感器，这是因为该申请的说明书中反复地、自始至终地和专门地描述了没有外部电缆或电线的电化学传感器，同时说明书中贬斥了采用外部电缆或电线的传感器的劣势和不足。因此“电化学传感器”应当被正确地解释为“没有外部连接电缆或电线连接”的电化学传感器。

围绕上述原则，MPEP 第 2111. 01 章中总结了除《专利法》第 112（f）条规定的功能性限定情形外，权利要求中术语含义的解释规则，其汇总展示了美局在根据“最宽泛合理解释”原则来解释权利要求术语含义时的判断流程图，从而便于明晰不同情形下的解释适用规则。

图 6 –2 –1 中第一个问题是确定权利要求术语是否对本领域普通技术人员而言具有普通惯常含义。如果是，那么审查员应检查说明书以确定说明书中是否提供了特殊定义。如果说明书没有提供特殊定义，应使用权利要求术语的普

① 37 CFR 1. 75（d）（1）.

② In re Abbott Diabetes Care Inc. 696 F. 3d 1142，1149 –50，104 USPQ2d 1337，1342 –43（Fed. Cir. 2012）.

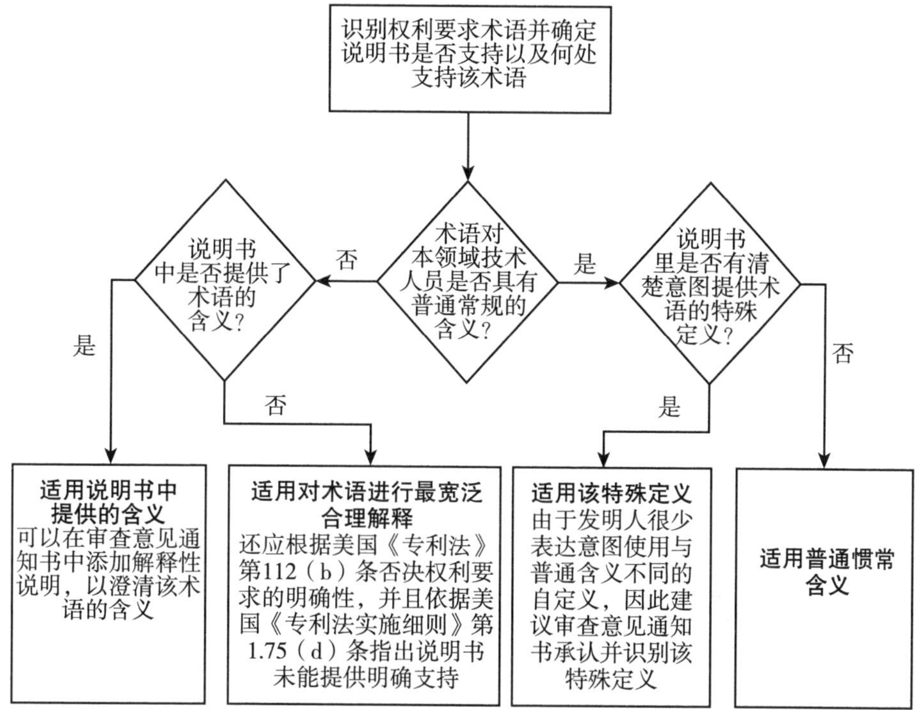

图 6-2-1 权利要求术语含义的确定（美国《专利法》第 112（f）条规定除外）

通惯常含义。如果说明书为权利要求术语提供了特殊定义，则应解释为该特殊定义。

回到第一个问题，如果权利要求术语没有普通惯常的含义，审查员应核实说明书是否提供了该术语的含义。如果在考虑说明书和现有技术之后，没有合理明确的含义适用于该权利要求术语，则审查员应对权利要求术语进行最宽泛合理解释。在此情况下，还应根据美国《专利法》第 112（b）条质疑权利要求的明确性，并且依据美国《专利法实施细则》第 1.75（d）条质疑说明书未对权利要求中的术语提供支持和先行依据。如果说明书为权利要求术语提供了含义，审查员应使用说明书提供的含义。

（二）连接短语

MPEP 中定义的连接短语，也就是我局《专利审查指南 2023》规定的“开放式”和“封闭式”权利要求撰写用语，例如“包括”、“基本上由……组成”和“由……组成”等，上述用语的作用在于限定，除了明确限定的特征外不排除还含有其他没有述及的结构部件或方法步骤，或者未记载的部件或步骤需要从权利要求的范围中排除。而连接短语排除或未排除的内容，必须根据每个案件的实际情况确定。

具体地，连接短语“包括”“包含”等，属于包含性或开放式限定，不排除另外的未记载的元素或方法步骤。而连接短语“由……组成”排除了权利要求中未指定的任何要素、步骤或成分，不能再添加其他元件或步骤。这两类连接短语的解释标准和我局是一致的。特别地，美局 MPEP 第 2111.03 章明确指出，“基本上由……组成”的权利要求处于以“由……组成”形式写成的封闭式权利要求与以“包括”形式撰写的完全开放式权利要求的中间地带；“基本上由……组成”将权利要求的范围限定于已明确限定的材料或步骤，和那些“不会对要求保护的发明的基本特征和新的特征产生实质影响的材料或步骤”。

例如在 In re Herz 案①中，申请人对复审部门作出的维持驳回决定提起上诉，涉案申请的权利要求请求保护“一种功能流体，其基本上由磷酸盐基础油、磷酸氢酯或其胺盐以及抗氧化剂组成”。上诉人认为，驳回决定中用于评述创造性的现有技术液压油，还包含一种额外的分散剂成分，而本申请的组成成分中并不含分散剂，即分散剂被排除在了“基本上由……组成”的功能性流体的权利要求之外。而法院在决定中认为，上诉人的说明书明确指出要求保护的组合物可含有任何众所周知的添加剂，例如分散剂，并且没有证据表明存在分散剂将实质上影响本发明的基本特征和新的特征。因此分散剂并未被排除在本申请“基本上由……组成”的组分之外。

在我局审查中，对于“基本上由……组成”“主要由……组成”“基本组成为”等类似描述，均解释为与“包括”同等效力的完全开放式撰写，即还可以含有权利要求中未指出的其他组分，即使其在含量上占较大的比例②。

（三）方法限定的产品权利要求

在美局审查中，同样允许采用方法特征来限定产品权利要求。对于此类权利要求的解释，MPEM 第 2113 章给出了明确的解释原则，总的来说，方法限定的产品权利要求不受限于所记载步骤的操作，只受限于步骤所暗含的结构信息。虽然方法限定的产品权利要求受到方法特征的限定，但可专利性的确定仍依赖于产品本身，而不依赖于其生产方法。如果方法限定的产品与现有技术的产品相同或显而易见，则即使是采用不同的方法甚至是新的方法制造，该产品权利要求也无法被授予专利权。在评估制造产品的方法限定的产品权利要求的可专利性时，还应考虑工艺步骤所暗示的结构信息，特别是在产品只能由制造产品的工艺步骤定义，或制造工艺步骤容易预期将赋予最终产品独特的结构特征时，

① In re Herz, 537 F. 2d 549, 551 –52, 190 USPQ 461, 463 (CCPA 1976).

② 国家知识产权局. 专利审查指南 2023 [M]. 北京：知识产权出版社，2024：310.

应当认可其对产品产生了限定作用，例如焊接的工艺步骤至少隐含了对部件间的连接方式的限定。

再如在 In re Thorpe 案①，涉及申请人对上诉委员会的维持驳回决定提起上诉。涉案申请的权利要求涉及一种由制造方法限定的酚醛彩色显影剂，其相应的制造显影剂的方法被认为可被授予专利权，该方法与现有技术之间的主要区别是金属氧化物和羧酸作为单独的成分添加，而不是添加更昂贵的预反应的金属羧酸盐。

法院在判决中认为，因为现有技术和本申请的最终产品都含有金属羧酸盐。而金属羧酸盐是直接添加的，还是现场生成的，这一事实并没有改变最终产物，因此即便该制造方法本身具备可专利性，该方法限定的产品权利要求也不能被授予专利权。

美局的上述解释原则与我局审查中解释权利要求的总体原则相似，即当采用方法特征限定产品时，首先方法特征在确定产品权利要求的保护范围时应当予以考虑，但其实际所起的限定作用取决于方法特征对所要求保护的产品本身带来何种影响；如果方法特征对所要求保护的产品本身没有带来影响，则其对产品是否具有新颖性、创造性的判断不起作用。

此外，对于方法限定的产品权利要求，美局在司法判定时对权利要求的解释原则与上述审查阶段有显著的不同。侵权诉讼程序中，方法限定的产品权利要求仅可用于保护用同样方法生产制造的产品，即仅可被由权利要求中限定的方法制造的产品侵权。由不同方法制造的被控产品不侵犯方法限定的产品权利要求的专利权。

三、权利要求的明确性

美国《专利法》第 112（b）条规定："说明书在其结尾应提出一项或几项权利要求，具体地指出并明确要求发明人或共同发明人认为是其发明的主题。②"

该法条实际上提出了两个层面的要求：一是权利要求必须阐明发明人或共同发明人认为是其发明的主题；二是权利要求必须具体指出并明确地界定专利请求保护的范围。其中，第一个层面是主观的要求，因为它取决于发明人将什么认作其发明。第二个层面是客观的要求，因为它并不依赖于发明人或任何特

---

① In re Thorpe, 777 F. 2d 695, 698, 227 USPQ 964, 966 (Fed. Cir. 1985).

② 35 U. S. C. 112 Specification. (b) CONCLUSION. —The specification shall conclude with one or more claims particularly pointing out and distinctly claiming the subject matter which the inventor or a joint inventor regards as the invention.

定个人的观点，而是客观地对权利要求限定内容是否明确进行评估，即对于一个假设拥有相关领域普通技术水平的人而言，权利要求的保护范围是否明确。

对于第二个层面的要求，美国最高法院于 1931 年在 Permutit 诉 Graver Corp. 一案[①]中解释了这一规定背后的理由，“法律要求专利权人不仅要解释其设备原理，以所属领域技术人员在专利期满后仍然可以制造和使用发明的术语来描述其设备，而且要告知社会公众，使其知晓在专利权人所要求的专利独占期间内，未经专利权人许可实施哪些制造或使用行为是安全的或者是不安全的”，1938 年在 General Elec. Co. 诉 Wabash Appliance Corp. 一案[②]中进一步解释“如果允许专利权人拥有模糊不清的权利要求，客观上将会鼓励更多的专利权人撰写不清楚的权利要求，因为模糊不清的权利要求将会迫使竞争对手扩大与专利权人势力范围之间的安全距离，从而事实上扩张了专利权的保护范围”。

可见，美国《专利法》第 112（b）条对于权利要求明确性的要求与我国《专利法》第 26 条第 4 款关于清楚性要求的宗旨和目的是一致的，均是确保授权的权利要求精确、清楚、正确且无含混不清之处，尽可能消除权利要求范围的不确定性，从而准确地告知社会公众专利权所享技术独占范围的边界，以更好地鼓励发明创造、推动科学技术的发展。

（一）一般原则

具体地，对美国《专利法》第 112（b）条的审查，通常会面临两个判断：

一是主题的判断。MPEP 第 2172 章指出，若权利要求没有具体指出并明确要求发明人或共同发明人认作的发明，则审查员以专利法第 112（b）条拒绝权利要求的审查结论是正当的。要以“权利要求没有具体指出并明确要求发明人或共同发明人认作其发明的主题”拒绝权利要求时，仅当发明人在申请文件以外的文件中声明了发明与权利要求所定义的范围不同时，才能以不符合第 112（b）条的要求为理由拒绝该专利。换句话说，在没有“相反证据”的情况下，必须推定权利要求中提出的发明就是发明人或共同发明人所认作的发明。上述“相反证据”指代能够表明权利要求与发明人认作的发明范围不一致的证据，例如，“相反证据”可以是申请人所提交的简报或备注中所包含的论点或自认观点，说明书的内容不作为证明权利要求的范围与发明人认作发明的主题不一致的证据。

二是明确性的判断。对权利要求明确性提出要求的目的，除了前文中多次提及的确保权利要求保护范围足以清晰，以便公众了解专利侵权的边界，还包

---

① 284 U. S. 52，60（1931）.

② 304 U. S. 364，369（1938）.

括为申请人所认作的发明提供清晰的披露，以便于在审查阶段确定请求保护的发明是否满足所有可专利性标准以及说明书是否满足第 112（a）条的要求。MPEP 第 2111.01 章指出，权利要求用语明确性的基本原则是，申请人是其自己的词典编纂者，他们可以在权利要求中以他们选择的任何术语来定义他们认作的发明，只要在说明书中明确阐述赋予术语的特定含义即可。申请人可以使用功能性语言、替代性表达、否定性限制或任何表达方式或权利要求的格式来明确其要求保护的主题的边界。

在明确性的判断上，美局专利审查中有以下审查原则：

1. 最宽泛合理解释

除了援引美国《专利法》第 112（f）条规定的功能性限定特殊规定（将在本章第二节第七小节中单独介绍），在审查过程中，必须要站位本领域普通技术人员，赋予一项权利要求与说明书一致的最宽泛合理的解释。根据最宽泛合理解释，应当赋予权利要求中的术语其普通含义，除非该普通含义与说明书不一致。术语的普通含义是指本领域普通技术人员在本发明作出时该术语所具有的通常和惯有的含义。美国联邦巡回上诉法院在 In re Zletz 案①中肯定了这一原则，“在专利审查期间，未决的权利要求须在其术语合理允许的范围内尽可能被宽泛地解释”。这是因为，在审查过程中，申请人是有机会修改权利要求的，对权利要求进行最宽合理解释，将减少权利要求授权后被解释得比已证明合法的范围更宽泛的可能性。本章第二节第二小节中已经详细介绍了如何根据“最宽泛合理解释”原则来解释权利要求术语含义，此处不再展开。

2. 由本领域普通技术人员进行是否明确的判断

在依据美国《专利法》第 112（b）条作出权利要求是否明确的决定时，需要站位本领域普通技术人员判断是否能够基于说明书清晰地解读出权利要求寻求保护的内容。此外，在判断一项权利要求是否满足第 112（b）条时，必须将权利要求作为一个整体来考虑，并判断该权利要求是否向本领域普通技术人员告知了其范围。如果本领域普通技术人员无法明确权利要求的界限和范围，则权利要求不符合第 112（b）条规定的明确性要求。

3. 清楚性和准确性的门槛要求

在审查是否符合第 112（b）条关于明确性的要求时，重点是看权利要求是否符合成文法所规定的清楚性和准确性的门槛要求，而并非审查是否存在更合适的语言或更优的表达方式。换句话说，申请人可以自由选择权利要求中特征

① In re Zletz, 893 F. 2d 319, 321, 13 USPQ2d 1320, 1322 (Fed. Cir. 1989).

的描述方式，只要其表达是清楚的，不是含糊不清、模糊和不明确的，即满足了清楚性和准确性的门槛要求。

在明确了一般原则的基础上，下文将进一步展开介绍美国专利审查中涉及第 112（b）条明确性判断的一些具体情形。

（二）宽泛权利要求

宽泛权利要求即为权利要求采用宽泛的特征描述请求保护的方案的权利要求。对于宽泛的撰写方式本身是否会导致权利要求不明确，MPEP 第 2173.04 章指出，权利要求宽泛不等于不明确，只要其范围是清晰定义的即可，宽泛的权利要求不能仅仅因为它涵盖了广泛的主题范围就认为其不明确。也就是说，宽泛的权利要求是否明确，考虑的仍然是该宽泛的撰写方式是否会导致权利要求本身无法清晰准确界定受保护主题的边界，例如，涵盖多个下位概念的上位权利要求是宽泛的，但其并不因宽泛而不明确，只有当不清楚宽泛的上位概念具体覆盖了何种下位概念时，才会导致不明确。

宽泛权利要求即便是满足明确性要求，在实际审查中权利要求过于宽泛常会导致不符合其他法律要求。例如，如果权利要求过于宽泛，是因为没有提出申请人通过提交申请之外的陈述证明是其发明的发明，即不符合第 112（b）条对发明主题的规定。如果权利要求过于宽泛，是因为原始书面描述或可实施性披露不支持，则根据第 112（a）条拒绝是正当的。如果权利要求过于宽泛是因为其覆盖了现有技术，则应当审查权利要求是否符合第 102 条或第 103 条规定的新颖性、创造性。在我局审查中，对于宽泛权利要求也采用类似的审查逻辑，不同之处在于，在宽泛权利要求满足清楚性和新颖性、创造性的基础上，我局会进一步审查权利要求所概括的宽泛的范围是否得到了说明书充分公开内容的支持，在宽泛的权利要求无法从说明书充分公开内容得到或概括得出时，将会被认为不符合《专利法》第 26 条第 4 款规定的支持性。

（三）自定义术语

权利要求的作用在于限定请求保护的主题及界定权利的边界，因此权利要求的保护范围是否清楚是至关重要的。为确保权利要求的清楚性，美局审查中，要求权利要求中使用的每个术语的含义，应该从现有技术或者在提交申请时的说明书和附图中显而易见。在描述和定义要求保护的发明时，权利要求的语言不能是含糊不清、模糊、不连贯、难懂或不清楚的[①]。

对于术语的使用，申请人可成为其自己的词典编纂者，不必局限于现有技

① Packard, 751 F. 3d at 1311.

术中出现的术语；权利要求中可以使用新的、自定义的术语，也可以使用与通常含义相悖的术语，但前提均是要求在书面描述中清楚且准确地定义本发明的术语，从而才能明确所要求保护的发明的范围和边界。

例如在 Process Control Corp. v. HydReclaim Corp. 案[①]中，存在术语解释争议的权利要求如下：

1. 一种计量不同材料成分排放到物料加工机的方法，包括：

［a］以可控的单个物料排放速率将多个单个物料成分输送到公共料斗，

［b］以排放率将物料从所述公共料斗卸料到所述加工机，

［c］确定由于从料斗中排出物料而造成的物料重量损失，

［d］根据物料到公共料斗的物料排放率和物料从公共料斗到加工机的排放率之和确定加工机的物料处理速率，以及

［e］根据需要控制物料的物料向公共料斗的物料排放速率，以响应所述确定的物料处理速率，以维持所述混合物料的预设配方。

在地区法院，双方当事人对上述步骤［b］和［d］中强调的“排放率”是否应在权利要求 1 中被赋予相同的含义存在争议。

地区法院根据 HydReclaim 的主张对权利要求进行了解释，指出按照说明书的描述，步骤［d］中出现的“排放率”是指“公共料斗的重量变化”。

上诉法院否定了地区法院的判定，其指出，从权利要求 1 本身的措辞可以清楚地确定，步骤［b］中的“排放率”一词与步骤［d］中的“排放率”所指的含义相同，因为该二者都是指物料从公共料斗排放到加工机的速率。此外，这一结论还避免了步骤［d］中的“排放率”的缺乏先行依据的问题。

上诉法院继续总结指出，虽然我们已多次表明专利权人可以作为他自己的词典编纂者，明确地定义与其通常含义相反的权利要求术语，但是在这种情况下，书面描述必须明确地重新定义权利要求术语，以便向竞争者或本领域技术人员清楚地告知专利权人重新定义该术语的意图。然而，地区法院引用的上述内容涉及的书面描述中，并没有清楚地重新定义步骤［d］中的“排放率”，不足以作为重新定义术语的依据。可见，美局对于自定义词的使用在撰写形式上有着非常严格的要求和标准，不仅要有相关的定义，而且“这是一个定义”这样的意图表达要非常的明确。

此外，在专利审查期间，当权利要求中术语的含义在说明书中进行了陈述

① Process Control Corp. v. HydReclaim Corp., 190 F. 3d 1350, 1357, 52 USPQ2d 1029, 1033 (Fed. Cir. 1999).

时，应当使用该含义来审查权利要求，以便实现对申请人的发明及其与现有技术关系的完整的审查[①]。

类似于该要求，我局在审查权利要求的创新性时，如果权利要求中记载的某特征在说明书中有特定的含义，则创新性审查时应优先按照说明书中记载的含义来理解权利要求，此时作出的审查意见有效性和全面性会更佳（但在定义的形式上没有美局这么高的要求）；只有在按照说明书记载的含义无法评述创新性时，才考虑对权利要求特征作最宽泛的解释。

（四）程度性术语

美局审查中，对于权利要求中使用的程度性术语，例如，约、基本上、类似等，认为并不必然会导致权利要求不明确，是否明确取决于本领域普通技术人员是否能够根据说明理解所要求保护的内容。因此，当权利要求中出现了程度性术语时，审查员应确定说明书是否提供了一些度量该程度的标准。如果说明书没有提供用于度量该程度的标准，则须站位本领域普通技术人员判断是否仍然可以确定权利要求的范围，例如本领域是否存在公认的用于测量该程度术语含义的标准，如果是则认为是明确的。

例如在 Amgen，Inc v. Chugai Pharmaceutical Co. 案[②]中，法院认为记载了“至少约”的权利要求因为不明确而被拒绝，因为在其说明书、审查历史或现有技术中没有任何内容提供关于什么范围的特定活动被涵盖在该术语“约”之内。

又如在 In re Marosi 案[③]中，短语“基本上不含碱金属的二氧化硅源”被认为是明确的，因为该说明书包含了被认为足以使本领域普通技术人员在原始材料中不可避免的杂质与基本成分之间划线的准则和实例，因此“基本上”的含义是明确的。法院进一步指出，要求申请人指定某个特定的数字作为其发明与现有技术之间的界限是不切实际的。

又如在 Ex parte Kristensen 案[④]中，权利要求前序部分中记载了特征“用于高压清洁单元或类似装置的喷嘴”，其中的术语“类似”被认为是不明确的，因为不清楚申请人打算通过“类似装置”的描述来覆盖其他何种具体装置。

（五）数值范围

通常，权利要求中具体数值范围的限定不会引起权利要求是否明确的问题，

① In re Zletz，893 F. 2d 319，13 USPQ2d 1320（Fed. Cir. 1989）.
② Amgen，Inc v. Chugai Pharmaceutical Co.，927 F. 2d 1200，18 USPQ2d 1016（Fed. Cir. 1991）.
③ In re Marosi，710 F. 2d 799，218 USPQ 289（CCPA 1983）.
④ Ex parte Kristensen，10 USPQ2d 1701（Bd. Pat. App. & Inter. 1989）.

这里指一些特殊情形下数值范围的使用的明确性。

1. 同一权利要求中限定出不同的数值范围

该情形类似于我局要求的权利要求中不得出现示例或优选的用语，原因在于会在一项权利要求中限定出不同的保护范围，导致保护范围不清楚。美局MPEP第2173.05（c）章中规定，在同一权利要求中，使用落入更宽范围的窄数值范围，当其权利要求的边界不可辨别时，会造成权利要求不明确。示例或优选性的描述在说明书或者另一权利要求中阐述更为适当。如果在同一权利要求中限定示例或优选的方式，例如，“温度在45到78摄氏度之间，优选在50到60摄氏度之间”，会导致对权利要求的预期范围的混淆，无法明确申请人想要请求保护45到78摄氏度的范围，还是50到60摄氏度的范围。参见本章第一节第三（九）小节，这一点和欧洲的看法是不一样的。

2. 开放式数值范围

开放式的数值范围撰写方式并不必然会导致权利要求不明确。在美局的审查中，须在整体方案中分析开放式数值范围的明确性。例如，当权利要求叙述包含“至少20%钠”的组合物，并且列出特定量的非钠成分，当各组分数值加起来达到100%时，“至少”这一开放式限定导致了权利要求的不明确，因其会导致组分比例超出100%。

在另一种情形下，如某组合物包括20%～80%的A，20%～80%的B和1%～25%的C，虽然其理论最大含量相加会超出100%，但法院认为并不会仅仅因为从理论上解读其权利要求包括了实际上不可能配制出来的组合物而不明确。即法院认为，事实上不存在的主题既不能预见也不构成对权利要求的侵犯①。对于组合物的含量范围百分数，我局《专利审查指南2023》作出了更清晰的指引，规定了一个组合物中各组分含量百分数之和应当等于100%，几个组分的含量范围应当符合以下条件：某一组分的上限值＋其他组分的下限值≤100，及某一组分的下限值＋其他组分的上限值≥100②。

（六）示例性术语

示例性术语，是指特征前面带有诸如“例如”“诸如”“优选地”等类似的表述。在我局审查中，要求权利要求中不得出现“例如”“最好是”“尤其是”“必要时”等类似用语，原因在于这类用语会在一项权利要求中限定出不同的保护范围，导致保护范围不清楚。

---

① In re Kroekel, 504 F. 2d 1143, 183 USPQ 610 (CCPA 1974).

② 国家知识产权局. 专利审查指南2023［M］. 北京：知识产权出版社，2024：311.

美局审查中同样严格审查示例和优选术语在权利要求中的使用，其认为示例和优选的描述在说明书中阐述比在权利要求书中更恰当。如果在权利要求中描述，则示例和优选情况可能导致对权利要求的预期范围的混淆，尤其是不清楚示例或优选所引出的较窄范围是否构成对权利要求的限定。此外，仅仅在权利要求中使用短语“如”或“例如”本身并不能使权利要求不明确，关键在于其是否会导致对权利要求的预期范围的混淆。

由于权利要求的预期范围不清楚而被认定为不明确的示例如下：

1）“较轻的碳氢化合物，例如，产生的蒸气或气体”①。

2）“正常操作条件，例如在配比器的容器中”②。

（七）引用基础

在我局审查中，当权利要求采用“所述”“该”等类似撰写方式以引用在先记载的某术语或特征时，需考虑该引用方式是否存在引用基础。在缺乏引用基础的情况下，需进一步结合上下文考虑是否会导致权利要求保护范围不清楚。

美局 MPEP 也对引用基础的判断作出了规定，在第 2173.05（e）章中采用示例的方式指出了以下几种情形的判断原则：

1）若权利要求涉及“所述杠杆”或“杠杆”，但权利要求不包含对杠杆的在先描述或限定，不清楚该限定所参考的是什么元素，因此会造成权利要求不清楚。可见，美局在考虑引用基础时，并不局限于仅对“所述”用语引出的特征进行引用基础判断，即便是没有使用“所述”的方式撰写，如果“杠杆”本身在在先内容中并未清楚记载与其他组件之间的关系，突兀出现的“杠杆”同样会存在无在先描述或限定基础的问题。

2）如果在权利要求的在先内容中记载了两个不同的“杠杆”，则后续权利要求中的“所述杠杆”的叙述，将会造成不清楚其所指代的是两个杠杆中的哪一个。

3）如果权利要求出现了“所述铝制杠杆”的描述，但该权利要求的在先描述中仅包含“杠杆”，则其是不明确的，因为不确定所引用的“铝制杠杆”是不是在先描述中的“杠杆”。

4）未能为术语提供字面一致的在先基础并不必然会导致权利要求不明确。如果本领域技术人员可合理地确定权利要求的范围，则该权利要求是明确的。

如在 Bose Corp. v. JBL，Inc. 案③中，法院认为在先记载的“椭圆形”为

---

① Ex parte Hasche，86 USPQ 481（Bd. App. 1949）.

② Ex parte Steigerwald，131 USPQ 74（Bd. App. 1961）.

③ Bose Corp. v. JBL，Inc.，274 F. 3d 1354，1359，61 USPQ2d 1216，1218 –19（Fed. Cir 2001）.

"具有长径的椭圆形"提供了在先基础，因为其在数学上不存在争议，具有长径是椭圆形固有的特征，本领域技术人员可以明确"具有长径的椭圆形"即指代的是在先记载的"椭圆形"，其并不会导致权利要求的保护范围不明确。

（八）否定性限定

否定性限定，即排除式或放弃式限定，即申请人从某一特定范围中排除掉部分范围，从而请求保护该特定范围中剩余的范围，例如，"所述壳体采用除铁以外的其他金属制成"，其含义在于所述壳体采用金属制成，但该金属不包括铁。

在美国较早的判例中，对于否定性限定持反对态度，因为它们倾向于根据其不是什么来定义发明，而非正面披露所作出的发明。例如，法院认为限定"R是除2－丁烯基和2，4－戊二烯基以外的链烯基"是一种否定性的限定，其使得该权利要求不明确，因为它试图通过排除发明人没有发明什么来要求保护发明，而不是明确、具体地指出他们发明了什么[①]。

但随着时间的推移，法院目前的观点是，对于否定性限定，只要不存在任何内在的含糊或不确定的内容导致所要求保护的专利的边界不清晰，即符合第112（b）条的明确性要求。例如，法院认为，"不采用氧化显影剂形成染料"的否定性限定是明确的，因为其所寻求保护的专利的边界是清晰的[②]，即请求保护的是采用除了氧化显影剂以外的其他组分形成染料。

四、权利要求的简要性

不同于我国《专利法》规定的权利要求应当简要，美国《专利法》及其实施细则条款中未对权利要求的"简要性"作明文规定，仅由MPEP第1.75（b）条一定程度上从数量上规定了权利要求的简要性，指出"可提出一项以上的权利要求，但这些权利要求必须彼此间有实质性差异，且不得过分重复"。

根据MPEP相关章节的规定，对于第1.75（b）条细则条款的使用，最终落脚点均应当判断权利要求的过度重复或冗长是否会导致权利要求的保护范围不明确，如果是，则依据美国《专利法》第112（b）条拒绝权利要求。

对于冗长和重复是否会导致不明确的判断，MPEP指出，审查员只有在权利要求因包含冗长的叙述或不重要的细节而使要求保护的发明范围不明确时，才应以冗长导致不明确为由依据第112（b）条拒绝权利要求。

---

① In re Schechter，205 F.2d 185，98 USPQ 144（CCPA 1953）.

② In re Barr，444 F.2d 588，170 USPQ 330（CCPA 1971）.

考虑到申请人的发明的性质和范围，对于申请人提出了不合理数量的重复及增加的权利要求，而造成权利要求混淆和不清楚，审查员也可以基于美国《专利法》第112（b）条驳回。就如在In re Chandler案[①]中，法院指出，“申请人应该有合理的自由度来选择他们所使用的权利要求的数量和措辞。然而，这种自由度不应使权利要求的重复和增加扩展到使权利要求的定义混淆在纷繁的迷宫中”。

可见，美局主要是从满足权利要求的明确性角度考量权利要求的简要程度。而我局和欧局的简要性规定中，还进一步考虑了社会公众利益和审查的难易程度。

五、权利要求缺乏关键特征

我国《专利法实施细则》第23条第2款明确规定，“独立权利要求应当从整体上反映发明或者实用新型的技术方案，记载解决技术问题的必要技术特征”，并将细则第23条第2款纳入了驳回条款。

而根据本章前文第二节第一小节对美国《专利法》及其实施细则的解释，美国《专利法》及其实施细则中，均未对权利要求记载必要技术特征这一情形进行明文规定，似乎并未要求独立权利要求在解决其声称技术问题上的方案的完整性。但在审查实践过程中会发现，美局仍然会依据其他理由条款来对缺乏关键特征的权利要求予以拒绝，一般包括以下三种情形：

1）如果一个特征在说明书中作为关键特征/必要内容被公开，但权利要求中却没有记载，这样的权利要求会依据美国《专利法》第112（a）条中的可实施性条款被拒绝。

在确定一个在权利要求书中未请求保护的特征是否属于“关键特征”时，必须考虑整个说明书所公开的内容，仅存在于优选实施例中所涉及的优选的特征，不应简单被认为是“关键特征”，只有当说明书的书面描述明确指出该特征对于发明发挥其功能至关重要时，才应该以权利要求中缺少“关键特征”为由发出不可实施的拒绝意见。

2）如果一项权利要求省略了申请人在发明原始公开内容中作为必要或关键特征描述的要素，则其不符合书面描述的要求，即权利要求缺乏充分的书面描述。

3）如果权利要求未将申请人在说明书中定义为发明的关键特征/必要内容

---

① In re Chandler, 319 F. 2d 211, 225, 138 USPQ 138, 148 (CCPA 1963).

关联起来，也可依据第 112（b）条予以拒绝，因为它未指出并明确请求保护的发明。

由上可知，在美局审查中，对于权利要求缺乏体现发明构思或声称解决其技术问题的关键特征的专利申请，可依据不符合第 112（a）条可实施性、书面描述和/或不符合第 112（b）条明确性的规定而拒绝，其与我局对权利要求完整性的本质要求是一致的，仅是应用的法条不同。

六、权利要求得到说明书的支持

专利制度的宗旨在于为专利权人提供与其所作出的技术贡献相适应的权利保护，因此权利要求请求保护的范围应当与申请人在说明书中详细公开的内容相适应，如果权利要求保护的范围相对于说明书公开的内容过大，可能导致申请人获得较其应尽的义务更大的权利①。权利要求得到说明书的支持，实质上就是在描述权利要求和说明书之间应当具有的“权利－贡献相匹配”的约束关系。

回顾本章第二节第一小节关于权利要求的法条介绍，在美国《专利法》及其实施细则的相关条款中，并不存在类似于我国《专利法》第 26 条第 4 款“以说明书为依据”或《欧洲专利公约》第 84 条“得到说明书的支持”明确的支持性规定，对应的 MPEP 中也没有专门的章节讨论“得到说明书的支持”的内容。那么，美国专利审查中难道对权利要求和说明书之间的支持性关系不作任何要求吗？

答案当然是否定的。经仔细分析不难发现，美国《专利法》及其实施细则中的下列条款描述了权利要求与说明书之间存在的关系：

美国《专利法》第 112（a）条规定：说明书内容应当完整、清楚、简要和准确地描述如何制造和使用所述发明，以使本发明所属领域的普通技术人员或者与该发明有密切联系的人员都能够制造和使用，并且要求说明书还应公布发明人或共同发明人实施该发明的最佳方式②。

美国《专利法实施细则》第 1.75（d）条规定：权利要求必须符合说明书其余部分所述的发明，并且权利要求中使用的术语和短语必须在说明书中找到

---

① 李冠琼．专利审查实践与专利权获取［M］．北京：知识产权出版社，2023：240.

② 35 U. S. C. 112 Specification.（a）IN GENERAL. —The specification shall contain a written description of the invention, and of the manner and process of making and using it, in such full, clear, concise, and exact terms as to enable any person skilled in the art to which it pertains, or with which it is most nearly connected, to make and use the same, and shall set forth the best mode contemplated by the inventor or joint inventor of carrying out the invention.

明确的支持或先行依据，以便可以通过参考说明书来确定权利要求中术语的含义[①]。

其中，美国《专利法》第112（a）条对说明书提出了三个方面的要求，即“书面描述”“能够实施”“最佳实施方式”，其内涵涉及说明书的充分公开；而细则第1.75（d）条则是规定了权利要求与说明书之间的一致性要求。因此，下文将围绕书面描述的支持性、能够实施的支持性、说明书与权利要求书的一致性三个方面，并结合具体判例，介绍美国专利审查中对于支持性的内在要求。

（一）书面描述的支持性

为满足美国《专利法》第112（a）条规定的书面描述的要求，说明书必须充分、详细地描述请求保护的发明，以使所属领域技术人员能够合理得出发明人在申请日已拥有请求保护的发明。也就是说，相较于能否实施或如何实施，书面描述更关注发明人在申请日前是否已经拥有了所请求保护的特定主题。MPEP第2162章指出，对于缺乏书面描述支持的权利要求，应当根据美国《专利法》第112（a）条进行驳回，因为缺乏充分的书面描述。

原始权利要求可能缺乏书面描述的支持的常见情形包括：①权利要求使用功能性语言表达一种期望的结果来定义发明，但公开不足以确定功能是如何实施的或者结果是如何实现的；②提出一项宽泛的类属权利要求，但公开仅仅描述了有限的种类，也没有证据表明预期了整个类属；③权利要求的文字与说明书中的文字表达完全一致时，也并不必然满足书面描述的要求，例如在说明书或权利要求中均使用了同样的模糊术语。可见上述情形和我局《专利审查指南2023》中判断权利要求是否以说明书为依据的具体情形类似。

一类典型的审查情形是，当权利要求使用上位概念、宽泛性、功能性等术语时，权利要求通常需要审查是否满足书面描述的要求，即判断书面描述是否足够充分以支持权利要求所请求保护的宽泛范围。

例如在LizardTech v. Earth Resource Mapping，Inc. 案[②]中，其中一个争议焦点在于权利要求中限定的特征“无缝离散小波变换（DWT）”是否满足书面描述的要求。

---

① 37 CFR 1.75 Claim（s）.（d）（1）The claim or claims must conform to the invention as set forth in the remainder of the specification and the terms and phrases used in the claims must find clear support or antecedent basis in the description so that the meaning of the terms in the claims may be ascertainable by reference to the description.

② LizardTech v. Earth Resource Mapping，Inc.，424 F.3d 1336，1346，76 USPQ2d 1731，1733（Fed. Cir. 2005）.

法院在判决中认为，本案说明书中仅提供了一种特定的创建无缝离散小波变换的方法，没有证据表明说明书考虑了一种更通用的方法来创建无缝的离散小波变换，即说明书中没有足够描述以支持如此宽泛的权利要求。美国《专利法》第112条的“书面描述”条款被解释为要求说明书满足两个密切相关的要求。首先，它必须描述制造和使用发明的方式和过程，以使本领域技术人员能够在不进行过度实验的情况下制造和使用发明的全部范围。其次，它必须充分描述发明，以向本领域技术人员传达申请人在申请时拥有要求保护的发明。因此，专利权人不能仅通过清楚地描述请求保护内容的一个实施例来满足第112条的支持性要求，即支持宽泛的权利要求用语。因此，对创建无缝离散小波变换的一种方法的描述并不能赋予申请人要求实现该目标的任何和所有手段的权利。

本案与我局不支持法条中不当概括的适用情形相同。我局采用独立的条款对不支持进行规定，而美局则是将不支持的内涵和充分公开放在一起考虑，更能反映出其要求充分公开的考察对象是权利要求要求保护的技术方案；对此，我局以及欧局在公开不充分的审查实践中，一般也不针对未在权利要求书中请求保护的技术方案提出公开不充分的审查意见，其均体现了以公开换保护的专利制度初衷。

（二）能够实施的支持性

说明书除了满足书面描述要求外，还必须教导所述领域的技术人员如何制造和使用请求保护的发明的全部范围，而无需“过度实验”①。MPEP对权利要求的保护范围和能够实施的关系做了如下解释，权利要求的范围与能够实施的唯一关系在于，根据说明书公开本领域技术人员能够实施的范围是否与权利要求请求保护的范围相对应。

当考虑权利要求的保护范围是否与能够实施的范围相对应时，MPEP规定，在依据权利要求的范围相对于公开能够实施范围作出合适的驳回决定时，应当实行两步法：1）在考虑整个权利要求的基础上，确定权利要求的范围相对于公开能够实施范围的关系；2）确定本领域技术人员是否不需要过度试验就可以实施要求保护范围内的所有发明。在In re Wands案②中，法院具体陈述了判断是否需要过度实验时需要考虑的因素。

能够实施审查重点即为判断权利要求范围内的所有内容是否都可实施。其含义与我局支持性审查要求的共同点在于，权利要求请求保护的全部技术方案

① In re Wands, 858 F. 2d 731, 736－37, 8 USPQ2d 1400, 1402 (Fed. Cir. 1988).

② In re Wands, 858 F. 2d 731, 736－37, 8 USPQ2d 1400, 1402 (Fed. Cir. 1988).

均应当得到说明书充分公开内容的支持，而充分公开的程度就是以所属领域技术人员能够实现为准。

如在 AK Steel Corp. v. Sollac 案①中涉及对地区法院无效判决的上诉。涉案专利的说明书中明确声明了“据信超过 0.5% 重量的硅会降低与铁素体铬合金钢基板反应所需的铝涂层金属的反应性。因此，涂层金属中的硅含量不应超过约 0.5% 重量”。上诉法院在判决中指出，在确定所要求保护的范围时，在该范围内必须具有合理的可实施性。本案中的权利要求包括高达 10% 的硅重量含量，然而根据说明书中包括的明确声明和强烈警告，超过 0.5% 重量的硅含量的铝涂层会导致涂层出现问题。说明书这些声明表明，更高的硅量将不会在请求保护的发明中奏效。因此，上诉法院支持了地区法院以不符合美国《专利法》第 112（a）条为由作出的权利要求无效的判决。

（三）说明书与权利要求书的一致性

权利要求书和说明书之间必须保持一致。如果权利要求中描述的技术特征与说明书中的描述不符，美局在审查中会涉及以下几种不同情形：

1）如果说明书中的书面描述或可实施性公开与权利要求所涵盖的主题范围不相称，但这一事实本身不会使权利要求的保护范围不准确、不明确，则不以不符合第 112（b）条的规定而拒绝，而应当认为权利要求不符合第 112（a）条“书面描述”或“能够实施”的规定，该情形下的具体判定方式与前两节中介绍的一致。

2）美国《专利法实施细则》第 1.75（d）条要求了说明书和权利要求之间的对应关系，其规定权利要求术语必须在说明书中找到明确的支持或先行基础，以便可以通过参考说明书确定术语的含义。权利要求中所使用的术语应当进行充分定义，如果说明书没有为权利要求术语提供所需的支持或先行基础，则应根据第 1.75（d）条拒绝该说明书。

3）当要求保护的主题与说明书公开内容之间存在矛盾或不一致，使得权利要求的保护范围因与说明书公开或现有技术教导的不一致而不确定时，此时不再考虑说明书对权利要求的支持性，而是质疑权利要求不符合第 112（b）条关于明确性的规定。以下以 In re Anderson 案进行说明。

其涉及的权利要求如下：

32. 一种用于测量大致圆柱形构件的形变的装置，包括：

适合于可拆卸地附接到圆柱形构件的一部分的夹紧装置，夹紧装置包括夹

① AK Steel Corp. v. Sollac, 344 F. 3d 1234, 1244, 68 USPQ2d 1280, 1287 (Fed. Cir. 2003).

紧体以及第一、第二夹紧构件，夹紧构件由夹紧体支撑并且彼此间隔开，以在其间容纳圆柱形构件一部分；……。

本案争议点主要在于权利要求 32 中特征“夹紧装置包括夹紧体以及第一、第二夹紧构件，夹紧构件由夹紧体支撑并且彼此间隔开”记载与说明书不一致，是否导致权利要求不明确。

委员会认为：权利要求 32 虽然表面上看起来很清楚，但结合说明书阅读时是不确定的。具体而言，术语“第一和第二夹紧构件”和“夹紧体”在说明书中的具体描述中是不清楚的，说明书中并没有展示“由夹紧体支撑”的“夹紧构件”的结构。上诉人声称“夹紧构件”由下夹持组件与上夹持组件构成，其不受“夹紧体”结构支撑。也就是说，上诉人在其说明书中展示出的夹紧装置结构与其在权利要求中书面描述的结构明显不一致，因此权利要求 32 是不确定的，不符合第 112（b）条的规定。由于上诉人没能证明以第 112（b）条驳回申请存在明显错误，CAFC 认同了委员会的意见。

由上述案件可知，美局审查中在涉及权利要求记载的方案与说明书中的记载存在矛盾导致不一致时，借助阅读说明书无法清晰理解权利要求，此时会导致权利要求不具备明确性。

七、功能性限定的权利要求

功能性限定一般指采用产品的部件或者方法步骤在技术方案中所起的作用、功能或者所产生的效果来限定其发明创造。而相对应地，权利要求中所记载的明确的具体结构、步骤或组分，称为结构特征、步骤特征。例如，在权利要求中用“可拆卸连接”概括“卡扣连接”“螺栓连接”等所有的可拆卸连接方式。则前述概括的特征即为功能性特征，而具体的连接手段则为结构特征。

功能性特征的概念起源于美国，被称为“装置/步骤 + 功能（means or step - plus - function）”特征。美国于 1952 年对专利法进行修改，首次将功能性限定直接体现在其《专利法》第 112（6）条（现第 112（f）条）中，确立了功能性特征的适用及解释原则。在功能性限定条款的法律适用上，同样持严格审查的立场，并为此设立了若干限制性的审查规则、司法解释和判例法，逐渐形成了一套详细完整的判断方法，是美国专利审查制度的一个特色，其将是本节中要重点介绍的内容。

（一）功能性限定权利要求的认定

美国要求功能性限定要具有特定的撰写形式，最为典型的功能性限定特征的撰写形式为“装置 + 功能”或“步骤 + 功能”。其中，词汇“means（装置）”和“step（步骤）”是美国专利文件的权利要求撰写中具有特殊意义的模板性词汇，能够促使专利商标局或法院推定假设认为申请人试图采用功能性限定特征进行描述，从而启动《专利法》第112（f）条的审查。而对“功能”的审查则将决定最终是否认定该特征属于功能性限定特征，并进而适用《专利法》第112（f）条审查进行解释的实质性要件。

MPEP第2181章规定，在判断权利要求限定是否适用于《专利法》第112（f）条时，一般应当进行以下三个步骤的分析判断：

1）采用“用于……的装置”（means for）或者“用于……的步骤”（step for）的撰写方式。采用特定的撰写方式，能够更容易对功能性限定进行准确认定。实践中界定权利要求是否包含功能性限定特征的时候一般均先判断是否含有“用于……的装置”或者“用于……的步骤”的描述，如果有再进行后续两个步骤的判断。

2）术语“装置”或“步骤”须由功能性语言修饰。这一步骤实际上用来判定装置或步骤是否与特定的功能相关联。如果权利要求限定语并没有将装置或步骤与特定的功能关联起来，那么即使权利要求中包含了装置或步骤，也不适用第112（f）条。

3）权利要求中是否有足够的结构、材料或动作对其进行修饰。如果权利要求在描述上使用了“装置+功能”或“步骤+功能”格式，但是权利要求中却记载了足够的用于执行该功能的结构、材料或者动作，那么也不适用于第112（f）条。

如果权利要求的撰写满足上述三个步骤的要求，那么可启动适用第112（f）条的审查；反之，如果在撰写上虽然使用“装置”或“步骤”，但是不满足上述第2）步和第3）步，则审查员也应在审查意见中说明该限定不适用于第112（f）条的理由。

还有一类特殊情形为，在权利要求中不包含任何“装置”或“步骤”模板性术语时，一般先初步假设当事人并不试图采用功能性限定的撰写方式，此时通常不启动第112（f）条的审查。但是当在继续审查中发现该特征中仅限定了该特征实现的功能，而并未限定任何实现该功能的具体结构、材料或步骤，则仍然可以推翻上述假设，从而认定该特征属于第112（f）条所适用的功能性限定特征。

例如，在Mas－Hamilton案①中，涉案专利权利要求3中的特征“用于移动杠杆的杠杆移动元件”并未使用模板标识性词汇“means”，针对该特征是否应

① Mas－Hamilton，156 F. 3d at 1213，48 USPQ2d at 1016（Fed. Cir. 1998）.

当适用第112（f）条进行解释，美国联邦巡回上诉法院认为，虽然在通常的规则下，使用词汇“means”时才引入第112（f）条，但是这并不代表着只要未出现模板性词汇就意味着第112（f）条的审查结束。本案中并无证据表明“用于移动杠杆的杠杆移动元件”在本领域中具有公知的结构含义，且该特征使用了功能性词汇进行描述，而未使用其机械结构进行定义。此时如果接受专利权人的论点而不对该特征适用《专利法》第112（f）条进行解释，那么该特征将包括任何可以使得杠杆移动的设备。但是事实上该权利要求的范围不应当被解释到覆盖所有可能实现移动杠杆功能的方式或装置[①]，而且该权利要求中并未限定任何具体的结构、材料或动作来使其避免适用《专利法》第112（f）条。综上，法院最终判决对该特征适用第112（f）条进行解释。

通过以上内容不难发现，美国专利审查中对于功能性限定的认定是慎重的，给出了严格的判断条件和大量判例。而在我局审查中，并不需要严格识别和区分某一特征是否属于功能性特征，上述案例中的争议一般不会出现。出现这一差别的主要原因在于美局和我局对于功能性特征解释原则的差异，这一差异将在下一小节中展开介绍。

（二）功能性限定权利要求的解释

美国《专利法》以法律条文的形式规定了功能性特征的解释规则。第112（f）条规定：“对于权利要求中的组合要素，其某一特征可以采用履行特定功能的方法或者步骤来表达，而无须详述支持这种方法或步骤的结构、材料或者动作。此种权利要求应解释为，该权利要求涵盖了说明书记载的相应的结构、材料或者动作及其等同方式。”[②]

据此，功能性特征在美国的审查中，在任何环节都被限制性地解释为覆盖说明书记载的相应结构、材料或者动作及其等同方式。相应地，MPEP第2181章也规定，对援引第112（f）条的权利要求特征的最宽泛合理的解释是说明书中描述的执行整个所要求功能的结构、材料或动作以及所公开的结构、材料或动作的等同方式。此外，美国联邦巡回上诉法院在对In re Donaldson Co. 案[③]的全席审理中作出重要判决：“解释权利要求中的功能性特征时，必须阅读说明书并参考说明书中所公开的相应结构、材料或动作，及其等同方案；由于在第

---

① 关于美局对功能性限定如何解释见下一小节。

② 35 U. S. C. 112 Specification. （f） ELEMENT IN CLAIM FOR A COMBINATION. —An element in a claim for a combination may be expressed as a means or step for performing a specified function without the recital of structure，material，or acts in support thereof，and such claim shall be construed to cover the corresponding structure，material，or acts described in the specification and equivalents thereof.

③ In re Donaldson Co.，16 F. 3d 1189，1195，29 USPQ2d 1845，1850（Fed. Cir. 1994）（en banc）.

112（6）条（第112（f）条）中没有对专利局授权和法院侵权之间进行区分，本院认为第112（6）条功能性特征的解释方式在专利局确定可专利性以及法院判断可专利性或侵权时均可适用”，即明确指出了上述解释立场不仅适用于专利审查，也适用于专利侵权诉讼。

我国《专利法》及其实施细则中并没有类似美国《专利法》第112（f）条那样明确规定功能性限定特征。更大的差异在于，在我国专利审查授权、确权程序中，对于功能性特征的解释适用于《专利审查指南2023》第二部分第二章第3.2.1节中的规定：“对于权利要求中所包含的功能性限定的技术特征，应当理解为覆盖了所有能够实现所述功能的实施方式。”这一点倒是类似于最宽泛合理解释原则。但是，在专利侵权程序中，对于功能性特征则采用与行政程序不同的限制性解释。2009年发布的《最高人民法院关于审理侵犯专利权纠纷案件应用法律若干问题的解释》第4条规定：“对于权利要求中以功能或者效果表述的技术特征，人民法院应当结合说明书和附图描述的该功能或者效果的具体实施方式及其等同的实施方式，确定该技术特征的内容。”2016年发布的《最高人民法院关于审理侵犯专利权纠纷案件应用法律若干问题的解释（二）》第8条进一步规定：“与说明书及附图记载的实现前款所称功能或者效果不可缺少的技术特征相比，被诉侵权技术方案的相应技术特征是以基本相同的手段，实现相同的功能，达到相同的效果，且本领域普通技术人员在被诉侵权行为发生时无需经过创造性劳动就能够联想到的，人民法院应当认定该相应技术特征与功能性特征相同或者等同。”可见，在侵权判定中，我国最高人民法院借鉴了美国《专利法》的经验，对权利要求中功能性特征采取了限制性解释，这样使得我国在授权、确权程序和侵权判定程序中对功能性特征采取了不同解释的立场。

总结来说，美国在行政和司法程序中对于功能性特征采用统一的解释规则，而中国在授权、确权程序和侵权判定程序中采用不同的解释方式。

美国审查中对于功能性限定权利要求的解释可以通过以下步骤确定：

1）确定功能。必须将功能性限定权利要求中的功能解释为包含在权利要求语言中的限制并且仅仅包含上述限制，不能越过权利要求的文字记载而扩大或者缩小功能的范围。说明书实施例能够较为充分地体现发明构思，因此在对功能性限定权利要求的功能确定中，需要结合说明书的具体实施例中对于功能相关内容的解释，以及具体实现方式的描述，分析具体实施例所记载的结构特征能够实现的功能加以判断。

来看一个例子。Multiform Desiccants，Inc v. Medzam，Ltd 案①中，争议焦

① Multiform Desiccants，Inc v. Medzam，Ltd，133F. 3d 1473，1479.

点主要在对权利要求1所记载的“可降解的”的理解，是应该按照辞典中的含义去解释它，还是按照本申请说明书中的记载去解释它。Multiform公司提交了技术辞典中对“可降解的”的一般定义。CAFC在判决中认为确定“可降解的”的含义，首先要从说明书出发，即权利要求作为说明书的一部分并根据说明书来对其解读，而不应凭空解释权利要求。涉案专利中的功能性描述术语“可降解的”意思为包装袋在液体中至少部分溶解并由此分解，而包装袋由于内部压力而不是溶解引起的破裂，则不应包含在该功能性描述术语下。Multiform公司在专利起诉程序中添加的辞典定义，虽然描述了“可降解的”的广义定义，但不能以此为理由来覆盖Medzam的“可降解的”包装袋而扩大权利要求的范围，据此，判定Medzam的包装袋不构成侵权。

由上述案例可知，在美局专利审查或司法程序中，对于权利要求中出现的技术术语A，即使该技术术语A在本领域有着通用的解释或者在辞典上存在通用的解释，但是如果该案的说明书中对该技术术语A存在着自己特定的解释，则应以说明书中对技术术语A的相应解释为准。

2）确定对应功能的结构；具体确定说明书中所记载的与权利要求中所涉及的功能相对应的结构，不仅要求该结构必须执行所声称的功能，而且要求说明书必须清晰地将执行该功能的结构与功能相关联。

例如在Chiuminatta Concrete Concepts v. Cardinal Indus案①中，涉案权利要求11中记载有“用于支撑混凝土表面的连接在切割机上的装置”的特征。联邦巡回上诉法院认为，涉案专利的说明书中就滑板的细节进行了大量的描述，而所述的结构大多与所述功能“支撑混凝土表面”无关。这些额外描述的结构并非法条第112（f）条所规定的所述功能的对应结构。比如说，优选实施例中，滑板的长度从导向边缘的前方一直延伸到锯片的后方，是为了减少操作中切割刃的晃动；滑板尺寸的具体选择是为了更好地支持电锯本身的重量。因此，这些结构并不是为了实现切割机用于“支撑混凝土表面”，故而不应认为是完成相应功能的装置的具体结构的限定。

3）确定对应结构的等同范围。第112（f）条还规定了“可以解释为覆盖说明书中记载的相应结构、材料或者方法以及其等同方式”，其中“覆盖及其等同方式”的规定，一定程度赋予了功能性限定权利要求相比于说明书记载实施例更为宽泛的保护范围。也就是说，第112（f）条给出了功能性限定权利要

① Chiuminatta Concrete Concepts, Inc. v. Cardinal Indus. Inc., 145 F. 3d 1303, 1309, 46 USPQ2d 1752, 1757 (Fed. Cir. 1998).

求的保护范围，并且将其保护范围扩展解释到了具体实施例的等同方式。因此，在确定功能和功能的对应结构之后，有必要判断上述结构的等同范围。

MPEP 第 2183 章给出了在审查中支持现有技术要素等同的结论的因素包括：

1）现有技术要素以基本上相同的方式执行权利要求中指出的相同功能，并且产生与说明书中公开的相应要素基本上相同的结果。

2）本领域普通技术人员能够意识到现有技术中所示的要素与说明书中公开的相应要素的互换性。

3）现有技术要素和说明书中公开的相应要素之间没有实质性差异。

（三）功能性限定权利要求的明确性

美国《专利法》第 112（f）条指出，以“装置（步骤）加功能”限定的权利要求“应解释为覆盖说明书中描述的相应结构……及其等同方式”。如果一项权利要求采用了“装置（步骤）加功能”的限定方式，则必须在说明书中阐明充分公开的内容，以表明该限定的含义。如果申请人未能作出充分的公开，则申请人实际上没有特别指出并明确地以符合美国《专利法》第 112（b）条要求的方式要求保护其发明。

从对法院的判例梳理来看，对功能性特征导致的权利要求不明确问题，判别逻辑通常包括以下步骤：

1）判断某特征是否为功能性特征，即，是否落入第 112（f）条所述情况。

2）核查说明书中是否公开了该功能性特征的具体实施方式。

3）从本领域普通技术人员的角度出发，核查所述具体实施方式是否公开得足够充分，以使得本领域普通技术人员能够明确权利要求的保护边界。

其中，第 1）步是进入此问题的入口，所有相关争议都必须建立在其属于“功能性限定特征”的前提下（认定标准详见本章第二节第七（一）小节）。因此，几乎在所有相关判例中都会看到，首先会有确认某特征是否属于功能性限定特征的相关陈述或说明。第 2）步和第 3）步则存在一个递进的顺序问题，如果说明书中没有公开用于执行所要求保护的功能的具体实施方式，那么权利要求肯定是不明确的；如果说明书有公开具体实施方式，则仍需进一步判断其是否足够充分，因为如果描述不充分，很可能本领域普通技术人员仍不能理解该具体实施方式是什么，这种情况下同样无法明确功能性限定权利要求的保护边界。

如以下明确性判断典型判例：

Atmel Corp. v. Information Storage Devices，Inc. 案[①]中，Atmel 公司提交了一项与改进的“电荷泵”电路有关的专利，该电路能够在没有过多电流泄漏的情况下提升电压。Atmel 起诉 Information Storage Devices（以下简称 ISD）公司侵犯其专利权。涉案权利要求 1 如下：

1. 一种用于选择性地增加设置在半导体电路中的具有固有分布电容的多条导线中的一条或多条上的电压的设备，包括：

选择装置，设置在所述半导体电路上，用于选择一条或多条所述导线的装置；

高压产生装置，设置在所述半导体电路上，用于从连接到所述半导体电路的低压电源产生高压；……

本案争议焦点主要在于权利要求 1 中“高压产生装置”是否属于功能性限定特征；以及能否通过引入其他非专利文献的方式描述特定功能装置对应的具体结构，使其满足第 112（b）条的规定。

原告 Atmel 公司认为：对于本领域技术人员来说，说明书披露了足够的结构，对权利要求中的功能性限定“高压产生装置”具备限定作用。

被告 ISD 公司认为：权利要求 1 中的“高压产生装置”为功能性限定特征，但说明书自身没有披露与“高压产生装置”相对应的任何结构，因此权利要求 1 不符合第 112（b）条的规定。

地方法院认为：首先，“高压产生装置”属于第 112（f）条功能性限定特征的范畴，且双方对此达成了共识。其次，说明书中与该功能性限定相关的结构描述为：“本发明可以包括高压发生器电路 34。已知的电路技术可被用于高压发生器电路 34，参见 On – Chip High Voltage Generation in NMOS Integrated Circuits Using an Improved Voltage Multiplier Technique，《IEEE Journal of Solid State Circuits》，第 SC – 11 卷，第 3 期，1976 年 6 月”（以下简称 Dickson 文献），除此之外，说明书中没有再提供有关哪些电子元件可构成该电路的详细信息。MPEP（第 4 版，第 8 版，1981 年）中规定：支持权利要求所必需的基本材料不能以引用方式并入非专利出版物。因此，引用的 Dickson 文献不能被视为对高压产生装置相对应结构的解释，由于“高压产生装置”的结构不确定，该权利要求不符合第 112（b）条的规定。地方法院驳回了原告 Atmel 公司的侵

① Atmel Corp. v. Information Storage Devices，Inc.，198 F. 3d 1374，1381，USPQ2d 1225，1230 (Fed. Cir. 1999).

权诉讼请求。Atmel就地方法院的判决向CAFC提出上诉。

CAFC在判决中认为：地方法院认为法定要求只有参照说明书中披露的结构，才能明确与高压装置限定相对应的结构是正确的。但是，地方法院没有进一步考虑根据本领域普通技术人员的知识，说明书中已公开了与高压装置限定相对应的足够结构。就第112（f）条而言，它提出了一个简单的要求，即交换条件，为了获得权利要求中所对应特定功能的装置，说明书中需记载该特定功能相对应的结构，以便人们可以容易地确定权利要求的含义及其特定功能。就本案而言，说明书中明确引用Dickson文献说明其高压产生装置可以是高压发生器电路34，对此，虽然在说明书中并未记载Dickson文献中电路的具体结构，但如同Atmel提供的本领域专家证词表明，仅依据该Dickson文献的标题"On-Chip High Voltage Generation in NMOS Integrated Circuits Using an Improved Voltage Multiplier Technique"，本领域普通技术人员就已经足以知道该高压发生器电路的结构。基于此，CAFC撤销了地方法院的判决。

可见，在判断功能性限定特征是否明确时，需从本领域普通技术人员的角度出发，核查说明书所记载的对应特定功能的具体实施方式是否足够充分，以使得本领域普通技术人员能够明确保护边界。判断过程的关键在于：本领域技术人员依据说明书的记载，是否能够明确对应实现特定功能的结构是什么样的，而不在于实施例的描述形式。正如本案中，虽然说明书没有实施方式的详细展开描述，但是其通过引入非专利文献的方式，本领域技术人员仅由非专利文献的标题即能够得到一种确切的结构，因此，权利要求符合第112（b）条的规定。

类似的纠纷不太会存在于我局专利审查中。这是因为，首先，在我国专利制度下，功能性描述本来就不存在"不清楚"的问题；其次，说明书已给出了非专利文献告知如何实现该功能，也就是说本领域技术人员在阅读说明书后能够实现该功能，因此说明书公开也是充分的。

（四）功能性限定权利要求的支持性

根据美国《专利法》第112（f）条的规定，说明书中必须描述有足够的结构以支持"装置（步骤）加功能"限定，这样才能在解释时找到说明书中对应的具体结构、材料或动作及其等同物，才能够确定该权利要求的保护范围。

说明书相关内容的充分公开，是权利要求保护范围明确的前提。如果说明书中未描述有足够的结构、材料或动作以支持"装置（步骤）加功能"限定，那么该权利要求不符合第112（b）条的规定。同时，在这种情况下，因为一个不明确的、无边界的功能性限定可以包含完成某个功能的所有方式，也预示着发明人没有提供充分的公开以证明其拥有该发明，也可能权利要求不符合第112（a）条关于书面描述和可实施性的要求。

对于一般领域的案件，在权利要求中涉及“装置（步骤）加功能”限定时，判定其能够得到说明书的支持需要考虑以下原则：

1）相应的结构必须由说明书自身公开，并使本领域技术人员能够理解说明书中的哪些结构用于执行所陈述的功能。

2）所公开的结构、材料或动作需与功能清楚地关联。只有当说明书清楚地将该结构与权利要求中记载的功能联系或关联时，说明书中公开的结构才是“对应”结构。

3）在说明书中仅复述功能而没有更多描述实现功能的装置，也可能不满足第112（a）条所规定的充分的书面描述。

下面结合 Med. Instrumentation & Diagnostics Corp. v. Elekta AB 案对上述原则进行说明。该案涉及地方法院对 Elekta 产品判定侵权后，Elekta 向 CAFC 提起上诉。案件争辩焦点就在于对权利要求中功能性限定特征“用于将所述多个图像转换成选定格式的装置”的解释，即其功能的确定及所对应的结构的确定。

地方法院将“用于将所述多个图像转换为选定格式的装置”的功能解释为将多个获取的图像转换为特定的选定数字格式，并认为该功能相对应的结构是基于 VME 总线的图像采集卡、计算机视频处理器（以下简称 CVP）和“本领域技术人员已知的用于将数字转换为数字的软件程序”。据此，Elekta 的产品侵犯了 Med. Instrumentation & Diagnostics Corp. （以下简称 MIDCO）的专利权。

被告 Elekta 认为：专利公开中涉及图像转换功能的唯一结构为图像采集卡（帧捕获器）和 CVP，而图像采集卡和 CVP 都只执行将模拟数据转换为选定的数字格式的功能，即其实现的是模数转换。虽然某些类型的软件确实在说明书中公开，但此类软件显然是与其他功能相关联，例如“处理图像的手段”，因此，地方法院将用于数字到数字转换的软件认定为相应的结构是错误的。

CAFC 在判决中认为：对于功能性限定技术特征，第一步是识别特定权利要求的功能，第二步是查找并确定说明书中与该功能所对应的结构，且在第二步中，“只有当说明书或申请历史清楚地将该结构与权利要求中记载的功能联系或关联时，说明书中公开的结构才是‘对应’结构”。针对本案，地方法院表示，由于在提交申请时本领域技术人员已知用于执行这些转换的技术，因此本领域技术人员将理解软件是转换功能的相应结构。然而，CAFC 认为，功能性特征正确的调查应是查看专利的公开内容，并确定本领域技术人员是否会理解该公开内容包含用于数字到数字转换的软件并能够实施这样的程序。即重要的是确定本领域技术人员是否会理解说明书本身已公开结构，而不仅仅是该领域技术人员是否能够实现该结构。

就本案而言，专利的说明书中没有明确地将已知软件与转换功能联系起来。即使本领域的技术人员知道软件能够执行“将图像转换为选定格式”的功能，但专利中没有任何内容表明必须是这样的结构执行本发明的功能。

除了说明书中没有明确将软件与图像转换功能联系或关联，起诉历史中也没有提供相关联系。唯一与转换功能明确相关的两个结构是帧捕获器和CVP。由于MIDCO承认被诉设备不包含这些结构或其等同物，因此撤销了地方法院的侵权判决。

从上述判决过程我们可以知晓，首先，在美局专利审查中，与功能相对应的结构应是在说明书中有明确记载的内容，并不能以申请日本领域技术人员能够实现的常规技术手段来作为实现所述功能的“对应”结构；其次，只有在说明书中明确表达某结构与功能相关联时，才会认为该结构为“对应”结构，不能将说明书中记载的用于实现其他功能的结构扩展认为其能够实现某一功能。相比之下，在中国专利制度下，并不要求功能相对应的结构一定在说明书中有明确的记载，申请日之前本领域技术人员能够实现所述功能的常规技术手段也可视为权利要求的覆盖范围。

第三节　小　　结

本章重点针对欧美关于权利要求书除新颖性、创造性、实用性要求以外的其他实质性要求进行梳理解读，并结合欧洲专利局上诉委员会、美国联邦巡回上诉法院等真实判例分析，深入解析了欧洲和美国专利审查制度中，对于权利要求书的其他实质性要求方面的具体规定。

具体来看，在权利要求的解释方面，欧洲专利局采取与我国一致的折中立场，规定了专利权的保护范围应由权利要求记载的内容进行确定，说明书及附图可用于解释权利要求的范围，但应当注意在新颖性、创造性或清楚性审查过程中限制解释的情形。美国专利商标局和法院对权利要求的解释则持不同原则，在专利审查期间对权利要求作最宽泛合理解释，而在司法程序中则依据充分形成的审查档案进行解释。

欧美两局对于权利要求的解释，最大差异在于对方法限定产品权利要求和功能性特征限定解释的规定。欧洲专利局对于方法限定的产品权利要求持绝对保护的立场，不受其制造方式的限制。而美局采取与我局类似的折中立场，即认为方法特征在确定产品权利要求的保护范围时应当予以考虑，但其实际的限定作用取决于对所要求保护的产品本身带来何种影响。对于功能性特征的使用，欧洲专利局规定权利要求可以包含功能性特征，并覆盖实现其功能的所有方式。而美国专利商标局中则是围绕功能性限定，设立了若干限制性的审查规则、司法解释和判例法，形成了一套具有特色的详细完整的判断解释方法，其核心要义在于功能性限定的权利要求应解释为涵盖了说明书记载的相应的结构、材料或者动作及其等同方式。

在清楚性要求方面，相比于我国专利法，欧洲专利制度中的“清楚性”是一种更宽泛的概念，其内涵延伸到了我国专利法不简要、缺少必要技术特征，以及不支持的部分情形，例如欧洲专利局更多关注不简要的情形或程度是否导致了难以确定权利要求请求保护的主题；权利要求与说明书之间记载不一致，可以从对保护范围存疑的角度质疑清楚性。美国专利法对于权利要求明确性的要求与我国清楚性法条适用范围相一致，均是用于确保授权的权利要求范围准确清楚。在明确性的判断上，美局专利审查中采取最宽泛合理解释、站位所属领域普通技术人员的审查原则进行判断。

在支持性要求方面，欧洲专利局规定每一项权利要求的主题必须在说明书中找到依据，并且权利要求的保护范围不能比由说明书和附图公开的内容及其对现有技术作出的贡献所应当获得的范围更宽，这与我国不支持条款的立法本意基本一致。而在美国专利审查制度中，并未对支持性要求进行明文规定，而是通过美国《专利法》第112（a）条、《专利法实施细则》第1.75（d）条规定了权利要求与说明书之间应当满足的“书面描述”、“能够实施”和“一致性”关系，其实质上仍然是在描述权利要求和说明书之间应当具有的“权利－贡献相匹配”的约束关系。

在记载必要技术特征方面，区别于我国对必要技术特征单独设立细则条款的形式，欧洲专利局仅在其审查指南中，将缺少必要特征作为缺乏清楚性的一类典型情形进行规定，并认为缺少必要特征必然导致权利要求在发明解决技术问题意义层面的不清楚。而在美局审查中，对于权利要求缺乏体现发明构思或声称解决其技术问题的关键特征的专利申请，可依据不符合美国《专利法》第112（a）条可实施性、书面描述和/或不符合第112（b）条明确性的规定而拒绝，其与我局对权利要求完整性的本质要求是一致的，仅是法条应用的不同。

综上可见，在欧美两局专利审查制度中，权利要求除了需满足新颖性、创造性和实用性等可专利性要求外，还应当准确、合理和完整地界定出专利寻求保护的范围。为满足上述要求，欧美专利审查制度中同样关注权利要求在清楚简要、支持以及记载必要技术特征三个层面的实质性要求，尽管欧美两局对于三个层面的要求在具体条文规定、法条适用、适用情形、权利要求解读等方面存在差异，但其根本目的仍在于确保授予专利权的保护范围独占边界清晰、与技术贡献相匹配以及在解决技术问题意义上的完整性，这也与我国专利法对权利要求应当清楚简要、支持以及记载必要技术特征的要求和立法本意基本一致。

第七章　关于申请文件的修改

在专利审查程序中，对申请文件进行修改是申请人的一项权利，是其改正文件缺陷、满足授权条件、调整专利申请保护范围的重要途径。然而，任何权利的行使都需要在一定的约束下进行，严格的修改限制将对申请文件的撰写提出更高的要求，而宽松的修改限制轻则影响专利申请的审查效率，重则将损害公众的利益。

本章将介绍欧洲、美国在专利审查程序中对申请文件的修改要求，包括修改的时机、修改涉及的法律法规，同时与我国申请文件的修改制度进行对照，并结合经典判例对权利要求、说明书和附图修改的合理性进行深入剖析，以加强读者对申请文件修改规定的理解和掌握。

第一节　欧　　洲

一、概述

（一）修改的时机及要求

1. 收到第一次审查意见通知书前的修改

欧洲专利申请由于检索和审查是分两个阶段来完成的，[①] 检索报告一般在公布之前完成，并随专利申请同时公布。对于直接在欧洲专利局提交（非通过PCT途径）的欧洲专利申请，出于避免因申请人主动修改而对专利审查部门的检索工作产生影响的考虑，《欧洲专利公约实施细则》第137（1）条规定，除非应受理部门的要求克服明显缺陷，否则，申请人不能在收到欧洲检索报告前

① 具体参见第九章第一节第一小节。

进行主动修改。①

而在收到欧洲检索报告和检索意见后，申请人必须对检索意见作出回应，此时可以主动修改说明书、权利要求书和附图，也可以提出对检索意见的反对意见，所述修改和对检索意见的回复需要在规定的期限内提交。

2. 收到第一次审查意见通知书后的修改

《欧洲专利公约实施细则》第137（2）条规定，在收到审查部门在审查程序中的第一次审查意见通知书后，申请人在答复期限内可以有一次机会根据自己的意愿修改说明书、权利要求书和附图。②《欧洲专利公约实施细则》第137（3）条还规定，未经审查部门同意，不得再作任何修改。③ 也就是说，在收到针对第一次审查意见通知书的修改后，审查部门可自行决定是否接受申请人提出的进一步修改，若未经审查部门同意，在已经进行一次修改后，申请人不得进一步修改。而此处审查部门是否同意的考量，包括进一步的修改是否是克服公开不充分，或者修改超范围、权利要求缺少必要技术特征或者其他可能影响程序效率的缺陷，也即是只有不会明显延迟授予专利的修改才会被允许。

与我局的要求不同，欧洲专利局对于收到第一次审查意见通知书后的修改没有明确要求必须针对克服通知书中指出的缺陷而进行，因此这种修改的自由度相对比较大。但是，欧洲专利局也限定了这种修改的次数有且仅有一次，后续是否能够修改，需要审查员的同意，这也赋予了审查员一定的裁量权以确保通过更少的审查意见通知书来实现高效结案。

此外，《欧洲专利公约实施细则》第137（4）条规定，上述修改必须要将修改的内容进行标记，且需要说明修改的依据。④

3. 异议过程中的修改

《欧洲专利公约》第99条规定，在欧洲专利授权公布后9个月内可以提出

---

① Rule 137 Amendment of the European patent application. (1) Before receiving the European search report, the applicant may not amend the description, claims or drawings of a European patent application unless otherwise provided.

② Rule 137 Amendment of the European patent application. (2) Together with any comments, corrections or amendments made in response to communications by the European Patent Office under Rule 70a, paragraph 1 or 2, or Rule 161, paragraph 1, the applicant may amend the description, claims and drawings of his own volition.

③ Rule 137 Amendment of the European patent application. (3) No further amendment may be made without the consent of the Examining Division.

④ Rule 137 Amendment of the European patent application. (4) When filing any amendments referred to in paragraphs 1 to 3, the applicant shall identify them and indicate the basis for them in the application as filed. If the Examining Division notes a failure to meet either requirement, it may request the correction of this deficiency within a period of one month.

异议。[①] 异议人具体可根据《欧洲专利公约》第100条[②]中规定的就权利要求不具有可专利性、发明未充分公开、修改超出了原始公开范围来提出异议，专利权人可以在不作修改的情况下进行答辩，也可以对授权专利进行修改，但需注意的是，在异议过程中作出的修改，除需满足不得超出授权专利的保护范围的要求以外，修改必须是为了克服《欧洲专利公约》第100条的异议理由才能被接受。如果仅仅在已获授权的权利要求的基础上增加新的权利要求，这种修改方式并非是为了克服异议理由，则将不被接受。此外，当专利权人针对异议理由对专利进行修改，且异议部门认为修改后的专利申请可以维持其专利权时，允许出现与异议理由无关的例如澄清或对文件中明显错误的更正的修改，而若专利权人没有针对异议理由提出修改，此时其将不得作出任何其他修改，但是允许对出版错误或者特殊格式/编辑错误等问题进行修改。

（二）修改涉及的法律规定

在上述法律规定的时机中针对申请文件的修改将被欧洲专利局所接受，但最终这种修改是否被允许还需结合相应法律法规进一步判断。

现行《欧洲专利公约》（2020年11月第17版）第123（1）条至第123（3）条规定：[③]

（1）欧洲专利申请在结案之前的过程中可以被修改。在任何情况下，申请人都应当被允许至少有一次根据其自身意愿修改其说明书、权利要求书和附图的机会。

---

① EPC Article 99 Opposition.

（1）Within nine months of the publication of the mention of the grant of the European patent in the European Patent Bulletin, any person may give notice to the European Patent Office of opposition to that patent, in accordance with the Implementing Regulations. Notice of opposition shall not be deemed to have been filed until the opposition fee has been paid.

② EPC Article 100 Opposition. Opposition may only be filed on the grounds that:（a）the subject – matter of the European patent is not patentable under Articles 52 to 57;（b）the European patent does not disclose the invention in a manner sufficiently clear and complete for it to be carried out by a person skilled in the art;（c）the subject – matter of the European patent extends beyond the content of the application as filed, or, if the patent was granted on a divisional application or on a new application filed under Article 61, beyond the content of the earlier application as filed.

③ EPC Article 123 Amendments.（1）The European patent application or European patent may be amended in proceedings before the European Patent Office, in accordance with the Implementing Regulations. In any event, the applicant shall be given at least one opportunity to amend the application of his own volition.（2）The European patent application or European patent may not be amended in such a way that it contains subject – matter which extends beyond the content of the application as filed.（3）The European patent may not be amended in such a way as to extend the protection it confers.

(2) 对欧洲专利申请或欧洲专利的修改不得使其包含超出原始申请内容的主题。

(3) 欧洲专利的权利要求在异议过程中的修改不得超出授权权利要求的保护范围。

其中，第123（1）条视为对于修改时机以及允许修改所针对的文本规定；而第123（2）条和第123（3）条则规定了修改不能超出一定的范围，其中第123（2）条规定整个修改过程中不能超出原始申请主题，其立法宗旨在于，不应允许申请人通过增加未在原申请中公开的主题的方式来改善其法律地位，因为这会使得申请人获得其在原始申请文件中没有披露甚至在原始申请日还没有发明的事物的保护，而这将给其带来不当获利，并可能损害第三方公众的利益。而第123（3）条则侧重于在异议程序中修改不能超出授权权利要求的保护范围，其旨在禁止任何对已授权专利的权利要求保护范围的扩大（即使在原始申请文件中是存在这种修改基础的），从而保护第三方的利益。例如，防止在程序上出现由授权后作出的修改而导致本未对已授权的专利构成侵权的行为变成了侵权行为，这与我局在专利确权阶段允许的修改方式的立法本意是一致的。这两款法条也充分体现出专利法在鼓励创新的基础上，尽量平衡申请人与社会公众利益的立法宗旨。

关于第123（2）条，《EPO 审查指南》第 H 部分第Ⅳ章第 2.1 节也给出了判断的基本原则：如果在考虑了对于所属领域的技术人员而言隐含的信息后，申请内容的整体变化（包括增加、修改或删除的方式）致使所属领域的技术人员得到了无法由原申请记载的信息“直接地、毫无疑义地”得到的信息，则这种修改就应当被视为超出了原始申请内容的主题。对于上述基本原则，《欧洲专利局上诉委员会判例法》则进一步通过实际判例进行了补充：首先，修改是否超范围的参考标准是原始申请内容，而原始申请内容则包括说明书、权利要求书和附图，不包括摘要，也不包括优先权文件，且隐含公开的主题也是原始申请内容的一部分，所有修改只能在本领域技术人员从原始申请内容整体中得到的范围内进行；同时，需要将本领域技术人员“直接地、毫无疑义地”得到的信息，与对于本领域技术人员而言是“显而易见”的信息进行区分，因为对于本领域技术人员而言是“显而易见”的信息不属于原始申请明确或隐含的公开。

相比之下，在确定了第123（2）条的判断准则后，第123（3）条的判断则要简单得多，其比较所针对的对象是非常明确的，即将异议修改的权利要求与授权时的权利要求相比较，判断前者是否相较于后者存在保护范围的扩大。

如果是，则违反了该条款的规定。需注意的是，由于权利要求的保护范围由权利要求书决定，而说明书和附图用于解释权利要求，因此，对说明书和附图的修改也将影响权利要求的解释，并可能因此导致权利要求保护范围的扩大。因此，除了对权利要求进行对比以外，还需要关注说明书和附图的修改是否会影响权利要求的保护范围。此外，由于第 123（2）条是针对所有修改的要求，因此，对于异议阶段提交的修改，需要同时审查修改是否符合第 123（2）条以及第 123（3）条的规定。《EPO 审查指南》第 H 部分第Ⅳ章第 3.5 节指出，对于第 123（2）条以及第 123（3）条，二者有时候会存在冲突，当一个专利申请在授权前的程序中增加了违反第 123（2）条的特征，在异议程序中，基于《欧洲专利公约》第 123（2）条的要求，需要将该特征删除。然而，其删除后将扩大权利要求的保护范围，这又不符合《欧洲专利公约》第 123（3）条的规定，此时，该专利将根据《欧洲专利公约》第 100（c）条①予以反对。但是如果存在这样一种情形，之前引起专利申请超范围的特征在原始申请中可以确定唯一的修改方式，而修改后的权利要求的保护范围也没有扩大，则可以允许以这种方式对权利要求进行修改。

二、对权利要求书的修改

权利要求书限定了专利申请的保护范围，针对权利要求书的修改是最常见的修改情形。本节将通过欧洲专利局上诉委员会的多个判例，对针对权利要求修改的合理性进行判断，从而进一步把握《欧洲专利公约》第 123（2）条中“直接地、毫无疑义地”得到的本质内涵。

（一）扩大权利要求的保护范围

扩大权利要求的保护范围是比较普遍的一种修改方式，其常见于申请人/发明人根据审查部门的评述可能发现相较于现有技术，专利申请文件的保护范围限定得过于具体从而损害了自身利益的时候。以下将对删除技术特征、上位概括这两种常见的扩大权利要求保护范围的方式进行介绍。

1. 通过删除技术特征来扩大权利要求的保护范围

判例 T 396/95 请求保护一种水碳酸化系统，权利要求对该系统的结构进行保护，但除了主题以外，没有其他特征能够体现“碳酸化”。说明书中记载本

---

① EPC Article 100 Grounds for opposition. Opposition may only be filed on the grounds that：（c）the subject－matter of the European patent extends beyond the content of the application as filed，or，if the patent was granted on a divisional application or on a new application filed under Article 61，beyond the content of the earlier application as filed.

发明涉及用于混合和分配冷冻碳酸饮料的自动售货机，发明点在于该系统用于更有效地将气体与水进行混合并冷却所得饮料。

申请人将权利要求主题修改为“冷冻饮料系统”，由于原权利要求附加技术特征本身能够体现出“冷冻饮料”的结构，因此，对比修改前后，权利要求的保护范围相当于删除了技术特征“碳酸化”。对此，审查员以删除的“碳酸化”这一特征是本申请的必要技术特征，因此删除必要技术特征扩大了权利要求的保护范围为由将其驳回。申请人提起上诉，并认为，本发明的一个主要目标是实现对冷却方式的改进，此时“碳酸化”并非必须包含的技术特征，且从说明书中找不到将“碳酸化”认定为本发明必须具有的技术特征的解释，此外，任何原始权利要求只是申请人第一次试图提出合理的保护范围，如果认为某一特征对本发明的要解决的技术问题并非必不可少时，则可以将其删除。

对此，欧洲专利局上诉委员会认为，基于该案说明书的记载，本发明的发明点在于改进现有的水碳酸化系统以将水与碳酸气体混合同时冷却混合后的饮料，从而有效地生产冷冻的碳酸水。由此可知，“碳酸化”涉及发明要解决的技术问题，是发明的必要技术特征。根据《EPO 审查指南》第 H 部分第Ⅴ章第 3.1 节规定，本领域技术人员能够直接并毫无疑义地确定以下情形的，从权利要求中替换或删除特征不违反《欧洲专利公约》第 123（2）条的规定：1）该特征在所公开的内容中未被解释为至关重要的；2）从发明要解决的技术问题来看，该特征对于本发明的功能而言并非不可缺少的；3）该替换或删除不需要对其他特征进行修正以弥补这种变化。而本案中至少第 2）项标准无法满足，因此，删除“碳酸化”是不允许的。

上述《EPO 审查指南》对于通过删除或替换权利要求特征是否会违反《欧洲专利公约》第 123（2）条所给出的三个判断步骤也被称为“三点测试”。对于前两点，其与我局的做法非常接近，我局也将“从独立权利要求中删除在原申请中明确认定为发明的必要技术特征的那些特征，即将原说明书中始终作为发明的必要技术特征加以描述的那些技术特征删除”认定为“不允许的删除”。而“三点测试”中的第三点则是欧洲专利局特有的判断步骤，其考虑了特征之间的关联变化。如何准确掌握该点，下面以判例 T 775/07 为例进行说明。

判例 T 775/07 涉及一种“免手持纸巾分配器”，原始权利要求中包括“一种免手持纸巾分配器，其包括：……（c）分配装置，用于当传感装置检测到物体时分配预定长度的毛巾；（d）用于为所述分配装置供电的电源；（e）控制分配器操作的控制电路，在纸巾分配循环之间提供延迟，并控制纸巾的预定长度；（f）用于给所述控制电路供电的太阳能电池板”。申请人将原始权利要求 1 中的“（f）用于给所述控制电路供电的太阳能电池板”删除，并陈述本案要解决的技术问题是避免干扰而非如何向控制电路供应能量，这与删除的特征无关，且由于本案中分配器已经配备了供电的电源，因此，对于本领域技术人员而言，控制电路可以由该供电的电源进行供电。

审查员以该案修改超范围为由作出驳回决定，申请人提起上诉。欧洲专利局上诉委员会认为，本申请中没有公开为控制电路进行供电的其他替代电源，按照申请人陈述的，如果删除了为控制电路供电的太阳能电池板，则需要修改特征“（d）用于为所述分配装置供电的电源”，因为在没有太阳能电池板的情况下，该电源还要被用来替换太阳能电池板。即便如此，这对于本领域技术人员而言也不是在考虑隐含内容的基础上可以从原始申请文件中“直接地、毫无疑义地”推导出的内容。因此，本案将“（f）用于给所述控制电路供电的太阳能电池板”删除，至少不符合《EPO 审查指南》规定的第 3）种情形：该替换或删除不需要对其他特征进行修正以弥补这种变化。

从上述两个案例中可以看出，欧洲专利局允许通过删除特征以获得较大的权利要求保护范围，只有当删除的特征在原始申请中被解释为必要技术特征，或者删除的特征对于发明要解决的技术问题而言是必要的，抑或者删除或替换某个特征后需要对其他特征进行修正以弥补这种变化，这样的删除才是被《欧洲专利公约》所禁止的。整体上来说，关于特征的删除是否导致超范围，虽然欧洲专利局和我局一样用词都是“直接地、毫无疑义地确定”，但是实际操作层面的尺度要宽松得多，这一点国内申请主体要特别注意。

此外，欧洲专利局所独有的第 3）个判断步骤，需要判断的实质上是各技术特征之间是否具备关联性，删除了一个特征是否会对另一个特征造成影响，而对另一个特征造成的这种影响需要其产生什么样的变化来适应这种影响才能解决其技术问题、实现其技术效果，这种变化是否“直接地、毫无疑义地”记载到了原始申请文件中。如果是，才符合该步骤的要求。而如果技术特征之间没有一定的关联性，那么只要能够确定删除某特征后的那些特征的组合能够解决其技术问题，则允许删除该特征。

此外，若删除特征是为了澄清/去除不一致的情形，即是说，删除的内容实质上是一种撰写申请时造成的缺陷，并且这种缺陷对于本领域技术人员而言是明确的，那么这种删除导致权利要求的保护范围扩大的情形也是允许的。

2. 通过上位概括来扩大权利要求的保护范围

上位概括主要是申请人为了获得更大的保护范围，对说明书实施例中记载的内容经过一定程度的概括得到的新的技术方案。对于上位概括的修改，可以视作权利要求的保护范围除了包含原始记载的特征，还包括了上位概括引入的其他特征。

欧洲专利局认为，当概括性表述隐含地引入了具体特征而这些特征又不是原始公开的具体特征时，由宽的概括表述替代发明中公开的具体特征应该被认定是不允许的修改。如判例 T 653/03 中，申请人将原始权利要求的“柴油发动机”修改为“内燃发动机”，对于原权利要求，这种上位概括引入的其他特征就是除“柴油发动机”以外的其他“内燃发动机”，例如汽油发动机。然而，该案原始说明书的背景技术中仅提及“柴油发动机”，整个方案要解决的技术问题也是“柴油发动机的废气净化”问题，因此，对适用于任何类型内燃发动机的方法的概括不能“直接地、毫无疑义地”从最初的申请中推断出来，这种上位概括修改就不被允许。

（二）缩小权利要求的保护范围

在审查实践中，为克服权利要求不满足新颖性、创造性的缺陷，对权利要求的保护范围进行一定程度的限缩是最常见的修改方式。

1. 中位概括式修改

《EPO 审查指南》中提出了中位概括式修改的概念，即从原始公开的特征组合中抽离出一些特征并用它来对权利要求进行进一步限定。且指出，只有当这些特征之间不存在结构和功能上的关联——可以理解为相互独立或者并列时，才允许进行这种修改。

上诉委员会判例 T 0201/83 的原始权利要求请求保护一种含有 1 ~ 80 ppm 镁和 100 ~ 900 ppm 钙的铅合金，申请人根据其中一个特定铅合金实施例“含 690 ppm 钙、20 ppm 镁”将原始权利要求中的钙含量修改为 690 ~ 900 ppm。该案争议焦点在于申请人仅从一个特定实施例中选取了钙的一个端点，而没有考虑实施例中与之适配的镁的含量，组合后得到的这种镁、钙含量的铅合金是否超出了原始申请的范围。欧洲专利局上诉委员会对此认为：本案中为了防止电池铅中的钙含量由于被氧化而降低，从而加入微量镁来抑制钙的氧化，但根据说明书的记载，镁的含量也不宜过多，否则会降低合金的耐腐蚀性；说明书中列举的多种镁含量和钙含量的组合，得不出镁和钙之间存在直接关系（例如，更多的钙需要更多的镁），钙的实际含量并非严格地与特定的镁含量挂钩。由此可知，本案中钙的特定含量的选择并不会限制镁的含量的选择，二者并非相互依存的关系，因此，只要钙的特定含量的选择和镁的含量的选择都记载在了原始申请文件中，那么，新组合后的权利要求就没有超出原始申请的范围。

由上述案例可知，对于中位概括，当从一个特定实施例取出一个特征来加入权利要求中时，必须确保：1）该特征与实施例中的其他特征不相关；2）说明书整体公开的内容支持将该特征视作独立的特征引入权利要求中。我局虽然没有中位概括的概念，但在“不允许的修改”中规定了“将原申请文件中的几个分离的特征，改变成一种新的组合，而原申请文件没有明确提及这些分离的特征彼此间的关联”是不允许的。由此也可以看出，对于这种技术特征重组式的修改方式，需要考虑各个特征之间的关联性，如果各个特征之间没有技术上的关联，且说明书整体公开的内容也不排斥这种组合方式，则这种重组可以视为是一种特征的简单叠加，是允许的；反之则不允许。

2. 从附图获取的特征增加到权利要求中

与我局的审查标准一样，欧洲专利局认为，附图公开的内容也是原始申请文件公开内容的一部分，因此允许将从附图中获取的特征增加到权利要求书中，但前提条件是这些特征是本领域技术人员能够从附图中直接地、毫无疑义地得到。

《EPO 审查指南》第 H 部分第Ⅴ章第 6 节中明确表示，仅用于对本发明的主题的原理给出示意性解释而不是对发明的每一个细节都进行表示的图，从中无法得出本发明中将未图示的特征进行了排除。

例如判例 T 170/87，其请求保护一种“热气体冷却器”，附图中未显示出该装置中包含嵌入式元件，为将本案与审查部门提供的现有技术进行区分，申请人将“不含嵌入式元件”这一特征补入权利要求中。对此，欧洲专利局上诉委员会认为，本案中的附图仅是一种示意图，其不会将发明的每一个细节都体现在图中，因此，尽管的确从附图中看不出来冷却器中含有嵌入式元件，但是，本领域技术人员从中也无法得出公开的附图中有目的地排除了未被表示出来的特征的结论，因此，“不含嵌入式元件”不属于附图明确公开的内容，将其增加到权利要求书中将导致修改超出原始申请记载的范围。

上述判例可以理解为对附图公开内容的认定要结合申请人的意图进行合理的推论。与此类似地，附图中展示出的一些部件、布局可能仅是一种偶然性的公开。对于这种偶然性的公开，本领域技术人员不能仅关注附图中的内容，还需要结合说明书的记载来判断，这种可能偶然性的公开是否是为了解决相应的技术问题而进行的有目的的设置。如果是，则可以将其增加到权利要求书中，否则增加到权利要求书中将导致修改超出原始申请记载的范围。

例如，在权利要求书和说明书都未包含关于车辆发动机位置的任何信息的申请中，从附图中看出车辆发动机高度的大约三分之二位于与车轮顶部相切的平面之下，此时，使用“发动机高度的主要部分”来定义主要部分位于给定高度之下的修改将导致修改超出原始申请记载的范围，除非本领域技术人员能够结合说明书的上下文推导出发动机相对于车轮的这种空间布局是为了解决技术问题而特意采取的措施，而非一种偶然性的公开。

此外，是否能从附图中得出具体的尺寸比例还需要视具体情况而言。当附图中示出了具体的比例尺、单位等，那么具体的尺寸可以从中得到，而当附图中没有示出任何尺寸比例时，绝对的长度、角度等参数就无法直接地、毫无疑义地确定。

(三) 参数范围的修改

专利申请中不可避免地会涉及参数范围，且参数范围也常作为权利要求的特征对其保护范围进行限定。对于参数范围的修改，其包括以下两种特殊情形：

1. 通过组合所公开的范围的端点来形成范围

欧洲专利局上诉委员会在判例 T 925/08 中认为，当原始申请中既记载了一般范围，又记载了相对较窄的优选范围，那么位于优选范围两侧并且被包含于一般范围内的范围组合是能够从原始申请文件中直接地、毫无疑义地得到的。例如，原始申请文件公开了一般范围 30% ~60%，以及较窄的优选范围 35% ~50%，那么，可以认为 30% ~35%、50% ~60%、30% ~50%、35% ~60% 这些范围都能够从原始申请中得到。这与我局相关规定实质一致。

2. 从实施例中采集孤立值形成的范围

针对参数范围的修改还存在一类特殊情形，即从一个孤立参数值扩展一个范围。判例 T 526/92 中，原始申请仅提及 235 是总碱值的最低值，申请人将特征“具有至少 235 的高总碱值”加入权利要求书中。对此，欧洲专利局上诉委员会认为，原始说明书中没有任何关于总碱值范围的信息，也没有任何关于总碱值对解决技术问题的方案的贡献的任何信息，因此不能断定原始申请中提及的“235 是总碱值的最低值”意味着总碱值开始于 235 并且没有任何上限，因此这种修改方式超出了原始申请记载的范围。由此可知，对于将孤立值（即 235 这个点值）扩展至一个范围的情形，需要关注的是这个范围中的上限和下限是否分别可以从原始申请中直接、毫无疑义地确定，只要这个范围中的一个端点无法从原始申请中直接地、毫无疑义地确定，那么这种修改就将导致超范围。

三、对说明书和附图的修改

根据《欧洲专利公约》第 123（1）条的规定，申请人在专利申请结案前至少有一次修改申请文件的机会，修改的文件除了权利要求书以外，还包括说明书和附图。《EPO 审查指南》第 H 部分第Ⅴ章第 2 节和第 5 节将说明书以及附图的修改进行了如下规定：

（一）技术效果的补充

如果在原申请中明确披露了某一技术特征，但未提及或未充分提及该技术特征所能实现的效果，但本领域技术人员可以从所提交的申请中明确地推断出该技术特征的效果，那么在说明书中对于这种技术效果的补充就是允许的，其不违背《欧洲专利公约》第123（2）条对于修改不得使其包含超出原始申请内容的主题的规定。

但是，如果补充的效果无法从原始申请中明确地得出，那么这样的修改肯定是不允许的。例如，最初提出的发明涉及一种用于清洗羊毛衣物的方法，该方法包括用特定流体处理衣物，其实现了洗净衣物的效果，之后申请人在说明书中引入说明该方法还具有保护衣物免受虫害的优点的陈述，这样的修改就是不允许的。

但同时，《EPO 审查指南》第 H 部分第Ⅴ章第 2.2 节补充道：即使提交的新效果不允许补入原始说明书中，仍可对审查部门在审查时作为支持发明可专利性的证据加以考虑。

（二）补充技术资料

在申请日之后提交的任何补充技术资料，将添加到供公众查阅的档案中，这类信息不会被列入说明书原始公开的内容中，但会在说明书的封面提及以向公众提醒此类信息的存在。这个规定有两层含义：第一，申请日后允许申请人补充技术资料；第二，补充的技术资料由于是申请日后才提交的，因此将不能视为原始申请公开的内容，但是其可补充进入供公众查阅的档案中，以便对技术和本申请的审查情况进行更全面的了解。

（三）对发明解决的技术问题的修改

当申请人对权利要求进行进一步修改以克服审查部门提出的不符合创新性的审查缺陷时，申请人可能会对说明书中发明解决的技术问题进行相应修改，以更加准确地强调修改后的权利要求相对于现有技术可以解决的技术问题。欧局是允许对说明书中发明解决的技术问题进行修改的，但修改后的解决的技术问题必须是本领域技术人员从原始提交的申请中就可以明确地推断出的，否则将违背《欧洲专利公约》第123（2）条的规定。

（四）引入参考文件中的特征

在原始提交的说明书中未公开但仅在说明书中的交叉引用文件中描述的特征，一般不属于《欧洲专利公约》第123（2）条所指的原始申请的内容，但在以下特定情况下，其可视作原始申请的内容而被引入说明书中：1）原始提交的发明的描述能够让本领域技术人员意识到本案有动机对该特征进行保护；2）这些特征有助于解决本发明的技术问题；3）这些特征至少明确地被暗示是属于原始提交的说明书中的内容；4）这些特征在参考文件中可以被精确地定义和识别。

（五）优先权援引加入

《欧洲专利公约实施细则》第56（3）条规定，允许在申请的提出阶段，根据优先权文件将说明书缺失部分或附图缺失部分补充到说明书中而不改变原始申请提交的日期。但是，这仅适用于申请的提出阶段，针对的对象也是缺失的部分，在之后的程序中，这种根据优先权文件更正或修改原始申请的方式将不被允许。

第二节 美 国

一、概述

（一）修改的时机及要求

在专利申请从被受理到最终获得授权或被驳回的流程中，出于申请人主动修改的需求或者应审查部门要求的情况，申请人通常具有多次可对专利申请进行修改的机会。美国专利商标局对申请文件修改的时机进行了明确规定，且不同修改时机还对应了不同的修改要求，按照时间先后顺序，具体为：

1. 对申请文件的初步修改

在收到美国专利商标局第一次审查意见当天或之前，申请人对申请文件所作出的修改被称为初步修改。

初步修改的要求为：1）删除所有权利要求且没有提出任何新的权利要求的修改将不会被接受。2）“不适当地”干扰了第一次审查意见通知书的准备的修改将不会被接受，例如，美国专利商标局在初步修改前审查员已经投入大量时间准备通知书，如果接受修改将需要花费大量额外的时间来准备新的通知书，那么可以不接受该初步修改。3）在以下时间内提交初步修改的应该被接受：（i）自申请提交之日起3个月内；（ii）继续提起诉讼的申请日；（iii）自国际申请进入国家阶段之日起3个月内。①

① 37 CFR 1.115 preliminary amendments.

2. 针对非最终拒绝通知书（non – final rejection）的修改

在收到美国专利商标局发出的非最终拒绝通知书的修改后，申请人除了需要对非最终拒绝理由进行针对性答复外，还可对申请文件进行修改，修改包括：删除特定权利要求、提交新的权利要求或重写特定权利要求。

3. 针对最终拒绝通知书（final rejection）的修改

在收到美国专利商标局发出的最终拒绝通知书，即驳回决定后，申请人在再审程序中①仍然可对权利要求进行修改，但此时的修改非常受限制，仅限于对权利要求进行删除、得到审查员许可且不会带来需要重新检索或判断的新问题的修改。值得注意的是，美局 MPEP 第 714.13 章明确规定，此时的修改不能是对最终拒绝的权利要求进行修改，也不能通过增加权利要求的方式进行修改，更不能恢复之前已经放弃了的权利要求。

4. 针对双方复审程序（IPR）中的修改

双方复审程序是美国在 2011 年 9 月颁布的《美国发明法案》（AIA）中引入的一个新的专利无效程序，双方复审程序申请人只能基于专利和印刷出版物对专利权提出不具有新颖性或创造性的无效请求。在该阶段中，专利权人只有一次提出修改的机会，其可以对权利要求进行修改，包括：删除任何受挑战的权利要求；针对每项受挑战的权利要求，提出合理数量的替代权利要求，但是不能扩大权利要求的保护范围或引入新的主题。

5. 针对再颁专利的修改

在美国，发明专利获得授权后，若发明人发现说明书或附图由于非欺骗性失误或权利要求过宽或过窄而影响原专利的全部或部分有效性，可向美局申请重新启动对该专利的审查程序（即再颁专利程序）。美局根据发明人提交的申请，对修改后的文件再次进行审查，审查后再次授权的专利即为再颁专利。再颁专利程序为专利权人提供了修改专利申请文件的途径，克服了原专利申请文件中的缺陷，从而提高了专利价值和应用范围，但其也存在权利要求被驳回或引起法院和竞争者注意从而使专利权人在今后的专利诉讼中处于不利地位等风险。申请人在专利授权后可以随时提交主动修改，包括对权利要求、说明书、附图的修改，专利授权后两年之内的修改允许扩大权利要求书的保护范围，两年后则不允许扩大。

针对再颁专利的修改也是美局明显不同于我局的一项修改制度。我局申请人在专利获得授权之后，虽然也可以对权利要求进行修改，但仅可提交更正错误请求书对明显错误进行更正，限制非常大。

---

① 具体参见第九章第二节第五小节。

此外，MPEP 第 714 章还规定，在专利审查的任何环节，申请人对于专利申请的修改都必须符合《美国专利法实施细则》第 1. 121 条的规定，[①] 该条款规定了申请人对于申请文件修改的形式上以及实质内容上的要求，例如形式上，对修改需要提交的文件作出明确要求，且在实质内容上，要求任何修改均不得引入新事物。接下来重点介绍相关法条。

（二）修改涉及的法律规定

现行美国《专利法》（截至 2022 年 7 月）关于申请文件的修改根据修改的对象、时机的不同涉及以下几个法条：

美国《专利法》第 112（a）条（即 35 U. S. C. 112（a））规定："说明书应包含对发明及对作出和使用发明的方式和过程的书面描述，其内容应完整、清晰、简要和确切，以使本发明所属领域的技术人员或者与该发明有密切联系的人员，都能够作出和使用该发明；说明书还应公布发明人或共同发明人实施该发明的最佳方式。"[②]

从字面意义上看，该条款似乎与申请文件的修改并无关联。然而，MPEP 第 2163 章中规定：新的或经修改的权利要求如果引入了已提交的申请文件中没有支持的要素，则违反了该法条中"说明书应包含对发明的文字性描述，应使用完整、清晰、简洁、确切的术语对制造和使用发明的方式和方法作出描述"（以下称为书面描述）的要求，即是说，美国《专利法》第 112（a）条涉及特定情形的权利要求修改超范围。笔者认为，其内在逻辑在于发明人只有完成发明，才有可能获得专利排他权。如果允许修改增加新内容，则相当于允许将要求保护的技术方案修改为申请日并未完成或拥有的发明，这显然不符合公开换取保护的立法宗旨，也与第 112（a）条本质上要求在申请日及以前完成发明相违背。

此外，MPEP 第 2163 章中规定，对于新的、修改的每一个权利要求必须在原始说明书中得到"明确的""隐含的""固有的"支持。如果原始说明书没有对新的或者修改的权利要求新增的特征提供支持，或者如果申请人描述为重要或关键的要素从权利要求中被删除，则根据第 112（a）条缺乏足够的书面描述，对新的或修改的权利要求进行驳回。

美国《专利法》第 132 条（即 35 U. S. C. 132）规定[③]："任何修改不得在

① 37 CFR 1. 121 Manner of making amendments in applications.

② 关于该条款的内容主要参见第二章第二节的内容。

③ 35 U. S. C. 132 Notice of rejection; reexamination. No amendment shall introduce new matter into the disclosure of the invention.

发明公开中引入新的内容。”MPEP 第 2163.06 章中规定，如果申请人修改或试图修改申请文件的摘要、说明书或附图，如果修改的内容未在原申请文件中记载，则涉及引入新内容的问题。

这个法条的适用有两个注意事项：一是其适用于摘要、说明书和说明书附图修改，而不适用于权利要求修改引入了新内容；二是并非所有对说明书的修改导致引入新内容，就必然引用第 132 条拒绝。MPEP 第 2163.06 章还规定：如果权利要求本身未被修改，但说明书修改引入了新内容，且本领域技术人员基于该说明书的新内容对未修改的权利要求重新进行解读时有了不同的理解，即权利要求的限定受到说明书新内容的影响时，仍然应当以第 112（a）条“书面描述”要求拒绝未作修改但有了新的解释的权利要求。

美国《专利法》第 251 条（即 35 U. S. C. 251）是关于再颁专利的，其中规定①：“再颁专利不得引入新内容。”在美局对再颁专利请求进行审查时，无论是说明书还是权利要求书引入新内容，均以该法条为依据拒绝修改。

美国《专利法》第 305 条（即 35 U. S. C. 305）是关于复审程序中的修改要求，其中规定②：“在复审程序中，专利所有人将被允许对其专利提出任何修改以及提出一项或多项新的权利要求，以便将所要求的发明与现有技术区分开来，或响应对专利权利要求的可专利性不利的决定，但此时，提出的修改不允许扩大专利权利要求的范围，或不允许提出扩大专利权利要求范围的新的权利要求。”

美国《专利法》第 316（d）条（即 35 U. S. C. 316（d））是针对双方复审程序（IPR）中权利要求的修改要求，其中规定③：“（1）概括而言：在本章的

---

① 35 U. S. C. 251 Reissue of defective patents. No new matter shall be introduced into the application for reissue.

② 35 U. S. C. 305 Conduct of reexamination proceedings. In any reexamination proceeding under this chapter, the patent owner will be permitted to propose any amendment to his patent and a new claim or claims thereto, in order to distinguish the invention as claimed from the prior art cited under the provisions of section 301, or in response to a decision adverse to the patentability of a claim of a patent. No proposed amended or new claim enlarging the scope of a claim of the patent will be permitted in a reexamination proceeding under this chapter.

③ 35 U. S. C. 316 Conduct of inter partes review. （d）AMENDMENT OF THE PATENT. —

（1）IN GENERAL. —During an inter partes review instituted under this chapter, the patent owner may file 1 motion to amend the patent in 1 or more of the following ways:

（A）Cancel any challenged patent claim.

（B）For each challenged claim, propose a reasonable number of substitute claims.

（2）ADDITIONAL MOTIONS. —Additional motions to amend may be permitted upon the joint request of the petitioner and the patent owner to materially advance the settlement of a proceeding under section 317, or as permitted by regulations prescribed by the director.

（3）SCOPE OF CLAIMS. —An amendment under this subsection may not enlarge the scope of the claims of the patent or introduce new matter.

双方复审程序中，专利权人可以以如下的一种或多种方式修改权利要求：（A）删除任何受挑战的权利要求；（B）针对每项受挑战的权利要求，用合理数量权利要求代替每一个受挑战的权利要求。（2）其他提议：在请求人和专利权人为实质性推进第 317 条[①]（35 U. S. C. 317）下程序的和解而联合提出请求或者被局长所规定的规章所允许时，修改权利要求的其他提议可以被允许。（3）权利要求的范围：本节的修改不能扩大专利权利要求的保护范围或引入新的主题。"

二、对权利要求书的修改

常见的对权利要求书的修改，通常包括扩大权利要求的保护范围、缩小权利要求的保护范围、数值范围的改变等。MPEP 第 2163 章中规定，对于新的、修改的每一个权利要求必须在原始说明书中得到"明确的""隐含的""固有的"支持，否则将视为在修改后的权利要求书中引入了新内容，不符合美国《专利法》第 112（a）条（即 35 U. S. C. 112（a））对于书面描述的规定。

然而，"明确的""隐含的""固有的"似乎是一个比较模糊的概念，以下将通过多个判例进行分析，以了解美国专利商标局对于权利要求书修改是否引入新内容的判断原则。

（一）扩大权利要求的保护范围

常见的扩大权利要求的保护范围的修改方式包括删除技术特征以及技术术语上位化。删除技术特征是否会引入新内容，则需要根据该技术特征在本申请中所起的作用来具体确定。根据 MPEP 中第 2163. 05 章的规定，如果权利要求删除了申请人认定的发明的必要技术特征，则不符合书面描述的要求，属于修改超范围；若删除的是某些非必要技术特征，则不属于修改超范围的情况，除非可能涉及修改不能被接受的特殊情况。对于技术术语上位化，可通过充分描述一系列具有代表性的下位概念满足书面描述要求，但具体需要列举多少下位概念，则需具体案例具体分析，没有统一标准。

1. 通过删除必要技术特征来扩大权利要求的保护范围

以下以 Gentry Gallery，Inc v. Berkline Corp. 一案[②]说明对权利要求删除的技术特征是否属于必要技术特征，以及这种修改是否引入新内容的判断方式进行说明。

---

① 35 U. S. C. 317 Settlement. （a） IN GENERAL. —An inter partes review instituted under this chapter shall be terminated with respect to any petitioner upon the joint request of the petitioner and the patent owner, unless the Office has decided the merits of the proceeding before the request for termination is filed.

② Gentry Gallery，Inc v. Berkline Corp. ，134F. 3d 1473，45USPQ2d1498（Fed. Cir. 1998）.

Berkline公司的组合沙发在获专利权后被Gentry诉侵权，Berkline公司主张修改后获得授权的权利要求1不满足美国《专利法》第112（a）条书面描述的要求，宣告专利无效，并主张本公司产品未侵权。

具体地，该专利申请的说明书中记载“传统的组合式沙发在分段沙发的两个末端分别设置一个躺椅，躺椅由安装在端臂上的手柄控制，分离设置的两个躺椅不利于亲密交谈。本发明将两个单独控制的躺椅设置在分段沙发的同一侧，形成了更亲密的就座布置。在两个躺椅之间放置控制台，控制装置安装在控制台的顶表面或侧表面上，方便对控制躺椅的两个控制装置进行定位”。其原始申请权利要求1记载如下：

1. 一种组合沙发，包括：

一对后仰靠椅（12、14），在双人后仰靠椅组合沙发（10）中彼此以平行的位置布置……；

布置于组合沙发（10）中一对后仰靠椅（12、14）之间的控制台（24），该控制台（24）和后仰靠椅（12、14）一起构成整体结构……；

一对控制装置（36、38），每个后仰靠椅（12、14）设置一个控制装置，其安装在双人后仰靠椅组合沙发（10）中的控制台（24）上……。权利要求请求保护的组合沙发结构如图7－2－1所示。

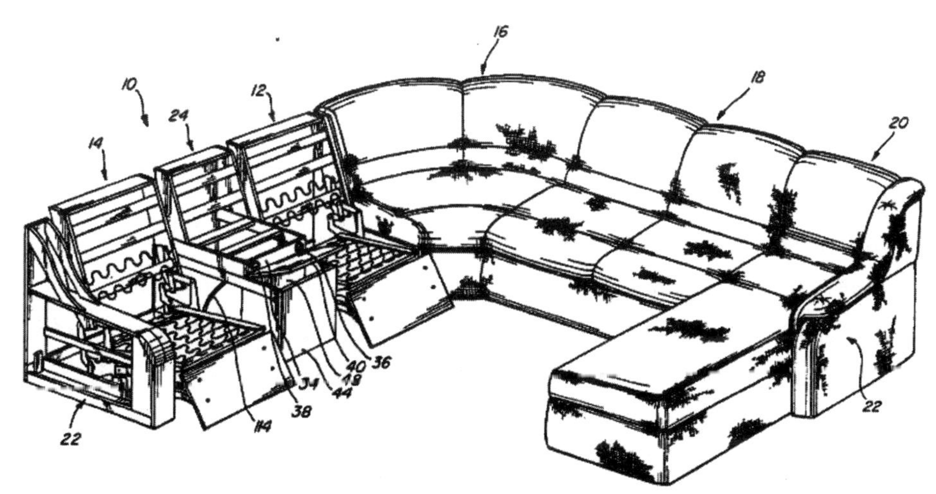

图7－2－1　组合沙发示意图

在实审中，Gentry对原始独立权利要求1进行修改，修改后的权利要求获得了授权。权利要求修改对照具体参见表7－2－1。

表7-2-1 权利要求修改对照表

修改前	修改后
一对控制装置（36、38），每个后仰靠椅（12、14）设置一个控制装置，其安装在双人后仰靠椅组合沙发（10）中的控制台（24）上……。	一对控制装置（36、38），每个后仰靠椅（12、14）设置一个控制装置，其安装在双人后仰靠椅组合沙发（10）~~中的控制台（24）~~上……。

本案的争议焦点在于，修改后的权利要求1删除了“中的控制台（24）”这一具体的位置关系，从而使得权利要求的保护范围得以扩大。修改后的权利要求1是否能够得到说明书的充分支持，即是否满足第112（a）条的规定？换句话说，说明书记载的控制装置安装于控制台上的这一种实施方式，是否支持其他安装位置？

Berkline公司主张控制器不限定在控制台上的组合沙发未在说明书中记载，修改后的权利要求1无法得到说明书的支持：1）原始记载仅描述了在控制台上设置控制器这一种实施例；2）本发明目的在于提供控制台上设置控制器对躺椅进行控制的组合沙发；3）发明人陈述通过将控制器安装在控制台上，解决了组合沙发的两个相邻躺椅的控制问题。

对此，Gentry反驳认为：控制装置位于沙发中的控制台上仅是本发明的优选实施例，修改不必局限于优选实施例，因为控制装置无论设置在何种位置，只要能够实现控制即可，因此可以修改为比优选实施方式更宽的范围，故说明书原始记载的实施例，支持控制器设置于沙发的其他位置，满足第112（a）条书面描述要求。地区法院认可该观点，Berkline公司的无效请求未得到支持，判定专利有效。Berkline公司随即向联邦巡回上诉法院提起上诉，最终该专利因不满足第112（a）条书面描述要求而被无效。

联邦巡回上诉法院认为，权利要求的范围不一定限制在专利说明书中公开的优选实施例上，一项权利要求修改后的范围，可能比说明书中披露的具体实施方案更广泛，前提是只有当本领域技术人员阅读本申请说明书后，能够得出采用具体实施方式或是其他实施方式本身并不重要的结论，才能允许删除具体限定从而得到更加宽泛的权利要求的修改方式，否则权利要求的范围将受到具体实施方式的限制。具体到本案而言，联邦巡回上诉法院认为上述修改得不到原始说明书的支持，决定性的理由为：

1）原始说明书记载了“控制装置安装在控制台的顶面或侧面上，而不是安装在控制台的前壁31上”，即说明书清楚地记载了控制台是控制装置唯一的安装位置，未记载或暗示其他位置设置方式。

2）控制装置设置在两个躺椅之间的控制台上，其目的在于方便对两个躺椅的控制，因此将控制器设置在除控制台之外的任何地方都超出了本发明方便控制两个躺椅的目的，该位置设置关系不仅是重要的，还是必不可少的特征，即控制装置设置在控制台上属于本发明为解决其技术问题设置的必要技术特征。

联邦巡回上诉法院认为，从整体上看，原始说明书限定了控制装置位于沙发中的控制台上，本领域技术人员在阅读说明书时会清楚地认为将控制装置安装在控制台上不仅是重要的，而且是发明的关键，即“控制装置位于沙发中的控制台上”属于必要技术特征。因此，从独立权利要求中删除该技术特征，得到除控制台之外的位置安装方式并未在原始请求中教导，得不到说明书的支持，不符合第 112（a）条书面描述的要求。

由此可知，基于同样的事实，地区法院和联邦巡回上诉法院作出了相反的结论。究其原因在于地区法院认为在已有的位置设置基础上，选择其他位置设置方式对本领域技术人员而言是容易想到且易于实施的，而联邦巡回上诉法院则基于本案要解决的技术问题，基于本领域技术人员来判断删除的特征是否是必要技术特征，若是，则本领域技术人员将没有动机将该特征删除。具体来说，结合背景技术的记载，考虑到两个躺椅的同向相邻设置方式，本领域技术人员在看到本申请的技术方案后，能够毫无疑问地得出本申请基于两个躺椅的设置提出了一种方便两位用户操作的控制装置安装方式，从而得出该位置设置方式属于解决其声称的技术问题“方便控制两个躺椅”并达到相应技术效果的必要技术特征，并不会想到其他位置设置方式。因此，原始记载仅能给出这一种位置设置方式，没有教导给出其他位置设置方式。

因此我们可以确定，美国专利商标局在判断修改是否引入新内容时的重点，在于原始说明书的记载中是否能够教导得到删除特征后的权利要求，而不会考虑删除特征后的权利要求对于本领域技术人员而言是否容易实施。若删除的特征是本案要解决其声称的技术问题的必要技术特征，则从原始说明书的记载中显然就不能够教导得到删除特征后的权利要求，那么删除特征后的权利要求就得不到原始说明书的支持，其就引入了新的内容。我国《专利法》中，欧洲的判例中，也都明确了不允许删除的情形包括从独立权利要求中删除在原申请中明确认定为发明的必要技术特征的那些技术特征，对此中美欧三局的判断标准是一致的。

2. 通过删除非必要技术特征来扩大权利要求的保护范围

以下以 In re Peters 一案①说明对权利要求删除的技术特征是否属于必要技

① In re Peters，723 F. 2d 891，221 USPQ 952（Fed. Cir. 1983）.

术特征，以及这种修改是否引入新内容的判断方式进行说明。

Kenneth D. Peters 申请的一种显示设备在获得专利授权后，认为授权的独立权利要求 1 受到了不适当的限制，为此其删除权利要求 1 中对金属尖端的具体限定并请求再颁专利，对权利要求 1 的具体修改方式见表 7－2－2。

表 7－2－2　权利要求修改对照表

修改前	修改后
1. 一种显示设备，包括： 真空外壳，具有间隔开的且基本平行的前壁和后壁，以及在前壁和后壁之间延伸并基本垂直于前壁和后壁的多个相互平行的支撑壁……； 一个可分离的金属尖端，被压缩在前壁和每个所述支撑壁之间并沿着支撑壁延伸，每个所述尖端在支撑壁处的厚度基本上等于支撑壁的厚度并且在前壁处逐渐变薄； ……	1. 一种显示设备，包括 真空外壳，具有间隔开的且基本平行的前壁和后壁，以及在前壁和后壁之间延伸并基本垂直于前壁和后壁的多个相互平行的支撑壁……； 一个可分离的金属尖端，被压缩在前壁和每个所述支撑壁之间并沿着支撑壁延伸，~~每个所述尖端在支撑壁处的厚度基本上等于支撑壁的厚度并且在前壁处逐渐变薄~~； ……

本案的争议焦点在于，修改后的权利要求 1 删除了金属尖端的具体结构，其是否能够得到说明书的充分支持？换句话说，说明书记载的金属尖端的这一种具体结构，是否支持其采用其他结构？

美国专利商标局对再颁专利请求进行审查时，审查员以删除该技术特征后的权利要求 1 不具备创造性为由拒绝了再颁专利请求。

Peters 向 PTAB 提出上诉，PTAB 驳回了审查员的拒绝决定，但却以权利要求不满足美国《专利法》第 251 条（即 35 U. S. C. 251）“再颁专利不得引入新内容”① 的规定作为新的拒绝理由。

PTAB 的具体理由如下：1）修改后的权利要求删除对金属尖端的锥形形状限制，此时的技术方案中包括了多种形式的金属尖端，但多种形式的金属尖端形状必须在原始公开中公开和描述，否则权利要求的相应修改得不到说明书的支持，属于引入新内容的情况；2）根据说明书的记载，金属尖端的端部需要足够薄，只有在足够薄的情况下才会减少对显示部分的荧光屏的接触面积，进而

① 35 U. S. C. 251 Reissue of defective patents. No new matter shall be introduced into the application for reissue.

减少对荧光屏的遮挡，则金属尖端的具体锥形设置方式，属于解决该技术问题的关键技术特征，对该特征进行删除属于引入新内容的情况。

Peters 不服，向联邦巡回上诉法院提起上诉。联邦巡回上诉法院声明：权利要求可以比说明书中公开的具体实施例更宽，这本身并不重要。在再颁专利请求中，专利权人可按照法定规定修改以扩大权利要求的范围，以防止权利要求受到不适当的限制而导致保护范围过窄。随后，法院对上诉委员会的两点拒绝理由进行了反驳，认为再颁专利满足第 251 条的要求，具体理由如下：

本专利作为一个整体，虽然仅记载了锥形的金属尖端这一种实施例，但能够抵抗大气压力的金属尖端的形状远比锥形多，没有必要详尽记载足够多的金属尖端形状。原始记载指出，希望尖端尽可能薄，使得金属尖端与荧光屏幕的接触面积足够小，从而避免光学干涉，但是这并不等同于要求金属尖端与支撑壁相接的基部比金属尖端的端部宽。金属尖端主要考虑能够承受大气压力载荷，并教导了要比现有技术中与荧光屏幕接触的支撑构建更薄的金属尖端，实现上述两个目的的金属尖端支撑构件不受其是否是锥形的影响。扩大的权利要求仅仅省略了不必要的限制，该限制将本发明的一个金属尖端限制在原始专利中公开的精确形状，但该形状并非解决技术问题的关键技术特征。总之，对于本领域技术人员而言，原始披露中没有任何内容表明或教导锥形形状的金属尖端对于本发明的实施是必要或关键的，因此这种修改并没有引入新的内容。

由该判例可知，权利要求作为对说明书具体实施例的一种概括，其保护范围可以比说明书中公开的具体实施例更宽，说明书中的实施例有时仅是一种示例性的优选，只要删除涉及的特征是一种非必要的技术特征，那么权利要求就可以不受其限制，删除这种非必要的技术特征也就不属于引入新内容的情况。

通过对比以上两个判例可知，在通过删除技术特征的方式对权利要求进行扩大保护范围的修改时，是否修改引入了新的内容只需要判断删除的技术特征是否是必要技术特征，必要技术特征是基于本案要解决的技术问题所采取的必不可少的技术特征。回顾 Gentry Gallery，Inc v. Berkline Corp. 一案，该案要解决的技术问题是“方便控制两个躺椅”，因此，必然会将控制装置设置在两个躺椅之间的控制台上，而非其他地方；而 In re Peters 一案中，申请人在说明书中陈述了“金属尖端（32，132）的端部要尽可能薄，以减小与显示部分的荧光屏的接触面积，进而减小对荧光屏的遮挡”，然而，“尖端”本身即表明了一种与荧光屏接触的形态，已经达到了与荧光屏的接触面积小型化的目的。因此，“金属尖端”本身构成了关键技术特征，具体的金属尖端的锥形形状并不构成关键技术特征。因此删除的锥形相关特征并非解决申请人要解决的技术问题所必不可少的特征，所以是允许的。

3. 通过上位化概括来扩大权利要求的保护范围

由于对说明书充分公开的要求，申请人在撰写说明书时往往会列出很多具体的实施方式，而权利要求本身就是对说明书中的具体实施方式的一种抽象的、上位化的概括。然而，在对权利要求进行修改时，将原本下位的描述概括为上位概念，这种情况是否会引入新的原始记载中没有体现的内容，从而导致修改超范围，则需要根据具体案情进行具体分析。

MPEP 中引入了一个经典判例 In Rasmussen 案①，该案在后续多次诉讼中被引用作为判断修改是否引入新内容的依据。

该案请求保护一种使用薄膜材料制造隔热元件的方法，权利要求限定了"将管状薄膜使用预定宽度的粘合剂带连接到相邻另一个管状薄膜的相应预定宽度部分"。申请人 Rasmussen 对权利要求进行修改，将粘附管状薄膜的具体手段进行了概括，具体的修改对照参见表 7－2－3。

表 7－2－3　权利要求修改对照表

修改前	修改后
将管状薄膜"使用预定宽度的粘合剂带连接"到相邻另一个管状薄膜的相应预定宽度部分。	将管状薄膜"在预定宽度上粘合连接"相邻另一个管状薄膜的相应预定宽度部分。

对于修改涉及的内容，该案说明书记载道：将粘合剂以窄的或较宽的条带（可能以两个窄的条带）施加到管状薄膜上。具体的隔热元件如图 7－2－2 所示，左边图给出了一种基于椭圆柱互相粘合构成隔热元件，右边图给出了基于长方体互相粘合构成隔热元件。

对于权利要求的修改，审查员认为原始记载的内容限定为"使用粘合剂带连接"，而修改为"粘合连接"显然超出了"使用粘合剂带连接"的范畴，因此认为修改引入了新的内容。审查员的观点得到了上诉委员会的认同。申请人 Rasmussen 不服，继续提起上诉。

受理法院支持了 Rasmussen 的诉求，认为修改虽然扩大了权利要求保护的范围，但与引入新内容有本质区别。申请人有权要求与其申请文件公开内容所允许的一样宽的权利要求。就本案而言，说明书记载的方式"将粘合剂以窄的或较宽的条带施加到管状薄膜上"，属于修改后的技术特征"粘合连接"的一种具体实施方式，在此基础上，本领域技术人员会认为两个相邻的管状薄膜如

① In Rasmussen, 650 F. 2d at 1214, 211 USPQ at326－27.

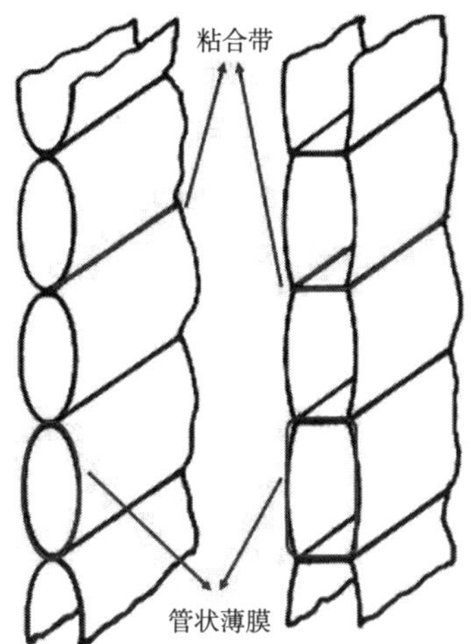

图 7－2－2　两种不同粘合方式构成的隔热元件

何粘合在一起并不重要，只要粘合连接在一起即可，也即“粘合连接”得到了上述说明书具体实施方式的支持，不属于引入新内容的情况。权利要求的相关技术特征只要本质上无关紧要，就可以比说明书中描述的具体实施方式更宽泛。例如，原说明书仅公开一磅“铅重量”作为天平确定一磅肉重量的平衡量，如若修改为“金属重量”作为平衡量，尽管“金属重量”属于上位化的技术术语，其保护的范围宽于“铅重量”，也不应以不满足第 112（a）条“书面描述”或第 132 条“任何修改不得在发明中引入新的内容”的要求禁止修改。在整个公开内容中描述的铅重量，对于本领域而言其仅作为天平平衡量而使用，一磅平衡量由何种物质组成对其作为平衡量并不重要。

由该案我们可以知道，法院认为尽管具体实施方式中仅记载了一种下位概念，但因为该具体下位实施方式清楚地传递了“粘结”这个关键的属性，且修改后的权利要求也只用到了粘合剂带这种“粘结”属性，因此修改后扩大的权利要求包括的多种下位概念之间并无实质性差异。判断是否符合“书面描述”要求，具体记载了多少种下位实施方式不是最重要的，只要该下位实施方式可以给出相应的上位实施方式的教导即可。这个标准，其实和权利要求书能否得到说明书的支持的标准是基本一致的。

（二）缩小权利要求的保护范围

在审查实践中，为克服审查部门提出的不符合新颖性或创造性缺陷，申请人通常基于现有技术对权利要求进行修改，尤其是将权利要求的保护范围进行进一步缩小，以克服上述缺陷。

当引入未被原始申请文件所公开的技术特征来对权利要求进行进一步限定时，将违反第112（a）条书面描述的要求，如以下判例：

案例In re Lukach[1]请求保护一种“乙烯和丙烯的固体弹性体共聚物”，其权利要求中记载了“具有窄分子量分布特征的共聚物”，且说明书的实施例中具体限定了“一种M_w/M_n比为2.6的共聚物”，申请人将其修改为“至少2.0且小于约3.0的M_w/M_n比的共聚物”，审查员认为这种修改不符合第112（a）条书面描述的要求。申请人提出上诉，最终被PTAB驳回。原因在于，原始权利要求尽管记载了“窄分子量分布”，但本领域技术人员不清楚其具体范围，尽管说明书实施例中描述了“M_w/M_n比为2.6”，可以认为2.6属于窄分子量分布这个范围内，但仅一个具体实施例仍然无法得出“至少2.0且小于约3.0”是属于窄分子量分布的范围。

而当权利要求仅公开了一个较上位的概念，此时将上位概念具体化限定为下位概念是否会导致超范围，同样应当基于原始申请文件是否具体公开了该下位概念来判定。如判例In Ex parteSorenson[2]，其权利要求书中记载了通用羧酸，且在说明书中明确列举了每一种具体的通用羧酸，因此，将权利要求书中的通用羧酸修改为具体的“脂肪族羧酸”和“芳基羧酸”符合第112（a）条书面描述的要求。

对于类似的情形，我局认为“将某些不能从原说明书（包括附图）和/或权利要求书中直接明确认定的技术特征写入权利要求和/或说明书”属于“不允许的增加”，“由不明确的内容改成明确具体的内容而引入原申请文件中没有的新的内容”属于“不允许的改变”，可见，与美国专利商标局的评判标准一致，是否超范围的判断重点都在于判断这种明确具体的、下位的内容是否记载在原始申请文件中。

（三）数值范围的改变

数值范围是一种常见的权利要求限定特征，MPEP第2163.05章规定，关于数值范围的改变，必须考虑到本领域技术人员认为哪些范围固有地得到原始申请文件的支持。例如，若原始申请文件中记载了范围包括“25%～60%”，以及孤立点“36%”和“50%”，则权利要求加入特征“至少35%”将不符合书面描述要求，这是因为“至少35%”的含义是最小值是35%，最大值没有上限，但是原始申请文件中是记载有明确的最大上限60%的。而若权利要求中加入特征“35%～60%”，则认为其符合书面描述要求，原因在于原始申请中给

① In re Lukach，442 F. 2d 967，169 USPQ 795（CCPA 1971）.

② in Ex parteSorenson，3USPQ2d1462（Bd. Pat.）App. & Inter. 1987.

出了36%这个值，且本领域技术人员能够预期选择35%还是36%，其所能实现的技术效果是一致的，因此选择35%由原始申请文件中可以给出启示。而如果按照我局规定，由于原始申请中没有记载端点“35%”，因此，我局在审查实践中认为权利要求中的数值范围“35%～60%”无法从原始申请中直接地、毫无疑义地确定，这种修改将导致超范围，只有改为诸如“36%～60%”。可见，美国专利商标局对于数值范围的改变的要求相对我局而言更为宽松灵活。

三、对说明书和附图的修改

一般而言，在审查实践中大部分都是针对权利要求书进行修改，对于说明书和附图的修改相对比较少，常见的情形包括针对说明书中本身存在的不符合专利法及实施细则规定的缺陷作出修改，如进行重新措辞、改变说明书中的明显错误等，另一种则是根据原始权利要求书或者修改后的权利要求书作出适应性的修改。MPEP第2163.06章中规定，原始提交的权利要求书是原始申请文件公开的内容的一部分，因此，如果说明书中没有包含权利要求书中的主题，申请人可以根据权利要求书公开的内容对说明书进行修改。而对于说明书和附图的修改，美国《专利法》第132条（即35 U.S.C.132）规定：任何修改不得在发明公开中引入新的内容。即是说如果修改的内容未在原申请文件中记载，则涉及引入新内容的问题，而这也是不被美国《专利法》允许的。

对于判断说明书和附图的修改是否引入新的内容，在重新措辞方面，与我局类似，美国专利商标局认为只要重新措辞前后实际表达的意思相同，就没有引入新的内容；在改变明显错误方面，则认为只要本领域技术人员不仅能发现说明书中存在明显错误，还明确知道如何修改这种错误，那么明显错误的修改也就没有引入新的内容。此外，申请人还可能对原始申请公开的特征，但是没有提及其能够实现的效果进行补充。对此，美国专利商标局表示，只要补充的效果是这种特征“固有地”具有的性质，那么即使没有记载在原始申请中，后续修改增加这些效果也不属于引入新的内容。由此可见，美国专利商标局对于说明书和附图的修改的要求与我局相比并无实质上的区别，只是其将针对说明书和附图的修改引起的超范围与针对权利要求的修改引起的超范围使用了不同的法条进行区分，而我局则是根据申请的类型是普通申请还是分案申请，使用《专利法》第33条或《专利法实施细则》第49条第1款对修改不得超出原说明书和权利要求书记载的范围进行规定。

第三节 小　　结

本章首先对欧洲专利局关于申请文件的修改从修改的时机及要求、涉及的法律法规进行了梳理，并结合欧洲专利局上诉委员会的相关判例对权利要求、说明书和附图的修改的合理性进行了剖析，以期读者能够准确地掌握欧洲相关法律法规的本质内涵。

从欧洲专利局的修改时机及要求来看，由于其检索和审查是分两个阶段完成的，且检索报告随专利申请同时公布，因此，为避免主动修改对专利审查部门的检索工作造成影响，《欧洲专利公约》规定除非应受理部门的要求克服明显缺陷，否则，申请人不能在收到欧洲检索报告前进行主动修改。而在收到审查部门的第一次审查意见通知书后，申请人就有且仅有一次自主修改说明书、权利要求书和附图的机会。当然，考虑节约审查程序等因素，审查部门可能还会同意申请人进行后续的主动修改，但除非审查部门同意，否则在已经进行一次修改后，申请人不得进一步修改。这种较严格的修改时机要求，也在一定程度上对申请人撰写申请文件，尤其是确定权利要求的保护范围提出了更高的要求。此外，申请人在异议程序中还有一次主动修改机会，但基于对第三方利益的保护，要求此时的修改不得超出授权权利要求的保护范围。

《EPO 审查指南》中将申请文件的修改定义为“可接受的修改”和“允许的修改”，满足修改时机的修改就是“可接受的修改”，但最终这种修改是否被允许，即是否是“允许的修改”还需要结合相应法律法规，主要是《欧洲专利公约》第 123（2）条和第 123（3）条来判断。第 123（2）条限定了任何修改不能超出原始申请内容的主题，也即修改不能超范围，这是对于所有修改的一个最基本也是最重要的要求，且判断标准是站位本领域技术人员在考虑了所有隐含信息后，修改后的申请文件能否从原申请记载的信息中“直接地、毫无疑义地”得到。此外，第 123（3）条主要是限定在异议程序中修改的权利要求的保护范围不得超出授权权利要求的保护范围，判断对象就是异议修改的权利要求与授权时的权利要求。同时，由于第 123（2）条是针对所有修改的一个基本要求，因此，对于异议阶段提交的修改，需要同时审查修改是否符合第 123（2）条以及（3）条的规定，且还需要注意到两个条款存在冲突的情形。

本节结尾部分还结合欧洲专利局上诉委员会的经典判例对权利要求、说明书和附图的修改的主要类型以及各类型的合理性进行了分析判断，并将其与我局的判断标准进行对比，从而加强读者对于《欧洲专利公约》第 123（2）、

（3）条的判断准则的理解和把握。

同时，本章还对美国专利商标局关于申请文件修改的规定进行了全面介绍。美国专利审查制度中，为保障申请人的利益，也为准确向公众传递专利信息，确保授权专利的准确实施应用，申请人有权对专利申请文件进行修改，但修改需要满足一定的时机及要求。美国专利商标局在不影响其作出第一次审查意见通知书的前提下，对于申请人的主动修改持比较宽松的态度，但不同于我局从答复第一次审查意见通知书至第 *N* 次审查意见通知书的修改限制都是相同的要求，美国专利商标局在后续针对审查意见通知书的修改中，根据不同类型的拒绝通知书具有不同的修改限制。且值得一提的是，美国专利商标局针对再颁专利的修改制度使得专利授权之后的 2 年内，可以针对授权权利要求过宽或过窄而影响原专利的有效性问题，进行扩大权利要求保护范围的修改，这无疑给予了申请人更大的自由度来确定合适的权利要求保护范围。

申请人可以对专利申请文件进行修改，但这种修改应当遵循相应的法律法规。本章对美国专利商标局关于修改的法律法规进行了详细介绍，与我局仅区分了普通申请修改超范围以及分案申请超范围不同，美国专利商标局则根据修改的对象是权利要求还是说明书及附图，修改的时机是实审阶段还是复审阶段抑或是再颁专利阶段，采用不同的法条来对修改进行约束。

申请人的修改应该在允许的范围内进行，修改中最核心的判断就是修改是否引入了“新的内容”，即是否存在修改超范围的问题。本章末尾结合美国《专利审查操作手册》中引用的多个判例，分情形对权利要求的修改是否超范围进行了深入论述，同时针对说明书和附图的修改进行了简要介绍，以便读者能够更全面地掌握美国专利商标局关于申请文件修改的规定。

需要特别注意的是，欧美两局除了修改时机和我局有所差异，对于超范围把握的尺度也有所差异。概括说来，欧美两局对超范围的尺度均明显较我局宽松，充分利用这种宽松可以最大化地获得权利保护。

第八章 重复授权

防止重复授权，即同样的发明授予一项专利权，这是防止专利权冲突的基本设定。本章旨在对欧洲和美国关于重复授权的法律法规和相关判例进行梳理，并提出欧洲与美国重复授权的规避方式。

第一节 欧 洲

一、相关法律规定概述

《欧洲专利公约》及其实施细则中没有单独明确的防止重复授权的条款，欧洲也没有实用新型制度。《欧洲专利公约》相关法条涉及禁止重复授权的，包括规定了先申请制的《欧洲专利公约》第60（2）条和规定了抵触申请制的第54（3）条，立法宗旨在于不能就相同的发明授予同一申请人两个专利权，相关法条具体如下：

《欧洲专利公约》第60（2）条规定：①

（2）如果两人或两人以上互不相关地作出了一项发明，取得欧洲专利的权利属于提出具有最早申请日的欧洲专利申请的人，前提是该申请已经公布。

《欧洲专利公约》第54（2）、（3）条规定：②

① Article 60 Right to a European patent

(2) If two or more persons have made an invention independently of each other, the right to a European patent therefor shall belong to the person whose European patent application has the earliest date of filing, provided that this first application has been published.

② Article 54 Novelty

(2) The state of the art shall be held to comprise everything made available to the publicby means of a written or oral description, by use, or in any other way, before the date of filing of the European patent application.

(3) Additionally, the content of European patent applications as filed, the dates of filing of which are prior to the date referred to in paragraph 2 and which were published on or after that date, shall be considered as comprised in the state of the art.

(2) 现有技术应包括在欧洲专利申请提交日期之前通过书面或口头描述、通过使用或以任何其他方式向公众提供的所有内容。

(3) 此外，提交的欧洲专利申请的内容，其申请日期早于第2款所述的日期并且在该日期或该日期之后公布，应被视为包含在现有技术中。

由此可见，《欧洲专利公约》第60（2）条规定了先申请原则，确保了在多个人分别申请相同发明的情况下，专利权授予最早提出申请的人；第54（3）条规定了抵触申请，即在判断发明是否具有新颖性时，已经提出但尚未公开的欧洲专利申请的内容也应被视为现有技术。这一条款意味着，后一申请的发明不能与先前已申请但未公开的发明相同，从而防止重复授权。这两个条款结合起来，实际上起到了防止重复授权的作用。尽管《欧洲专利公约》没有明确的防止重复授权的条款，但通过第60条和第54条的规定，其仍然是避免就相同的发明授予同一申请人两个专利权。①

在我国，现行《专利法》第9条第1款规定，“同样的发明创造只能授予一项专利权。但是，同一申请人同日对同样的发明创造既申请实用新型专利又申请发明专利，先获得的实用新型专利权尚未终止，且申请人声明放弃该实用新型专利权的，可以授予发明专利权”，同样也是为了防止同一发明创造获得多项专利权，以避免重复授权，从而确保专利制度的公平性和合理性。

但与《欧洲专利公约》不同的是，我国《专利法》第9条第1款特别规定了在同一申请日内对同一发明创造既申请实用新型专利又申请发明专利的情况，并允许在先获得的实用新型专利权尚未终止且申请人声明放弃该实用新型专利权的情况下，授予发明专利权。这一规定为申请人提供了策略性选择的空间。在实际操作中，实用新型专利的审查周期较短，申请人可以在较短时间内获得专利权，从而快速占领市场。而发明专利则经过更严格的审查，保护力度更强。我国该条款允许申请人在条件成熟时获得更高保护等级的发明专利，从而更好地保护其创新成果。

《EPO审查指南》中规定：“允许申请人提出两份具有相同描述但不主张相同主题的申请。如果同一申请人有两个或多个欧洲申请指定相同的一个或多个国家，并且这些申请的权利要求具有相同的申请或优先权日期并且涉及相同的发明，则应要求申请人执行以下其中一项：修改一项或多项申请，使申请的权利要求的主题不相同，或撤回重复的指定，或选择对这些申请中的某一项进行授权。如果申请人不这样做，一旦其中一项申请获得批准，其他申请将根据

① 徐媛媛．禁止重复授权法律适用研究［R］．国家知识产权局学术委员会2022年度专利专项研究项目，课题编号：Y220505，2022：22.

《欧洲专利公约》第 97（2）条和第 125 条驳回。如果这些申请的权利要求仅部分交叠，则不应提出异议。如果收到两个不同的申请人提出的同一生效日期的两份申请，则必须允许每一个申请都继续进行，就像另一个申请不存在一样。”① 因此，欧局并不排除不同申请人同日递交的两个以上的相同的发明创造在实审过程中被授权的可能。

其中《欧洲专利公约》第 97 条②规定：

（1）如果审查部门认为欧洲专利申请及其所涉及的发明符合本公约的要求，则在满足实施细则规定的条件的情况下，应决定授予欧洲专利。

（2）如果审查部门认为欧洲专利申请或其所涉及的发明不符合本公约的要求，则应驳回该申请，除非本公约规定了不同的法律后果。

（3）授予欧洲专利的决定应自欧洲专利公报中公布授权内容之日起生效。

《欧洲专利公约》第 125 条③规定：

如果本公约没有程序规定，欧洲专利局应考虑各缔约国普遍承认的程序法原则。

欧局之所以采取上述做法，其根本原因在于欧洲专利局并不是一个主权国家的行政机构而只是一个地区性组织，即欧洲专利组织的执行机构，其授予的专利权只有在申请人指定的缔约国内生效，对于不同申请人的申请其指定的缔约国很有可能不同，多个不同国家的相同的专利是不会构成重复授权的；即使该不同的申请人指定了相同的缔约国，那么也可以根据各个缔约国的国内法将该存在重复授权的专利给予适当的处理。因此，欧局对上述情况在欧洲地区阶

---

① Guidelines for Examination in the European Patent office，March 2024 edition，Part G，Chapter IV 5. 4 Double patenting.

② Article 97 Grant or refusal

（1）If the Examining Division is of the opinion that the European patent application and the invention to which it relates meet the requirements of this Convention，it shall decide to grant a European patent，provided that the conditions laid down in the Implementing Regulations are fulfilled.

（2）If the Examining Division is of the opinion that the European patent application or the invention to which it relates does not meet the requirements of this Convention，it shall refuse the application unless this Convention provides for a different legal consequence.

（3）The decision to grant a European patent shall take effect on the date on which the mention of the grant is published in the European Patent Bulletin.

③ Article 125 Reference to general principles

In the absence of procedural provisions in this Convention，the European Patent Office shall take into account the principles of procedural law generally recognised in the Contracting States.

段的实质审查过程中选择暂时不予处理的方式。

因此根据《欧洲专利公约》及《EPO 审查指南》可以推知，重复授权可能发生在以下几种情况下：

1）同一发明的多个欧洲专利申请：同一申请人对相同或实质上相同的发明提出了多个欧洲专利申请。有三种典型的情形：①

A. 同一申请人在同一天提出了两件申请。

B. 母案申请和分案申请。

C. （欧洲）优先权申请和要求该优先权的在后（欧洲）申请。

上述三种情形下，两件欧洲专利申请可能出现重复授权的情况。

2）欧洲专利和国家专利的重复。当一项发明已经获得某个《欧洲专利公约》缔约国的国家专利后，申请人又对相同发明提出了欧洲专利申请，并且该欧洲专利在同一缔约国被批准，可能会产生重复授权的情况。例如：申请人已经在德国获得了一项国家专利，然后又对相同发明提出了一项欧洲专利申请，指定国为德国。

3）同一申请人在同一缔约国内获得的欧洲专利和国内专利。如果同一申请人在某个缔约国（例如德国或法国）对相同发明既申请了国家专利又申请了欧洲专利，若两项申请都获得授权，可能会出现重复授权的情况。

二、重复授权的判定

（一）同一申请人的判定

前文讲过，欧局并不处理同一生效日期共同待审的欧洲申请的情况。《EPO 审查指南》中还指出："如果收到两个不同申请人提出的同一生效日期的两份申请，则必须允许每一个申请都继续进行，就像另一个申请不存在一样。"② 因此判断是否为同一申请人是重复授权判定的第一个要素。

以下通过《欧洲专利局上诉委员会判例法》的判例 T 1423/07 进行说明。欧洲专利申请 EP03771064.7（下文称为本申请）被审查部门于 2007 年 3 月 4 日发布的决定驳回，该决定基于《欧洲专利公约》第 97 条，③ 因为不允许重复授予专利权。

---

① Guidelines for Examination in the European Patent office, March 2024 edition, Part G, Chapter IV 5.4 Double patenting.

② Guidelines for Examination in the European Patent office, March 2024 edition, Part G, Chapter IV 5.4 Double patenting.

③ 具体内容参见上一小节。

在审查部门和上诉委员会的审理过程中，引用了文献（1）：EP1362590B1（本申请的优先权文件）。

EP1362590B1 的权利要求 1 如下：

1. 西洛布雷定或其药学上可接受的盐在制备用于治疗或预防心力衰竭的药物组合物中的用途。

驳回决定基于 2006 年 4 月 28 日提交的主请求的权利要求 1～16（在书面答复意见中，除了陈述争辩论点之外，还可递交多套权利要求修改方案，其通常是申请人愿意接受的按优先级或重要性排列的退步方案。例如，申请人所递交的主请求中包含供审查员优先考虑的修改权利要求书，其通常对应于相对比较大的保护范围。如果审查员不接受主请求的话，则将继续考虑第一个辅助请求，其通常对应于在之前主请求基础上继续缩小的保护范围，并以此类推至第二个辅助请求等）。该主请求的独立权利要求 1 如下：

1. 西洛布雷定或其药学上可接受的盐在制备用于治疗或预防心力衰竭的药物组合物中的用途。

本申请的权利要求与优先权文件 EP1362590B1 中授予的权利要求相同。根据《EPO 审查指南》，同一申请人名下的两项欧洲专利不得包含保护范围基本相同的权利要求，因此本申请被驳回。

在本案中，优先权即文献（1）的专利权人为 Boehringer Ingelheim Pharma GmbH。Boehringer Ingelheim Pharma GmbH 于 2003 年 7 月 21 日将本申请作为国际申请 WO2004/011006 提交，该申请于 2005 年 1 月 12 日进入欧洲阶段，编号为 EP03771 064. 7（本申请的申请号）。在 2007 年 4 月 27 日的转让声明中，Boehringer Ingelheim Pharma GmbH 将上述保护权（包括 EP03771 064. 7 的优先权）的全部权利、所有权和利益让渡给 Boehringer Ingelheim Vetmedica GmbH。该转让于 2007 年 5 月 4 日由欧洲专利局登记。而优先权文件即文献（1）并未发生任何转让。

上诉人（申请人）对上述驳回决定提出上诉，于 2007 年 7 月 23 日提交了一份辅助请求以及上诉理由陈述。

上诉人主要理由如下：在本案中，重复授权源于一项欧洲申请，该申请与先前授予的欧洲优先权文件的内容基本相同。《欧洲专利公约》不包含禁止重复授权的条款或规则，且《欧洲专利公约》第 139（3）条规定：由缔约国决定是否以及以什么条件接受重复授权。驳回本申请将导致专利保护期限丧失一年，因为保护时间是从申请日而不是优先权日开始计算的。撤回作为优先权文件的专利将使上诉人处于不利的境地，因为本申请是否授权结果是不确定的。即便本申请获得授权，也可能遭到异议。

委员会经过审理后认为，本案因重复授权而驳回，而重复授权这个问题要求冲突专利或专利申请的当事人相同。在本案中，本申请在 2007 年 4 月 27 日提交了转让声明，该转让于 2007 年 5 月 4 日由欧洲专利局登记。而优先权文件即文献（1）并未发生任何转让。鉴于上述转让，文献（1）的专利权人与本申请的申请人不再相同。因此，本案属于《EPO 审查指南》中描述的情况："如果收到两个不同申请人提出的同一生效日期的两份申请，则必须允许每一个申请都继续进行，就像另一个申请不存在一样。"① 因此，从形式上讲，重复授权已不复存在。

委员会在意见中也指出，在某些缔约国，这种单方面的权利转让并非在所有情况下都被允许。例如，《法国知识产权法典》第 L. 614 - 14 条规定："如果法国专利申请或法国专利，与欧洲专利申请或欧洲专利具有相同的申请日或优先权日期、涵盖相同的发明并且属于同一发明人或其权利继承人，则那些共同的部分不得转让、质押、抵押或者相互独立地转让其使用权，否则将无效。"② 然而，这是后续国家阶段的问题，委员会无权处理。

因此，委员会认为本申请不能因重复授权而被驳回，因为本申请与优先权文件的申请人并不相同。

通过这个判例可以看出，对于优先权申请和要求该优先权的在后（欧洲）申请，只要满足形式上的申请人不同，即便两份申请的权利要求保护范围相同，也不构成重复授权。因此判定申请人是否相同，是判定构成欧洲专利重复授权的第一要件。

但是如果不同申请人提交的专利申请涉及相同的发明，根据《欧洲专利公约》第 54 条，在先申请可以构成对在后申请的现有技术。根据《欧洲专利公约》第 60 条先申请制原则，即在多个人分别申请相同发明的情况下，专利权授予最早提出申请的人。因此虽然通过转让可以满足申请人不同，从形式上避免了重复授权，但在先申请仍会影响在后申请的可专利性。

与欧洲专利局不同的是，我国《专利法》第 29 条规定"申请人自发明或实用新型在中国第一次提出专利申请之日起十二个月内，或者自外观设计在中

---

① Guidelines for Examination in the European Patent office, March 2024 edition, Part C, Chapter IV 5.4 Double patenting.

② Where a French patent application or a French patent and a European patent application or a European patent have the same filing or priority date, cover the same invention and belong to the same inventor or to his successor in title, those parts which are common may not be transferred, pledged, mortgaged or their exploitation rights assigned independently of each other on pain of nullity.

国第一次提出专利申请之日起六个月内，又向国务院专利行政部门就相同主题提出专利申请的，可以享有优先权”。这意味着，如果申请人首次在中国提交了一项专利申请（称为在先申请），然后在 12 个月内提交了一份内容相同或实质相同的新申请，申请人可以要求新申请享有在先申请的优先权。但是，同时我国《专利法实施细则》第 35 条还规定了“申请人要求本国优先权的，其在先申请自后一申请提出之日起即视为撤回”。因此，我国从法律层面上规避了上述情况的发生，避免了要求同样优先权的专利申请而造成的重复授权。

对于禁止重复授权，我国《专利法》第 9 条规定了“同样的发明创造只能授予一项专利权”。可以理解为：不同的人或同一人，就同样的发明创造，先后或同日提出两份以上专利申请。因此在判断是否构成重复授权的要件时，与欧局不同的是，同一申请人不是判定要点，其重点是“同样的发明创造”。在判定是否为同样的发明创造时，应当将两件发明或者实用新型的权利要求书进行比较，而不是将权利要求书与专利申请或专利文件的全部内容进行比较。若一件专利的权利要求与另一专利的权利要求保护范围相同，那它们就是同样的发明创造。若两件专利说明书内容相同，但权利要求保护范围却不同，则不是同样的发明创造。因此，对于同一申请人或不同申请人在同一日就同样的发明创造提出申请时，判断两份申请是否存在保护范围相同的权利要求即可。

（二）相同主题的判定

禁止重复授权原则所基于的思想是，申请人从其已拥有专利权的相同主题被授予第二项专利权的程序中所获得的利益是不合法的。下面将对“相同主题”的判定展开讨论，结合具体判例对主题相同、主题交叠的情况进行说明。

1. 主题相同

确定两个专利申请是否涉及相同的主题，关键在于比较两个申请的权利要求是否实质相同。特别是当权利要求措辞略有不同，以及隐含公开内容没有直接阐明时，要判断权利要求的主题保护范围是否实质相同。当对分案申请的修改造成修改后的分案申请要求保护的主题与未决的母案申请或者授权的母案专利中的主题相同时，已有的 EPO 实践是拒绝并驳回上述修改，该 EPO 实践没有争议。

以下通过《欧洲专利局上诉委员会判例法》的判例 T 307/03 进行说明。该上诉源于审查部门驳回欧洲申请号 EP00118123（公开号 EP1053787，下文称为本申请）的决定。该申请标题为“改进的双金属氰化物络合物催化剂”，于 2000 年 8 月 28 日作为欧洲申请号 EP94308612（公开号 EP0654302，在下文中称为母案申请）的分案申请提交。其中，本申请和母案申请中指定了相同的缔约国。

在2002年10月23日的口头诉讼期间，基于申请人（即上诉人）提交的权利要求1~7，审查部门驳回了本申请，理由是权利要求1的主题与文献D4：EP0555053A的实施例18和19中获得的催化剂相比缺乏新颖性。

上诉人在2003年2月26日陈述了上诉的理由后，于2007年5月30日提交了两套权利要求作为主请求和第一辅助请求，并在2007年7月3日委员会的口头审理中，进一步提交了第二辅助请求。

2007年5月30日提交的主请求的权利要求如下：

1. 一种双金属氰化物（DMC）络合物，其具有小于$30m^2/g$的表面积，并且包含i）至多10wt%的结晶DMC组分和ii）至少90wt%的DMC组分，所述DMC组分对于X射线是无定形的并且包含络合剂，所述络合剂是水溶性脂族醇。

2. 根据权利要求1所述的复合物，其包含至少99wt%的所述无定形DMC组分。

3. 根据权利要求1或2所述的复合物，其具有小于$20m^2/g$的表面积。

4. 如任一前述权利要求所述的络合物，其中所述DMC络合物是六氰基钴酸锌。

5. 前述权利要求中任一项的催化剂用于将环氧化物聚合成例如聚醚多元醇的用途。

第一辅助请求的权利要求除了权利要求1~4进一步指定所要求保护的DMC络合物是DMC络合物催化剂外，其他内容与主请求的权利要求相同，其权利要求内容如下：

1. 一种双金属氰化物（DMC）配位催化剂，其具有小于$30m^2/g$的表面积，并且包含i）至多10wt%的结晶DMC组分和ii）至少90wt%的DMC组分，所述DMC组分对于X射线是无定形的并且包含络合剂，所述络合剂是水溶性脂族醇。

2. 根据权利要求1所述的催化剂，其包含至少99wt%的所述无定形DMC组分。

3. 根据权利要求1或2所述的催化剂，其具有小于$20m^2/g$的表面积。

4. 根据前述权利要求中任一项所述的催化剂，其中所述DMC络合物是六氰基钴酸锌。

5. 根据前述权利要求中任一项所述的催化剂用于将环氧化物聚合成例如聚醚多元醇的用途。

2007 年 7 月 3 日提交的第二辅助请求的权利要求如下：

1. 一种催化剂，其表面积小于 30m²/g，并且包含 i）至多 10wt% 的高度结晶的双金属氰化物（DMC）化合物和 ii）至少 90wt% 的基本上无定形的 DMC 络合物，并且其是在络合剂存在下制备的，所述络合剂是水溶性醇。

2. 根据权利要求 1 所述的催化剂，其包含至少 99wt% 的所述基本上无定形的 DMC 络合物。

3. 根据权利要求 1 或 2 所述的催化剂，其具有小于 20m²/g 的表面积。

4. 根据前述权利要求中任一项所述的催化剂，其中所述 DMC 络合物是六氰基钴酸锌。

5. 根据前述权利要求中任一项所述的催化剂用于将环氧化物聚合成例如聚醚多元醇的用途。

母案欧洲专利 EP654302B1，2003 年 5 月 21 日授权的权利要求如下：

1. 一种双金属氰化物（DMC）络合物，其包含 i）至多 10wt% 的结晶 DMC 组分和 ii）至少 90wt% 的 DMC 组分，所述 DMC 组分对于 X 射线是无定形的并且包含络合剂，所述络合剂是水溶性脂族醇。

2. 根据权利要求 1 所述的复合物，其包含至少 99wt% 的所述无定形 DMC 组分。

3. 如任一前述权利要求所述的复合物，其具有小于 30m²/g 的表面积。

4. 根据权利要求 3 所述的复合物，其具有小于 20m²/g 的表面积。

5. 如任一前述权利要求所述的络合物，其中所述 DMC 络合物是六氰基钴酸锌。

6. 根据前述权利要求中任一项所述的催化剂用于将环氧化物聚合成例如聚醚多元醇的用途。

上诉人（申请人）请求根据 2007 年 5 月 30 日提交的主请求或第一辅助请求或 2007 年 7 月 3 日提交的第二辅助请求的权利要求授予专利。

上诉委员会分别就已授权母案的权利要求 3 与主请求的权利要求 1、第一辅助请求的权利要求 1、第二辅助请求的权利要求 1 是否属于相同的主题作出如下判定：

（1）对于主请求的权利要求

母案权利要求 1 和 3 如下：

1. 一种双金属氰化物（DMC）络合物，其包含 i）至多 10wt% 的结晶 DMC 组分和 ii）至少 90wt% 的 DMC 组分，所述 DMC 组分对于 X 射线是无定形的并且包含络合剂，所述络合剂是水溶性脂族醇。

3. 如任一前述权利要求所述的复合物，其具有小于 $30m^2/g$ 的表面积。

主请求的权利要求 1 如下：

1. 一种双金属氰化物（DMC）络合物，其具有小于 $30m^2/g$ 的表面积，并且包含 i）至多 10wt% 的结晶 DMC 组分和 ii）至少 90wt% 的 DMC 组分，所述 DMC 组分对于 X 射线是无定形的并且包含络合剂，所述络合剂是水溶性脂族醇。

从上述内容可以看出，本申请主请求的权利要求 1 与母案授权的权利要求 3 的主题完全相同。因此，主请求的权利要求 1 因为重复授权而被驳回。在口头审理期间，上诉人进一步询问，如果他们同意放弃母案申请所授予的欧洲专利，是否可以克服该问题。委员会认为，一旦先前的申请被授权，重复授权就存在，无论重复授权所依据的已授予专利是否有效。

（2）对于第一辅助请求的权利要求

第一辅助请求的权利要求 1 的措辞与主请求的权利要求 1 的措辞的不同之处仅在于在短语“双金属氰化物（DMC）络合物（A double metal cyanide（DMC））”中加入了“催化剂（catalyst）”一词，即第一辅助请求的权利要求 1 请求保护的是“一种双金属氰化物（DMC）配位催化剂（A double metal cyanide（DMC）complex catalyst）”，主请求的权利要求 1 请求保护的是“一种双金属氰化物（DMC）络合物（A double metal cyanide（DMC）complex）”，权利要求 1 的其余内容是相同的。但在第一辅助请求的权利要求 1 中加入“催化剂（catalyst）”一词只会使得隐含公开的内容变得明确。因此其实质上与主请求的权利要求 1 保护范围相同。

鉴于母案授权专利也同样涉及催化剂，因此基于主请求的权利要求 1 与母案的权利要求 3 构成重复授权的同样理由，第一辅助请求的权利要求 1 也构成了重复授权。

（3）对于第二辅助请求的权利要求

主请求的权利要求 1 如下：

1. 一种双金属氰化物（DMC）络合物，其具有小于 $30m^2/g$ 的表面积，并且包含 i）至多 10wt% 的结晶 DMC 组分和 ii）至少 90wt% 的 DMC 组分，所述 DMC 组分对于 X 射线是无定形的并且包含络合剂，所述络合剂是水溶性脂族醇。

第二辅助请求的权利要求 1 如下：

1. 一种催化剂，其表面积小于 $30m^2/g$，并且包含 i）至多 10wt% 的高度结晶的双金属氰化物（DMC）化合物和 ii）至少 90wt% 的基本上无定形的 DMC 络合物，并且其是在络合剂存在下制备的，所述络合剂是水溶性醇。

从上述内容可以看出，与主请求的权利要求 1 相比，第二辅助请求的权利要求 1 在以下方面进行了修改：在前序部分中使用术语“催化剂（catalyst）”代替“双金属氰化物（DMC）复合物（double metal cyanide（DMC）complex）”定义所要求保护的主题。用于定义组分 i）和 ii）的表述“结晶 DMC 组分（a crystalline DMC component）”和“对 X 射线无定形的 DMC 组分（a DMC component which is amorphous to X – rays）”分别被表述“高度结晶的双金属氰化物（DMC）化合物（a highly crystalline double metal cyanide（DMC）compound）”和“基本上无定形的 DMC 络合物（a substantially amorphous DMC complex）”取代。此外，络合剂被定义为水溶性醇（a water – soluble alcohol）而不是水溶性脂族醇（a water – soluble aliphatic alcohol）。上诉人（申请人）认为，第二辅助请求的权利要求 1 的主题与母案申请的权利要求 3 的主题在本质上有所不同，仅因为第二辅助请求的权利要求 1 的络合剂以更广泛的方式被定义为水溶性醇而不是水溶性脂族醇。目前的权利要求将寻求对其他主题的保护，即水溶性醇不是脂肪族的情况。

委员会认为，如果所授予的权利要求的主题包含在后提出的权利要求的主题中，则可提出重复授权的异议。母案授权的权利要求 3 的水溶性脂族醇包含在第二辅助请求的权利要求 1 的水溶性醇中。鉴于重复授权的主题被声明为实施本申请的发明的优选方式，委员会不能将此处的重复授权的范围视为微不足道、可以忽略不计的最低限度。

为了避免因重复授权导致申请被驳回，上诉人必须将本申请中要求保护的主题限制于在母案申请中尚未获得专利的主题。这将使审查程序集中于该尚未获得授权的专利要求保护的主题是否满足《欧洲专利公约》第 123（2）条①（该条款规定了欧洲专利申请或欧洲专利的修改不得使其包含超出所提交申请内容的主题）和第 83 条②（该条款规定了欧洲专利申请应当以足够清晰和完整的方式公开发明，以便本领域技术人员能够实施）的要求以及《欧洲专利公约》的其他要求。

---

① Article 123 Amendments

(2) The European patent application or European patent may not be amended in such a way that it contains subject – matter which extends beyond the content of the application as filed.

② Article 83 Disclosure of the invention

The European patent application shall disclose the invention in a manner sufficiently clear and complete for it to be carried out by a person skilled in the art.

通过这个判例可以看出，如何确定两个专利申请是否涉及相同的主题，关键在于比较两个申请的权利要求，具体来说，如果两个申请的权利要求范围实质上相同，即使技术特征的表述略有不同，也被认为是重复授权，如本申请的第一辅助请求的权利要求 1 与母案授权的权利要求 3。

同时，该判例还涉及分案申请，即便申请人同意放弃母案申请所授予的欧洲专利，也不会使重复授权的判定产生变化。委员会认为，一旦先前的申请被授权，重复授权就存在，无论重复授权所依据的已授予专利是否有效。从该判例可以看出，欧局禁止重复授权的基本原则在于“在《欧洲专利公约》下，禁止重复授权的原则适用，并且发明人（或其所有权继承人）有权被授予一项且仅为一项来自欧洲专利局的针对特定权利要求中限定的特定发明专利权。一旦专利已被授予发明人（或其所有权继承人），则该获得专利的权利已被穷尽，并且欧洲专利局有权拒绝针对发明人（或其所有权继承人）已被授予专利的主题再向发明人授予专利权”。

在我国，现行《专利法》第 9 条第 1 款规定“同样的发明创造只能授予一项专利权。但是，同一申请人同日对同样的发明创造既申请实用新型专利又申请发明专利，先获得的实用新型专利权尚未终止，且申请人声明放弃该实用新型专利权的，可以授予发明专利权”，其中，“同样的发明创造只能授予一项专利权”即为所谓的禁止重复授权原则，“一案双申”的相关规定实际上属于禁止重复授权原则的例外情形。①

2. 主题交叠

在相应主题所限定的保护范围彼此仅部分重叠时，不能援引申请人就相同主题获得两项专利权时所取得的利益不合法，因为没有明显的客观理由来否定申请人在获得与已授权的母案专利不同但部分重叠的保护时所取得的利益合法。因此仅仅涉及权利要求理论上限定的保护范围会与授权母案专利的保护范围部分重叠这一事实并不妨碍授予专利权。

而要求保护发明的权利要求的主题涉及两个方面：第一，权利要求的类别或类型；第二，技术特征。这二者构成了其技术主题。因此在判断保护范围彼此仅部分重叠的主题是否相同的过程中，具体来说可以包括类别判定和技术特征判定。

（1）权利要求的类别判定

在解读权利要求时，权利要求的类别及其技术特征构成了其主题并且决定

① 对于禁止重复授权原则的具体含义，曾一度存在着以下两种不同的观点：i）禁止重复授权是指同样的发明创造只能授予一次专利权；ii）禁止重复授权是指同样的发明创造不能同时存在两项或以上处于有效状态的专利权。欧局的做法即采信了观点 1，而我局的做法是两个观点的融合。

了所限定的保护范围。《欧洲专利公约》普遍接受的原则是，涉及特定物理活动（例如方法、过程、用途）的权利要求所限定的保护范围比涉及物理活动装置的权利要求小。因此，用途限定的方法权利要求限定的保护范围也比用途限定的产品权利要求小。

所讨论的权利要求属于不同的类别：如瑞士型权利要求是用途限定的方法权利要求（使用 X 来制造治疗 Y 的药物）和用途限定的产品权利要求（用于治疗 Y 的 X），二者类别不同，则保护主题是不同的。

以下通过《欧洲专利局上诉委员会判例法》的判例 T 1780/12 进行说明。上诉针对审查部门驳回欧洲专利申请 EP04007843.8（公开号为 EP1520588A2）的决定。本申请是欧洲专利申请 EP99940802.4（已被授权为 EP1096955B1）的分案申请。审查部门认为，本申请主请求的权利要求 1 及第二辅助请求的权利要求 1 与母案申请授权的权利要求 1、24 和 25 涉及相同主题，并且第一辅助请求的权利要求 1 与母案申请授权的权利要求 1、33 涉及相同的主题。根据《欧洲专利公约》第 97（2）条①和第 125 条②驳回了该申请。

母案授权的权利要求 1、24、25、33 为：

1. 包含生物学有效量的抗氨基磷脂抗体或其抗原结合区的组合物在制备用于通过杀死血管化肿瘤的肿瘤血管内皮细胞来治疗癌症的药物中的用途。

24. 根据前述权利要求中任一项所述的用途，其中所述组合物用于在施用于所述动物后诱导肿瘤脉管系统中的凝血。

25. 根据前述权利要求中任一项所述的用途，其中所述组合物用于在施用于所述动物后破坏肿瘤脉管系统。

33. 根据前述权利要求中任一项所述的用途，其中所述组合物与生物有效量的第二抗癌剂组合使用。

向审查部门提出的主请求的权利要求 1（与向委员会提出的主请求的权利要求 1 相同）如下：

1. 一种组合物，其包含生物有效量的抗氨基磷脂抗体或其抗原结合区，用

① Article 97 Grant or refusal

(2) If the Examining Division is of the opinion that the European patent application or the invention to which it relates does not meet the requirements of this Convention, it shall refuse the application unless this Convention provides for a different legal consequence.

② Article 125 Reference to general principles

In the absence of procedural provisions in this Convention, the European Patent Office shall take into account the principles of procedural law generally recognised in the Contracting States.

于通过杀死血管化肿瘤的肿瘤血管内皮细胞、诱导肿瘤脉管系统中的凝血或破坏肿瘤脉管系统来治疗癌症。

向审查部门提交的第一辅助请求的权利要求 1 如下：

1. 一种组合物，其包含生物学有效量的抗氨基磷脂抗体或其抗原结合区，用于通过杀死血管化肿瘤的肿瘤血管内皮细胞、诱导肿瘤脉管系统中的凝血或破坏肿瘤脉管系统来治疗癌症；其中所述组合物与生物有效量的第二抗癌剂联合使用或与放射疗法联合使用。

向审查部门提交的第二辅助请求的权利要求 1 如下：

1. 一种组合物，包含生物有效量的抗氨基磷脂抗体，用于通过杀死血管肿瘤的肿瘤血管内皮细胞、诱导肿瘤脉管系统凝血或破坏肿瘤脉管系统来治疗癌症。

上诉人在上诉理由陈述中提出了新的主请求，主请求的权利要求 1 与审查部门收到的主请求的权利要求 1 相同。上诉人请求撤销审查部门的驳回决定。审查部门认为定义两种或更多种治疗用途的物质或组合物的权利要求和针对相同物质或组合物的相同治疗用途的瑞士型权利要求属于同一主题，因为这两个权利要求涉及以不同形式要求保护同一发明，因此基于禁止重复授权驳回本申请。

上诉人认为：已授权的母案和本申请的权利要求涉及不同的主题。母案和本申请的权利要求的范围显然是相关的，但基于对《EPO 审查指南》的理解，要主张同一主题，权利要求的范围必须基本相同。母案的权利要求是用途限定的方法权利要求。相比之下，本申请的权利要求是用途限定的产品权利要求。针对物质或组合物的两种或更多种治疗用途的权利要求，与针对相同物质或组合物的相同治疗用途的产品权利要求，并不针对同一主题。它们可能针对的是同一发明概念，但它们的范围明显不同。由于上述原因，二者权利要求在范围上具有明显的区别，因此并不针对相同的主题。

扩大上诉委员会认为："要求保护的发明的主题涉及两个方面：第一，权利要求的类别或类型；第二，技术特征。这二者构成了其技术主题。"在本案中，必须确定的是由其类别与其技术特征相结合的权利要求的主题是否与母案授予专利的权利要求的主题相同。

关于类别，母案的权利要求 1、24、25 是瑞士型权利要求。[①] 这些权利要求采用“使用 X 来制造治疗 Y 的药物”的形式，即它们是用途限定的方法权利要求。主请求的权利要求采用“用于治疗 Y 的 X”的形式，可理解为用途限定的产品权利要求。因此，母案授权的权利要求的类别和作为主请求待决的权利要求的类别是不同的。关于技术特征，两组权利要求都定义了相同的化合物和相同的治疗用途，但母案的权利要求还包括药物的制备，而主请求的权利要求则不包括。因此委员会得出的结论是，母案的权利要求和本申请主请求的权利要求所主张的主题不同。

禁止重复授权的做法仅限于针对由相应权利要求的主题所定义的同一发明的专利和申请，因此仅限于理论上赋予相同保护范围的权利要求，授权专利的保护程度是由权利要求的类别和技术特征所确定的。本案所考虑的权利要求属于不同类别，即用途限定的方法权利要求与用途限定的产品权利要求，并且至少在一项技术特征上存在差异。人们普遍认为，对特定物理活动（例如方法、过程、用途）的权利要求所提供的保护少于对物理实体本身的权利要求。由此可见，用途限定的方法权利要求所提供的保护也少于用途限定的产品权利要求。因此，根据本申请主请求要求保护的发明所寻求的保护范围明显不同于母案的权利要求 1、24 、25 所赋予的保护范围。

综上，委员会的结论是，根据本申请主请求的权利要求 1 授予专利不会导致重复授权。因此上诉是可接受的，驳回决定被撤回。

通过这个判例可以看出，禁止“重复授权”局限于对应权利要求的主题限定相同发明的专利和申请，因此局限于理论上限定相同保护范围的权利要求，上诉委员会认为没有依据将其扩展到覆盖定义不同保护范围的主题上。在解读权利要求时，权利要求的类别及其技术特征构成了其主题并且决定了所限定的保护范围。

在判断权利要求的技术主题是否相同的过程中，具体来说可以包括类别判定和技术特征判定。首要需要判断权利要求的类别是否相同。权利要求的类别主要包括方法和产品（如设备、装置、系统等）。如果权利要求的类别不同，则可以直接判断它们的技术主题不相同。

这种判断方式同样适用于我局的重复授权判定，即便两件申请涉及同样的发明创造，但是只要其中一件申请的权利要求是涉及该发明的方法，而另一件申请的权利要求涉及该发明的产品，则二者的保护主题是不同的，保护范围不

① 具体解释可参见第三章第一节第四（八）小节。

相同，不构成重复授权。并且在同一待决申请中，对同一发明既申请了方法权利要求，又申请了产品权利要求，二者权利要求的类别不同，保护范围不相同，对该待决申请授予专利权时，同样也不存在重复授权。

（2）权利要求技术特征的判定

在权利要求主题类别相同的情况下，需要进一步比较权利要求的具体技术特征。技术特征包括但不限于结构特征、步骤特征、功能特征、材料特征等。具体判定时，需要逐项对比各权利要求的技术特征，看它们是否在实质上构成相同的技术主题。这种对比不仅包括措辞上的对比，还需要考虑技术特征在整体技术方案中的作用和效果。

特别是对于母案申请和分案申请，《EPO 审查指南》指出："母案申请和分案申请不得主张相同的主题，即使措辞不同也不可以。两个申请所要求保护的主题之间的差异必须能够清楚地区分。但是，一般来说，一个申请可以要求自己的主题与另一个申请的主题相结合。换言之，如果母案申请和分案申请分别要求独立且不同的要素（如 A 和 B），这些不同要素可以组合在一起发挥作用，则两个申请中的一个也可以包括对 A 和 B 主张的权利要求。"① 在母案申请和分案申请要求保护的权利要求的主题类别相同时，两个申请的权利要求中技术特征的解读对判定是否为相同主题显得尤为重要。

以下通过《欧洲专利局上诉委员会判例法》的判例 T 587/98 进行说明。该上诉对审查部门驳回欧洲专利申请 EP95100700.4 号的决定提出异议，本申请（即 EP95100700.4）是作为欧洲专利申请 EP91115600（公开号 EP0475452B1）的分案申请提交的。驳回的理由是，本分案申请的主题与母案申请授权专利的主题重叠，并且在重叠区域中，同一主题被要求两次。

上诉人在上诉中提出了主请求的权利要求 1 ~ 7（与驳回时针对的权利要求相同）和辅助请求的权利要求 1 ~ 7，请求根据这些权利要求授予专利。

本分案申请的独立权利要求如下：

1. 一种数据存储装置，包括基底（101、201a、251）和形成在所述基底上的光或磁光记录层（104、203、252），所述数据存储装置的特征还包括：包含大于约 65% ZrO_2的非晶或近非晶 ZrO_2层（102、106、204、153），所述 ZrO_2层形成在所述记录层（102、106、204、253）之上或形成在所述记录层（102、106、204、253）和所述基底（101、201a、251）之间，其中所述 ZrO_2层中的

① Guidelines for Examination in the European Patent office, March 2024 edition, Part C, Chapter IX, 1.6 Claims.

微晶（如果有的话）小于或约等于10A，所述 ZrO_2 层（102，106，204，233）还包含稳定剂和金属氧化物，所述金属氧化物在本体 ZrO_2 中基本上没有固溶度，并且其量小于所述 ZrO_2 层的约 30%。

4. 一种用于制造数据存储器件的方法，包括在基底（101、201a、251）上形成光学或磁光记录层（102、106、204、253）的步骤，所述方法的特征还包括：在所述记录层（102、106、204、253）上方或在所述记录层（102、106、204、253）和所述基底（101、201a、251）之间，其中所述 ZrO_2 层中的微晶（如果有的话）小于或约等于10A，所述 ZrO_2 层（102、106、204、253）还包含稳定剂和金属氧化物，所述金属氧化物在本体 ZrO_2 中基本上没有固溶度，并且其量小于所述 ZrO_2 层的约 30%。

母案授权的独立权利要求如下：

1. 一种用作数据存储器件的结构，包括基底（101）、形成在所述基底上的第一介电层（102、106），以及形成在所述第一介电层上的磁光层（104），以及形成在所述磁光层（104）上的第二介电层（102、106），其特征在于所述第一介电层和第二介电层中的至少一个是非晶或接近非晶的并且包含大于约 65% 的 ZrO_2，其中 ZrO_2 微晶（如果有的话）具有小于或约等于 10A 的尺寸、稳定剂和在本体 ZrO_2 中基本上不具有固溶性的金属氧化物，所述金属氧化物比所述至少一层的重量少约 30%。

11. 一种用于形成数据存储器件的方法，包括以下步骤：在基底（101）上沉积第一介电层（102、106）；在所述第一介电层上形成磁光层（104）；以及形成在所述磁光层（104）上的第二介电层（102、106），其特征在于所述第一和第二介电层中的至少一个是非晶或接近非晶的并且包含大于约 65% 的 ZrO_2，其中 ZrO_2微晶（如果有的话）具有小于或约等于10A 的尺寸、稳定剂和在本体 ZrO_2 中基本上不具有固溶性的金属氧化物，所述金属氧化物比所述至少一层的重量少约 30%。

争议的事实在于母案授权的权利要求 1 限定了一种除了基底之外还包括三层的结构：形成在所述基底上的第一介电层、形成在所述第一介电层上的磁光（记录）层以及形成在所述磁光层上的第二介电层，所述三层都必须存在。而分案申请的权利要求 1 限定了除基底之外还包括（至少）两层：可以是光学层或磁光层的记录层，以及可以形成在记录层上或记录层和基底之间的介电层。

据此上诉人认为本分案申请的权利要求与母案专利的权利要求范围不同。母案专利的权利要求是要求基底上有三层夹层结构，其中记录层必须是磁光层，而分案申请的权利要求只要求基底上有两层，并且记录层可以是光学层或磁光层。分案申请的权利要求的保护范围比授予母案专利的权利要求的保护范围更广泛，因此不属于同一发明。因此，《EPO 审查指南》中规定的所谓“禁止重复授权”并不适用于本案。

上诉委员会认为权利要求之间的相关关系可以表达为母案的权利要求主张 AB（A 与 B），而分案主张 A（隐含包含或不包含 B）。审查部门将母案权利要求 1 中明确要求保护的主题 AB 视为分案权利要求 1 中所隐含要求的主题 AB，因此根据这种观点，对分案授权就相当于授予同一发明的第二项专利。

《EPO 审查指南》指出：“母案申请和分案申请不得主张相同的主题，即使措辞不同也不可以。两个申请所要求保护的主题之间的差异必须能够清楚地区分。但是，一般来说，一个申请可以要求自己的主题与另一个申请的主题相结合。换言之，如果母案申请和分案申请分别要求独立且不同的要素（如 A 和 B），这些不同要素可以组合在一起发挥作用，则两个申请中的一个也可以包括对 A 和 B 主张的权利要求。”① 需要指出的是，上述指南中提到的情况与本案中的案例并不完全相同，其中 B 不是独立且不同的元素，而是第二介电层特征，不能单独提出权利要求，因此本案中的权利要求不属于指南中所述的“冲突”权利要求。事实上，连续申请中 A 和 AB 的权利要求是当发明随后通过添加特征 B 进一步发展时普遍存在的情况。在先申请已预先公布并且 AB 代表发明，尽管实施 A 的修改版本（即 AB）的未经许可的用户将侵犯两项专利（双重危险），但向同一所有人授予两项专利被视为无可例外。如果在先申请未预先公布，即使 AB 是 A 的明显变体，也可以授予专利。

综上，上诉委员会的结论是，鉴于《欧洲专利公约》没有明示或暗示的规定禁止这种“重叠”的情况，那么就是允许的。

通过上述判例可以看出，当分案申请和母案申请的保护范围仅部分重叠时，不应因为这一事实认为申请人通过分案申请获得的利益是不合法的。这种部分重叠不构成拒绝授予分案申请专利权的正当理由。申请人在获得与已授权的母案专利不同但部分重叠的保护范围时，所取得的利益被认为是合法的。《欧洲专利公约》中没有明示或暗示的规定禁止分案申请中的独立权利要求与母案申请中的独立权利要求存在特定关系，因此，分案申请中的独立权利要求，即使与母案申请中的独立权利要求有部分重叠，也并不会因为这种重叠关系而被《欧

① Guidelines for Examination in the European Patent office, March 2024 edition, Part C, Chapter IX, 1.6 Claims.

洲专利公约》所禁止。在《欧洲专利公约》的框架下，如果母案申请和分案申请的保护范围部分重叠，这并不会导致分案申请的驳回。因而，在类别相同的权利要求中，如果两件申请存在技术特征重叠部分，但也存在明显不同的技术特征，则二者的保护范围不同，不属于相同的主题。

我局在审查过程中，对于判断两件申请是否涉及相同主题时，如果两件专利申请的权利要求类别相同且存在技术特征的重叠，但也包含不同的技术特征，将仔细分析这些不同技术特征之间带来的差异，如果不同的技术特征导致两件申请实质保护范围整体上不同，则这两件申请通常不会被视为涉及相同的主题。例如权利要求中以连续的数值范围限定的技术特征，其连续的数值范围与另一件发明专利申请或专利的权利要求中的数值范围不完全相同的，则不属于同样的发明创造，不构成重复授权。

三、重复授权的规避方式

《EPO 审查指南》指出，"允许申请人提出两份具有相同描述但不主张相同主题的申请。如果同一申请人有两个或多个欧洲申请指定相同的一个或多个国家，并且这些申请的权利要求具有相同的申请或优先权日期并且涉及相同的发明，则应要求申请人执行以下其中一项：修改一项或多项申请，使申请的权利要求的主题不相同，或撤回重复的指定，或选择对这些申请中的某一项进行授权。"①

基于对指南上述内容的理解，下面将针对容易出现重复授权问题的情况，即同一申请人对相同或实质上相同的发明提出了多个欧洲专利申请的情况提出具体的规避建议。

（一）同一天提交两件申请或优先权申请及其在后申请

针对同一申请人对同样的发明在同一天提交的两件申请，或同一申请人对相同的发明提交的优先权申请及其在后申请，基本原则是不得将两项要求相同保护范围的专利授予同一申请人，以避免重复授权。因此要确保两件申请要求保护的主题不同。

申请人在提交两件申请时，应尽量确保它们的权利要求范围截然不同，并且应针对不同的发明或同一发明的不同的主题，如产品或方法等。这意味着在撰写权利要求时，需要明确区分每个申请的权利要求的保护范围。

---

① Guidelines for Examination in the European Patent office, March 2024 edition, Part G, Chapter Ⅳ 5.4 Double patenting.

如果存在两个或多个具有相同优先权日期且涉及相同发明的申请，申请人应当修改一项或多项申请的权利要求，以确保它们不再要求相同的发明。具体可以通过以下方式实现：

1）对其中一个申请的权利要求进行限制或删减，使其不再与另一个申请的权利要求重复。

2）引入新的特征或技术方案，以确保每个申请的权利要求都有所不同。

3）在无法通过修改权利要求消除重复的情况下，申请人应选择其中一个申请继续进行，并放弃其他申请。

在中国，如果存在同一天提交的两件申请或优先权申请及其在后申请且涉及相同发明，申请人应采取措施确保它们的权利要求不再相同：主要通过限制或删减权利要求、引入新的技术特征或技术方案，或选择继续其中一个申请等方式，这与避免欧洲专利重复授权的修改方式基本相同。

（二）母案申请和分案申请

母案申请和分案申请不得要求相同的主题，二者不能包含实质上相同保护范围的权利要求。

可以通过以下措施来进行规避：

1）明确区分主题：在母案申请和分案申请中，明确区分它们的主题和保护范围。具体可以通过以下方式实现：在分案申请中，引入新的技术特征或不同的实施方案，以确保其权利要求与母案申请的权利要求不同。避免权利要求措辞略微不同，但保护范围实质相同的情形，如在分案中将母案申请的权利要求隐含公开内容明确阐明，但保护范围实质相同。

2）调整权利要求的保护范围：调整母案和分案申请的权利要求，以确保每个申请的保护范围独立且清晰。可以通过增加或删除某些技术特征来调整权利要求的内容和范围来实现。

为了避免重复授权，申请人在撰写权利要求时，应明确区分每个申请的保护范围，确保每个申请的保护范围明确且清晰。对于母案和分案申请，申请人应确保它们不要求相同的主题。

在中国，为了避免母案与分案申请之间的重复授权，采用与上述类似的做法。申请人需要在撰写和修改权利要求时进行仔细的规划和调整。可以通过引入新的技术特征或方案、增加或删减权利要求的某些技术特征来明确区分，从而确保母案申请和分案申请的权利要求保护范围不相同，避免重复授权的问题。

第二节 美　国

一、相关法律规定概述

美国有关重复授权的相关法条如下：

美国《专利法》	中国《专利法》
第101条： 任何人，就其发明或发现任何新的且有用的方法、机器、产品或物质的组分，或者其他任何新的且有用的改进，可以获得一项专利，只要该发明或发现也满足本法的其他规定。①	第9条： 同样的发明创造只能授予一项专利权。但是，同一申请人同日对同样的发明创造既申请实用新型专利又申请发明专利，先获得的实用新型专利权尚未终止，且申请人声明放弃该实用新型专利权的，可以授予发明专利权。 两个以上的申请人分别就同样的发明创造申请专利的，专利权授予最先申请的人。

在美国专利制度中，对于不同申请人（发明人）就同一发明提出申请的情况，根据抵触程序（interference）或新颖性来处理；对于同一申请人（发明人）就相同发明提出两件以上申请的情况，根据重复授权程序来处理。

根据美国《专利法》的规定，当在先专利的排他权权利期限因为涉及同样发明的在后的专利授权而被不正当地延长的时候，就造成了重复授权（double patenting）。禁止重复授权的法律依据来自美国《专利法》第101条，即无论是谁作出的一项新的发明，他只能获得一项专利权。其立法宗旨是防止不合法地延长一项专利的排他权期限，使其超过了其法定期限。

公众认为，当一项专利权期限届满之后，公众不仅可以自由使用该专利所要求保护的发明，而且在该发明作出时，本领域技术人员在考虑了本领域的技

① Inventions patentable

Whoever invents or discovers any new and useful process, machine, manufacture, or composition of matter, or any new and useful improvement thereof, may obtain a patent therefor, subject to the conditions and requirements of this title.

能以及该专利所要保护的发明之外的其他现有技术之后认为是本发明的显而易见的改进或者变型，公众也有权自由使用。公众正是基于这样的认识而规范他们的行为。因此如果对一项发明以及该发明的显而易见的改进或者变型先后进行了两次甚至是多次授权，就使得第一个授权专利的排他权期限因为其后的相同发明或者其显而易见的改进或者变型的专利授权而不断延长，从而排除了公众在第一个授权专利期限届满之后自由使用该发明以及该发明的显而易见的改进或者变型的权利，这对科技进步是没有益处的。这种针对一项发明或者该发明的显而易见的改进或者变型先后进行了两次甚至是多次授权就是美国《专利法》意义上的重复授权。

其中在一项发明获得授权之后，禁止对其再次或者多次授权的情况符合美国《专利法》第 101 条的定义，因此称之为法定重复授权；在一项发明获得授权之后，禁止对其显而易见的改进或者变型先后进行授权依据的是美国《专利法》第 101 条这一法律条款背后的立法本意，因此称之为非法定重复授权。

法定重复授权和非法定重复授权所要考虑的是待审查申请是否是一项专利的同一发明或者其显而易见的改进或者变型。但是如果待审查的申请是另一项未决申请的同一发明或者其显而易见的改进或者变型时，这两项申请仅仅是存在重复授权的可能，因此称之为临时的法定重复授权或者临时的非法定重复授权。

美国专利保护类型包括实用（发明）专利、植物专利、外观设计三种，没有实用新型。重复授权不仅可能存在于一项实用（发明）专利申请与另一项实用（发明）专利/申请之间（称之为实用—实用类型），而且可能存在于一项实用（发明）专利申请与另一项植物专利/申请之间（称之为实用—植物类型），或者存在于一项实用（发明）专利申请与另一项外观设计专利/申请之间（称之为实用—外观类型）。

不过需要注意的是，如果审查员对一项申请提出了分案要求，表明审查员认为该申请中存在着彼此之间从专利性角度而言可以区分的多项不同发明。因此当申请人根据审查员发出的分案通知书而将原本在一项申请中提出的多项权利要求分成多项申请之后，美局审查员不能再以这些申请彼此之间属于一项发明或者其显而易见的改进或变型为理由而作出重复授权驳回。

综上所述，美国《专利法》重复授权原则的制定在于避免专利权人在专利期限到期之后仍然不公平地延长其专利权的使用期限，而影响公众在专利权人的专利到期后对专利权的使用。换言之，美国《专利法》重复授权原则强调的是公共利益，即公众在专利权人的专利权到期之后不但能够使用专利文件中技术方案的限定内容，而且有权在专利期限结束之后自由地使用基于专利权而产生的进步和变型。简而言之，美国的专利重复授权原则强调的是公共利益高于个人利益，在特定期限内保障专利权人的专利权，而一旦专利期限届满则强调公众的利益至上，从某种程度上来看，这一做法也有利于推动社会的进步和发展，能够最大限度地发挥专利对经济发展的促进作用。

二、重复授权的类型

禁止重复授权是防止在先发明的排他权期限因在后的同样的发明授权而不正当地延长并超过了法定期限。美国禁止重复授权的类型包括法定重复授权和非法定重复授权两种。

（一）法定重复授权

在一项发明获得授权后，禁止对同样的该发明再次或者多次授权依据的是美国《专利法》第101条，故称之为法定重复授权（statutory double patenting）。美国《专利法》第101条由《1952年专利法案》引入，规定了一项发明获得专利的条件："任何人，就其发明或发现任何新的且有用的方法、机器、产品或物质的组分，或者其他任何新的且有用的改进，可以获得一项专利，只要该发明或发现也满足本法的其他规定。"其中的"一项"被解释为专利权人就一项特定的发明仅能获得一件专利，这就是美国禁止重复授权原则在制定法上的来源，实际上确立了"一发明一专利"的原则，以控制专利排他权的合理期限，促进专利保护与公众利用间的平衡。因此，法定重复授权也称之为同样发明重复授权。①

根据美国相关法律法规的要求，法定重复授权中，申请和专利的发明人或受让人之间必须存在如下特定关系：申请和专利具有共同的发明人实体；或者申请和专利的发明人实体之间具有至少一名共同的发明人；或者申请和专利具有共同的受让人/所有人；或者申请和专利不具有共同的受让人/所有人，但是在他们的受让人/所有人之间有联合研究协议。其中所述的"联合研究协议（简称JRA）"的含义是，为了在所要求保护的发明的技术领域中进行实验、研发或者研究工作，而在两方或者多方之间达成的书面合同、授权或者合作协议。假如没有证据表明申请和专利之间的发明人或受让人有上述的关联，则即使保护范围完全一样，也不考虑重复授权，这是和我国制度很大的一个区别。

① 徐媛媛．禁止重复授权法律适用研究［R］．国家知识产权局学术委员会2022年度专利专项研究项目，课题编号：Y220505，2022：18.

法定重复授权适用权利要求保护范围相同的两件专利或专利申请，这与中国《专利法》第9条中禁止重复授权规定的“同样的发明创造只能授予一项专利权”的含义相同，即申请人针对单一发明，提出两项不同的专利申请，且两项专利申请存在至少一项权利要求保护范围相同时，即权利要求实质同一，则构成同样发明重复授权（“法定重复授权”不考虑部分重叠，部分重叠适用于“非法定重复授权”①）。

法定重复授权的判断重点在于，在涉及法定重复授权的申请和专利之间，是否具有实质同一的权利要求，这种相同并不要求具有完全相同的文字或者术语。例如，具有卤素取代基化合物限定的权利要求，与具有除了将卤素取代基替换为氯取代基而其他成分相同的化合物限定的权利要求并不是实质相同的同一主题，这是因为，卤素的范围大于氯的范围。另外，虽然权利要求的表述不同，但实质仍然也可能是相同的同一主题。例如，限定为具有100cm长度的权利要求与限定为具有1m长度的权利要求为实质上相同的发明。

（二）非法定重复授权

非法定重复授权是指两项权利要求不属于“相同的发明”，但至少一个被审查的权利要求与对应的权利要求存在专利上的不可区分性，因为基于对应的权利要求的预期或显而易见变化可以得到被审查的权利要求。

非法定重复授权没有在美国《专利法》及其实施细则中予以规定，仅存在于MPEP规定中，是典型的法官制法的概念和规定，秉承了法定重复授权的立法宗旨，禁止对发明显而易见的改进或者变型进行授权的依据是判例法所阐述的法理原则，将重复授权权利要求之间的比较由完全相同的同一扩展到显而易见，由此扩展了禁止重复授权的范围，故称之为非法定重复授权（non－statutory double patenting）。MPEP阐述了重复授权设立的司法理论在于阻止一项专利权到期后的不公平的延长，该司法理论背后的公共利益准则是指：公众能够假定在专利权期限届满之后，不仅可以自由地使用该专利所要求保护的发明，还可以自由地使用对于本领域技术人员来说在完成发明时，考虑了本领域的技能以及该专利所要保护的发明之外的其他现有技术后认为本发明的显而易见的改进或者变型，公众正是基于这样的认识而规范他们的行为。因此，如果对一项发明以及该发明的显而易见的改进或者变型先后进行了两次甚至多次授权，就使得第一件授权专利的排他权期限因为其后的相同发明或者其显而易见

① 具体参见下一小节。

的改进或者变型的专利授权而不断延长，从而排除了公众在第一个授权专利期限届满之后自由使用该发明以及该发明的显而易见的改进或者变型的权利，可见，非法定重复授权的立法宗旨在于避免发明人或专利拥有者不正当地延长其专利保护期限的目的，保障公众可自由地利用到期专利及其改进的权利。非法定重复授权是基于建立在公共利益准则上创立的司法理论提出的，以便防止不公正或不正确地从时间上延长专利授权的排他权。[①]

基于上述的立法宗旨，非法定重复授权中，申请和专利的发明人/受让人之间的特定关系要求与法定重复授权完全相同：申请和专利具有共同的发明人实体；或者申请和专利的发明人实体之间具有至少一名共同的发明人；或者申请和专利具有共同的受让人/所有人；或者申请和专利不具有共同的受让人/所有人，但是在他们的受让人/所有人之间有联合研究协议。从法定重复授权和非法定重复授权的美国相关法律的要求来看，若多个申请主体或者是专利主体存在共同交集部分，就认定为属于重复授权，若不存在交集，而存在主体对两件或者两件以上的专利有着共同研究的，也属于重复授权。

三、可导致重复授权的情形

根据美国《专利法》第 101 条和 MPEP，可以推知：在两个或多个未决申请之间，或一个或多个未决申请与一项专利之间，可能会出现重复授权的问题。在复审程序中，被复审的专利权利要求与一项或多项申请和/或专利的权利要求之间，同样可能出现重复授权的问题。重复授权不涉及尚未进入美国国家阶段的国际申请。

（一）在已颁发的专利与一项或多项申请之间

已颁发的专利和一项申请具有共同的发明实体、至少一个共同发明人、一个共同申请人和/或共同所有人/受让人，它们之间可能存在重复授权。如果专利和申请中要求保护的发明是在美国《专利法》第 102（c）条或美国《专利法》第 103（c）（2）和（3）条所定义的联合研究协议范围内开展的活动的结果，则也可能存在重复授权。由于发明人/申请人/专利权人已经获得了第一项专利的授权，必须审查确定第二项专利的授予是否会导致第一项专利权的不合理扩展。

① 徐媛媛．禁止重复授权法律适用研究［R］．国家知识产权局学术委员会2022年度专利专项研究项目，课题编号：Y220505，2022：19.

其中美国《专利法》第102（c）条[1]规定如下：

联合研究协议下的共同所有权——所披露的主题和要求保护的发明应被视为由同一人拥有，或在应用（b）（2）（C）款的规定时承担转让给同一人的义务，如果——

（1）所公开的主题是由在要求保护的发明的有效申请日或之前有效的联合研究协议中的一个或多个当事人或代表一个或多个当事人开发的，并且要求保护的发明；

（2）要求保护的发明是在联合研究协议范围内进行的活动的结果；和

（3）要求保护的发明专利申请公开或者修改公开了联合研究协议当事人的名称。

其中美国《专利法》第103（c）（2）和（3）条[2]规定如下：

（2）就本款而言，由他人开发的主题和要求保护的发明，应被视为属于同一人所有或者承担向同一人转让的义务，如果——

（A）要求保护的发明是由联合研究协议的各方或其代表作出的，该协议在

---

① 35 U. S. C. 102 Conditions for patentability; novelty.

（c）COMMON OWNERSHIP UNDER JOINT RESEARCH AGREEMENTS. —Subject matter disclosed and a claimed invention shall be deemed to have been owned by the same person or subject to an obligation of assignment to the same person in applying the provisions of subsection（b）（2）（C）if—

（1）the subject matter disclosed was developed and the claimed invention was made by, or on behalf of, 1 or more parties to a joint research agreement that was in effect on or before the effective filing date of the claimed invention;

（2）the claimed invention was made as a result of activities undertaken within the scope of the joint research agreement; and

（3）the application for patent for the claimed invention discloses or is amended to disclose the names of the parties to the joint research agreement.

② 35 U. S. C. 103（pre – AIA）Conditions for patentability; non – obvious subject matter.

（2）For purposes of this subsection, subject matter developed by another person and a claimed invention shall be deemed to have been owned by the same person or subject to an obligation of assignment to the same person if—.

the claimed invention was made by or on behalf of parties to a joint research agreement that was in effect on or before the date the claimed invention was made;

the claimed invention was made as a result of activities undertaken within the scope of the joint research agreement; and

the application for patent for the claimed invention discloses or is amended to disclose the names of the parties to the joint research agreement.

（3）For purposes of paragraph（2）, the term "joint research agreement" means a written contract, grant, or cooperative agreement entered into by two or more persons or entities for the performance of experimental, developmental, or research work in the field of the claimed invention.

要求保护的发明作出之日或之前有效;

(B) 要求保护的发明是在联合研究协议范围内开展的活动的结果; 和

(C) 要求保护的发明的专利申请公开或者修改公开了联合研究协议各方的名称。

(3) 就第 (2) 款而言,“联合研究协议”一词是指由两个或两个以上个人或实体在要求保护的发明领域签订的书面合同、赠款或合作协议,以进行实验、开发或研究工作。

(二) 在共同待决的申请之间——临时驳回

两个或更多的待决申请:它们涉及相同的发明实体、至少有一个共同发明人、一个共同申请人和/或一个共同所有人或受让人,或者这些申请是在美国《专利法》第102 (c) 条或 美国《专利法》第103 (c) (2) 和 (3) 条定义的联合研究协议范围内开展的活动所产生的,如果其中一项申请成为专利,就会引发重复授权问题。如果这个问题可以在不违反申请的保密状态(美国《专利法》第122条[①])的情况下得以解决,则法院批准以下做法:让申请人意识到如果其中一个申请成为专利可能会出现重复授权的问题,允许审查员以重复授权为由作出临时驳回决定。

未公布的申请可以作为重复授权的参考文献,只要它们与正在审查的申请至少有一个共同发明人、申请人、受让人或所有人,或被视为共同拥有,而不违反美国《专利法》第122条所要求的保密状态。这种临时驳回无须等待第一个专利公布即可作出。审查员应作出并维持基于重复授权的临时驳回,直到驳回理由被消除或不再适用,具体如下:

1. 临时非法定重复授权驳回

对非法定重复授权驳回(non - statutory double patenting rejection, NSDP)的答复可以是申请人提供的答复,表明被驳回的权利要求与参考权利要求不同;也可以是根据美国《专利法实施细则》第1.321条[②]在未决申请中提交末期放弃声明[③],并对审查意见书进行答复。即使非法定重复授权驳回是临时的,也需要这样的回复。否则的话,该申请不得被授权。

---

① 35 U. S. C. 122 Confidential status of applications; publication of patent applications.

② 1. 321 Statutory disclaimers, including terminal disclaimers.

③ 末期放弃声明是一份法律文件,是用于确保如果在待审查的申请授权之后,其专利权期限将与涉及非法定重复授权的另一专利的专利权期限或者涉及非法定重复授权的另一申请在授权情况下的专利权期限同时届满,以避免不合理地延长待审查的专利申请在授权情况下的专利权期限,或者说避免涉及相同主题的两个或者多个专利具有不同的专利权期限届满日。具体内容可参见本章第二节第五(二)小节。

如果提交了两份（或更多）未决申请，其中每份申请都以临时非法定重复授权为由驳回一项要求保护的发明，则每份申请均将被临时驳回。如果有三份包含相互冲突的权利要求的申请，每份申请都因其他两份申请而被临时驳回，并且需要提交末期放弃声明才可以克服驳回，则仅在其中一份申请中提交末期放弃声明是不够的，至少需要在两份申请中提交适当的末期放弃声明。在某些特殊情况下，这三份申请中的每一份可能都需要末期放弃声明。

2. 临时法定重复授权驳回

法定重复授权驳回不能通过提交末期放弃声明来避免，但可以通过删除或修改相互冲突的权利要求来克服，从而使得这些权利要求的保护范围不再相同。对法定重复授权驳回的答复可以是通过答复来阐明被驳回的权利要求与相关权利要求不同，也可以是修改或删除相互冲突的权利要求。根据美国《专利法》相关规定，申请人的答复必须提出论据，指出权利要求（包括任何修改或新提出的权利要求）与相关权利要求的具体区别。即使法定重复授权的驳回是临时的，也需要申请人作出这样的回复。

如果临时法定重复授权驳回是待决申请中唯一的驳回理由，并且该申请的申请日晚于或同于至少一项相关参考申请的申请日，则应该维持驳回，直至申请人克服重复授权这一问题。根据美国《专利法实施细则》第 1.111（b）条[①]，申请人的答复必须提出论点，指出具体的区别，这些区别被认为使得权利要求（包括任何修改或新提出的权利要求）相对于相关参考申请具有可专利性。

（三）在一份或多份申请与已公布的申请之间

如果已公布的专利申请与当前申请共享同一发明实体、至少一个共同发明人、一个共同申请人和/或共同所有人/受让人，就可能存在重复授权。如果已公布的申请和当前申请涉及美国《专利法》第 102（c）条或美国《专利法》第 103（c）（2）和（3）条规定的联合研究协议范围内开展的活动所产生的发明，也可能存在重复授权。

如果已公布的申请尚未作为专利颁发，则在已公布的申请中尚未被放弃且未决的权利要求与正在审查的申请的权利要求相冲突的情况下，审查员可以重复授权为由作出临时驳回决定。

（四）复审程序中

如果相关专利或申请与复审专利共享同一发明实体、至少一个共同发明人、

① 1. 111 Reply by applicant or patent owner to a non – final Office action.

一个共同申请人和/或共同所有人/受让人，则可能存在重复授权。如果复审专利是在2004年12月10日或之后授予的，相关文献和复审程序中要求保护的发明的主体在根据美国《专利法》第102（c）条或美国《专利法》第103（c）（2）和（3）条规定的联合研究协议范围内，并且联合研究协议的证据已记录在正被复审的专利或复审程序中，同样可能存在重复授权。如果复审专利是在2004年12月10日之前颁发，则不能以此为基础进行重复授权的驳回。

根据美国《专利法》第102（b）（2）（C）条[①]规定的现有技术例外或根据美国《专利法》第103（c）条[②]规定的不符合现有技术资格，通常不能用于克服重复授权驳回，无论是法定重复授权驳回还是非法定重复授权驳回。但是，由于用作非法定重复授权驳回的显而易见性分析的参考文献必须是现有技术，因此根据美国《专利法》第102（b）（2）（C）条规定的现有技术例外的参考文献不能作为非法定重复授权驳回的参考文献。

四、重复授权的判定

当作出重复授权驳回决定时，它必须基于法定理由或非法定理由，所采用的驳回理由取决于所要求保护的发明之间的关系。

如果申请的权利要求与一项专利的权利要求相同，则根据美国《专利法》第101条被禁止重复授权。因为，基于“同一发明”的重复授权的驳回可以得到该条款的支持。此处“同一发明”指的是针对相同主题的发明。

如果申请的权利要求与一项专利的权利要求不“相同”，但对申请中的权利要求进行授权会不公正地扩展该项专利所授予的权利，则基于非法定理由进行重复授权的驳回。

但是，应审查员在母案申请中根据美国《专利法》第121条[③]提出的限制要求，将要求保护的主题在分案申请中提出，该情况一般不允许重复授权驳回。

因此在确定是否进行重复授权驳回时，必须确定以下几点：1）是否存在法定依据；2）是否存在非法定依据；3）是否存在根据美国《专利法》第121条规定的禁止非法定重复授权驳回的分案申请。

（一）法定重复授权的判定

法定重复授权的判断重点在于，在涉及法定重复授权的申请和专利之间，是否具有实质相同的权利要求。实质相同是指两项权利要求所使用的语言或者

---

① 35 U. S. C. 102 Conditions for patentability; novelty.

② 35 U. S. C. 103 (pre - AIA) Conditions for patentability; non - obvious subject matter.

③ 35 U. S. C. 121 Divisional applications.

术语可以不同，但是涉及相同主题（identical subject matter）。MPEP 给出了基于字面侵权的判断原则：申请的权利要求是否会被专利字面侵权，而此时专利却不会被申请的对应权利要求造成字面侵权；或者对于所涉及的两项发明来说，是否存在一个落入一项发明的权利要求范围中，却不会落入另一项发明对应的权利要求范围中的技术方案。如果存在这样的技术方案，就不构成法定的重复授权。例如前面讲的这个例子，申请的权利要求限定了带有卤素取代基的化合物 A，而专利的权利要求限定的化合物 B 除了带有氯取代基之外与申请的权利要求的化合物 A 相同，此时一个除了带有氟取代基之外与申请的权利要求的化合物 A 相同的化合物 C 会对申请的权利要求造成字面侵权，却不会对专利的权利要求造成字面侵权，因此二者不构成法定的重复授权。

以下通过美国海关和专利上诉法院的判例 Virgil W. VOGEL v. Paul W. Vogel，422 F. 2d 438[①] 进行说明。该上诉源于美国专利商标局专利审判与上诉委员会决定驳回上诉人于 1964 年 1 月 16 日提交的专利申请序列号为 338158 中的权利要求 10 和 11，驳回理由是重复授权，涉及的参考文献包括上诉人 1964 年 3 月 10 日颁发的美国专利 3124462 的权利要求和 Ellies Re. 的 US24992 专利（该专利于 1961 年 5 月 30 日再颁），并且本案未提交末期放弃声明。委员会认为本案涉及“同一发明”类型的重复授权申请，即法定重复授权。法院经过审理，对权利要求 10 的重复授权决定予以确认，但认为其不属于法定重复授权，而是非法定重复授权，对权利要求 11 的重复授权则作出撤销决定。法院判决理由如下：

本申请权利要求 10 涉及一种包装肉的方法，内容如下：

10. 一种延长包装肉制品贮藏期限的方法，包括以下步骤：

在环境温度条件下，以基本相当于其出血性温度的鲜肉胴体取出肉；在屠宰后的暴露期间将肉粉碎，而肉的温度介于所述的出血温度和环境温度之间；在 30℃条件下，将碎肉密封在透气性为 0.01×10^{-10} 至 0.1×10^{-10} cc. mm/sec/cm^2/cmHg 的柔性包装材料内。在上述暴露期间和在肉的温度下降到环境温度之前，在所述肉的所述包装之后立即将包装肉的温度迅速降低至低于环境温度的储存温度。

权利要求 11 涉及一种特别的用于牛肉的类似方法。

已授权的上诉人的专利（US3124462，不是现有技术）要求保护一种猪肉加工方法。该专利的权利要求 1 如下：

① Virgil W. VOGEL v. Paul W. Vogel，422 F. 2d 438（1970）.

1. 一种猪肉产品的制备方法，包括以下步骤：

将刚屠宰的动物尸体趁热剔骨，制成精修肉；将从动物尸体上修下的肉在仍然保持温热且新鲜的时候研磨为肉糜；在研磨好的肉糜仍然新鲜且温度高于80华氏度的时候，将肉糜混合。从宰杀动物到将肉糜混合，总用时不得超过3个半小时。最后，将新鲜且温热的精修肉糜填入与空气隔绝的包装中。

现有技术 Ellies（US24992）教导了具有权利要求中所述的透氧范围的肉类包装材料的使用。

首先，同一发明是否被要求保护了两次？美国《专利法》第101条禁止就同一发明授予两项专利。这里的“发明”是指权利要求所定义的内容；“相同的发明”是指相同的主题。对于“相同的发明”的一个很好的检验，并且可能是唯一的客观的检验，是其中一项权利要求是否可以在不侵犯另一项权利要求的情况下被侵犯。如果可以，两项权利要求就不能完全定义为同一发明。如果确定同一发明被要求保护两次，则美国《专利法》第101条禁止授予第二项专利，无论是否存在末期放弃声明。

其次，如果同一发明没有被要求两次，则必须提出下面的问题：申请中要求保护的权利要求是否属于专利中所公开和要求保护的权利要求的明显变体？如果第二个问题的答案是否定的，则不涉及重复授权，也无须提交末期放弃声明。如果答案是肯定的，则需要提交末期放弃声明，以防止垄断在时间上的不当延伸。

现在将上述分析应用到本案中：同一项发明是否被要求两次？

答案是否定的。因为专利权利要求限定的对象为猪肉。而本案权利要求10限定的对象为肉类，权利要求11仅限于牛肉，牛肉和肉类、牛肉和猪肉均不是一回事。

转向第二个问题：申请中要求保护的权利要求是否属于专利中所公开和要求保护的权利要求的明显变体？

对于权利要求11，答案是否定的，该项权利要求定义了一个处理牛肉的过程。上诉的权利要求11中处理对象为牛肉，没有涉及专利中公开和要求保护的猪肉工艺。因此权利要求11并不属于猪肉加工的显而易见的变型。关于猪肉的具体时间和温度考虑可能不适用于牛肉。记录中也没有任何迹象表明两种肉的腐烂特征相似。因此，权利要求11不存在任何类型的重复授权的情况。

对于权利要求10，它列举了一种肉的处理过程。猪肉属于肉的一种。在权利要求10中出现但在专利公开的可用部分中未披露的唯一限制是包装材料的渗透性范围；但这只是 Ellies 所公开内容的显而易见的变型。因此，第二个分析问题的答案是肯定的，并且在没有末期放弃声明的情况下，权利要求10是不允许的。这个结论的正确性可以通过分析权利要求10中肉的定义包括猪肉来证明。因此，如果本申请得到授权，并拥有完整的专利保护期限，这将延长猪肉加工专利的垄断时间。需要进一步指出的是，以相反的顺序来看这些发明，也就是说，虽然首先发布的是范围更大的权利要求，但并不表明在即时申请中与披露和要求的范围更大的（肉类）发明相比，更窄的（猪肉）发明在任何方面都是不明显的。

通过上述判例可以看出法院并不认为在先专利中所公开的猪肉，与本申请中涉及的肉属于同一主题。也就是说，法院认为两者并不属于同样的发明，而属于显而易见的变型，即非法定重复授权的类型。而对于猪肉和牛肉，则不属于显而易见的改变。换句话说，就算在创造性评述中，猪肉的相关处理方法也不能破坏判定对应牛肉的处理方法的创造性。

如果依照我国审查实践，对于本案而言，由于申请和发明的申请日不同，在我国不适用重复授权的判定条件，但即使退一步而言两者申请日在同一天，猪肉和肉类属于上下位概念，猪肉和牛肉是完全不同的概念，因此均不属于同样的发明创造。

（二）非法定重复授权的判定

非法定重复授权是指两项权利要求不属于“相同的发明”，但至少一个被审查的权利要求与对应的权利要求存在专利上的不可区分性，因为基于对应的权利要求的预期或显而易见变化可以得到被审查的权利要求。

判例法所创制的“显而易见形式”的重复授权指专利申请的权利要求限定的发明是同一申请人专利要求保护的发明的显而易见的变化形式，或者所要求保护的主题没有达到授予专利权所要求的不同。此类问题可以通过两步来判断：第一步，解释在先专利或专利申请与在后专利或专利申请的权利要求，确定不同；第二步，确定两个权利要求之间的差别是否可以使权利要求保护的发明具有“可以授予专利权的不同”。专利公开的内容在重复授权分析中不能用作现有技术，但是其可以用于解释权利要求的含义。显而易见形式的重复授权的判断方法类似于创造性中非显而易见性的判断，不同之处在于作为重复授权反对意见基础的专利的公开内容不能视为现有技术。[①]

1. 使用相关专利或申请的公开内容来解释权利要求

当考虑申请的权利要求中定义的发明，是否是专利或共同未决申请的权利

① 徐媛媛. 禁止重复授权法律适用研究［R］. 国家知识产权局学术委员会2022年度专利专项研究项目，课题编号：Y220505，2022：19.

要求中定义的发明预期的明显变体，或者是专利或共同未决申请中定义的发明的明显变体时，相关专利或申请的任何部分都不得被使用，就好像它是现有技术。这并不意味着人们无法使用相关专利或申请的公开内容来理解相关权利要求的含义。说明书可以用作字典来了解权利要求中术语的含义。美国专利商标局不仅根据权利要求的语言来确定专利申请中的权利要求范围，而且还根据说明书给予权利要求最广泛的合理解释，此外，还可以参见说明书中为相关权利要求提供支持的部分。在解决申请中的权利要求是否定义了相关专利或申请中要求保护的发明的明显变体（与相关专利或申请中公开的主题的明显变体不同）的问题时，需要进行审查和考虑为权利要求提供支持的专利或申请中公开的实施例的变体。

为了避免在非法定重复授权分析的背景下将相关专利或共同待审申请中公开的内容不当视为现有技术，必须首先正确解释相关权利要求的范围。可以依赖相关说明书中描述落入相关权利要求范围内的主题的部分来正确解释该权利要求的范围。特别是，在确定相关文献的化合物权利要求范围时，应考虑相关文献的说明书，包括该化合物所公开的所有用途。

在解释相关专利或申请的权利要求时，确定说明书的一部分（包括附图和权利要求）是否对应相关权利要求的范围内的主题。例如，假设相关专利中的权利要求针对化合物属，并且正在审查的申请针对相关专利属内的物种。如果相关专利公开了权利要求范围内相关属的多个物种，则应对该公开部分进行分析，以正确解释相关专利权利要求，并确定其是否预见到或使正在审查的申请中的权利要求变得显而易见。由于相关专利公开的该部分是相关专利权利要求的实施例，因此它可能有助于确定相关专利权利要求的完整范围和明显变化。作为替代示例，假设相关专利中的权利要求针对一类化合物，并且正在审查的申请针对制备该类化合物的方法。进一步假设相关专利公开了一种几乎相同的制备该类化合物的方法。这里，相关专利中公开的制备化合物的方法不落入相关专利中要求保护的化合物种类的范围内。因此，针对制备化合物的方法的公开内容不能用于在非法定重复授权分析的背景下解释对化合物属的权利要求。

2. 预期分析

如果一个申请中的权利要求和已有专利或正在审查的申请中的权利要求内容不同，但在专利上没有实际差别，那么这个申请会因为非法定重复授权被驳回。如果申请中的权利要求能够预见到已有的权利要求，那么这两个权利要求在专利上没有区别。例如，当正在审查的申请中的权利要求包含了另一项冲突专利或申请中所保护的物种或亚属时，这种情况就会出现非法定重复授权问题。

也就是说，相关权利要求的范围完全落入正在审查的权利要求的范围内。在这种情况下，一个新的属专利会不合理地扩大之前针对某个物种或亚属的专利所授予的排他权。这种非法定重复授权申请不需要进行显而易见性分析。具体来说，如果冲突专利或申请中保护的物种或亚属已经预见了正在审查的申请中所保护的属，那么对这个属的专利将不适当地扩展其权利。如果属专利在物种或亚属之后发布，则不能排除授予该物种或亚属专利。

如果正在审查的申请中，权利要求的情况如下：涉及可能与其他专利或申请中的权利要求有冲突的物种或亚属，或者与其他专利或申请中的权利要求范围有重叠，那么需要进行不同的分析。即使在其他专利或申请中的一个或多个潜在冲突的权利要求中存在这些情况，也不能说这些潜在冲突的权利要求就完全预见了所审查的权利要求。因此，这两种情况下都需要进行显而易见性的分析，除非本领域的普通技术人员在阅读完潜在冲突的专利或申请后，立即能想到所审查的申请中要求保护的发明。例如，在属—种关系的情况下，审查员通常需要解释为什么在考虑到潜在冲突的专利或申请中要求保护的属的基础上，选择所要求保护的物种或亚属是显而易见的。

3. 显而易见性分析

非法定重复授权驳回需要进行类似于显而易见性分析的审查，即使相关专利的说明书不是现有技术，它仍可用于解释所申请的权利要求。

非法定重复授权驳回，不是基于预期理由或“不合理的时间延长”理由时，处理方式类似于未能满足美国《专利法》第103条中的非显而易见性要求，但不完全相同。即使专利或共同待审申请的说明书不是现有技术，它们仍可作为解释所申请权利要求的参考。

在基于“显而易见性”进行非法定重复授权分析时，需遵循以下步骤：

1）确定专利权利要求的范围和内容：先了解已经获得专利的权利要求与正在申请的权利要求的具体内容和范围。

2）比较差异：找出专利权利要求与正在申请的权利要求之间的具体差异。

3）确定相关领域的普通技能水平：了解在该技术领域内，一个普通技术人员的知识水平和能力。

4）评估非显而易见性的客观指标：考虑任何能够证明所申请发明不是显而易见的客观证据。

在进行显而易见性分析时，任何非法定重复授权驳回都必须明确以下两点：

1）发明之间的差异：详细说明专利权利要求和申请中权利要求之间的不同之处。

2）显而易见的理由：解释为什么一个普通技术人员会认为申请中的发明只

是专利发明的一个明显变化。

此外，支持非法定重复授权驳回的显而易见性分析所引用的任何参考文献都必须是根据美国《专利法》规定的现有技术。下面介绍单向显而易见判断法和双向显而易见判断法。

（1）单向显而易见判断法

单向显而易见判断法是指申请的权利要求中限定的发明相对于专利的权利要求的发明不具有新颖性或者创造性，而不必考虑专利的权利要求的发明是否相对于申请的权利要求限定的发明不具有新颖性或者创造性，即将授权的申请作为对比对象的专利的在后申请，或者是同日申请，则可以用单向显而易见判断法判断是否是重复授权，即申请中权利要求限定的发明与专利中限定的发明相比是否是显而易见的变化形式。例如申请的权利要求限定了带有卤素取代基的化合物，而专利的权利要求限定的化合物除了带有氯取代基之外与申请的权利要求的化合物相同，此时申请权利要求的化合物被专利权利要求的化合物所占先，因此构成非法定的重复授权。

以下通过判例 In re Joel V. Van Ornum v. Peter L. Stang，686 F. 2d 937① 进行说明。在对 Van Ornum 于 1977 年 8 月 3 日提交的专利申请 821360（即本申请“弹性密封剂组合物”）进行审查期间，审查员基于 1976 年 2 月 3 日颁发的第 3935893 号（’893 专利“汽车轮胎刺破密封剂组合物”）和 1978 年 9 月 12 日颁发的第 4113799 号（’799 专利“汽车轮胎刺破密封剂组合物”），以重复授权驳回了权利要求 1、2 和 4 ~ 7，其中本申请是’799 专利的分案申请。美国专利商标局专利审判与上诉委员会（委员会）维持了驳回决定。Van Ornum 提起上诉。在本案中，’893 专利已转让给 General Motors Corporation，而本申请和’799 专利则属于 Rocket Research Corporation。

委员会对于 ’893 专利和’799 专利与本申请的关系的意见如下：所有三个专利都涉及密封组合物，它们以相同的方式使用。

’893 专利的权利要求以最详细的形式阐述了该组合物，描述了六种成分，包括高分子量和低分子量丁基橡胶、液态聚丁烯、部分氢化弹性嵌段共聚物、炭黑和交联剂。高分子量丁基橡胶与低分子量丁基橡胶的比例具体描述为 60∶40。

’799 专利仅列出了高分子量和低分子量丁基橡胶以及“增黏剂”。从专利说明书中可以看出，液态聚丁烯是优选的增黏剂。权利要求定义了高分子量丁基橡胶与低分子量丁基橡胶的比例在 35/65 至 45/55。

本申请中的权利要求描述了与增黏剂一起使用的相同的高分子量和低分子

① In re Joel V. Van Ornum v. Peter L. Stang，686 F. 2d 937（1982）.

量丁基橡胶组合物。高分子量与低分子量丁基橡胶的比例为 20/80 至 60/40 的较宽范围。此外，该说明书教导液体聚丁烯是优选的增黏剂。

驳回决定中认为，本申请的权利要求与'799 专利申请中的权利要求相同，鉴于'893 专利权利要求，以重复授权为由驳回了该申请中的权利要求。基于驳回决定，上诉人寻求通过提交末期放弃声明来克服重复授权驳回。但委员会认为，作为本申请被重复授权驳回的基础，'893 专利已经转让给 General Motors Corporation。因此，本申请不能通过提交末期放弃声明来克服重复授权驳回。

上诉人认为：'893 专利公开并要求保护一种轮胎密封剂组合物，该组合物包含高分子量丁基橡胶、低分子量丁基橡胶和部分氢化的嵌段共聚物。嵌段共聚物据称是绝对必要的并且必须以至少 4% 的重量存在。相比之下，本申请公开和要求保护的内容不需要部分氢化的嵌段共聚物，因为申请人已经发现某些组合物同样也可以制备用于多种用途的良好密封剂，包括自行车轮胎密封剂，而无论它们是否包括这种嵌段共聚物。因此上述差异可以得出结论：'893 专利中要求保护的发明与本申请中要求保护的发明在专利上是不同的。

法院不同意上诉人的结论，认为对上诉权利要求的重复授权驳回是合理的，理由如下：

'893 专利所述的发明主题是在从 -20℃ 到 270℃ 的宽温度范围内对车辆轮胎有效的密封剂。其说明书相关内容如下：密封剂要具有合适的强度，特别是在所涉及的宽温度范围内，以在压力下可以有效地将空气保持在刺破的轮胎中。在'799 专利的说明书中，上诉人对此却有不同的描述。其说明书似乎是为了证明更广泛的甚至是通用的主张的合理性。在'799 专利中，密封胶不仅适用于汽车轮胎，它还适用于不过于严格的密封用途，例如自行车轮胎、轮胎补片、汽车密封剂、屋顶密封剂、填缝剂、一般家用密封剂和其他。部分氢化的嵌段共聚物不再“绝对必要”；实际上，在'799 专利说明书中所给出的 8 个实施例中，其均包括“嵌段共聚物”（其重量含量在 4.75% ~5.01%），并且“为了帮助在高温下保持足够的黏性和热稳定性，该部分氢化的嵌段共聚物可以最多包含约 10%”。综上所述，考虑到上诉人在'799 专利中所采取的立场，以及在'893 专利中陈述的“不确定”性质，以及没有特别建议采取任何措施来省略嵌段共聚物组分这一明显事实，上诉人的立场——将“嵌段共聚物”放入或排除足以在权利要求之间产生“可专利区分”是站不住脚的。也就是说，这种差异在'799 专利中仅作为一个选项提出；而在对密封剂的进一步调查过程中，上诉人所谓“嵌段共聚物”在'893 专利中“绝对必要”的陈述也是不真实、夸大或误解的。

上诉人争辩，他们目前的权利要求与两个已发布专利中的权利要求具有属种关系，申请的权利要求是通用的，而专利的权利要求是特定的。本申请中唯一的独立权利要求如下：

1. 一种密封剂组合物，包含增强的部分交联基质，该基质包含分子量在约100000 至 400000 范围内的高平均分子量丁基橡胶和分子量在约 10000 至 40000 范围内的低平均分子量丁基橡胶，高分子量丁基橡胶与低分子量丁基橡胶的比例在约 20/80 和 60/40 之间，与以组合物的重量约 55% 和 70% 之间的量存在的增黏剂混合。

上诉的其余权利要求 2、3、6 和 7 都是从属权利要求并且与'799 专利的相应编号的权利要求相同。因此，将上述申请权利要求 1 与先前引用的 '799 专利权利要求 1 进行比较表明，上诉权利要求与 '799 专利的权利要求之间的唯一区别在于所述高分子量丁基橡胶与低分子量丁基橡胶的比例，如下：本申请，20/80 和 60/40 之间；'799 专利，35/65 和 45/55 之间。前者比后者范围更宽泛且包含后者，并导致本申请权利要求相较于 '799 专利权利要求更占优势。此外，在 '799 专利中同样公开了上诉权利要求的比例，因此这些权利要求在其中被认定为与较早的 '893 专利的权利要求相比因重复授权而无法获得专利。考虑到 '893 专利的权利要求 1 记载了 10～15 份的高分子量丁基橡胶和 6～10 份的低分子量丁基橡胶。并在其第一个实施例中则明确记载了 60/40 比例，在第二个实施例中记载了 14.25 份的高分子量丁基橡胶和 9.5 份的低分子量丁基橡胶，该份数计算得到的比例即为 60/40。

禁止“重复授权”的根本原因是为了防止不合理地延长由专利授予的排他权期限，无论这种延长是如何产生的。如果上诉人现在获胜，最终结果将是授予另一项专利，有效地延长了他可以排除他人实施在其已授权专利中公开和要求保护的发明的时间。上诉人承认上诉权利要求对他们申请的之前两项专利中要求保护的发明是通用的。上诉人在第一个权利要求的基础上通过扩大细节、替代方案和额外用途以支撑上诉申请中更广泛的、更重要的、更通用的权利要求，上诉人并没有公开任何与'799 专利相比任何额外的新发明或发现，证明扩大权利要求范围的合理性与披露其他新的发明发现是完全不同的。因此，在仔细审查所有记录事实后，法院认为对上诉权利要求的重复授权驳回是完全合理的。

通过该判例可以看出，本申请作为分案申请，由于其权利要求范围大于其母案以及在先申请专利，从而属于非法定重复授权的类型而被审查员提出了驳回。尽管上诉人强调了其在先申请中嵌段共聚物的必要性，而在本申请中是非必要的，以强调两者之间可专利性的区别，然而，由于本申请的范围更大，即存在嵌段共聚物的技术方案也在本申请想要保护的范围之间。那么，为了保证在先授权的申请到期后其技术方案由于在本申请的保护范围内而继续拥有排他权，从而牺牲了公众使用该方案的权利，因此本案属于非法定重复授权而不能获得专利权。该判定方式属于前文中提到的非法定重复授权中的单向判定方式，也就是说，本案的权利要求相对于已授权的'893 专利而言，本申请的权利要求的化合物被已授权的专利权利要求的化合物所占先而不具有创造性，即可认定满足非法定重复授权的条件。

但是对于上述案例中本案的情况，在中国现行专利法的规定下，如果分案的权利要求不存在超出母案说明书记载的情况，并且分案权利要求与其母案权利要求也不属于同样的发明创造，则不属于中国专利法所规定的重复授权的情况。在实质审查中，主要是从新颖性、创造性的角度去考虑其分案申请是否能够获得授权。值得注意的是，由于本案审查时美国《专利法》采用的是先发明制度，本案申请人强调了其技术方案的实施早于'893 专利的申请日，因此'893 专利不能用作本案的现有技术。而由于中国专利法的先申请制度，已获得授权的'893 专利的公开日早于本案的申请提交日，因此，在中国专利制度下，'893 专利可以作为现有技术而直接评述本专利的创造性。

（2）双向显而易见判断法

双向显而易见判断法是指申请权利要求中限定的发明相对于专利权利要求的发明不具有新颖性或者创造性，而且专利权利要求的发明相对于申请权利要求限定的发明也不具有新颖性或者创造性。仅当两次判断的结果均为显而易见时，才可以提出显而易见重复授权的驳回，若其中一次的判断结果不为显而易见时，不能提出显而易见重复授权的驳回。例如申请的权利要求限定了一种设备，其中以铆钉作为紧固装置，而专利的权利要求限定了类似的设备，区别仅在于采用胶带作为紧固装置，如果对于本领域技术人员来说，依据当时的现有技术，在这种设备中以胶带和铆钉进行紧固是显而易见的等效替换，则此时申请权利要求的设备和专利权利要求的设备彼此之间是显而易见的变型，因此构成非法定的重复授权。

以下通过判例 Lilly v. Barr，251 F. 3d 955① 进行说明。Lilly 向地区法院提起诉讼，声称 Barr 的申请侵犯了 '549 专利的权利要求 7 和 '081 专利的权利要求 5。Barr 认为根据'213 专利，基于重复授权问题，'549 专利的权利要求 7 是无效的。在简易判决的交叉动议中，地区法院支持 Lilly 公司，认为'549 专利的权利要求 7 有效。有争议的权利要求如下：

---

① Lilly v. Barr，251 F. 3d 955（2001）.

’549 专利的权利要求 7 如下：

7. 通过给予化合物 N 甲基 -3 - 对三氟甲基 - 苯氧基 -3 - 苯丙胺盐酸盐（通常称为盐酸氟西汀）来阻断动物脑神经元对单胺血清素的摄取。

’213 专利的权利要求 1 如下：

1. 一种用于治疗需要这种治疗的人类受试者的焦虑症的方法，该方法包括向该人类施用有效量的氟西汀或去甲氟西汀或其药学上可接受的盐。

双方争议的焦点在于，’549 专利的权利要求 7 是否构成对 ’213 专利的权利要求 1 的明显变型，因重复授权而被无效。

美国联邦巡回上诉法院认为鉴于’213 专利的权利要求 1，’549 专利的权利要求 7 因重复授权无效，理由如下：

首先解释有争议的权利要求，并确定这两个权利要求之间的主题差异。’213 专利的权利要求 1 的相关部分涉及通过给予有效量的氟西汀或其药学上可接受的盐来治疗人类焦虑症的方法。’549 专利的权利要求 7 涵盖了一种通过给药来阻断动物脑神经元摄取血清素的方法。

本领域普通技术人员会认识到盐酸氟西汀是氟西汀的药学上可接受的盐。事实上，盐酸盐是碱性药物最常见的药学上可接受的盐。因此，’213 专利的权利要求 1 与 ’549 专利的权利要求 7 之间的唯一区别在于，前者提出了一种用盐酸氟西汀治疗人类焦虑的方法，而后者则提出了一种在动物中使用盐酸氟西汀阻断血清素摄取的方法。认识到相关权利要求之间的差异后，我们必须确定这种差异是否使权利要求具有可专利性。

血清素摄取抑制是一种天然生物活性，当将盐酸氟西汀施用于动物（例如人）以用于任何目的，包括治疗焦虑症时会发生，也就是说，血清素摄取抑制是盐酸氟西汀给药后的固有特性。Barr 提供了大量证据来支持对盐酸氟西汀的这种固有生物学功能的认识。从 Barr 提供的所有证据中可以清楚地看出，盐酸氟西汀给药的自然结果是抑制血清素摄取。因此，涉及通过使用盐酸氟西汀阻断血清素摄取的’549 专利的权利要求 7 的限制是出于任何目的（包括治疗焦虑症）而施用盐酸氟西汀的固有特征。Lilly 公司没有提供任何重要证据来反驳 Barr 的充足证据基础，即盐酸氟西汀的给药自然而然地抑制了血清素的吸收。

’549 专利的权利要求 7 简单描述了盐酸氟西汀对接受药物的个体产生物理作用的过程。即，盐酸氟西汀在给药时固有地阻断血清素摄取。因此，在使用盐酸氟西汀治疗焦虑症和使用盐酸氟西汀抑制血清素摄取之间没有可授予专利的区别。

’213 专利的权利要求 1 和 ’549 专利的权利要求 7 之间的其他区别是前者针对人类，而后者针对动物。人类是动物属的一个物种。既有的判例法牢固地确立了较晚的属权利要求限制是由较早的物种权利要求所预期的，因此在专利上与较早的物种权利要求没有明显区别。

美国联邦巡回上诉法院比较了有争议的权利要求之间的整体差异，并得出结论，它们在专利上没有明显区别。鉴于’213 专利的权利要求 1,’549 专利的权利要求 7 因重复授权无效。

通过上诉判例可以看出，美国专利商标局制定的显而易见性重复授权法是为了涵盖专利不可相互引用而无法审查其是否符合一项发明只能获得一项专利的规则的情况。因此，当两项专利都不是针对另一项的现有技术时，就会应用重复授权，通常是因为它们具有共同的优先权日期。

当两项专利的权利要求在专利上没有明显区别时，禁止重复授权所遵循的原则是，由于专利保护始于第一项专利的颁发，因此不应延续到第二项专利的颁发期限。因此，重复授权并不将专利视为现有技术；法律只要求取消排他性的延伸，通过截断第二个要颁发的专利的期限，与要颁发的第一个专利的期限一致。但当两项专利被适当地考虑为显而易见性重复授权时，就会出现异常，例如，专利 B 的权利要求相对于专利 A 的权利要求是“显而易见的”，但专利 A 的权利要求相对于专利 B 的权利要求并不明显。专利 B 的权利要求其中一项针对一个物种，另一项专利针对包含该物种的属。一个属通常不能就一个物种获得专利，但根据事实，一个物种可以对该属获得专利。在这种情况下，美局制定了一种特殊而简单的重复授权测试：“双向判断”的要求。通过应用双向判断规则，除非权利要求交叉阅读，也就是说，除非每个专利的权利要求相对于其他专利的权利要求都是显而易见的，这个简单的权宜之计避免了判定掉入分析陷阱。

我国《专利法》并未就上述非法定形式的重复授权的情形进行规定，这也意味着在我国当前专利制度下，针对同一日提出的属于显而易见的变型的专利申请，并不能适用禁止重复授权原则对该专利申请予以驳回，此外，我国《专利法》规定的专利要具有新颖性的要求也并不一定能够将“显而易见”的变型认定为不具有新颖性，即，很可能会出现类似的两件或者多件专利申请都得以授权，多个申请人获得专利权。

五、重复授权的规避方式

（一）法定重复授权的规避方式

克服法定重复授权驳回的原则是，避免在不同的申请或者专利之间存在实质相同的权利要求。

具体做法包括：

1）如果待审查申请与一项专利和/或一项或多项未决申请构成法定重复授权，申请人可以修改待审查申请的权利要求，以使之与对应的专利/申请的权利要求不具有一致的保护范围。

2）如果待审查申请与一项专利，或者与一项专利和一项或者多项未决申请构成法定重复授权，申请人可以在包括待审查申请在内的所有未决申请中删除构成法定重复授权的权利要求。

3）如果待审查申请与一项或者多项未决申请构成法定重复授权，申请人可以在包括待审查申请在内的所有未决申请中选择一项申请保留该构成法定重复授权的权利要求，并在其余的申请中删除这些构成法定重复授权的权利要求。

也就是说，美国《专利法》中克服法定重复授权的方式与我国《专利法》中所规定的克服重复授权的方式是一致的，即修改或者放弃。

（二）非法定重复授权的规避方式

克服非法定重复授权驳回的原则是，避免在不同的申请或者专利之间存在从专利性角度而言无法区分的权利要求，或者通过末期放弃的方式使这些权利要求专利权期限同时届满。具体做法包括：

如果待审查申请与一项专利和/或一项或多项未决申请构成非法定重复授权，申请人可以修改待审查申请的权利要求，使之与对应的专利/申请的权利要求之间从可专利性角度而言能够相互区分。或者申请人可以采用如上所述克服法定重复授权的删除方法。

申请人也可以提交意见陈述或者相关证据，表明待审查申请的权利要求与对应的专利/申请的权利要求之间从专利性角度而言是可以区分的。

另外，采用末期放弃可以克服非法定重复授权驳回，其中美国《专利法实施细则》第1.321条中对于末期放弃的规定如下：

(a) 对专利拥有全部或任何部分利益的专利权人可以放弃对专利的任何完整的一项权利要求或多项权利要求。以同样的方式，任何专利权人可以放弃或将授予专利的整个期限或该期限的任何终止部分向公众公开。该末期放弃声明对受让人及其继承人或受让人具有约束力。末期放弃声明公告在官方公报上发布，并附在规范的印刷副本上。要在专利商标局备案的末期放弃声明必须：

(1) 由专利权人、代理人或登记代理人签字；

(2) 识别专利和完整的权利要求或权利要求，或被放弃的条款，不属于完整的一项或者多项权利要求的放弃声明将被拒绝备案；

(3) 说明专利权人目前对该专利的所有权权益范围；和

(4) 附上1.20 (d) 中规定的费用。

(b) 申请人可以放弃或将所授予专利的整个期限或该期限的任何终止部分向公众公开。此类末期放弃声明对受让人及其继承人或受让人具有约束力。要在专利商标局备案的末期放弃声明必须：

(1) 由申请人或记录在案的律师或代理人签字；

(2) 指明被放弃的专利期限的部分；

(3) 说明申请人目前对拟授予专利的所有权权益范围；和

(4) 附上1.20 (d) 中规定的费用。

(c) 除非本条 (d) 另有规定，在提交末期放弃声明以在专利申请或复审程序中避免司法创造的重复授权时，必须：

(1) 遵守本条 (b) (2) 至 (b) (4) 的规定；

(2) 如果在专利申请中提交，则根据本条 (b) (1) 签署，如果在复审程序中提交，则根据本条 (a) (1) 签署；和

(3) 包括一项规定，即对该申请授予的任何专利或任何受复审程序约束的专利，只能在该专利与构成司法创造的重复授权基础的申请或专利共同拥有的期间和期间内有效。

(d) 末期放弃声明，在专利申请或复审程序中提交时，旨在避免基于不属于共同拥有但被取消资格的专利或申请的重复授权，如1.104 (c) (4) (ii) 或 (c) (5) (ii) 作为在联合研究协议范围内开展的活动的结果，必须：

(1) 遵守本条 (b) (2) 至 (b) (4) 的规定；

(2) 如果在专利申请中提交，按照本条 (b) (1) 签署，或者如果在复审程序中提交，按照本条 (a) (1) 签署；和

(3) 包括放弃单独执行对该申请授予的任何专利或任何经过复审程序的专利和构成重复授权基础的专利或根据该申请授予的任何专利的权利的规定，并且任何授予的专利对于该申请或任何受复审程序约束的专利，仅在该专利和构成重复授权的基础的专利或根据该申请授予的任何专利不单独执行的期间可执行。

也就是说，末期放弃声明是一份法律文件，是用于确保如果在待审查的申请授权之后，其专利权期限将与涉及非法定重复授权的另一专利的专利权期限或者涉及非法定重复授权的另一申请在授权情况下的专利权期限同时届满，以避免不合理地延长待审查的专利申请在授权情况下的专利权期限，或者说避免涉及相同主题的两个或者多个专利具有不同的专利权期限届满日。也就是说，

如果待审查的申请能获得授权成为专利A，涉及重复授权的专利为B，则A的专利权期限与B同时届满，A的专利权期限超出B的专利权期限的那段最后的部分，申请人自愿放弃；当涉及重复授权的是两份申请的时候，如果待审查的申请能获得授权成为专利A，另一申请如能获得授权成为专利C，则A的专利权期限与C同时届满。如果申请人要作出末期放弃，需要涉及重复授权的申请和对应的专利/申请之间有共同的所有人，如果不存在共同的所有人，需要达成适当的受让协议。末期放弃声明的效力涉及申请人声明末期放弃的专利申请中的所有权利要求，而不仅仅是涉及重复授权问题的权利要求。值得注意的是，如果相关专利被裁定无效，那么与之相关联的通过末期放弃声明绑定的专利的权利要求也将不可执行，这意味着一旦近似的前案专利被判无效，后续近似申请中的专利保护同样会受影响，从而防止通过末期放弃声明获得不合理的专利保护。换言之，一旦其中一项专利被判无效，其他近似专利也将无法行权。

末期放弃之所以能够解决非法定重复授权问题，其原因在于：第一，作出末期放弃需要涉及非法定重复授权的各专利具有共同的所有人，因此就避免了不同的人对一项发明和其显而易见的变型或改进的发明分别享有所有权以及因此带来的侵权问题；第二，末期放弃使得对一项发明的显而易见变型或者改进发明的授权不会不合法地延长原发明的专利权期限，从而使公众仍能够在原发明的专利权期限届满之后自由地使用该原发明以及其显而易见变型或者改进发明；第三，末期放弃使得人们仍能因对原发明作出的任何进一步改进而获得专利权（尽管该专利权的期限的末期被放弃），从而仍能鼓励人们对这种发明提交申请和作出公开，进而鼓励科技进步。

第三节　小　　结

本章通过对欧洲专利局和美国专利商标局关于重复授权的法律法规和相关判例进行梳理，据此研究欧洲专利法律法规、美国专利法律法规与中国相关法律法规的主要差异点。

《欧洲专利公约》没有单独明确的防止重复授权的条款，其通过将先申请制的第60条和规定了抵触申请制的第54条结合起来，实际上起到了防止重复授权的作用，避免就相同的发明授予同一申请人两个专利权。欧洲重复授权主要发生在同一天提交两件申请或优先权申请及其在后申请，以及母案申请和分案申请。判定重复授权主要从同一申请人的判定、相同的主题判定这两方面展开。其中相同的主题判定中，在主题交叠时，对权利要求保护主题的解读可以从主题类别、技术特征两方面结合来评判保护范围是否实质相同。本章在上述研究内容的基础上分别就常见的重复授权情况提出了相应的规避建议。

美国重复授权条款制定的初衷在于，避免专利权人在专利期限到期之后仍然不公平地延长其专利权的使用期限，而影响公众在专利到期后对专利权的使用，强调的是公共利益高于个人利益。其重复授权类型可分为法定重复授权和非法定重复授权两大类。法定重复授权适用权利要求保护范围相同的两件专利或专利申请；非法定重复授权是指两项权利要求不属于“相同的发明”，但至少一个被审查的权利要求与对应的权利要求存在专利上的不可区分性。重复授权情况主要发生在已颁发的专利与一项或多项申请之间、在共同待决的申请之间、在一份或多份申请与已公布的申请之间以及复审程序中。判定是否构成法定重复授权的重点在于，是否具有实质相同的权利要求。在判定非法定重复授权时，要使用相关专利或申请的公开内容来解释权利要求，进行预期分析，然后进行显而易见性分析。其中显而易见性分析包括：单向显而易见性分析法和双向显而易见性分析法两种方式。在上述研究内容的基础上，本章分别就法定重复授权和非法定重复授权提出了相应的规避建议。

第九章　专利申请的审查流程

本章旨在对欧洲专利局和美国专利商标局关于专利申请、审查、再审程序进行梳理，并对各个阶段的审查要点进行阐述，为读者呈现欧洲专利申请、美国专利申请的全流程的审查情况。

第一节　欧　　洲

欧洲专利局关于专利申请、审查、再审程序均基于2007年12月13日生效的修订版《欧洲专利公约》（EPC 2000）[①] 和2023年12月14日修订（2024年4月1日生效）的《欧洲专利公约实施细则》的相关规定。因此，本节中所有提及的条款或细则均与上述文件有关。

一、审查阶段流程框架

审查阶段流程如图9-1-1所示，后续将依照该流程进行各个阶段要点的梳理与阐述。

二、递交专利申请

（一）申请人

任何国籍、居住地或营业场所的自然人或法人，或与法人等同的任何机构，均可提交欧洲专利申请。此外，欧洲专利申请还可以由联合申请人提交，或者由指定不同缔约国的两个或多个申请人共同提交。在涉及不同缔约国的申请人时，他们在欧洲专利局的诉讼程序中将被视为共同申请人。[②]

---

① 这是《欧洲专利公约》自1973年签订以来的第一次主要修订，于2000年11月29日在慕尼黑签署。

② European Patent Office. European Patent Guide – How to get a European patent [M]. 23rd. Munich: European Patent Office, 2023: 21.

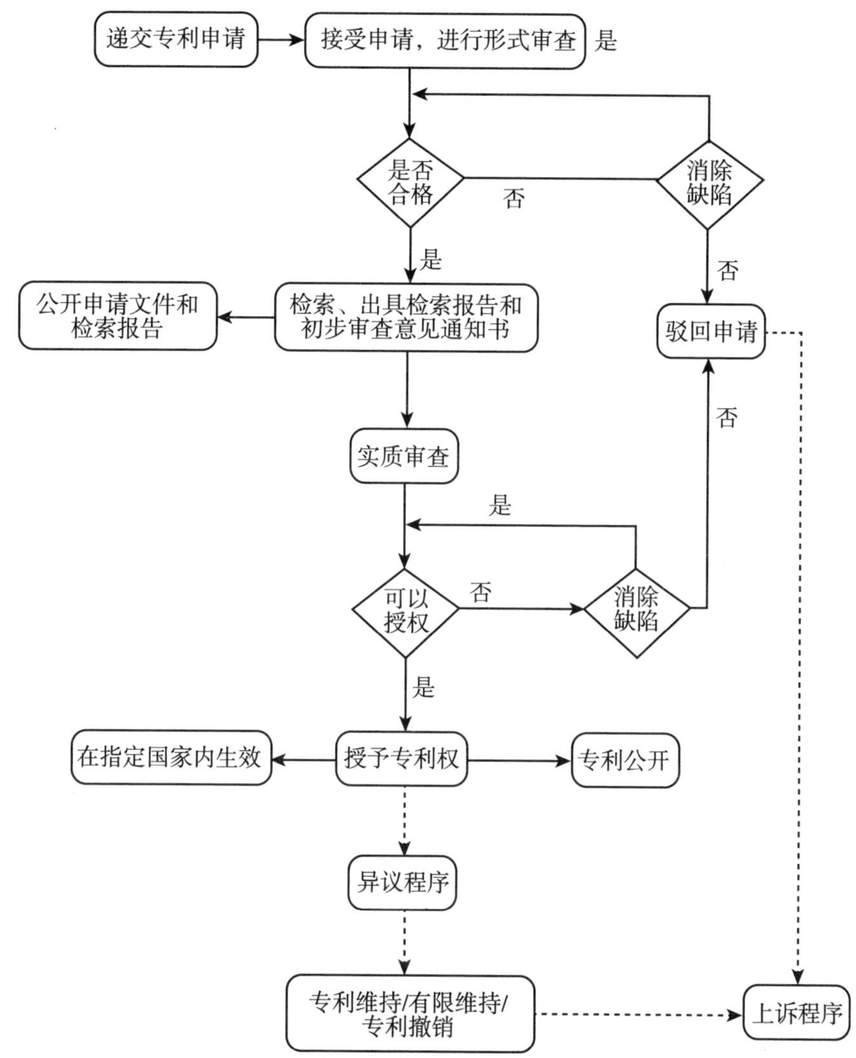

图 9-1-1 审查阶段流程框架

如果申请人属于中小企业、自然人、非营利组织、大学或公共研究机构，在支付申请费或审查费之前提交权利声明，可以减免 30% 的申请费和审查费。如果有共同申请人，则每个人都必须是上述定义下的自然人或实体，同时必须声明，才能享受费用减免。

（二）指定国

在提交欧洲专利申请时，所有在提交之日前《欧洲专利公约》已经生效的缔约国均被默认指定；瑞士和列支敦士登只能被联合指定。此外，欧洲专利申请和专利可以扩展到非欧洲专利公约缔约国。目前，仅有的扩展国是波斯尼亚和黑塞哥维那。和 PCT 国际申请程序类似，即使在提交申请时所有缔约国都被指定，随后也必须根据审查意见的通知来支付适当的费用，以确认具体要指定哪些国家。[①]

（三）申请语言

欧洲专利局的官方语言是英语、法语和德语。

其他可接受的非欧洲专利局语言是指将非英语、法语或德语作为官方语言的缔约国所使用的官方语言，上述这些国家的自然人或法人可以通过该国官方语言提出申请，但需要在提交申请后两个月内提交上述语言之一的译文。如果译文未及时提交，欧洲专利局将发出通知要求在两个月内提交译文。未在规定的期限内提交译文的，则视为撤回申请。

一般地，专利后续审查程序所使用的语言为申请人提交申请时所使用或翻译成的语言。还有一个特殊规定是，对于 PCT 申请，如果一份国际申请根据《专利合作条约》在欧洲专利局的一种官方语言下进行了提交和公开，那么在进入欧洲阶段时，不能再提交其他两种欧洲专利局的官方语言的申请文件的翻译版本。

（四）发明人

在欧洲专利申请中必须指定发明人，且发明人必须是自然人。如果申请人不是发明人，或者不是唯一的发明人，那么就需要在单独的文件里说明指定的发明人，且该文件必须表明申请人如何享有申请该项专利的缘由。和世界各国一样，被指定为发明人的自然人将在已公布的欧洲专利申请、欧洲专利说明书、欧洲专利注册簿和欧洲专利公报中提及，除非他们在公布前适当时间内放弃了这个权利。

如果在提交欧洲专利申请时没有指定发明人，欧洲专利局会发出通知，要求在提交后的 16 个月内或者在最早的优先权日（如果有提出优先权请求）后 16 个月内，但在申请预定的公布日期前五周内克服这一缺陷。如果没有在规定的期限内指定发明人，那么这个申请将被驳回。[②]

---

① European Patent Office. European Patent Guide – How to get a European patent［M］. 23rd. Munich：European Patent Office，2023：21.

② European Patent Office. European Patent Guide – How to get a European patent［M］. 23rd. Munich：European Patent Office，2023：24.

（五）申请文件

申请专利时通常需要提交以下文件：申请信息确认书、说明书、权利要求书、摘要、说明书附图以及专利代理委托书。如果是通过 PCT 程序进入欧洲国际阶段，需要提供 PCT 国际申请的公布文本。如果在国际阶段做过修改，还需要提交修改后文本的相应译文。如果是通过《巴黎公约》方式进入并且要求了优先权，则需要提交优先权文件的副本和著录项目页的翻译稿。

（六）分案申请

分案申请是独立于先前申请的新申请。因此，分案申请的处理方式与普通申请相同，并且需要满足相同的要求。根据《欧洲专利公约》第 76（1）条①，分案申请只能针对不超过在先申请内容的主题提出。分案申请的申请日与母案申请（在先）申请相同，并享有母案申请（在先）申请对分案申请中包含的主题的任何优先权。分案申请的主题必须直接且毫无疑义地来自先前提交的申请，亦即，分案申请的主题必须能够由本领域技术人员从在先申请的权利要求、说明书和附图中直接且毫无疑义地得出。

三、形式审查

申请专利时必须满足的形式要求由受理部门审查，这些要求包括：

1）优先权要求：如果申请人主张优先权，需要提交相关文件。

2）发明人的指定：必须明确指明发明人。

3）翻译需求：如果需要翻译，必须提交译文。

4）权利要求：申请文件中必须包含至少一项权利要求。

5）费用缴纳：申请费和检索费是否缴纳，如果申请人申请费用减免，需要提交相关信息。

6）说明书和权利要求书：进行初步检查，确定发明名称是否清楚、简洁地表明了发明的技术主题。

（一）申请的公布

申请自申请日起 18 个月期限届满后公布。如果申请人要求优先权，那么将

---

① Article 76 European divisional applications

（1）A European divisional application shall be filed directly with the European Patent Office in accordance with the Implementing Regulations. It may be filed only in respect of subject – matter which does not extend beyond the content of the earlier application as filed; in so far as this requirement is complied with, the divisional application shall be deemed to have been filed on the date of filing of the earlier application and shall enjoy any right of priority.

从最早的优先权日起计算 18 个月。如果申请人提出请求，且已支付了申请费和检索费，同时申请文件没有形式上的缺陷，那么可以提前公布。即使关于发明人的指定存在缺陷，也不影响该提前公布。

一般而言，公布的准备工作会在申请日或者优先权日后第 18 个月（以先到者为准）届满前五周视为完成。如果没有要求优先权或放弃优先权，公布的准备工作会在提交之日即申请日后视为完成。申请人会收到准备工作完成的通知、公布号和预定公布日期。如果申请人放弃优先权日，且欧洲专利局在完成公布的技术准备工作之前收到该放弃通知，则公布时间会被推迟。如果在上述期限之后收到放弃优先权的通知，公布仍会按照享有优先权日来起算进行，但关于放弃优先权的通知会出现在《欧洲专利公报》中。如果根据初审认为不享有优先权时，也会遵循同样的程序。

如果专利申请在公布的技术准备工作完成之前被驳回或者被视为撤回，那么该申请不予公布。这些准备工作在申请日或优先权日后第 18 个月到期前五周的当天被视为已完成。但是如果在准备工作完成后，已经收到了根据《欧洲专利公约实施细则》第 112（2）条①作出决定的请求，但最终决定尚未作出，或者根据《欧洲专利公约》第 122 条和《欧洲专利公约实施细则》第 136 条有等待重新确定的权利，这种情况下申请仍然会被公布。

公布专利申请的时候，必须包括提交的说明书、权利要求书和附图，也包括在申请时提交的序列表。如果有任何逾期提交的说明书缺失部分或者遗漏附图，或者是根据规定提交的正确的（部分）申请文件，也都会被包括进公布中。

在提交专利申请时，申请人可以把《欧洲专利公约》的所有缔约国都列为申请的目标国家。但如果申请人在公布准备工作之前选择了某些国家的撤回，这些国家就不会包括在指定国范围内。

公布会包括申请人根据《欧洲专利公约实施细则》第 137（2）条提交的任何新的或修改的权利要求，以及欧洲专利局检索报告和检索部门确定的摘要（如果两者在公布的技术准备工作完成之前可用）。否则，申请人提交的摘要将被公布。但根据《欧洲专利公约实施细则》第 62（2）条，检索意见不与检索

---

① Rule 112 Noting of loss of rights

(2) If the party concerned considers that the finding of the European Patent Office is inaccurate, it may, within two months of the communication under paragraph 1, apply for a decision on the matter. The European Patent Office shall take such decision only if it does not share the opinion of the party requesting it; otherwise, it shall inform that party.

报告一起发布,[①] 但检索意见可以在必要时查阅到。其中第 62 条[②]规定如下:

(1)欧洲专利局检索报告应附有关于申请及其相关发明是否符合本公约要求的意见,除非可以根据第 71 条第 1 款或第 3 款发出通知。

(2)第 1 款的意见不得与检索报告一起公布。

所有的欧洲专利申请、检索报告和专利说明书都只会以电子形式在专门的服务器上公布。[③] 如果检索报告没有和申请一起发布,它将会单独发布,同样也是以电子形式。

(二)提交审查请求

受理处会告知申请人《欧洲专利公报》中欧洲专利局检索报告的公布日期,并提醒他注意有关审查请求的规定。[④] 申请人可以在欧洲专利局检索报告公布后的六个月内提出审查请求,但要在支付审查费之后才算正式提交请求。

另外,申请人也可以在收到检索报告之前支付审查费。这种情况下,受理处会在检索报告公布后的六个月内询问他们是否还想继续申请。如果申请人收到检索报告决定不继续申请,并且没有对通知作出反应,申请就会被视为撤回,审查费会全额退还。

一旦提交了审查请求,就不能撤回。如果受理处认为审查请求的时间合适,或者申请人在适当的时间表达了继续申请的意愿,申请就会被送到审查部门进行审查。

四、检索

欧洲专利申请从提交到授予专利(或驳回申请)的过程有两个独立的主要阶段,即检索和实质审查。

---

① Guidelines for Examination in the European Patent office, March 2024 edition, Part A, Chapter VI, 1.3 Content of the publication.

② Rule 62 Extended European search report

(1) The European search report shall be accompanied by an opinion on whether the application and the invention to which it relates seem to meet the requirements of this Convention, unless a communication under Rule 71, paragraph 1 or 3, can be issued.

(2) The opinion under paragraph 1 shall not be published together with the search report.

③ Guidelines for Examination in the European Patent office, March 2024 edition, Part A, Chapter VI, 1.4 Publication in electronic form only.

④ Guidelines for Examination in the European Patent office, March 2024 edition, Part A, Chapter VI, 2.1 Communication.

（一）检索报告

检索旨在确定所要求保护的发明是否具有新颖性以及创造性。检索意见的内容和后来的实质性审查都取决于检索的结果，因为它确定了将何种技术作为评估发明可专利性的基础。

检索报告包含检索结果，特别是找到的和申请发明相关的文件。它附有一份检索意见，这两者合在一起就形成了扩展的欧洲专利局检索报告（Extended European Search Report，EESR）。

欧洲专利局检索部的主要任务是进行检索并起草欧洲专利申请的检索报告。但是，他们也可能需要进行其他类型的检索，例如：

1）当欧洲专利申请进入审查阶段时，可能需要进行额外的检索。比如，如果专利申请的权利要求进行了修改，加入了原来检索没考虑到的主题，就需要进行额外的检索。

2）如果审查部门决定否定检索意见中关于新颖性、创造性或其他问题的观点，特别是关于发明的单一性，或者应排除在检索范围之外的主题的否定意见时，也需要进行额外的检索。

3）初次检索可能存在局限性或缺陷，需要补充或重新进行检索。

4）如果已经授予的欧洲专利受到反对，也可能需要进行额外的检索来支持或反驳反对意见。

对于国际专利申请（PCT 申请），欧洲专利局还会进行补充欧洲检索。如果欧洲专利局作为 PCT 申请的指定局或选定局，并且已经获得了国际申请日，那么这份申请就被视为欧洲专利申请。如果在这个过程中已经做了国际检索报告，那么这个国际检索报告就会取代欧洲专利局的检索报告。然后，欧洲专利局的检索部会起草一份补充的欧洲检索报告，或者发布一份声明，除非行政理事会决定可以免除这个报告。①

国际检索是指根据 PCT 协定，欧洲专利局作为国际检索单位，可以受托对国家专利申请进行“国际型检索”。这些检索与国际检索类似，适用相同的考虑因素。此外，欧洲专利局检索部还对一些《欧洲专利公约》缔约国的国家申请进行检索。

（二）检索意见

检索的目的是确定与评估新颖性和创造性。关于新颖性和创造性的决定是

---

① Guidelines for Examination in the European Patent office，March 2024 edition，Part B，Chapter II，4.3 Supplementary European searches.

审查部门的责任，但检索部已经对申请人申请和要求保护的发明是否符合检索意见中的《欧洲专利公约》要求进行了合理的评估。接着，申请人可以在审查过程中对此作出答复。检索部对检索报告中引用的文件的类别也隐含着关于发明可专利性的意见，在审查阶段应由审查部门进行审查，特别是根据申请人的答复时。

扩展的欧洲专利局检索报告（EESR）包括两个部分：欧洲专利局检索报告或补充欧洲专利局检索报告、检索意见。检索意见中的检索结果必须与检索报告中指定的文献类别以及检索报告中提出的任何其他问题相一致，例如发明缺乏单一性或检索的任何限制。

在审查申请时，审查部门会考虑检索意见中提出的任何意见，以及申请人对这些意见的回应。在收到申请人对检索意见或在审查过程中提出的论点、修改和其他意见后，审查部门可以改变原先在检索意见中的立场。无论申请人提交了何种意见，如果在进行补充检索时发现了《欧洲专利公约》第 54（3）条声称的最接近的现有技术，或者申请人或第三方根据《欧洲专利公约》提交了关于其他技术的意见，这也可能会导致审查部门改变立场。虽然审查部门也有可能基于其他原因推翻检索意见中的调查结果，但这种情况并不常见。①

如果检索部认为申请或发明不符合《欧洲专利公约》要求，他们会在检索意见中提出意见。通常情况下，检索意见会包括对申请的所有意见。这些意见可能涉及实质性问题，比如申请的主题是否属于可授权的客体，也可能涉及程序性问题，比如未满足《欧洲专利公约实施细则》中的规定要求，甚至两者兼而有之。②

申请人必须在规定的时间内对检索意见作出答复。如果根据规定发送了通知书，申请人也必须在通知书规定的时间内回复。如果申请人未能及时回应检索意见，那么申请将会被视为撤回。

五、实质审查

出具检索报告和检索意见之后，申请进入了实质审查程序。

（一）提交答复意见

在收到检索报告和检索意见后，申请人必须在审查部门发出的第一次通知

---

① Guidelines for Examination in the European Patent office, March 2024 edition, Part B, Chapter XI, 2. Basis for the search opinion.

② Guidelines for Examination in the European Patent office, March 2024 edition, Part B, Chapter XI, 3. Analysis of the application and content of the search opinion.

书之前作出回应，除非有特定的例外情况。回应检索意见可以包括对说明书、权利要求书或附图的修改，也可以提出对检索意见的反对意见。为了避免延误，提交这些修改时应当注意遵守《欧洲专利公约实施细则》第 137（4）条相关规定。

审查部门在起草第一份通知书时，会考虑申请人对检索意见的答复，或者申请人自愿提交的答复。根据《欧洲专利公约》第 94（4）条，如果未能及时回应这次通知书，申请可能会被视为撤回。

如果申请人接受了检索部对权利要求所提出的建议，并对其进行了修改以克服检索意见中提出的问题，那么申请人需要根据已修改的权利要求进行说明，并删除或修改任何对保护范围引起怀疑的表述，以确保权利要求的清晰性和准确性。①

（二）第一次通知书

专利申请在答复检索意见后，由欧洲专利局的实质审查部门进行实质审查，该部门由三名审查员组成，通常其中一人（主审员）负责所有工作并代表该部门与申请人或代理人进行联系，而其他两位审查员往往在审查的最后阶段才参与进来，比如对授权和驳回决定做复核或参加口审。当然，主审员也可以在前期和其他两位审查员讨论，例如当遇到难点问题时。审查决定在原则上依据部门的整体意见而作出，以尽量确保审查决定的质量和客观性。②

如果申请人在对检索意见作出答复后，申请中仍然存在缺陷，审查部门会在后续的审查过程中考虑申请人的答复，并根据《欧洲专利公约》第 94（3）条和《欧洲专利公约实施细则》第 71（1）和（2）条发出通知。并在作出否定决定或口头审理传唤之前考虑申请人的答复。③

在起草此类通知书或某些情况下的口头审理传唤（该情况在“口头程序”进行说明）时，审查部门会参考检索报告中提到的文件（如果有的话），以及申请人在答复检索意见时或是根据《欧洲专利公约实施细则》第 161（1）条提交的任何修改或意见。审查员会在本次通知书中指出他们认为申请任何不满足《欧洲专利公约》要求的地方，并说明提出反对意见的理由，同时要求申请人在指定期限内提出意见或提交修改。

---

① Guidelines for Examination in the European Patent office, March 2024 edition, Part C, Chapter II, 3.1 Response to the search opinion.

② CCPIT Patent & Trademark Law Office. 欧洲专利制度简介［EB/OL］.［2023-06-27］. https://www.lexology.com/library/detail.aspx?g=a1db42f2-7b81-4a89-9480-8840a8affa35.html.

③ Guidelines for Examination in the European Patent office, March 2024 edition, Part C, Chapter III, 4. First communication.

如果没有出具检索意见，审查员会根据《欧洲专利公约》第94（3）条发出第一次通知书，通常会类比检索意见，涵盖对申请的所有意见。在这种情况下，传唤不会作为审查程序中的第一个审查意见书发出。与检索意见一样，对于每一项意见，通知书应通过提及具体条款或规则或其他明确说明，指出申请中有缺陷的部分和未满足《欧洲专利公约》要求的地方；通知书还应说明任何反对意见的理由。

举证责任和提出有关可专利性要求的相关事实的责任首先由审查部门承担。审查部门必须提供证据和事实来支持其反对意见。因此，作为新颖性或创造性意见基础的现有技术文件必须以能够清楚支持这些结论的方式引用。在适当情况下，如果某些权利要求符合可专利性要求，通知书还应包含关于可专利性的积极陈述、关于如何克服反对意见的建议。当审查部门提出对权利要求的可接受修改形式时，还会通知申请人对说明书进行相应修改，以确保其与修改后的权利要求保持一致。通知书应包括以下内容：通知申请人提出意见、克服任何缺陷，在必要时提交对说明书、权利要求书和附图的修改；通知申请人必须在规定的期限内答复。如果申请人未能在规定的期限内答复，申请将被视为撤回。

（三）口头程序

在以下情况下，审查部门可以决定发出口头审理传唤来作为审查的第一次通知书：

1）审查部门认为即使考虑到申请人对检索意见的答复，也没有获得授权的前景。

2）当前权利要求内容与作为检索基础的权利要求内容在本质上没有区别。

3）检索意见中提出的对审查程序结果至关重要的一项或多项反对意见仍然适用。

此外，在审查分案申请时，审查部门可以在以下情况下发出口头审理传唤作为第一次通知书：

1）母案申请被驳回或撤回，即使考虑到申请人对检索意见的答复，分案申请也没有获得授权的前景。

2）所提交的权利要求的内容与被驳回或撤回的母案申请的权利要求主题基本相同或范围更广，或与作为分案申请的检索基础的权利要求主题相同或范围更广泛。

3）在为分案申请出具的检索意见、母案的驳回通知书或撤回通知书中提出的一个或多个对审查结果至关重要的反对意见仍然适用。

为了让申请人有足够的时间在口头程序之前准备任何提交内容，传唤应至少提前六个月发出通知。

在正常审查开始之后也可以根据需要启动口头程序。口头程序可以由欧洲专利局发起，也可以由申请人发起。

1. 由申请人发起

如经过若干回合的书面沟通之后，审查员没有被申请人说服而给出授权意向的话，则其通常会应申请人请求发出口审邀请。①

口头程序可在申请完结前的任何时候提出，口审程序和非正式电话讨论不一样的地方在于，前者是一个更加正式的程序。口头程序意见答复通常分为两个阶段：第一阶段，递交书面答复意见；第二阶段，在书面答复意见仍然不被审查员接受、申请不能获得授权的情况下，在口头程序通知规定的时间以现场会晤或视频会议的形式与审查员举行口头程序。

在书面答复意见中，除了可以陈述争辩论点之外，还可递交多套权利要求修改方案，其通常是申请人愿意接受的按优先级或重要性排列的退步方案。例如，申请人所递交的主请求中包含供审查员优先考虑的修改权利要求书，其通常对应于相对比较大的保护范围。如果审查员不接受主请求的话，则将继续考虑第一个辅助请求，其通常对应于在之前主请求基础上继续缩小的保护范围，并以此类推至第二个辅助请求等。

如果审查员在收到最后一次书面答复后，认为其中的主请求或辅助请求中的任意一个具有授权前景的话，那审查员很有可能会联系申请人以取消后续的口头程序，并以书面沟通的方式来继续申请程序。反之，如果审查员认为申请中仍然存在问题而不能满足授权条件，那口头程序通常将按原计划日期举行。

在书面答复过程当中申请人一般只和主审查员进行沟通，而在口头程序中，申请人将有机会直接面对审查分部的三位审查员。因此口头程序在某些情况下尤其具有积极的作用。例如，当仅靠书面答复难以清楚表述一些较为复杂的内容，以至于主审查员在书面沟通中没有正确理解申请人的某些论述。在这种情况下，口头程序有可能给申请人额外的机会来说服另外两位审查员，以有助于审查分部最后作出正确的决定。欧洲专利局审查的案件中约有97%的案件会用到口头程序，其利用率非常高，与我国的会晤程序有较大的区别。申请人发起口头程序的流程如图9-1-2所示。

---

① Isabel Auría Lansac, etc. Case law of the Boards of Appeal of the European Patent Office [M]. 10rd. European Patent Office Legal Research Service of the Boards of Appeal, 2022: III. C oral proceedings.

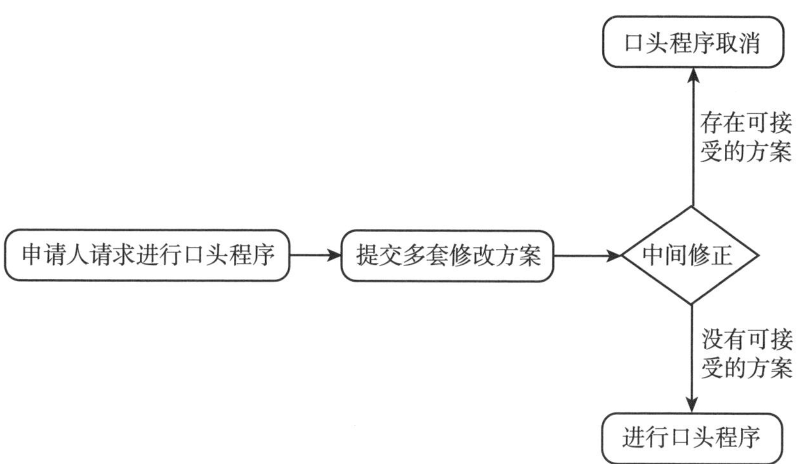

图9-1-2 申请人发起口头程序的流程

2. 由欧洲专利局发起

即使没有被请求，欧洲专利局认为有必要时，也可以发起口头程序。口头程序通常只有在书面澄清尝试后，仍存在与决定密切相关的问题或疑虑，并且通过与当事人进行口头讨论可以更高效或更准确地解决时，或者在需要作为口头程序的一部分进行证据收集时，才会被认为是合适的。主管部门还会考虑在此类程序中节约成本的需要，因为口头程序会给欧洲专利局和当事人都带来费用。通常情况下，当欧洲专利局发出了第一次和第二次审查意见通知书后，审查小组与申请人仍有争议时，会主动发起口头程序。

六、异议程序

（一）异议程序的法律性质和适用原则

根据《欧洲专利公约》第99（1）条①，在欧洲专利授予公告后的九个月内，任何人（除了专利申请人本人）都可以向欧洲专利局提出反对。这种反对程序是《欧洲专利公约》的一般规定的例外，因为根据该规定，专利权被授予后，欧洲专利不再属于欧洲专利局的职权范围，而是归指定缔约国管辖。

---

① Article 99 Opposition

(1) Within nine months of the publication of the mention of the grant of the European patent in the European Patent Bulletin, any person may give notice to the European Patent Office of opposition to that patent, in accordance with the Implementing Regulations. Notice of opposition shall not be deemed to have been filed until the opposition fee has been paid.

异议程序具有以下特点：

1）异议程序是专利授权后的独立程序，不是审查程序的延续。

2）异议程序是行政程序，而不是法律程序，与再审程序有根本区别。异议程序既没有暂停效力，也不会将案件移交至上级机构。

3）异议程序原则上被视为各方之间的争议程序，各方会被平等对待。

4）在异议程序中，欧洲专利局必须主动进行事实调查。

5）异议程序对任何人开放，提出异议的人不需要与该专利有任何利害关系。

（二）异议程序的审查流程

异议通知必须在《欧洲专利公报》中公告授予欧洲专利的日期起算的九个月内提交。只有在支付了异议费用后，才认为已提交异议通知。为了法律确定性的利益，公约规定了在反对期限届满之前必须满足的一些进一步要求，特别是异议通知必须以书面理由陈述的形式提交，并且必须充分标明异议方和异议的专利，说明异议的程度和具体的理由，并指示支持这些理由的事实和证据。异议的常见理由包括：专利保护主题不具备可专利性、发明公开不充分、欧洲专利的主题超出了原始申请中所提出的内容。

在异议程序中，异议部门没有义务考虑超出异议陈述范围的所有异议理由，但在特定情况下可以作出例外。如果在异议程序中有明显理由相信某一理由对维持欧洲专利的整体或部分产生重大不利影响，并且该理由被异议方提出或被提及，异议部门可以根据《欧洲专利公约》第 114（1）条[①]提出或考虑该理由。根据该条款，在审理的诉讼中，欧洲专利局有义务自行审查事实，审查不应仅限于当事人提供的事实、证据和论点以及所寻求的救济措施。

然而，异议程序原则上被视为当事方之间的争议程序，这些当事方通常代表相反的利益，并应该得到公平对待。提出异议的当事人有责任向异议部门提供支持其异议理由的事实、证据和论点。

通常情况下一旦颁发了授予专利的决定，欧洲审查程序就结束了，并且其结果对申请人和欧洲专利局具有约束力，不得再进行进一步的修正。然而，如果提起异议，涉案专利可以进行修正。这些修正不是由专利权人的一般自由裁量决定的，因为异议程序并不是审查程序的延续。

---

① Article 114 Examination by the European Patent Office of its own motion

(1) In proceedings before it, the European Patent Office shall examine the facts of its own motion; it shall not be restricted in this examination to the facts, evidence and arguments provided by the parties and the relief sought.

异议部门有责任确保各方能够充分交换意见，并有平等的机会对其进行评论。如果异议部门认为多次交换意见是必要的，它必须给予每个当事方平等的机会进行评论。因此，异议部门可以邀请一方提交对异议通知的答辩意见，但在这种情况下，它有义务邀请另一方对答辩意见进行回应，之后它必须再次决定是否需要第三次意见交换。

（三）异议决定

异议部门在经过审查后可能会给出撤销专利权的决定，异议决定在全成员国内有效。换句话说，即使专利已经在各成员国生效了，如果欧洲专利局异议部门认为异议理由成立而撤销了该专利，则该专利在各成员国内均失效。异议决定作出后的流程如图9-1-3所示。

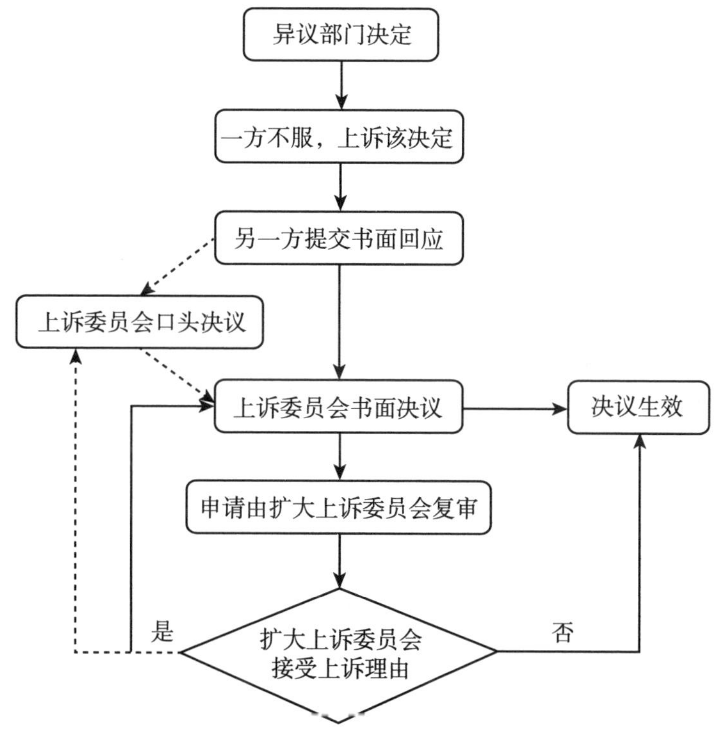

图9-1-3　异议决定后流程

七、上诉程序

上诉阶段的流程如图9-1-4所示。

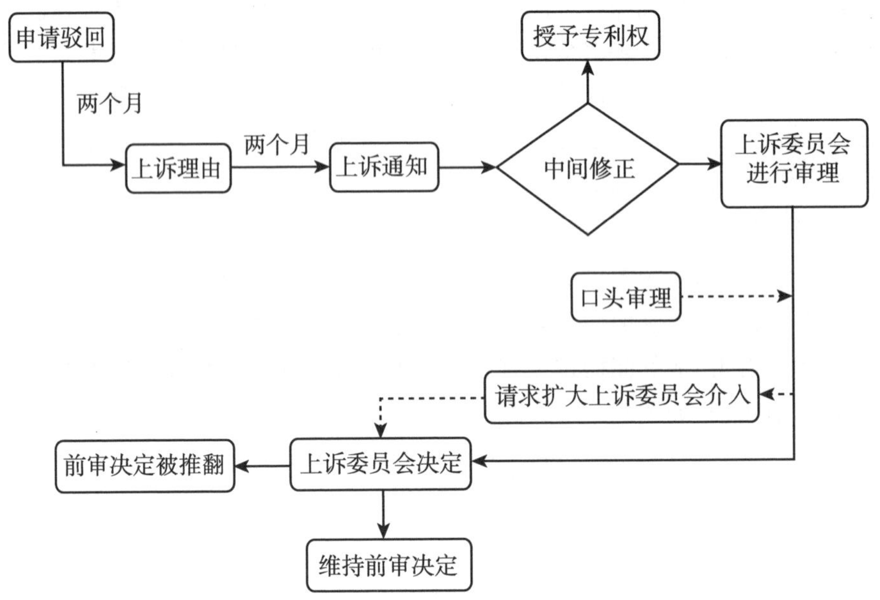

图 9-1-4　上诉阶段的流程框架

（一）可再审的决定

欧洲专利局一审部门的决定可以通过司法程序（适用于行政法院）而不是行政程序向欧洲专利局上诉委员会提出上诉，即提出疑问。这些委员会充当欧洲专利局授权和异议程序的最终审理机构，被视为欧洲专利局的法院或法庭。[①]

除了上诉委员会（技术上诉委员会和法律上诉委员会），欧洲专利局还设有“扩大上诉委员会”（有时缩写为“EBoA”或“EBA”）。扩大上诉委员会并不构成传统意义上的额外管辖权，而是一个负责决定法律问题的法律实体，具有以下四个功能：

1）当上诉委员会判例法不一致或出现重要法律问题的情况时，根据上诉委员会的移交作出决定或发表意见，扩大上诉委员会发布决定。

2）根据欧洲专利局主席的移交，扩大上诉委员会发表意见。

这旨在确保《欧洲专利公约》的统一适用，并澄清或解释与该公约相关的法律要点。扩大上诉委员会由七名成员组成，其中五名具有法定资格的成员和

---

① Isabel Auría Lansac, etc. Case law of the Boards of Appeal of the European Patent Office [M]. 10rd. European Patent Office Legal Research Service of the Boards of Appeal, 2022: V. Proceedings before the Boards of Appeal.

两名技术成员，在履行这两项职能时，向扩大上诉委员会提交法律问题与国家法院向欧洲法院提交法律问题非常相似。

3）审查上诉委员会决定复审的请愿书；这个职能相对较新，只有自2007年12月以及修订后的《欧洲专利公约》（EPC 2000）生效后，才可以提出对委员会的决定进行复审的请愿书。

4）提议罢免上诉委员会成员的职务。根据《欧洲专利公约》第23（1）条①，除非有严重理由，并且行政委员会根据提议，扩大上诉委员会就此作出决定。

对欧洲专利局一审部门的决定，即受理部门、审查部门、异议部门或法律部门的决定可以提出上诉。然而，上诉委员会无权审查欧洲专利局作为《专利合作条约》下的国际机构所作出的决定。大多数上诉是针对审查部门和异议部门的决定提出的，相对较少的案件是针对受理部门和法律部门的决定提出的。上诉具有中止效力，这意味着，例如，“在申请被拒绝的情况下，提出上诉将具有中止拒绝申请命令的效力”，适用于引起上诉的一审程序的规定，也适用于上诉程序，除非另有规定。

（二）上诉可否受理

为了使上诉得到受理，上诉通知必须在有争议的决定通知后的两个月内向欧洲专利局提交，并且必须支付上诉费用。此外，在决定通知后的四个月内，必须提交一份声明，陈述上诉理由，其中必须包含上诉人的完整案件。上诉人还必须受到上诉决定的不利影响。只有当上诉决定的命令不符合当事人的要求（即当事人在一审程序中所要求的）时，当事人才会受到上诉决定的不利影响。例如，如果异议部门的决定是“撤销专利”，而提出异议方曾请求完全撤销专利，那么无论决定中提出了什么理由，该异议方都不会受到“不利影响”。

上诉的可受理性可以在上诉程序的每个阶段进行评估。此外，可受理性要求不仅必须在提出上诉时得到满足，而且必须在整个上诉程序期间始终满足。

---

① Article 23 Independence of the members of the Boards

（1）The members of the Enlarged Board of Appeal and of the Boards of Appeal shall be appointed for a term of five years and may not be removed from office during this term, except if there are serious grounds for such removal and if the Administrative Council, on a proposal from the Enlarged Board of Appeal, takes a decision to this effect. Notwithstanding sentence 1, the term of office of members of the Boards shall end if they resign or are retired in accordance with the Service Regulations for permanent employees of the European Patent Office.

（三）上诉理由是否成立

如果上诉被认为可以受理，上诉委员会将审查上诉是否能够被允许，即委员会讨论案件的是非曲直。委员会有能力全面审查上诉决定，包括法律和事实观点。在这种情况下，如果一审部门行使自由裁量权（根据《欧洲专利公约》第114（2）条[①]）承认当事人未及时提交的事实或证据，则委员会只有在以下情况下才应否决此类决定：受理部门适用了错误的原则，没有考虑到正确的原则，或者以不合理的方式行使自由裁量权，从而超出了其自由裁量权的适当限度。

（四）口头诉讼

在上诉程序期间，应程序任何一方的请求，即申请人（在授权前上诉中为上诉人）或专利权人或异议人（在异议上诉中，他们是上诉人和/或被告），上诉中的口头诉讼在哈尔或慕尼黑举行，并且是公开的，除非有非常特殊的情况。这与实审部门进行的口头程序形成鲜明对比，后者是不公开的。上诉中的公开口头诉讼程序清单可在欧洲专利局网站上找到。口头诉讼权是程序性听证权的一个具体的、成文的部分。口头程序也可以通过视频会议进行。

为了准备口头程序，委员会会发出一份通知，提请注意对作出决定似乎特别重要的事项。在进行此类沟通的同时，委员会还可以就案件的是非曲直提供初步意见。由于口头诉讼的目的是对案件得出结论，因此可以是在口头诉讼结束时宣布决定。

八、单一专利体系

（一）单一专利

1. 定义和地理范围

单一专利体系包括欧盟单一专利（UP）和统一专利法院（UPC），单一专利是由欧洲专利局授予的在所有参与国范围内具有“单一效力”的欧洲专利。它将是一项单一、不可分割的权利，就像EUTM（欧盟商标）或RCD（欧盟注册共同体外观设计）。统一专利法院将为在所有参与国范围内的欧洲专利（包括新的单一专利在内）相关诉讼提供一个集中的法庭。

---

① Article 114 Examination by the European Patent Office of its own motion

(2) The European Patent Office may disregard facts or evidence which are not submitted in due time by the parties concerned.

依据《统一专利法院协议》（UPCA）第 89 条的规定，在德国作为最后一个必须批准 UPCA 的成员国最终批准了《统一专利法院协议》之后，欧洲专利新体系（欧洲单一专利和统一专利法院）自 2023 年 6 月 1 日起正式实施。

上述“单一效力”主要体现为单一专利在所有参与成员国提供统一授权生效，而传统欧洲专利需要在寻求保护的每个国家单独生效。但是，单一专利一旦被无效（撤销），其将在所有成员国统一无效。而传统欧洲专利由于生效后成为了生效国的国家专利，其无效仅在作出无效决定的生效国有效。

2. 如何获得

欧洲专利申请将仍向欧洲专利局以往常方式提交。申请获得授权后，申请人将能够选择所获得的欧洲专利是否应在缔约成员国具有“单一效力”。单一专利请求必须提交给欧局。该请求必须在授权日后 1 个月内提出。现有的（已授权的）欧洲专利不能转换为单一专利。

单一专利不需要缴纳官费。但是，在至少 6 年（最多 12 年）的过渡期内，将需要翻译专利说明书全文。如果专利是用英文写的，那么单一专利请求必须附有翻译成欧盟其他任一官方语言的说明书完整译文。如果专利是用法语或德语写的，那么单一专利请求必须附有说明书的完整英文译文。虽然需要翻译，但译文在任何授权后程序中都不具有法律文本的地位。事实上，译文仅供参考。过渡期过后，将改为使用谷歌提供的机器翻译。

3. 单一专利的优缺点

从成本角度来看，授权前的成本将保持不变的情况下，单一专利在授权之后的年费大约是单个国家平均年费的 4 倍。因此，对于希望其欧洲专利在多个欧盟国家生效的申请人来说，单一专利具有很高价值，特别是考虑到如果希望覆盖许多欧盟国家的情况。

从专利稳定性的角度来看，单一专利将由统一专利法院专属管辖，其提供集中的诉讼程序（包括侵权和无效等）。相比之下，传统欧洲专利需通过各个生效国的国家法院进行诉讼，各个国家法院对同一专利可能作出不同的判决，导致诉讼具有复杂性和不确定性。

申请人如果通常仅在 3 个国家进行生效，单一专利则可能会产生更高的年费，且申请人无法通过在专利有效期内有选择地让部分国家失效以降低年费成本。

（二）统一专利法院

1. 设立的目的

目前，针对欧洲专利原则上必须在其生效的每个国家单独提起诉讼。例如，当前法国法院对某个欧洲专利的有效性或侵权的裁决在德国无效。这种“平行”诉讼增加了当事人的成本，偶尔会出现不同国家法院的裁决不一致的情况。签署并加入统一专利法院的国家都同意将欧洲专利和补充保护证书（SPC）的管辖权从本国法院转移到一个单一的中央法院。这样会减少平行诉讼的数量并增加法律确定性，因为对于欧洲专利侵权或有效性的决定将由单一法院作出，然后在所有参与国生效。

2. 管辖范围

在缔约成员国内，统一专利法院将独家处理与“传统”欧洲专利相关的侵权和有效性问题，以及与授予这些专利的补充保护证书相关的问题。这意味着，一旦统一专利法院协议完全生效，对于例如法国专利的无效诉讼将提交给统一专利法院，而不是提交给法国法院。同样，对于在法国发生的对欧洲专利的侵权，其诉讼也将交由统一专利法院处理。统一专利法院的裁决随后将在所有缔约国生效。

然而，在至少 7 年的过渡期内，有关“传统”欧洲专利的诉讼仍然可以在各国家法院提起，而不是统一专利法院。在此过渡期内，欧洲专利所有人将有权选择退出统一专利系统，以确保有关其欧洲专利的诉讼只能在各国家法院进行。已选择退出的专利将在整个专利期间保持退出状态，除非专利权人撤回上述退出。

（1）设立地点

一审法院将分为地方和区域的“分庭”（由缔约成员国设立）以及中央分庭。通常，与专利有效性相关的大部分案件将由中央分庭处理，而侵权诉讼一般在地方分庭处理。根据当前的统一专利法院协议，中央分庭将设在巴黎和慕尼黑。统一专利法院的上诉法院将设在卢森堡。

（2）退出机制

当统一专利法院生效时，所有欧洲专利将自动归其管辖，除非专利所有人“选择退出”。因此，对于每项欧洲专利，所有专利权人都有两个选项：

1）什么都不做（因此自动属于统一专利法院的管辖范围）。

2）选择退出统一专利法院。

退出程序具有以下特点：

1）退出程序仅在过渡期内适用（过渡期为统一专利法院生效后的前 7 年，过渡期可延长至 14 年，之后每 5 年通过评估决定是否再延长）。

2）退出程序将通过在线案件管理系统进行管理。

3）退出在欧洲专利的整个生命周期内都有效（除非退出被撤回）。

4）还可以为未决的欧洲专利申请注册选择退出：一旦授权，选择退出将自动适用于相关的欧洲专利。

5）UPC 正式开始运作之前将有 3 个月的“退出”期（始于 2023 年 3 月 1 日），届时专利权人将能够提出退出申请。

6）正处于 UPC 诉讼程序中的专利不能被选择退出。

7）可以随时撤销选择退出（即将专利纳入 UPC 的管辖范围）。

8）不能第二次“退出”（撤销退出后）。

9）可以提交单个请求选择退出一项以上专利（“批量”退出）。

10）选择退出不会收取任何官方费用。

（3）如何选择

对于专利申请而言，拥有统一专利是可选的，授权后在各个成员国单独生效的“传统路线”将一直存在。单一专利和“传统路线”的优劣相对清晰，申请人可以根据自己的需求进行选择。

统一专利法院仅在过渡期内可以退出，在统一专利法院协定完全生效以后唯一避免统一专利法院的方法是向国家专利局提交单独的申请。因此，从长远的角度来看是不可或难以避免的，申请人需要适应这一改变。

第二节 美 国

本节对美国专利商标局关于专利申请、审查、再审程序进行梳理，并对各个阶段的审查要点进行阐述，旨在为读者呈现美国专利申请的全流程的概况。该审查相关程序是基于 2022 年 7 月修订的 MPEP（第九版）及其附录 L－专利法和附录 R－专利法细则。因此，本节中所有提及的条款或细则均与上述文件有关。

一、审查阶段流程框架

审查阶段流程框架如图 9－2－1 所示。

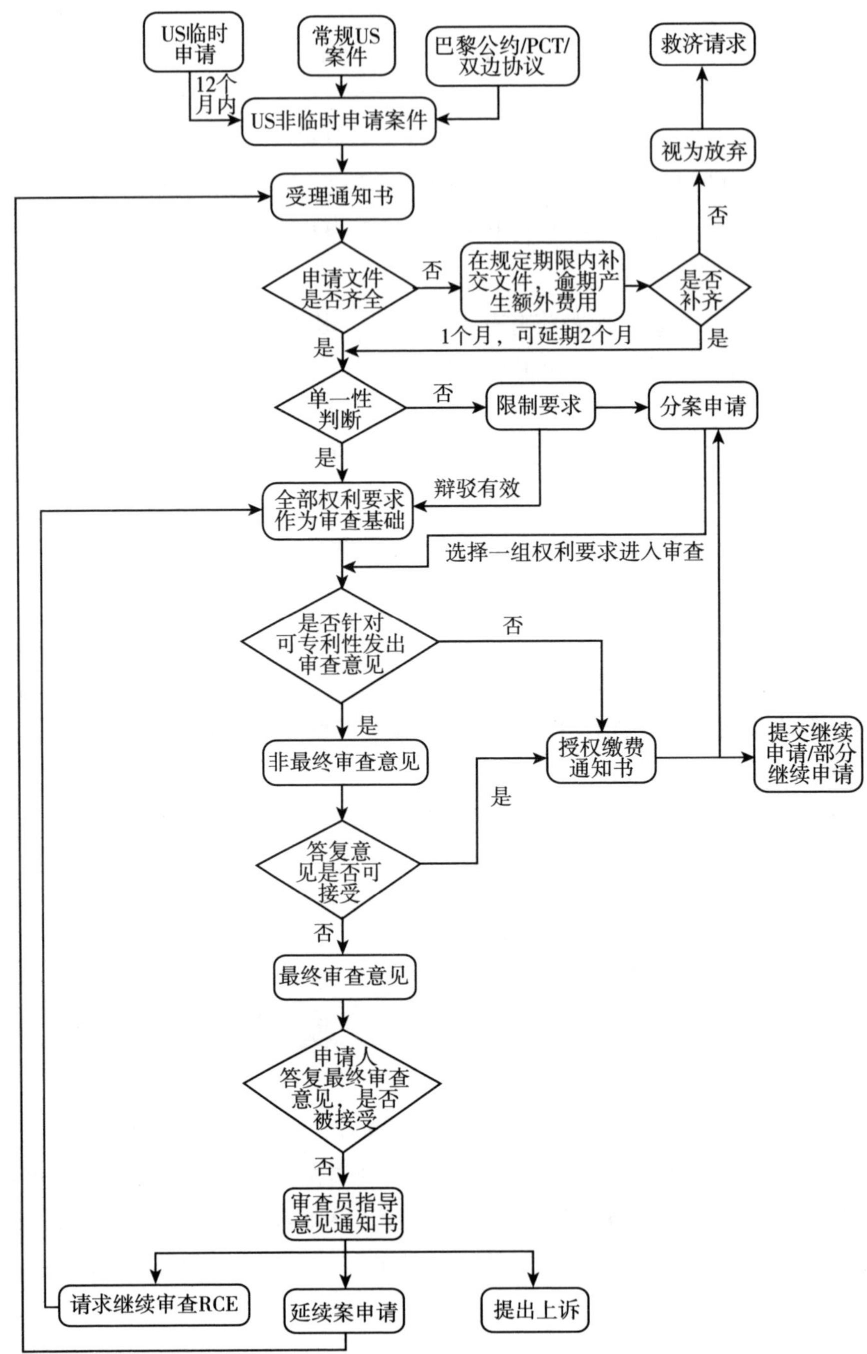

图9－2－1　审查阶段流程框架

二、提交专利申请

（一）临时申请

专利临时申请允许在没有正式专利权利要求、宣誓或声明，以及任何信息披露（现有技术）声明的情况下提交。[①]

自1995年6月8日起，美国专利商标局（USPTO）为发明人提供了提交临时专利申请的选项。这种申请旨在提供一种成本较低的方式，让发明人在美国首次申请专利，并根据关贸总协定乌拉圭回合协议（GATT Uruguay Round Agreements），使美国申请人与外国申请人享有平等地位。

专利临时申请是根据美国《专利法》第111（b）条[②]向美国专利商标局提交的美国国家申请。临时申请不需要包含正式的专利权利要求、宣誓或声明，也不需要任何信息披露（现有技术）声明，因为临时申请不进行审查。

临时申请的提交日期是指向美国专利商标局提交美国《专利法》第112（a）条[③]规定的说明书和美国《专利法实施细则》第1.81（a）条[④]要求的任何附图的日期。在临时申请提交之后，除非是为了使其符合专利法规和所有适用的法规，否则不能对临时申请进行任何修改。

专利临时申请的待决期为自提交之日起12个月，且该待决期不能延长。因此，提交临时申请的发明人必须在这12个月内提交相应的专利非临时申请，以便从临时申请中受益。如果在临时申请提交日期后的12个月内未提交非临时申请，但在提交日期后的14个月内提交了非临时申请，可以通过提交可授予的申请来恢复临时申请的利益。需要包括一份声明，说明延迟提交非临时申请是无意的，以及支付所需的申请费。

根据美国《专利法》第119（e）条[⑤]，相应的非临时申请必须包含对临时申请的具体引用或修改为包含该引用。对于2012年9月16日或之后提交的非临时申请，必须在申请数据表中包含具体引用。此外，根据该条款，提出的权利要求必须在非临时申请的待审期间提出，并且必须在非临时申请提交日期后的4个月内或临时申请提交日期后的16个月内（以较晚者为准）完成。

提交临时申请后，另一种提交相应非临时申请的方法是根据美国《专利法

---

① United States Patent and Trademark Office. Provisional Application for Patent［EB/OL］.［2024-04-17］. https：//www.uspto.gov/patents/basics/apply/provisional-application.html.

② 35 U.S.C. 111 Application（b）PROVISIONAL APPLICATION.

③ 35 U.S.C. 112 Specification.

④ 1.81 Drawings required in patent application.

⑤ 35 U.S.C. 119 Benefit of earlier filing date；right of priority.

实施细则》第1.53（c）（3）条[①]提交可授权申请，要求在临时申请提交日期后12个月内将临时申请转换为非临时申请。将临时申请转换为非临时申请（而不是提交要求临时申请利益的非临时申请）会对专利期限产生负面影响。转换后，非临时申请所获得的专利期限将从临时申请的原始提交日期开始计算。而通过先提交临时申请，然后在12个月的待决期内提交相应的非临时申请，专利期限可以延长多达12个月。

临时申请必须列出所有发明人的名字。根据美国《专利法》第102（b）（1）条和美国《专利法》第102（a）（1）条[②]规定的宽限期，临时申请可以在发明人公开披露发明后12个月内提交（这种公开披露在美国受到保护，但可能会影响在国外申请专利的机会）。如果在临时申请提交日期前一年以上公开披露（例如，通过发布、公开使用、要约出售），将无法在美国申请专利。发布、使用、销售或其他活动只需向公众提供即可被视为公开披露。

尽管申请日期可以在不提交附图的情况下获得，但建议申请人提交理解发明所需的任何附图，以符合美国《专利法》第113条[③]的规定。因为申请日期之后不能引入新的内容，所以理解发明所需的附图必须在申请时提交。

（二）分案申请

根据美国《专利法》的规定，如果审查员认为一个申请中包含两个或更多个独立或有显著区别的发明，可以要求申请人把申请限制到其中一个发明，而其余的发明主题则可以作为分案申请单独递交。分案申请的说明书不能超出母案的公开范围，但可以使用母案原始权利要求中记载的权利要求，也可以根据说明书的内容新增权利要求。其中，独立意味着要保护的两个或更多个发明之间没有直接关联，而显著区别则意味着两个发明在设计、操作和效果中至少在一方面没有关联，并且至少一个发明相对于其他发明具备可专利性，那么可以认为这两个发明具有显著区别。

申请人针对限制要求（Restriction Requirement，R－R），选择一组权利要求继续进行审查，而删除或撤回其余的权利要求。对于删除或撤回的权利要求，申请人可以提交分案申请。如果被删除或撤回的权利要求与其他权利要求具有相同的技术特征，那么这些被撤回的权利要求可能会被批准重新加入。

实际审查中，当母案申请受到限制要求时，申请人会提交分案申请。美国《专利法》规定，不允许基于母案的权利要求对分案申请的权利要求发出重复

---

① 1.53 Application number，filing date，and completion of application.

② 35 U.S.C.102 Conditions for patentability；novelty.

③ 35 U.S.C.113 Drawings.

授权的驳回，这是分案申请与继续申请之间最主要的区别。如果母案中的限制要求被撤回，已提交的分案申请将失去其分案状态，并且应该改为继续申请。限制要求通常会在以下情况下被撤回：1）在母案的审查过程中，审查员认为可以在没有负担的情况下对全部技术方案进行审查；2）母案权利要求在审查过程中，申请人通过修改权利要求，使得被撤回的权利要求与其他权利要求具有相同的技术特征，那么已被撤回的权利要求被批准重新加入。

（三）继续申请和部分继续申请

在美国专利审查过程中，如果部分权利要求可以被授权，就可以先争取授权，未被授权的权利项可以提交继续申请（Continuation Application，CA），并与审查员进一步沟通。如果在申请过程中需要新增实质性内容，可以提交部分继续申请（Continuation – In – Part，CIP）。CA 和 CIP 需要在母案缴纳授权费之前提交，授权后会有单独的专利证书。

在母案没有结案之前，都可以提出继续申请，可以享受在先母案申请的申请日。在正式授权通知发出前的任何时候，申请人都可以提出继续申请。继续申请通常是为了引入新的权利要求：当母案申请中的权利要求被全部驳回时，或者当母案申请中被要求删除的部分权利要求需要重新争辩以获得专利权时。对应的一些要求有：1）说明书相对于母案申请需要保持完全一致，不能包含任何新的主题；2）其权利要求应当不同于母案申请。

在实际申请过程中，通常在以下几种情况下提交继续申请：1）寻求更宽的保护范围；2）将没有在原始申请范围内的经过申请人改进后的产品或竞争对手的产品通过继续申请的方式纳入保护范围内；3）为了争取更多答复审查意见的时间，使相关技术方案处于复杂不确定的状态。

与继续申请大同小异，当对母案进行的修改加入了新的超出原始公开的内容时，可以提出部分继续申请。部分继续申请是一个新的专利申请，允许增加母案披露范围之外的新的发明主题，但新增主题的内容只能享有新的申请日，日部分继续申请需要与母案有至少一个共同发明人。母案公开内容的权利要求按母案的申请日检索、审查，新引入内容的权利要求按部分继续申请的申请日检索、审查。

在实际申请过程中，通常以下几种情况下，提交继续申请：1）为了修复母案公开文本中的缺陷；2）通过加入新的内容来克服驳回；3）为公开和保护与母案密切相关的改进。

另外，对于 PCT 申请进入美国国家阶段，申请人可以考虑基于一项 PCT 申请来向美国提交继续申请或部分继续申请在美国寻求保护，称为旁路（bypass）

申请，特别是在申请人希望修正PCT申请中的一些错误或者加入一些新的内容（比如实验数据或者对比实施例等）的情况下可适用。

中国专利审查过程中没有继续申请或者部分继续申请制度，但在专利局实际审查中，只要原申请未完结，就可提出分案申请。与美局不同之处在于，申请人既可以主动提出分案申请，也可以根据审查员提出的单一性缺陷审查意见被动提出分案申请，但是内容不能超过母案公开的内容。一般情形下，我国分案申请相当于美局的分案申请和继续申请。且如果母案已经完结，基于分案申请的进一步分案只有在收到单一性有关的审查意见通知书的情况下才被接受，即我国主动分案不适用于基于分案申请的进一步分案。

（四）信息披露声明（IDS）

要获得有效的专利，提交的专利申请必须根据美国《专利法》第112（a）条[①]的规定，对发明进行全面和清晰的披露。充分披露的要求是为了确保公众在专利授予发明人排他性权利的同时，也能从中获益。所有修改和权利要求都必须在原始披露中找到描述性依据。在申请日之后，不能在申请中引入任何新的内容。申请人可以依赖提交的带有原始权利要求书和附图的说明书进行披露。

根据美国《专利法实施细则》第1.56条[②]的规定，每一个与专利申请提交和授权相关的人都有义务向美国专利商标局提供他/她已知的所有与该专利申请的可专利性实质相关的信息。这些信息包括美国专利文件、外国专利文件以及非专利文件。如果违反了信息披露声明（IDS）的规定，即使专利被授权，也会导致专利直接被无效，使专利权无法行使。

临时申请不需要提交信息披露声明（IDS）。对于继续申请、部分继续申请和分案申请，在先申请中已经提交的IDS文件无须重新递交，但之后产生的IDS文件需要正常提交。通常情况下，在以下4个时间点提交的IDS会被美国专利商标局考虑：

1）在美国专利申请提交日起3个月内。

2）PCT国际专利申请进入美国国家阶段之日起3个月内。

3）在就实质性问题发出第一次审查意见之前。

4）提交继续审查请求（RCE）后发出第一次审查意见之前。

此外，在以下两种特殊时间段要提交IDS，需要附加声明和/或费用：①在最终驳回通知书、授权通知书下发之前或任何能导致专利审查程序关闭的行为发生前，申请人提交声明或费用来提交IDS；②在①所述时间点后但在支付授

① 35 U. S. C. 112 Specification.

② 1. 56 Duty to disclose information material to patentability.

权费之前，申请人提交声明和费用来提交 IDS。

三、申请的审查

（一）审查申请的要件

审查申请文件，以确定新申请是否有资格获得申请日。一旦确认了申请有权获得申请日期，会检查提交的申请是否完整。这包括检查是否支付了所需的费用，是否有发明人的宣誓或声明，以及是否包括了说明书和附图的所有页面。如果提交的文件无权确定申请日期，将会发送“申请不完整通知”，告知申请人有缺陷。如果申请有权获得申请日期，但还不完整，那么将发送一份通知（例如“遗漏项目通知”），说明已经收到了申请文件，并指出还需要提交哪些文件才能完成申请。

审查员在审查申请时，要确保申请材料完整。比如，如果缺少说明书或附图，就要确认是否有权获得指定的申请日，并采取相应行动。

（二）限制要求

限制是指当一项申请中要求两项或多项独立发明和/或两项或多项不同发明时，要求申请人选择一项要求保护的单一发明（例如，组合或子组合发明、产品或方法发明、属内物种）进行审查的做法。

在美国发明专利申请的审查过程中，若审查员认为一件申请存在两项或以上独立且不同的发明，或者一个总括性权利要求包含多个不同且具有可专利性的子类（species）时，通常会下发限制要求的审查意见。限制要求主要分为两类：发明限制（invention restriction）和子类选择（species election），分别要求申请人对发明以及子类权利要求作出选择，避免申请人的一份申请中包含多项发明。这种要求通常在向申请发出实质审查意见之前提出；然而，它也可以在最终审查意见之前的任何时间进行。①

在不同的发明之间进行适当限制有两个标准：

1）该发明必须是独立的，或与声称保护的不同。

2）如果不限制，审查员将面临严重的检索和/或审查负担。

审查员必须提供理由和/或示例来支持结论，但在大多数情况下不需要引用文件来支持限制要求。

如果在一份申请中要求两项或多项独立和不同的发明，可以要求将申请限

① 中国（深圳）知识产权保护中心．美国专利申请中常见的审查意见分析报告［EB/OL］．［2023－03－22］．http：//www.szipprs.org.cn/szipr/hwwq/fxydzy/bjzy/content/post_950544.html.

制在其中一项发明。如果另一项发明成为符合分案申请的主题，则该发明应有权享受原始申请的申请日的利益。如果分案申请是在另一项申请的专利授权之前提交的，限制要求的申请或根据该要求提交的申请所颁发的专利，不得在专利商标局或法院中用作针对分案申请或针对原始申请或就其中任何一项颁发的任何专利的参考。

如果在一项申请中要求了两项或两项以上独立且不同的发明，审查员在审查意见书中将要求申请人在对该申请的答复中选择一项权利要求将被限制的发明，这称为限制要求（也称为分案要求）。对未被选中的发明的权利要求，如果未被取消，则由审查员通过选择从进一步审议中撤回，但在限制要求被撤回或驳回的情况下，可以恢复。

只有当申请的权利要求能够支持单独的专利并且它们是独立的时，才可以适当地要求将权利要求限制在两个或多个要求保护的发明之一。但如果对申请中的所有权利要求的检索和审查可以在没有沉重负担的情况下进行，审查员必须根据案情对其进行审查，即使它们包括相对独立或独特发明的权利要求。

美国专利审查中的“限制要求”分为对“发明”的限制要求和对“子类”的选择要求，需要在概念和应对方式上加以区分。

对于发明的限制要求，其针对对象为“发明”，按发明思路的区别将发明进行分组。具体判定要件为：1）申请中存在两项或以上相互“独立”或“相关但可区分”的发明；2）带来沉重的审查负担，两个判定要件缺一不可。审查负担的标准在于是否存在不同类型、不同检索类别、不同技术领域等情形，其中不同类型指的是不同权利要求类型，例如产品、装置和方法权利要求。

对于“子类”的选择要求，其针对对象为一项发明下的多个“子类”，即一项技术方案（上位概念）的多种并列、可选择的实施方式（下位概念）。当申请包含一个一般性权利要求和多个独立的或专利性可区分的子类时，就可以发出“选择要求”。具体的判定要件是：1）各个子类之间是独立的或专利性可区分的；2）带来沉重的审查负担，两个判定要件缺一不可。“一般性权利要求”是规定所有实施方式共有的技术特征（“共性”）的权利要求，是一个上位的总括性技术方案；而“子类”则分别包含了该“一般性权利要求”下的各个下位特定实施例（个例）。“独立”是指满足各个“子类”之间必须在设计、操作或效果上均无关联，即是相互独立的实施例，而“专利性可区分”则是指至少一组“子类”相对于另一组“子类”（假定为现有技术）具有非显而易见性。而审查负担则类似地取决于是否存在不同类型、不同检索类别、不同技术领域等情形。

美国专利审查中“限制要求”与我局专利审查中的单一性判断存在联系又

不同，美局制定该条款的侧重点在于不增加审查员的检索负担，且美国专利审查中所谓的“独立”或“不同”的发明，与我局“缺乏单一性”是不同的，如若两个技术方案的“创造性”理由不同（一方作为对比文件时不影响另一方的创造性），哪怕其具有技术上的相关性，也可以将其看作两组不同发明，发出“限制要求”通知书，即审查员可在没有作出检索的情况下作出审查意见。

而我国专利审查中的“单一性”，根据《专利法》第31条的规定，即“一件发明或者实用新型专利申请应当限于一项发明或者实用新型。属于一个总的发明构思的两项以上的发明或者实用新型，可以作为一件申请提出”。而《专利法实施细则》第39条指出，“可以作为一件专利申请提出的属于一个总的发明构思的两项以上的发明或者实用新型，应当在技术上相互关联，包含一个或者多个相同或者相应的特定技术特征，其中特定技术特征是指每一项发明或者实用新型作为整体，对现有技术作出贡献的技术特征”。可见我局在判断原则上，专利申请的权利要求要求保护的多个技术方案包含至少一个相同或相应的发明点（对现有技术作出贡献的技术特征），则认定该多个技术方案属于一个总的发明构思，具有单一性。对单一性的判定，需要基于实质审查，进行文献检索，并将本申请与现有技术（即对比文件）进行比较之后，才能得出结论，因此是较为客观的评判。

四、审查意见通知书

在实质审查中，如果审查员认为申请具有可专利性方面的缺陷，会向申请人发出审查意见（Office Action，OA），实质审查阶段，通常发出的通知包括：非最终拒绝意见通知书、最终拒绝意见通知书和审查员指导意见通知书。

（一）非最终拒绝意见通知书

通常是申请收到的第一个审查意见或是继续审查请求（RCE）之后的第一个审查意见，是审查员第一次提出至少一个影响申请获得授权的新问题。针对审查员指出的缺陷，申请人必须作出答复或修正，通过反驳审查员的意见或修改权利要求的方式克服缺陷。如果该缺陷得以克服，并且申请人的回复中没有引入新的缺陷，审查员可能会向申请人发出授权通知书（Notice of Allowance）。

第一次发出的非最终拒绝意见通知书（Non – Final Rejection），第一页主要记载著录项目信息，第二页涉及表格勾选，通过勾选表格确定通知书类型、各权利要求倾向性意见等内容，第三页开始，记载涉及驳回理由的详细信息，分不同的法条依次评述。若部分权利要求属于可授权的情形，在非最终拒绝意见通知书 Allowable Subject Matter 部分，告知可授权的具体修改方式。图 9－2－2 为通知书示例。

Office Action Summary	Application No. 12/835,314	Applicant(s) LEE ET AL.	
	Examiner MUSHFIKH ALAM	Art Unit 2426	

-- The MAILING DATE of this communication appears on the cover sheet with the correspondence address --

Period for Reply 告知申请人答复期限

A SHORTENED STATUTORY PERIOD FOR REPLY IS SET TO EXPIRE 3 MONTH(S) OR THIRTY (30) DAYS, WHICHEVER IS LONGER, FROM THE MAILING DATE OF THIS COMMUNICATION.

- Extensions of time may be available under the provisions of 37 CFR 1.136(a). In no event, however, may a reply be timely filed after SIX (6) MONTHS from the mailing date of this communication.
- If NO period for reply is specified above, the maximum statutory period will apply and will expire SIX (6) MONTHS from the mailing date of this communication.
- Failure to reply within the set or extended period for reply will, by statute, cause the application to become ABANDONED (35 U.S.C. § 133). Any reply received by the Office later than three months after the mailing date of this communication, even if timely filed, may reduce any earned patent term adjustment. See 37 CFR 1.704(b).

Status

1)☒ Responsive to communication(s) filed on *13 July 2010*. 本申请提交日期

2a)☐ This action is **FINAL**. 2b)☒ This action is non-final. 通知书类型

3)☐ An election was made by the applicant in response to a restriction requirement set forth during the interview on ____; the restriction requirement and election have been incorporated into this action. 申请人是否做限制选择性要求

4)☐ Since this application is in condition for allowance except for formal matters, prosecution as to the merits is closed in accordance with the practice under *Ex parte Quayle*, 1935 C.D. 11, 453 O.G. 213. 起诉状况

Disposition of Claims

5)☒ Claim(s) *1-20* is/are pending in the application. 审查所针对的权利要求

5a) Of the above claim(s) ____ is/are withdrawn from consideration.

6)☐ Claim(s) ____ is/are allowed. 可授权权利要求

7)☒ Claim(s) *1-20* is/are rejected. 无授权前景，将驳回的权利要求

8)☐ Claim(s) ____ is/are objected to. 有授权前景，但存在形式问题的权利要求

9)☐ Claim(s) ____ are subject to restriction and/or election requirement. 单一性

Application Papers

10)☐ The specification is objected to by the Examiner. 说明书与附图情况

11)☒ The drawing(s) filed on *13 July 2010* is/are: a)☒ accepted or b)☐ objected to by the Examiner.

Applicant may not request that any objection to the drawing(s) be held in abeyance. See 37 CFR 1.85(a).

Replacement drawing sheet(s) including the correction is required if the drawing(s) is objected to. See 37 CFR 1.121(d).

12)☐ The oath or declaration is objected to by the Examiner. Note the attached Office Action or form PTO-152.

Priority under 35 U.S.C. § 119 优先权情况

13)☒ Acknowledgment is made of a claim for foreign priority under 35 U.S.C. § 119(a)-(d) or (f).

a)☒ All b)☐ Some * c)☐ None of:

1.☒ Certified copies of the priority documents have been received.

2.☐ Certified copies of the priority documents have been received in Application No. ____.

3.☐ Copies of the certified copies of the priority documents have been received in this National Stage application from the International Bureau (PCT Rule 17.2(a)).

* See the attached detailed Office action for a list of the certified copies not received.

Attachment(s) 附件

1)☒ Notice of References Cited (PTO-892) 引用的对比文件

2)☐ Notice of Draftsperson's Patent Drawing Review (PTO-948)

3)☐ Information Disclosure Statement(s) (PTO/SB/08) Paper No(s)/Mail Date ____.

4)☐ Interview Summary (PTO-413) Paper No(s)/Mail Date. ____.

5)☐ Notice of Informal Patent Application

6)☐ Other: ____.

U.S. Patent and Trademark Office
PTOL-326 (Rev. 03-11) **Office Action Summary** Part of Paper No./Mail Date 20120909

图 9－2－2 非最终拒绝意见通知书

（二）最终拒绝意见通知书

第二次以后的审查意见通知书应该是最终拒绝意见通知书（Final Rejection），即驳回决定，除非审查员引入了新的理由，这些新的理由既不是由申请人对权利要求的修改导致的，也不是基于申请人根据美国《专利法实施细则》第1.97（c）条[①]提交并且缴纳美国《专利法实施细则》第1.17（p）条[②]所规定费用的信息披露声明（IDS）中的信息。通常情况下，如果申请人没有完全克服非最终审查意见中所提出的所有缺陷，审查员下发的第二份审查意见基本为最终审查意见，但审查员会根据实际情况，可能会多次下发非最终审查意见，之后才会下发最终审查意见。

一般情况下，审查员可以在以下情况下发出最终拒绝意见通知书：1）答复没有说服审查员，审查员的驳回意见基于原来的理由；2）针对答复时修改的内容需要重新检索，发现了驳回该修改的权利要求的新对比文件；3）基于根据美国《专利法实施细则》第1.97（c）条提交并且缴纳美国《专利法实施细则》第1.17（p）条所规定费用的信息披露声明（IDS）提交的对比文件发出的驳回意见；4）审查过程中提交了共同研究协议，审查员以新的重复授权的理由发出最终拒绝意见通知书。

若不是第一次发出驳回通知书，则还需要在涉及不满足相应法条规定的评述内容之后，针对申请人对前一次通知书的意见陈述作出相应答复（Response to Arguments）。

若审查员未发现可驳回的缺陷，最终发出授权通知书，美局授权通知书与我局主要不同之处在于其在授权通知书的最后记录了可授权的具体理由。

（三）审查员指导意见通知书

美国审查采取的是“轮回”制度，通常如果申请人收到了最终拒绝意见通知书，代表着审查员一轮的审查已经结束，申请人收到最终拒绝意见通知书后，可以在不提交继续审查的情况下进行答复，该情况一般适用于提交简单的权利要求修改。如果申请人在两个月内提交了答复，但没有完全克服最终拒绝意见通知书中的所有缺陷，使该专利处于授权的状态，则审查员会下发审查员指导意见通知书。如果申请人想继续审查，则须请求继续审查，意味着新一轮的审查开始了，下一封可能会收到的便又是非最终拒绝意见通知书。

---

① 1.97 Filing of information disclosure statement.

② 1.17 Patent application and reexamination processing fees.

五、再审程序

（一）专利驳回的再审程序

对于最终审查意见之后的再审程序如图 9 -2 -3 所示。

当申请人收到美国专利商标局的终审意见后，通常有以下的救济程序：

1）直接修改：当审查员认为意见容易克服而授权或者部分权利要求有授权前景时，申请人可按照审查员的意见修改或者删除没有授权前景的权利要求。

2）继续审查请求（Request Continued Examination，RCE）：若申请人没能成功说服审查员，但又希望能够获得更多的审查答复机会，可以提出继续审查请求。继续审查请求被批准后，审查流程会重新启动，申请人一般可以重新获得两次答复审查意见的机会。理论上继续审查请求没有次数限制，可以多次提交继续审查请求，但是多次请求继续审查会使成本过高。

3）上诉（Appeal）——类似我国的复审程序：上诉在补救方式中是一个相对极端选项，常用于一项权利要求在审查过程中收到了两次驳回意见书，可针对审查员的驳回意见向 PTAB 提出上诉请求，其费用高，周期长。首先提交上诉通知书（Notice of Appeal）并缴纳相应的费用，并在两个月内提交正式的上诉状（Appeal Brief）；然后申请被转交给 PTAB 执行，后续由三名资深审查员组成的合议组对案件进行审查。上诉请求常作为拖延时间的一种手段，申请人可先启动上诉过程，然后根据其考量通过 RCE 的方式中止上诉。

4）驳回后重申（After Final Consideration Pilot，AFCP）：由于继续审查请求的费用高，驳回后重申旨在减少继续审查请求的数量并鼓励申请人和审查员之间加强合作以有效推进对申请的审查进程，提供有限时间，供审查员考虑最终驳回的答复。适用情况是申请人经过初步评估，认为答复只需要审查员花费有限的时间进行检索审查就可以使申请授权，即可申请。驳回后重申项目允许审查员在最终驳回后利用额外时间进行检索和/或考虑答复，在规定时间内，审查员会仔细参考答复文本决定申请是否可以获得授权，若可以授权，下发授权及缴费通知。若不能授权，则需要与申请人进行会晤。

（二）专利授权后的再审程序

在美国专利审查中，为了加强自身的专利稳定性或有助于无效竞争对手的专利，专利获得授权后，专利权人可主动提交相关申请，对授权专利进行修改。专利授权后的再审程序如图 9 -2 -4 所示。

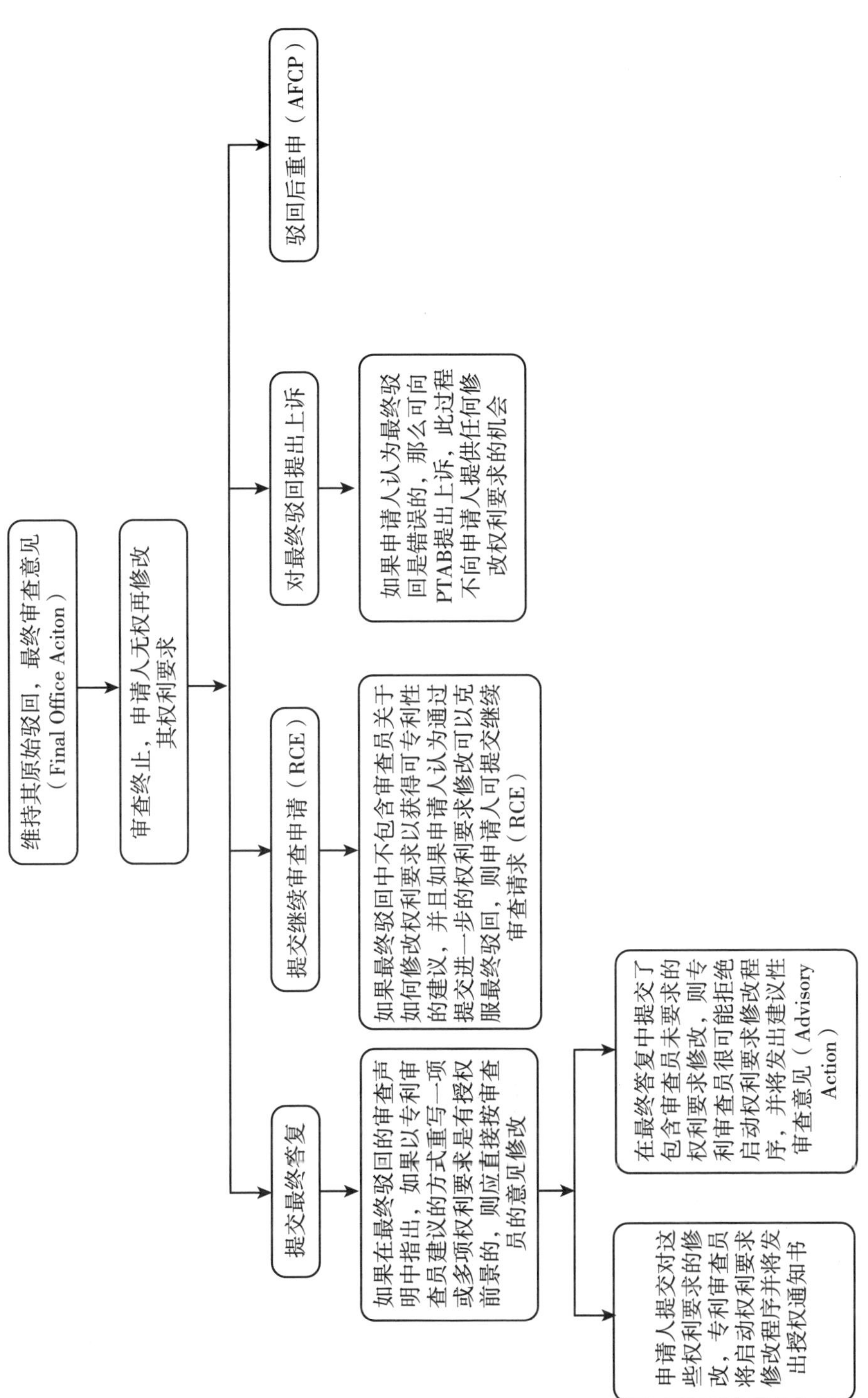

图9-2-3　最终审查意见之后的再审程序

在美国专利授权后主要有以下几个时间节点可以进行修改，包括申请再颁专利（Reissue）、单方复审（Ex Parte Reexamination，EPR）、双方复审（Inter Partes Review，IPR）、授权后重审（Post Grant Review，PGR）和补充审查（Supplementary Examination），其中申请再颁专利、补充审查由专利权人用于加强专利，授权后重审、双方复审、单方复审用于攻击专利。

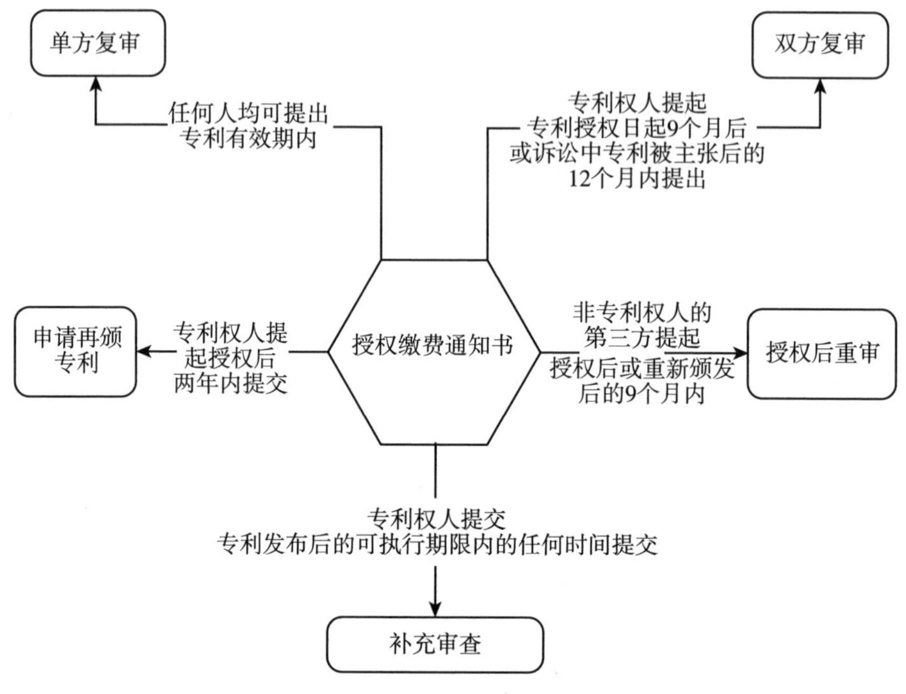

图9－2－4　专利授权后的再审程序

1. 授权后重审

根据美国《专利法》第321条[①]的规定，可以在专利授权后9个月内提出重审请求，进行授权后重审程序（Post Grant Review，PGR），其由隶属于美国专利商标局的PTAB进行审查，仅适用于有效申请日期为2013年3月16日之后的专利。授权后重审程序可能是授权后程序中最有力的武器。根据美国《专利法》第321条和第282条[②]的规定，对于授权后重审程序，可以基于可预期性（新颖性）和显而易见性（创造性），以及美国《专利法》第101条[③]（实用性

① 35 U. S. C. 321 Post－grant review.
② 35 U. S. C. 282 Presumption of validity；defenses.
③ 35 U. S. C. 101 Inventions patentable.

和主题适格性）和第 112 条[①]（书面说明；可行性；不确定性）来挑战专利有效性。此外，可用的现有技术不仅包括专利和印刷出版物，还包括现有技术产品和系统。

专利权人可以充分利用授权后重审程序拥有一次修改权利要求的机会，包括删除权利要求、增加合理数目的权利要求作为替代。非专利权人可以提出重审请求，其中，不可以匿名方式提出重审请求。修改要求为：除非得到双方同意或专利权人理由充分，否则不得做其他修改；在修改时不能扩大专利保护的范围并且不能引入新的主题。

2. 单方复审

美国专利商标局的单方复审（Ex Parte Reexamination，EPR）是指在专利权有效期内，任何人包括第三方、专利权人或美国专利商标局均可以根据在先公开的文献，向美国专利商标局提请单方复审的请求。它是授权后无效程序的重要工具。

（1）单方复审的请求人

单方复审不限制请求人，可以是任何人，例如专利权人、侵权者、任何第三方、美国专利商标局。单方复审的请求人可以匿名提请单方复审。

（2）单方复审的理由

单方复审的理由可以是不具备新颖性，以及显而易见性。

启动单方复审的前提是根据在先公开文献发现了可专利性的实质新问题。在先公开文献只限于专利文献或印刷材料，换句话说，只有现有技术的文献证据可以使用。在审查过程中没有被引用过的新文献，如果在技术启示方面没有被审查员考虑过，则可用来支持可专利性的实质新问题的提出；而在审查过程中已被考虑过的旧文献，如果从新的角度加以引用，也可用来支持提出可专利性的实质新问题。

（3）单方复审的审查部门

美国专利商标局审查单方复审的部门是中央复审处（Central Reexamination Unit，CRU）。单方复审由三名资深审查员组成的合议组执行处理。

（4）单方复审启动后的程序特点

1）第三方请求人无法继续参与到后续的审查；2）单方复审程序一旦启动，无法放弃和撤回该程序；3）请求继续审查程序不适用于单方复审；4）第

① 35 U. S. C. 112 Specification.

三方请求人可以保留匿名状态；5）专利权人对单方复审决定不服，可以向美国专利商标局申请复审；6）专利权人对复审决定不服，可以到联邦巡回上诉法院提起诉讼。

在提出单方再审程序或答复再审查意见时，专利权人可以对于权利要求书、说明书和附图进行修改以缩小专利保护范围、考虑新的权利要求、删除权利要求等。单方复审程序的请求人仅有一次答辩的机会。请求人不能参与复审，仅限参与提交请求；可以随时提请单方复审（甚至在授权后重审期内和/或在一年诉讼期后）；单方复审可匿名，无须确认真正利害关系人。相比于授权后重审、双方复审需要约一年至一年半，单方复审可能需要好几年才能完成，因此，单方复审通常仅会用于需要匿名或已过了提交授权后再审或双方复审截止期限的情况。

3. 双方复审

由于单方复审程序无法让复审请求人重复参与整个过程，在 1999 年，美国国会通过双方复审（IPR）程序，并于 2000 年生效，但此程序仅适用于申请日晚于 1999 年 11 月 29 日的已公告专利。

双方复审程序旨在提供更有效的手段来判断已授权专利的有效性，是授权后请求里最受欢迎的程序，但其只能在专利被授予权利之日起的 9 个月之后或诉讼中专利被主张后的 12 个月内提请该程序，且需在专利授权后再审程序终止之后才能申请启动此程序。另外，在范围上，无效的基础比起授权后再审要窄得多，限于可预期性和显而易见性，且仅限专利和印刷出版物（现有技术）。

在双方复审程序中，专利权人在收到复审请求书或答复复审审查意见时，可以要求修改权利要求书、说明书和附图。除非得到双方同意，否则不得做其他修改。在修改时不能扩大专利保护的范围并且不能引入新的主题。双方复审请求人可以在专利权人每次提出说明后，作出回应，全程参与审查程序。

提出双方复审的理由与单方复审的理由一致。此外，不论是单方复审，还是双方复审，在得到最终结果后，若没有修改任何专利范围，那么请求人日后不管是在美国专利商标局或法院，都不得以相同的先前技术相关文件作为证据来挑战同一个专利。

双方复审与单方复审的主要差异见表 9－2－1。

表 9-2-1　双方复审与单方复审的主要差异

主要差别项	单方复审（EPR）	双方复审（IPR）
答辩机会	请求人仅有一次答辩的机会	请求人可以在专利权人每次提出说明后，作出回应，全程参与审查程序
可否匿名	允许匿名提出	不得匿名提出
请求次数	由于可以匿名，不存在请求次数上的限制	一位请求人，针对同一个专利，只能提出一次双方复审申请

4. 补充审查

补充审查（Supplemental Examination）用于加强专利，且只能由专利权人提交，该请求可以在专利发布后的可执行期限内的任何时间提出。其提交基础包括可预期性、显而易见性以及美国《专利法》第 101 条和第 112 条。补充审查由专利权人用于对新发现的对比文件或先前已知但意外未披露的对比文件得到豁免。例如，根据披露义务，所有已知的现有文件在审查程序中必须向美国专利商标局公开。如果其他专利局下发审查意见通知书，引用的对比文件必须向美国专利商标局公开，未能做到将会被认为是对美国专利商标局的欺诈，将导致专利无效或不可执行。

为使用补充审查，专利权人在提交请求时需递交请求和缴纳复审费用。在 3 个月内，美国专利商标局决定是否需要启动单方复审。如不需要，美国专利商标局会退还约 3/4 的已付费用；如有需要，则进行单方复审，并将需要 3 年以上的时间。每项补充审查请求不超过 12 个信息项目，若相关专利是需要审议 12 个以上的项目，可以提交多个请求。

5. 申请再颁专利

申请再颁专利（Reissue），是在发现授权专利中存在无法通过更正声明或放弃权利声明进行弥补的错误时，美国专利申请人可以主动放弃原专利，通过递交一份再颁申请以及一份说明所要改正错误的誓词，要求对该专利申请文件中的权利要求进行再次审查，从而获得专利再颁以克服原专利申请文件中存在的缺陷。若在授权后 2 年内提交，再颁（专利）使专利权人能够扩大权利要求范围，但不得增加新的技术内容。类似于补充审查，提交基础包括可预见性、显而易见性以及美国《专利法》第 101 条和第 112 条。重授专利权的保护期为原始专利权的剩余保护期。

再颁专利必须识别专利中的错误，并且以克服该错误的方式来修改权利要求。上诉、继续申请以及分案可基于再颁的专利提交。再颁程序的优势在于能够使专利权人精心撰写权利要求以应对后续的被侵权问题。

第三节 小 结

本章通过对欧洲专利局和美国专利商标局关于申请、审查、再审程序各个阶段的审查要点进行阐述，梳理了欧洲专利申请、美国专利申请的全流程。从这些申请审查流程可以看出欧洲专利局和美国专利商标局在专利申请审查程序中均有各自的特点。

对于欧洲专利申请，从递交专利申请、形式审查、检索、出具检索报告和初步审查意见通知书、实质审查、异议、上诉等各主要阶段进行要点阐述。在专利审查流程中，欧洲专利局对于口头程序的应用非常广泛，不仅实现审查员与申请人之间更高效的沟通，还最大程度上为申请人保证了经济性。此外，由于管辖范围广，国家之间语言和专利相关法律法规存在不同，申请流程比较复杂，因而欧洲专利局提出了单一专利体系，此举表明欧洲专利局正致力于简化申请流程和诉讼流程，提高专利申请和审查效率。

对于美国专利申请，其包括临时申请和非临时申请（即常规申请）。美国专利商标局提供了临时申请转化为非临时申请的机制。临时申请制度有利于申请人获得较早的申请日期，简化了申请流程，成为发明人在初期保护其创新的重要工具，具有较强的灵活性和经济性。本章从专利申请的提交、申请要件的审查、审查意见通知书，以及专利驳回再审和专利授权后的再审等各阶段的要点进行阐述。从再审程序可以看出，美国专利在授权后还有多种修改途径，主要包括授权后重审、单方复审、双方复审和申请再颁专利，给予了专利权人更多的修改补救机会，最大限度地保留专利权，维护了申请人的合法权益。

附录　专有名词英文名称、中文名称、简称对照一览表

地区/国别	英文名称	中文名称	简　称
欧洲	European Patent Convention	《欧洲专利公约》	EPC
	Implementing Regulations to the Convention on the Grant of European Patents	《欧洲专利公约实施细则》	
	Case Law of the EPO Boards of Appeal	《欧洲专利局上诉委员会判例法》	
	Guidelines for Examination in the European Patent Office	《欧洲专利局审查指南》	《EPO 审查指南》
	European Patent Office	欧洲专利局	EPO 或欧局
	Receiving Section	受理处	
	Search Division	检索部门	
	Examining Division	审查部门	
	Opposition Division	异议部门	
	Legal Division	法律部门	
	Boards of Appeal	上诉委员会	
	Enlarged Board of Appeal	扩大上诉委员会	
	Ex – parte Procedure	单方过程	
	Information on Search Strategy	检索策略信息	
	European Search Report	欧洲专利局检索报告	检索报告
	European Search Opinion	欧洲专利局检索意见	检索意见
	Oral Proceeding	口头程序	

续表

地区/国别	英文名称	中文名称	简　称
欧洲	Intention to Grant	授予意向	
	Communication about Intention to Grant a European Patent	欧洲专利授予意向的沟通	
美国	35 U. S. C.	《美国法典》第35编	美国《专利法》
	37 CFR	《美国联邦法规》第37卷	美国《专利法实施细则》
	Manual of Patent Examination Procedure	美国《专利审查操作手册》	MPEP
	United States Patent and Trademark Office	美国专利商标局	USPTO或美局
	United States Court of Appeals for the Federal Circuit	美国联邦巡回上诉法院	CAFC
	The Court of Customs and Patent Appeals	美国海关和专利上诉法院	CCPA
	American Invents Act	《美国发明法案》	AIA
	Patent Trial and Appeal Board	专利审判与上诉委员会	PTAB
	Uruguay Round Agreements Act	乌拉圭回合协议法案	URAA
	Office Action	审查意见	OA
	Non – Final Rejection	非最终拒绝	
	Final Rejection	最终拒绝	
	Continuation Application	继续申请	CA
	Continuation – In – Part Application	部分继续申请	CIP
	Information Disclosure Statement	信息披露声明	IDS
	Request Continued Examination	继续审查请求	RCE
	Notice of Allowance	授权通知书	
	Advisory Action	审查员指导意见通知书	AA
	Pre – appeal Request	诉前请求	
	Appeal Brief	上诉状	
	Reissue	再颁专利	

续表

地区/国别	英文名称	中文名称	简　称
美国	Ex Parte Reexamination	单方复审	EPR
	Inter Partes Review	双方复审	IPR
	Post Grant Review	授权后重审	PGR
	Supplementary Examination	补充审查	
	Central Reexamination Unit	美国专利商标局中央复审处	CRU